会计专业技术中级资格考试辅导用书·基础进阶

打好基础·财务管理

斯尔教育 组编

U0656361

电子工业出版社
Publishing House of Electronics Industry
北京·BEIJING

图书在版编目（CIP）数据

打好基础. 财务管理 / 斯尔教育组编. -- 北京 ：
电子工业出版社，2025. 3. -- （会计专业技术中级资格
考试辅导用书）. -- ISBN 978-7-121-49865-7

Ⅰ. F23

中国国家版本馆CIP数据核字第2025J7J568号

责任编辑：张春雨

印　　刷：河北鸿运腾达印刷有限公司

装　　订：河北鸿运腾达印刷有限公司

出版发行：电子工业出版社

　　　　　北京市海淀区万寿路173信箱　　　　邮编：100036

开　　本：787×1092　1/16　　　印张：38.5　　　字数：925千字

版　　次：2025年3月第1版

印　　次：2025年3月第1次印刷

定　　价：62.00元（全3册）

　　凡所购买电子工业出版社图书有缺损问题，请向购买书店调换。若
书店售缺，请与本社发行部联系，联系及邮购电话：（010）88254888，
88258888。

　　质量投诉请发邮件至zlts@phei.com.cn，盗版侵权举报请发邮件至
dbqq@phei.com.cn。

　　本书咨询联系方式：faq@phei.com.cn。

开卷必读

一、考试概况

根据最新公布的考试安排，本年考试于 2025 年 9 月 6 日至 8 日举行。财务管理科目考试时长为 135 分钟，采用闭卷、计算机化方式。财务管理科目题型及得分规则如下表所示。

题型	得分规则
单项选择题	本题型共 20 题，每题 1.5 分，共 30 分。每题备选答案中，只有一个符合题意的正确答案。错选、不选均不得分
多项选择题	本题型共 10 题，每题 2 分，共 20 分。每题备选答案中，有两个或两个以上符合题意的正确答案。请至少选择两个答案，全部选对得满分，少选得相应分值，多选、错选、不选均不得分
判断题	本题型共 10 题，每题 1 分，共 10 分。请判断每题的表述是否正确。每题答题正确的得 1 分，错答、不答均不得分，也不扣分
计算分析题	本题型共 3 题 15 分。凡要求计算的，可不列出计算过程；计算结果出现两位以上小数的，均四舍五入保留小数点后两位小数，百分比指标保留百分号前两位小数。凡要求解释、分析、说明理由的，必须有相应的文字阐述
综合题	本题型共 2 题 25 分。凡要求计算的，可不列出计算过程；计算结果出现两位以上小数的，均四舍五入保留小数点后两位小数，百分比指标保留百分号前两位小数。凡要求解释、分析、说明理由的，必须有相应的文字阐述

二、图书特色介绍

在本书的编写过程中，我们经历了无数次的"头脑风暴"，研讨、提议、否定、再否定，最终决定将对热门考点的把握、对命题规律的研究、对疑难问题的解答、对解题方法的总结都毫无保留地用文字呈现在书中。当你在学习中感到困惑时，可能会欣喜地发现一个恰到好处的栏目。在章节中有选择地设置这些栏目的目的是，希望能够帮助你更高效、顺利地学习和备考。

为了让你更好地使用这些栏目，下面逐一进行介绍。

（1）学习提要：本栏目设置在章首页，对本章所设知识点的"重要程度""考查分值""考核题型"进行分析，并给出本章提示，用于帮助大家在学习该章内容前简明扼要地了解相关考情，一览重难点，了解学习方法，更好地做出学习计划。

（2）解题高手：本栏目给出命题角度并对做题方法进行分析，设置在相关知识点之后；本栏目根据考点选择性地简述常见命题陷阱、解题思路和技巧、知识点辨析等内容，帮助你不仅会学习，而且会做题。

（3）精准答疑：本栏目以"问题＋解答"的形式呈现，设置在相关知识点之后；通过在总结考生真实提问的基础上，精选出高频、典型、与考试相关的问题，配以详细解答，帮助你顺利解决学习过程中可能出现的疑问，更贴心地满足日常学习需要。

（4）原理详解：本栏目对晦涩知识点进行原理剖析，挖掘知识点背后更深层的原理；采用简洁明了的语言，将复杂的概念以易于理解的方式呈现，帮助你加深对知识点的理解。

（5）典例研习：本栏目列出例题配套解析或案例等内容，设置在重难点知识之后，通过经典题目或易懂案例帮助你巩固知识点。部分典例研习后面有原创的"陷阱提示"，目的在于帮助你识别题目中的"踩坑点"，由一道题推及一类题。

（6）斯考卡片：本栏目设置在每章结束页，扫码即可解锁本章配套的背诵知识卡片。斯考卡片融入核心考点，帮助你充分利用零碎时间巩固学习、加深记忆。

（7）学习进度：本栏目设置在每章结束页，帮助你清楚掌握基础阶段的学习进度，做到心中有数。

目录

第一章
总论

重要程度：次重点章节　　　　　　　**平均分值：**3分

考核题型：客观题

本章提示：本章多为理论性内容，但难度不高，且整体考查分值占比较低，考核比较直接

考点精讲 ▶▶

第一节 企业与企业财务管理

一、企业及其组织形式（★）

（一）企业的定义

企业是依法设立的，以营利为目的，运用各种生产要素（输入），向市场提供商品或服务（输出），实行自主经营、自负盈亏、独立核算的法人或其他社会经济组织。企业的目标是创造财富（或价值）。

（二）企业的组织形式

1.个人独资企业与公司制企业

（1）个人独资企业与公司制企业的特点对比。

维度	个人独资企业	公司制企业
是否为独立法人	不是独立法人	是独立法人
创立成本与监管	创立容易、监管较少	组建成本高、监管严格
投资主体	1名自然人	至少1名自然人或法人
代理问题	不存在	存在
权益转让和外部融资	难	易
纳税义务	个人所得税	个人所得税（股东）+企业所得税（企业）（双重课税）
责任承担	业主对企业债务承担无限责任	股东对公司债务承担有限责任
企业寿命	有限生命	无限存续

（2）公司制企业的具体形式。

公司制企业的形式分为有限责任公司和股份有限公司两种。

维度	有限责任公司	股份有限公司
设立时的股东人数	1～50名股东	1～200名发起人
股权表现形式	权益总额不等额划分。股权以投资人所认缴的出资额来表示	权益总额等额划分。股权以持有多少股份表示
股权转让限制	需股东会或董事会通过	可依法转让

2. 合伙企业

（1）企业性质：合伙人共同出资、共同经营、共享收益、共担风险。

（2）优缺点：

除以下描述之外，合伙企业的优缺点与个人独资企业类似。

①业主不止一人。

②普通合伙人对企业债务承担无限连带责任。

③有限合伙人以其认缴的出资额为限对企业债务承担责任。

④合伙企业的生产经营所得和其他所得，由合伙人分别缴纳所得税。

提示：合伙企业按照"先分后税"原则进行纳税，即合伙企业先将经营所得和其他所得按比例分配给合伙人，再由合伙人缴纳所得税，因此，合伙企业本身不需要缴纳企业所得税。如果合伙人为自然人，则缴纳个人所得税，如果合伙人为企业，则缴纳企业所得税。

解题高手

命题角度：企业组织形式的特点辨析。

重点掌握个人独资企业和公司制企业的特点，可对比记忆：

（1）个人独资企业的缺点：无限责任 + 有限生命 + 两难。

（2）公司制企业的优点：有限责任 + 无限生命 + 两易。

典例研习·1-1 多项选择题

下列各项中，属于公司制企业缺点的有（　　　　）。

A. 导致双重课税

B. 组建公司的成本高

C. 存在代理问题

D. 股东须承担无限连带责任

🔍**斯尔解析**　本题考查企业的组织形式。公司作为独立的法人，其利润需缴纳企业所得税，企业利润分配给股东后，股东还需缴纳个人所得税，因此会导致双重课税，选项 A 当选。设立公司的要求比设立独资或合伙企业复杂，因此组建的成本较高，选项 B 当选。公司成立以后，股东会委托经营者为其经营，股东成为委托人，经营者成为代理人，代理人可能为了自身利益而伤害委托人利益，因此会存在代理问题，选项 C 当选。公司债务是法人的债务，不是股东的债务，股东对公司债务承担的责任以其出资额为限，而不是无限连带责任，选项 D 不当选。

🔺**本题答案**　ABC

二、企业财务管理的内容

原理详解

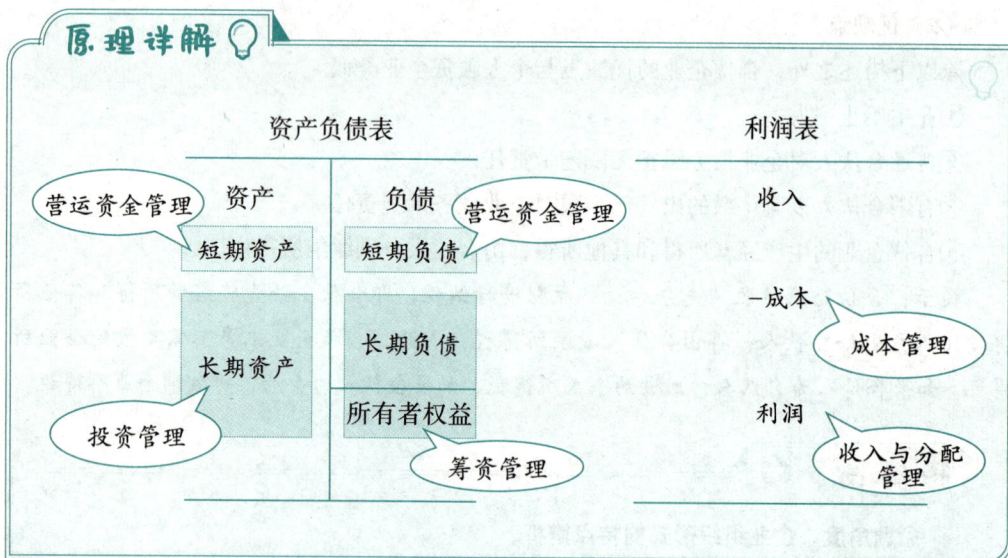

内容	要点
投资管理	（1）对内投资：购置固定资产、无形资产等。 （2）对外投资：购买股票、债券，出资新组建公司或与其他企业联营等
筹资管理	（1）科学预测筹资的总规模。 （2）选择筹资渠道和筹资方式。 （3）确定合理的筹资结构
营运资金管理	对于流动资产和流动负债资金收付的管理，包括如何节约资金成本，如何提高资金使用效率，如何进行流动资产的投融资，如何管理流动负债等
成本管理	主要涉及：成本预测、成本决策、成本计划、成本控制、成本核算、成本分析到成本考核的全部过程
收入与分配管理	（1）收入的初次分配是对成本费用的弥补。 （2）利润分配则是对收入初次分配的结果进行再分配

提示：上述财务管理五部分内容的关系。

①**筹资是基础**，筹资数量制约着公司投资的规模，并且企业所筹措的资金只有有效地投放出去，才能实现筹资的目的。

②投资反过来又决定了企业需要筹资的规模和时间。

③投资和筹资的成果都需要依赖资金的营运才能实现，投资和筹资在一定程度上决定了公司日常经营活动的特点和方式。

④成本管理贯穿于投资、筹资和营运活动的全过程，渗透在财务管理的每个环节之中。

⑤收入与分配影响着筹资、投资、营运资金和成本管理的各个方面。

第二节　财务管理目标

一、企业财务管理目标（★★）

（一）利润最大化

1. 基本观点

企业的财务管理以实现利润最大为目标。

2. 优点

有利于企业资源的合理配置，提高整体经济效益。

3. 缺点

（1）没有考虑利润实现时间和资金时间价值。

（2）没有考虑风险问题。

（3）没有反映创造的利润与投入资本之间的关系。

（4）可能导致企业短期行为倾向（因为利润指标通常按年计算），影响企业长远发展。

（二）每股收益最大化

1. 计算公式

每股收益 = 归属于普通股股东的净利润 ÷ 流通在外普通股的加权平均股数

2. 基本观点

每股收益最大化的观点认为，应当把企业的利润和股东投入的资本联系起来考察。

3. 特点

（1）考虑了所创造利润与投入资本之间的关系。

（2）仍然没有考虑时间和风险，依然可能导致企业的短期行为倾向。

（三）股东财富最大化

1. 基本观点

企业的财务管理以实现股东财富最大为目标。

在上市公司，股东财富是由其拥有的股票数量和股票市场价格两方面决定的。在股票数量一定时，股票价格达到最高，股东财富也就达到最高。因此，股东财富最大化，有时也被称为股价最大化。

2. 优点

（1）考虑了风险因素。

（2）在一定程度上避免了短期行为。

（3）对上市公司而言，容易量化，便于考核和奖惩。

提示：实际上，股东财富最大化目标也考虑了货币时间价值，因为计算股东财富所要用到的"股价"本身就是一个考虑了时间价值的概念。

3. 缺点

（1）通常只适用于上市公司，非上市公司难以应用。

（2）股票价格受众多因素影响，特别是企业外部的因素，有些还可能是非正常因素。因此不能完全准确反映企业财务管理状况。

（3）更多强调的是股东利益，对其他相关者利益重视不够。

（四）企业价值最大化

1. 基本观点

企业的财务管理以实现企业的价值最大为目标。企业价值可以理解为企业股东权益和债权人权益的市场价值，或者是企业所能创造的预计未来现金流量的现值。

2. 优点

（1）考虑了取得收益的时间，并用时间价值的原理进行了计量。

（2）考虑了风险与收益的关系。

（3）将企业长期、稳定的发展和持续的获利能力放在首位，能克服企业在追求利润上的短期行为。

（4）用价值代替价格，避免了过多外界市场因素的干扰，有效地规避了企业的短期行为。

3. 缺点

（1）以企业价值最大化作为财务管理目标过于理论化，不易操作。

（2）对于非上市公司而言，只有对企业进行专门的评估才能确定其价值，而在评估企业的资产时，由于受评估标准和评估方式的影响，很难做到客观和准确。

（五）相关者利益最大化

1. 主要观点

（1）强调风险与收益的均衡。

（2）强调股东的首要地位。

（3）强调对代理人（即企业经营者）的监督和控制。

（4）关心本企业普通职工的利益。

（5）不断加强与债权人的关系。

（6）关心客户的长期利益。

（7）加强与供应商的协作。

（8）保持与政府部门的良好关系。

2. 优点

（1）有利于企业长期稳定发展。

（2）体现了合作共赢的价值理念。

（3）较好地兼顾了各利益主体的利益。

（4）体现了前瞻性和现实性的统一。

（六）各种财务管理目标之间的关系

（1）从重要性的角度：各种财务管理目标，都以股东财富最大化为基础。

①股东的投入是企业创立和发展的基础。

②股东承担最大的义务和风险，相应也需享有最高的收益。

（2）从利益实现顺序的角度：以股东财富最大化为核心和基础，还应考虑利益相关者的利益——股东权益是**剩余权益**，其他利益相关者的要求先于股东被满足，且必须是有限度的。

（3）结论：在强调公司**承担应尽的社会责任的前提下**，应当允许企业以股东财富最大化为目标。

解题高手

命题角度：财务管理目标特点的对比。

观点	时间	风险	长期与短期	其他
利润最大化	×	×	短期	未考虑投入
每股收益最大化	×	×	短期	考虑了投入
股东财富最大化（股价最大化）	√	√	长期	更多强调的是股东利益，影响股价的因素偏多
企业价值最大化	√	√	长期	价值代替价格，不易操作
相关者利益最大化	√	√	长期	股东处于首要地位

典例研习·1-2 单项选择题

下列指标中，容易导致企业短期行为的是（　　）。

A. 相关者利益最大化

B. 企业价值最大化

C. 股东财富最大化

D. 利润最大化

斯尔解析 本题考查财务管理目标。由于利润指标通常按年计算，企业决策也往往会服务于年度指标的完成或实现，所以利润最大化可能导致企业短期财务决策倾向，影响企业长远发展，选项 D 当选。相关者利益最大化目标有利于企业长期稳定发展，选项 A 不当选。企业价值最大化目标将企业长期、稳定的发展和持续的获利能力放在首位，能克服企业在追求利润上的短期行为，选项 B 不当选。股东财富最大化目标在一定程度上避免了短期行为，选项 C 不当选。

陷阱提示 凡是以"利润"为导向的目标或者指标，均会导致"短期行为"的出现，在后续的学习中大家将对此有更深刻的体会。

本题答案 D

典例研习 · 1-3 判断题

若没有股东财富最大化的目标，则利润最大化、企业价值最大化以及相关者利益最大化的目标也就难以实现。
( )

⑤ 斯尔解析 本题考查财务管理目标。从重要性的角度而言，各种财务管理目标都以股东财富最大化为基础，若股东财富最大化目标不成立，则其他目标更无法实现。本题所述正确。

☘ 本题答案 √

典例研习 · 1-4 单项选择题

下列企业财务管理目标中，没有考虑风险问题的是（ ）。

A. 利润最大化

B. 相关者利益最大化

C. 股东财富最大化

D. 企业价值最大化

⑤ 斯尔解析 本题考查企业财务管理目标。利润最大化财务管理目标的缺点有：（1）没有考虑利润实现时间和资金时间价值；（2）没有考虑风险问题；（3）没有反映创造的利润与投入资本之间的关系；（4）可能导致企业短期行为倾向。故选项 A 当选。相关者利益最大化、股东财富最大化、企业价值最大化均考虑了风险问题，选项 BCD 不当选。

☘ 本题答案 A

二、利益冲突与协调（★）

（一）委托代理问题与利益冲突

1. 所有者和经营者之间的利益冲突与协调

冲突	协调——"胡萝卜 + 大棒"
（1）所有者：以较小的代价（支付较少的报酬）实现更多的财富。 （2）经营者：在为股东创造财富的同时，能够获取更多的报酬或享受，并避免各种风险	（1）"大棒"： ①解聘：通过所有者约束经营者的办法，如果经营者绩效不佳，就解聘经营者。 ②接收：通过市场约束经营者的办法，如果经营者决策失误、经营不力、绩效不佳，该企业就可能被其他企业强行接收或吞并，相应经营者也会被解聘。 （2）"胡萝卜"——激励：将经营者的报酬与其绩效直接挂钩，如股票期权、绩效股

2. 大股东与中小股东之间的利益冲突与协调

冲突	协调
（1）利用关联交易转移上市公司的资产。 （2）非法占用上市公司巨额资金，或以上市公司的名义进行担保和恶意筹资。 （3）通过发布虚假信息进行股价操纵，欺骗中小股东。 （4）为大股东委派的高管支付不合理的报酬及特殊津贴。 （5）采用不合理的股利政策，掠夺中小股东的既得利益。 提示：上述行为的本质是给大股东输送利益	（1）完善上市公司的治理结构（内部治理）： ①增强中小股东的投票权和知情权（股）。 ②提高董事会中独立董事的比例（董）。 ③建立健全监事会（监）。 （2）规范上市公司的信息披露制度（外部治理）： ①完善会计准则体系和信息披露规则（事前）。 ②加大对信息披露违规行为的处罚力度，加强对信息披露的监管（事后）

3. 所有者和债权人之间的利益冲突与协调

冲突	协调
（1）"不干正事"：所有者可能要求经营者改变举债资金的原定用途，将其用于风险更高的项目，增大偿债风险，降低债权价值——经营风险↑。 （2）"到处借债"：所有者可能在未征得现有债权人同意的情况下，要求经营者举借新债，增大偿债风险，降低原有债权价值——财务风险↑	（1）"设限"——限制性借债：债权人事先规定借债用途限制、担保条款和信用条件。 （2）"翻脸"——收回借款或停止借款：债权人发现企业有侵蚀其债权价值的意图时，收回债权或不再给予新借款

典例研习·1-5 多项选择题

下列各项中，属于上市公司大股东侵占中小股东利益的行为有（　　　）。

A. 大股东利用关联交易转移上市公司的资产

B. 上市公司为大股东的债务提供担保

C. 上市公司销售有严重质量问题的产品

D. 大股东非法占用上市公司巨额资金

斯尔解析 本题考查利益相关者的冲突与协调。大股东与中小股东之间的利益冲突包括：（1）利用关联交易转移上市公司的资产；（2）非法占用上市公司巨额资金，或以上市公司的名义进行担保和恶意筹资；（3）通过发布虚假信息进行股价操纵，欺骗中小股东；（4）为大股东委派的高管支付不合理的报酬及特殊津贴；（5）采用不合理的股利政策，掠夺中小股东的既得利益。综上，选项 ABD 当选。

本题答案 ABD

典例研习·1-6 判断题

如果某上市公司不存在控股股东，则该公司不存在股东与债权人之间的利益冲突。

（　　）

⑤斯尔解析 本题考查利益相关者的冲突与协调。股东的目标可能与债权人期望实现的目标发生矛盾，只要存在股东和债权人这两类角色，便可能发生冲突，这与是否存在控股股东无关。本题所述错误。

▲本题答案 ×

典例研习·1-7 多项选择题

为了缓解公司债权人和所有者之间的利益冲突，债权人可以采取的措施有（　　）。

A. 设置借债担保条款　　　　　　　　B. 不再给予新的借款

C. 限制支付现金股利　　　　　　　　D. 事先规定借债用途限制

⑤斯尔解析 本题考查利益相关者的冲突与协调。债权人为了保护自身的利益，可以采取的措施有：（1）限制性借债，比如事先规定借债用途限制、借债担保条款和借债信用条件；（2）收回借款或停止借款。故选项 ABD 当选。此外，在长期借款的保护性条款中，限制支付现金股利属于一般性保护条款的内容，也可用于缓解公司债权人和所有者之间的利益冲突，选项 C 当选。

▲本题答案 ABCD

（二）企业社会责任与利益冲突

企业的社会责任是指企业在谋求所有者或股东权益最大化之外所负有的维护和增进社会利益的义务。

具体来说，企业的社会责任主要包括：

（1）对员工的责任。

（2）对债权人的责任。

（3）对消费者的责任。

（4）对社会公益的责任。

（5）对环境和资源的责任。

（6）遵从政府管理、接受政府监督的责任。

典例研习·1-8 判断题

企业的社会责任是企业在谋求所有者权益最大化之外所承担的维护和增进社会利益的义务，一般划分为企业对社会公益的责任和对债权人的责任两大类。

（　　）

⑤斯尔解析 本题考查企业的社会责任。企业的社会责任主要包括：对员工的责任，对债权人的责任，对消费者的责任，对社会公益的责任，对环境和资源的责任，遵从政府管理、接受政府监督的责任。本题的前半句说法正确，但是后半句的划分类型错误。本题所述错误。

▲本题答案 ×

第三节　财务管理原则

一、系统性原则

（1）财务管理是企业管理系统的一个子系统，它本身又由筹资管理、投资管理、营运资金管理、成本管理和收入与分配管理等子系统构成。

（2）在财务管理中坚持系统性原则，是财务管理工作的首要出发点。

二、风险权衡原则

（1）风险权衡原则是指风险和报酬之间存在着一个对应关系，决策者必须对报酬和风险作出权衡，为追求较高报酬而承担较大的风险，或者为减少风险而接受较低的报酬。

（2）所谓对应关系是指高收益的投资机会必然伴随着较高的风险，风险小的投资机会必然只有较低的收益。

三、现金收支平衡原则

财务管理贯彻的是收付实现制，而非权责发生制，客观上要求在财务管理活动中做到现金收入和现金支出在数量上、时间上达到动态平衡，即现金收支平衡。

四、成本收益权衡原则

在财务管理中，时刻都需要进行成本与收益的权衡。

五、利益关系协调原则

财务管理过程也是一个协调各种利益关系的过程。利益关系协调成功与否，直接关系到财务管理目标的实现程度。

第四节　财务管理环节

一、财务预测

（1）财务预测是根据企业财务活动的历史资料，考虑现实的要求和条件，对企业未来的财务活动作出较为具体的预计和测算的过程。

（2）财务预测的方法主要有定性预测和定量预测两类。

二、财务决策

（1）财务决策是指按照财务战略目标的总体要求，利用专门的方法对各种备选方案进行比较和分析，从中选出最佳方案的过程。

（2）**财务决策是财务管理的核心**，决策的成功与否直接关系到企业的兴衰成败。

（3）财务决策的方法主要有两类：一类是经验判断法（淘汰法、排队法、归类法等）；另一类是定量分析方法（优选对比法、数学微分法、线性规划法、概率决策法等）。

三、财务计划

（1）财务计划是根据企业整体战略目标和规划，结合财务决策的结果，对财务活动进行规划，并以指标形式落实到每一计划期间的过程。财务计划主要通过指标和表格，以货币形式反映计划期内企业生产经营活动所需要的资金及其来源、财务收入和支出、财务成果及其分配的情况。

（2）确定财务计划指标的方法一般有平衡法、因素法、比例法和定额法等。

四、财务预算

（1）财务预算是根据财务计划和各种预测信息，确定预算期内各种预算指标的过程。它是财务计划的分解和落实，是财务计划的具体化。

（2）财务预算的编制方法通常包括固定预算与弹性预算、增量预算与零基预算、定期预算与滚动预算等。

五、财务控制

（1）财务控制是指利用有关信息和特定手段，对企业的财务活动施加影响或调节，以便实现计划所规定的财务目标的过程。

（2）财务控制的方法通常有前馈控制、过程控制、反馈控制几种。财务控制措施一般包括预算控制、运营分析控制和绩效考评控制等。

六、财务分析

（1）财务分析是指根据企业财务报表等信息资料，采用专门方法，系统分析和评价企业财务状况、经营成果以及未来发展趋势的过程。

（2）财务分析的方法通常有比较分析法、比率分析法和因素分析法等。

七、财务考核

（1）财务考核是指将报告期实际完成数与规定的考核指标进行对比，确定有关责任单位和个人完成任务的过程。财务考核与奖惩紧密联系，是构建激励与约束机制的关键环节，也是贯彻责任制原则的要求。

（2）财务考核的形式多种多样，可以用绝对指标、相对指标、完成百分比考核，也可以采用多种财务指标进行综合评价考核。

第五节　财务管理体制

财务管理体制是明确企业各财务层级的财务权限、责任和利益的制度，其核心问题是如何配置财务管理权限。通俗地讲，本节讨论的是财务集权管理或分权管理的问题。

一、企业财务管理体制的一般模式及优缺点（★）

（一）集权型财务管理体制——"圈养模式"

集权型财务管理体制是指企业对各所属单位的所有财务管理决策都进行集中统一，各所属单位没有财务决策权，企业总部财务部门不但参与决策和执行决策，在特定情况下还直接参与各所属单位的执行过程。

1. 优点

（1）可充分展现一体化管理的优势，努力降低资金成本和风险损失，使决策统一化、制度化。

（2）有利于在整个企业内部优化配置资源、实行内部调拨价格。

（3）有利于内部采取避税措施及防范汇率风险等。

2. 缺点

（1）集权过度会使各所属单位或组织机构缺乏主动性、积极性，丧失活力。

（2）因为决策程序相对复杂而失去适应市场的弹性，丧失市场机会。

（二）分权型财务管理体制——"散养模式"

分权型财务管理体制是指企业将财务决策权与管理权完全下放到各所属单位，各所属单位只需对一些决策结果报请企业总部备案即可。

1. 优点

（1）有利于针对本单位存在的问题及时作出有效决策，因地制宜地搞好各项业务。

（2）有利于分散经营风险。

（3）促进所属单位管理人员和财务人员的成长。

2. 缺点

（1）各所属单位缺乏全局观念和整体意识。

（2）可能导致资金管理分散、资金成本增大、费用失控、利润分配无序。

（三）集权与分权相结合型财务管理体制

集权与分权相结合型财务管理体制，实质是集权下的分权，企业对各所属单位在所有重大问题的决策与处理上实行高度集权，各所属单位则对日常经营活动具有较大的自主权。

因此，集权与分权相结合型财务管理体制，吸收了集权型和分权型体制的优点，避免了二者各自的缺点，从而具有较大的优越性。

二、影响企业财务管理体制集权与分权选择的因素（★）

影响因素	要点
企业生命周期	如在初创阶段，企业经营风险高，财务管理宜偏重集权模式
企业战略	各所属单位之间的业务联系越密切（如实施纵向一体化战略），就越有必要采用相对集中的财务管理体制
企业所处市场环境	如果企业所处市场环境复杂多变，应划分给下级较多的随机处理权（分权），以增强企业对市场环境变动的适应能力。 如果企业面临的环境是稳定的，则可以把财务管理权较多地集中（集权）
企业规模	企业规模小，偏重于集权模式。 企业规模大，财务管理各种权限就有必要根据需要重新设置规划（注意，此时不一定是集权或分权，不能妄下结论）
企业管理层素质	管理层素质高，能力强，可以采用集权模式。 分权可以调动所属单位的生产积极性、创造性和应变能力
信息网络系统	集权模式需要在企业内部建立一个能及时、准确地传递信息的网络系统，并通过信息传递过程的严格控制来保障信息的质量

解题高手门

命题角度：集权与分权模式的选择。

客观题考点，需要同学们结合题目进行分析，但只要摸清背后原理，即可轻松掌握。通常而言，财务部门掌握着企业"财权"，因此在绝大多数情况下，企业应当选择集权的财务管理体制，除非出现"内忧外患"的情况：

第一，内忧：管理层素质低、信息网络系统差。

第二，外患：环境复杂。

另外，需要单独记忆的是：企业规模大，不一定意味着采用集权或分权模式，需要重新设置规划。

典例研习·1-9 （单项选择题）

关于企业财务管理体制的模式选择，下列说法中，错误的是（   ）。

A. 若企业处于初创阶段，经营风险高，则更适合采用分权型财务管理体制

B. 若企业管理者的素质高、能力强，则可以采用集权型财务管理体制

C. 若企业面临的环境是稳定的，对生产经营的影响不显著，则更适合采用集权型财务管理体制

D. 若企业规模小，财务管理工作量少，则更适合采用集权型财务管理体制

⑨斯尔解析 本题考查财务管理体制。在初创阶段，企业经营风险高，财务管理偏重集权模式，选项A当选。管理层如果素质高、能力强，可以采用集权型财务管理体制，反之，则可以通过分权调动所属单位的生产积极性、创造性和应变能力，选项B不当选。如果企业所处的市场环境复杂多变，有较大的不确定性，可以给中下层财务管理人员较多的随机处理权；如果企业面临的环境是稳定的，对生产经营的影响不太显著，则可以较多地集中财务管理权，选项C不当选。一般而言，企业规模小，财务管理工作量小，为财务管理服务的财务组织制度也相应简单、集中，因此偏重于集权模式；如果企业规模大，财务管理工作量大，复杂性增加，则财务管理各种权限就有必要根据需要重新设置规划，选项D不当选。

若采用"解题高手"中的方法来解决，可能速度更快：选项A不属于"内忧外患"，则应采用集权，当选。选项B属于内"不"忧，则应采用集权，不当选。选项C属于外"不"患，则应采用集权，不当选。选项D不属于"内忧外患"，也不是企业规模大的情形，则应采用集权，不当选。

⚑本题答案 A

三、企业财务管理体制的设计原则（★）

（一）与现代企业制度的要求相适应的原则

（略）

（二）明确企业对各所属单位管理中决策权、执行权与监督权相互制衡的原则

（略）

（三）明确财务综合管理和分层管理思想的原则

（略）

（四）与企业组织体制（U型、H型、M型）相适应的原则

1.U型组织（职能型）

以职能化管理为核心，最典型的特征是在管理分工下实行集权控制，没有中间管理层，总部的职能部门直接控制各业务单元，子公司的自主权较小。

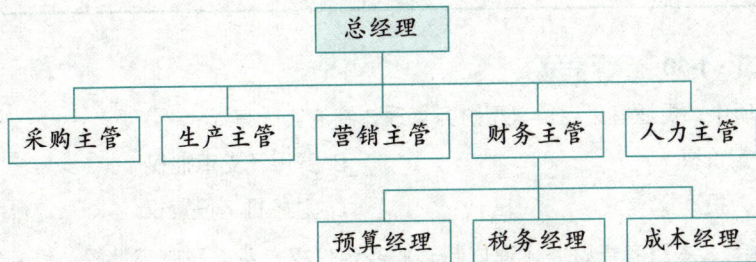

```
                        总经理
    ┌──────────┬──────────┼──────────┬──────────┐
  采购主管   生产主管   营销主管   财务主管   人力主管
                                   │
                        ┌──────────┼──────────┐
                      预算经理   税务经理   成本经理
```

2.H型组织

集团总部为控股公司，下设若干子公司，典型特征是过度分权，各子公司保持较大独立性，总部缺乏有效的监控约束力度。

随着 H 型组织的不断演化，总部作为子公司的出资人对子公司的重大事项拥有最后的决定权，因此，也就拥有了对子公司"集权"的法律基础，现代意义上的 H 型组织既可以分权管理，也可以集权管理。

3.M 型组织

按企业所经营的事业（如产品、地区、顾客或市场）来划分部门，设立事业部，作为总部的中间管理组织，但不是独立法人，比 H 型组织集权程度更高。

M 型组织下的事业部在企业统一领导下，可以拥有一定的经营自主权，实行独立经营、独立核算，甚至可以在总部授权下进行兼并、收购和增加新的生产线等重大事项决策。

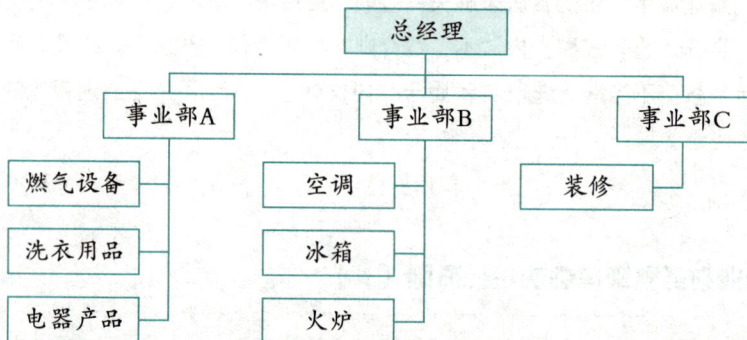

```
                        总经理
         ┌────────────────┼────────────────┐
      事业部A           事业部B           事业部C
    ┌─────────┐       ┌─────────┐       ┌─────────┐
    │ 燃气设备 │       │  空调   │       │  装修   │
    ├─────────┤       ├─────────┤       └─────────┘
    │ 洗衣用品 │       │  冰箱   │
    ├─────────┤       ├─────────┤
    │ 电器产品 │       │  火炉   │
    └─────────┘       └─────────┘
```

综上，**按照集权程度排序，U 型＞M 型＞H 型**。

四、集权与分权相结合型财务管理体制的实践（★）

集权：7 项	分权：4 项
（1）制度制定权。 （2）筹资权。 （3）投资权。 （4）用资、担保权。 （5）固定资产购置权。 （6）财务机构设置权。 （7）收益分配权	（1）经营自主权。 （2）人员管理权。 （3）业务定价权。 （4）费用开支审批权

典例研习·1-10 多项选择题

下列各项中，更适宜采用集权型财务管理体制的实践有（　　）。

A. 业务定价权　　　　　　　　B. 费用开支审批权

C. 筹资、投资权　　　　　　　D. 财务机构设置权

斯尔解析 本题考查财务管理体制。业务定价权、费用开支审批权、经营自主权、人员管理权属于典型的适宜分权型财务管理体制的实践，选项 AB 不当选。筹资、投资权，财务机构设置权，更适宜采用集权型财务管理体制，选项 CD 当选。

本题答案 CD

第六节　财务管理环境

一、技术环境

技术环境是指财务管理得以实现的技术手段和技术条件（如会计信息化），决定着财务管理的效率和效果。

大数据、人工智能等新一代的现代信息技术，推动着财务共享模式下财务管理体系的不断变化。

二、经济环境（★）

（一）经济体制

（1）在计划经济体制下，财务管理内容比较单一，方法比较简单。

（2）在市场经济体制下，财务管理内容比较丰富，方法复杂多样。

（二）经济周期

内容	复苏	繁荣	衰退	萧条
厂房设备	增加厂房设备，实行长期租赁	扩充厂房设备	停止扩张，出售多余设备	建立投资标准（如固定资产投资标准）
人力资源	增加劳动力		停止扩招雇员	裁减雇员
存货储备	建立存货储备	继续建立存货	削减存货，停止长期采购	削减存货
产品策略	开发新产品	提高产品价格	停产不利产品	—
市场策略	—	开展营销规划	—	保持市场份额
管理策略	—	—	—	放弃次要利益，压缩管理费用

（三）经济发展水平

（1）经济发展水平越高，财务管理水平也越高。

经济发展水平的提高，将改变企业的财务战略、财务理念、财务管理模式和财务管理的方法手段。

（2）财务管理水平越高，经济发展水平也越高。

财务管理水平的提高，将推动企业降低成本、改进效率、提高效益。

（四）宏观经济政策

金融政策、财税政策、价格政策、外汇政策和会计制度等都会深刻地影响着企业的发展和财务活动的开展。

（五）通货膨胀水平

1. 通货膨胀对企业财务活动的影响

资金需求增加，利率上升，筹资成本变高，筹资难度变大，利润虚增，有价证券价格下跌。

2. 应对措施

初期：锁定成本或价格	持续期：多收钱，少花钱
（1）进行投资可以避免风险，实现资本保值（此时不投，更待何时）。 （2）签订长期购货（不是销货）合同，以减少物价上涨造成的损失（提前将价格锁定在低水平）。 （3）取得长期负债，保持资本成本的稳定（避免利率上升）	（1）采用比较严格的信用条件，减少企业债权（多收钱）。 （2）调整财务政策（如降低股利分配率），防止和减少企业资本流失等（少花钱）

典例研习·1-11 单项选择题

下列各项措施中，无助于企业应对通货膨胀的是（　　）。

A. 发行固定利率债券

B. 以固定租金融资租入设备

C. 签订固定价格长期购货合同

D. 签订固定价格长期销货合同

斯尔解析 本题考查通货膨胀的应对措施。若企业发行固定利率债券，或者以固定租金融资租入设备，则企业未来每年支付的利息和租金是固定的，不因为通货膨胀的影响而变大，因此有助于企业应对通货膨胀，选项 AB 不当选。与客户签订固定价格长期购货合同，可以减少物价上涨造成的损失，选项 C 不当选。签订固定价格长期销货合同，会减少在通货膨胀时期的现金流入，无助于企业应对通货膨胀，选项 D 当选。

考试中，往往会将通货膨胀初期以及持续期的应对措施合并考查，同学们只需要把握上述表头中提炼的结论即可快速作答。特别提示，看到"签合同"，一定要看清楚是购货还是销货，只有签长期的购货合同，才能锁定住价格。

本题答案 D

三、金融环境（★★）

（一）金融机构、金融工具、金融市场

1. 金融机构

金融机构主要包括银行和非银行金融机构。

2. 金融工具

金融工具是指形成一方的金融资产并形成其他方的金融负债或权益工具的合同。

（1）金融工具的类型。

①基本金融工具：企业持有的现金、从其他方收取现金或其他金融资产的合同权利、向其他方交付现金或其他金融资产的合同义务等，如货币、票据、债券、股票。

②衍生金融工具：在基本金融工具的基础上通过特定技术设计形成的新的金融工具，如远期合同、期货合同、互换合同和期权合同等。

（2）金融工具的特征。

①流动性：金融工具在必要时迅速转变为现金而不致遭受损失的能力（及时变现）。

②风险性：购买金融工具的本金和预定收益遭受损失的可能性，一般包括信用风险和市场风险。

③收益性：金融工具能定期或不定期地给持有人带来收益。

提示：金融工具的特征不包括稳定性。

3.金融市场

金融市场是指资金供应者和资金需求者双方通过一定的金融工具进行交易进而融通资金的场所。

（二）金融市场的分类

划分标准	类型	含义
期限	货币市场（短期）	以期限在1年以内的金融工具为媒介，进行短期资金融通
	资本市场（长期）	以期限在1年以上的金融工具为媒介，进行长期资金交易
功能	发行市场（一级）	处理金融工具的发行与最初购买者之间的交易（发新股）
	流通市场（二级）	处理现有金融工具转让和变现的交易（炒老股）
融资对象	资本市场	以各种长期资金为交易对象（炒股票）
	外汇市场	以各种外汇金融工具为交易对象（炒外汇）
	黄金市场	黄金买卖和金币兑换（炒黄金）
所交易金融工具的属性	基础性金融市场	以基础性金融产品为交易对象，如商业票据、企业债券、企业股票
	金融衍生品市场	以金融衍生品为交易对象，如远期、期货、掉期（互换）、期权
地理范围	地方性金融市场	—
	全国性金融市场	如深圳证券交易所
	国际性金融市场	如纽约证券交易所

（三）货币市场与资本市场的比较

对比维度	货币市场——"短""快"	资本市场——"长""大"
特征	（1）期限短。 （2）交易目的是解决短期资金周转。 （3）金融工具有较强的"货币性"，具有流动性强、价格平稳、风险较小（利率波动小）等特征	（1）融资期限长。 （2）融资目的是解决长期投资性资本的需要。 （3）资本借贷量大。 （4）收益较高但风险也较大（利率波动大）
典型举例	（1）同业拆借市场。 （2）票据市场。 （3）大额定期存单市场。 （4）短期债券市场	（1）债券市场。 （2）股票市场。 （3）期货市场（商品期货、金融期货）。 （4）融资租赁市场

典例研习·1-12 （多项选择题）

与货币市场相比，资本市场的特点有（   ）。

A. 投资收益较高

B. 融资期限较长

C. 投资风险较大

D. 价格波动较小

斯尔解析　本题考查金融市场。在资本市场上所交易的金融工具，期限比较长、风险比较高，价格波动比较大，投资风险比较大，选项 ABC 当选。

提到货币市场和资本市场的价格波动，其实指的是"利率"。从时间维度上看，短期利率的波动相对于长期利率而言是较小的，即货币市场的价格波动较小。而波动本身也反映了风险，所以利率波动较小的货币市场，其风险也相对较小。

本题答案　ABC

典例研习·1-13 （多项选择题）

金融市场分为货币市场和资本市场两种类型，下列各项中属于资本市场类型的有（   ）。

A. 票据市场

B. 期货市场

C. 同业拆借市场

D. 股票市场

斯尔解析　本题考查金融市场。货币市场是短期金融工具交易的市场，交易的证券期限不超过 1 年，包括同业拆借市场、票据市场、大额定期存单市场和短期债券市场等，选项 AC 不当选。资本市场又称长期金融市场，是指以期限在 1 年以上的金融工具为媒介，进行长期资金交易活动的市场，包括股票市场、债券市场、期货市场和融资租赁市场等，选项 BD 当选。

本题答案　BD

四、法律环境

（一）范畴

法律环境是指企业与外部发生经济关系时应遵守的有关法律、法规和规章。

（1）影响企业筹资的各种法律法规主要有：《中华人民共和国公司法》《中华人民共和国证券法》《中华人民共和国民法典》等。

（2）影响企业投资的各种法律法规主要有：《中华人民共和国证券法》《中华人民共和国公司法》《企业财务通则》等。

（3）影响企业收益分配的各种法律法规主要有：《中华人民共和国公司法》《企业财务通则》及税法等。

（二）对企业财务管理的影响

（1）企业组织形式（如《中华人民共和国公司法》中关于有限责任公司、股份有限公司的规定）。

（2）公司治理结构（如《中华人民共和国公司法》中关于股东会、董事会、监事会的规定）。

（3）投融资活动（如《中华人民共和国证券法》中关于发行股票、发行债券的规定）。

（4）日常经营（如《企业会计准则》）。

（5）收益分配（如《中华人民共和国公司法》中关于利润分配的规定）。

背记重点
扫码全知道

斯考卡片

至此，财务管理的学习已经进行了 5%，继续加油呀！

● 5%

扫码示例

★★★

货币市场

点击查看知识点详情

1 正面提问

(1) 货币市场的主要功能是调节短期资金融通。
(2) 货币市场的主要特点：
①期限短。一般为3~6个月，最长不超过1年。
②交易目的是解决短期资金周转。
③货币市场上的金融工具具有较强的"货币性"，具有流动性强、价格平稳、风险较小等特性。

2 反面背记

(1) 货币市场的主要功能是调节 ___ 资金融通。
(2) 货币市场的主要特点：
①期限 ___ 。一般为3~6个月，最长不超过1年。
②交易目的是解决 ___ 资金周转。
③货币市场上的金融工具具有较强的"货币性"，具有流动性 ___ 、价格 ___ 、风险较 ___ 等特性。

3 填空练习

(1) 货币市场的主要功能是调节短期资金融通。
(2) 货币市场的主要特点：
①期限短。一般为3~6个月，最长不超过1年。
②交易目的是解决短期资金周转。
③货币市场上的金融工具具有较强的"货币性"，具有流动性X、价格平稳、风险较小等特性。

4 实时纠错

第二章
财务管理基础

学习提要

重要程度： 重点章节　　　　　　　　**平均分值：9分**

考核题型： 客观题、主观题

本章提示： 本章重点内容为货币时间价值和收益与风险。其中，货币时间价值考题的灵活性较强，需深入掌握背后原理。收益与风险相关内容相对晦涩，入门有一定难度，但考查较为直接，属于容易拿分的内容

考点精讲

第一节　货币时间价值

一、货币时间价值的概念

（一）含义

货币时间价值是指在没有风险和没有通货膨胀的情况下，货币经历一定时间的投资和再投资所增加的价值。

在实务中，人们习惯使用相对数字表示货币的时间价值，即用增加的价值占投入货币的百分数来表示。用相对数表示的货币时间价值也称为纯粹利率，简称纯利率。纯利率是指在没有通货膨胀、无风险情况下资金市场的平均利率。没有通货膨胀时，短期国债利率可以视为纯利率。

（二）意义

由于存在货币时间价值，当前所持有的一定量货币比未来获得的等量货币具有更高的价值，即今天的 1 元钱比未来的 1 元钱更值钱，今天的 1 元钱可以为我们带来利息，因此，越早获得收益越好。

由于货币随时间的延续而增值，不同时间单位货币的价值不相等，所以不同时间的货币不宜直接比较，需要把它们换算到相同的时点进行比较才有意义。

二、一次性收付款项的终值和现值（★★★）

（一）基础概念

1.终值与现值（方向）

（1）终值（Future Value）：现在一定量的资金折算到未来某一时点所对应的金额，通常用 F 表示。

（2）现值（Present Value）：未来某一时点上的一定量资金折算到现在所对应的金额，通常用 P 表示。

2.单利与复利（方式）

货币时间价值可以按照单利计算，也可以按照复利计算。

（1）单利：在计算利息时，每一次都按照原先双方确认的本金计算利息，每次计算的利息并不转入下一次本金中。

在单利计算利息时，隐含着这样的假设：每次计算的利息并不自动转为本金，而是借款人代为保存或由贷款人取走，因而不产生利息。

（2）复利：不仅本金计算利息，而且利息也要计算利息，即每经过一个计息期，要将该期的利息加入本金再计算利息，逐期滚动计算，俗称"利滚利"。这里所说的计息期，是指相邻两次计息的间隔，如一年、半年等。

由于货币随时间的增长过程与复利的计算过程在数学上相似，因此，在财务管理中通常采用复利计算货币时间价值。

提示：通常情况下，计息期为一年。但若不按年计息，而是按月或季计息，则需要进行换算，以确保"期限对应"。

换算方法为：计息期利率＝年利率÷年计息期期数。

（二）复利终值和现值

1. 复利终值

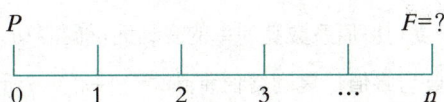

（1）定义：复利终值是指现在的特定资金按复利计算方法，折算到将来某一定时点的价值，或者说是现在的一定本金在将来一定时间，按复利计算的本金与利息之和，简称**本利和**。

（2）计算公式：$F=P\times(1+i)^{n}=P\times(F/P, i, n)$。

其中，$(1+i)^{n}$ 为复利终值系数，用符号表示为 $(F/P, i, n)$，代表的是 1 元的复利终值，其结果可以通过复利终值系数表直接获得。

复利终值系数表

期数	1%	2%	3%	4%	5%	6%	7%
1	1.0100	1.0200	1.0300	1.0400	1.0500	1.0600	1.0700
2	1.0201	1.0404	1.0609	1.0816	1.1025	1.1236	1.1449
3	1.0303	1.0612	1.0927	1.1249	1.1576	1.1910	1.2250
4	1.0406	1.0824	1.1255	1.1699	1.2155	1.2625	1.3108
5	1.0510	1.1041	1.1593	1.2167	1.2763	1.3382	1.4026
6	1.0615	1.1262	1.1941	1.2653	1.3401	1.4185	1.5007
7	1.0721	1.1487	1.2299	1.3159	1.4071	1.5036	1.6058
8	1.0829	1.1717	1.2668	1.3686	1.4775	1.5938	1.7182
9	1.0937	1.1951	1.3048	1.4233	1.5513	1.6895	1.8385
10	1.1046	1.2190	1.3439	1.4802	1.6289	1.7908	1.9672

例如，$(F/P, 7\%, 3)$ 表示利率为 7%、期数为 3 期的复利终值系数，查系数表可得其结果为 1.2250。

▌ 典例研习·2-1

小兔子将 10 万元存入银行，年利率 4%，半年计息一次，按照复利计算，求 5 年后的本利和。

⑤斯尔解析 在本例中，一个计息期为半年，一年有两个计息期，所以计息期利率 =4%÷2=2%，即 i=2%；由于 5 年共计有 10 个计息期，故 n=10。

因此，5 年后的本利和 $F=P×(F/P, 2\%, 10)=10×1.219=12.19$（万元）。

陷阱提示 对于计算货币时间价值的题目，同学们一定要注意两个陷阱：第一，题目给出的利率是什么利率？是年利率、季利率还是月利率？第二，计息期是多长时间？每年、每季度还是每月？一定要找到与计息期相对应的利率和期数才能得出正确的计算结果。

▌ 典例研习·2-2 〔判断题〕

在期数不变的情况下，复利终值系数随利率的变动而反向变动。　　　　　　　　（　　）

⑤斯尔解析 本题考查复利终值。复利终值系数为 $(1+i)^n$，所以利率 i 越大，复利终值系数就越大。在期数不变的情况下，复利终值系数随利率的变动而同向变动。本题所述错误。

▲本题答案 ×

2. 复利现值

$$P=? \qquad\qquad\qquad\qquad F$$

```
├────┼────┼────┼────┼─ ··· ─┤
0    1    2    3           n
```

（1）定义：复利现值是指未来某一时点的特定资金按复利计算方法，折算到现在的价值。或者说是为取得将来一定的本利和，现在所需要的本金。

（2）计算公式：$P=F×(1+i)^{-n}=F×(P/F, i, n)$。

其中，$(1+i)^{-n}$ 为复利现值系数，用符号表示为 $(P/F, i, n)$，代表的是 1 元的复利现值，其结果可以通过复利现值系数表直接获得。

复利现值系数表

期数	1%	2%	3%	4%	5%	6%	7%
1	0.9901	0.9804	0.9709	0.9615	0.9524	0.9434	0.9346
2	0.9803	0.9612	0.9426	0.9246	0.9070	0.8900	0.8734
3	0.9706	0.9423	0.9151	0.8890	0.8638	0.8396	0.8163
4	0.9610	0.9238	0.8885	0.8548	0.8227	0.7921	0.7629
5	0.9515	0.9057	0.8626	0.8219	0.7835	0.7473	0.7130
6	0.9420	0.8880	0.8375	0.7903	0.7462	0.7050	0.6663
7	0.9327	0.8706	0.8131	0.7599	0.7107	0.6651	0.6227
8	0.9235	0.8535	0.7894	0.7307	0.6768	0.6274	0.5820

续表

期数	1%	2%	3%	4%	5%	6%	7%
9	0.9143	0.8368	0.7664	0.7026	0.6446	0.5919	0.5439
10	0.9053	0.8203	0.7441	0.6756	0.6139	0.5584	0.5083

例如，（P/F，7%，5）表示利率为 7%、期数为 5 期的复利现值系数，查系数表可得其结果为 0.7130。

典例研习·2-3

小老虎计划在银行存一笔钱，希望 5 年后这笔存款的本利和有 10 万元，假设存款年利率为 4%，按照复利计息，小老虎现在应存入多少万元？

斯尔解析 $P=F\times$（P/F，4%，5）$=10\times0.8219=8.219$（万元）

3.关键结论

（1）复利终值与复利现值互为逆运算。

（2）复利终值系数 $(1+i)^n$ 和复利现值系数 $(1+i)^{-n}$ 互为倒数。

解题高手

命题角度：考查货币时间价值的灵活应用。

在解决货币时间价值计算型题目时，大家需要灵活运用现金流量图，并着重把握以下几个要点：

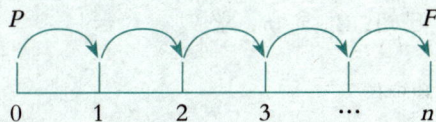

（1）现值和终值选取的相对性。

现值可以泛指资金在某个特定时间段的前一时点（而不一定真的是"现在"）的价值，终值可以泛指资金在该时间段的后一时点的价值。

（2）时间轴的含义。

①0 时点表示现值时点，具体需要结合题目条件进行判断何为 0 时点。例如，"2025 年初，甲公司打算出售一台设备，收到货款 10 万元"，则意味着 2025 年初是 0 时点；"甲公司在 2025 年 1 月 30 日欲购置一批生产设备"，同样意味着 2025 年 1 月 30 日是 0 时点。

②1 时点、2 时点、……、n 时点表示的是当期期末时点，而该时点也可以认为是下一期的期初，例如，时间轴上的"3 时点"表示的是第 3 期期末或第 4 期期初。

③1、2、……、n 等所指的当期不一定是一年，可以是半年、一个季度或者一个月，需要结合题目条件进行分析、运用。

三、年金的终值和现值（★★★）

（一）年金的概念与类型

1.年金的概念

年金，是指间隔期相等的系列等额收付款项，通常用字母 A 表示。

（1）系列：通常是指多笔款项，而不是一次性款项。

（2）定期：每间隔相等时间（可以不是一年）收到或支付。

（3）等额：每次发生额相等。

2.年金的类型

类型	含义
普通年金	又称后付年金，指在一定时期内每期期末等额收付的系列款项
预付年金	又称即付年金或期初年金，指从第一期起，在一定时期内每期期初等额收付的系列款项
递延年金	指隔若干期后才开始发生的系列等额收付款项，其第一次收付发生在第二期或第二期以后
永续年金	是普通年金的极限形式，是无限期收付的年金

（二）普通年金的终值与现值

1.普通年金终值

普通年金终值是普通年金的各笔等额收付金额在最后 1 期期末（最后一笔年金发生时点）上的复利终值之和——已知：A，i，n，求 F。

以 3 期普通年金为例：

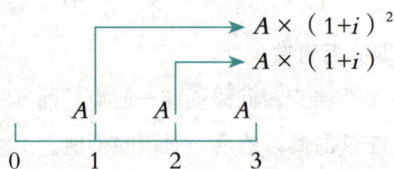

$F=A+A(1+i)+A(1+i)^2$

如果期数为 n，则：

$F=A+A(1+i)+A(1+i)^2+A(1+i)^3+\cdots+A(1+i)^{n-1}$

$$=A \times \frac{(1+i)^n-1}{i}$$

$$=A \times (F/A，i，n)$$

其中，$\dfrac{(1+i)^n-1}{i}$ 为年金终值系数，是普通年金为 1 元、利率为 i、经过 n 期的年金终值，用符号表示为 $(F/A，i，n)$，其结果可以通过年金终值系数表直接获得。

年金终值系数表

期数	1%	2%	3%	4%	5%	6%	7%
1	1.0000	1.0000	1.0000	1.0000	1.0000	1.0000	1.0000
2	2.0100	2.0200	2.0300	2.0400	2.0500	2.0600	2.0700
3	3.0301	3.0604	3.0909	3.1216	3.1525	3.1836	3.2149
4	4.0604	4.1216	4.1836	4.2465	4.3101	4.3746	4.4399
5	5.1010	5.2040	5.3091	5.4163	5.5256	5.6371	5.7507
6	6.1520	6.3081	6.4684	6.6330	6.8019	6.9753	7.1533
7	7.2135	7.4343	7.6625	7.8983	8.1420	8.3938	8.6540
8	8.2857	8.5830	8.8923	9.2142	9.5491	9.8975	10.2598
9	9.3685	9.7546	10.1591	10.5828	11.0266	11.4913	11.9780
10	10.4622	10.9497	11.4639	12.0061	12.5779	13.1808	13.8164

例如，（F/A，7%，5）表示利率为 7%、期数为 5 期的年金终值系数，查年金终值系数表可得其结果为 5.7507。

原理详解 💡

普通年金终值的推导

$F = A + A(1+i) + A(1+i)^2 + A(1+i)^3 + \cdots + A(1+i)^{n-1}$

等式两边同时乘以 $(1+i)$：

$(1+i)F = A(1+i) + A(1+i)^2 + A(1+i)^3 + \cdots + A(1+i)^n$

上述两式相减：

$(1+i)F - F = A(1+i)^n - A$

整理得：$F = A \times \dfrac{(1+i)^n - 1}{i}$。

典例研习 · 2-4

小熊猫计划从现在开始，每年年末存入银行 50 000 元。假设年利率为 6%，每年计息一次，则其五年后可以积累多少钱？

斯尔解析 $F = A \times (F/A, 6\%, 5) = 50\,000 \times 5.6371 = 281\,855$（元）

2. 偿债基金

为了在约定的未来某一时点清偿某笔债务或积聚一定数额的资金（F）而必须分次等额形成的存款准备金（A），也就是为使年金终值达到既定金额的年金数额——已知：F，i，n，求 A（普通年金终值的逆运算）。

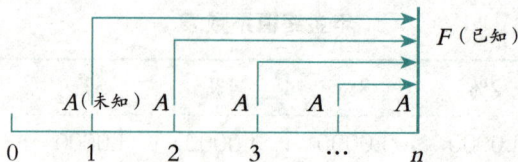

根据 $F = A \times (F/A, i, n)$ 可推导出：

$A = F/(F/A, i, n)$

其中，$1/(F/A, i, n)$ 称为偿债基金系数，它与年金终值系数 $(F/A, i, n)$ 互为倒数。

▶ 典例研习·2-5

小浣熊计划 10 年后一次性从银行取出 100 万元。假设银行存款年利率为 5%，复利计息，小浣熊计划 1 年后开始存款，每年存一次，每次存款数额相同，共计存款 10 次，那么小浣熊每次应该存多少钱。

斯尔解析 假设每次存款的数额为 A 万元，则有：

$A \times (F/A, 5\%, 10) = 100$

$A \times 12.578 = 100$

$A = 7.95$（万元）

3. 普通年金现值

普通年金现值是普通年金的各笔等额收付金额在第 1 期期初（0 时点）上的复利现值之和——已知：A，i，n，求 P。

以 3 期的普通年金为例：

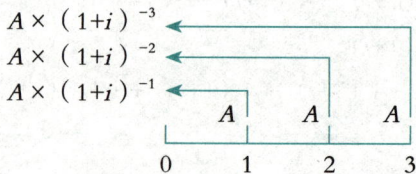

$P = A(1+i)^{-1} + A(1+i)^{-2} + A(1+i)^{-3}$

如果期数为 n，则：

$$P = A(1+i)^{-1} + A(1+i)^{-2} + A(1+i)^{-3} + A(1+i)^{-4} + \cdots + A(1+i)^{-n}$$

$$= A \times \frac{1-(1+i)^{-n}}{i}$$

$$= A \times (P/A, i, n)$$

其中，$\dfrac{1-(1+i)^{-n}}{i}$ 为年金现值系数，是普通年金为 1 元、利率为 i、经过 n 期的年金现值，用符号表示为 $(P/A, i, n)$，其结果可以通过年金现值系数表直接获得。

年金现值系数表

期数	1%	2%	3%	4%	5%	6%	7%
5	4.8534	4.7135	4.5797	4.4518	4.3295	4.2124	4.1002
10	9.4713	8.9826	8.5302	8.1109	7.7217	7.3601	7.0236
15	13.8651	12.8493	11.9379	11.1184	10.3797	9.7122	9.1079
20	18.0456	16.3514	14.8775	13.5903	12.4622	11.4699	10.5940
25	22.0232	19.5235	17.4131	15.6221	14.0939	12.7834	11.6536
30	25.8077	22.3965	19.6004	17.2920	15.3725	13.7648	12.4090
35	29.4086	24.9986	21.4872	18.6646	16.3742	14.4982	12.9477
40	32.8347	27.3555	23.1148	19.7928	17.1591	15.0463	13.3317
45	36.0945	29.4902	24.5187	20.7200	17.7741	15.4558	13.6055
50	39.1961	31.4236	25.7298	21.4822	18.2559	15.7619	13.8007

原理详解

普通年金现值的推导

$P=A(1+i)^{-1}+A(1+i)^{-2}+A(1+i)^{-3}+\cdots+A(1+i)^{-n}$

等式两边同时乘以 $(1+i)$：

$P(1+i)=A+A(1+i)^{-1}+A(1+i)^{-2}+\cdots+A(1+i)^{-(n-1)}$

上述两式相减：

$P(1+i)-P=A-A(1+i)^{-n}$

整理得：$P=A\times\dfrac{1-(1+i)^{-n}}{i}$。

典例研习·2-6

小刺猬计划从现在开始，在未来五年内，每年年末从银行取出 100 000 元。假设年利率为 6%，每年计息一次，则小刺猬现在需在银行存入多少钱？

斯尔解析 $P=A\times(P/A,6\%,5)=100\,000\times4.2124=421\,240$（元）

4. 资本回收额

资本回收额是指在约定年限内等额回收初始投入资本的金额——已知：P，i，n，求 A。（普通年金现值的逆运算）

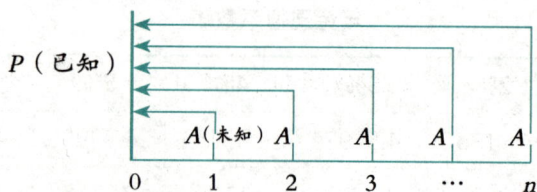

根据 $P=A \times (P/A, i, n)$ 可推导出：

$A=P/(P/A, i, n)$

其中，$1/(P/A, i, n)$ 称为资本回收系数，它与年金现值系数（$P/A, i, n$）互为倒数。

▶▶ 典例研习·2-7

小袋鼠计划以 10% 的利率借款 20 000 元，投资于某个寿命为 10 年的项目。则小袋鼠每年年末至少要收回多少现金才是有利的？

🔍 斯尔解析　假设每次收回的现金为 A 元，则有：

20 000 $=A \times (P/A, 10\%, 10)$

$A=20\,000/(P/A, 10\%, 10)=3\,254.89$（元）

（三）预付年金的终值与现值

1. 预付年金终值

预付年金终值是预付年金的各笔等额收付金额在最后 1 期期末（最后一笔年金发生的后一个时点）上的复利终值之和。

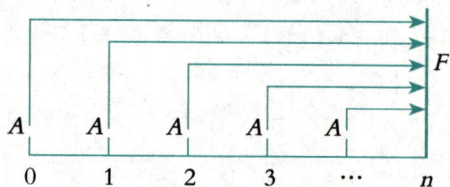

计算公式一：

$F=A \times (F/A, i, n) \times (1+i)$

$F_{预付}=F_{普通} \times (1+i)$

即：在期数相同的情况下，预付年金的每一笔年金比普通年金多复利一次［故多乘 $(1+i)$］，预付年金终值＞普通年金终值。

计算公式二：

$F_{预付}=A \times (F/A, i, n+1)-A=A \times [(F/A, i, n+1)-1]$

即：预付年金终值系数是在普通年金终值系数的基础上，期数加 1，系数减 1。

▶▶ 典例研习·2-8

小狮子计划从现在开始，每年年初存入银行 50 000 元。假设年利率为 6%，每年计息一次，则小狮子五年后可以积累多少钱？

🔍 斯尔解析　$F=A \times (F/A, 6\%, 5) \times (1+6\%)=50\,000 \times 5.6371 \times 1.06=298\,766.30$（元）

2. 预付年金现值

预付年金现值是预付年金的各笔等额收付金额在 0 时点（即第一笔年金发生的时点）上的复利现值之和。

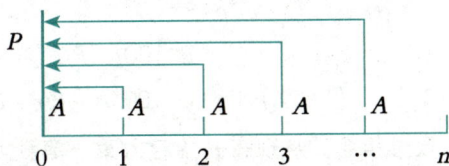

计算公式一：

$P=A×（P/A，i，n）×（1+i）$

$P_{预付}=P_{普通}×（1+i）$

即：在期数相同的情况下，预付年金的每一笔年金比普通年金少折现一期［即少除（1+i）］，预付年金现值＞普通年金现值。

计算公式二：

$P_{预付}=A×（P/A，i，n-1）+A=A×［（P/A，i，n-1）+1］$

即：预付年金现值系数是在普通年金现值系数的基础上，期数减 1，系数加 1。

精难答疑

问题： 为何预付年金的终值和现值都比普通年金大？

解答： 首先，从公式推导结果来看，这就是客观事实。对于终值而言，预付年金的每一笔现金流均多复利了一期，因此价值更大；对于现值而言，预付年金的每一笔现金流均少折现了一期，因此价值更大。其次，从本质来理解，预付年金相较于普通年金均早发生了一期，以收款为例，相当于提前把钱收到，"早握在手里更安全"，当然价值更大。

典例研习·2-9

小考拉计划出租一台设备，租期为 6 年，每年年初收到租金 10 万元，假设利率为 5%，问小考拉租金的现值为多少？

斯尔解析

方法一：

$P=10×（P/A，5%，6）×（1+5%）=53.29$（万元）

方法二：

$P=10+10×（P/A，5%，5）=53.30$（万元）

提示：两种方法的计算结果并非完全相同，其原因在于货币时间价值的系数大多是四舍五入后的结果，因此并不是很精准。在采用不同方法、不同系数计算时，可能会产生小数尾差，这种是正常现象。只要计算原理正确，运算过程正确，考试都会得分的。

典例研习·2-10 单项选择题

某投资者从现在开始存入第一笔款项，随后每年存款一次，共存款 10 次，每次存款金额相等，利率为 6%，复利计息，该投资者期望在 10 年后一次性取得 100 万元，则其每次存款金额的计算式为（　　）。

A. 100/（F/A, 6%, 10）　　　　　　B. 100/（F/P, 6%, 10）

C. 100/［（F/A, 6%, 10）×（1+6%）］　　D. 100/［（F/P, 6%, 10）×（1+6%）］

🔵**斯尔解析** 本题考查预付年金。从现在开始存入第一笔款项，即 0 时点发生第一笔现金流。每年存一笔，共存款 10 次，每次存款金额相等，该现金流是期数为 10、利率为 6% 的预付年金。根据预付年金终值的公式 F=A×［（F/A, i, n）×（1+i）］，可得 A = 100/［（F/A, 6%, 10）×（1+6%）］，选项 C 当选。

🔺**本题答案** C

典例研习·2-11 单项选择题

已知（P/A, 8%, 5）=3.9927，（P/A, 8%, 6）=4.6229，（P/A, 8%, 7）=5.2064，则 6 年期、折现率为 8% 的预付年金现值系数是（　　）。

A. 2.9927　　　　　　　　　　B. 4.2064

C. 4.9927　　　　　　　　　　D. 6.2064

🔵**斯尔解析** 本题考查预付年金。6 年期、折现率为 8% 的预付年金现值系数 = ［（P/A, 8%, 6−1）+1］=3.9927+1=4.9927，或 6 年期、折现率为 8% 的预付年金现值系数 = （P/A, 8%, 6）×（1+8%）=4.6229×（1+8%）=4.9927，选项 C 当选。

⚠️**陷阱提示** 预付年金的总价值（无论终值还是现值）均高于普通年金，一律在计算普通年金终值或现值的基础上再"×（1+i）"。（P/A, 8%, 6）=4.6229，说明 6 年期、折现率为 8% 的普通年金现值系数为 4.6229，而题目要求计算的是 6 年期、折现率为 8% 的预付年金现值系数，一定会大于该数字，可立刻排除选项 AB。

🔺**本题答案** C

（四）递延年金的终值与现值

1. 递延期的识别

$$\begin{array}{ccccccc} & & & & A & A & A \\ \hline 0 & 1 & 2 & 3 & \cdots & & n \end{array}$$

递延年金由普通年金递延形成，递延的期数称为递延期，一般用 m 表示。递延年金的第一次收付发生在第（$m+1$）期期末（m 为大于 0 的整数）。

2. 递延年金终值

递延年金终值是各期等额收付金额在（$m+n$）期期末的复利终值之和，或理解为支付期（A 的个数）的普通年金终值。

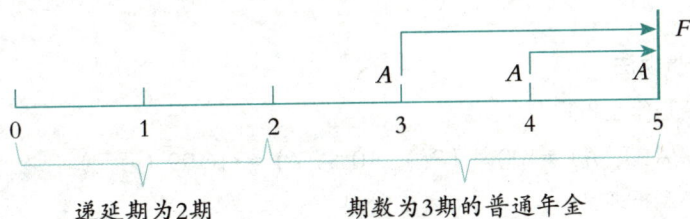

递延期为2期　　　　　期数为3期的普通年金

计算公式：

$$F=A×（F/A，i，n）$$

3.递延年金现值

递延年金现值是各期等额收付金额在第一期期初（0时点）的复利现值之和。

计算方法一：两次折现法。将递延年金视为 n 期普通年金，利用普通年金现值系数求出递延期期末的现值后，再利用复利现值系数将此现值折现至期初。

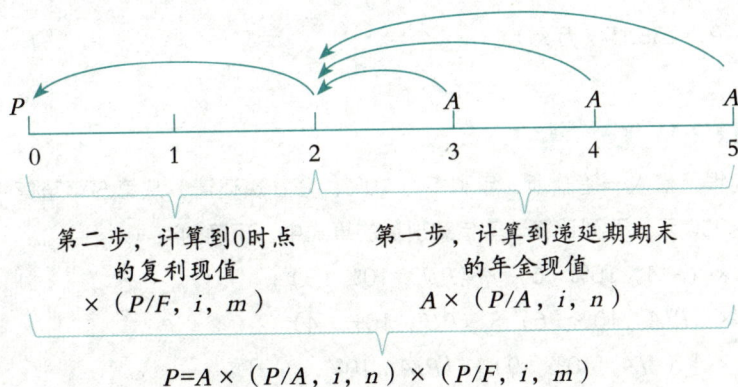

第二步，计算到0时点的复利现值 $×（P/F，i，m）$　　　第一步，计算到递延期期末的年金现值 $A×（P/A，i，n）$

$$P=A×（P/A，i，n）×（P/F，i，m）$$

计算方法二：年金作差法。假设递延期中也进行收付，先求出 $（m+n）$ 期的年金现值，再扣除实际未收付的递延期间 m 期的年金现值。

第一步，将递延年金视为 $（m+n）$ 期的普通年金，计算其现值
$$P_{m+n}=A×（P/A，i，m+n）$$

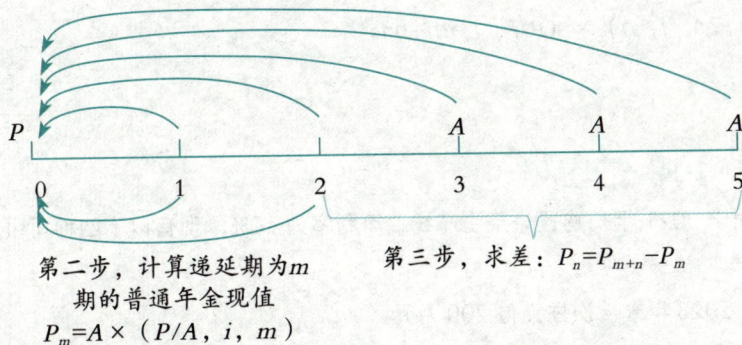

第二步，计算递延期为 m 期的普通年金现值 $P_m=A×（P/A，i，m）$　　　第三步，求差：$P_n=P_{m+n}-P_m$

||∷ 典例研习·2-12

根据下列条件，分别使用两次折现法和年金作差法计算现值：$m=3$，$i=10\%$，$n=4$，$A=100$ 万元。

（1）两次折现法。

第一步，普通年金折现：

$P_3 = A \times (P/A, i, n) = 100 \times (P/A, 10\%, 4) = 316.99$（万元）

第二步，复利折现：

$P_0 = P_3 \times (P/F, i, m) = 316.99 \times (P/F, 10\%, 3) = 238.15$（万元）

（2）年金作差法。

第一步，计算（$m+n$）期年金现值：

$P_{m+n} = 100 \times (P/A, 10\%, 3+4) = 486.84$（万元）

第二步，计算 m 期年金现值：

$P_m = 100 \times (P/A, 10\%, 3) = 248.69$（万元）

第三步，作差：

$P_n = P_{m+n} - P_m = 238.15$（万元）

典例研习·2-13 〔多项选择题〕

某公司向银行借入一笔款项，年利率为 10%，分 6 次还清，从第 5 年至第 10 年每年年末偿还本息 5 000 元。下列计算该笔借款现值的算式中，正确的有（　　　　）。

A. $5\,000 \times (P/A, 10\%, 6) \times (P/F, 10\%, 3)$

B. $5\,000 \times (P/A, 10\%, 6) \times (P/F, 10\%, 4)$

C. $5\,000 \times [(P/A, 10\%, 9) - (P/A, 10\%, 3)]$

D. $5\,000 \times [(P/A, 10\%, 10) - (P/A, 10\%, 4)]$

斯尔解析　本题考查递延年金。

方法一，两次折现法：$P = A \times (P/A, i, n) \times (P/F, i, m)$，选项 B 当选。

方法二，年金作差法：$P = A \times [(P/A, i, m+n) - (P/A, i, m)]$，选项 D 当选。

除此之外，本题还可以有方法三"回头是岸法"：

$P = A \times (F/A, i, n) \times (P/F, i, m+n)$

本题答案　BD

典例研习·2-14 〔计算分析题〕

斯瓜公司于 2021 年初购置一条生产线，年利率为 10%，现有以下四种可供选择的付款方式：

方案一：2023 年末一次性支付 200 万元。

方案二：2022 年至 2026 年每年年初支付 40 万元。

方案三：2021 年至 2023 年每年年初支付 60 万元。

方案四：2022 年至 2024 年每年年末支付 70 万元。

已知：

n	1	2	3	4	5	6
$(P/F, 10\%, n)$	0.9091	0.8264	0.7513	0.6830	0.6209	0.5645
$(P/A, 10\%, n)$	0.9091	1.7355	2.4869	3.1699	3.7908	4.3553

要求：

（1）计算方案一付款方式下，支付价款的现值。

（2）计算方案二付款方式下，支付价款的现值。

（3）计算方案三付款方式下，支付价款的现值。

（4）计算方案四付款方式下，支付价款的现值。

（5）选择哪种付款方式更有利于公司。

斯尔解析

（1）方案一支付价款的现值 =200×（P/F, 10%, 3）=200×0.7513=150.26（万元）。

（2）方案二支付价款的现值 =40×（P/A, 10%, 5）=40×3.7908=151.63（万元）。

（3）方案三支付价款的现值 =60×（P/A, 10%, 2）+60=60×1.7355+60=164.13（万元），或现值 =60×（P/A, 10%, 3）×（1+10%）=164.14（万元）。

（4）方案四支付价款的现值 =70×（P/A, 10%, 3）×（P/F, 10%, 1）=70×2.4869×0.9091=158.26（万元）。

（5）由于方案一的现值最小，因此选择方案一的付款方式更有利于公司。

（五）永续年金的终值与现值

1. 永续年金的终值

永续年金无终值，$F=\infty$。

2. 永续年金的现值

永续年金现值 $P=\dfrac{A}{i}$

典例研习·2-15

山羊学校拟建立一项永久性的奖学金，每年计划颁发 10 000 元奖学金（假设每年年末支付）。若利率为 10%，现在应存入多少钱？

斯尔解析 $P=10\,000÷10\%=100\,000$（元）

典例研习·2-16

假设某笔年金从第 1 期期初开始，每期支付 100 元，一直到永远。假设利率为 5%，其现值为多少？

斯尔解析 本例中第一次支付发生在第 1 期期初，所以并不是标准的永续年金。从第 2 期期初（即第 1 期期末）开始的永续支付才属于标准的永续年金。所以现值 =100+100÷5%=2 100（元），或者现值 =100÷5%×（1+5%）=2 100（元）。

解题高手

命题角度：货币时间价值重要结论总结。

形式		终值（F）	现值（P）
复利		$F=P \times (1+i)^n$ $\quad =P \times (F/P, i, n)$	$P=F \times 1/(1+i)^n$ $\quad =F \times (P/F, i, n)$
年金	普通年金	$F=A \times (F/A, i, n)$	$P=A \times (P/A, i, n)$
	预付年金	方法1： $F=A \times (F/A, i, n) \times (1+i)$ 方法2： $F=A \times [(F/A, i, n+1) -1]$ （普通年金终值系数基础上，期数加1，系数减1）	方法1： $P=A \times (P/A, i, n) \times (1+i)$ 方法2： $P=A \times [(P/A, i, n-1) +1]$ （普通年金现值系数基础上，期数减1，系数加1）
	递延年金	$F=A \times (F/A, i, n)$	方法1： $P=A \times (P/A, i, n) \times (P/F, i, m)$ 方法2： $P=A \times (P/A, i, m+n) -A \times (P/A, i, m)$
	永续年金	无终值	$P=A/i$

四、利率的计算（★★）

（一）复利计息方式下的利率计算

1.现值或终值系数已知

情形一：查阅系数表，可直接查到相应数值，则对应利率就是所求的利率。

｜※ 典例研习·2-17

已知利率为 i、期数为 5 的复利现值系数为 0.7835，求 i 的数值。

⑤斯尔解析 查阅复利现值系数表可知，在期数为 5 的情况下，利率为 5% 的复利现值系数为 0.7835，所以 i=5%。

情形二：系数表中无法查到对应的数值，可通过内插法（近似）计算对应利率。

（1）内插法的原理。

假设相邻两个利率之间，系数随利率呈线性变化。利用相似三角形三边边长对应比例相等的原理，计算利率。

提示：利率与终值系数呈同向线性关系，利率与现值系数呈反向线性关系。

（2）内插法的计算。

假设所求利率为 i（未知数），i 对应系数为 B（已知数）。

第一步：找到与 B 相邻的两个系数，称为 B_1 和 B_2。

第二步：找到 B_1 对应的利率 i_1；B_2 对应的利率 i_2。

第三步：列方程，计算利率 i。

$$\frac{(i_2-i)}{(i_2-i_1)} = \frac{(B_2-B)}{(B_2-B_1)}$$

利率差　　系数差

列方程时需把握一个原则：左右对应，上下随意。

具有对应关系的数字在等式两边的位置相同（例如，i_2 在等式左边的位置与 B_2 在等式右边的位置相同），按照这个原则还可以列出其他的等式，不同的等式计算的结果是相同的。

典例研习·2-18

已知利率为 i、期数为 5 的普通年金现值系数为 4.20，求 i 的数值。

🔍斯尔解析　查阅年金现值系数表可知，在期数为 5 的情况下，无法查到 4.20 这个数值，与 4.20 相邻的数值为 4.2124 和 4.1002，对应的利率为 6% 和 7%，因此有：

$(i-6\%) / (7\%-6\%) = (4.20-4.2124) / (4.1002-4.2124)$

解得：$i=6.11\%$。

2. 现值或终值系数未知

现值或终值系数未知的情况下，无法通过查表直接确定相邻的利率，需要借助系数表，经过多次测试才能确定相邻的利率。

典例研习·2-19

已知 $5 \times (P/A, i, 10) + 100 \times (P/F, i, 10) = 104$，求 i 的数值。

🔍斯尔解析　通过逐次测试，确定两个相邻的利率，使"$5 \times (P/A, i, 10) + 100 \times (P/F, i, 10)$"的值分别高于和低于 104。

当 $i=5\%$ 时，$5 \times (P/A, i, 10) + 100 \times (P/F, i, 10) = 100$。

当 $i=4\%$ 时，$5 \times (P/A, i, 10) + 100 \times (P/F, i, 10) = 108.11$。

即与 5% 对应的数值是 100，与 4% 对应的数值是 108.11，与所求的 i 对应的数值是 104。

根据：$(5\%-i) / (5\%-4\%) = (100-104) / (100-108.11)$。

解得：$i=4.51\%$。

（二）名义利率与实际利率

1.一年多次计息时的名义利率与实际利率

（1）含义。

一年多次计息时，银行等金融机构给出的年利率为名义利率，按照复利计算的年利息与本金的比值为实际利率。

（2）名义利率与实际利率的关系。

利率的通用公式为"利率 = 利息 ÷ 本金"。

假设本金为 100 元，年利率（名义利率）为 10%，一年计息 2 次，计算实际利率。

第一步：计算本利和。

计息期利率 =10%÷2=5%，一年后的本利和 =100×（1+5%）^{2}。

第二步：根据"利息 = 本利和 − 本金"，计算利息。

按照复利计算的年利息 =100×（1+5%）^{2}−100=100×［（1+5%）^{2}−1］

第三步：根据"利率 = 利息 ÷ 本金"，计算实际利率。

实际利率 =100×［（1+5%）^{2}−1］÷100=（1+5%）^{2}−1

因此，名义利率与实际利率的换算关系如下：

$$i=（1+r÷m）^m-1$$

式中，i 表示实际利率；r 表示名义利率；m 表示**每年复利计息次数**；$r÷m$ 表示计息期利率。

结论：在一年多次计息时，实际利率高于名义利率，并且在名义利率相同的情况下，一年计息次数越多，实际利率越大。

⫸ 典例研习·2-20　(单项选择题)

某企业向银行借款，年名义利率为 8%，按季度付息，则年实际利率为（　　）。

A. 10%　　　　　　　　　　　　　B. 8.16%

C. 8%　　　　　　　　　　　　　D. 8.24%

🅢 斯尔解析　本题考查名义利率与实际利率的关系。年实际利率 =（1+8%÷4）^{4}−1=8.24%，选项 D 当选。

▲ 本题答案　Ⓓ

⫸ 典例研习·2-21　(单项选择题)

甲公司拥有某笔 10 年期借款，年利率为 12%，若每季度按照复利方式计息一次，则实际利率相较于名义利率高出（　　）。

A. 12.55%　　　　　　　　　　　B. 34.39%

C. 2.26%　　　　　　　　　　　D. 0.55%

🅢 斯尔解析　本题考查名义利率与实际利率的关系。实际利率 =（1+r÷m）^{m}−1=（1+12%÷4）^{4}−1=12.55%，则实际利率相较于名义利率高出的百分比 =12.55%−12%=0.55%，选项 D 当选。

▲ 本题答案　Ⓓ

2. 通货膨胀情况下的名义利率与实际利率

（1）概念。

①名义利率：央行或其他提供资金借贷的机构所公布的利率是未调整通货膨胀因素的利率，即名义利率中包含通货膨胀率。

②实际利率：剔除通货膨胀率后储户或投资者得到利息回报的真实利率。

（2）名义利率与实际利率的关系。

第一步：计算本利和。

由于名义利率中包含了通货膨胀因素，因此在计算本利和时需要剔除其影响，即：

一年后的本利和 = 本金 ×（1+ 名义利率）/（1+ 通货膨胀率）

第二步：根据"利息 = 本利和 − 本金"，计算利息。

利息 = 本金 ×（1+ 名义利率）/（1+ 通货膨胀率）− 本金

　　　= 本金 ×［（1+ 名义利率）/（1+ 通货膨胀率）−1］

第三步：根据"利率 = 利息 / 本金"，计算实际利率。

实际利率 = 本金 ×［（1+ 名义利率）/（1+ 通货膨胀率）−1］/ 本金

即：

实际利率 =（1+ 名义利率）/（1+ 通货膨胀率）−1

如果通货膨胀率<名义利率，则实际利率> 0。

如果通货膨胀率>名义利率，则实际利率< 0。

典例研习·2-22

我国某股份制银行一年期存款年利率为 3%，假设通货膨胀率为 1%，则实际利率为多少？

斯尔解析 实际利率 =（1+3%）/（1+1%）−1=1.98%

如果通货膨胀率为 4%，则：实际利率 =（1+3%）/（1+4%）−1=−0.96%。

典例研习·2-23 （单项选择题）

某商业银行一年期存款利率为 2.5%，若通货膨胀率为 2%，则年实际利率为（　　）。

A. 2.45%　　　　　　　　　B. 0.49%

C. 0.45%　　　　　　　　　D. 0.42%

斯尔解析 本题考查名义利率与实际利率的关系。实际利率 =（1+ 名义利率）/（1+ 通货膨胀率）−1，故年实际利率 =（1+2.5%）/（1+2%）−1=0.49%，选项 B 当选。

本题答案 B

第二节　收益与风险

一、资产收益与收益率（★★）

（一）资产收益的含义与计算

资产收益是指资产的价值在一定时期的增值，通常有两种表述方式：

收益类型	金额表示	百分比表示
资产的现金净收入	利息、红利或股息收益	利息（股息）收益率
价值升值	资本利得 = 期末价格（值）－ 期初价格（值）	资本利得的收益率

提示：为了便于比较和分析，对于计算期限短于或长于一年的资产，在计算收益率时一般要将不同期限的收益率转化成年收益率。

（二）资产收益率的类型

类型	内容	关系
实际收益率	已经实现或者确定可以实现的资产收益率。 提示：当存在通货膨胀时，还应当扣除通货膨胀率的影响	（1）实际收益率 vs 期望收益率： 实际收益率与期望收益率之间的偏离程度反映投资项目的风险水平。
期望收益率（预期收益率）	在不确定的条件下，预测的某资产未来可能实现的收益率。一般按照加权平均法计算期望收益率	（2）期望收益率 vs 必要收益率：
必要收益率（最低报酬率或最低要求收益率）	投资者对某资产合理要求的最低收益率。 必要收益率 = 无风险收益率 + 风险收益率 （1）无风险收益率 = 纯粹利率（资金的时间价值）+ 通货膨胀补偿率。 （2）风险收益率（又称风险溢价）是某资产持有者因承担该资产的风险而要求的超过无风险利率的额外收益，由两个因素决定： ①客观因素：风险的大小——投资者承担的风险越高，要求的风险收益率越大。 ②主观因素：投资者对风险的偏好——投资者越回避风险，要求的风险收益率越大	①期望收益率≥必要收益率，投资项目具有财务可行性。 ②期望收益率＜必要收益率，投资项目不具有财务可行性

典例研习·2-24 单项选择题

若纯粹利率为 3%，通货膨胀补偿率为 2%，某投资债券公司要求的风险收益率为 6%，则该债券公司的必要收益率为（　　）。

A. 9%   B. 11%

C. 5%   D. 7%

斯尔解析 本题考查必要收益率。必要收益率＝无风险收益率＋风险收益率＝纯粹利率＋通货膨胀补偿率＋风险收益率＝3%+2%+6%=11%，选项 B 当选。

本题答案 B

二、单项资产的风险及其衡量（★★）

（一）风险的概念

风险是指收益的不确定性。从统计学的角度，风险是各种可能收益率相对于期望收益率的偏离。

（二）风险的衡量

衡量风险的指标主要有收益率的方差、标准差和标准差率等。对于单项资产而言，衡量风险通常包括以下几个步骤：

（1）确定单项资产不同的收益率水平及其概率，并计算其期望收益率（或期望值）。

$$期望收益率 = \sum_{i=1}^{n} (P_i \times R_i)$$

式中，P_i 表示情况 i 可能出现的概率；R_i 表示情况 i 出现时的收益率。

简化表述：$\sum$（收益率 × 概率）。

（2）衡量单项资产各种收益率水平相对于期望收益率的偏离，计算方差或标准差。

①方差：通常用符号 σ^2 来表示。计算公式：

$$\sigma^2 = \sum_{i=1}^{n} (X_i - \overline{E})^2 \times P_i$$

简化表述：$\sum$（偏离期望值的平方 × 概率）。

②标准差：通常用符号 σ 来表示，是方差的算术平方根。

结论：方差和标准差以绝对数来衡量决策方案的风险，可比性较差，仅适用于期望值相同的项目的风险比较。在期望值相同的情况下，方差和标准差越大，则风险越大。

（3）若涉及期望值不同的多个资产风险大小的比较，还需计算标准差率。

$$标准差率 = 标准差 \div 期望值$$

结论：标准差率适用于期望值不同的项目的风险比较。标准差率越大，则风险越大；反之，则风险越小。

典例研习·2-25 计算分析题

小花猫计划投资一个项目，目前有 A、B 两个项目可供选择，预测未来的经营状况，其对应可能实现的收益率及其概率分布情况如下表所示：

项目 A 和项目 B 投资收益率的概率分布

项目实施情况	项目 A		项目 B	
	出现的概率	投资收益率	出现的概率	投资收益率
好	0.2	15%	0.3	20%
一般	0.6	10%	0.4	15%
差	0.2	0	0.3	−10%

要求：

（1）计算项目 A、项目 B 的期望收益率。

（2）计算项目 A、项目 B 的方差、标准差。

斯尔解析

（1）项目 A 的期望收益率 =0.2×15%+0.6×10%+0.2×0=9%。

项目 B 的期望收益率 =0.3×20%+0.4×15%+0.3×（−10%）=9%

（2）方差（A）=0.2×（0.15−0.09）^{2} + 0.6×（0.10−0.09）^{2} + 0.2×（0−0.09）^{2}=0.0024。

标准差（A）=0.049

方差（B）=0.3×（0.20−0.09）^{2} + 0.4×（0.15−0.09）^{2} + 0.3×（−0.10−0.09）^{2}=0.0159

标准差（B）=0.1261

典例研习·2-26

假设项目 A 的期望投资收益率为 10%，投资收益率的标准差为 5%，计算该项目的标准差率。

斯尔解析 项目 A 投资收益率的标准差率 =5%÷10%×100%=50%

解题高手

命题角度：考查项目之间风险大小的比较。

指标	特征
期望值	只能用来衡量收益，不能直接用来衡量风险
方差、标准差	绝对数指标，可比性较差。只有当期望值相同时，才可用于比较。期望值相同时，方差、标准差越大，风险越大
标准差率	相对数指标，可比性较强。不论期望值是否相同，均可用于比较。标准差率越大，风险越大

｜⫸ 典例研习·2-27 单项选择题

甲公司有 X、Y 两个投资项目，项目 X 的期望收益率为 10%，收益率的标准差为 5%，项目 Y 的期望收益率为 15%，收益率的标准差为 5%，下列表述正确的是（　　）。

A. 项目 X 的风险高于项目 Y 的风险　　　　B. 项目 X 的风险等于项目 Y 的风险

C. 无法比较两个项目的风险高低　　　　　D. 项目 X 的风险低于项目 Y 的风险

Ⓢ斯尔解析　本题考查单项资产的收益与风险。由于投资项目 X 和 Y 的期望收益率不同，需要使用标准差率衡量风险大小。项目 X 标准差率 =5%÷10%=0.5，项目 Y 标准差率 =5%÷15%=0.3，项目 X 标准差率高于项目 Y 标准差率，所以项目 X 的风险高于项目 Y 的风险，选项 A 当选。

▲本题答案　A

三、投资组合的收益与风险（★★★）

（一）投资组合的期望收益率

投资组合的期望收益率是组合内各种资产期望收益率的加权平均数，其**权数为各种资产在组合中的价值比例**（而非资产的个数）。

简化表述：Σ（单项资产的期望收益率 × 权数）。

｜⫸ 典例研习·2-28

大象公司的一项投资组合中包含了 A、B 和 C 三家公司的股票，权重分别为 30%、40% 和 30%，三种股票的期望收益率分别为 15%、12%、10%。要求计算该投资组合的期望收益率。

Ⓢ斯尔解析　该投资组合的期望收益率 =30%×15%+40%×12%+30%×10%=12.3%

⚠陷阱提示　如果题干中的"权重"是购买的三种股票的股数，我们能够直接用来计算吗？答案是否定的。计算投资组合期望收益率的权重指的是"价值权重"，即各种股票"股数 × 股价"的比例。简言之，就是购买三种股票分别花了多少钱的比重。

（二）投资组合的风险及其衡量

投资组合风险不是这些证券风险的加权平均数，它不仅取决于组合内各证券的风险，还取决于各证券之间的关系（即相关性）。反映证券收益率之间相关性的指标是相关系数，通常用 ρ 表示。

1. 相关系数

理论上，相关系数 ρ 介于 $[-1, 1]$ 内，不同取值有不同的经济含义，具体如下表所示。

相关系数取值	相关性	说明
相关系数 =+1	完全正相关	两项资产收益率变化方向和变化幅度完全相同。"两个都赚（赔），且幅度一样"

相关系数取值	相关性	说明
0＜相关系数＜1	正相关	两项资产收益率变动方向一致。 "两个都赚（赔），但幅度不同"
相关系数＝0	零相关	两项资产收益率变化缺乏相关性。 "两个没关系"。 提示：相关系数＝0仍是可以分散风险的
−1＜相关系数＜0	负相关	两项资产收益率变动方向相反。 "一个赚，一个赔，但幅度不同"
相关系数＝−1	完全负相关	两项资产收益率变化方向和变化幅度完全相反。 "一个赚，一个赔，且幅度一样"

2. 投资组合的风险衡量

两种证券资产组合的收益率的方差满足以下关系式：

$$\sigma_P^2=w_A^2\sigma_A^2+w_B^2\sigma_B^2+2w_A\sigma_Aw_B\sigma_B\rho_{A,B}$$

（1）当两种证券完全正相关，即 $\rho_{A,B}=+1$（最大值）时，则：

$$\sigma_P^2=(w_A\sigma_A)^2+2(w_A\sigma_A)(w_B\sigma_B)+(w_B\sigma_B)^2=(w_A\sigma_A+w_B\sigma_B)^2$$

$$\sigma_P=w_A\sigma_A+w_B\sigma_B$$

结论：当两项资产的收益率完全正相关时，两项资产的风险完全不能相互抵消，这样的资产组合不能降低任何风险。

（2）当两种证券完全负相关，即 $\rho_{A,B}=-1$（最小值）时，则：

$$\sigma_P^2=(w_A\sigma_A-w_B\sigma_B)^2$$

$$\sigma_P=|w_A\sigma_A-w_B\sigma_B|$$

结论：当两项资产的收益率具有完全负相关关系时，两者之间的风险可以充分地相互抵消，甚至完全消除。这样的资产组合就可以最大程度地降低风险。

（3）当 $-1＜\rho_{A,B}＜1$ 时，则：

$$0＜\sigma_P＜(w_A\sigma_A+w_B\sigma_B)$$

结论：资产组合收益率的标准差大于0，但小于组合中各资产收益率标准差的加权平均值。此时，资产组合可以分散风险，但不能完全消除风险。

典例研习·2-29 （多项选择题）

在两种证券构成的投资组合中，关于两种证券收益率的相关系数，下列说法正确的有（ ）。

A. 当相关系数为0时，两种证券的收益率不相关

B. 相关系数的绝对值可能大于1

C. 当相关系数为−1时，该投资组合能最大限度地降低风险

D. 当相关系数为0.5时，该投资组合不能分散风险

斯尔解析 本题考查投资组合的风险。相关系数反映资产收益率的相关程度，即两项资产收益率之间的相对运动状态，如果相关系数为 0，那么两项资产收益率是不相关的，选项 A 当选。理论上，相关系数介于区间 [−1，1] 内，相关系数的绝对值不会大于 1，选项 B 不当选。当相关系数等于 −1 时，表明两项资产的收益率具有完全负相关的关系，这样的组合能够最大限度地降低风险，选项 C 当选。只要相关系数小于 1，投资组合就可以分散风险，选项 D 不当选。

本题答案 AC

3. 系统性风险与非系统性风险

（1）含义。

风险类型	含义	产生因素	典型类型
系统性风险	亦称不可分散风险、市场风险，是指影响所有资产，不能通过资产组合而消除的风险，不同公司以及同一公司不同时期受影响程度不同	由影响整个市场的风险因素所引起，包括宏观经济形势变动、国家经济政策变化、税制改革、企业会计准则改革、世界能源状况、政治因素等	政策风险、利率风险、购买力风险（通货膨胀风险）、市场风险等
非系统性风险	亦称可分散风险、特有风险、特殊风险，是指发生于个别公司的特有事件造成的风险	这类事件是非预期的、随机发生的，只影响一个或少数公司，不会对整个市场产生太大影响	经营风险、财务风险、信用风险、道德风险等

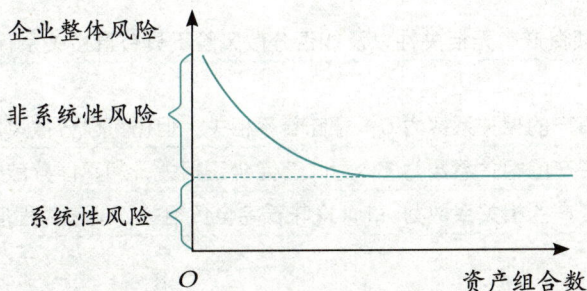

在资产组合中当资产数目较低时，增加资产的个数，分散风险的效应会比较明显，但**资产数目增加到一定程度时，风险分散的效应就会逐渐减弱**。

经验数据表明，组合中不同行业的资产个数达到 20 个时，绝大多数非系统性风险均已被消除掉。此时，如果继续增加资产数目，对分散风险已经没有多大的实际意义，只会增加管理成本。另外，不要指望通过资产多样化达到完全消除风险的目的，因为系统性风险是不能够通过风险的分散来消除的。

典例研习·2-30 (多项选择题)

在证券投资中，下列各项因素引起的风险，投资者可以通过投资组合予以分散的有（   ）。

A. 税制改革
B. 公司失去重要的销售合同
C. 公司新产品开发失败
D. 公司诉讼失败

斯尔解析 本题考查系统性风险与非系统性风险。可以通过投资组合予以分散的风险是非系统性风险。非系统性风险是指发生于个别公司的特有事件造成的风险。例如，一家公司的工人罢工、新产品开发失败、失去重要的销售合同、诉讼失败或者宣告发现新矿藏、取得一个重要合同等，选项 BCD 当选。税制改革会影响所有公司，属于系统性风险，不可以通过投资组合予以分散，选项 A 不当选。

本题答案 BCD

典例研习·2-31 (单项选择题)

若两项证券资产收益率的相关系数为 0.5，则下列说法正确的是（   ）。

A. 两项资产的收益率之间不存在相关性
B. 无法判断两项资产的收益率是否存在相关性
C. 两项资产的组合可以分散一部分非系统性风险
D. 两项资产的组合可以分散一部分系统性风险

斯尔解析 本题考查投资组合的风险。两项证券资产收益率的相关系数为 0.5，表明两项证券资产收益率不完全正相关，也说明这两项证券资产的组合可以分散一部分非系统性风险，选项 AB 不当选、选项 C 当选。系统性风险是不可分散风险，不能通过资产组合而分散，选项 D 不当选。

陷阱提示 两项资产有无相关性以及能否分散风险不具有直接关系，甚至这两者之间有点拧着来，比如：

情形一：两项资产的相关系数为 0，意味着不相关，但仍可以分散风险。

情形二：两项资产的相关系数为 1，意味着完全正相关，却不能分散任何风险。

情形三：两项资产的相关系数为 −1，意味着完全负相关，能最大程度抵消风险。

本题答案 C

（2）系统性风险的衡量——β 系数。

①单项资产的 β 系数。

某资产的 β 系数反映的是该资产的系统性风险**相对于市场组合系统性风险的倍数**。

例如：

a. 某资产 $\beta=0.5$，表明其收益率的变化与市场收益率变化同向，波动幅度是市场组合的一半。

b. 某资产 $\beta=2$，表明这种资产收益率波动幅度为一般市场波动幅度的 2 倍。

c. 某资产 $\beta<0$，表明当市场平均收益率增加时，这类资产的收益率却在减少。如某股票的 $\beta=-1.3$，意味着股市大盘上涨 1%，该股票下跌 1.3%。

②资产组合的 β 系数。

投资组合的 β 系数是所有单项资产 β 系数的加权平均数，**权数为各种资产在投资组合中所占的价值比例。**

$$\beta_p = \sum_{i=1}^{n}(W_i \times \beta_i)$$

简化表述：Σ（单项资产的 β 系数 × 权数）。

由于单项资产的 β 系数不尽相同，因此通过替换资产组合中的资产或改变不同资产在组合中的价值比例，可以改变组合的系统性风险。

提示：组合的系统性风险可以被改变，但并不能被完全消除。

典例研习·2-32 判断题

证券资产组合的 β 系数不仅受组合中各单项资产 β 系数的影响，还会受到各种资产价值在证券资产组合中所占比例的影响。　　　　　　　　　　（　　）

斯尔解析 本题考查证券资产组合的 β 系数。证券资产组合的 β 系数是所有单项资产 β 系数的加权平均数，权数为各种资产在证券资产组合中所占的价值比例。本题所述正确。

本题答案 √

典例研习·2-33

小周打算用 10 000 元购买 A、B、C 三种股票。股价分别为 40 元、10 元、50 元；β 系数分别为 0.7、1.1 和 1.7。现有两个组合方案可供选择：

甲方案：购买 A、B、C 三种股票的数量分别是 100 股、100 股、100 股。

乙方案：购买 A、B、C 三种股票的数量分别是 150 股、150 股、50 股。

如果小周最多能承受 1.2 倍的市场组合系统性风险，他会选择哪个方案。

斯尔解析
甲方案：
A 股票比例：40×100÷10 000×100%=40%。
B 股票比例：10×100÷10 000×100%=10%。
C 股票比例：50×100÷10 000×100%=50%。
甲方案的 β 系数 =40%×0.7+10%×1.1+50%×1.7=1.24
乙方案：
A 股票比例：40×150÷10 000×100%=60%。
B 股票比例：10×150÷10 000×100%=15%。
C 股票比例：50×50÷10 000×100%=25%。
乙方案的 β 系数 =60%×0.7+15%×1.1+25%×1.7=1.01
小周最多能承受 1.2 倍的市场组合系统性风险意味着该投资者能承受的 β 系数最大值为 1.2，所以他会选择乙方案。

四、资本资产定价模型（★★★）

（1）资本资产定价模型的研究对象，是在充分组合的情况下，风险与必要收益率之间的均衡关系。即投资者因承担一定程度的风险，所应获得的必要收益率。

提示：此处所谈及的风险仅指系统性风险，因为在充分组合的情况下，非系统性风险已经被消除。

（2）"资本资产"主要指的是股票资产，而"定价"则是确定投资者对于股票资产所要求的"收益率"，即必要收益率。

（3）资本资产定价模型是"必要收益率＝无风险收益率＋风险收益率"的具体化，其表达式为：

$$R = R_f + \beta \times (R_m - R_f)$$

该式说明了必要收益率 R 是系统性风险 β 的函数，即资本资产定价模型将收益与风险联系在了一起。

其中：

① R_f 表示无风险收益率，通常以短期国债利率来近似替代。

② $\beta \times (R_m - R_f)$ 表示风险收益率，分解来看：

a. R_m 表示市场组合收益率，通常用股票价格指数收益率的平均值或所有股票的平均收益率来代替。

b. $(R_m - R_f)$ 表示市场风险溢酬、市场风险收益率或平均风险的风险收益率。

c. $\beta \times (R_m - R_f)$ 意味着某证券或证券组合的风险收益率。

精准答疑

问题： 如何区分资本资产定价模型中各参数的含义。

解答： 就中级会计师财务管理科目考试而言，各参数的含义可以归纳总结如下。

参数	常见表述
R_m	市场平均收益率、市场组合平均收益率、市场组合要求收益率、股票市场平均收益率。 规律：没有"风险"二字，形容的是股票市场的平均收益率
$R_m - R_f$	市场风险溢价、市场组合的风险收益率、平均风险收益率、平均风险补偿率。 规律：市场或平均＋风险收益率/补偿率/溢价，形容的是股票市场收益率超过无风险收益率的部分

续表

参数	常见表述
$\beta \times (R_m - R_f)$	股票的风险溢价、股票的风险收益率、股票的风险补偿率。 规律：股票 + 风险收益率／补偿率／溢价，形容的是特定股票或投资组合的风险收益率
$R_f + \beta \times (R_m - R_f)$	特定股票或投资组合的必要收益（报酬）率

典例研习·2-34 〔单项选择题〕

一项投资组合的必要收益率为 18%，若无风险收益率为 4%，市场组合风险收益率为 10%，则该项资产组合的 β 系数为（　　）。

A. 1　　　　　　　　　　　B. 1.4

C. 4　　　　　　　　　　　D. 0.8

〔斯尔解析〕本题考查资本资产定价模型。根据已知条件，R=18%，R_f=4%，R_m-R_f=10%，因此 18%=4%+β×10%，求得 β=1.4，选项 B 当选。

〔本题答案〕B

典例研习·2-35 〔判断题〕

根据资本资产定价模型，A 证券的系统性风险是 B 证券的两倍，则 A 证券的必要收益率是 B 证券的两倍。　　　　　　　　　　　　　　　　　（　　）

〔斯尔解析〕本题考查资本资产定价模型。根据资本资产定价模型，某资产的必要收益率 =R_f+β×（R_m-R_f），若 A 证券的系统性风险是 B 证券的两倍，则 A 证券的风险收益率 [β×（R_m-R_f）] 是 B 证券的两倍，但由于 A 证券的无风险收益率等于 B 证券的无风险收益率，所以 A 证券的必要收益率小于 B 证券必要收益率的两倍。本题所述错误。

〔本题答案〕×

典例研习·2-36 〔计算分析题〕

公司拟购买由 A、B、C 三种股票构成的投资组合，资金权重分别为 20%、30%、50%，A、B、C 三种股票的 β 系数分别为 0.8、2 和 1.5，无风险收益率为 4%，市场平均收益率为 10%。该投资组合的预期收益率为 14%。

要求：

（1）计算该组合的 β 系数。

（2）使用资本资产定价模型，计算该组合的必要收益率，并据此判断该投资组合是否值得投资。

斯尔解析

（1）该组合的 β 系数 =20%×0.8+30%×2+50%×1.5=1.51。

（2）该组合的必要收益率 =4%+1.51×（10%−4%）=13.06%。

由于该投资组合的预期收益率大于必要收益率，因此该投资组合是值得投资的。

五、风险管理（★）

（一）风险管理的概念

风险管理是指项目或者企业在一个有风险的环境里，把风险及其可能造成的不良影响降至最低的管理过程。风险管理过程包括对风险的量度、评估和制定策略，企业需要在降低风险的收益与成本之间进行权衡并决定采取何种措施。

（二）风险管理原则

1. 战略性原则

风险管理主要运用于企业战略管理层面，站在战略层面整合和管理企业层面风险是全面风险管理的价值所在。

2. 全员性原则

企业风险管理是一个由企业治理层、管理层和所有员工参与，旨在把风险控制在风险容量以内、增加企业价值的过程。在这个过程中，只有将风险意识转化为全体员工的共同认识和自觉行动，才能确保风险管理目标的实现。

3. 专业性原则

要求风险管理的专业人才实施专业化管理。

4. 二重性原则

企业全面风险管理的商业使命在于：损失最小化管理、不确定性管理和绩效最优化管理。当风险损失不能避免时，尽量减少损失至最小化；风险损失可能发生，也可能不发生时，设法降低风险发生的可能性；风险预示着机会时，化风险为增加企业价值的机会。

5. 系统性原则

全面风险管理必须拥有一套系统的、规范的方法，建立健全全面风险管理体系，包括风险管理策略、风险理财措施、风险管理的组织职能体系、风险管理信息系统和内部控制系统，从而为实现风险管理的总体目标提供合理保证。

（三）风险管理对策

对策	含义	举例
风险规避	回避、停止或退出蕴含某一风险的商业活动或商业环境，避免成为风险的所有人	退出某一市场以避免激烈竞争；拒绝与信用不好的交易对手进行交易；禁止各业务单位在金融市场上进行投机

续表

对策	含义	举例
风险承担	企业对所面临的风险采取接受的态度，从而承担风险带来的后果（事后被动行为）。 （1）对未能辨识出的风险，企业只能采用风险承担。 （2）对于辨识出的风险，企业可能由于缺乏能力进行主动管理、没有其他备选方案等因素而选择风险承担。 （3）对于企业的重大风险，企业一般不采用风险承担	不涉及
风险转移	通过合同将风险转移到第三方，企业对转移后的风险不再拥有所有权。 提示：转移风险不会降低其可能的严重程度，只是从一方移除后转移到另一方	购买保险；采取合营方式实现风险共担
风险转换	通过战略调整等手段将企业面临的风险转换成另一个风险，其简单形式就是在减少某一风险的同时增加另一风险	通过放松交易客户信用标准增加了应收账款，但扩大了销售
风险对冲	引入多个风险因素或承担多个风险，使得这些风险能互相冲抵。 提示：风险对冲不是针对单一风险，而是涉及风险组合	资产组合使用、多种外币结算的使用和战略上的多种经营
风险补偿	对风险可能造成的损失采取适当的措施进行补偿（事前主动行为），形式包括财务补偿、人力补偿、物资补偿	常见的财务补偿包括企业自身的风险准备金或应急资本等
风险控制	控制风险事件发生的动因、环境、条件等，来达到减轻风险事件发生时的损失或降低风险事件发生概率的目的。 提示：风险控制对象一般是可控风险，包括多数运营风险，如质量、安全和环境风险以及法律风险中的合规性风险	补充举例： 控制风险事件发生的概率，如室内使用不易燃地毯、山上禁止吸烟等；控制风险事件发生后的损失，如修建水坝防洪、设立质量检查防止次品出厂等

典例研习·2-37 单项选择题

　　M国某地区位于地震频发地带，那里的居民具有较强的防震意识，住房普遍采用木质结构，抗震性能优越。不少家庭加装了地震时会自动关闭煤气的仪器，以防范地震带来的相关灾害。根据上述信息，该地区居民采取的风险管理策略工具是（　　）。

A. 风险控制
B. 风险转移

C. 风险规避
D. 风险转换

🅢斯尔解析　本题考查风险管理策略。"住房普遍采用木质结构，抗震性能优越""加装了地震时会自动关闭煤气的仪器"属于控制风险事件发生的动因、环境、条件等，来达到减轻风险事件发生时的损失或降低风险事件发生的概率的目的，体现的是风险控制，选项A当选。

🔺本题答案　A

（四）风险管理工具——风险矩阵

（1）风险矩阵，是指按照风险发生的可能性和风险发生后果的严重程度，将风险绘制在矩阵图中，展示风险及其重要性等级的风险管理工具（纵坐标：风险后果严重程度。横坐标：风险发生可能性）。

（2）风险矩阵的基本原理是，根据企业风险偏好，判断并度量风险发生可能性和后果严重程度，计算风险值，以此作为主要依据在矩阵中描绘出风险重要性等级。

（3）风险矩阵适用于表示企业各类风险重要性等级，也适用于各类风险的分析评价和沟通报告。

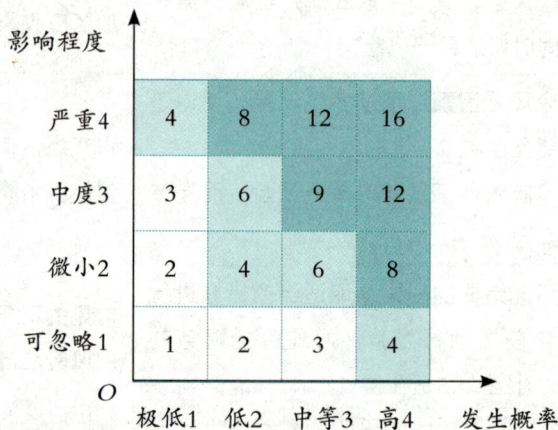

影响程度	极低1	低2	中等3	高4
严重4	4	8	12	16
中度3	3	6	9	12
微小2	2	4	6	8
可忽略1	1	2	3	4

（横坐标：发生概率）

（4）风险矩阵的主要优点：为企业确定各项风险重要性等级提供了可视化的工具。

（5）风险矩阵的主要缺点：

①需要对风险重要性等级标准、风险发生可能性、后果严重程度等作出主观判断，可能影响使用的准确性。

②应用风险矩阵所确定的风险重要性等级是通过相互比较确定的，因而无法将列示的个别风险重要性等级通过数学运算得到总体风险的重要性等级。

第三节　成本性态分析

成本性态（成本习性）是指成本（总额）与业务量（产量或销售量）之间的依存关系。按照成本性态不同，通常可以把成本区分为固定成本、变动成本和混合成本三类。

一、固定成本（★）

（一）含义

固定成本是指在特定的业务量范围内不受业务量变动影响，一定期间的总额能保持相对稳定的成本。例如，固定折旧费用、房屋租金、行政管理人员工资、财产保险费、广告费、职工培训费、科研开发费等。

提示：

（1）一定期间的固定成本的稳定性是有条件的，即业务量变动的范围是有限的。

（2）一定期间固定成本的稳定性是相对的，即对于业务量来说它是稳定的，但这并不意味着每月该项成本的实际发生额都完全一样。

（二）基本特征

固定成本总额不因业务量的变动而变动，但单位固定成本随业务量的增减呈反向变动。

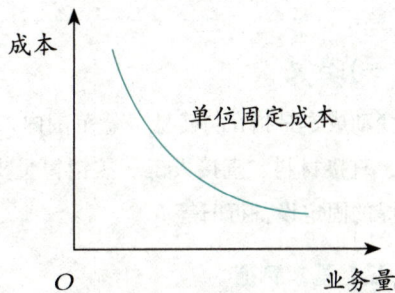

（三）固定成本的分类

分类依据：支出额是否可以在一定期间内改变（能否为管理当局的短期经营决策所改变）。

类别	特征	示例
约束性固定成本（经营能力成本）	管理当局的短期经营决策行动不能改变其数额（以前决策的结果，现在很难改变）；是企业的生产能力一经形成就必然要发生的最低支出，是维护企业正常生产经营必不可少的成本	房屋租金、固定设备折旧、管理人员的基本工资、车辆交强险等
酌量性固定成本	管理当局的短期经营决策行动能改变其数额（为完成特定活动而支出的固定成本，发生额由经理人员决定）；但并非可有可无，它关系到企业的竞争能力	广告费、职工培训费、新产品研究开发费用等

典例研习·2-38 （多项选择题）

下列各项中，一般属于酌量性固定成本的有（　　）。

A. 新产品研发费 　　　　　　　　　B. 广告费

C. 职工培训费 　　　　　　　　　　D. 设备折旧费

⑤**斯尔解析**　本题考查成本性态分析。酌量性固定成本是指管理当局的短期经营决策行动能改变其数额的固定成本。例如，广告费、职工培训费、新产品研究开发费用等（如研发活动中支出的技术图书资料费、资料翻译费、会议费、差旅费、办公费、外事费、研发人员培训费、培养费、专家咨询费、高新科技研发保险费用等），选项 ABC 当选。设备折旧费属于约束性固定成本，选项 D 不当选。

🗝**陷阱提示**　看到"折旧"，请同学们留个心眼，因为折旧不一定就属于约束性固定成本，甚至连固定成本都不算。

情形一：如果题目没有明确说明，那么大家可以默认采用直线法计提折旧，即属于约束性固定成本。

情形二：如果题目明确说明折旧方法，那就需要判断。如果按照产量大小计提折旧，折旧则变为变动成本，且属于技术性变动成本。

⛰**本题答案**　ABC

二、变动成本（★）

（一）含义

变动成本是指在特定业务量范围内，其总额会随业务量的变动而呈正比例变动的成本。例如，直接材料、直接人工、按销售量支付的推销员佣金、装运费、包装费，以及按业务量计提的固定设备折旧等。

（二）基本特征

单位变动成本不变，变动成本总额随业务量的变动而呈正比例变动。

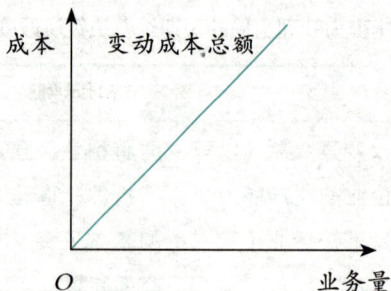

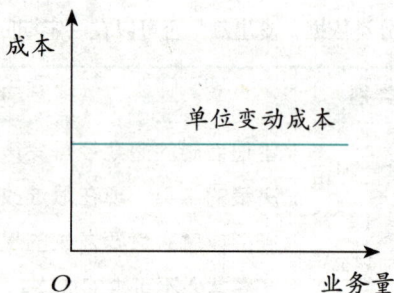

（三）变动成本的分类

分类依据：经理人员是否能决定发生额。

类别	特征	示例
技术性（约束性）变动成本	经理人员不能决定技术性变动成本的发生额；由技术或设计关系所决定的变动成本，只要生产，就必然会发生，如果不生产，则不会发生	直接材料
酌量性变动成本	通过管理当局的决策行动可以改变单位变动成本的发生额，其效用主要是提高竞争能力或改善企业形象	按销售收入的一定百分比支付的销售佣金、新产品研制费、技术转让费等

精准答疑

问题：新产品研究开发费用和新产品研制费的区别。

解答：

分类	举例
新产品研究开发费用	研发活动中支出的技术图书资料费、资料翻译费、会议费、差旅费、办公费、外事费、研发人员培训费、培养费、专家咨询费、高新科技研发保险费用等
新产品研制费	研发活动直接消耗的材料、燃料和动力费用等

典例研习·2-39 单项选择题

基于成本性态，下列各项中属于技术性变动成本的是（ ）。

A. 产品耗用的主要零部件　　　　B. 加班加点工资

C. 产品销售佣金　　　　　　　　D. 按销量支付的专利使用费

斯尔解析 本题考查成本性态分析。技术性变动成本也称约束性变动成本，是指由技术或设计关系所决定的变动成本。如生产一台汽车需要耗用一台引擎、一个底盘和若干轮胎等，这种成本只要生产就必然会发生，如果不生产，则不会发生。因此，生产设备的主要零部件成本属于技术性变动成本，选项 A 当选。加班加点工资、产品销售佣金和按销量支付的专利使用费通常属于酌量性变动成本，选项 BCD 不当选。

本题答案 A

三、混合成本（★★）

（一）含义

混合成本是指"混合"了固定成本和变动成本两种不同性质的成本。

（二）基本特征

成本总额随业务量的变化而变化，但不呈正比例关系。

（三）类型

1. 半变动成本

有一个初始固定基数，类似于固定成本；在此基数之上的其余部分，则随着业务量的增加呈正比例增加，类似于变动成本。

举例（固定电话费）：月租费为 20 元，不含任何免费通话，通话按照每分钟 0.10 元收费。

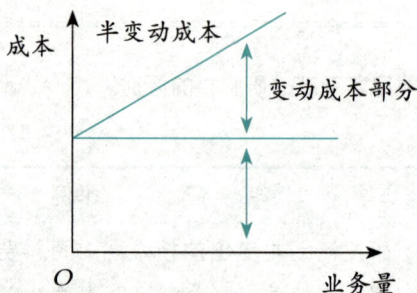

2. 半固定成本（阶梯式变动成本）

在一定业务量范围内发生额固定，当业务量增长到一定限度时，其发生额跳跃到一个新的水平，然后在业务量增长的一定限度内，发生额又保持不变，直到另一个新的跳跃。

举例（检验员的工资）：假设 1 名检验员的工资为 5 000 元，如果产量在 10 万件以内，只需要 1 名检验员，工资总额为 5 000 元；产量在 10 万 ~ 20 万件以内，需要 2 名检验员，工资总额为 10 000 元，以此类推。

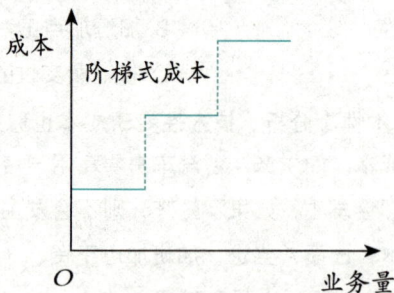

3. 延期变动成本

在一定的业务量范围内有一个固定不变的基数，当业务量增长超出此范围时，则与业务量的增长呈正比例变动。

举例（手机流量费）：假设每月的套餐费为 50 元，流量限额为 10GB，每月的流量超过 10GB 之后，按照 0.1 元 / 兆字节收费。

4. 曲线变动成本

有一个不变的初始量，相当于固定成本，在此初始量基础上，随业务量增加，成本逐步变化，但与业务量的关系是非线性的，具体包括递增曲线成本和递减曲线成本。

举例：

（1）递增曲线成本——累进计件工资、违约金。

（2）递减曲线成本——有价格折扣或优惠条件下的水、电消费成本以及"费用封顶"的通信服务费。

提示：曲线成本中的"递增"和"递减"是指变动的幅度，而不是指成本总额。随着业务量的增加，成本总额都是增加的。

典例研习·2-40 单项选择题

电信运营商推出"手机 10 元保号，可免费接听电话和接收短信，主叫国内通话每分钟 0.2 元"套餐业务，若选用该套餐，则消费者每月电话费属于（   ）。

A. 半变动成本
B. 固定成本
C. 阶梯式成本
D. 延期变动成本

斯尔解析 本题考查成本性态分析。半变动成本是指有一个初始固定基数（10 元保号），在此基数之上的其余部分，则随着业务量的增加呈正比例增加（每分钟的通话费），因此该笔电话费属于半变动成本，选项 A 当选。

本题答案 A

（四）混合成本的分解

1. 高低点法

（1）含义。

高低点法是以过去某一会计期间的总成本和业务量资料为依据，从中选取**业务量（因变量）最高点和业务量最低点**，将总成本进行分解，得出成本性态的模型。

（2）基本原理。

高低点确定混合成本的相关范围，在此相关范围内，固定成本总额 a 和单位变动成本 b 为常数，即满足：

最高点：$y_1=a+bx_1$·················①

最低点：$y_2=a+bx_2$·················②

① － ②，得：

$$b=（y_1-y_2）/（x_1-x_2）$$

即：

单位变动成本 b =（最高点业务量成本 － 最低点业务量成本）/（最高点业务量 － 最低点业务量）

固定成本总额 a = 最高点业务量成本 － 单位变动成本 × 最高点业务量

或者：

固定成本总额 a = 最低点业务量成本 － 单位变动成本 × 最低点业务量

（3）评价。

计算较简单，只采用了历史成本资料中的最高点和最低点两组数据，代表性较差。

典例研习 · 2-41 计算分析题

斯瓜公司的业务量以直接人工小时为单位，2024 年 12 个月份的业务量在 5.0 万～7.5 万小时之间变化，维修成本与业务量之间的关系如表所示。

斯瓜公司维修成本与业务量之间的关系

项目	1月	2月	3月	4月	5月	6月	7月	8月	9月	10月	11月	12月
业务量（万小时）	5.1	5.3	5.6	6.0	6.1	7.5	7.4	7.3	7.0	6.8	6.5	5.0
维修成本（万元）	100	102	105	108	109	120	121	118	115	112	111	101

要求：

运用高低点法进行混合成本分解。

斯尔解析 在本例中，最高点业务量为 7.5 万小时，对应的维修成本为 120 万元；最低点业务量为 5.0 万小时，对应的维修成本为 101 万元，所以：

单位变动成本 =（120－101）/（7.5－5.0）=7.6（元/小时）

每月固定成本总额 =120－7.6×7.5=63（万元）

［或 =101−5.0×7.6=63（万元）］

维修成本的一般方程式为：

$y=63+7.6x$

这个方程式适用于 5.0 万 ~ 7.5 万直接人工工时的业务量范围。例如，2025 年 1 月份计划业务量为 6.5 万小时，则预计维修成本为：

$y=63+7.6×6.5=112.4$（万元）

2. 回归分析法

（1）含义：根据过去一定期间的业务量和混合成本的历史资料，应用最小二乘法原理，算出最能代表业务量与混合成本关系的回归直线，据以确定混合成本中固定成本和变动成本的方法。

（2）评价：一种历史成本估计方法，相较于高低点法更为精确。

3. 账户分析法（会计分析法）

（1）含义：根据有关成本账户及其明细账的内容，结合其与业务量的依存关系，判断其比较接近哪一类成本，就视其为哪一类成本。

（2）评价：这种方法简便易行，但比较粗糙且带有主观判断。

4. 工业工程法

（1）含义：测定各项材料和人工投入的成本与产出的数量，将与产量有关的投入归集为单位变动成本，与产量无关的部分归集为固定成本。

（2）评价：适用于投入成本与产出数量之间有规律性联系的成本分解，可以在没有历史成本数据的情况下使用。

5. 合同确认法

（1）含义：根据企业订立的经济合同或协议中关于支付费用的规定，来确认并估算哪些项目属于变动成本，哪些项目属于固定成本的方法。

（2）评价：要配合账户分析法使用。

四、总成本模型

总成本 = 固定成本总额 + 变动成本总额

= 固定成本总额 + 单位变动成本 × 业务量

背记重点
扫码全知道

至此，财务管理的学习已经进行了 15%，继续加油呀！

15%

第三章
预算管理

考点精讲 ▷▷▷

第一节　预算管理概述

一、预算的含义

预算是企业在预测、决策的基础上，用数量和金额以表格的形式来反映企业未来一定时期内经营、投资、筹资等活动的具体计划，是为实现企业目标而对各种资源和企业活动所做的详细安排。

二、预算的分类（★）

（一）按内容分类

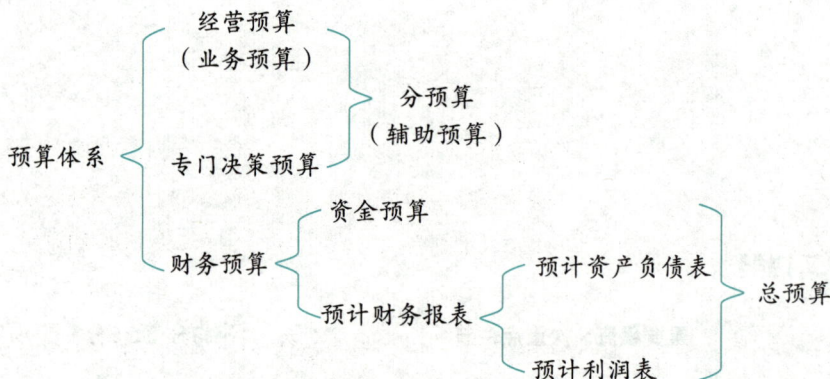

```
                    经营预算
                   （业务预算）
                                        分预算
         预算体系                      （辅助预算）
                    专门决策预算
                        资金预算
                    财务预算                      预计资产负债表
                                                                  总预算
                            预计财务报表
                                          预计利润表
```

类型		含义	细分类型
分预算	经营预算	与企业日常业务直接相关的一系列预算	销售预算、生产预算、采购预算、费用预算、人力资源预算
	专门决策预算	企业重大的或不经常发生的、需要根据特定决策编制的预算	资本支出预算
总预算	财务预算	（1）与企业资金收支、财务状况或经营成果等有关的预算。 （2）全面预算体系的最后环节，总括地反映企业经营预算与专门决策预算的结果	资金预算、预计利润表、预计资产负债表

提示：各种预算是一个有机联系的整体，一般将由经营预算、专门决策预算和财务预算组成的预算体系，称为全面预算体系。

（二）按预算指标覆盖的时间分类

类别	含义	内容
短期预算	预算期≤1年（如1周、1月、1季）	经营预算、财务预算
长期预算	预算期＞1年	专门决策预算（资本支出预算）

▷ 典例研习·3-1 （单项选择题）

下列预算中，不属于经营预算的是（　　　）。

A. 生产预算   B. 直接人工预算

C. 制造费用预算   D. 资金预算

斯尔解析 本题考查预算的分类。经营预算，是指与企业日常业务直接相关的一系列预算，包括销售预算、生产预算、采购预算、费用预算、人力资源预算等。财务预算是指与企业资金收支、财务状况或经营成果等有关的预算，包括资金预算、预计资产负债表、预计利润表等，选项 D 当选。

▲ 本题答案 D

三、预算管理的概念和原则

预算管理，是指企业以战略目标为导向，通过对未来一定期间内的经营活动和相应的财务结果进行全面预测和筹划，科学、合理地配置企业各项财务和非财务资源，并对执行过程进行监督和分析，对执行结果进行评价和反馈，指导经营活动的改善和调整，进而推动实现企业战略目标的管理活动。

原则	具体要求
战略导向原则	应围绕企业的战略目标和业务计划有序开展，引导各预算责任主体聚焦战略、专注执行、达成绩效
过程控制原则	应通过及时监控、分析等把握预算目标的实现进度并实施有效评价，对企业经营决策提供有效支撑
融合性原则	应以业务为先导、以财务为协同，将预算管理嵌入企业经营管理活动的各个领域、层次、环节
平衡管理原则	应平衡长期目标与短期目标、整体利益与局部利益、收入与支出、结果与动因等关系，促进企业可持续发展
权变性原则	应刚性与柔性相结合，强调预算对经营管理的刚性约束，又可根据内外环境的重大变化调整预算，并针对例外事项进行特殊处理

四、预算管理工作的组织、负责机构及其职责

预算工作的组织包括决策层、管理层、执行层和考核层，具体如下：

角色	预算组织架构	预算目标确定	预算编制	预算执行	预算调整	分析与考核
决策层（总负责）	董事会/类似机构	①拟定预算目标、政策、措施	④审议批准		④审议批准	④审议批准
管理层/考核层（审批制度、政策）	预算管理委员会*或财务管理部门	②下达预算目标	③审查平衡预算/预算草案、协调、修订 ⑤下达预算执行指令	③协调问题	③审议批准	①组织预算分析或考核
管理层/考核层（跟踪管理）	财务管理部门		②汇总各执行单位预算方案	②监督预算执行	②编制调整方案	③分析差异及原因
执行层	职能部门/基层单位		①本部门/单位预算编制及上报	①本部门/单位预算执行	①本部门/单位预算调整（书面报告）	②本部门/单位预算分析或考核

*预算管理委员会通常由总部及各业务单位的管理层担任，可以包括总经理，总会计师，财务经理，营销、生产、人力等职能部门副总以及各部门一级经理等。

负责机构	职责
董事会/类似机构	（1）应当对企业预算的管理工作负总责。 （2）提出下一年度企业预算目标，并确定预算编制的政策（定方向）
预算管理委员会（协调发令）	（1）审批公司预算管理制度、政策（批细节）。 （2）审议年度预算草案并报董事会等机构审批。 （3）下达预算目标和政策。 （4）监控、考核本单位的预算执行情况并向董事会报告。 （5）审议预算调整草案并报董事会等机构审批。 （6）协调预算编制、预算调整和预算执行中的有关问题
财务管理部门（粗活累活）	（1）对各预算执行单位上报的财务预算方案进行审查、汇总，提出综合平衡的建议。 （2）具体负责企业预算的跟踪管理。 （3）监督预算的执行情况。 （4）在有关预算执行单位修正调整的基础上，编制企业预算方案并报预算管理委员会讨论。 （5）分析预算与实际执行的差异及原因，提出改进管理的意见与建议
职能部门	具体负责本部门业务涉及的预算编制、执行、分析等工作，其主要负责人参与企业预算管理委员会的工作，并对本部门预算执行结果承担责任

续表

负责机构	职责
基层单位	在企业财务管理部门的指导下，负责本单位现金流量、经营成果和各项成本费用预算的编制、控制、分析工作，接受企业的检查、考核，其主要负责人对本单位财务预算的执行结果承担责任

典例研习·3-2 判断题

董事会应当对企业预算的管理工作负总责，并负责审批公司预算管理制度和政策。

（　　　）

斯尔解析 本题考查预算管理组织及其职责。公司预算管理制度和政策的审批由预算管理委员会负责，而董事会或类似机构负责提出下一年度企业预算目标，并确定预算编制的政策（定方向）。本题所述错误。

本题答案 ×

五、预算管理的过程

（一）预算编制

企业一般按照分级编制、逐级汇总的方式，采用自上而下、自下而上、上下结合或多维度相协调的流程编制预算。具体步骤包括：

1. 下达目标

（1）董事会或经理办公会确定预算目标和编制政策。

（2）预算管理委员会下达至各预算执行单位。

2. 编制上报

各预算执行单位提出本单位详细的预算方案，上报企业财务管理部门。

3. 审查平衡

（1）财务管理部门对各预算执行单位上报的财务预算方案进行审查、汇总，提出综合平衡的建议。

（2）预算管理委员会在审查、平衡过程中进行充分协调，对发现的问题提出初步调整意见，并反馈给有关预算执行单位予以修正。

4. 审议批准

（1）财务管理部门编制企业预算方案，报预算管理委员会讨论。

（2）在讨论、调整的基础上，财务管理部门正式编制年度预算草案，提交董事会或经理办公会审议批准。

5. 下达执行

（1）财务管理部门对董事会或经理办公会审议批准的年度总预算进行指标分解。

（2）预算管理委员会逐级下达各预算执行单位执行。

（二）预算控制

预算控制，是指企业以预算为标准，通过预算分解、过程监督、差异分析等促使日常经营不偏离预算标准的管理活动。

1. 预算分解

（1）按照预算责任中心分解——建立预算授权控制制度。

（2）按照月份或季度分解——将预算作为组织、协调各项经营活动的基本依据。

2. 过程监督

（1）资金收付的监控——现金流量的预算管理（区分预算内、预算外、三无项目）。

（2）风险的监控。

（3）执行情况的监控——严格执行销售、生产和成本费用预算，努力完成利润指标。

3. 差异分析

（1）通过多途径及形式（如信息系统展示、会议、报告、调研）分析预算执行情况、产生差异的原因，提出对策建议。

（2）财务管理部门应当利用财务报表监控预算的执行情况，及时向预算执行单位、企业预算管理委员会、董事会或经理办公会提供财务预算的执行进度、执行差异及其对企业预算目标的影响等财务信息，促进企业完成预算目标。

（三）预算调整

1. 能否调整

（1）年度预算经审批后，原则上不作调整。

（2）当内外战略环境发生重大变化或突发重大事件等，导致预算编制的基本假设发生重大变化时，可进行预算调整。

2. 如何调整

（1）由预算执行单位逐级向企业预算管理委员会提出书面报告。

（2）财务管理部门应当对预算调整报告进行审核分析，集中编制年度预算调整方案。

（3）（财务管理部门）将年度预算调整方案提交预算管理委员会以至董事会或经理办公会审议批准，然后下达执行。

3. 有何要求

（1）预算调整事项不能偏离企业发展战略。

（2）预算调整方案应当在经济上能够实现最优化。

（3）预算调整重点应当放在预算执行中出现的重要的、非正常的、不符合常规的关键性差异方面。

（四）预算分析

（1）企业应当建立预算分析制度，由预算管理委员会定期召开预算执行分析会议，全面掌握预算的执行情况，研究、解决预算执行中存在的问题，纠正预算的执行偏差。

（2）企业预算管理委员会应当定期组织预算审计（可采用全面审计、抽样审计或专项审计），纠正预算执行中存在的问题，充分发挥内部审计的监督作用。审计工作结束后，企业内部审计机构应当形成审计报告，直接提交预算管理委员会以至董事会或经理办公会，作为预算调整、改进内部经营管理和财务考核的一项重要参考。

（五）预算考核

预算年度终了，预算管理委员会应当向董事会或经理办公会报告预算执行情况，并依据预算完成情况和预算审计情况对预算执行单位进行考核。

精准答疑 ⊙

问题： 不同预算组织的职责有点混乱，有什么办法可以区分吗？

解答： 教材对于预算管理工作的各项组织职责是分开介绍的，因此学习起来的确会有些混乱。但可以把握以下三个关键原则：

第一，总负责的机构是董事会或类似机构。

第二，"粗活累活"主要由财务管理部门负责，如"汇总""编制""分解"等。

第三，"协调发令"主要由预算管理委员会负责，如"协调""下达""反馈问题"等。

典例研习·3-3 〔判断题〕

企业财务管理部门负责企业预算的编制、执行、分析和考核工作，并对预算执行结果承担直接责任。 （   ）

🌀斯尔解析 本题考查预算管理组织的职责。企业财务管理部门在有关预算执行单位修正调整的基础上，编制企业预算方案；财务管理部门具体负责企业预算的跟踪管理，监督预算的执行情况，分析预算与实际执行的差异及原因，提出改进管理的意见与建议。因此前半句说法正确，但是企业财务管理部门并不对预算执行结果承担直接责任，因此后半句说法错误。本题所述错误。

💡陷阱提示 关于责任承担问题：

第一，董事会或类似机构对企业预算的管理工作负总责。

第二，企业职能部门的主要负责人对本部门预算执行结果承担责任。

第三，企业所属基层单位的主要负责人对本单位财务预算的执行结果承担责任。

▲**本题答案** ✕

典例研习·3-4 〔判断题〕

企业财务管理部门应当利用报表监控预算执行情况，及时提供预算执行进度、执行差异等信息。 （   ）

🌀斯尔解析 本题考查预算管理组织的职责。企业财务管理部门应当利用报表监控预算的执行情况，及时向预算执行单位、企业预算管理委员会以至董事会或经理办公会提供财务预算的执行进度、执行差异及其对企业预算目标的影响等财务信息，促进企业完成预算目标。本题所述正确。

第二节　预算的编制方法

一、增量预算法与零基预算法（★）

按其出发点的特征不同，编制预算的方法可分为增量预算法和零基预算法两大类。

（一）增量预算法

1. 含义

增量预算法是以历史期实际经济活动及其预算为基础，结合预算期经济活动及相关影响因素的变动情况，通过调整历史期经济活动项目及金额形成预算的编制方法。

2. 缺点

可能导致无效费用开支无法得到有效控制，使得不必要开支合理化，造成预算上的浪费。

（二）零基预算法

1. 含义

零基预算法是企业不以历史期经济活动及其预算为基础，以零为起点，从实际需要出发分析预算期经济活动的合理性，经综合平衡，形成预算的编制方法。

2. 优点

（1）不受历史期经济活动中的不合理因素影响，能够灵活应对内外环境的变化，预算编制更贴近预算期企业经济活动需要。

（2）有助于增加预算编制的透明度，有利于进行预算控制。

3. 缺点

（1）预算编制工作量较大、成本较高。

（2）预算编制的准确性受企业管理水平和相关数据标准准确性的影响较大。

4. 适用性

零基预算法适用于企业各项预算的编制，特别是不经常发生的预算项目或者预算编制基础变化较大的预算项目。

典例研习·3-5　多项选择题

与增量预算法相比，关于零基预算法的表述，正确的有（　　）。

A. 更能够灵活应对企业内外部环境的变化

B. 更适用于预算编制基础变化较大的预算项目

C. 以历史期经营活动及其预算为基础编制预算

D. 有助于降低预算编制的工作量

🔵斯尔解析 本题考查预算的编制方法。零基预算法不以历史期经济活动及其预算为基础，以零为起点，从实际需要出发编制预算，更能够灵活应对企业内外部环境的变化，但是预算工作量较大，选项 A 当选、选项 CD 不当选。当预算编制基础变化较大时，不太适合采用增量预算法，更适合采用零基预算法，选项 B 当选。

🔺本题答案 AB

二、固定预算法与弹性预算法（★）

编制预算的方法按其业务量基础的数量特征不同，可分为固定预算法和弹性预算法。

（一）固定预算法（静态预算法）

1. 含义

固定预算法是以预算期内正常的、最可实现的某一业务量（是指企业产量、销售量、作业量等与预算项目相关的弹性变量）水平为固定基础，不考虑可能发生的变动的预算编制方法。

2. 优点

编制相对简单，也容易使管理者理解。

3. 缺点

（1）适应性差：不论预算期内业务量水平实际可能发生哪些变动，都只按事先确定的某一个业务量水平作为编制预算的基础。

（2）可比性差：当实际的业务量与编制预算所依据的业务量发生较大差异时，有关预算指标的实际数与预算数就会因业务量基础不同而失去可比性。

（二）弹性预算法（动态预算法）

1. 含义

弹性预算法是企业在分析业务量与预算项目之间数量依存关系的基础上，分别确定不同业务量及其相应预算项目所消耗资源的预算编制方法。

提示：

（1）弹性预算法所采用的业务量范围，务必使实际业务量不超出相关的业务量范围。一般来说，可定在正常生产能力的70%～110%之间，或以历史上最高业务量和最低业务量为其上下限。

（2）理论上，弹性预算法适用于编制全面预算中所有与业务量有关的预算，但实务中主要用于编制成本费用预算。

（3）编制弹性预算，要选用一个最能代表生产经营活动水平的业务量计量单位。例如，以手工操作为主的车间，就应选用人工工时；制造单一产品或零件的部门，可以选用实物数量；修理部门可以选用直接修理工时等。

2. 优点

考虑了预算期可能的不同业务量水平，更贴近企业经营管理实际情况。

3. 缺点

（1）编制工作量大。

（2）市场及其变动趋势预测的准确性、预算项目与业务量之间依存关系的判断水平等会对弹性预算的合理性造成较大影响。

4. 弹性预算的具体方法

弹性预算法又分为公式法和列表法两种具体方法。

（1）公式法。

①含义。

公式法是运用总成本性态模型，测算预算期的成本费用数额，并编制成本费用预算的方法。根据成本性态，成本与业务量之间的数量关系可用公式表示为：

$$y = a + bx$$

式中，y 表示某项预算成本总额，a 表示该项成本中的固定基数，b 表示与业务量相关的弹性定额，x 表示预计业务量。

⁝ 典例研习·3-6 （计算分析题）

斯瓜公司制造费用中的修理费用与修理工时密切相关。经测算，预算期修理费用中的固定修理费用为 10 000 元，单位工时的变动修理费用为 20 元；预计预算期的修理工时为 3 500 小时。

要求：

运用公式法，计算预算期的修理费用总额。

⑤斯尔解析 根据公式法，预算期的修理费用总额 =10 000+20×3 500=80 000（元）。

⁝ 典例研习·3-7 （多项选择题）

某公司采用弹性预算法编制制造费用预算，制造费用与工时密切相关，若业务量为 500 工时，制造费用预算为 18 000 元，若业务量为 300 工时，制造费用预算为 15 000 元，则下列说法中，正确的有（　　　）。

A. 若业务量为 0，则制造费用为 0

B. 若业务量为 320 工时，则制造费用为 15 300 元

C. 制造费用中固定部分为 10 500 元

D. 单位变动制造费用预算为 15 元／工时

⑤斯尔解析 本题考查预算的编制方法。根据成本与业务量之间的数量关系，可建立"预算成本总额 = 固定基数 a+ 预计业务量 × 与业务量相关的弹性定额 b"的方程，18 000=a+500×b，15 000=a+300×b，解得 a=10 500（元），b=15（元／工时），选项 CD 当选。业务量为 0 时，制造费用为 10 500 元，选项 A 不当选。业务量为 320 工时，制造费用 =10 500+320×15=15 300（元），选项 B 当选。

▲本题答案 **BCD**

典例研习·3-8 计算分析题

斯瓜公司经过分析得出某种产品的制造费用与人工工时密切相关，采用公式法编制的制造费用预算如下表所示。

制造费用预算（公式法）

业务量范围	420 ~ 660（人工工时）	
费用项目	固定费用（元／月）	变动费用（元／人工工时）
运输费用	—	2
电力费用	—	10
材料费用	—	1
修理费用	850	8.5
油料费用	1 080	2
折旧费用	3 000	—
人工费用	1 000	—
合计	5 930	23.5
备注	当业务量超过 600 工时后，修理费中的固定费用将由 850 元上升为 1 850 元	

要求：

根据总成本性态模型，写出制造费用的表达式，并分别计算业务量为 500 人工工时和 650 人工工时的制造费用预算金额。

斯尔解析 由于业务量超过 600 人工工时后，固定费用发生改变，因此总成本性态模型需要分段考虑。

（1）人工工时范围在 420 ~ 600 工时：

固定费用合计数为 5 930 元，单位变动费用合计数为 23.5 元，故对应的公式为：$y=5\ 930+23.5x$。例如，当业务量为 500 人工工时，制造费用预算为：$5\ 930+23.5 \times 500=17\ 680$（元）。

（2）人工工时超过 600 工时后：

修理费中的固定费用将由 850 元上升为 1 850 元，此时固定费用总额为 6 930 元，所以业务量范围在 600 ~ 660 人工工时，对应的公式为：$y=6\ 930+23.5x$。例如，当业务量为 650 人工工时，制造费用预算为：$6\ 930+23.5 \times 650=22\ 205$（元）。

②优点。

便于在一定范围内计算任何业务量的预算成本，可比性和适应性强，编制预算的工作量相对较小（后续成本计算工作量小）。

③缺点。

a.按公式进行成本分解比较麻烦，对每个费用子项目甚至细目逐一进行成本分解（区分固定成本、变动成本），工作量很大（建模的工作量大）。

b. 对于阶梯成本和曲线成本只能先用数学方法修正为直线，才能应用公式法。

c. 必要时，还需在"备注"中说明适用不同业务量范围的固定费用和单位变动费用。

（2）列表法。

①含义。

列表法是指企业通过列表的方式，在业务量范围内依据已划分出的若干个不同等级（代表值，且通常是相同的业务量间距），分别计算并列示该预算项目与业务量相关的不同可能预算方案的方法。

典例研习·3-9 计算分析题

斯瓜公司采用列表法编制的 2024 年 3 月制造费用预算如下表所示。

制造费用预算（列表法）

金额单位：元

业务量（直接人工工时）	420	480	540	600	660
占正常生产能力百分比（%）	70	80	90	100	110
变动成本：					
运输费用（$b=2$）	840	960	1 080	1 200	1 320
电力费用（$b=10$）	4 200	4 800	5 400	6 000	6 600
材料费用（$b=1$）	420	480	540	600	660
合计	5 460	6 240	7 020	7 800	8 580
混合成本：					
修理费用	4 420	4 930	5 440	5 950	7 460
油料费用	1 920	2 040	2 160	2 280	2 400
合计	6 340	6 970	7 600	8 230	9 860
固定成本：					
折旧费用	3 000	3 000	3 000	3 000	3 000
人工费用	1 000	1 000	1 000	1 000	1 000
合计	4 000	4 000	4 000	4 000	4 000
总计	15 800	17 210	18 620	20 030	22 440

要求：

当实际业务量为 500 小时，分别计算制造费用预算中变动总成本、固定总成本、混合总成本以及最终合计数。

斯尔解析

（1）运输费用等各项变动成本可用实际工时数乘以单位业务量变动成本来计算：

变动总成本 $=500 \times 2 + 500 \times 10 + 500 \times 1 = 6\ 500$（元）

（2）固定总成本不随业务量变动：固定成本 =4 000（元）。

（3）混合成本可用内插法逐项计算：

已知修理费用在业务量为 480 工时下的预算额为 4 930 元，在业务量为 540 工时下的预算额为 5 440 元，则实际业务量 500 工时下的修理费用预算额 x 采用插值法计算如下：

业务量水平（工时）	修理费用预算额（元）
480	4 930
500	x
540	5 440

则有：

$(500–480) / (540–480) = (x–4\ 930) / (5\ 440–4\ 930)$

x=5 100（元）

同理，油料费用为 2 080 元。

因此，混合总成本 =5 100+2 080=7 180（元）

（4）预算总成本（最终合计数）=6 500+4 000+7 180=17 680（元）。

②优点。

a. 不管实际业务量多少，不必经过计算即可找到与业务量相近的预算成本。（例如，已知业务量为 540 小时的预算成本，则可以近似估算业务量为 545 小时的预算成本）

b. 混合成本中的阶梯成本和曲线成本，可按总成本性态模型计算填列，不必用数学方法修正为近似的直线成本。

③缺点。

运用列表法编制预算，在评价和考核实际成本时，往往需要使用插值法来计算"实际业务量的预算成本"，比较麻烦。（例如，假设实际业务量为 500 小时，则需要运用插值法计算预算成本，准确地说，是计算该实际业务量水平下的混合成本预算额）

三、定期预算法与滚动预算法（★）

编制预算的方法按其预算期的时间特征不同，可分为定期预算法和滚动预算法两大类。

（一）定期预算法

1. 含义

定期预算法是以固定会计期间（如日历年度）作为预算期的一种预算编制方法。

2. 优点

能够使预算期间与会计期间相对应，便于将实际数与预算数进行对比，也有利于对预算执行情况进行分析和评价。

3. 缺点

使管理人员只考虑剩余预算期的业务量，缺乏长远打算，导致短期行为的出现。

（二）滚动预算法

1. 含义

滚动预算法是企业根据上一期预算执行情况和新的预测结果，按既定的预算编制周期和滚动频率，对原有的预算方案进行调整和补充、逐期滚动、持续推进的预算编制方法。

2. 分类

按照预算编制周期，可以将滚动预算分为中期滚动预算和短期滚动预算。

分类	预算编制周期	预算滚动频率
中期滚动预算	3 年或 5 年	年度
短期滚动预算	1 年	1 个月 /1 季度

3. 滚动方式

（1）逐月滚动。

逐月滚动是指在预算编制过程中，以月份为预算的编制和滚动单位，每个月调整一次预算的方法。按逐月滚动方式编制的预算比较精确，但工作量较大。

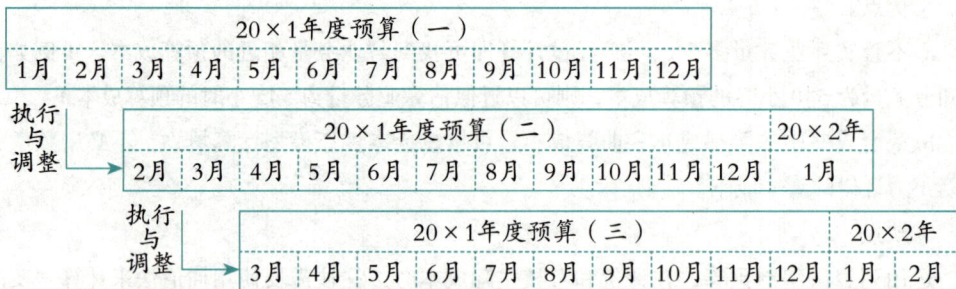

20×1年度预算（一）											
1月	2月	3月	4月	5月	6月	7月	8月	9月	10月	11月	12月

执行与调整 →

20×1年度预算（二）											20×2年
2月	3月	4月	5月	6月	7月	8月	9月	10月	11月	12月	1月

执行与调整 →

20×1年度预算（三）										20×2年	
3月	4月	5月	6月	7月	8月	9月	10月	11月	12月	1月	2月

逐月滚动预算方式示意图

（2）逐季滚动。

逐季滚动是指在预算编制过程中，以季度为预算的编制和滚动单位，每个季度调整一次预算的方法。逐季滚动编制的预算比逐月滚动的工作量小，但精确度较差。

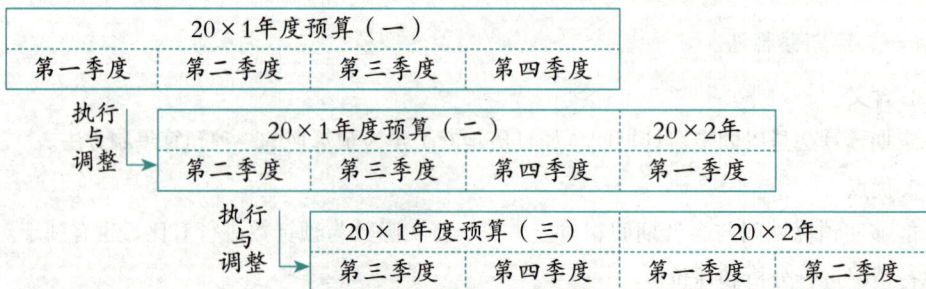

20×1年度预算（一）			
第一季度	第二季度	第三季度	第四季度

执行与调整 →

20×1年度预算（二）			20×2年
第二季度	第三季度	第四季度	第一季度

执行与调整 →

20×1年度预算（三）		20×2年	
第三季度	第四季度	第一季度	第二季度

逐季滚动预算方式示意图

（3）混合滚动。

混合滚动是指在预算编制过程中，同时以月份和季度作为预算的编制和滚动单位的方法。（人们对未来的了解程度具有对近期的预计把握较大，对远期的预计把握较小的特征）

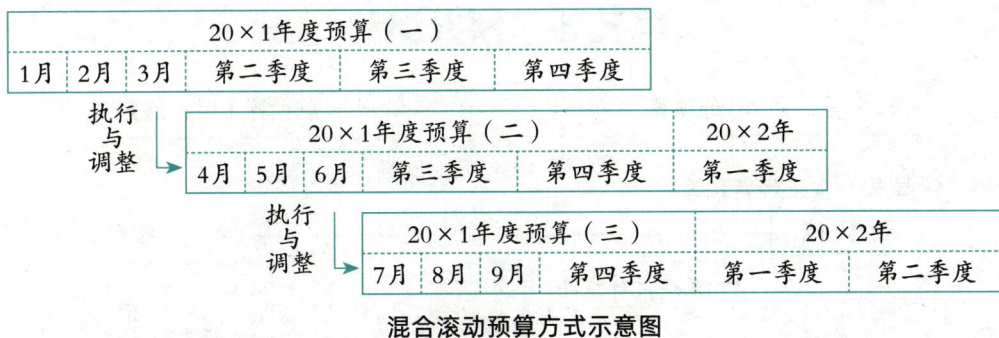

20×1年度预算（一）					
1月	2月	3月	第二季度	第三季度	第四季度

执行
与
调整

20×1年度预算（二）					20×2年
4月	5月	6月	第三季度	第四季度	第一季度

执行
与
调整

20×1年度预算（三）				20×2年	
7月	8月	9月	第四季度	第一季度	第二季度

混合滚动预算方式示意图

4. 优点

通过持续滚动预算编制、逐期滚动管理，**实现动态反映市场、建立跨期综合平衡**，从而有效指导企业运营，强化预算的决策与控制职能。

5. 缺点

（1）**预算滚动的频率越高，对预算沟通的要求越高，预算编制的工作量越大。**

（2）过高的滚动频率容易增加管理层的不稳定感，导致预算执行者无所适从。

典例研习·3-10 判断题

在滚动预算法下，如果预算编制周期为1年，并采取逐月滚动方式，则预算期将逐月缩短。 （   ）

斯尔解析 本题考查预算的编制方法。滚动预算法是指企业根据上一期预算执行情况和新的预测结果，按既定的预算编制周期和滚动频率，对原有的预算方案进行调整和补充、逐期滚动、持续推进的预算编制方法。逐月滚动方式仅表示以月份为预算的编制和滚动单位，并不改变既定的预算编制周期。本题所述错误。

本题答案 ×

典例研习·3-11 单项选择题

预算编制方法按其业务量基础的数量特征不同，可以分为（   ）。

A. 定期预算法与滚动预算法

B. 增量预算法与零基预算法

C. 固定预算法与弹性预算法

D. 增量预算法与定期预算法

斯尔解析 本题考查预算的编制方法。编制预算的方法按其预算期的时间特征不同，可分为定期预算法和滚动预算法，选项AD不当选。编制预算的方法按其出发点的特征不同，可分为增量预算法和零基预算法，选项B不当选。编制预算的方法按其业务量基础的数量特征不同，可分为固定预算法和弹性预算法，选项C当选。

本题答案 C

第三节　预算编制

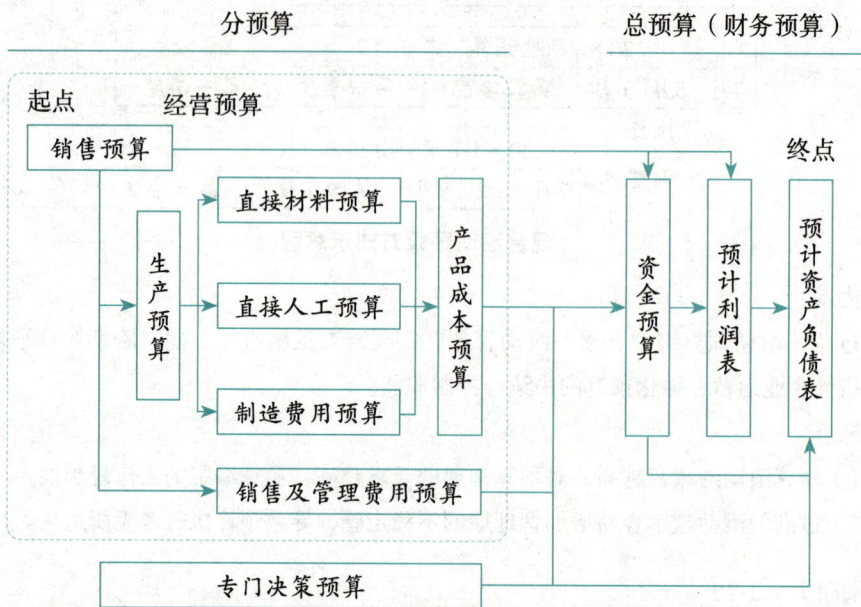

分预算　　　　　　　　　　　　总预算（财务预算）

起点　　　　经营预算　　　　　　　　　　　　　终点

销售预算 → 生产预算 → 直接材料预算 / 直接人工预算 / 制造费用预算 → 产品成本预算 → 资金预算 → 预计利润表 → 预计资产负债表

销售及管理费用预算

专门决策预算

一、经营预算的编制

（一）销售预算（★★★）

销售预算是整个预算的编制起点，其主要内容是销售数量、销售单价和销售收入。

基本原理：

销售收入 = 销售数量 × 销售单价

（1）销售数量是根据市场预测或销货合同并结合企业生产能力确定的。

（2）销售单价是通过定价决策确定的。

|≫ 典例研习 · 3-12 〔计算分析题〕

斯瓜公司预计本年各季度的销量分别为 1 000 件、1 500 件、2 000 件、1 800 件，每件产品的销售价格为 2 800 元。在每季度的销售收入中，60% 货款于本季度收到，剩下 40% 货款将于下季度收到。已知上年年末的应收账款余额为 620 000 元，本年第一季度全部收回。

要求：

编制斯瓜公司本年分季度的销售预算，并计算各季度的现金收款金额。

⑤ 斯尔解析

销售预算

金额单位：元

项目	第一季度	第二季度	第三季度	第四季度	全年
预计销售量（件）	1 000	1 500	2 000	1 800	6 300
预计单位售价	2 800	2 800	2 800	2 800	2 800

续表

项目	第一季度	第二季度	第三季度	第四季度	全年
销售收入	2 800 000	4 200 000	5 600 000	5 040 000	17 640 000
预计现金收入：					
上年应收账款	620 000	—	—	—	620 000
第一季度	1 680 000	1 120 000	—	—	2 800 000
第二季度	—	2 520 000	1 680 000	—	4 200 000
第三季度			3 360 000	2 240 000	5 600 000
第四季度				3 024 000	3 024 000
现金收入合计	2 300 000	3 640 000	5 040 000	5 264 000	16 244 000

陷阱提示 提醒同学们关注两个与"应收账款"有关的问题：

第一，如果题目中给出了"上年应收账款"，在中级会计师财务管理科目考试中，基本可以判断这笔款项将在今年年初收到，形成现金，这是最常见的考法。但保险起见，同学们还是要看清楚收款政策是如何规定的。

第二，如果题目要求计算本年年末的应收账款余额，应当是 5 040 000×40%=2 016 000（元）。

典例研习·3-13 单项选择题

某企业各季度销售收入有 70% 于本季度收到现金，30% 于下季度收到现金。已知 2019 年末应收账款余额为 600 万元，2020 年第一季度预计销售收入为 1 500 万元，则 2020 年第一季度预计现金收入为（   ）万元。

A. 1 650　　　　B. 2 100　　　　C. 1 050　　　　D. 1 230

斯尔解析 本题考查销售预算。第一季度预计现金收入 = 本期销售本期收现 + 前期销售本期收现 =1 500×70%+600=1 650（万元），选项 A 当选。

本题答案 A

（二）生产预算（★★★）

生产预算是在销售预算的基础上编制的，其主要内容有销售量、期初和期末产成品存货量、生产量。

基本原理：

预计生产量 = 预计销售量 + 预计期末产成品存货量 − 预计期初产成品存货量（生 = 销 + 末 − 初）

在生产预算中，只涉及实物量指标，不涉及价值量指标。具体而言，既没有货币金额，也不涉及现金流量，不能直接为资金预算提供数据支撑。

典例研习·3-14 （计算分析题）

斯瓜公司预计本年各季度的销量分别为 1 000 件、1 500 件、2 000 件、1 800 件。已知年初有产成品存货 100 件，年末留存 200 件，预算年度内各季度的期末产成品存货数量为下季度预计销售量的 10%。

要求：

编制斯瓜公司本年分季度的生产预算。

斯尔解析

生产预算

单位：件

项目	第一季度	第二季度	第三季度	第四季度	全年
预计销售量	1 000	1 500	2 000	1 800	6 300
加：预计期末产成品存货	150	200	180	200	200
合计	1 150	1 700	2 180	2 000	6 500
减：预计期初产成品存货	100	150	200	180	100
预计生产量	1 050	1 550	1 980	1 820	6 400

陷阱提示 需要注意的是，"全年"列的数字并不一定是各个季度的数字之和，具体而言：

全年的期初数量 = 第一季度期初数（通常为已知条件）

全年的期末数量 = 第四季度期末数（通常为已知条件）

全年的发生数 = 各季度发生数之和

典例研习·3-15 （单项选择题）

某公司预计第一季度和第二季度产品销售量分别为 140 万件和 200 万件，第一季度期初产品存货量为 14 万件，预计期末存货量为下季度预计销售量的 10%，则第一季度预计生产量为（　　）万件。

A. 15   B. 160   C. 134   D. 146

斯尔解析 本题考查生产预算。预计第一季度期末产成品存货 = 第二季度销售量 ×10%=200×10%=20（万件）。预计第一季度生产量 = 预计第一季度销售量 + 预计第一季度期末产成品存货 − 预计第一季度期初产成品存货 =140+20−14=146（万件），选项 D 当选。

陷阱提示 如果本题不给出"第一季度期初产品存货量为 14 万件"，你还会算吗？其实也很简单，因为"第一季度期初"相当于"上一年第四季度期末"，又因为本季期末存货量 = 下季度销售量 ×10%，所以第一季度期初存货量 = 上一年第四季度期末存货量 = 第一季度销售量 ×10%=140×10%=14（万件）。

本题答案 D

（三）直接材料预算（★★★）

直接材料预算以生产预算为基础编制，同时要考虑原材料存货水平。

基本原理：

预计采购金额 = 预计采购量 × 采购单价

其中：

预计材料采购量 = 生产需用量 + 期末材料存量 − 期初材料存量（采 = 需 + 末 − 初）

生产需用量 = 预计生产量 × 单位产品材料用量

典例研习 · 3-16   计算分析题

斯瓜公司预计本年各季度的生产量分别为 1 050 件、1 550 件、1 980 件、1 820 件，每件产品的材料用量为 10 千克。斯瓜公司预计材料的采购单价为 80 元 / 千克，采购价款的 50% 在本季度内付清，剩余 50% 在下季度付清。已知每季度期末材料存量按下期生产需用量的 20% 确定，年初材料存量为 3 000 千克，年末材料存量为 4 000 千克。假设上年应付账款余额为 235 000 元，全部在本年一季度付清。

要求：

编制斯瓜公司本年分季度的直接材料预算，并计算各季度的现金支出金额。

斯尔解析

直接材料预算

项目	第一季度	第二季度	第三季度	第四季度	全年
预计生产量（件）	1 050	1 550	1 980	1 820	6 400
单位产品材料用量（千克 / 件）	10	10	10	10	10
生产需用量（千克）	10 500	15 500	19 800	18 200	64 000
加：预计期末存量（千克）	3 100	3 960	3 640	4 000	4 000
减：预计期初存量（千克）	3 000	3 100	3 960	3 640	3 000
预计材料采购量（千克）	10 600	16 360	19 480	18 560	65 000
单价（元 / 千克）	80	80	80	80	80
预计采购金额（元）	848 000	1 308 800	1 558 400	1 484 800	5 200 000
预计现金支出（元）：	—	—	—	—	—
上年应付账款	235 000	—	—	—	235 000
第一季度	424 000	424 000	—	—	848 000

续表

项目	第一季度	第二季度	第三季度	第四季度	全年
第二季度	—	654 400	654 400	—	1 308 800
第三季度	—	—	779 200	779 200	1 558 400
第四季度	—	—	—	742 400	742 400
合计	659 000	1 078 400	1 433 600	1 521 600	4 692 600

典例研习·3-17 （单项选择题）

甲企业只生产一种产品，每件产品的材料消耗为 10 千克。预计本期产量为 160 件，下期产量为 200 件。已知本期期初材料为 250 千克，期末材料按下期产量用料的 20% 确定。本期预计材料采购量为（　　）千克。

A. 1 590　　　　　B. 1 750　　　　　C. 1 390　　　　　D. 1 680

斯尔解析　本题考查直接材料预算。根据"采购量 = 生产需用量 + 期末材料存量 − 期初材料存量"，而"生产需用量 = 生产量 × 单位产品材料用量"。计算过程如下：预计材料采购量 =160 × 10+200 × 10 × 20%−250=1 750（千克），选项 B 当选。

本题答案　B

典例研习·3-18 （判断题）

在企业全面预算体系中，生产预算是在销售预算的基础上编制的，同时也是直接材料预算编制的基础。　　　　　　　　　　　　　　　　　　　　　　　　　　（　　）

斯尔解析　本题考查全面预算体系。销售预算是生产预算的编制基础，生产预算是直接材料预算、直接人工预算、制造费用预算的编制基础。本题所述正确。

本题答案　√

（四）直接人工预算（★）

直接人工预算也是以生产预算为基础编制的，其主要内容有预计产量、单位产品工时、人工总工时、每小时人工成本和人工总成本。

基本原理：

人工总成本 = 人工总工时 × 每小时人工成本

　　　　　= 预计生产量 × 单位产品工时 × 每小时人工成本

由于工资都需要使用现金支付，因此不需另外预计现金支出，可直接汇入资金预算。

典例研习·3-19 （计算分析题）

斯瓜公司预计本年各季度的生产量分别为 1 050 件、1 550 件、1 980 件、1 820 件，单位产品工时为 10 小时 / 件，每小时人工成本为 60 元 / 小时。

要求:

编制斯瓜公司本年分季度的直接人工预算。

🔍斯尔解析

直接人工预算

项目	第一季度	第二季度	第三季度	第四季度	全年
预计产量(件)	1 050	1 550	1 980	1 820	6 400
单位产品工时 (小时/件)	10	10	10	10	10
人工总工时(小时)	10 500	15 500	19 800	18 200	64 000
每小时人工成本 (元/小时)	60	60	60	60	60
人工总成本(元)	630 000	930 000	1 188 000	1 092 000	3 840 000

典例研习·3-20 多项选择题

企业编制直接人工预算时,下列各项中,影响人工总成本的因素有( )。

A. 预计生产量
B. 预计单位产品直接人工工时
C. 预计每小时直接人工成本
D. 预计车间辅助人员每小时人工成本

🔍斯尔解析 本题考查直接人工预算。人工总成本 = 人工总工时 × 每小时人工成本 = 预计生产量 × 单位产品工时 × 每小时人工成本,因此选项 ABC 当选。需要注意的是,企业编制的是直接人工预算,因此间接费用不应考虑在内,而车间辅助人员每小时人工成本应当计入制造费用预算,不影响直接人工总成本,选项 D 不当选。

🔺本题答案 ABC

(五)制造费用预算(★)

制造费用预算通常分为变动制造费用预算和固定制造费用预算两部分。

(1)变动制造费用预算:以生产预算为基础编制。

(2)固定制造费用预算:需要逐项进行预计,通常与本期产量无关。

提示:固定制造费用的各期(如各季度)金额不一定相等。

(3)预计现金支出:制造费用中,除折旧费外都需支付现金,所以,根据每个季度制造费用数额扣除折旧费后,即可得出现金支出。

(4)为了便于以后编制产品成本预算,需要计算小时费用率(或标准分配率)。

变动制造费用小时费用率 = 变动制造费用预算金额 ÷ 预算总工时

固定制造费用小时费用率 = 固定制造费用预算金额 ÷ 预算总工时

提示:为简化计算,中级会计师财务管理科目考试中默认此处的"预算总工时"为直接人工预算中的"人工总工时"(预算产量 × 单位产品工时)。

典例研习·3-21 （计算分析题）

沿用【典例研习 3-19】数据，斯瓜公司预计本年变动制造费用总额为 416 000 元，固定制造费用总额为 1 024 000 元。

要求：

计算变动制造费用标准分配率和固定制造费用标准分配率。

斯尔解析 根据【典例研习 3-19】可知预算总工时（即人工总工时）为 64 000 小时，因此：

变动制造费用小时费用率 =416 000÷64 000=6.5（元 / 小时）

固定制造费用小时费用率 =1 024 000÷64 000=16（元 / 小时）

典例研习·3-22 （多项选择题）

下列各项中，通常以生产预算为基础编制的预算有（　　）。

A. 变动制造费用预算　　　　　　　　B. 直接人工预算

C. 销售预算　　　　　　　　　　　　D. 直接材料预算

斯尔解析 本题考查经营预算。直接材料预算、直接人工预算、变动制造费用预算是以生产预算为基础编制的，选项 ABD 当选。销售预算是在销售预测的基础上根据销售计划编制的，生产预算是在销售预算的基础上编制的，选项 C 不当选。

本题答案 ABD

（六）产品成本预算（★）

产品成本预算，是销售预算、生产预算、直接材料预算、直接人工预算、制造费用预算的汇总，其主要内容是产品的单位成本和总成本。

基于前序例题的相关数据，斯瓜公司产品成本预算编制结果如下：

产品成本预算

单位：元

项目	单位成本			生产成本（6 400 件）④ = 单位成本 × 生产量	期末存货（200 件）⑤ = 单位成本 × 期末存货量	销货成本（6 300 件）⑥ = 单位成本 × 销售量
	单价（元 / 千克或小时）①	单耗（千克或小时）②	成本（元）③ = ① × ②			
直接材料	80	10	800	5 120 000	160 000	5 040 000
直接人工	60	10	600	3 840 000	120 000	3 780 000
变动制造费用	6.5	10	65	416 000	13 000	409 500
固定制造费用	16	10	160	1 024 000	32 000	1 008 000
合计	—	—	1 625	10 400 000	325 000	10 237 500

提示：

（1）产品成本预算既涉及实物量，也涉及价值量，但仅有货币金额，不涉及现金收支，不能直接为资金预算提供数据支撑。

（2）产品成本预算中"期末存货"的数据，可以为预计资产负债表中的"存货"项目提供数据支撑；产品成本预算中"销货成本"的数据，可以为预计利润表中的"销售成本"项目提供数据支撑。

（3）期初存货成本（100件×1 625元/件）+生产成本（6 400件×1 625元/件）=期末存货成本（200件×1 625元/件）+销货成本（6 300件×1 625元/件）。

典例研习·3-23　多项选择题

全面预算体系中，编制产品成本预算的依据包括（　　）。

A. 制造费用预算　　　B. 管理费用预算　　　C. 直接人工预算　　　D. 生产预算

斯尔解析　本题考查产品成本预算。产品成本预算，是销售预算、生产预算、直接材料预算、直接人工预算、制造费用预算的汇总，选项 ACD 当选。管理费用不影响企业的产品成本，选项 B 不当选。

本题答案　ACD

（七）销售及管理费用预算（★）

（1）销售费用预算：为了实现销售预算所需支付的费用预算。它以销售预算为基础。在草拟销售费用预算时，要对过去的销售费用进行分析，考察过去销售费用支出的必要性和效果。

（2）管理费用预算：一般管理业务所必需的费用，多属于固定成本。所以，一般是以过去的实际开支为基础，按预算期的可预见变化予以调整。管理费用预算必须充分考察每种费用是否必要，以便提高费用的使用效率。

（3）预计现金支出：从销售及管理费用总额中扣除非付现部分（如折旧、摊销等）即可得到销售及管理费用预算的现金支出。

解题高手

命题角度：考查经营预算的编制。

经营预算编制方法总结

类型	注意事项
销售预算	原理：销售收入 = 销售单价 × 销售数量。 （1）数量：根据市场预测或销货合同并结合企业生产能力确定。 （2）单价：通过定价决策确定

续表

类型	注意事项
生产预算	原理：预计生产量 = 预计销售量 + 预计期末产成品存货 – 预计期初产成品存货。 （1）预计销售量：来自销售预算。 （2）预计期末产成品存货 = 下期预计销售量 ×A%。 （3）预计期初产成品存货 = 上期期末产成品存货 = 本期销售量 ×A%
直接 材料预算	原理：预计采购金额 = 预计采购量 × 采购单价。 其中，预计采购量 = 生产需用量 + 期末材料存量 – 期初材料存量。 （1）生产需用量 = 预计生产量 × 单位产品材料用量。 其中："预计生产量"来自生产预算，"单位产品材料用量"来自标准成本资料或消耗定额资料。 （2）期末材料存量 = 下期预计生产需用量 ×A%。 （3）期初材料存量 = 上期期末存量 = 本期生产需用量 ×A%
直接 人工预算	原理：人工总成本 = 人工总工时 × 每小时人工成本。 （1）人工总工时 = 预计产量 × 单位产品工时。 ①预计产量：来自生产预算。 ②单位产品工时：来自标准成本资料。 （2）每小时人工成本：来自标准成本资料
制造 费用预算	（1）变动制造费用：以生产预算为基础编制。 （2）固定制造费用：需要逐项进行预计，通常与本期产量无关。 （3）小时费用率（标准分配率）= 制造费用预算金额 / 预算总工时（即人工总工时）
产品 成本预算	销售预算、生产预算、直接材料预算、直接人工预算、制造费用预算的汇总，其主要内容是产品的单位成本和总成本
销售及管理 费用预算	（1）销售费用预算：以销售预算为基础。 （2）管理费用预算：多属于固定成本

典例研习·3-24 （计算分析题）

甲公司是某类商品的经销商，正编制 2024 年第三季度预算，相关资料如下：

（1）2024 年第一季度到第四季度的商品销量为 5 000 件、5 200 件、6 000 件、6 400 件。每件商品的单价为 50 元。每季度销售额中，60% 在本季度收到现金，其余 40% 在下季度收到现金。

（2）每季度末的商品库存量为下季度预计销售量的 10%，每件商品的采购单价为 35 元。每季度采购价款中，30% 在本季度支付现金，其余 70% 在下季度支付现金。假设不考虑其他因素。

要求：

（1）计算第三季度与商品销售有关的预计现金收入。

（2）计算第三季度预计采购量与第三季度末的应付账款余额。

（3）计算第三季度与商品采购有关的预计现金支出。

⑤斯尔解析

（1）第三季度与商品销售有关的预计现金收入 $=6\,000 \times 50 \times 60\% + 5\,200 \times 50 \times 40\% = 284\,000$（元）。

（2）第三季度预计采购量 $=6\,000 + 6\,400 \times 10\% - 6\,000 \times 10\% = 6\,040$（件）。

第三季度末的应付账款余额 $=6\,040 \times 35 \times 70\% = 147\,980$（元）

提示：本题中，甲公司是一家商品经销商，其模式是"低价采购，高价卖出"，且不存在物料消耗问题，因此，预计采购量 = 预计生产量。

（3）第二季度预计采购量 $=5\,200 + 6\,000 \times 10\% - 5\,200 \times 10\% = 5\,280$（件）。

第三季度与商品采购有关的预计现金支出 $=5\,280 \times 35 \times 70\% + 6\,040 \times 35 \times 30\% = 192\,780$（元）

二、专门决策预算的编制（★）

专门决策预算主要是长期投资预算（又称资本支出预算），通常是指与项目投资决策相关的专门预算，经常跨越多个年度。

编制专门决策预算的依据，是项目财务可行性分析资料、企业筹资决策资料。

专门决策预算的要点是准确反映项目资金投资支出与筹资计划，它同时也是编制资金预算、预计利润表（补充）和预计资产负债表的依据。

下表是斯瓜公司的专门决策预算。

专门决策预算 单位：元

项目	第一季度	第二季度	第三季度	第四季度	全年
投资支出预算	5 000 000	—	—	700 000	12 000 000
借入长期借款	3 000 000	—	—	700 000	10 000 000

⊪>> 典例研习 · 3-25 判断题

经营预算是全面预算编制的起点，因此专门决策预算应当以经营预算为依据。（　　）

⑤斯尔解析 本题考查专门决策预算。销售预算是全面预算编制的起点。编制专门决策预算的依据，是项目财务可行性分析资料以及企业筹资决策资料。本题所述错误。

◆本题答案 ✕

三、财务预算的编制

（一）资金预算（★★★）

资金预算是以经营预算和专门决策预算为依据编制的，专门反映预算期内预计现金收入与现金支出，以及为满足理想现金余额而进行筹资或归还借款等的预算。

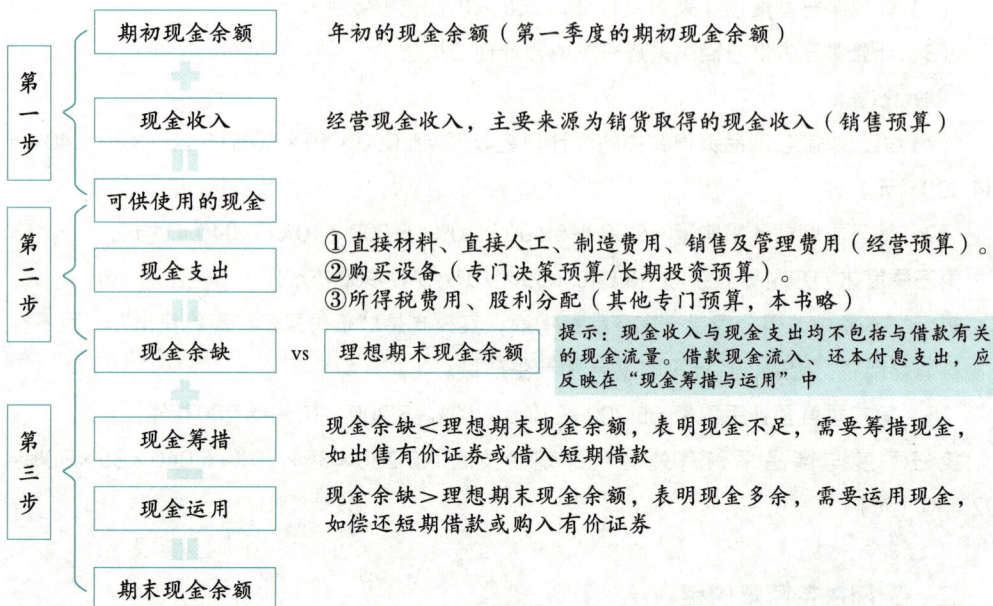

第一步	期初现金余额	年初的现金余额（第一季度的期初现金余额）
	现金收入	经营现金收入，主要来源为销货取得的现金收入（销售预算）
第二步	可供使用的现金	
	现金支出	①直接材料、直接人工、制造费用、销售及管理费用（经营预算）。②购买设备（专门决策预算/长期投资预算）。③所得税费用、股利分配（其他专门预算，本书略）
第三步	现金余缺 vs 理想期末现金余额	提示：现金收入与现金支出均不包括与借款有关的现金流量。借款现金流入、还本付息支出，应反映在"现金筹措与运用"中
	现金筹措	现金余缺＜理想期末现金余额，表明现金不足，需要筹措现金，如出售有价证券或借入短期借款
	现金运用	现金余缺＞理想期末现金余额，表明现金多余，需要运用现金，如偿还短期借款或购入有价证券
	期末现金余额	

精准答疑

问题： 现金余缺＞0，则为"现金余"；反之，现金余缺＜0，则为"现金缺"，这样理解对吗？

解答： 现金余缺的比较对象不是"0"，而是"理想期末现金余额"。也就是说，如果现金余缺＞理想期末现金余额，则为"余"，如果现金余缺＜理想期末现金余额，则为"缺"。

解题高手

命题角度：考查资金预算的编制。

客观题或主观题高频考点，也是同学们容易犯错的地方。

虽然上述编制逻辑看起来清晰，即在比较现金余缺与理想期末现金余额之后便可以计算现金筹措或运用的金额，但在实际运用时是容易出现错误的。建议同学们按照如下思路进行掌握：

（1）情形一：现金"余"（现金余缺＞理想期末现金余额）。

在该情形下，可以做三件事情：还利息、还本金和做投资（如购买短期有价证券）。其中，关键问题是要确定还本金和做投资的大小。假设归还的本金和投资的金额合计为 X，则有："现金余缺 – 归还的利息 – X ≥理想期末现金余额"，从而求得 X。

需要注意的是，在最终"取值"时，既要看清楚题目中对于还款金额和做投资的倍数要求，还要秉承"多借少还"的原则。

（2）情形二：现金"缺"（现金余缺＜理想期末现金余额）。

在该情形下，关键问题是要确定借多少钱。假设本期的借款金额为 W，则有："现金余缺 + W – 借款利息 ≥理想现金余额"，从而求得 W。

需要注意的是，在最终"取值"时，既要看清楚题目中对于借款金额的倍数要求，还要秉承"多借少还"的原则。

另外，计算借款利息时需要关注三个问题：

第一，既要关注本期新增借款产生的利息费用，也要关注原有借款产生的利息费用。

第二，需要关注各笔借款的利息支付方式以及时间，以确定本期是否会发生利息的支付，比如，以"到期一次还本付息"的方式所取得的借款，在偿还本金之前是不需要支付利息的。

第三，需要关注题目给出的利率是年口径还是期口径，必要时，需要进行利率转换。

典例研习·3-26 （单项选择题）

某公司在编制资金预算时，期末现金余额要求不低于 10 000 元，资金不足向银行借款，借款金额要求为 10 000 元的整数倍。若"现金余缺"为 –55 000 元，则应向银行借款的金额为（　　）元。

A. 40 000　　　　B. 70 000　　　　C. 60 000　　　　D. 50 000

斯尔解析 本题考查资金预算。假定应向银行借款的金额为 X，则 –55 000+X ≥ 10 000，X ≥ 10 000+55 000，X ≥ 65 000（元），又因为借款金额要求为 10 000 元的整数倍，所以应向银行借款的金额为 70 000 元，选项 B 当选。需要说明的是，题干中并未提及与借款利息相关的信息，因此作答时，无须考虑借款利息的影响。

本题答案 B

典例研习·3-27 （计算分析题）

丁公司 2014 年末的长期借款余额为 12 000 万元，短期借款余额为零。该公司的期末理想现金余额为 500 万元，如果资金不足，可向银行借款。假设：银行要求借款的金额是 100 万元的整数倍，而偿还本金的金额是 10 万元的整数倍；新增借款发生在季度期初，偿还借款本金发生在季度期末，先偿还短期借款；借款利息按季度平均计提，并在季度期末偿还。

丁公司编制了 2015 年分季度的资金预算，部分信息如下表所示：

丁公司 2015 年资金预算的部分信息

单位：万元

季度	一	二	三	四
现金余缺	−7 500	（C）	*	−450
长期借款	6 000	0	5 000	0
短期借款	2 600	0	0	（E）
偿还短期借款	0	1 450	1 150	0
偿还短期借款利息（年利率 8%）	52	（B）	（D）	*
偿还长期借款利息（年利率 12%）	540	540	*	690
期末现金余额	（A）	503	*	*

注：表中"*"表示省略的数据。

要求：

确定上表中英文字母代表的数值（不需要列示计算过程）。

斯尔解析 A=508；B=52；C=2 545；D=23；E=1 700。

说明：

（1）A=−7 500+6 000+2 600−52−540=508（万元）。

（2）B=2 600×8%÷4=52（万元），由于丁公司短期借款的偿还发生在期末，本期偿还的短期借款金额，不会影响本期的借款利息。

（3）根据 C−1 450−52−540=503，可得 C=2 545（万元）。

（4）D=（2 600−1 450）×8%÷4=23（万元）。

（5）根据 −450+E−690−E×8%÷4 ≥ 500，可得 E ≥ 1 673.47（万元），由于银行要求借款的金额是 100 万元的整数倍，所以 E=1 700（万元）。

（二）预计利润表的编制（★★）

预计利润表用来综合反映企业在计划期的预计经营成果，是企业最主要的财务预算表之一。编制预计利润表的依据是各经营预算、专门决策预算和资金预算。

解题高手

命题角度：考查预计利润表中各报表项目的数据来源。

全面预算中所编制的预计利润表，并非标准的利润表，而是简化的利润表，其具体项目和数据来源，如下表所示：

报表项目	数据来源
销售收入	销售预算
销售成本	产品成本预算
毛利	差额
销售及管理费用	销售及管理费用预算
利息	资金预算
利润总额	差额
所得税费用	所得税费用通常不是根据"利润总额"和所得税税率计算出来的，而是在利润规划时估计的，并已列入资金预算。 利润→所得税→现金余缺→借款利息
净利润	差额

典例研习·3-28 （多项选择题）

下列各项预算中，可以直接为预计利润表提供资金来源的有（　　）。

A. 生产预算　　　　　　　　　　B. 制造费用预算

C. 产品成本预算　　　　　　　　D. 资金预算

斯尔解析 本题考查预计利润表。生产预算只涉及实物量指标，不涉及价值量指标，不能直接为预计利润表提供资金来源，选项A不当选。企业发生的制造费用，需要通过生产成本进行归集和分配，不能直接为预计利润表提供数据支撑，选项B不当选。销售成本项目的数据来自产品成本预算，选项C当选。利息项目的数据来自资金预算，选项D当选。

本题答案 CD

（三）预计资产负债表的编制（★★）

预计资产负债表是用来反映企业在计划期末预计的财务状况。它的编制需以计划期开始日的资产负债表为基础，结合计划期间各项经营预算、专门决策预算、资金预算和预计利润表进行编制。它是编制全面预算的终点。

解题高手 👍

命题角度：考查预计资产负债表各报表项目的数据来源。

报表项目	数据来源
货币资金	资金预算（期初、期末现金余额）
应收账款	销售预算（结合收账政策）
存货	直接材料预算、产品成本预算（产成品）
固定资产	制造费用预算、销售及管理费用预算（年初余额 – 三项折旧）
在建工程	专门决策预算
短期借款	资金预算（取得与归还借款）
应付账款	直接材料预算（结合付款政策）
长期借款	专门决策预算
股本	股本变动情况
资本公积	资本公积变动情况
盈余公积	预计利润表（净利润，结合提取政策）。 （如法定盈余公积达到股本 50% 时可以不再提取）
未分配利润	预计利润表（净利润）、资金预算（股利）、预计资产负债表（盈余公积）

典例研习·3-29 单项选择题

关于预计资产负债表的编制，下列说法错误的是（　　）。

A. 预计资产负债表的编制需以计划期开始日的资产负债表为基础

B. 预计资产负债表编制时需用到计划期预计利润表信息

C. 预计资产负债表综合反映企业在计划期的预计经营成果

D. 预计资产负债表是编制全面预算的终点

斯尔解析 本题考查预计资产负债表。预计资产负债表是用来反映企业在计划期期末预计的财务状况，选项 C 当选。它的编制需以计划期开始日的资产负债表为基础，结合计划期间各项经营预算、专门决策预算、资金预算和预计利润表进行编制，选项 AB 不当选。它是编制全面预算的终点，选项 D 不当选。

本题答案 C

典例研习·3-30 （单项选择题）

根据企业 2018 年的资金预算，第一季度至第四季度期初现金余额分别为 1 万元、2 万元、1.7 万元、1.5 万元，第四季度现金收入为 20 万元，现金支出为 19 万元，不考虑其他因素，则该企业 2018 年末的预计资产负债表中，货币资金年末数为（　　）万元。

A. 2.7　　　　　　　　　　　B. 7.2

C. 4.0　　　　　　　　　　　D. 2.5

斯尔解析 本题考查预计资产负债表。该企业 2018 年末的预计资产负债表中，货币资金年末数 = 第四季度期初现金余额 + 第四季度现金收入 − 第四季度现金支出 =1.5+20−19=2.5（万元），选项 D 当选。

本题答案 D

解题高手

命题角度： 考查经营预算与财务预算的关系。

经营预算	对财务预算的影响
销售预算	（1）资金预算：考虑收款政策，确认收回的前期应收账款以及当期销售收现金额。 （2）预计资产负债表：考虑对预计资产负债表中期末应收账款余额的影响
生产预算	生产预算只涉及实物量指标，不涉及价值量指标，不直接为财务预算（资金预算、预计利润表、预计资产负债表）提供资料
直接材料预算	（1）资金预算：考虑付款政策，确认支付的前期应付账款以及当期采购付款金额。 （2）预计资产负债表：考虑对预计资产负债表中期末应付账款余额和存货余额的影响
直接人工预算	资金预算：工资都需要使用现金支付，直接汇入资金预算
制造费用预算	资金预算：扣除折旧费后，即可得出现金支出
产品成本预算	（1）预计利润表：销货成本 = 单位产品成本 × 销售数量。 （2）预计资产负债表：期末存货（产成品）余额 = 单位产品成本 × 期末存货存量
销售及管理费用预算	资金预算：扣除折旧及摊销费用后，即可得出现金支出

典例研习·3-31 多项选择题

下列各项中，能够成为预计资产负债表中存货项目金额来源的有（　　）。

A. 销售费用预算　　　　　　　　　B. 直接人工预算

C. 直接材料预算　　　　　　　　　D. 产品成本预算

斯尔解析 本题考查预计资产负债表。"存货"包括直接材料和产成品，直接材料预算和产品成本预算能够成为预计资产负债表中存货项目的金额来源，选项 CD 当选。销售费用预算与存货项目金额无直接关系，选项 A 不当选。对于直接人工预算的数据，首先需要汇入产品成本预算，再根据本期的销售情况以及其他信息，最终确定期末存货金额，进而作为存货项目的金额来源，而直接人工预算本身不能成为存货项目的金额来源，选项 B 不当选。

本题答案 CD

典例研习·3-32 多项选择题

企业编制预算时，下列各项中，属于资金预算编制的依据有（　　）。

A. 制造费用预算　　　　　　　　　B. 直接材料预算

C. 专门决策预算　　　　　　　　　D. 销售费用预算

斯尔解析 本题考查资金预算。资金预算是以经营预算和专门决策预算为依据编制的，专门反映预算期内预计现金收入与现金支出，以及为满足理想现金余额而进行筹资或归还借款等的预算。制造费用预算、直接材料预算、专门决策预算和销售费用预算均涉及现金收支，选项 ABCD 当选。

本题答案 ABCD

背记重点
扫码全知道

至此，财务管理的学习已经进行了 22%，继续加油呀！

22%

第四章
筹资管理（上）

重要程度： 重点章节　　　　　　　　**平均分值：** 8分

考核题型： 客观题

本章提示： 本章重点内容为各种筹资方式的特点，文字性内容较多，但只要理解到位，就无须机械性背记

考点精讲 »

第一节 筹资管理概述

　　企业筹资，是指企业为了满足经营活动、投资活动、资本结构管理和其他需要，运用一定的筹资方式，通过一定的筹资渠道，筹措和获取所需资金的一种财务行为。

一、企业筹资的动机（★）

类别	概念
创立性 筹资动机	（1）企业设立时，为取得资本金并形成开展经营活动的基本条件而产生的筹资动机。 （2）满足长期资本需要量（如注册资本和资本公积等股权资金）和流动资金需要量（如银行借款等债务资金）
支付性 筹资动机	（1）为满足经营业务活动的正常波动所形成的支付需要（即超出维持正常经营活动资金需求的季节性、临时性的支付需要）而产生的筹资动机。 （2）典型举例：原材料购买的大额支付、员工工资的集中发放、银行借款的偿还、股东股利的发放
扩张性 筹资动机	（1）企业因扩大经营规模或满足对外投资需要而产生的筹资动机。 （2）这种筹资的结果往往是企业资产总规模（如扩建厂房）的扩大和资本结构（如找投资人）的明显变化
调整性 筹资动机	（1）企业因调整资本结构而产生的筹资动机，其原因包括： ①优化资本结构，合理利用财务杠杆效应。 a. 债务多，财务风险高。 b. 股权大，资本成本高。 ②偿还到期债务，债务结构内部调整。 a. 期限调整：借长期还短期，缓解偿还压力。 b. 结构调整：借新债还旧债，保持资本结构。 （2）这类筹资通常不会增加企业的资本总额
混合性 筹资动机	（1）通过追加筹资，既满足了经营活动、投资活动的资金需要，又达到了调整资本结构的目的。 （2）这种动机兼具扩张性筹资动机和调整性筹资动机的特性，同时增加了企业的资产总额和资本总额，也导致企业的资产结构和资本结构同时变化

原理详解 💡

债 vs 股，到底孰低孰高？

（1）资本成本：债务筹资＜股权筹资。

可以从投资人获得收益的风险角度来理解这个结论。债权人之所以愿意出借资金是因为他们知道自己会有稳定的利息收益，而股东愿意出钱看重的并不是"固定"的收益，而是长远的发展，因此股东的收益往往是波动的，而波动就意味着风险。为了弥补这个不确定性带来的风险，股东所要求的收益率一定会比债权人高，而站在筹资人的角度，也就意味着向股东借的成本要比向债权人借钱的成本高。

（2）财务风险：债务筹资＞股权筹资。

首先要搞清楚何为"财务风险"，最直白的理解就是"偿债风险"。对于债务筹资而言，由于"欠债还钱"是法定义务，如果还不上钱，可能会被债权人申请破产清算。然而股东投资的钱属于"花钱买愿意"，经营好了"喜大普奔"，经营不好就只能当做是买个教训，并无法定偿还义务。所以，债务筹资的偿还风险高于股权筹资。

📖 典例研习·4-1 （单项选择题）

当一些债务即将到期时，企业虽然有足够的偿债能力，但为了保持现有的资本结构，仍然举新债还旧债，这种筹资的动机是（　　　）。

A. 扩张性筹资动机
B. 支付性筹资动机
C. 调整性筹资动机
D. 创立性筹资动机

🔍 斯尔解析　本题考查筹资的动机。题干的关键词是"保持现有的资本结构""举新债还旧债"，属于典型的调整性筹资动机，选项 C 当选。

⚓ 本题答案　C

📖 典例研习·4-2 （单项选择题）

企业创建时，为尽快形成经营能力，除了购建厂房设备外，企业还需要提前预计流动资金需要量，并筹措相应的资金。这种筹资的动机是（　　　）。

A. 支付性筹资动机
B. 扩张性筹资动机
C. 创立性筹资动机
D. 混合性筹资动机

🔍 斯尔解析　本题考查筹资的动机。企业设立时，为取得资本金并形成开展经营活动的基本条件而产生的筹资动机属于创立性筹资动机。在该动机下，企业要按照经营规模预计长期资本需要量和流动资金需要量，形成企业的经营能力。本题符合创立性筹资动机的含义，选项 C 当选。

⚓ 本题答案　C

二、筹资管理的内容

（1）科学预计资金需要量（筹多少钱）。

（2）合理安排筹资渠道、选择筹资方式（从哪筹钱）。

（3）降低资本成本、控制财务风险（筹钱的代价与风险）。

三、筹资的分类（★★）

（一）股权筹资、债务筹资及衍生工具筹资

分类标准：企业所取得资金的权益特性。

类型	含义	举例
股权筹资	股东投入的、企业依法长期拥有、能够自主调配运用的资本。股权资本在企业持续经营期间，投资者不得抽回，因而也称为企业的自有资本、主权资本或权益资本	吸收直接投资、发行股票、留存收益
债务筹资	企业按合同向债权人取得的，在规定期限内需要清偿的债务	银行借款、公司债券、租赁、商业信用筹资
衍生工具筹资	兼具股权与债务筹资性质的混合筹资和其他衍生工具筹资	混合筹资：可转换债券筹资和优先股筹资。其他衍生工具筹资：认股权证筹资

提示：永续债分类为权益工具还是金融负债，应把"是否能无条件地避免交付现金或其他金融资产的合同义务"作为判断永续债分类的关键，如果发行人能够无条件地避免交付现金或其他金融资产合同义务，则该永续债属于权益工具，结合永续债募集说明书条款，按照经济实质重于法律形式原则进行判断。

（二）直接筹资与间接筹资

分类标准：是否以金融机构为媒介来获取社会资金。

类型	含义	举例	特征
直接筹资	企业直接与资金供应者协商融通资金的筹资活动，不需要通过金融机构来筹措资金	发行股票、发行债券、吸收直接投资	手续比较复杂，筹资费用较高，但有利于扩大知名度
间接筹资	企业借助银行和非银行金融机构来筹集资金	银行借款、租赁	手续简单，效率高，费用低

提示：

（1）委托证券经营中介机构发行股票或债券，属于直接筹资。

（2）间接筹资方式下，银行等金融机构发挥的中介作用是预先集聚资金，然后提供给企业。间接筹资形成的主要是债务资金。

（三）内部筹资与外部筹资

分类标准：资金的来源范围。

类型	含义	举例	特征
内部筹资	企业通过利润留存而形成的筹资来源	留存收益	无须花费筹资费用，数额有限
外部筹资	企业向外部筹措资金而形成的筹资来源	发行股票、债券，取得商业信用、银行借款	数额较大，通常需要花费一定的筹资费用

（四）长期筹资与短期筹资

分类标准：所筹集资金的使用期限。

类型	含义	举例
长期筹资	企业筹集使用期限在 1 年以上的资金	吸收直接投资、发行股票、发行债券、长期借款、租赁
短期筹资	企业筹集使用期限在 1 年以内的资金	商业信用、短期借款、保理业务

典例研习 · 4-3 多项选择题

混合筹资方式兼有股权筹资和债务筹资性质，下列各项中，属于混合筹资方式的有（　　）。

A. 发行优先股　　　　B. 商业信用　　　　　C. 租赁　　　　　　D. 发行可转换债券

斯尔解析 本题考查筹资的分类。混合筹资是兼具股权与债务性质的筹资，比如可转换债券筹资和优先股筹资，选项 AD 当选。商业信用筹资和租赁筹资均属于债务筹资，选项 BC 不当选。

本题答案 AD

典例研习 · 4-4 多项选择题

下列各项中，属于间接筹资方式的有（　　）。

A. 发行股票　　　　　B. 杠杆租赁　　　　　C. 发行债券　　　　　D. 银行借款

斯尔解析 本题考查筹资的分类。直接筹资不需要通过金融机构来筹措资金，是企业直接从社会取得资金的方式。直接筹资方式主要有发行股票、发行债券、吸收直接投资等，选项 AC 不当选。间接筹资是企业借助银行和非银行金融机构来筹集资金。间接筹资的基本方式是银行借款，此外还有租赁等方式，选项 BD 当选。

本题答案 **BD**

四、筹资管理的原则

原则	具体要求
筹措合法	遵循国家法律法规，合法筹措资金
规模适当	根据生产经营及其发展需要，合理安排资金需求
取得及时	合理安排筹资时间，适时取得资金
来源经济	充分利用各种筹资渠道，选择经济、可行的资金来源
结构合理	综合考虑各种筹资方式，优化资本结构

第二节　债务筹资

一、银行借款（★★）

银行借款是指企业向银行或其他非银行金融机构借入的、需要还本付息的款项，包括偿还期限超过 1 年的长期借款和不足 1 年的短期借款。

（一）银行借款的种类

1.按提供贷款的机构

贷款类型	典型的贷款机构	特点
政策性银行贷款	国家开发银行、中国进出口信贷银行、中国农业发展银行	执行国家政策性贷款业务的银行向企业发放的贷款，通常为长期贷款
商业性银行贷款	中国银行、中国建设银行、招商银行	满足企业生产经营的资金需要，包括短期贷款和长期贷款
其他金融机构贷款	信托公司、财务公司、保险公司	贷款期限较商业性银行贷款更长，利率较高，对借款企业信用的要求和担保的选择比较严格

2.按机构对贷款有无担保要求

（1）信用贷款：风险较高，银行通常要收取较高的利息，往往还要附加一定的限制条件。

（2）担保贷款：由借款人或第三方依法提供担保而获得。

类型	概念
保证贷款	以第三方作为保证人承诺在借款人不能偿还借款时，按约定承担一定保证责任或连带责任（人保）
抵押贷款	债务人或第三方并不转移对财产的占有；抵押品可以是不动产、机器设备、交通运输工具、依法有权处分的土地使用权、有价证券等（物保：动产或不动产 + 不转移占有）
质押贷款	债务人或第三方将其动产或财产权利移交给债权人占有；质押品可以是信用凭证，有价证券，依法可转让的商标专用权、专利权、著作权中的财产权等（物保：动产 + 转移占有）

典例研习 · 4-5 （单项选择题）

某企业从银行取得一笔中长期贷款，第三方张某承诺，该企业到期不能偿还贷款时，由张某代为清偿，不考虑其他因素，该贷款类型属于（   ）。

A. 质押贷款　　　B. 保证贷款　　　C. 抵押贷款　　　D. 信用贷款

斯尔解析 本题考查银行借款的类型。质押贷款是指以借款人或第三方的动产或财产权利作为质押物而取得的贷款，选项 A 不当选。保证贷款是指以第三方作为保证人承诺在借款人不能偿还借款时，按约定承担一定保证责任或连带责任而取得的贷款，选项 B 当选。抵押贷款是指以借款人或第三方的财产作为抵押物而取得的贷款，选项 C 不当选。信用贷款是指以借款人的信誉或保证人的信用为依据而取得的贷款，选项 D 不当选。

本题答案 B

典例研习 · 4-6 （单项选择题）

某企业取得银行贷款时，将其持有的其他公司债券作为贷款担保移交给银行，该银行贷款类型是（   ）。

A. 质押贷款　　　B. 信用贷款　　　C. 保证贷款　　　D. 抵押贷款

斯尔解析 本题考查银行借款的类型。质押贷款是指以借款人或第三方的动产或财产权利作为质押物而取得的贷款（转移占有），选项 A 当选。

本题答案 A

（二）长期借款的保护性条款——保护债权人

条款类型	具体内容
例行性保护条款	例行常规，在大多数借款合同中都会出现。主要包括： （1）要求定期向提供贷款的金融机构提交公司财务报表。

续表

条款类型	具体内容
例行性保护条款	（2）保持存货储备量。 （3）及时清偿债务。 （4）不准以资产作其他承诺的担保或抵押。 （5）不准贴现应收票据或出售应收账款，以避免或有负债等
一般性保护条款 （1保持+4限制）	对企业资产的流动性及偿债能力等方面的要求条款，应用于大多数借款合同。主要包括： （1）保持企业的资产流动性。 （2）限制企业非经营性支出。 （3）限制企业资本支出的规模。 （4）限制公司再举债规模。 （5）限制公司的长期投资
特殊性保护条款	针对某些特殊情况而出现在部分借款合同中的条款，只有在特殊情况下才能生效。主要包括： （1）要求公司的主要领导人购买人身保险。 （2）借款的用途不得改变。 （3）违约惩罚条款

典例研习·4-7 单项选择题

对于长期借款合同，债权人通常会附加各种保护性条款。以下属于一般性保护条款的是（   ）。

A. 限制公司增加举债规模

B. 不准贴现应收票据或出售应收账款

C. 不准将资产用作其他承诺的担保或抵押

D. 借款用途不得改变

斯尔解析 本题考查银行借款。一般性保护条款主要包括：（1）保持企业的资产流动性；（2）限制企业非经营性支出；（3）限制企业资本支出的规模；（4）限制公司再举债规模；（5）限制公司的长期投资，选项A当选。不准贴现应收票据或出售应收账款、不准将资产用作其他承诺的担保或抵押，属于例行性保护条款，选项BC不当选。借款用途不得改变，属于特殊性保护条款，选项D不当选。

本题答案 A

（三）银行借款的筹资特点

	特点描述	原因
优点	筹资速度快	相比于其他债务筹资方式，借款程序相对简单
	资本成本较低（最低）	与发债、租赁相比，利息负担更低。 无须支付证券发行费用、租赁手续费用等筹资费用

续表

	特点描述	原因
优点	筹资灵活性较大 ！变	可与贷款机构直接商定贷款的时间、数量和条件；可以提前偿还本息
缺点	限制条款多	与发行公司债券相比，合同对借款用途有明确规定（例行性保护、一般性保护、特殊性保护）
	筹资数额有限	受贷款机构资本实力的制约

典例研习·4-8　单项选择题

下列关于银行借款筹资的说法中，错误的是（　　）。

A. 相对于担保贷款，银行对于信用贷款通常要收取较高的利息

B. 长期借款的保护性条款一般有例行性保护条款、一般性保护条款和特殊性保护条款

C. 银行借款筹资既可以筹集长期资金，也可以用于短期融通资金

D. 筹资速度慢是银行借款筹资的缺点之一

斯尔解析　本题考查银行借款。与发行公司债券、租赁等其他债务筹资方式相比，银行借款的程序相对简单，所花时间较短，公司可以迅速获得所需资金，选项 D 当选。需要注意的是，信用贷款的风险较高，银行通常要收取较高的利息，往往还要附加一定的限制条件，选项 A 不当选。

本题答案　D

二、发行公司债券（★★）

公司债券是公司依照法定程序发行、约定在一定期限还本付息的有价证券。债券是持券人拥有公司债权的书面证书，它代表债券持券人与发债公司之间的债权债务关系。

（一）公司债券的种类

分类标准	类型	含义
是否记名	记名债券	由债券持有人以背书方式或者法律、行政法规规定的其他方式转让
	无记名债券	债券持有人交付给受让人后即发生转让效力
是否可转换成公司股权	可转换债券	在规定的时间内按规定的价格转换为股票（上市公司）
	不可转换债券	不能转换为发债公司股票的债券
有无特定担保	担保债券	以抵押方式担保发行人按期还本付息；债券按其抵押品的不同分为不动产抵押、动产抵押、证券信托抵押债券

分类标准	类型	含义
有无特定担保	信用债券	只能作为一般债权人参与剩余财产的分配
是否公开发行	公开发行债券	可以向公众投资者发行，也可自主选择仅面向合格投资者公开发行
	非公开发行债券	应当向合格投资者发行

（二）债券的偿还

偿还方式	注意事项
提前偿还	（1）特点： ①提前偿还所支付的价格通常要高于债券的面值，并随到期日的临近而逐渐下降。 ②具有提前偿还条款的债券可使公司筹资有较大的弹性。 （2）触发条件： ①当公司资金有结余时，可提前赎回债券。 ②当预测利率下降时，也可提前赎回债券，而后以较低的利率来发行新债券
到期分批偿还	因为各批债券的到期日不同，它们各自的发行价格和票面利率也可能不相同，从而导致发行费较高；但由于这种债券便于投资人挑选最合适的到期日，因而便于发行
到期一次偿还	多数情况下，发行债券的公司在债券到期日，一次性归还债券本金，并结算债券利息

（三）发行公司债券的筹资特点

特点描述		原因
优点	单次筹资数额大 要	与银行借款、租赁等债务筹资方式相比，可通过资本市场筹集大额的资金
	提高公司的社会声誉	公司债券的发行主体有严格的资格限制
	筹资使用限制少	与银行借款相比，募集的资金在使用上具有相对的灵活性和自主性
缺点	资本成本负担较高	与银行借款相比，利息负担、筹资费用均较高，且不能进行债务展期

典例研习·4-9 多项选择题

与银行借款相比，发行公司债券筹资的特点有（　　）。

A. 单次筹资数额较大

B. 资本成本较低

C. 能够扩大公司的社会影响

D. 筹集资金的使用具有相对的自主性

斯尔解析 本题考查发行公司债券。相比于银行借款，公司可以面向社会公众发行公司债券，一次性筹资数额较大，选项 A 当选。发行公司债券筹资的资本成本高于银行借款，选项 B 不当选。公司债券的发行主体，有严格的资格限制。发行公司债券，往往是有实力的股份有限公司和有限责任公司，因此发行公司债券可以扩大公司的社会影响，选项 C 当选。与银行借款相比，发行公司债券募集的资金在使用上具有相对的灵活性和自主性，选项 D 当选。

陷阱提示 不同筹资方式的特点对比是高频考点。从做题角度，要分清楚题目提问的主体筹资类型（以下简称"主体"），先基于主体判断选项表述是否正确。若仍无法判断，再结合比较对象综合判断。另外，要认真阅读题目要求，"属于 / 不属于"vs"优点 / 缺点"。

本题答案 ACD

三、租赁（★★）

租赁，是指通过签订资产出让合同的方式，使用资产的一方（承租方）通过支付租金，向出让资产的一方（出租方）取得资产使用权的一种交易行为。在这项交易中，承租方通过得到所需资产的使用权，完成了筹集资金的行为。

（一）租赁的基本特征

（1）所有权与使用权相分离。

（2）融资与融物相结合：借物还钱，并以分期支付租金的方式来体现。

（3）租金的分期支付。

（二）租赁的基本形式

租赁形式	特点
直接租赁	承租方提出租赁申请时，出租方按照承租方的要求选购设备，然后再出租给承租方
售后回租（承租方角度）	承租方将自己的资产售给出租方，然后以租赁的形式从出租方租回资产的使用权
杠杆租赁（出租方角度）	涉及承租人、出租人和资金出借人三方；出租方自己只投入部分资金，其余资金则通过将该资产抵押担保的方式，向资金出借人（通常为银行）申请贷款解决，出租人既是债权人也是债务人，既要向承租人收取租金，又要向资金出借人支付债务

解题高手 👍

命题角度：三种租赁方式的对比。

客观题考点。同学们可以结合下表来掌握三种租赁方式的差异：

租赁方式	涉及几方	租赁物归谁	租赁物由谁买	合同关系
直接租赁	出租人、承租人	出租人	出租人	租赁合同
售后回租	出租人、承租人	售前：承租人 售后：出租人	出租人	买卖合同 租赁合同
杠杆租赁	出租人、承租人、资金出借人	出租人	出租人＋资金出借人	借款合同 租赁合同

典例研习·4-10 （单项选择题）

某租赁公司购进设备并出租，设备价款为 1 000 万，该公司出资 200 万元，余款通过设备抵押贷款解决，并用租金偿还贷款。该租赁方式为（　　）。

A. 售后回租　　　　B. 杠杆租赁　　　　C. 直接租赁　　　　D. 经营租赁

🔍**斯尔解析**　本题考查租赁筹资。杠杆租赁是指涉及承租人、出租人和资金出借人三方的融资租赁业务。一般来说，当所涉及的资产价值昂贵时，出租方自己只投入部分资金，其余资金则通过将该资产抵押担保的方式，向第三方（通常为银行）申请贷款解决。然后，出租人将购进的设备出租给承租方，用收取的租金偿还贷款，该资产的所有权属于出租方。出租人既是债权人也是债务人，既要收取租金又要支付债务，选项 B 当选。

🔺**本题答案**　B

（三）租金计算（出租人如何确定租金）

1. 租金的影响因素

影响因素	具体构成
设备原价及预计残值	包括设备买价、运输费、安装调试费、保险费等，以及该设备租赁期满后出售可得的收入
利息	租赁公司为承租企业购置设备垫付资金所应支付的利息（本质上是一种机会成本）
租赁手续费和利润	租赁公司承办租赁设备所发生的业务费用，包括业务人员工资、办公费、差旅费等

2. 租金的支付方式

（1）按支付间隔期长短，分为年付、半年付、季付和月付等方式。

（2）按在期初和期末支付，分为先付和后付两种。

（3）按每次支付额，分为等额支付和不等额支付两种。

提示：实务中，承租企业与租赁公司商定的租金支付方式，大多为后付等额年金。

3. 租金的计算

（1）计算角度：站在<u>出租人</u>的角度进行计算。

（2）基本原则：出租人付出款项的现值 = 出租人收到款项的现值。

其中：

①出租人付出的款项主要是指租赁设备的原值。

②出租人收到的款项包括每期的租金和租赁期满时归属于出租人的残值。

提示：如果租赁期满设备归承租人所有，则出租人收到的款项只有每期的租金。

③折现率 = 利率 + 租赁手续费率。

典例研习·4-11　计算分析题

鸵鸟公司于 2021 年 1 月 1 日从袋鼠公司租入一套生产设备，价值 60 万元，租期 6 年，租赁期满时预计残值 5 万元，归租赁公司所有。年利率 8%，租赁手续费率每年 2%。租金每年年末支付一次。

要求：

计算袋鼠公司每年应收取的最低租金。

斯尔解析

第一步：找出租人付出的款项。

出租人付出的款项为生产设备的价值 60 万元，在 0 时点付出，其现值为 60 万元。

第二步：找出租人收到的款项。

出租人可以收到的款项包括两项：（1）租赁期内每年年末收取的租金，设每期的租金为 A；（2）租赁期满收取的设备残值 5 万元。

第三步：找折现率。

折现率 = 利率 + 租赁手续费率 =8%+2%=10%

第四步：根据"出租人付出款项的现值 = 出租人收到款项的现值"列方程，算租金。

$600\ 000=A\times(P/A,\ 10\%,\ 6)+50\ 000\times(P/F,\ 10\%,\ 6)$

可得：A=131 283（元）。

为了便于有计划地安排租金的支付，承租企业可编制租金摊销计划表。

租金摊销计划表

单位：元

年份	期初本金①	支付租金②	应计租费 ③ = ① ×10%	本金偿还额 ④ = ② - ③	本金余额 ⑤ = ① - ④
2021	600 000	131 283	60 000	71 283	528 717
2022	528 717	131 283	52 872	78 411	450 306
2023	450 306	131 283	45 031	86 252	364 054

续表

年份	期初本金①	支付租金②	应计租费 ③=①×10%	本金偿还额 ④=②-③	本金余额 ⑤=①-④
2024	364 054	131 283	36 405	94 878	269 176
2025	269 176	131 283	26 918	104 365	164 811
2026	164 811	131 283	16 481	114 802	50 009
合计	—	787 698	237 707	549 991	50 009*

提示：

（1）计算"应计租费"的利率也是"两率之和"，而非年利率。

（2）原则上，表格中最后一个单元应与残值收入（50 000 元）相同，但由于计算过程中存在四舍五入的误差，会导致最终数字产生尾差（50 009 元）。

📌陷阱提示　计算租金时，需要重点关注三个问题：（1）残值收入归谁所有；（2）租金是年初支付还是年末支付；（3）折现率是"两率之和"。考试时，可能会针对前两个问题变形考查。

变形一：租赁期满时预计残值 5 万元，归承租公司所有，其他条件不变。此时出租人可以收到的款项只有每期的租金。列方程为：$600\ 000 = A \times (P/A, 10\%, 6)$。

可得：$A = 137\ 763$（元）。

变形二：租赁期满时设备仍归出租公司所有，但租金于每年年初支付，其他条件不变。此时，应列方程为：

$$600\ 000 = A \times (P/A, 10\%, 6) \times (1+10\%) + 50\ 000 \times (P/F, 10\%, 6)$$

可得：$A = 119\ 348$（元）。

🔷 典例研习·4-12　（单项选择题）

某企业从租赁公司租入一台设备，价值 200 万元，租期为十年，租赁期满后的残值为 10 万元，归租赁公司所有，租赁的年利率为 7%，手续费为 2%，年初支付租金，每年的租金表达式为（　　）。

A. $[200-10 \times (P/F, 9\%, 10)] / [(P/A, 9\%, 10) \times (1+9\%)]$

B. $[200-10 \times (P/F, 9\%, 10)] / (P/A, 9\%, 10)$

C. $[200-10 \times (P/F, 7\%, 10)] / [(P/A, 9\%, 10) \times (1+7\%)]$

D. $[200-10 \times (P/F, 7\%, 10)] / (P/A, 7\%, 10)$

🔍斯尔解析　本题考查租金的计算。假设每年租金为 A，当残值收入归出租人且租金支付为预付年金时，列式：设备现值（原价）= 每年租金 × $(P/A, i, n) \times (1+i)$ + 残值收入 × $(P/F, i, n)$，$200 = A \times (P/A, 9\%, 10) \times (1+9\%) + 10 \times (P/F, 9\%, 10)$，求解 $A = [200-10 \times (P/F, 9\%, 10)] / [(P/A, 9\%, 10) \times (1+9\%)]$，选项 A 当选。

提示：折现率是年利率与租赁手续费率之和。

🔺本题答案　A

（四）租赁的筹资特点

	特点描述	原因
优点	无须大量资金就能迅速获得资产	融资融物相结合
	财务风险小，财务优势明显	避免一次性大额支付。 利用未来收益偿还每期租金（借鸡生蛋、卖蛋还钱）
	筹资的限制条件较少	相较于股票、债券、长期借款等
	能延长资金融通的期限	融资期限可以接近资产的使用寿命，期限长
缺点	资本成本负担较高	相比于银行借款、发行债券，利息较高，且租金总额通常要比设备价值高出30%（高额的固定租金）

典例研习·4-13 单项选择题

关于租赁筹资方式，表述错误的是（ 　　 ）。

A. 与银行借款相比，租赁筹资成本较高

B. 是一种债务筹资行为

C. 不会给企业带来财务杠杆效应

D. 是将融资与融物相结合的一种特定筹资方式

🅢 斯尔解析　本题考查租赁筹资。租赁筹资资本成本负担较高，因为相比于银行借款、发行债券，利息较高，且租金总额通常要比设备价值高出30%（高额的固定租金），选项A不当选。租赁筹资属于债务筹资，会给企业带来财务杠杆效应，选项B不当选、选项C当选。租赁筹资是融资与融物相结合：借物还钱，并以分期支付租金的方式来体现，选项D不当选。

🔺 本题答案　C

四、债务筹资的优缺点（★★★）

4-2-4

	特点描述	原因
优点	筹资速度较快	与股权筹资相比，无须经过复杂的审批手续和证券发行程序
	筹资灵活性较大 变	可灵活商定债务条件，控制筹资数量和安排取得资金的时间
	资本成本较低	资本成本（包括筹资费用和用资费用）低于股权筹资，利息等资本成本可以在税前支付
	可以使用 财务杠杆 变	当企业的资本收益率（息税前利润率）高于债务利率时，债务筹资会增加普通股股东的每股收益，提高净资产收益率，提升企业价值
	稳定公司的控制权	债权人无权参与企业的经营管理，不会改变和分散股东对公司的控制权

续表

	特点描述	原因
缺点	不能形成企业稳定的资本基础	有固定的到期日，到期需偿还（补充性资本来源）
	财务风险较大	有固定的到期日、固定的债息负担，以担保方式取得的债务在使用上可能会有特别限制
	筹资数额有限	除发行债券方式外，筹资数额往往受到贷款机构资本实力的制约

精准答疑

问题： 如何理解"当企业的资本收益率（息税前利润率）高于债务利率时，债务筹资会增加普通股股东的每股收益"？

解答： 该问题本质上是财务杠杆的含义，后续将在第五章详细介绍。

现在仅需简单理解：债权人只能获得固定的利息或租金，无论息税前利润（企业赚取的"大蛋糕"）有多高，债权人拿到的回报总是固定的，而剩余收益归属股东所有。因此，在其他条件不变的情况下，息税前利润越高，股东所享有的收益越大，每股收益越大。但要注意的是，杠杆效应的本质是"放大器"，好的时候更好，坏的时候更坏。如果息税前利润率低于债务利率，对于债权人而言仍获得不变的报酬，但股东的收益会因此受到损失。

解题高手

命题角度：债务筹资方式的对比。

客观题高频考点。建议按照下表对比学习：

项目	银行借款	发行公司债券	租赁
筹资速度	快	慢	快（融资融物结合）
资本成本	低（最低）	中	高
限制条件	多（保护性条款）	中	少
筹资灵活性	大（商定还款方式）	小（多种偿还方式）	—
筹资规模	有限（机构资本实力）	大（资本市场）	—
社会声誉	—	高（资本市场）	—

典例研习 · 4-14 〔单项选择题〕

下列各项中，不属于债务筹资优点的是（   ）。

A. 可形成企业稳定的资本基础

B. 筹资灵活性较大

C. 筹资速度较快

D. 筹资成本负担较轻

🔍**斯尔解析** 本题考查债务筹资。债务筹资的优点：（1）筹资速度较快（选项 C 不当选）；（2）筹资灵活性较大（选项 B 不当选）；（3）资本成本负担较轻（选项 D 不当选）；（4）可以使用财务杠杆；（5）稳定公司的控制权。选项 A 属于股权筹资的优点，债务筹资不能形成稳定的资本基础，因此选项 A 当选。

📌**陷阱提示** 请注意："不属于债务筹资优点"是否对应着"债务筹资的缺点"呢？不一定。"不属于债务筹资优点"有两种含义：第一，属于债务筹资的缺点；第二，与债务筹资的特点无关。比如选项中若出现"有利于产权交易"，当选吗？当选。因为产权交易分析的是股权交易，与债务筹资特点无关。

🔖**本题答案** A

典例研习 · 4-15 〔单项选择题〕

下列筹资方式中，能给企业带来财务杠杆效应的是（   ）。

A. 认股权证
B. 租赁
C. 留存收益
D. 发行普通股

🔍**斯尔解析** 本题考查债务筹资。只有能够产生固定的利息费用或者固定股利的融资方式，才能给企业带来财务杠杆效应。租赁会产生固定租金，而租金中包含的有利息费用，因此租赁能给企业带来财务杠杆效应，选项 B 当选。认股权证、留存收益和发行普通股均不会产生固定的利息费用和固定的股利，因此不会带来财务杠杆效应，选项 ACD 不当选。

🔖**本题答案** B

第三节　股权筹资

一、吸收直接投资（★★）

吸收直接投资，是指企业按照"共同投资、共同经营、共担风险、共享收益"的原则，直接吸收国家、法人、个人和外商投入资金的一种筹资方式。吸收直接投资是非股份制企业筹集权益资本的基本方式。

（一）吸收直接投资的种类及特点

（1）吸收国家投资：产权归属国家；资金的运用和处置受国家约束较大；多为国有企业。

（2）吸收法人投资：发生在法人单位之间；以参与公司利润分配或控制为目的；出资方式灵活多样。

（3）吸收外商投资：外国投资者直接或间接在中国境内进行的投资。

（4）吸收个人投资：参加投资的人员较多；每人投资额相对较少；以参与公司利润分配为目的。 !变

（二）出资方式

1.可以用于出资的财产

提示：需同时满足两个条件。第一，可用货币估价。第二，可依法转让。

出资方式		具体财产
货币		银行存款等
非货币财产	实物资产	房屋、机器设备、工具、原材料、零部件等
	知识产权	著作权、专利权、商标权、非专利技术
	土地使用权	
	股权、债权	

2.不可用于出资的财产

不得以劳务、信用、自然人姓名、商誉（前四者价值难以评估）、特许经营权或者设定担保的财产（后两者所有权难以确定）等作价出资。

▌ 典例研习·4-16 判断题

对于吸收直接投资这种筹资方式，投资人可以用土地使用权出资。　　　　（　　）

💲斯尔解析　本题考查吸收直接投资。吸收直接投资的出资方式有：货币资产、实物资产、土地使用权、知识产权、特定债权。本题所述正确。

🔥本题答案 √

（三）吸收直接投资的筹资特点

特点描述		原因
优点	能够尽快形成生产能力	可以直接获得一部分资金、所需的先进设备和技术
	便于进行信息沟通	投资者单一，股权没有社会化、分散化，投资者甚至是管理层
	筹资费用较低	手续相对简单
缺点	资本成本较高	相对于股票筹资，投资者往往要求将大部分盈余作为红利分配，且持股比例高的投资者对股利分配政策影响大
	公司控制权集中，不利于公司治理	投资额越大，投资者对经营管理就有更大的控制权

续表

特点描述		原因
缺点	不易进行产权交易	没有证券作为媒介（不在资本市场流通），难以进行产权转让

典例研习·4-17 单项选择题

与发行公司债券相比，吸收直接投资的优点是（　　）。

A. 资本成本较低　　　　　　　B. 产权流动性较强

C. 能够提升企业市场形象　　　D. 易于尽快形成生产能力

斯尔解析 本题考查吸收直接投资。吸收直接投资筹资的特点：（1）能够尽快形成生产能力（选项 D 当选）；（2）容易进行信息沟通；（3）资本成本较高（选项 A 不当选）；（4）公司控制权集中，不利于公司治理；（5）不易进行产权交易（选项 B 不当选）。另外，发行公司债券有利于提高公司的社会声誉，选项 C 不当选。

本题答案 D

二、发行普通股股票（★★）

股票是股份有限公司为筹措股权资本而发行的有价证券，是公司签发的证明股东持有公司股份的凭证。股票作为一种所有权凭证，代表着对发行公司净资产的所有权。

（一）股票的特点与分类

1. 股票的特点

特点	具体说明
永久性	公司发行股票所筹集的资金属于公司的自有资金，没有期限，无须归还
流通性	股票在资本市场上可以自由流通，也可以继承、赠送或作为抵押品
风险性	股东成为企业风险的主要承担者，风险的表现形式有：股票价格的波动性、红利的不确定性、破产清算时股东处于剩余财产分配的最后顺序等
参与性	股东作为股份公司的所有者，拥有参与企业管理的权利，承担有限责任、遵守公司章程等义务

2. 股票的种类

分类标准	类型	说明
按股东权利和义务	普通股股票（简称普通股）	公司发行的代表着股东享有平等的权利、义务，不加特别限制的，股利不固定的股票

续表

分类标准	类型	说明
按股东权利和义务	优先股股票（简称优先股）	相对于普通股，具有股利分配优先权和分取剩余财产优先权，在股东会上无表决权，参与公司经营管理受到一定限制，仅对涉及优先股权利的问题有表决权
按票面是否记名	记名股票	股票票面上记载有股东姓名或将名称记入公司股东名册
	无记名股票	不登记股东名称，公司只记载股票数量、编号及发行日期
按发行对象和上市地点	A股	即人民币普通股票，由境内公司发行、境内上市交易，以人民币标明面值，以人民币认购和交易
	B股	即人民币特种股票，由境内公司发行，境内上市交易，以人民币标明面值，以外币认购和交易
	H股	注册地在内地、在香港上市的股票
	N股	注册地在内地、在纽约上市的股票
	S股	注册地在内地、在新加坡上市的股票

（二）普通股股东的权利

权利	具体说明
公司管理权	主要体现在重大决策参与权、经营者选择权、财务监督权、公司经营的建议和质询权、股东会召集权等方面
收益分享权	股东有权通过股利方式获取公司的税后利润，利润分配方案由董事会提出并经过股东会批准
股份转让权	股东有权将其所持有的股票出售或转让
优先认股权	原有普通股股东拥有优先认购本公司增发股票的权利。 提示：这不是优先股股东的权利
剩余财产要求权	当公司解散、清算时，股东有对清偿债务、清偿优先股股东以后的剩余财产索取的权利

典例研习·4-18 单项选择题

下列各项中，不属于普通股股东拥有的权利是（　　）。

A. 优先认股权

B. 优先分配收益权

C. 股份转让权

D. 剩余财产要求权

⑤斯尔解析 本题考查普通股股东的权利。普通股股东的权利有：（1）公司管理权；（2）收益分享权；（3）股份转让权；（4）优先认股权；（5）剩余财产要求权，选

项 ACD 不当选。股东权益是剩余权益，因此在分配收益时，普通股股东是最后参与分配的，因此普通股股东没有分配收益优先权，选项 B 当选。

本题答案 B

（三）股票发行的方式

（1）认购发行。

（2）储蓄存单发行。

（3）上网竞价发行：事先确定发行底价，发行时竞价决定发行价；按价格优先、同等价位时间优先原则确认认购成功者。

（4）上网定价发行：事先确定价格；按抽签决定认购成功者。

（5）全额预缴款发行：与储蓄存款发行相比，资金占用时间短、发行效率更高。

（6）上网发行与配售。

（7）网下发行。

（四）股票上市的目的与不利影响

1. 股票上市的目的

（1）便于筹措新资金。

（2）促进股权流通和转让。

（3）便于确定公司价值。

2. 股票上市的不利影响

（1）上市成本较高，手续复杂严格。

（2）公司将负担较高的信息披露成本。

（3）信息公开的要求可能会暴露公司的商业机密。

（4）股价有时会歪曲公司的实际情况，影响公司声誉。

（5）可能会分散公司的控制权，造成管理上的困难。

典例研习 · 4-19 多项选择题

下列各项中，属于股票上市的目的有（　　）。

A. 拓宽筹资渠道

B. 促进股权流通和转让

C. 巩固公司的控制权

D. 降低信息披露成本

斯尔解析 本题考查发行股票的目的及其不利影响。公司股票上市的目的是多方面的，主要包括：（1）便于筹措新资金；（2）促进股权流通和转让；（3）便于确定公司价值，选项 AB 当选。股票上市可能会分散公司的控制权，造成管理上的困难，选项 C 不当选。股票上市会使得公司负担较高的信息披露成本，选项 D 不当选。

本题答案 AB

（五）发行普通股股票的筹资特点

	特点描述	原因
优点	两权分离，有利于公司自主经营管理	所有权与经营权相分离，控制权分散
	能增强公司的社会声誉，促进股权流通和转让	股东大众化，上市公司股票流通性强，有利于市场确认公司的价值（资本市场的作用）
缺点	资本成本较高	与银行借款、租赁、债券筹资相比，股票投资风险较大，收益具有不确定性
	不易及时形成生产能力	与吸收直接投资相比，一般都只是吸收货币资金

典例研习·4-20 （单项选择题）

关于普通股筹资方式，下列说法错误的是（   ）。

A. 普通股筹资属于直接筹资

B. 普通股筹资能降低公司的资本成本

C. 普通股筹资不需要还本付息

D. 普通股筹资是公司良好的信誉基础

⑤斯尔解析　本题考查普通股筹资。由于股票投资的风险较大，收益具有不确定性，投资者就会要求较高的风险补偿，因此，股票筹资的资本成本较高，选项 B 当选。

▲本题答案　B

三、留存收益（★★）

（一）留存收益的性质

企业通过合法有效的经营所实现的税后净利润，都属于企业的所有者。因此，属于所有者的利润包括分配给所有者的利润和尚未分配留存于企业的利润。

（二）留存收益的筹资特点

	特点描述	原因
优点	不用发生筹资费用	与普通股筹资相比，资本成本较低
	维持公司的控制权分布	不改变公司的股权结构，不稀释原有股东的控制权
缺点	筹资数额有限	最大数额是当期净利润

典例研习·4-21 （多项选择题）

与发行普通股筹资相比，下列各项中，属于留存收益筹资特点的有（   ）。

A. 不会发生筹资费用

B. 筹资金额相对有限

C. 分散公司的控制权

D. 资本成本相对较低

⑤斯尔解析　本题考查留存收益筹资。留存收益筹资属于内源融资，不会发生筹资费用，

选项 A 当选。当期留存收益的最大数额是当期净利润，因此筹资数额相对有限，选项 B 当选。利用留存收益筹资不会改变公司的股权结构，不会分散公司的控制权，选项 C 不当选。相对于发行普通股筹资，留存收益筹资的资本成本比较低，选项 D 当选。

本题答案 ABD

典例研习·4-22 判断题

由于内部筹资一般不产生筹资费用，所以内部筹资的资本成本最低。 （ ）

斯尔解析 本题考查留存收益筹资。留存收益的资本成本率，表现为股东追加投资要求的报酬率，其计算与普通股成本相同，不同点在于不考虑筹资费用。但是留存收益筹资属于股权筹资，其资本成本整体上高于债务筹资。各类筹资方式中，银行借款的资本成本最低。本题所述错误。

本题答案 ×

四、股权筹资的特点（★★★）

	特点描述	原因
优点	稳定的资本基础	企业的永久性资本，没有固定的到期日，无须偿还
	良好的信誉基础	代表了公司的资本实力，是其他筹资方式特别是债务筹资的基础
	财务风险较小	不存在还本付息的财务压力
缺点	资本成本负担较重	股权投资者承担较高的投资风险，要求较高的收益率；股利、红利税后支付，无法获得抵税效应；普通股发行、上市等方面的费用较高
	控制权变更可能影响企业长期稳定发展	引进了新的投资者或出售了新的股票
	信息沟通与披露成本较大	投资者或股东有权了解企业的财务信息，且上市公司的股东众多而分散，更需要公司进行信息披露和投资者关系管理

解题高手 👍

命题角度：各类筹资方式的特点对比。

客观题高频考点。建议同学们按照下表对比学习：

（1）股权筹资方式的对比。

对比项目	吸收直接投资	发行股票	留存收益
资本成本	高（最高）	中	低
筹资费用	低	高	无
生产能力的形成	易	不易	
产权交易	不易	易	—
控制权	集中	分散	
公司治理	不利于	有利于	

（2）债务与股权筹资方式的对比。

对比项目	债务筹资	股权筹资
资本成本	低	高
控制权	稳定	不稳定
资本基础	不稳定	稳定
财务风险	高	低
财务杠杆	有	无
筹资灵活性	大	小
筹资数额	小	大

精准答疑 🎯

问题： 各类筹资方式资本成本的大小关系是怎样的？

解答： 各类筹资方式的资本成本"排排坐"的结论如下。

　　　　吸收直接投资＞发行股票＞留存收益＞优先股＞可转换债券＞租赁＞发行债券＞银行借款

典例研习·4-23 多项选择题

相对于股权筹资，下列各项中属于债务筹资优点的有（　　）。

A. 财务风险较小　　　　　　　　　B. 资本成本较低

C. 可以形成稳定的资本基础　　　　D. 可以使用财务杠杆

斯尔解析 本题考查股权筹资与债务筹资的对比。债务筹资相对于股权筹资的财务风险大，选项 A 不当选。相对于股权筹资，债务筹资资本成本较低，选项 B 当选。债务筹资所筹集的资金，是有使用期限的，因此无法形成稳定的资本基础，选项 C 不当选。债务筹资可以使用财务杠杆，选项 D 当选。

本题答案 BD

典例研习·4-24 多项选择题

与债务筹资相比，股权筹资的特点有（　　）。

A. 信息披露成本高　　　　　　　　B. 资本成本大

C. 财务风险较小　　　　　　　　　D. 控制权变更可能影响企业长期稳定发展

斯尔解析 本题考查股权筹资与债务筹资的对比。股权筹资的优点包括：（1）股权筹资是企业稳定的资本基础；（2）股权筹资是企业良好的信誉基础；（3）股权筹资的财务风险较小，选项 C 当选。股权筹资的缺点包括：（1）资本成本负担较重；（2）控制权变更可能影响企业长期稳定发展；（3）信息沟通与披露成本较大，选项 ABD 当选。

本题答案 ABCD

第四节　衍生工具筹资

一、认股权证（★）

认股权证是由上市公司发行的证明文件，持有人有权在一定时间内以约定价格认购该公司发行的一定数量的股票。

（一）基本性质

1. 期权性

认股权证本质上是一种股票期权，具有实现融资和股票期权激励的双重功能，但是没有普通股的红利收入和投票权。

2. 投资性

投资者可以通过购买认股权证获得市场价与认购价之间的股票差价收益。

（二）认股权证的筹资特点

特点描述	原因
融资促进工具	保证公司在规定的期限内完成股票发行计划，顺利实现融资
有助于改善上市公司的治理结构	认股权证能够约束上市公司的败德行为，并激励他们更加努力地提升上市公司的市场价值
有利于推进上市公司的股权激励机制	通过给予管理者和重要员工一定的认股权证，可以把管理者和员工的利益与企业价值成长紧密联系在一起

典例研习·4-25 多项选择题

下列各项中，属于认股权证筹资特点的有（　　）。

A. 认股权证是一种融资促进工具　　　　B. 认股权证是一种高风险融资工具

C. 有助于改善上市公司的治理结构　　　　D. 有利于推进上市公司的股权激励机制

斯尔解析 本题考查认股权证。根据认股权证的筹资特点描述，选项 ACD 当选。认股权证本质上是一种股票期权，对于筹资人而言，这种筹资方式没有明确的归还义务，融资风险较低。高风险的融资工具一般都是指债务筹资，因为对于筹资人而言具有还本付息的义务，增大了财务风险，所以选项 B 不当选。

本题答案 ACD

二、可转换债券（★★★）

可转换债券是一种混合型证券，是公司普通债券与证券期权的组合体。可转换债券的持有人在一定期限内，可以按照事先规定的价格或者转换比例，自由地选择是否转换为公司普通股（债券转为股权后，债券不复存在）。

（一）可转换债券的基本要素

1. 标的股票（正股）

可转换债券转换期权的标的物是可转换成的公司股票。标的股票一般是发行公司自己的普通股票。

2. 票面利率

一般会低于普通债券的票面利率，有时甚至还低于同期银行存款利率。这是因为在可转换债券的投资收益中，除了债券的利息收益外，还附加了股票买入期权的收益部分。

3. 转换价格

转换价格是指可转换债券在转换期内据以转换为普通股的折算价格，即将可转换债券转换为普通股的每股普通股的价格。

在债券发售时，所确定的转换价格一般比发售日股票市场价格高出一定比例，如高出 10% ~ 30%。

原理详解 💡

为何转换价格比发售日的股价高呢？两个可能的解释是：第一，公司在给市场传递积极信号，表明其对于未来的发展是看好的且有信心的，公司有能力将未来的股价抬升到比转换价格还要高的水平，确保投资者获益。第二，如果转股价低于发售日的股价，作为一个理性的可转换债券持有人，就会在发售日当天转股以赚取差价。因此，为避免这种情况，公司必须将转换价格设定得相对较高才行。

4. 转换比率

每一张可转换债券在既定的转换价格下能转换为普通股股票的数量。

转换比率 ＝ 债券面值 ÷ 转换价格

5. 转换期

转换期是持有人能够行使转换权的有效期限。《上市公司证券发行注册管理办法》规定，可转换债券自发行结束之日起 6 个月后方可转换为公司股票。

6. 赎回条款——保护发债方

（1）含义：发债公司按事先约定的价格买回未转股债券的条件规定。

提示：赎回价格一般高于可转换债券的面值。

（2）触发条件：公司股票价格一段时期内连续高于转股价格达到某一幅度。

（3）作用：发债公司在赎回债券之前，要向债券持有人发出赎回通知，要求他们在将债券转股与卖回给发债公司之间作出选择。一般情况下，持有人大多会将债券转换为普通股。可见，赎回条款的功能为：

①加速条款：强制债券持有者积极行使转股权。

②避免损失：避免在市场利率下降后，发债公司继续向债券持有人按较高的票面利率付息所蒙受的损失。

7. 回售条款——保护债券持有人

（1）含义：债券持有人有权按照事先约定的价格将债券卖回给发债公司的条件规定。

（2）触发条件：公司股票价格在一段时期内连续低于转股价格达到某一幅度。

（3）作用：回售对于投资者而言实际上是一种卖权（看跌期权），发债公司承担按固定价格购回债券的潜在义务，有利于降低投资者的持券风险。

8. 强制性转换条款——保护发债方

在某些条件具备之后，债券持有人必须将可转换债券转换为股票，无权要求偿还债券本金的条件规定，用于保证可转换债券顺利地转换成股票，预防投资者到期集中挤兑引发公司破产的悲剧。

典例研习·4-26 （多项选择题）

若公司发行债券的契约中设有提前赎回条款，下列表述中，正确的有（　　）。

A. 当预测利率下降时，公司可提前赎回债券，而以较低的利率发行新债券

B. 提前赎回条款降低了公司筹资的弹性

C. 提前赎回条款会增加公司的还款压力

D. 当公司资金有结余时，可以提前赎回债券，以减轻利息负担

斯尔解析 本题考查可转换债券。附有赎回条款时，当公司资金有结余时，可提前赎回债券；当预测利率下降时，也可提前赎回债券，而后以较低的利率来发行新债券，选项 AD 当选。设置提前赎回条款可以增加公司的选择空间，不会降低公司筹资的弹性，选项 B 不当选。同时，赎回的权利在发行公司手中，公司可以自行决定是否赎回，这个权利只会带来好处，不会带来坏处，因此不会增加还款压力，选项 C 不当选。

本题答案 AD

典例研习・4-27 （单项选择题）

对于可转换债券的投资者而言，有助于降低持券风险的条款是（　　）。

A. 强制性转换条款　　B. 回售条款　　　　C. 赎回条款　　　　D. 限制转让条款

斯尔解析 本题考查可转换债券。强制性转换条款是指在某些条件具备之后，债券持有人必须将可转换债券转换为股票，无权要求偿还债券本金的条件规定，该条款有利于降低发债公司的风险，选项 A 不当选。回售条款是指债券持有人有权按照事先约定的价格将债券卖回给发债公司的条件规定。回售对于投资者而言实际上是一种卖权，有利于降低投资者的持券风险，选项 B 当选。赎回条款是指发债公司按事先约定的价格买回未转股债券的条件规定，赎回条款最主要的功能是强制债券持有者积极行使转股权，有利于降低发债公司的风险，选项 C 不当选。可转换债券不设置限制转让条款，选项 D 不当选。

本题答案 B

典例研习・4-28 （单项选择题）

某公司发行的可转换债券的面值是 100 元，转换价格是 20 元，目前该债券已到转换期，股票市价为 25 元，则可转换债券的转换比率为（　　）。

A. 5　　　　　　　　B. 4　　　　　　　　C. 1.25　　　　　　　D. 0.8

斯尔解析 本题考查可转换债券。可转换债券的转换比率 = 债券面值 ÷ 转换价格 = 100÷20=5，选项 A 当选。

本题答案 A

（二）可转换债券的筹资特点

	特点描述	原因
优点	筹资功能灵活	债务筹资和股票筹资功能相结合，在筹资性质和时间上具有灵活性
	资本成本较低	利率低于同一条件下普通债券的利率；转换为普通股时，无须另外支付筹资费用

续表

特点描述		原因
优点	筹资效率高	转换价格往往高于当时本公司的股票价格，如果这些债券将来都转换成了股权，相当于在债券发行时，就以高于当时股票市价的价格新发行了股票
缺点	存在财务压力	不转换的财务压力——集中兑付债券本金；回售的财务压力——集中支付压力

三、优先股（★★）

（一）优先股的基本性质

（1）固定股息。

事先约定、相对固定，不会根据公司经营情况而变化。

（2）"拿钱"优先。

在年度利润分配和剩余财产清偿分配方面优先于普通股股东，但次于债权人。

（3）表决受限。

没有选举权和被选举权，对股份公司的重大经营事项无表决权，仅就与优先股股东自身利益直接相关的特定事项具有有限表决权。

典例研习·4-29 多项选择题

相对于普通股而言，优先股的优先权包含的内容有（   ）。

A. 股利分配优先权 　　　　　　B. 配股优先权

C. 剩余财产分配优先权 　　　　D. 表决优先权

斯尔解析 本题考查优先股。优先股股东的优先权利主要表现在股利分配优先权和剩余财产分配优先权，选项 AC 当选。优先股股东通常没有配股权和表决权，选项 BD 不当选。

本题答案 AC

（二）优先股的种类

分类标准	具体分类	说明
股息率是否调整	固定股息率优先股	优先股股息率在股权存续期内不作调整
	浮动股息率优先股	优先股股息率根据约定的计算方法进行调整
分红是否强制	强制分红优先股	公司在章程中规定，在有可分配税后利润时，必须向优先股股东分配利润的，称为强制分红优先股，否则为非强制分红优先股
	非强制分红优先股	

续表

分类标准	具体分类	说明
未足额支付部分是否累积	累积优先股	公司在某一时期所获盈利不足，导致当年可分配利润不足以支付优先股股息时，则将应付股息及其产生的利息累积到次年或以后某一年盈利时一并发放
	非累积优先股	所欠股息部分，优先股股东不能要求公司在以后年度补发
是否有权参加剩余税后利润分配	参与优先股	持有人除可按规定的股息率优先获得股息外，还可与普通股股东分享公司的剩余收益
	非参与优先股	持有人只能获取一定股息但不能参加公司额外分红
是否可以转换为普通股	可转换优先股	可转换优先股是指在规定的时间内，优先股股东或发行人可按照一定的转换比率把优先股转换成该公司普通股，否则是不可转换优先股
	不可转换优先股	
是否有权要求公司回购优先股	可回购优先股	允许发行公司按发行价加上一定比例的补偿收益回购的优先股。包括发行人要求赎回优先股和投资者要求回售优先股
	不可回购优先股	不附有回购条款的优先股

根据我国 2014 年起实行的《优先股试点管理办法》，优先股每股票面金额为 100 元，上市公司不得发行可转换为普通股的优先股。上市公司公开发行的优先股，应当在公司章程中规定以下事项：

（1）采取固定股息率。

（2）在有可分配税后利润的情况下必须向优先股股东分配股息。

（3）未向优先股股东足额派发股息的差额部分应当累积到下一会计年度。

（4）优先股股东按照约定的股息率分配股息后，不再同普通股股东一起参加剩余利润分配。

典例研习·4-30 （判断题）

若某公司当年可分配利润不足以支付优先股的全部股息时，所欠股息在以后年度不予补发，则该优先股属于非累积优先股。   （   ）

斯尔解析 本题考查优先股。非累积优先股是指公司不足以支付优先股的全部股息时，对所欠股息部分，优先股股东不能要求公司在以后年度补发。本题所述正确。

本题答案 √

（三）优先股的特点

	特点描述	原因
优点	有利于丰富资本市场的投资结构	为投资者提供多元化投资渠道，增加固定收益型产品，适合看重现金红利的投资者
	有利于股份公司股权资本结构的调整	既包括债务资本和股权资本的结构调整，也包括股权资本内部结构调整
	有利于保障普通股收益和控制权	保障收益：优先股的每股收益是固定的，只要净利润增加且高于优先股股息，普通股每股收益就会上升。 保障控制权：优先股股东无表决权
	与债务筹资相比：有利于降低公司财务风险	优先股股利不是公司必须偿付的一项法定债务。 优先股没有规定最终到期日，实质上是一种永续性借款，其收回由企业决定，具有较大的灵活性。 增加了权益资本，从而改善了公司的财务状况
缺点	与股权筹资相比：可能给股份公司带来一定的财务压力	优先股股息不能抵税，资本成本高于债务。 股利支付的固定性可能成为企业的一项财务负担，也会产生财务杠杆效应

典例研习·4-31　多项选择题

关于债券和优先股的共同特点，下列表述正确的有（　　）。

A. 优先股股息和债券利息都属于公司的法定债务

B. 在分配剩余财产时，优先股股东和债权人的清偿顺序都先于普通股股东

C. 优先股股息和债券利息都会产生所得税抵减效应

D. 都不会影响普通股股东对公司的控制权

斯尔解析　本题考查优先股。公司债券是公司依照法定程序发行、约定在一定期限还本付息的有价证券，因此债券利息属于公司的法定债务，而优先股股利在公司财务状况恶化、经营成果不佳的情况下可以不支付，从而相对避免了企业的财务负担，因此不是公司必须偿付的一项法定债务，选项 A 不当选。在公司清算时，剩余财产先分给债权人，再分给优先股股东，最后分给普通股股东，因此优先股股东和债权人的清偿顺序都先于普通股股东，选项 B 当选。债券利息在税前利润中归还，可以抵减所得税，而优先股股息在税后利润中分配，因此不能抵减所得税，选项 C 不当选。债券持券人与发债公司之间仅有债权和债务关系，而优先股股东仅对涉及优先股权利的问题有表决权，对企业重大经营事项无表决权，因此债权人和优先股股东均不影响普通股股东对企业的控制权，选项 D 当选。

本题答案　BD

第五节　筹资实务创新

一、非公开定向债务融资工具（PPN）（★）

（一）含义

非公开定向债务融资工具是具有法人资格的非金融企业，向银行间市场特定机构投资人发行债务融资工具取得资金的筹资方式，是一种债务筹资创新方式。

（二）特点

（1）简化的信息披露要求。只需向定向投资人披露信息，无须履行公开披露信息义务；披露方式可协商约定。

（2）发行规模没有明确限制。

（3）发行方案灵活。利率、规模、资金用途等条款可由发行人与投资者通过一对一的谈判协商确定。

（4）融资工具有限度流通。

（5）发行价格存在流动性溢价。定向工具的利率比公开发行的同类债券利率要高。

二、私募股权投资（PE）（★）

（一）含义

私募股权投资是指通过私募基金对非上市公司进行的权益性投资（股权筹资方式）。

在资金募集上，主要通过非公开方式面向少数机构投资者或高净值个人募集，它的销售和赎回都是基金管理人通过私下与投资者协商进行的。非上市公司获得私募股权投资，是一种股权筹资方式。

（二）特点

（1）在资金募集上，主要通过非公开方式面向少数机构投资者或高净值个人募集，它的销售和赎回都是基金管理人通过私下与投资者协商进行的。

（2）多采取权益型投资方式，绝少涉及债权投资。PE 投资机构也因此对被投资企业的决策管理享有一定的表决权。

（3）投资的企业一般是非上市企业，投资比较偏向于已形成一定规模和产生稳定现金流的成形企业。

（4）投资期限较长，一般可达 3 ~ 5 年或更长，属于中长期投资。

（5）流动性差，没有现成的市场供非上市公司的股权出让方与购买方直接达成交易。

（6）是被投资企业的重要股权筹资方式。

三、产业基金（★）

产业基金一般指产业投资基金，即向具有高增长潜力的未上市企业进行股权或准股权投资，并参与被投资企业的经营管理，以期在所投资企业发育成熟后通过股权转让实现资本增值。

产业投资基金主要投资于新兴的、有巨大增长潜力的企业。企业获得产业投资基金投资，是一种股权筹资方式。

政府出资产业投资基金是我国产业基金的主要形式。我国的政府出资产业投资基金投向的产业领域具体包括非基本公共服务领域、基础设施领域、住房保障领域、生态环境领域、区域发展领域、战略性新兴产业领域和先进制造业领域、创业创新领域等。

四、中期票据融资（★）

（一）含义

中期票据是指具有法人资格的非金融类企业在银行间债券市场按计划分期发行的、约定在一定期限内还本付息的债务融资工具。

（二）发行要求

（1）具有稳定的偿债资金来源。

（2）拥有连续三年的经审计的会计报表，且最近一个会计年度盈利。

（3）主体信用评级达到 AAA。

（4）待偿还债券余额不超过企业净资产的 40%。

（5）募集资金应用于企业生产经营活动，并在发行文件中明确披露资金用途。

（6）发行利率、发行价格和相关费用由市场化方式确定。

（三）特点

（1）发行机制灵活：

①发行采用注册制，一次注册通过后两年内可分次发行。

②可选择固定利率或浮动利率，到期还本付息。

③付息可选择按年或季等。

（2）用款方式灵活。

（3）融资额度大：按规定发行额度最多可达企业净资产的 40%。

（4）使用期限长：1 年以上，一般 3 ~ 5 年，最长可达 10 年。

（5）成本较低：较中长期贷款等融资方式往往低 20% ~ 30%。

（6）无须担保抵押：主要依靠企业自身信用。

五、股权众筹融资（★）

（一）含义

股权众筹融资是指通过互联网形式进行公开小额股权融资的活动。

（二）相关要求

（1）股权众筹融资必须通过股权众筹融资中介机构平台进行。

（2）股权众筹融资方应为小微企业，应通过股权众筹融资中介机构向投资人如实披露企业的商业模式、经营管理、财务、资金使用等关键信息，不得误导或欺诈投资者。

（3）股权众筹融资业务由证监会负责监管。

六、绿色信贷（可持续融资／环境融资）（★）

（一）含义

绿色信贷是指银行业金融机构为支持环保产业、倡导绿色文明、发展绿色经济而提供的信贷融资。

（二）重点支持产业

节能环保、清洁生产、清洁能源、生态环境、基础设施绿色升级和绿色服务六大类产业。

七、能效信贷（★）

（一）含义

能效信贷是指银行业金融机构为支持用能单位提高能源利用效率、降低能源消耗而提供的信贷融资。

（二）分类

方式	含义	投资人／借款人
用能单位能效项目信贷	银行业金融机构向用能单位投资的能效项目提供的信贷融资（"我节能，我骄傲"）	用能单位（相当于甲方）
节能服务公司合同能源管理信贷	银行业金融机构向节能服务公司实施的合同能源管理项目提供的信贷融资（"我帮别人节能，我也骄傲"）	节能服务公司（相当于乙方）

▶▶ 典例研习·4-32 〔判断题〕

供应链融资模式下，金融机构须考虑供应链核心企业与上下游配套企业的各自诉求，重点解决核心企业的融资需求，提升其核心竞争力。　　　　　　　　　　　（　　）

〔斯尔解析〕本题考查供应链融资。供应链融资是指将供应链核心企业及其上下游配套企业作为一个整体（而非各自诉求），根据供应链中相关企业的交易关系和行业特点制定基于货权和现金流控制的"一揽子"金融解决方案的一种融资模式。它解决了上下游企业融资难、担保难的问题（而非核心企业的融资需求），而且通过打通上下游融资瓶颈，还可以降低供应链融资成本，提高核心企业及配套企业的竞争力（而非核心企业自身的核心竞力）。本题所述错误。

提示：本题所对应的知识点并未收录在《打好基础》，仅以此题作为练习补充。

▲本题答案 ✕

典例研习·4-33 多项选择题

非公开定向债务融资工具和中期票据融资都是创新的融资工具，这两者的共同点有
（　　）。

A. 均属于债务融资工具

B. 信用评级均须达到 AAA

C. 发行规模均无明确限制

D. 发行方案均相对灵活

🔍斯尔解析 本题考查筹资实务创新。非公开定向债务融资工具（PPN）和中期票据融资均为非金融类企业在银行间债券市场发行的债务融资工具，选项 A 当选。中期票据融资要求发行人信用评级达到 AAA，但 PPN 并无此要求，选项 B 不当选。PPN 对发行规模没有明确限制，中期票据融资发行额度最多可达企业净资产的 40%，选项 C 不当选。由于采取非公开方式发行，利率、规模、资金用途等条款可由发行人与投资者通过一对一的谈判协商确定，因此 PPN 发行方案灵活；中期票据融资在发行机制和用款方式上也相对灵活。因此，选项 D 当选。

▲本题答案 AD

背记重点
扫码全知道

至此，财务管理的学习已经进行了 32%，继续加油呀！

32%

第五章
筹资管理（下）

学习提要

重要程度：重点章节   平均分值：12分

考核题型：客观题、主观题

本章提示：本章知识非常重要，且有一定难度，学习时切勿着急，务必要吃透每个知识点背后的原理

考点精讲 ▶▶

第一节　资金需要量预测

一、因素分析法——预测总量（★）

（一）含义

因素分析法又称分析调整法，是以有关项目基期年度的平均资金需要量为基础，根据预测年度的生产经营任务和资金周转加速的要求，进行分析调整，来预测资金需要量的一种方法。

（二）计算公式

资金需要量＝（基期资金平均占用额－不合理资金占用额）×（1＋预测期销售增长率）÷（1＋预测期资金周转速度增长率）

简言之：一个剔除，两个调整（生产经营任务、资金周转加速）。

（三）特点

计算简便，容易掌握，但预测结果不太精确（调整项只有2个）。通常用于品种繁多、规格复杂、资金用量较小的项目（否则误差更大）。

典例研习·5-1 计算分析题

企鹅公司上年度资金平均占用额为2 500万元，经分析，其中不合理部分有500万元，预计本年度销售增长5%，资金周转加速2%。

要求：

运用因素分析法预测本年度资金需要量。

⑤斯尔解析　根据公式，预测本年度资金需要量＝（2 500－500）×（1＋5%）÷（1＋2%）＝2 058.82（万元）。

二、销售百分比法——预测增量（★★★）

（一）基本原理

企业销售规模扩大，某些资产和负债也会随着销售额的一定比例（即销售百分比）增加。

其中，资产增加导致资金需求增加（收入↑→资产↑→资金需求↑），负债增加导致资金供给增加（收入↑→负债↑→资金供给↑），两者之差即为企业需要筹措的资金金额。

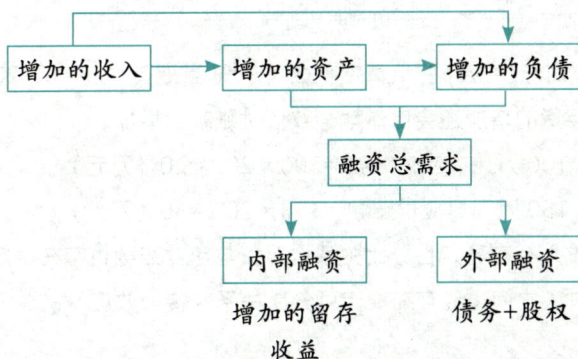

但是，并非所有资产和负债均能与销售额存在稳定的百分比关系。

（1）与销售额存在稳定百分比关系的资产——敏感性资产。通常，经营性流动资产会随着销售额的变化而变化。例如：库存现金、应收账款、存货。

（2）与销售额存在稳定百分比关系的负债——敏感性负债。通常，经营性流动负债会随着销售额的变化而变化。例如：应付票据、应付账款。

提示：敏感性负债不包括短期借款、短期融资券、长期负债等。

典例研习·5-2 判断题

使用销售百分比法预测资金需求量时，要求资产负债表中所有资产和负债项目均与销售额之间存在稳定的比例关系。 （   ）

斯尔解析 本题考查销售百分比法。销售百分比法是假设某些（而非所有）资产和负债与销售额存在稳定的百分比关系，再根据这个假设预计外部资金需要量的方法。本题所述错误。

本题答案 ×

（二）计算方法

原理详解

A 公司 2024 年营业收入 1 000 万元，存货 100 万元，则存货与收入的比例为 10%，并假设"资产／收入"的百分比关系保持不变。

（1）若 A 公司 2025 年营业收入预计增加 500 万元，则存货是多少？

2025 年存货 =（1 000+500）×10%=150（万元）

因此：

①资产增加额 =50（万元），收入增加额 =500（万元）。

资产增加额／收入增加额 ×100%=50/500×100%=10%

结论：资产／收入 = Δ资产／Δ收入。

②资产增长率 =50%，收入增长率 =50%。

结论：资产增长率 = 收入增长率（Δ资产 %= Δ收入 %）。

（2）若 A 公司与供应商的结算惯例为"80% 当期支付，剩下 20% 计入应付账款"，则意味着存货的增加还会自然地导致应付账款的增加。

2024 年存货 100 万元，应付账款 =100×20%=20（万元）。

2025 年存货 150 万元，应付账款 =150×20%=30（万元）。

既然存货与收入存在稳定百分比关系，存货与应付账款也存在稳定百分比关系，那么应付账款与收入之间也应存在稳定百分比关系（传导效应）。

因此：

① 2024 年应付账款 /2024 年收入 ×100%=20/1 000×100%=2%。

2025 年应付账款 /2025 年收入 ×100%=30/1 500×100%=2%

增加的应付账款 / 增加的收入 ×100%=10/500×100%=2%

结论：负债 / 收入 = Δ负债 / Δ收入。

②应付账款增长率 50%= 收入增长率 50%。

结论：负债增长率 = 收入增长率（Δ负债 %= Δ收入 %）。

综上：

（1）销售百分比：

相关资产销售百分比：资产 / 收入 = Δ资产 / Δ收入（如前例：10%）。

相关负债销售百分比：负债 / 收入 = Δ负债 / Δ收入（如前例：2%）。

（2）增长率：

Δ资产 %= Δ收入 %（如前例：50%）

Δ负债 %= Δ收入 %（如前例：50%）

第一步：确定销售百分比。

敏感性资产销售百分比 = 基期敏感性资产 / 基期营业收入

敏感性负债销售百分比 = 基期敏感性负债 / 基期营业收入

第二步：确定融资总需求。

融资总需求 = 增加的敏感性资产 – 增加的敏感性负债（为了简化，下表省略"敏感性"三个字）

具体步骤	百分比法	增长率法
增加的资产	收入增加额 × 资产销售百分比	收入增长率 × 基期资产
增加的负债	收入增加额 × 负债销售百分比	收入增长率 × 基期负债
融资总需求	收入增加额 ×（资产销售百分比 – 负债销售百分比） 记忆口诀：Δ收入 × 比差	收入增长率 ×（基期资产 – 基期负债） 记忆口诀：Δ收入 %× 基差

第三步：计算内部融资额，即预计增加的留存收益。

预计增加的留存收益 = 预计净利润 × 预计利润留存率

　　　　　　　　 = 预计销售额 × 预计销售净利率 × 预计利润留存率

　　　　　　　　 = 预计销售额 × 预计销售净利率 ×（1－预计股利支付率）

第四步：确定外部融资额。

外部融资额 = 融资总需求 － 增加的留存收益

提示：如果非敏感性经营资产（如固定资产）增加，则融资总需求和外部融资额均会相应增加。

精程答疑

问题1：　"增加的留存收益"为何不用增量的方法计算，即增加的留存收益 = 预测期留存收益 － 基期留存收益？

解答1：　预测期增加的留存收益，来自预测期净利润的留存，如果能够确定预测期的净利润，以及预测期的利润留存率，可以直接得到预测期净利润的留存金额，即预测期增加的留存收益。这个方法是比较简单和直接的。

另外，从原理分析，使用预测期留存收益减基期留存收益的方法，也可以计算出预测期增加的留存收益。但预测期留存收益的确定，需要以基期留存收益为基础，然后加上预测期的利润留存。因此若按此法确定预测期留存收益，需要已知预测期的利润留存。但如果已经知道了预测期的利润留存，就可以直接得到增加的留存收益了，何必再舍近求远呢？

问题2：　增加的留存收益与收入之间存在稳定的百分比关系吗？

解答2：　需要具体问题具体分析。增加的留存收益 = 预测期的利润留存，其中，利润留存 = 营业收入 × 销售净利率 × 利润留存率。当题目中指明预测期销售净利率和预测期利润留存率保持不变时，利润留存（增加的留存收益）与营业收入会存在稳定的百分比关系。但只要题目中明确表示，预测期销售净利率和利润留存率有一个发生变化，则预测期的利润留存和营业收入就不会存在稳定的百分比关系。

典例研习·5-3　计算分析题

恐龙公司2020年12月31日的简要资产负债表及相关信息如下表所示。该公司2020年销售额为10 000万元，销售净利率10%，利润留存率40%。2021年销售额预计增长20%，公司有足够的生产能力，无须追加固定资产投资。

资产负债及相关信息表（2020 年 12 月 31 日）

金额单位：万元

资产	金额	与销售关系(%)	负债与权益	金额	与销售关系（%）
现金	500	5	短期借款	2 500	N
应收账款	1 500	15	应付账款	1 000	10
存货	3 000	30	预提费用	500	5
固定资产	3 000	N	公司债券	1 000	N
—	—	—	实收资本	2 000	N
—	—	—	留存收益	1 000	N
合计	8 000	50	合计	8 000	15

提示：上表中，若"与销售关系"一列有数字，则意味着该项目属于敏感性项目；若该列标记为"N"，则说明该项目属于非敏感性项目。

要求：

计算恐龙公司 2021 年的外部融资需求量。

⑤斯尔解析

第一步：计算因销售增加而增加的敏感性资产。

（1）增长率法：因销售增加而增加的敏感性资产 =（500+1 500+3 000）×20%= 1 000（万元）。

（2）百分比法：因销售增加而增加的敏感性资产 =10 000×20%×50%=1 000（万元）。

第二步：计算因销售增加而增加的敏感性负债。

（1）增长率法：因销售增加而增加的敏感性负债 =（1 000+500）×20%=300（万元）。

（2）百分比法：因销售增加而增加的敏感性负债 =10 000×20%×15%=300（万元）。

第三步：计算融资总需求。

融资总需求 =1 000−300=700（万元）

第四步：计算内部融资需要量，即增加的留存收益。

增加的留存收益 = 预测期收入 × 销售净利率 × 利润留存率

=10 000×（1+20%）×10%×40%=480（万元）

第五步：计算外部融资需求量。

外部融资需求量 = 融资总需求 − 增加的留存收益 =700−480=220（万元）

💧陷阱提示 在采用销售百分比法测算资金需要量时，需要关注非敏感性资产是否增加。如本题中所述，"无须追加固定资产投资"，则不需要考虑其所带来的资金需求量增加。但是，如果假设该公司 2021 年需要增加固定资产 100 万元，则外部融资需求量 =700−480+100=320（万元）。

三、资金习性预测法——预测总量（★★）

（一）资金习性的含义及其分类

1. 含义

资金习性是指资金的变动同产销量变动之间的依存关系。

2. 分类

按照资金同产销量之间的依存关系，可以把资金区分为不变资金、变动资金和半变动资金。

类别	含义	示例
不变资金	在一定的产销量范围内，不受产销量变动的影响而保持固定不变的那部分资金	（1）为维持营业而占用的最低数额的现金。 （2）原材料的保险储备。 （3）必要的成品储备。 （4）厂房、机器设备等固定资产占用的资金
变动资金	随产销量的变动而同比例变动的那部分资金	（1）直接构成产品实体的原材料、外购件等占用的资金。 （2）在最低储备以外的现金、存货、应收账款
半变动资金	受产销量变化的影响，但不呈同比例变动的资金，可划分为不变资金和变动资金两部分	辅助材料占用的资金

（二）资金习性模型

设产销量为自变量 X，资金占用为因变量 Y，它们之间的关系可用下式表示：

$$Y = a + bX$$

式中，a 为不变资金；b 为单位产销量所需的变动资金。

1. 回归直线方程法

$$a = \frac{\sum X^2 \sum Y - \sum X \sum XY}{n \sum X^2 - (\sum X)^2}$$

或者：

$$a = \frac{\sum Y - b \sum X}{n}$$

$$b = \frac{n \sum XY - \sum X \sum Y}{n \sum X^2 - (\sum X)^2}$$

2. 高低点法

高低点是指一定时期内的最高产销量和最低产销量。

提示：高低点选取的是产销量水平而不是资金总额水平。

将最高点和最低点的数据代入直线方程 $Y=a+bX$ 即可求出 a 和 b：

最高收入期（产销量）资金占用量 $=a+b×$ 最高销售收入（产销量）

最低收入期（产销量）资金占用量 $=a+b×$ 最低销售收入（产销量）

典例研习·5-4　多项选择题

在使用因素分析法预测资金需要量时，需要考虑的因素有（　　）。

A. 最低收入期资金占用量

B. 基期资金平均占用额

C. 不合理资金占用额

D. 最高收入期资金占用量

斯尔解析　本题考查资金需要量预测。因素分析法下，资金需要量 =（基期资金平均占用额 − 不合理资金占用额）×（1+ 预测期销售增长率）÷（1+ 预测期资金周转速度增长率）。根据公式可知，基期资金平均占用额和不合理资金占用额都属于需要考虑的因素，选项 BC 当选。最高收入期资金占用量和最低收入期资金占用量属于资金习性预测法中高低点法的考虑因素，选项 AD 不当选。

本题答案　BC

（三）资金习性预测

（1）情形一：根据资金占用总额与产销量的关系预测。

典例研习·5-5　计算分析题

斯瓜公司 2015 年至 2020 年历年产销量和资金变化情况如表 1 所示，根据表 1 整理出表 2。假设 2021 年预计销售量为 1 800 万件。

要求：

运用资金习性法（回归直线方程法）预计 2021 年的资金需要量。

表 1　　　　　　　　　　产销量与资金变化情况表

年度	产销量 X（万件）	资金占用 Y（万元）
2015	1 200	1 000
2016	1 100	950
2017	1 000	900
2018	1 200	1 000
2019	1 300	1 050
2020	1 400	1 100

表2 资金需要量预测表（按总额预测）

年度	产销量 X（万件）	资金占用 Y（万元）	XY	X^2
2015	1 200	1 000	1 200 000	1 440 000
2016	1 100	950	1 045 000	1 210 000
2017	1 000	900	900 000	1 000 000
2018	1 200	1 000	1 200 000	1 440 000
2019	1 300	1 050	1 365 000	1 690 000
2020	1 400	1 100	1 540 000	1 960 000
合计 $n=6$	$\sum X=7\ 200$	$\sum Y=6\ 000$	$\sum XY=7\ 250\ 000$	$\sum X^2=8\ 740\ 000$

🔍**斯尔解析** 根据公式，求得：$a=400$，$b=0.5$。因此：$Y=400+0.5X$。

把2021年预计销售量1 800万件代入上式，得出2021年资金需要量为：

$400+0.5×1\ 800=1\ 300$（万元）

提示：本题也可用高低点法计算，同学们可以尝试一下。但请思考，两种方法的计算结果一定相同吗？

（2）情形二：根据各个资金占用项目和资产来源项目进行逐项预测。

①分项：根据各资金占用项目（如现金、存货、应收账款、固定资产）和资金来源项目（如应付账款、应付票据）同产销量之间的关系，把各项目的资金都分成变动资金 b 和不变资金 a 两部分。

②汇总：汇总资金占用与资金来源项目的变动资金部分 b 和不变资金部分 a（注意：此处的汇总是"资产总和－负债总和"），求出企业变动资金总额和不变资金总额，进而预测资金需求量。

③建模：

企业整体的资金习性模型：$Y=\sum a+\sum b×X$。

典例研习·5-6 计算分析题

资料一：斯瓜公司历年现金占用与销售收入之间的关系如表1所示。

表1 现金与销售额变化情况表

年度	销售收入 X（元）	资金占用 Y（元）
2016	2 000 000	110 000
2017	2 300 000	130 000
2018	2 400 000	150 000
2019	2 900 000	155 000
2020	3 000 000	160 000

资料二：根据历史资料，除现金占用外，存货、应收账款、流动负债、固定资产等其他资金占用和资金来源项目同销售收入之间的关系，如表 2 所示。

表 2   资金需要量预测表（分项预测）

项目	年度不变资金 a（元）	每 1 元销售收入所需变动资金 b（元）
流动资产：		
应收账款	60 000	0.14
存货	100 000	0.22
小计	160 000	0.36
减：流动负债		
应付账款及应付费用	80 000	0.11
净资金占用	80 000	0.25
固定资产	510 000	0
所需资金合计	590 000	0.25

要求：

（1）根据资料一，运用资金习性法（高低点法）计算现金占用项目中不变资金和变动资金的数额。

（2）根据资料一和资料二，假设 2021 年的预计销售额为 3 800 000 元，预计 2021 年的资金需要量。

$^\text{S}$斯尔解析

（1）高低点法：

b＝（160 000－110 000）/（3 000 000－2 000 000）＝0.05

a＝160 000－0.05×3 000 000＝10 000（元）

（2）企业整体的资金习性模型：

$Y＝\sum a+\sum b×X$，$\sum a$＝590 000+10 000＝600 000，$\sum b$＝0.25+0.05＝0.3。

因此预测模型为：$Y＝600 000+0.3X$。

如果 2021 年的预计销售额为 3 800 000 元，则 2021 年的资金需要量 ＝600 000+0.3×3 800 000＝1 740 000（元）。

第二节 资本成本

一、资本成本的含义与作用（★）

（一）含义

资本成本是企业为筹集和使用资本而付出的代价，包括筹资费用和用资费用。资本成本是资本所有权和资本使用权分离的结果。

类别	含义	举例
筹资费用	在资本筹措过程中为获取资本而付出的代价，视为筹资数额的一项扣除。（提示：拿到钱之前产生的成本）	借款手续费，因发行股票、债券的发行费
用资费用	在资本使用过程中因占用资本而付出的代价，是资本成本的主要内容。（提示：拿到钱之后产生的成本）	向债权人支付的利息，向股东支付的股利

提示：资本成本通常用相对数来表示。

典例研习·5-7 单项选择题

资本成本包括筹资费用与用资费用，下列各项中，属于用资费用的是（　　）。

A. 向股东支付的股利
B. 债券发行的宣传费用
C. 向银行支付的借款手续费
D. 股票发行的承销费用

斯尔解析 本题考查资本成本的含义。资本成本是企业为筹集和使用资本而付出的代价，包括筹资费用和用资费用。筹资费用是指在资本筹措过程中为获取资本而付出的代价，例如借款手续费，因发行股票、债券的发行费，债券发行的宣传费（补充举例）等，选项 BCD 不当选。用资费用是指在资本使用过程中因占用资本而付出的代价，例如向债权人支付的利息、向股东支付的股利，选项 A 当选。

本题答案 A

（二）作用

（1）资本成本是比较筹资方式、选择筹资方案的依据。
（2）平均资本成本是衡量资本结构是否合理的重要依据。
（3）资本成本是评价投资项目可行性的主要标准。
（4）资本成本是评价企业整体业绩的重要依据。

二、影响资本成本的因素（★★）

提示：站在投资者的角度分析，投资者风险↑→要求的收益↑→资本成本↑。

影响因素	说明
总体经济环境	国民经济健康、稳定、持续增长，社会经济的资金供给和需求相对均衡且通货膨胀水平低，资金所有者投资的风险小，要求的必要收益率低，筹资的资本成本相应就比较低
资本市场条件	资本市场缺乏效率（筹不到钱或变不了现），证券的市场流动性低，投资者投资风险大，要求的必要收益率高
经营状况和融资状况	企业经营风险高，财务风险大，则企业总体风险水平高，投资者要求的必要收益率高
筹资规模和时限	资金规模大、占用时限长，资本成本就高，但仅是呈正向关系并非线性关系

解题高手

命题角度：各类因素对资本成本的影响方向判断。

客观题高频考点，看似复杂，但只要把握两个原则即可快速判断某个因素对于资本成本的影响是增加还是减少。

第一，只要发生"坏事"，资本成本就会升高，例如经济环境变差、资本市场缺乏效率、风险高等。

第二，借钱的数量多、时间长，资本成本就会升高。

典例研习·5-8 （多项选择题）

下列因素中，一般会导致企业借款资本成本上升的有（　　）。

A. 资本市场流动性增强

B. 企业经营风险加大

C. 通货膨胀水平提高

D. 企业盈利能力上升

斯尔解析 本题考查影响资本成本的因素。资本市场流动性增强，投资者投资风险变小，因此会导致借款资本成本下降，选项 A 不当选（发生"好事"）。企业经营风险加大，债权人的投资风险就比较大，因此会导致借款资本成本上升，选项 B 当选（发生"坏事"）。通货膨胀水平提高，利息率会上升，因此会导致借款资本成本上升，选项 C 当选（发生"坏事"）。企业盈利能力上升，企业的经营风险下降，投资者投资风险变小，因此会导致借款资本成本下降，选项 D 不当选（发生"好事"）。

本题答案 BC

三、个别资本成本的计算（★★★）

5-2-3

（一）银行借款的资本成本

1. 一般模式（不考虑货币时间价值）

$$银行借款的资本成本 = \frac{年税后利息费用}{筹资总额 \times （1-筹资费用率）}$$

$$= \frac{借款本金 \times 年利率 \times （1-所得税税率）}{借款本金 \times （1-筹资费用率）}$$

$$= \frac{年利率 \times （1-所得税税率）}{1-筹资费用率}$$

原理详解

为何要"×（1-所得税税率）"？

银行借款的利息费用可在税前扣除，计算资本成本须考虑利息抵税作用，而抵税的金额为"年利息 × 所得税税率"，因此对于银行借款而言，实际的利息支出（利息负担）应当是"年利息 - 年利息 × 所得税税率"，即"年利息 × （1-所得税税率）"。

举个例子，企业借款 100 万元，利率为 10%，因此利息为 10 万元，记入利润表的"财务费用"项目。假设不考虑其他业务，利润便减少 10 万元，从而使得企业所得税可以少交 2.5 万元（10×25%）。因此，企业实际负担的成本不再是 10 万元，而是 7.5 万元（10-2.5）。

2. 贴现模式（考虑货币时间价值）

资本成本为使"未来资本清偿额现金流量现值 = 筹资净额现值"的贴现率。简言之，求解令"未来本金和利息的现值 = 当前筹资净额的现值"的贴现率。

典例研习·5-9 （计算分析题）

孔雀公司从银行取得 5 年期长期借款 200 万元，年利率为 10%，每年付息一次，到期一次还本，借款费用率为 0.2%，企业所得税税率为 25%。

要求：

计算该借款的资本成本。

斯尔解析

方法 1，一般模式：借款的资本成本 $K = 10\% \times （1-25\%） \div （1-0.2\%） = 7.52\%$。

方法 2，贴现模式：

$200 \times 10\% \times （1-25\%） \times （P/A，K，5） + 200 \times （P/F，K，5） = 200 \times （1-0.2\%）$

化简得：$15 \times （P/A，K，5） + 200 \times （P/F，K，5） = 199.6$。

设 $K=8\%$ 进行第一次测试：$15 \times （P/A，8\%，5） + 200 \times （P/F，8\%，5） = 15 \times 3.9927 + 200 \times 0.6806 = 196.01 < 199.6$。

设 K=7% 进行第二次测试：15×（P/A，7%，5）+200×（P/F，7%，5）=15×4.1002+200×0.7130=204.10 ＞ 199.6。

按插值法计算，得 K=7.56%。

典例研习·5-10 （多项选择题）

关于银行借款筹资的资本成本，下列说法错误的有（ ）。

A. 银行借款手续费会影响银行借款的资本成本

B. 银行借款的资本成本仅包括银行借款利息支出

C. 银行借款的资本成本一般等于无风险利率

D. 银行借款的资本成本与还本付息方式无关

⑤斯尔解析 本题考查银行借款的资本成本。银行借款的资本成本包括借款利息和借款手续费用，选项 A 不当选、选项 B 当选。无风险收益率也称无风险利率，它是指无风险资产的收益率，而银行借款是存在风险的，其资本成本通常大于无风险利率，选项 C 当选。还本付息方式会影响现金流出的时间，进而影响资本成本的大小，选项 D 当选。

本题答案 BCD

（二）发行债券的资本成本

1. 一般模式

$$发行债券的资本成本 = \frac{年税后利息费}{筹资总额×（1-筹资费用率）}$$

$$= \frac{债券面值×票面利率×（1-所得税税率）}{债券的发行价格×（1-筹资费用率）}$$

2. 贴现模式

资本成本为使"未来资本清偿额现金流量现值 = 筹资净额现值"的贴现率。简言之，求解令"未来本金和利息的现值 = 当前筹资净额的现值"的贴现率。

典例研习·5-11 （计算分析题）

犀牛公司计划以 1 100 元的价格，溢价发行一批面值为 1 000 元、期限为 5 年、票面利率为 7% 的公司债券。每年付息一次，到期一次还本，发行费用率为 3%，所得税税率为 25%。

要求：

计算该债券的资本成本。

⑤斯尔解析

方法 1，一般模式：K=1 000×7%×（1-25%）/ [1 100×（1-3%）] =4.92%。

方法 2，贴现模式：

1 000×7%×（1-25%）×（P/A，K，5）+1 000×（P/F，K，5）=1 100×（1-3%）

化简得：52.5×（P/A，K，5）+1 000×（P/F，K，5）=1 067。

设 K=4% 进行第一次测试：52.5×（P/A，4%，5）+1 000×（P/F，4%，5）=1 055.62 ＜ 1 067。

设 K=3% 进行第二次测试：52.5×（P/A，3%，5）+1000×（P/F，3%，5）=1103.03 > 1067。

按插值法计算，得 K=3.76%。

提示：债券利息的计算公式为"面值 × 票面利率"，与发行的溢折价无关。

（三）优先股的资本成本

1. 固定股息率优先股（各期股利相等）

优先股的资本成本 = 年固定股息 / ［发行价格 ×（1 - 筹资费用率）］

提示：

（1）优先股年固定股息 = 优先股面值 × 票面股息率。

（2）计算优先股资本成本不需要乘以"（1 - 所得税税率）"，因为优先股股息是税后支付的，没有抵税效应。

典例研习 · 5-12 计算分析题

大象公司发行面值 100 元的优先股，规定的年股息率为 8%（固定股息率）。该优先股溢价发行，发行价格为 110 元；发行时筹资费用率为发行价的 3%。

要求：

计算该优先股的资本成本。

斯尔解析 K=（100×8%）/［110×（1 - 3%）］=7.50%

2. 浮动股息率优先股（各期股利不相等）

只能按照贴现模式计算，并假定各期股利的变化呈一定的规律性。此类浮动股息率优先股的资本成本计算方式与普通股资本成本的股利增长模型法计算方式相同。

典例研习 · 5-13 判断题

某公司溢价发行优先股，每年按固定股息率支付股息，不考虑筹资费用，则优先股的资本成本率等于股息率。

（　　　）

斯尔解析 本题考查优先股的资本成本。优先股的资本成本率 = 面值 × 年固定股息率 / 发行价格，溢价发行优先股，发行价格大于面值，此时优先股的资本成本率小于股息率。本题所述错误。

本题答案 ×

（四）普通股的资本成本

1. 股利增长模型法

假设某股票本期支付的股利为 D_0，未来各期股利按 g 的速度永续增长，预计下一期股利为 D_1，股票目前市场价格为 P_0，筹资费用率为 f，则普通股资本成本为：

$$K_s = \frac{D_1}{P_0 \times (1-f)} + g = \frac{D_0 \times (1+g)}{P_0 \times (1-f)} + g$$

提示：上述公式是推导整理之后的结果，看似简单，但实际上已经考虑了货币时间价值。

典例研习·5-14 计算分析题

斯瓜公司普通股市价为 40 元，筹资费用率为 3%，本年发放现金股利每股 0.6 元，预期股利年增长率为 8%。

要求：

计算该普通股的资本成本。

斯尔解析 $K_s = \dfrac{0.6 \times (1+8\%)}{40 \times (1-3\%)} + 8\% = 9.67\%$

精准答疑

问题： 如何区分 D_0 和 D_1？

解答： 这两者的本质区别是与"D_0"对应的股利发放时点和资本成本的计算时点相同，均为当前时点，通常属于已经支付的股利；而与"D_1"对应的股利发放时点比当前时点晚一期（如一年左右的时间），通常属于尚未支付的股利。

常见说法如下：

D_0	D_1
（1）上年的股利。	（1）预计的本年股利。
（2）刚刚发放的股利。	（2）第一年的股利。
（3）最近刚发放的股利	（3）一年后的股利

2. 资本资产定价模型法

假定无风险收益率为 R_f，市场平均收益率为 R_m，某股票贝塔系数为 β，则普通股资本成本为：

$$K_s = R_f + \beta \times (R_m - R_f)$$

典例研习·5-15 计算分析题

斯瓜公司普通股的 β 系数为 1.2，此时一年期国债利率为 5%，市场平均收益率为 15%。

要求：

计算该普通股的资本成本。

斯尔解析 普通股资本成本 =5%+1.2×（15%−5%）=17%

精准答疑

问题： 学习第二章时，运用资本资产定价模型计算的是股票收益率，为何在计算资本成本时也可以用这个模型？

解答： 首先，资本成本是一个企业筹资所付出的代价。而这个代价的高低，取决于投资者要求的报酬。因此，在同一笔投融资活动中，筹资者所付出的代价基本等同于投资者所获得的报酬。

其次，股权投资者要求的报酬，即股东要求的必要收益率，可以用资本资产定价模型计算。

最后，由于资本资产定价模型计算出的必要收益率在数量上等于筹资者付出的代价，所以该模型既可以计算股票的必要收益率，也可以计算股权资本成本。

典例研习 · 5-16 单项选择题

某公司普通股的 β 系数为 1.2，市场组合收益率为 12%，无风险收益率为 4%，依据资本资产定价模型，该普通股的资本成本为（　　）。

A. 12.8%　　　　　　B. 9.6%　　　　　　C. 13.6%　　　　　　D. 14.4%

斯尔解析 本题考查普通股的资本成本。根据资本资产定价模型，普通股资本成本 = 4%+1.2×（12%−4%）=13.6%，选项 C 当选。

本题答案 C

（五）留存收益的资本成本

留存收益的资本成本率，表现为股东追加投资要求的收益率，其计算方法与普通股资本成本的计算方法相同，也分为股利增长模型法和资本资产定价模型法，不同点在于计算留存收益资本成本时不考虑筹资费用。

典例研习 · 5-17 判断题

由于内部筹资一般不产生筹资费用，所以内部筹资的资本成本最低。　　　　　　（　　）

斯尔解析 本题考查留存收益的资本成本。留存收益的资本成本，表现为股东追加投资要求的报酬率，其计算与普通股资本成本相同，不同点在于不考虑筹资费用。留存收益资本成本通常大于债务资本成本。本题所述错误。

本题答案 ×

典例研习 · 5-18 单项选择题

某公司发行普通股的筹资费用率为 6%，当前股价为 10 元 / 股，本期已支付的现金股利为 2 元 / 股，未来各期股利按 2% 的速度持续增长。则该公司留存收益的资本成本为（　　）。

A. 23.7%　　　　　　B. 22.4%　　　　　　C. 21.2%　　　　　　D. 20.4%

⑤斯尔解析 本题考查留存收益的资本成本。需要注意的是，计算留存收益资本成本时不考虑筹资费用，因此本题中的 6% 为干扰信息。根据股利增长模型法，留存收益的资本成本 =2×（1+2%）÷10+2%=22.4%，选项 B 当选。

本题答案 B

四、平均资本成本的计算（★★）

1.含义

平均资本成本是以各项个别资本在企业总资本中的比重为权数，对各项个别资本成本进行加权平均而得到的总资本成本。计算公式为：

$$K_{\mathrm{W}}= \sum_{j=1}^{n} K_j W_j$$

式中，K_{W} 表示平均资本成本；K_j 表示第 j 种个别资本成本；W_j 表示第 j 种个别资本在全部资本中的比重。

精准答疑 🖋️

问题： 计算资本成本时，如何区分税前或税后口径？

解答： 第一，债务筹资。如果题目给出或求解的是"资本成本"或"个别资本成本"，则视为税后口径；如果给出或求解的是"利率"或"实际利率"，则视为税前口径，需要扣税。

第二，权益筹资。运用股利增长模型和资本资产定价模型所计算的资本成本均视为税后口径。

因此，在计算平均资本成本时，为了保持口径统一，无论是债务资本成本还是权益资本成本，均需要按"税后"进行计算。

2.权数的确定

权数	含义	优缺点
账面价值权数（过去）	以会计报表账面价值为基础来计算资本权数	优点：资料容易取得，计算结果比较稳定。 缺点：不能反映目前从资本市场上筹集资本的现时机会成本，不适合评价现时的资本结构
市场价值权数（现在）	以现行市价为基础来计算资本权数（即当前的市场价值）	优点：能够反映现时的资本成本水平，有利于进行资本结构决策。 缺点：现行市价处于经常变动之中，不容易取得；现行市价反映的只是现时的资本结构，不适用于未来的筹资决策

续表

权数	含义	优缺点
目标价值权数（未来）	以预计的未来价值（未来的市场价值或未来的账面价值）为基础来确定资本权数	优点：适用于未来的筹资决策。 缺点：目标价值的确定难免具有主观性

典例研习·5-19 （计算分析题）

海豚公司 2020 年末的长期资本账面总额 2 000 万元，其中：银行长期贷款 800 万元，占 40%；长期债券 300 万元，占 15%；股东权益 900 万元（共 400 万股，每股面值 1 元，市价 8 元），占 45%；长期贷款、长期债券和普通股的个别资本成本分别为 5%、6%、9%。债务市场价值等于账面价值。

要求：

计算该公司的平均资本成本。

斯尔解析

按账面价值计算：$K=5\% \times 40\%+6\% \times 15\%+9\% \times 45\%=6.95\%$。

按市场价值计算：$K=(5\% \times 800+6\% \times 300+9\% \times 3\,200) \div (800+300+3\,200)=8.05\%$。

提示：股东权益市场价值的计算方法为"股数 × 市价"，即 $400 \times 8=3\,200$（万元）。

典例研习·5-20 （计算分析题）

甲公司 2020 年末长期资本为 6 000 万元，其中长期银行借款为 2 000 万元，年利率为 5%；所有者权益（包括普通股股本和留存收益）为 4 000 万元。公司计划在 2021 年追加筹集资金 4 000 万元，其中按面值发行 5 年期长期债券 2 000 万元，票面利率为 6%，期限 5 年，每年年末付息一次，到期一次还本，筹资费用率为 2%；发行优先股筹资 2 000 万元，固定股息率为 8%，筹资费用率为 4%。公司发行的普通股 β 系数为 1.5，一年期国债利率为 4%，市场平均收益率为 10%。公司适用的所得税税率为 25%。假设不考虑筹资费用对资本结构的影响，发行债券和优先股不影响借款利率和普通股股价。

要求：

（1）计算甲公司长期银行借款的资本成本。

（2）假设不考虑货币时间价值，计算甲公司发行债券的资本成本。

（3）计算甲公司发行优先股的资本成本。

（4）利用资本资产定价模型计算甲公司普通股和留存收益的资本成本。

（5）计算甲公司 2021 年完成筹资计划后的平均资本成本。

斯尔解析

（1）长期银行借款的资本成本 $=5\% \times (1-25\%)=3.75\%$。

（2）债券的资本成本 $=2\,000 \times 6\% \times (1-25\%) \div [2\,000 \times (1-2\%)]=4.59\%$。

（3）优先股的资本成本 $=2\,000 \times 8\% \div [2\,000 \times (1-4\%)]=8.33\%$。

（4）普通股和留存收益的资本成本 =4%+1.5×（10%−4%）=13%。

（5）平均资本成本 =2 000/10 000×3.75%+2 000/10 000×4.59%+2 000/10 000×8.33%+4 000/10 000×13%=8.53%。

五、边际资本成本的计算（★）

边际资本成本是企业追加筹资的成本（即与过去无关），是企业进行追加筹资的决策依据。筹资方案组合时，边际资本成本的权数采用目标价值权数。

六、项目资本成本（★★）

项目资本成本，也称为投资项目资本成本，是指项目本身所需投资资本的机会成本，即将资本用于本项目投资所放弃的其他投资机会的收益，也可称为项目最低可接受的收益率。不同投资项目的风险不同，它们要求的最低收益率也不同。

（一）使用企业当前综合资本成本作为投资项目的资本成本

使用企业当前综合资本成本作为项目的资本成本，应同时满足以下两个条件：

（1）等风险假设（经营风险相同）：项目风险与企业当前资产的平均经营风险相同。

（2）等资本结构假设（财务风险相同）：公司继续采用相同的资本结构为项目筹资。

若等风险假设或等资本结构假设明显不能成立时，不能使用企业当前的综合资本成本作为投资项目的资本成本。

（二）运用可比公司法估计投资项目的资本成本

可比公司法是寻找一个经营业务与待估计的投资项目类似的上市公司，以该上市公司的 β 值替代待评估项目的系统性风险，这种方法也称为"替代公司法"。可比公司的资本结构已反映在其 β 值中，如果可比公司的资本结构与估计项目的资本结构不同，则在估计项目的 β 值时，应针对资本结构差异作出相应调整。

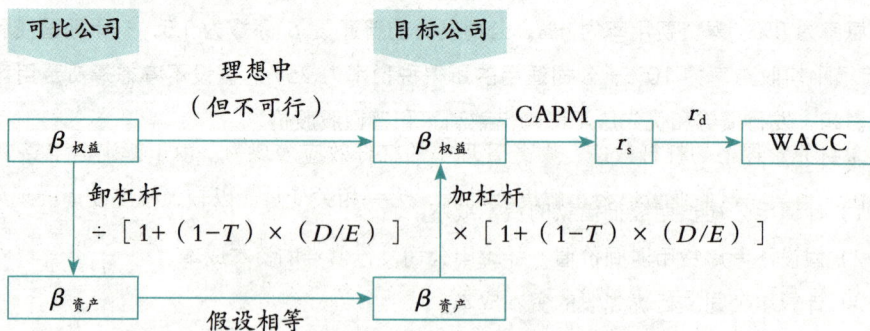

对于上述计算过程，用一首"打油诗"即可轻松搞定：

可比公司权益起，一加税后 D 比 E。先剔除，后加载，最后代入模型里。

具体计算公式如下：

第一步：卸载可比公司财务杠杆。

$$\beta_{资产}=\beta_{权益}÷[1+（1−T）×（负债/权益）]$$

提示：这一步骤中的税率、负债、权益均为可比公司的数据。

第二步：加载待估计的投资项目财务杠杆。

$\beta_{权益} = \beta_{资产} \times [1 + (1-T) \times (负债/权益)]$

提示：这一步骤中的税率、负债、权益均为目标公司或项目的数据。

第三步：根据得出的投资项目 $\beta_{权益}$ 计算股东权益成本。

投资项目股东权益成本 $= R_f + \beta_{权益} \times (R_m - R_f)$

第四步：计算投资项目的资本成本。

项目资本成本（综合资本成本）= 债务资本成本 × 债务资本比重 + 股权资本成本 × 股权资本比重

典例研习 · 5-21　计算分析题

某房地产公司计划投资一个保健品项目 A，预计该项目债务资金占 30%，债务资金年利率为 6%。保健品上市公司代表企业为 B 公司，$\beta_{权益}$ 为 0.9，债务/权益为 1/1，企业所得税税率为 25%。假设无风险报酬率为 6%，市场组合的平均报酬率为 11%。

要求：

计算投资项目 A 的加权平均资本成本。

斯尔解析

（1）将 B 公司 $\beta_{权益}$ 转换为 $\beta_{资产}$：$\beta_{资产} = 0.9 \div [1 + (1-25\%) \times 1/1] = 0.51$。

（2）将 $\beta_{资产}$ 转换为项目 A 的 $\beta_{权益}$：$\beta_{权益}$（项目A）$= 0.51 \times [1 + (1-25\%) \times 0.3/0.7] = 0.67$。

（3）根据 $\beta_{权益}$ 计算项目 A 的股东权益成本：股东权益成本 $= 6\% + 0.67 \times (11\% - 6\%) = 9.35\%$。

（4）计算项目 A 的债务资本成本：债务资本成本 $= 6\% \times (1-25\%) = 4.5\%$。

（5）计算项目 A 的加权平均资本成本（即综合资本成本）：

项目 A 的加权平均资本成本 $= 4.5\% \times 30\% + 9.35\% \times (1-30\%) = 7.9\%$

第三节　杠杆效应

何为财务管理中的杠杆效应？财务管理中的杠杆效应表现为：由于特定固定支出或费用的存在，当某一财务变量以较小幅度变动时，另一相关变量会以较大幅度变动的现象。

提示：学习本节之前，需要先行学习"本量利分析"相关的基本公式，具体内容可观看《财会入门十三讲》–财管篇–第二模块–本量利分析体系。

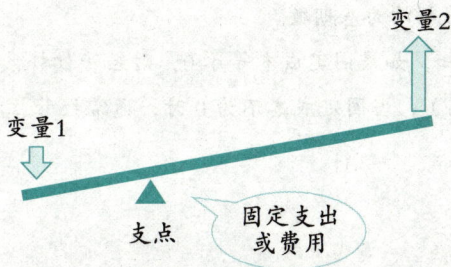

变量2

变量1

支点

固定支出
或费用

一、经营杠杆效应（★★★）

（一）经营杠杆

经营杠杆是由于固定性经营成本的存在，使得企业的资产收益（息税前利润）变动率大于业务量（产销量或销售额）变动率的现象。经营杠杆反映了资产收益的波动性，用以评价企业的经营风险。

支点：固定性经营成本。

变量1：业务量。

变量2：息税前利润。

典例研习·5-22　计算分析题

某企业2020年的产品销量为1 000件，单价为10元，单位变动成本为6元，固定成本为2 000元。

要求：

（1）计算2020年的息税前利润。

（2）如果销量增加10%，计算息税前利润的变动率。

斯尔解析

（1）息税前利润=1 000×（10−6）−2 000=2 000（元）。

（2）如果销量增加10%，息税前利润=1 000×（1+10%）×（10−6）−2 000=2 400（元），息税前利润的变动率=（2 400−2 000）÷2 000×100%=20%。

由此发现，息税前利润的变动率是销量变动率的2倍，而这就是经营杠杆所起的作用！

（二）经营杠杆系数（DOL）

1. 定义公式

$$DOL=\frac{\Delta EBIT/EBIT_0}{\Delta Q/Q_0}=\frac{息税前利润变动率}{产销业务量变动率}$$

2. 推导公式

$$DOL=\frac{M_0}{EBIT_0}=\frac{基期边际贡献}{基期息税前利润}$$

$$DOL=\frac{EBIT_0+F_0}{EBIT_0}=1+\frac{F_0}{EBIT_0}=1+\frac{基期固定成本}{基期息税前利润}$$

提示：

（1）推导公式中的数据均为基期数。

（2）由推导公式可知，如果固定成本等于0，则经营杠杆系数为1，即不存在经营杠杆效应（不存在放大效应）；当固定成本不为0时，通常经营杠杆系数都是大于1的，即显现出经营杠杆效应。

精准答疑

问题： 经营杠杆系数有两个计算公式，做题时应该如何选择？

解答： 通常情况下，计算杠杆系数，会选择使用推导公式计算。但如果题目中涉及了增长率、变化率之类的数据，就需要使用定义公式计算。

典例研习 · 5-23 计算分析题

羚羊公司固定成本为 500 万元，变动成本率为 70%，且各年间保持不变。去年产销额为 5 000 万元时，息税前利润为 1 000 万元；今年产销额为 7 000 万元时，息税前利润为 1 600 万元。

要求：

计算该公司产销量的增长率、息税前利润增长率以及经营杠杆系数。

斯尔解析

（1）产销量的增长率 =（7 000−5 000）÷5 000×100%=40%。

（2）息税前利润增长率 =（1 600−1 000）÷1 000×100%=60%。

（3）经营杠杆系数 = $\dfrac{60\%}{40\%}$ =1.5，或经营杠杆系数 = $\dfrac{5\,000\times（1-70\%）}{1\,000}$ =1.5。

本例中，经营杠杆系数为 1.5 的意义在于：当企业销售增长 1 倍时，息税前利润将增长 1.5 倍；反之，当企业销售下降 1 倍时，息税前利润将下降 1.5 倍。一般而言，企业的经营杠杆系数越大，经营风险越高（提示：风险反映的是波动），反之，越低。

（三）经营杠杆与经营风险

（1）经营风险是指企业由于生产经营上的原因而导致的资产收益波动的风险。引起企业经营风险的主要原因是市场需求和生产成本等因素的不确定性，经营杠杆本身并不是资产收益不确定的根源，只是资产收益波动的表现。但是，经营杠杆放大了市场和生产等因素变化对利润波动的影响。

（2）经营杠杆系数越高，表明息税前利润受产销量变动的影响程度越大，经营风险也就越大。

（3）在息税前利润为正的前提下，只要存在固定性经营成本，就存在经营杠杆效应，经营杠杆系数恒大于 1，不会为负数。

（4）影响经营杠杆的因素：企业成本结构中的固定成本比重（F）和息税前利润水平（EBIT）。其中，息税前利润水平又受到产品销售数量（Q）、销售价格（P）、成本水平（V、F）高低的影响。

（5）企业处于盈亏临界点时，经营杠杆系数无穷大，表明微利状态下，经营杠杆对 EBIT 的影响很大。

典例研习·5-24 多项选择题

关于企业经营杠杆系数，下列表述正确的有（　　）。

A. 在息税前利润为正的前提下，只要企业存在固定性经营成本，经营杠杆系数总是大于1

B. 若经营杠杆系数为1，则企业不存在经营风险

C. 经营杠杆系数等于息税前利润变动率除以销售量的变动率

D. 经营杠杆系数等于息税前利润除以边际贡献

🔍 **斯尔解析** 本题考查经营杠杆效应。在息税前利润为正的前提下，经营杠杆系数最低为1，不会为负数；只要有固定性经营成本存在，经营杠杆系数总是大于1，选项 A 当选。经营风险是指企业由于生产经营上的原因而导致的资产收益波动的风险。若经营杠杆系数为1，则企业不存在经营杠杆，并不表明不存在经营风险，选项 B 不当选。经营杠杆系数 = 息税前利润变动率 ÷ 产销业务量变动率，选项 C 当选。经营杠杆系数 = 基期边际贡献 ÷ 基期息税前利润，选项 D 不当选。

📖 **本题答案** AC

二、财务杠杆效应（★★★）

（一）财务杠杆

财务杠杆是由于固定性资本成本（利息费用、优先股股利）的存在，使得企业的普通股收益（每股收益 EPS）变动率大于息税前利润变动率的现象。财务杠杆反映了权益资本收益的波动性，用以评价企业的财务风险。简言之，引入负债，提高了股东回报（但同时也招致了新的风险）。

支点：固定性资本成本。

变量1：息税前利润（EBIT）。

变量2：每股收益（EPS）。

其中，$EPS = \dfrac{(\text{息税前利润} - \text{利息}) \times (1 - \text{所得税税率}) - \text{优先股股利}}{\text{普通股股数}}$。

（二）财务杠杆系数（DFL）

1. 定义公式

$$DFL = \frac{\Delta EPS / EPS_0}{\Delta EBIT / EBIT_0} = \frac{\text{普通股收益变动率}}{\text{息税前利润变动率}}$$

2. 推导公式

$$DFL = \frac{EBIT_0}{EBIT_0 - I_0 - \dfrac{D_p}{1-T}} = \frac{\text{基期息税前利润}}{\text{基期归属于普通股股东的税前利润}}$$

其中：I_0 是税前的利息费用，D_p 是税后的优先股股息，$\dfrac{D_p}{1-T}$ 是税前的优先股股息。

提示：由推导公式可知，如果固定性资本成本（债务利息和优先股股利）等于0，则财务杠杆系数为1，即不存在财务杠杆效应；当固定性资本成本不为0时，财务杠杆系数通常都是大于1的，即显现出财务杠杆效应。

典例研习·5-25 （单项选择题）

某公司基期息税前利润为 1 000 万元，基期利息费用为 400 万元，假设与财务杠杆相关的其他因素保持不变，则该公司计划期的财务杠杆系数为（   ）。

A. 2.5

B. 1.67

C. 1.25

D. 1.88

斯尔解析 本题考查财务杠杆系数。财务杠杆系数 =1 000÷（1 000−400）=1.67，选项 B 当选。

本题答案 B

典例研习·5-26 （单项选择题）

当财务杠杆系数为 1 时，下列说法中，正确的是（   ）。

A. 息税前利润增长率为 0

B. 息税前利润为 0

C. 固定性资本成本为 0

D. 固定性经营成本为 0

斯尔解析 本题考查财务杠杆系数。根据财务杠杆系数推导式可知，如果固定性资本成本（债务利息和优先股股利）等于 0，则财务杠杆系数为 1，即不存在财务杠杆效应，因此选项 C 当选。

本题答案 C

（三）财务杠杆与财务风险

（1）财务风险是指企业由于筹资原因产生的资本成本负担而导致的普通股收益波动的风险。引起企业财务风险的主要原因是资产收益的不利变化和资本成本的固定负担。

提示：通俗来讲，财务风险是由于企业运用了债务筹资方式而产生的丧失偿付能力的风险，而这种风险最终是由普通股股东承担的。

（2）财务杠杆系数越高，表明普通股收益的波动程度越大，财务风险也就越大。

（3）在普通股收益为正的前提下，只要存在固定性资本成本，财务杠杆系数最低为 1，不会为负数。

（4）当息税前利润 = 利息 + 优先股股利 ÷（1− 所得税税率）时，EPS=0，财务杠杆系数无穷大，表明在息税前利润刚好抵偿固定性资本成本的状态下，财务杠杆效应会很强。

典例研习·5-27 （单项选择题）

下列各项中，影响财务杠杆系数而不影响经营杠杆系数的是（   ）。

A. 产销量

B. 固定利息费用

C. 销售单价

D. 固定经营成本

斯尔解析 本题考查杠杆系数。财务杠杆系数 = 基期息税前利润 ÷ 基期利润总额 = 基期息税前利润 ÷（基期息税前利润 − 固定利息费用）=［产销量 ×（单价 − 单位变动成本）− 固定经营成本］÷［产销量 ×（单价 − 单位变动成本）− 固定经营成本 − 固定利息费用］；经营杠杆系数 = 基期边际贡献 ÷ 基期息税前利润 =［产销量 ×（单价 − 单位变动成本）］÷［产销量×（单价－单位变动成本）－固定经营成本］，由公式可知，固定利息费用影响财务杠杆系数而不影响经营杠杆系数，选项 B 当选。

本题答案 B

三、总杠杆效应（★★★）

（一）总杠杆

总杠杆是由于固定性经营成本和固定性资本成本的存在，导致普通股每股收益变动率大于产销业务量变动率的现象。

支点：固定性经营成本和固定性资本成本。

变量1：业务量。

变量2：每股收益（EPS）。

（二）总杠杆系数（DTL）

1.定义公式

$$DTL=\frac{\Delta EPS/EPS_0}{\Delta Q/Q_0}=\frac{普通股收益变动率}{产销量变动率}$$

2.推导公式

DTL=DOL×DFL

（1）不存在优先股时：

$$DTL=\frac{基期边际贡献}{基期利润总额}=\frac{M_0}{M_0-F_0-I_0}=\frac{EBIT_0+F_0}{EBIT_0-I_0}$$

（2）存在优先股时：

$$DTL=\frac{M_0}{M_0-F_0-I_0-\dfrac{D_p}{1-T}}=\frac{EBIT_0+F_0}{EBIT_0-I_0-\dfrac{D_p}{1-T}}$$

（三）总杠杆与公司风险

公司风险包括企业的经营风险和财务风险，反映了企业的整体风险。

总杠杆系数反映了经营杠杆和财务杠杆之间的关系，用以评价企业的整体风险水平。在总杠杆系数一定（保持一定的风险水平）的情况下，经营杠杆系数与财务杠杆系数此消彼长（经营风险与财务风险错配原则）。

企业类型	特征	经营杠杆 （经营风险）	财务杠杆 （财务风险）	筹资方式
资本密集型	固定资产比重大	高	低	权益资本
劳动密集型	变动成本比重大	低	高	债务资本
初创期	产销业务量小	高	低	权益资本
扩张成熟期	产销业务量大	低	高	债务资本

典例研习·5-28 判断题

如果企业的全部资本来源于普通股权益资本，则其总杠杆系数与经营杠杆系数相等。

（　　）

斯尔解析 本题考查杠杆系数。财务杠杆系数＝息税前利润÷（息税前利润－利息－税前优先股股利），若企业的全部资本来源于普通股权筹资，即不存在利息和优先股股利，那么财务杠杆系数等于1，总杠杆系数＝经营杠杆系数×财务杠杆系数＝经营杠杆系数×1＝经营杠杆系数。本题所述正确。

本题答案 √

典例研习·5-29 计算分析题

甲公司是一家制造业企业，只生产A产品。2020年度A产品的销量为4万件，单价为60元，单位变动成本为40元，固定成本总额为40万元，公司2020年度发生的利息费用为30万元，无优先股股息。

要求：

（1）计算2020年度的边际贡献和息税前利润。

（2）以2020年为基期，计算下列指标：❶经营杠杆系数；❷财务杠杆系数；❸总杠杆系数。

斯尔解析

（1）2020年的边际贡献＝4×（60－40）＝80（万元）。

息税前利润＝80－40＝40（万元）

（2）经营杠杆系数＝80÷40＝2。

财务杠杆系数＝40÷（40－30）＝4

总杠杆系数＝2×4＝8

典例研习·5-30 单项选择题

某企业本年经营杠杆系数为1.2，财务杠杆系数为1.5，每股收益增长率为9%，则销售量增长率为（　　）。

A. 5%

B. 16.2%

C. 10.8%

D. 13.5%

斯尔解析 本题考查杠杆系数。总杠杆系数＝经营杠杆系数×财务杠杆系数＝1.2×1.5＝1.8，总杠杆系数＝普通股收益变动率÷产销量变动率，故产销量变动率＝普通股收益变动率÷总杠杆系数＝9%÷1.8＝5%，选项A当选。

本题答案 A

第四节　资本结构

一、资本结构理论（★★）

（一）资本结构的含义

（1）广义：全部债务与股东权益的构成比例。

（2）狭义：长期负债与股东权益的构成比例。

（3）最佳资本结构：加权平均资本成本最低且企业价值最大。

典例研习·5-31 单项选择题

下列关于最佳资本结构的表述中，错误的是（　　）。

A. 最佳资本结构在理论上是存在的　　B. 资本结构优化的目标是提高企业价值

C. 企业平均资本成本最低时资本结构最佳　　D. 企业的最佳资本结构应当长期固定不变

斯尔解析 本题考查资本结构的含义。由于企业内部条件和外部环境的经常性变化，有必要适当动态地保持最佳资本结构，选项 D 当选。

本题答案 D

（二）资本结构理论

1. 最初的 MM 理论（无税 MM 理论）

（1）企业价值。

有无负债不会影响企业的价值，企业价值不受资本结构的影响。

有负债企业价值 = 无负债企业价值

（2）股权资本成本。

有负债企业的股权资本成本随着负债程度的增大而增大。

2. 修正的 MM 理论（有税 MM 理论）

（1）企业价值。

由于利息可以带来抵税收益，企业可以利用财务杠杆增加企业价值，因此企业价值会随着资产负债率的增加而增加。

有负债企业价值 = 无负债企业价值 + 负债利息抵税价值

（2）股权资本成本。

有负债企业的股权资本成本随着负债程度的增大而增大。

3. 权衡理论

权衡理论认为，债务筹资在给企业带来抵税收益的同时，也给企业带来了财务困境成本。因此，经营良好的企业，通常会维持其债务不超过某一限度。

有负债企业价值 = 无负债企业价值 + 负债利息抵税现值 − 财务困境成本现值

4.代理理论

代理理论认为，债务筹资除了为企业带来利息抵税收益和财务困境成本之外，还可以给企业带来债务的代理收益和代理成本。

有负债企业价值 = 无负债企业价值 + 负债利息抵税现值 – 财务困境成本现值 + 债务代理收益现值 – 债务代理成本现值

类型	含义
债务代理收益	债务筹资具有激励作用，可降低所有权与经营权分离而产生的代理成本（既然有债要还，就得更加努力）
债务代理成本	企业接受债权人监督（借来的钱会受到诸多使用限制）而产生的成本

5.优序融资理论

企业满足融资需求的顺序为"**先内后外，先债后股**"，即首先是内部筹资（利用留存收益），其次是借款、发行债券、可转换债券，最后是发行新股筹资。

典例研习·5-32 单项选择题

下列选项中，属于修正的 MM 理论的观点的是（　　）。

A. 企业有无负债均不改变企业价值

B. 企业负债有助于降低两权分离所带来的代理成本

C. 企业可以利用财务杠杆增加企业价值

D. 财务困境成本会降低有负债企业的价值

斯尔解析 本题考查资本结构理论。企业有无负债均不改变企业价值，属于最初的 MM 理论（无税 MM 理论）的观点，选项 A 不当选。修正的 MM 理论认为，企业可以利用财务杠杆增加企业价值，选项 C 当选。在修正的 MM 理论中，无须考虑代理成本和财务困境成本，选项 BD 不当选。

本题答案 C

典例研习·5-33 多项选择题

关于资本结构理论，下列说法中，正确的有（　　）。

A. 修正的 MM 理论认为，企业价值与企业的资产负债率无关

B. 根据优序融资理论，当企业需要外部筹资时，债务筹资优于股权筹资

C. 根据代理理论，债务筹资可能带来债务代理成本

D. 最初的 MM 理论认为，有负债企业的股权资本成本随着资产负债率的增大而增大

斯尔解析 本题考查资本结构理论。修正的 MM 理论认为，企业可以利用财务杠杆增加企业价值，因负债利息可以带来避税利益，企业价值会随着资产负债率的增加而增加，选项 A 不当选。优序融资理论认为，企业偏好内部融资，当需要进行外部融资时，债务筹资优于股权筹资，选项 B 当选。代理理论认为债务筹资能够降低由于两权分离而产生的代理成本（股权代理成本），但是债务筹资可能带来另一种代理成本，即企业接受债权人监督而产生

的成本（债务代理成本），选项 C 当选。最初的 MM 理论认为，不考虑企业所得税，有无负债不改变企业的价值。因此企业价值不受资本结构的影响。而且，有负债企业的股权资本成本随着负债程度的增大而增大，选项 D 当选。

🔺本题答案 BCD

二、影响资本结构的因素（★★）

影响因素	对资本结构的影响
经营状况的稳定性和成长率	企业稳定性、成长率向好→经营风险↓→财务风险↑→高负债筹资
财务状况和信用等级	财务状况好、信用等级高→容易获得债务资金→高负债筹资
资产结构	大量固定资产→固定成本↑→经营风险↑→财务风险↓→低负债筹资。 较多流动资产→固定成本↓→经营风险↓→财务风险↑→高负债筹资。 资产适用于抵押贷款（通用资产）→容易获得债务资金→高负债筹资。 技术研发为主的企业（专用资产）→不容易获得债务资金→低负债筹资
所有者和管理当局的态度	希望控制权集中→债务筹资。 希望控制权分散→股权筹资。 稳健的管理当局→财务风险↓→低负债筹资
行业特征和企业发展周期	成熟市场→经营风险↓→财务风险↑→高负债筹资。 新兴市场→经营风险↑→财务风险↓→低负债筹资
	初创阶段→经营风险↑→财务风险↓→低负债筹资。 成熟阶段→经营风险↓→财务风险↑→高负债筹资。 收缩阶段→经营风险↑→财务风险↓→低负债筹资
税务政策和货币政策	所得税税率高→抵税作用↑→高负债筹资。 紧缩的货币政策→市场利率↑→低负债筹资

解题高手 👍

命题角度：各类因素对资本结构的影响。

客观题考点。难点在于上述因素如何影响资本结构。本质上，需要分析的是债务比重的高低。而影响债务比重高低的影响因素可以归为 5 类：

（1）可接受财务风险的高低：可接受的财务风险高，则负债比重↑，反之，则负债比重↓。

（2）取得负债的难度：容易取得（通用资产更易于抵押借款、信用等级高），则负债比重↑，反之，则负债比重↓。

（3）取得负债的成本：成本低（如市场利率低），则负债比重↑，反之，则负债比重↓。

（4）取得负债的收益：抵税效应明显（如税率高），则负债比重↑，反之，则负债比重↓。

（5）对于控制权的态度：希望集中，则负债比重↑，反之，则负债比重↓。

|》典例研习·5-34 单项选择题

出于对优化资本结构和控制风险的考虑，相比较而言，下列企业中最不适宜采用高负债资本结构的是（　　）。

A. 电力企业 B. 高新技术企业

C. 汽车制造企业 D. 餐饮服务企业

⑤斯尔解析 本题考查影响资本结构的因素。高新技术企业产品、技术、市场尚不成熟，经营风险高，因此可降低债务资金比重，控制财务杠杆风险（提示：这句话是教材原文，请适当关注），选项 B 当选。其他选项中的企业，经营失败的风险显然比高新技术企业小，可适度增加债务资金比重，选项 ACD 不当选。

▲本题答案 B

三、资本结构优化（★★★）

资本结构优化，要求企业权衡负债的低资本成本和高财务风险的关系，确定合理的资本结构。资本结构优化的目标，是降低平均资本成本或提高企业价值。

1. 每股收益分析法

（1）基本原理。

第一，债务资本能够带来财务杠杆效应，企业可以利用财务杠杆增加股东财富（可简单理解为提高普通股每股收益）。

第二，能够提高普通股每股收益的资本结构，就是合理的资本结构。

（2）决策原则。

每股收益分析法是在计算出不同融资方案下企业的每股收益（EPS）都相等时所对应的息税前利润（EBIT）的基础上（算标杆），通过比较在企业预期盈利水平下的不同融资方案的每股收益（比大小），进而选择每股收益较大的融资方案。

即每股收益分析法解决了在某一特定预期盈利水平下是否应该选择债务融资方式的问题，其基本决策原则是找到能给股东带来更大净收益的融资方式。

(3)决策方法：

第一步：算标杆。

计算"每股收益无差别点 $\overline{EBIT}$"，即计算使在两种筹资方式下每股收益都相等时的息税前利润（或业务量）水平，计算公式如下：

$$\frac{(\overline{EBIT}-I_1)\times(1-T)-DP_1}{N_1}=\frac{(\overline{EBIT}-I_2)\times(1-T)-DP_2}{N_2}$$

$\overline{EBIT}$ 表示平衡点下的息税前利润；DP 表示优先股股息。

第二步：比大小。

依据预期息税前利润（$EBIT^*$）与每股收益无差别点（$\overline{EBIT}$）的大小关系进行决策：

预期息税前利润＞每股收益无差别点，应当选择债务筹资方案。

预期息税前利润＜每股收益无差别点，应当选择股权筹资方案。

典例研习·5-35 （计算分析题）

海龟公司目前的长期资本总额为 5 000 万元，其中长期债务资金为 2 000 万元（年利息 200 万元），普通股股数 3 000 万股。现因生产发展需要，准备再筹集 1 500 万元资金，有两种筹资方案：

（1）增发普通股 300 万股，每股发行价 5 元。

（2）向银行取得长期借款 1 500 万元，利息率 10%。

根据测算，追加筹资后销售额有望达到 5 000 万元，变动成本率为 60%，固定成本为 1 000 万元，适用的企业所得税税率为 25%，不考虑筹资费用因素。

要求：

（1）计算长期债务和普通股筹资方式的每股收益无差别点，并根据每股收益分析法确定该公司应该选择的方案。

（2）其他条件不变，若追加投资后预期销售额为 8 000 万元，分析企业应该选择哪种方案。

斯尔解析

（1）①根据上述数据，代入每股收益无差别点状态式：

$$\frac{(\overline{EBIT}-200)\times(1-25\%)}{3\,000+300}=\frac{(\overline{EBIT}-200-150)\times(1-25\%)}{3\,000}$$

$\overline{EBIT}=1\,850$（万元）

②筹资后的息税前利润 EBIT=5 000×（1−60%）−1 000=1 000（万元）。

③决策：由于筹资后的息税前利润小于每股收益无差别点，因此应该选择方案（1）（股权筹资方案）。

（2）①筹资后的息税前利润 EBIT=8 000×（1−60%）−1 000=2 200（万元）。

②决策：由于筹资后的息税前利润大于每股收益无差别点，因此应该选择方案（2）（债务筹资方案）。

典例研习·5-36

海豹公司目前有债务资金 4 000 万元（年利息 400 万元），普通股资本 6 000 万股。该公司由于有一个较好的新投资项目，需要追加筹资 8 000 万元，适用的所得税税率为 25%，不考虑筹资费用因素。有三种筹资方案：

A 方案：按每股发行价 3 元增发普通股 2 000 万股；同时向银行借款 2 000 万元，利率保持原来的 10%。

B 方案：按每股发行价 3 元增发普通股 1 000 万股；同时溢价发行 5 000 万元面值为 3 000 万元的公司债券，票面利率为 15%。

C 方案：不增发普通股，溢价发行 6 000 万元面值为 4 000 万元的公司债券，票面利率为 15%；由于受债券发行数额的限制，需要向银行补充借款 2 000 万元，利率为 10%。

斯尔解析 经分析发现，三种方案各有优劣：增发普通股能够减轻资本成本的固定性支出，但股数增加会摊薄每股收益；采用债务筹资方式能够提高每股收益，但增加了固定性资本成本负担，受到的限制较多。基于上述原因，筹资方案需要两两比较。

A、B 方案的比较：

$(\overline{EBIT}-400-200)\times(1-25\%)/(6\,000+2\,000)=(\overline{EBIT}-400-3\,000\times15\%)\times(1-25\%)/(6\,000+1\,000)$

$\overline{EBIT}=2\,600$（万元）

提示：债券利息的计算公式为"面值 × 票面利率"，与发行的溢折价无关，千万别算错。

B、C 方案的比较：

$(\overline{EBIT}-400-450)\times(1-25\%)/7\,000=(\overline{EBIT}-400-4\,000\times15\%-2\,000\times10\%)\times(1-25\%)/6\,000$

$\overline{EBIT}=3\,300$（万元）

A、C 方案的比较：

$(\overline{EBIT}-400-200)\times(1-25\%)/(6\,000+2\,000)=(\overline{EBIT}-400-4\,000\times15\%-2\,000\times10\%)\times(1-25\%)/6\,000$

$\overline{EBIT}=3\,000$（万元）

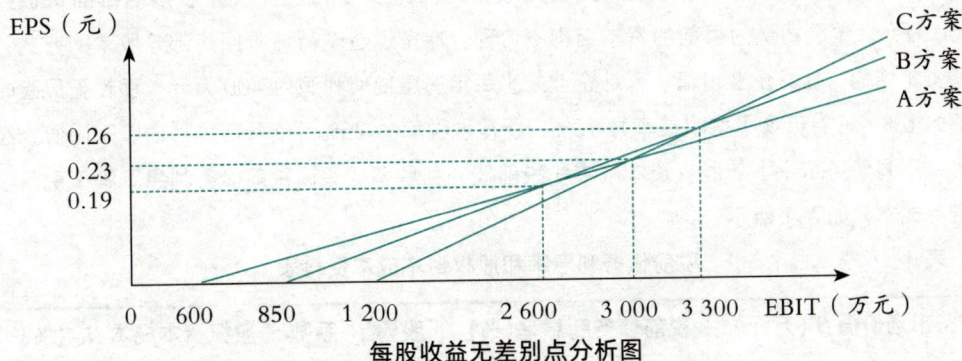

每股收益无差别点分析图

企业 EBIT 预期为 2 600 万元以下时，应当采用 A 方案；EBIT 预期为 2 600 万～3 300 万元时，应当采用 B 方案；EBIT 预期为 3 300 万元以上时，应当采用 C 方案。

2. 平均资本成本比较法

平均资本成本比较法是指通过计算和比较各种可能的筹资组合方案的平均资本成本，选择平均资本成本最低的方案的方法。这种方法侧重于从资本投入的角度对筹资方案和资本结构进行优化分析。

3. 公司价值分析法

（1）基本观点：在考虑市场风险的基础上，以公司市场价值为标准，进行资本结构优化。即能够提升公司价值的资本结构，就是合理的资本结构。

提示：每股收益分析法和平均资本成本比较法都是从账面价值的角度进行资本结构的优化分析的方法，既没有考虑市场反应，也没有考虑风险因素。

（2）适用情况：用于对现有资本结构进行调整，适用于资本规模较大的上市公司资本结构优化分析。

（3）原理：寻求使企业价值最大、平均资本成本最低的资本结构。

①企业价值（V）= 股权资本价值（S）+ 债务资本价值（B）。

第一，假设债务资本的市场价值（B）等于其面值。

第二，假设公司各期的 EBIT 保持不变（永续年金），股权资本的市场价值（S）可通过下式计算：

$$S = \frac{(\text{EBIT} - I) \times (1 - T)}{K_s}$$

其中，K_s 可根据资本资产定价模型计算，即 $K_s = R_f + \beta \times (R_m - R_f)$。

提示：股权资本市场价值的计算公式本质上就是永续年金贴现，现金流为净利润，贴现率为股权资本成本。

②平均资本成本 = 债务资本成本 × 债务资本比重（B/V）+ 股权资本成本 × 股权资本比重（S/V）。

提示："公司价值分析法"是基于一定假设所形成的方法，特别是计算股权资本的市场价值时，其所采用的方法与第六章介绍的股票估值方法并不相同，分别掌握即可。

▶▶ 典例研习·5-37

喜鹊公司现有资本结构构成均为普通股，无债务资本和优先股。股票的账面价值为 2 000 万元。该公司认为目前的资本结构不合理，准备通过发行债券回购部分股票的方式，调整资本结构，提高企业价值。预计企业未来每年的息税前利润为 400 万元，假设无风险收益率为 6%，证券市场平均收益率为 10%，所得税税率为 25%。债务市场价值等于面值，经测算，不同债务水平下的股权资本成本和税前债务利息率（假设税前债务利息率等于税前债务资本成本）如表 1 所示。

表 1 税前债务利息率和股权资本成本资料表

债务市场价值 B（万元）	税前债务利息率（%）	股票 β 系数	股权资本成本 K_s（%）
0	—	1.50	12.0
200	8.0	1.55	12.2

债务市场价值 B（万元）	税前债务利息率（%）	股票 β 系数	股权资本成本 K_s（%）
400	8.5	1.65	12.6
600	9.0	1.80	13.2
800	10.0	2.00	14.0

根据表 1 资料，可计算出不同资本结构下的公司总价值和平均资本成本，如表 2 所示。

表 2 　　　　　　　　　　公司总价值和平均资本成本

金额单位：万元

债务市场价值	股票市场价值	公司总价值	税后债务资本成本（%）	普通股资本成本（%）	平均资本成本（%）
0	2 500	2 500	—	12.0	12.00
200	2 361	2 561	6.00	12.2	11.72
400	2 179	2 579	6.38	12.6	11.64
600	1 966	2 566	6.75	13.2	11.69
800	1 714	2 514	7.50	14.0	11.93

计算示例：

（1）当债务为 0 时的股票市场价值。

S= 净利润 $\div K_s$=（400−0）×（1−25%）÷12%=2 500（万元）

公司的总市值 V=2 500（万元）

股权资本成本 =6%+1.50×（10%−6%）=12%

平均资本成本 = 股权资本成本 =12%

（2）当债务为 200 万元时的股票市场价值。

股权资本成本 =6%+1.55×（10%−6%）=12.2%

S=（400−200×8%）×（1−25%）÷12.2%=2 361（万元）

B=200（万元）

V=200+2 361=2 561（万元）

平均资本成本 =8%×（1−25%）×200/2 561+12.2%×2 361/2 561=11.72%

可以看到，在没有债务的情况下，公司的总价值就是其原有股票的市场价值。当公司用债务资本部分地替换股权资本时，一开始公司总价值上升，平均资本成本下降；在债务达到 400 万元时，公司总价值最高，平均资本成本最低；债务超过 400 万元后，公司总价值下降，平均资本成本上升。因此，债务为 400 万元时的资本结构是该公司的最佳资本结构。

典例研习·5-38 （单项选择题）

下列财务决策方法中，能用于资本结构优化决策，且考虑了风险因素的是（　　）。

A. 内含收益率法　　　　　　　　　B. 平均资本成本比较法

C. 每股收益分析法　　　　　　　　D. 公司价值分析法

斯尔解析 本题考查资本结构优化。资本结构优化的方法主要有每股收益分析法、平均资本成本比较法、公司价值分析法，选项 A 不当选。每股收益分析法、平均资本成本比较法都是从账面价值的角度进行资本结构优化分析的方法，既没有考虑市场反应，也没有考虑风险因素，选项 BC 不当选。公司价值分析法，是在考虑市场风险的基础上，以公司市场价值为标准，进行资本结构优化的方法，选项 D 当选。

本题答案 D

四、双重股权结构（★）

（一）含义

双重股权结构，也称 AB 股制度，即同股不同权结构，股票的投票权和分红权相分离。

在 AB 股制度下，公司股票分为 A、B 两类。通常，**A 类股票 1 股有 1 票投票权，B 类股票 1 股有 N 票投票权**。其中，**A 类股票通常由投资人和公众股东持有，B 类股票通常由创业团队持有**。在这种股权结构下，公司可以实现控制权不流失的目的，降低公司被恶意收购的可能性。

（二）双重股权结构的运作机理

双重股权结构一般适用于科技创新企业。企业引入融资后，企业的创始人或管理团队仍能掌握公司的决策权，有助于保证企业长期的发展；投资者以财务投资者身份享有相应的分红和资本利得。

（三）双重股权结构的优缺点

1. 优点

同股不同权制度能在一定程度上避免企业内部股权纷争，保障企业创始人或管理层对企业的控制权，防止公司被恶意收购；提高企业运行效率，有利于企业的长期发展。

2. 缺点

容易导致管理中独裁行为的发生；控股股东为自己谋利而损害非控股股东的利益，不利于非控股股东利益的保障；可能加剧企业治理中实际经营者的道德风险和逆向选择。

背记重点 扫码全知道

至此，财务管理的学习已经进行了 43%，继续加油呀！

43%

第六章
投资管理

学习提要

重要程度： 重点章节

平均分值： 12分

考核题型： 客观题、主观题

本章提示： 本章内容较多，有一定学习难度。建议听完课之后，一定通过做题巩固对应知识点，并不断总结自身的薄弱点，逐个攻破

考点精讲 ❖

第一节　投资管理概述

企业投资，是企业为获取未来收益而向一定对象投放资金的经济行为。例如，购建厂房设备、兴建电站，购买股票、债券、基金等经济行为，均属于投资行为。

一、企业投资的意义

（1）投资是企业生存与发展的基本前提。
（2）投资是企业获取利润的基本前提。
（3）投资是企业风险控制的重要手段。

二、企业投资的特点

（1）属于企业的战略性决策。
（2）属于企业的非程序化管理。
（3）投资价值的波动性大。

三、企业投资的分类（★）

（一）直接投资和间接投资——投资活动与企业本身生产经营活动的关系（方式性）

类型	解释
直接投资	将资金直接投放于形成生产经营能力的实体性资产，直接谋取经营利润
间接投资	将资金投放于股票、债券等资产上，股票、债券的发行方（筹资方），在筹集到资金后再将筹集的资金投放于形成生产经营能力的实体性资产，获取经营利润

提示：股票投资与债券投资属于间接投资，而发行股票与发行债券属于直接筹资。

（二）项目投资与证券投资——投资对象的存在形态和性质（对象性）

类型	解释
项目投资	购买具有实质内涵的经营资产（有形资产和无形资产），形成具体的生产经营能力，开展实质性的生产经营活动，谋取经营利润——属于直接投资
证券投资	购买证券资产，获取投资权益或通过证券资产上所赋予的权利，间接控制被投资企业的生产经营活动——属于间接投资

（三）发展性投资与维持性投资——投资活动对企业未来生产经营前景的影响

类型	解释
发展性投资（战略性投资）	对企业未来的生产经营发展全局有重大影响，如企业间兼并合并的投资、转换新行业和开发新产品的投资、大幅度扩大生产规模的投资等
维持性投资（战术性投资）	维持企业现有的生产经营正常顺利进行，不会改变企业未来生产经营发展全局，如更新替换旧设备的投资、配套流动资金的投资等

（四）对内投资与对外投资——资金投出的方向

类型	解释
对内投资	在本企业范围内的资金投放，用于购买和配置各种生产经营所需的经营性资产——都是直接投资
对外投资	向本企业范围以外的其他单位的资金投放，如联合投资、合作经营、换取股权、购买证券资产等——主要是间接投资，也可能是直接投资

（五）独立投资与互斥投资——投资项目之间的相互关联关系

类型	解释
独立投资	相容性投资，各个投资项目之间互不关联、互不影响，可以同时存在，如可以购买股票 A，也可以购买股票 B。 决策原则：方案本身是否满足某种决策标准
互斥投资	非相容性投资，各个投资项目之间相互关联、相互替代，不能同时存在，如要么更换设备，要么维修设备。 决策原则：考虑方案之间的排斥性，选择最优方案

提示：

（1）对于单个项目投资决策而言，只要该项目满足某种决策标准便可以做。

（2）对于多个项目投资决策而言，需区分两种情况：

①独立投资。例如，某投资人要求的投资收益率为10%，假设 A 股票收益率为20%，B 股票收益率为15%。作为理性投资者，只要他有足够的资金，这两只股票他都可以购入。若要考虑投资优先顺序，当然是先投资收益率更高的股票。

②互斥投资。例如，某公司的一台设备既可以考虑更换，也可以考虑维修（但这两种状态无法同时实现）。公司需要分别考虑这两种情况预期带来的收益和成本，并选择净收益更大的方案，而非考虑收益率更大的方案，毕竟"真金白银"才是最实在的。

结论：独立投资看效率，互斥投资看效益。

解题高手👍

命题角度：投资分类的辨析。

客观题考点，虽然简单，但极易混淆，因此我们为同学们作如下总结：

（1）直接投资和间接投资是最为基础的类型。

（2）对投资人而言是直接投资（花钱建厂房），对筹资人而言也是直接筹资（吸收直接投资）。

（3）对投资人而言是间接投资（购买股票），对筹资人而言却是直接筹资（发行股票）。

（4）项目投资均为直接投资，证券投资均为间接投资。

（5）对内投资均为直接投资，但对外投资可以是直接投资，也可以是间接投资。

筹资分类	投资分类	
直接筹资	直接投资＝项目投资	自己做：对内投资
		找人做：对外投资
	间接投资＝证券投资	对外投资

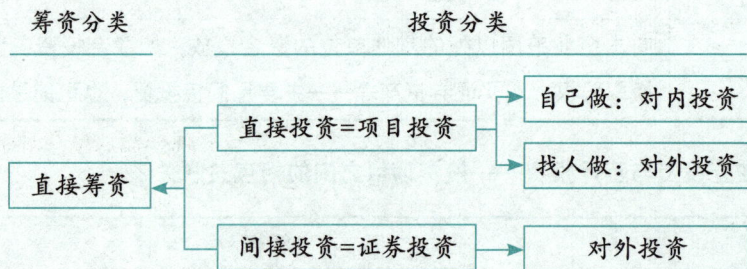

典例研习·6-1　判断题

某投资者进行间接投资，与其交易的筹资者是在进行直接筹资；某投资者进行直接投资，与其交易的筹资者是在进行间接筹资。（　　）

斯尔解析　本题考查投资的分类。间接投资是将资金投放于股票、债券等权益性资产上的企业投资（如购买股票），直接筹资是企业直接与资金供应者协商融通资金的筹资活动（如发行股票），所以前半句正确；直接投资是将资金直接投放于形成生产经营能力的实体性资产，直接谋取经营利润的企业投资（如花钱建厂房），间接筹资是企业借助于银行和非银行金融机构而筹集资金（如银行借款），所以后半句错误，直接投资对于筹资者而言仍是直接筹资（如吸收直接投资）。本题所述错误。

本题答案　×

四、投资管理的原则

（一）可行性分析原则

（1）环境可行性分析。

（2）技术可行性分析。

（3）市场可行性分析。

（4）财务可行性分析（这是可行性分析的主要内容，因为投资项目的根本目的是经济效益）。

（二）结构平衡原则

资金投放时，要遵循结构平衡原则，要合理分配资金。

（三）动态监控原则

（1）建设性投资（直接投资）→按工程进度逐步拨付和结算资金，防止浪费。

（2）金融资产投资（间接投资）→收集投资对象和资本市场的信息，了解被投资单位的财务状况和经营成果。

第二节　投资项目财务评价指标

一、项目现金流量（★★★）

现金流量是投资项目财务可行性分析的主要分析对象。现金流入量与现金流出量相抵后的余额，称为现金净流量（net cash flow，NCF）。因此，在一般情况下，投资决策中的现金流量通常指现金净流量。

投资项目从整个经济寿命周期来看，大致分为三个阶段：投资期、营业期、终结期，现金流量的各个项目也可归属于各个阶段之中。

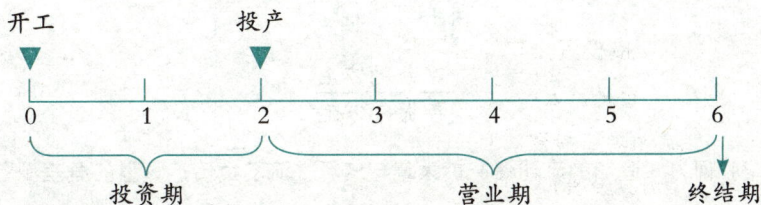

（一）投资期

（1）**长期资产投资（大钱）**：如固定资产、无形资产等的购置成本、运输费、安装费等。

（2）**营运资金垫支（小钱）**：投资项目形成生产能力后，追加的流动资产扩大量与结算性流动负债扩大量的净差额（即 Δ 流动资产 – Δ 结算性流动负债）。

原理详解

（1）何为垫支？

字面上看，垫支的意思就是今天付出去，以后还能收回来，即财务管理中假设投资期垫支的营运资金可以在终结期全部收回。

小郭准备开一家拉面店，为了让拉面店开张，并有东西卖，他需要事先采购一定的原材料。假如经过测算，拉面店需要保证每天有 5 万元的原材料才能满足经营需求。于是，小郭花了 5 万元购买面粉、青菜、牛肉等，那么这 5 万元就会形成拉面店的存货。

假设利润微薄，收入与成本相差无几，差额暂忽略不计。假设营业第一天收入为 3 万元，且为现销模式，则资金也增加 3 万元，存货同步减少 3 万元。为了继续维持运营，小郭需继续采购以保持足够的原材料储备，即支付资金 3 万元，增加存货 3 万元，一直循环往复。直至最终有一天，小郭不打算干了，随着最后一碗面卖完，他最终也就把最开始支付的那 5 万元收回来了。

假设拉面店只有3天的命运，且假设采用现销方式

第1天：筹备	第2天：营业	第3天：收工
垫支5万元买原材料	I.将材料做成面卖出去	将材料做成面卖出去
现金−5万元 存货+5万元	现金+3万元 存货−3万元	现金+5万元 存货−5万元
	II.买原材料	
	现金−3万元 存货+3万元	

（2）何为"追加的流动资产扩大量与结算性流动负债扩大量的净差额"？

假设小郭在北京东四环买下了一个不错的店面，准备开业，于是他采购了价值 5 万元的面粉、青菜以及牛肉，其中面粉店的老板是他的朋友，所以他们协商：80%当期支付，20% 形成应付款。在这个案例中，小郭采购的物资就是追加的流动资产，而形成的 1 万元应付款就是结算性流动负债。因此，小郭为了开业所垫支的营运资金是 4 万元（5−1）。

提示：为了简化计算，财务管理中认为垫支营运资金可以在营业期内循环周转使用，且其流入流出过程可忽略不计，只考虑投资期投入与终结期全部收回对现金流的影响。

（二）营业期

营业期现金净流量是指项目投入使用后，在寿命期内由于生产经营所带来的现金流入和现金流出抵减后的净流量。营业现金净流量一般按年计算。

1. 营业期现金净流量的三个经典公式

假设：现金流量发生的时点在当期期末，营业收入全部在发生当期收到现金，付现成本与所得税全部在发生当期支付现金。

营业现金净流量 = 营业收入 − 付现成本 − 所得税（公式1）

= 营业收入 − 付现成本 − 非付现成本 − 所得税 + 非付现成本

= 税后营业利润 + 非付现成本（公式2）

= （营业收入 − 付现成本 − 非付现成本）× （1− 所得税税率）+ 非付现成本

= 营业收入 × （1− 所得税税率）− 付现成本 × （1− 所得税税率）+

非付现成本 × 所得税税率（公式3）

提示：

（1）营业现金净流量是营业活动产生的，利息费用是金融活动产生的，两者没有关系，所以营业现金净流量的计算不考虑利息费用。

（2）公式2和公式3的记忆口诀分别是："税后利润加折旧，税后收成折抵税"。

（3）关于非付现成本：

①根据推导，公式2中的非付现成本无须乘以税率，而公式3中的非付现成本需要乘以税率。

②非付现成本通过所得税引起现金流量的变动，影响金额为"非付现成本 × 所得税税率"，又称"抵税金额"；如果不考虑所得税因素，则非付现成本对现金流量不产生影响。

说明如下：

单位：元

维度	收入 ①	付现成本 ②	非付现成本 ③	利润总额 ④	所得税 ⑤ = ④ × 25%	营业现金净流量 ⑥ = ① − ② − ⑤
情形1	100	20	0	80	20	60
情形2	100	20	20	60	15	65

根据上表，两种情形下营业现金净流量的差额（5）= 非付现成本（20）× 所得税税率（25%）。

③非付现成本的金额须按照税法的规定计算。例如，固定资产年折旧额必须按照税法规定的折旧方法、折旧年限、税法残值等计算。

2. 大修理支出与改良支出的处理

基本原则：根据题目要求进行处理。

（1）题目要求费用化处理：直接作为当期现金流出（付现成本）。

（2）题目要求资本化处理：当期作为现金流出（视为一种投资，现金流出），摊销期按非付现成本处理（计算抵税金额，现金流入）。

精准答疑 🎯

问题: 如何理解大修理支出和改良支出的处理方式?

解答: 本质上这是会计问题!在财务管理考试中,题目都会告知其具体的处理方式。考试时,要注意审题。

如果上述支出按费用化处理,直接计入当期损益,即可视为当期有现金流出。

如果上述支出按资本化处理,则相对复杂,为便于理解,先看其简易的会计处理:

第一步:固定资产转入在建工程。

借:在建工程

贷:固定资产

第二步:发生修理或改良支出时。

借:在建工程

贷:银行存款等

第三步:资产重新达到预定可使用状态时。

借:固定资产

贷:在建工程

第四步:项目按照重新确定的使用寿命(摊销期)、预计净残值和折旧方法计提折旧。

借:制造费用等

贷:累计折旧

通过上述步骤可以发现,在第二步发生了现金流出(贷记:银行存款等),在第四步发生了现金流入(贷记:累计折旧,而折旧会带来抵税金额,相当于现金流入),这就解释了"当期作为现金流出,摊销期按非付现成本处理(计算抵税金额,现金流入)"这句话。

❙❙❙ 典例研习·6-2 （单项选择题）

某投资项目某年的营业收入为 600 000 元,付现成本为 400 000 元,折旧额为 100 000 元,所得税税率为 25%,则该年营业现金净流量为(   )元。

A. 250 000   B. 175 000   C. 75 000   D. 100 000

💡**斯尔解析** 本题考查项目现金流量。根据公式 3,年营业现金净流量 = 收入 × (1−T) − 付现成本 × (1−T) + 非付现成本 × T = 600 000 × (1−25%) − 400 000 × (1−25%) + 100 000 × 25% = 175 000(元)。或者根据公式 2,年营业现金净流量 = 税后营业利润 + 非付现成本 = (600 000−400 000−100 000) × (1−25%) + 100 000 = 175 000(元),选项 B 当选。

▲本题答案 B

（三）终结期

终结期的现金流量主要是现金流入量，包括固定资产变价净收入、变现净损益对现金净流量的影响以及垫支营运资金的收回。

提示："终结期"看似是个"期间"概念，但是在实际运用和考试中，为了简化计算，均假设**终结期的现金流量发生在寿命周期的最后一个时点**。

1. 固定资产变价净收入（又名"报废净收入""设备净残值"，即会计残值）

固定资产变价净收入，是指固定资产出售或报废时的出售价款或残值收入扣除清理费用后的净额。

提示：这里的"净"是指报废收入扣除清理费用之后的净额。

2. 固定资产变现净损益对现金净流量的影响

固定资产变现净损益对现金净流量的影响 =（固定资产账面价值 – 变价净收入）× 所得税税率

其中，固定资产账面价值是税法认可的价值，又名"**税法残值**"，其计算公式为：

固定资产账面价值（税法残值）= 固定资产原值 – 按照税法规定计提的累计折旧

（1）如果（账面价值 – 变价净收入）> 0，则意味着发生了变现净损失（卖亏了），可以抵税，减少现金流出，增加现金净流量。

（2）如果（账面价值 – 变价净收入）< 0，则意味着实现了变现净收益（卖赚了），应该纳税，增加现金流出，减少现金净流量。

（3）如果（账面价值 – 变价净收入）=0，变价净收入与账面价值一致，则没有损失抵税和收益纳税。

3. 垫支营运资金的收回

营运资金恢复到原有水平，项目开始垫支的营运资金在项目结束时收回。

典例研习·6-3　单项选择题

甲公司预计 M 设备报废时的净残值为 5 000 元，税法规定的净残值为 3 000 元，该公司适用的所得税税率为 25%，则该设备报废引起的预计现金净流量为（　　）元。

A. 3 750　　　　　　　　　　　　B. 4 500

C. 2 000　　　　　　　　　　　　D. 5 500

斯尔解析 本题考查项目现金流量。该设备报废引起的预计现金净流量 = 报废时净残值 +（税法规定的净残值 – 报废时净残值）× 所得税税率 =5 000+（3 000–5 000）× 25%=4 500（元），选项 B 当选。

本题答案 B

解题高手 👍

命题角度：投资项目各期现金流量的计算。

客观题、主观题高频考点，需同学们全面掌握，请参考下表进行学习：

阶段	现金流量	
投资期	长期资产投资（大钱）	
	营运资金垫支（小钱）	
营业期	营业期现金净流量	公式1：营业收入 - 付现成本 - 所得税
		公式2：税后营业利润 + 非付现成本【税后利润加折旧】
		公式3：营业收入 × $(1-T)$ - 付现成本 × $(1-T)$ + 非付现成本 × T【税后收成折抵税】
终结期	固定资产变价净收入（会计残值）	
	固定资产变现净收益纳税／净损失抵税，如涉及，影响金额 =（税法残值 - 会计残值）× 税率	
	垫支营运资金的收回	

需要说明的是，实际考试中，通常不会按照"投资期、营业期、终结期"的问法进行提问，而是要求计算某一年的现金净流量。尤其要注意的是，最后一年的现金流量由两部分组成，即"最后一年现金净流量 = 当年营业现金净流量 + 终结期现金净流量"。

精准答疑 ⦿

问题： 何时需要考虑固定资产变现净收益纳税或净损失抵税的影响？

解答： 首先，你需要知道为何会出现固定资产变现净损益——这是因为固定资产报废时的预估价值（即会计残值）和税法所认可的账面价值（即税法残值）之间存在差异（如企业采用的折旧方法和税法所规定的折旧方法不同），这项差异可能是利得（卖赚了），也可能是损失（卖赔了），即"变现净损益"，而只要产生净损益，便需要考虑所得税问题，从而影响现金流量。但若这两项价值之间没有差异，则无须考虑其对于现金流量的影响。除此之外，如果题目明确提出"不考虑所得税"或没有给出"税法残值"，也可视为税法残值与变价净收入一致，也无须考虑其对于现金流量的影响。

典例研习·6-4 (计算分析题)

斯瓜公司计划投资一个建设期为 3 年的项目，预计总投入为 270 万元，分三年等额投资，每年年初支付建设资金（注意是年初）。为确保项目顺利启动，在正式投产启动之时（即第三年年末），斯瓜公司额外投入 140 万元的营运资金，以满足日常经营活动需要。根据财务人员的测算，该项目投产后，每年可获得税后营业利润 60 万元（根据测算假设，默认现金流量在年末发生）。假设该项目所建成的固定资产使用年限为 7 年，并预计在使用后的第五年进行一次改良（根据测算假设，默认现金流量在年末发生），预计改良支出 80 万元，分两年平均摊销。使用期满后，预计产生报废净收入 11 万元，采用平均年限法折旧。项目期满时，垫支营运资金全额收回。

要求：

根据以上资料，编制投资项目的现金流量表。

斯尔解析 投资项目现金流量表如下表所示。

投资项目现金流量表

单位：万元

项目	0	1	2	3	4	5	6	7	8	9	10
固定资产价值	−90	−90	−90	—	—	—	—	—	—	—	—
固定资产折旧	—	—	—	—	37	37	37	37	37	37	37
改良支出	—	—	—	—	—	—	—	—	−80	—	—
改良支出摊销	—	—	—	—	—	—	—	—	—	40	40
税后营业利润	—	—	—	—	60	60	60	60	60	60	60
残值净收入	—	—	—	—	—	—	—	—	—	—	11
营运资金	—	—	—	−140	—	—	—	—	—	—	140
合计	−90	−90	−90	−140	97	97	97	97	17	137	288

陷阱提示 第一，现金流量的时点：本题难点之一在于现金流量的时点，尤其是前几年的现金流量，可通过时间轴辅助判断。

```
    −90        −90        −90       −140      60+37      ···
     |──────────|──────────|──────────|──────────|─────────
     0          1          2          3          4        ···
```

第二，折旧的计算：看清题目规定的折旧方案，如果是直线法，一定要先扣除残值，再除以年限。

第三，改良支出：支出当年是现金流出，摊销期间的摊销金额属于非付现成本，与固定资产折旧类似。

第四，各年现金净流量计算示例：

第 4 年现金净流量 = 税后营业利润 + 折旧 =60+37=97（万元）

第 8 年现金净流量 = 税后营业利润 + 折旧 − 改良支出 =60+37−80=17（万元）

第 9 年现金净流量 = 税后营业利润 + 折旧 + 摊销 =60+37+40=137（万元）

第 10 年现金净流量 = 营业期现金净流量 + 终结期现金净流量 =137+11+140= 288（万元）

第五，营运资金垫支：除非题目有特别说明，否则均默认营运资金在终结期全额收回。

典例研习·6-5 计算分析题

斯瓜公司计划增添一条生产流水线，以扩充生产能力。现有甲、乙两个方案可供选择。

甲方案：需要投资 10 万元的设备购置资金，设备使用寿命为 5 年，采用直线法计提折旧，5 年后设备无残值；5 年中每年的营业收入为 6 万元，付现成本为 2 万元。

乙方案：需要投资 12 万元的设备购置资金，垫支 3 万元流动资金，设备使用寿命为 5 年，采用直线法计提折旧，设备净残值为 2 万元。5 年中每年的营业收入为 8 万元，第 1 年营业付现成本为 3 万元，往后由于增加修理费和维护费 0.4 万元，每年付现成本为 3.4 万元，假设乙方案垫支的流动资金在项目终结时收回。公司所得税税率为 25%。

要求：

分别计算甲、乙两个方案各年的现金净流量。

斯尔解析

（1）甲方案：

① $NCF_0 = -10$（万元）。

提示：不涉及垫支的营运资金。

②设备年折旧额 =10 ÷ 5=2（万元）。

$NCF_{1 \sim 4} = 6 \times (1-25\%) - 2 \times (1-25\%) + 2 \times 25\% = 3.5$（万元）

提示：在计算营业期现金净流量时，先算折旧额，再算现金流。

③ $NCF_5 = 3.5$（万元）。

提示：不涉及垫支的营运资金收回、设备无残值，也不涉及报废净损益对现金流量的影响。

（2）乙方案：

① $NCF_0 = -12-3 = -15$（万元）。

提示：涉及垫支的营运资金。

②设备年折旧额 =（12−2）÷ 5=2（万元）。

$NCF_1 = 8 \times (1-25\%) - 3 \times (1-25\%) + 2 \times 25\% = 4.25$（万元）

$NCF_{2 \sim 4} = 8 \times (1-25\%) - 3.4 \times (1-25\%) + 2 \times 25\% = 3.95$（万元）

提示：在计算营业期现金净流量时，先算折旧额，再算现金流。

③ $NCF_5 = 3.95 + 3$（垫支的营运资金收回）+2（设备净残值）=8.95（万元）。

提示：本题没有给出税法残值，则可默认在报废时的实际价值（对应本题中的设备净残值）和税法所认可的账面价值（税法残值）无差异，即不需要考虑变现净损益对现金流量的影响。

二、净现值（NPV）（★★★）

（一）基本原理

1.计算公式

净现值（NPV）＝未来现金净流量现值－原始投资额现值

提示：

（1）所谓"未来"是排除了"投资期"的未来，即指的是"营业期＋终结期"现金净流量合计。

（2）所谓"原始"并不仅指0时点，假设某项目投资期有3年，则原始投资额指的是这3年全部的投资款项。

（3）净现值的计算本质是"营业期和终结期现金净流量现值合计－投资期现金净流量现值合计"。

2.折现率的参考标准

（1）市场利率：整个社会投资收益率的最低水平，可以视为一般最低收益率要求。

（2）投资者希望获得的预期最低投资收益率：考虑了投资项目的风险补偿因素以及通货膨胀因素。

（3）企业平均资本成本：企业对投资项目要求的最低收益率。

3.决策规则

（1）NPV≥0，方案可行，实际投资收益率大于或等于所要求的收益率。

（2）NPV＜0，方案不可行，实际投资收益率低于所要求的收益率。

（3）其他条件相同时，净现值越大，方案越好。

（二）评价

1.优点

（1）适用性强，能基本满足项目年限相同的互斥投资方案决策。

（2）能灵活地考虑投资风险（折现率中包含投资风险收益率要求）。

精程答疑

问题：如何理解净现值法能灵活地考虑投资风险？

解答：如果投资者预期某个投资项目的风险较大，则其所要求的收益率就会越高，而投资者要求的收益率就是现金流折现时所经常使用的折现率。净现值法的基本原理是现金流折现，而折现过程就考虑了风险。

2. 缺点

（1）折现率不易确定。

（2）不适用于独立投资方案的比较（排序）决策（投资规模不同）。

举例：

项目 A 的 NPV=500（万元），原始投资额 =1 000（万元）。

项目 B 的 NPV=600（万元），原始投资额 =100 000（万元）。

虽然项目 B 的 NPV 大于项目 A，但是项目 B 的原始投资额远大于项目 A，显然项目 B 获利能力更低。

提示：回顾第一节结论——"独立投资看效率"，净现值作为绝对数指标，不适宜作为多个独立投资项目比较决策的评价指标。

（3）不能直接用于对寿命期不同的互斥投资方案决策（项目周期不同）。

举例：

假设某企业仅有 1 000 万元可用于投资，总量有限，仅能投资一个项目。

项目 A 的 NPV=500（万元），寿命周期 =5（年）。

项目 B 的 NPV=600（万元），寿命周期 =10（年）。

虽然项目 B 的 NPV 大于项目 A，但是项目 B 的 NPV（超额收益）是花了 10 年产生的，而项目 A 的 NPV 仅用了 5 年，显然项目 A 更值得投资。

提示：回顾第一节结论——"互斥投资看效益"，净现值作为绝对数指标，适宜作为多个互斥投资项目比较决策的评价指标，但应用的前提是项目周期相同。

典例研习·6-6 计算分析题

沿用【典例研习6-5】的资料，假设折现率为5%。已知 $(P/F，5\%，1)$ =0.9524，$(P/A，5\%，3)$ =2.7232，$(P/A，5\%，4)$ =3.5460，$(P/A，5\%，5)$ =4.3295，$(P/F，5\%，5)$ =0.7835。

要求：

分别计算甲、乙两个方案的净现值，并作出选择。

斯尔解析

甲方案的净现值 =3.5×$(P/A，5\%，5)$ −10=3.5×4.3295−10=5.15（万元）

乙方案的净现值 =4.25×$(P/F，5\%，1)$ +3.95×$(P/A，5\%，3)$ ×$(P/F，5\%，1)$ +8.95×(P/F，5%，5) −15=4.25×0.9524+3.95×2.7232×0.9524+8.95×0.7835−15=6.30（万元）

由于乙方案的净现值＞甲方案的净现值，因此斯瓜公司应选择乙方案。

思考：本题是独立项目比较决策，还是互斥项目比较决策呢？考考你的语文阅读理解能力！

三、年金净流量（ANCF）——消除寿命周期差异的影响（★★★）

（一）基本原理

1. 计算公式

年金净流量 = 现金净流量总现值（净现值）÷ 年金现值系数

或，

= 现金净流量总终值 ÷ 年金终值系数（无须掌握）

原理详解 💡

如何理解年金净流量的含义？

从本质上讲，年金净流量是指考虑了货币时间价值所计算出的某投资项目每年所产生的现金净流量，因此该指标消除了寿命周期差异的影响。

例如，某投资项目寿命期为 5 年，NPV=500 万元，假设每年所产生的现金净流量为 A，列式：$A \times (P/A, i, 5) = 500$，可得：$A = 500 \div (P/A, i, 5)$。

2.决策规则

ANCF ≥ 0，说明每年平均的现金流入能抵补现金流出，项目净现值（或净终值）≥ 0，方案可行。寿命期不同的投资方案比较时，年金净流量越大，方案越好。

（二）评价

（1）优点：适用于期限不同的投资方案比较决策。

提示：回顾第一节结论——"互斥投资看效益"，年金净流量作为绝对数指标，适宜作为多个互斥投资项目比较决策的评价指标，即使项目周期不同，也可以消除。

（2）缺点：不便于对原始投资额不相等的独立投资方案进行决策。

提示：回顾第一节结论——"独立投资看效率"，年金净流量作为绝对数指标，不适宜作为多个独立投资项目比较决策的评价指标。

▶ 典例研习 · 6-7 （计算分析题）

斯瓜公司有甲、乙两个投资方案，甲方案需一次性投资 10 000 元，可用 8 年，残值 2 000 元，每年取得税后营业利润 3 500 元；乙方案需一次性投资 10 000 元，可用 5 年，无残值（与税法口径一致），第一年取得税后营业利润 3 000 元，以后每年递增 10%。假设资本成本率为 10%。

要求：

判断斯瓜公司所应采用的投资决策指标，并作出选择。

💲斯尔解析

由于两方案投资额相同，但使用年限不同，净现值是不可比的，应考虑它们的年金净流量。

第一步：计算两个方案的净现值。

甲方案营业期每年 NCF=3 500+（10 000−2 000）/8=4 500（元）

甲方案净现值：

方法1：4 500×（P/A, 10%, 7）+（4 500+2 000）×（P/F, 10%, 8）−10 000=14 940.05（元）。

方法2：4 500×（P/A, 10%, 8）+2 000×（P/F, 10%, 8）−10 000=14 940.05（元）。

乙方案营业期各年 NCF：

第一年 =3 000+10 000/5=5 000（元）

第二年 =3 000×（1+10%）+10 000/5=5 300（元）

第三年 =3 000×（1+10%）^{2}+10 000/5=5 630（元）

第四年 =3 000×（1+10%）^{3}+10 000/5=5 993（元）

第五年 =3 000×（1+10%）^{4}+10 000/5=6 392.30（元）

乙方案净现值 =5 000×（P/F，10%，1）+5 300×（P/F，10%，2）+5 630×（P/F，10%，3）+5 993×（P/F，10%，4）+6 392.30×（P/F，10%，5）－10 000=11 217.44（元）

第二步：计算两个方案的年金净流量。

甲方案年金净流量 =14 940.05/（P/A，10%，8）=2 800.44（元）

乙方案年金净流量 =11 217.44/（P/A，10%，5）=2 959.12（元）

第三步：决策。

由于乙方案的年金净流量高于甲方案，因此应采用乙方案。

四、现值指数（PVI）——消除投资规模差异的影响（★★）

（一）基本原理

1.计算公式

（1）基本公式：

现值指数 = 未来现金净流量现值 / 原始投资额现值

（2）推导公式：

现值指数 = 未来现金净流量现值 / 原始投资额现值

　　　　　=（净现值＋原始投资额现值）/ 原始投资额现值

　　　　　=1+ 净现值 / 原始投资额现值。

结论：如果 NPV ≥ 0，则 PVI ≥ 1；如果 NPV < 0，则 PVI < 1。

2.决策规则

（1）现值指数 ≥ 1，方案可行。

（2）现值指数 < 1，方案不可行。

（二）评价

（1）优点：相对数指标，反映投资效率，可以对原始投资额现值不同的独立投资方案进行比较（排序）和评价。

提示：回顾第一节结论——"独立投资看效率"，现值指数作为相对数指标，适宜作为多个独立投资项目比较决策的评价指标。

（2）缺点：该方法并未消除项目期限的差异。

典例研习·6-8　计算分析题

斯瓜公司有 A、B 两个独立投资方案，期限相同，有关资料如下表所示。

净现值计算表

单位：元

项目	方案A	方案B
原始投资额现值	30 000	3 000
未来现金净流量现值	31 500	4 200
净现值	1 500	1 200

要求：

判断斯瓜公司所应采用的投资决策指标，并作出选择。

🔍**斯尔解析** 由于方案A和方案B属于彼此独立的投资项目，且两个方案的原始投资额不同，应采用现值指数法进行决策计算：

A方案现值指数 =31 500/30 000=1.05

B方案现值指数 =4 200/3 000=1.40

由于方案B的现值指数大于方案A，应当选择方案B。

思考：若本题中方案A和方案B属于互斥的投资项目，应采用哪个投资决策指标？最终选择是哪个方案？

五、内含收益率（IRR）（★★★）

（一）基本原理

1.含义

内含收益率是使项目"净现值 =0"的折现率，这个折现率就是投资方案实际可能达到的投资收益率。

2.决策规则

（1）项目的内含收益率≥项目的资本成本或必要投资收益率，方案可行。

（2）项目的内含收益率<项目的资本成本或必要投资收益率，方案不可行。

3.计算方法

（1）查表法。

适用于初始投资额在第一年年初（0时点）一次性支出，每年现金净流量相等的情况，表现为普通年金形式。

第一步：计算内含收益率对应的年金现值系数。

第二步：查年金现值系数表，找到对应折现率区间。

第三步：通过内插法求出内含收益率。

|▓▓ **典例研习·6-9** 〔计算分析题〕

斯瓜公司拟购入一台生产设备，购置价款为160万元，预计使用年限为10年，使用期满无残值。根据财务人员的预测，公司使用该设备后，预计每年产生的现金净流量为30万元。假设该方案的最低投资收益率要求为12%。

要求：

用内含收益率指标评价该方案是否可行。

斯尔解析 令 $300\,000 \times (P/A, i, 10) - 1\,600\,000 = 0$，得 $(P/A, i, 10) = 5.3333$。

查年金现值系数表可知：$n=10$，系数 5.3333 所对应的折现率在 12% ~ 14% 之间。采用插值法求得，该方案的内含收益率为 13.46%，高于最低投资收益率 12%，方案可行。

（2）逐次测试法。

适用于初始投资额在第一年年初（0时点）一次性支出，但每年现金净流量不相等的情况。

第一步：估计折现率 K，计算净现值。

第二步：依据净现值的正负调整折现率。

若 $NPV > 0$，表明 $IRR > K$，应选择更大的 K 测试。

若 $NPV < 0$，表明 $IRR < K$，应选择更小的 K 测试。

第三步：找到 NPV 正负临界值所对应的折现率后，通过内插法求出内含收益率。

典例研习 · 6-10 多项选择题

下列各项中，会影响投资项目内含收益率计算结果的有（　　）。

A. 必要投资收益率
B. 原始投资额现值
C. 项目的使用年限
D. 项目建设期的长短

斯尔解析 本题考查投资项目评价指标。内含收益率是指对投资方案未来的每年现金净流量进行贴现，使所得的现值恰好与原始投资额现值相等，从而使净现值等于零时的贴现率，即未来每年现金净流量 × 年金现值系数 − 原始投资额现值 =0，选项 B 当选。项目建设期的长短影响原始投资额现值，选项 D 当选。项目的使用年限影响年金现值系数，选项 C 当选。必要投资收益率为投资项目要求的最低收益率，不影响项目的内含收益率，选项 A 不当选。

本题答案 BCD

（二）评价

1. 优点

（1）反映了投资项目可能达到的收益率，易于理解。

（2）适用于原始投资额现值不同或者期限不同的独立投资方案的比较（排序）决策（真实反映了独立方案的获利水平）。

提示：回顾第一节结论——"独立投资看效率"，内含收益率作为相对数指标，适宜作为多个独立投资项目比较决策的评价指标。

2. 缺点

（1）计算复杂，不易直接考虑投资风险大小。

（2）对于原始投资额现值不相等的互斥投资方案决策，有时无法作出正确决策。

提示：回顾第一节结论——"独立投资看效率"，内含收益率作为相对数指标，不适宜作为多个互斥投资项目比较决策的评价指标。

精准答疑 ✍️

问题：内含收益率法是否消除了期限不同的影响呢？

解答：是。因为求解内含收益率的计算过程是基于每期的现金净流量进行折现，所以该折现率也代表着项目的每一期收益率，即相当于年化收益率，因此可认为内含收益率法消除了期限不同的影响

典例研习·6-11 单项选择题

关于项目决策的内含收益率法，下列表述正确的是（ ）。

A. 项目的内含收益率大于 0，则项目可行

B. 内含收益率指标有时无法对互斥方案作出正确决策

C. 内含收益率指标没有考虑资金时间价值因素

D. 内含收益率不能反映投资项目可能达到的收益率

斯尔解析 本题考查投资项目评价指标。项目的内含收益率大于项目资本成本时，方案可行，选项 A 不当选。对于互斥方案决策，如果原始投资额现值不同时，需要使用净现值法、共同年限法或年金净流量法，选项 B 当选。内含收益率法考虑了货币的时间价值，选项 C 不当选。内含收益率体现的就是投资项目所能达到的收益率，选项 D 不当选。

本题答案 B

六、回收期（PP）（★★★）

回收期是指投资项目的未来现金净流量（或其现值）与原始投资额（或其现值）相等时所经历的时间，即原始投资额（或其现值）通过未来现金流量（或其现值）回收所需要的时间。

（一）静态回收期——不考虑货币时间价值

1. 未来每年现金净流量相等（相当于年金形式）

根据定义，静态回收期是投资项目的未来现金净流量累计至原始投资额所经历的时间，即：

静态回收期 = 原始投资额 / 每年现金净流量

典例研习·6-12 计算分析题

斯瓜公司准备从甲、乙两种新设备中选购其中一种。甲设备购买价为 35 000 元，投入使用后，每年现金净流量为 7 000 元；乙设备购买价为 36 000 元，投入使用后，每年现金净流量为 8 000 元。

要求：

运用静态回收期指标对该公司应选购哪种设备作决策。

斯尔解析

甲设备回收期 =35 000/7 000=5（年）

乙设备回收期 =36 000/8 000=4.5（年）

计算结果表明，乙设备的回收期比甲设备短，该公司应选择乙设备。

2. 未来每年现金净流量不相等

这种情况下，应把未来每年的现金净流量逐年加总，根据累计现金流量来确定回收期。

静态回收期 =M+ 第 M 年的尚未回收额 / 第（M+1）年的现金净流量

其中，M 是收回原始投资额的前一年。

典例研习·6-13 （计算分析题）

斯瓜公司拟投资一个智能工厂项目，需一次性投入 150 000 元，使用年限为 5 年，每年的现金流量不相等，具体收回情况如下表。

项目现金流量表

单位：元

年份	现金净流量	累计净流量
1	30 000	30 000
2	35 000	65 000
3	60 000	125 000
4	50 000	175 000
5	40 000	215 000

要求：

计算该投资项目的静态回收期。

斯尔解析 从上表的累计现金净流量栏中可知，该投资项目的回收期在第 3 年与第 4 年之间。为了计算较为准确的回收期，采用以下方法计算：

项目静态回收期 =3+（150 000–125 000）/50 000=3.5（年）

典例研习·6-14 （单项选择题）

某项目的投资总额为 450 万元，建设期为 0 年，预计投产后第 1 ~ 3 年每年现金净流量为 65 万元，第 4 ~ 6 年每年现金净流量为 70 万元，第 7 ~ 10 年每年现金净流量为 55 万元。则该项目的静态回收期为（　　）年。

A. 8.18　　　　　　　　　　　　　　　B. 6.43

C. 6.82　　　　　　　　　　　　　　　D. 6.92

斯尔解析 本题考查投资项目评价指标。未来每年现金净流量不相等时，静态回收期 = 收回原始投资额的前一年 M+ 第 M 年的尚未回收额 / 第（M+1）年的现金净流量 =6+（450–65×3–70×3）/55=6.82（年），选项 C 当选。

本题答案 C

（二）动态回收期——考虑货币时间价值

1. 未来每年现金净流量相等（相当于年金形式）

根据定义，动态回收期是投资项目的未来现金净流量现值与原始投资额现值相等所经历的时间，即：

每年现金净流量 × $(P/A, i, n)$ ＝原始投资额现值

其中，$(P/A, i, n)$ 中的 n 才是动态回收期。

因此，需要先计算年金现值系数 $(P/A, i, n)$，再查表，利用内插法推算动态回收期 n。（本质：已知 P，i，A，求 n）

典例研习·6-15 计算分析题

斯瓜公司准备从甲、乙两种新设备中选购其中一种。甲设备购买价为 35 000 元，投入使用后，每年现金净流量为 7 000 元；乙设备购买价为 36 000 元，投入使用后，每年现金净流量为 8 000 元。假设考虑货币时间价值，资本成本为 9%。

要求：

运用动态回收期指标对该公司应选购哪种设备作决策。

斯尔解析

甲设备：$7\,000 × (P/A, 9\%, n_甲) = 35\,000$，则 $(P/A, 9\%, n_甲) = 5$。

乙设备：$8\,000 × (P/A, 9\%, n_乙) = 36\,000$，则 $(P/A, 9\%, n_乙) = 4.5$。

查表可知，当 $i=9\%$ 时，期限为 6 年的年金现值系数为 4.4859，期限为 7 年的年金现值系数为 5.033，因此运用内插法计算甲设备的动态回收期为：

$(6-n_甲)/(6-7) = (4.4859-5)/(4.4859-5.033)$，求得 $n_甲 = 6.94$（年）。

同理，乙设备的动态回收期为：

$(6-n_乙)/(6-7) = (4.4859-4.5)/(4.4859-5.033)$，求得 $n_乙 = 6.03$（年）。

计算结果表明，乙设备的动态回收期比甲设备短，该公司应选择乙设备。

2. 未来每年现金净流量不相等

此情况，应把每年的现金净流量逐一折现并加总，根据累计现金流量现值来确定回收期。

动态回收期 ＝ M＋ 第 M 年的尚未回收额现值 / 第 $(M+1)$ 年的现金净流量现值

其中，M 是收回原始投资额现值的前一年。

典例研习·6-16 计算分析题

斯瓜公司拟投资一个智能工厂项目，需一次性投入 150 000 元，使用年限为 5 年，每年的现金流量不相等，具体收回情况如下表。假设考虑货币时间价值，资本成本为 5%。

项目现金流量表

单位：元

年份	现金净流量	净流量现值	累计现值
1	30 000	28 571	28 571
2	35 000	31 746	60 317

续表

年份	现金净流量	净流量现值	累计现值
3	60 000	51 830	112 147
4	50 000	41 135	153 282
5	40 000	31 341	184 623

要求：

计算该投资项目的动态回收期。

斯尔解析 项目动态回收期 =3+（150 000−112 147）/41 135=3.92（年）

（三）决策规则

若回收期≤期望回收期，则项目可以采纳。

回收期越短越好，收回投资所需的时间越短，所冒的风险越小。

（四）评价

1. 优点

（1）计算简便，易于理解。

（2）考虑了风险因素，是一种较为保守的方法。

2. 缺点

（1）静态回收期没有考虑货币时间价值。

（2）只考虑了未来现金净流量（或现值）总和中等于原始投资额（或现值）的部分，没有考虑超过原始投资额（或现值）的部分（即忽略了未来的现金流）。

解题高手

命题角度：考查投资项目评价指标之间的相互关系。

（1）同一个项目，净现值＞0，现值指数＞1，年金净流量＞0，内含收益率＞资本成本，上述四个指标对同一个独立项目的评价结果是一致的。

（2）对于同一个项目，动态回收期＞静态回收期。

（3）根据净现值，判断回收期与项目寿命期的关系。

情形	通俗理解	回收期与寿命期的关系
净现值＞0	在考虑货币时间价值的情况下，项目寿命到期前已经回本，至项目寿命期末有超额收益	项目寿命期＞动态回收期＞静态回收期
净现值 =0	在考虑货币时间价值的情况下，至项目寿命期末正好回本	项目寿命期 = 动态回收期＞静态回收期

续表

情形	通俗理解	回收期与寿命期的关系
净现值 < 0	在考虑货币时间价值的情况下，至项目寿命期末仍未回本	项目寿命期<动态回收期。无法判断项目寿命期与静态回收期之间的关系

典例研习·6-17 多项选择题

某投资项目的寿命期为 10 年，原始投资额于项目期初一次性投入，随后每年现金净流量均为正数，若折现率为 8%，动态回收期为 7 年，下列表述正确的有（　　）。

A. 项目的静态回收期大于 7 年　　　　　B. 项目的现值指数大于 1

C. 项目的净现值大于 0　　　　　　　　D. 项目的内含收益率大于 8%

斯尔解析 本题考查投资项目评价指标。动态回收期 7 年小于项目寿命期 10 年，说明在项目寿命期内收回原始投资额之后还有剩余现金净流量现值，因此净现值大于 0，进而得到现值指数大于 1，内含收益率大于折现率 8%，选项 BCD 当选。静态回收期不考虑货币时间价值，小于动态回收期，选项 A 不当选。

本题答案 BCD

典例研习·6-18 单项选择题

与现值指数相比，净现值作为投资项目评价指标的缺点是（　　）。

A. 不能对寿命期相等的互斥投资方案作比较

B. 未考虑项目投资风险

C. 不便于对原始投资额现值不同的独立投资方案作比较

D. 未考虑货币时间价值

斯尔解析 本题考查投资项目评价指标。净现值法不能直接用于对寿命期不同的互斥投资方案进行决策，选项 A 不当选。净现值法在所设定的折现率中包含投资风险收益率要求，从而能有效地考虑投资风险，选项 B 不当选。用现值指数指标来评价独立投资方案，可以克服净现值指标不便于对原始投资额现值不同的独立投资方案进行比较和评价的缺点，从而对方案的分析评价更加合理、客观，选项 C 当选。计算净现值时，要按预定的折现率对投资项目的未来现金流量和原始投资额进行折现，因此考虑了货币时间价值，选项 D 不当选。

本题答案 C

▶ 典例研习·6-19 [单项选择题]

在对某独立投资项目进行财务评价时，下列各项中，不能据以判断该项目具有财务可行性的是（　　）。

A. 以必要收益率作为折现率计算的项目现值指数大于 1

B. 以必要收益率作为折现率计算的年金净流量大于 0

C. 项目静态投资回收期小于项目寿命期

D. 以必要收益率作为折现率计算的项目净现值大于 0

⑤ 斯尔解析　本题考查投资项目评价指标。净现值法和年金净流量的决策标杆为 0，现值指数的决策标杆为 1，选项 ABD 不当选。项目静态回收期可以用于判断该项目是否可行，只不过判断标准应该为回收期小于或等于期望回收期，而不是小于项目寿命期，选项 C 当选。

✏ 陷阱提示　虽然从数据关系上分析，当动态回收期小于项目寿命期时，项目的净现值大于 0，投资该项目也是可以增加股东财富的，但是在使用回收期指标对项目进行决策时，投资者更加关心回本的时间。如果投资者关心的是项目是否增加股东财富，就可以使用净现值进行决策，而没有必要使用回收期进行决策了。因此在使用回收期进行项目决策时，需要用回收期与期望回收期进行对比，以判断是否采纳该项目。

▲ 本题答案　C

第三节　项目投资管理

一、独立投资方案的决策（★★）

（一）含义

独立投资方案，是指两个或两个以上项目互不依赖，可以同时存在，各方案的决策也是独立的。

（二）决策规则

（1）确定方案本身是否达到某种预期的可行性标准。

（2）独立方案之间比较时，要确定各种可行方案的投资顺序（排序）。

（3）排序分析时，一般采用内含收益率进行比较决策。这是因为内含收益率指标综合反映了各方案的获利程度，在各种情况下的决策结论都是正确的。

提示：

①以上规则是指多个独立项目的比较决策，而非单个独立项目的可行性决策。

②现值指数（PVI）也是相对数指标，反映获利能力，但并非独立投资方案的最优评价指标。这是因为现值指数本质上是净现值的变形表达，仅消除了投资规模不同所带来的影响，但并未消除期限差异带来的影响。

③核心结论：

独立投资看效率→相对数指标＞绝对数指标→相对数指标中，内含收益率＞现值指数。

二、互斥投资方案的决策（★★★）

（一）含义

互斥投资方案：方案之间互相排斥，不能并存。

（二）决策规则

1.决策的实质

决策的实质在于选择最优方案。从选定经济效益最大的要求出发，互斥决策以方案的获利数额（绝对数）作为评价标准。

2.项目的寿命期相等时的决策

项目的寿命期相等时，用净现值决策，此时原始投资额的大小并不影响决策的结论。

3.项目的寿命期不相等时的决策

方法1：共同年限法。

第一步，找最小公倍数：找出各项目寿命期的最小公倍数，作为共同的有效寿命期。原理为假设投资项目在终止时进行重置，通过重置使两个项目达到相等的年限。

第二步，比较净现值：应用项目寿命期相等时的决策方法进行比较，即比较两者的净现值大小。

方法2：年金净流量法。

情形一：当两项目资本成本相同时，优先选取年金净流量较大者。

情形二：当两项目资本成本不同时，还需进一步计算永续净现值，即用年金净流量除以各自对应的资本成本。

提示：

（1）实际应用时，年金净流量法是互斥方案最恰当的决策方法。

（2）核心结论：

互斥投资看效益→绝对数指标＞相对数指标→绝对数指标中，年金净流量＞净现值。

原理详解

当两个项目的资本成本不同时，为何还需计算永续净现值？

对于寿命期不相等的项目而言，如果两个项目的资本成本相同，就意味着投资者对这两个项目所要求的回报是相同的，因此在决策时仅需要关注哪一个项目带来的年金净流量更大。

但如果寿命期不相等、资本成本也不同，即出现了两个变量，那么投资者就很难直接作决策。由于投资者对于不同项目所要求的回报是事先确定的，因此我们只能将原本不同的寿命期转换成相同的寿命期，而无限重置（即永续）就是一种让寿命期变得相等的方式。所以，为了控制变量，我们需要计算永续净现值（年金净流量／资本成本），并基于此进行比较。

具体步骤如下：

第一步：分别计算两个项目的 NPV_i、年金净流量 $ANCF_i$。

第二步：假设项目可以无限重置，计算永续净现值，即 $P_i=ANCF_i/k_i$。并基于此作出决策。

典例研习·6-20 计算分析题

斯瓜公司拟购入一台生产设备，目前有甲、乙两个设备购置方案，所要求的最低投资收益率为 10%。甲方案投资额 10 000 元，可用 2 年，无残值，每年产生 8 000 元现金净流量，净现值为 3 884 元。乙方案投资额 20 000 元，可用 3 年，无残值，每年产生 10 000 元现金净流量，净现值为 4 869 元。

要求：

该公司应选择哪个方案？

斯尔解析 由于两个方案的寿命期不同，因此可采用共同年限法或年金净流量法进行决策。

方法 1：共同年限法。

将两方案的期限调整为最小公倍年数 6 年，即甲方案 6 年内复制 3 次，乙方案 6 年内复制 2 次。

（1）甲方案：

净现值 $=8\,000\times$（P/A，10%，6）$-10\,000-10\,000\times$（P/F，10%，2）$-10\,000\times$（P/F，10%，4）$=9\,748$（元）

（2）乙方案：

净现值 $=10\,000\times$（P/A，10%，6）$-20\,000-20\,000\times$（P/F，10%，3）$=8\,527$（元）

上述计算说明，延长寿命期后，两方案投资期限相等，甲方案净现值 9 748 元高于乙方案净现值 8 527 元，故甲方案优于乙方案。

方法 2：年金净流量法。

（1）甲方案：

年金净流量 $=3\,884\div$（P/A，10%，2）$=2\,238$（元）

（2）乙方案：

年金净流量 $=4\,869\div$（P/A，10%，3）$=1\,958$（元）

上述计算说明，甲方案年金净流量 2 238 元高于乙方案年金净流量 1 958 元，故甲方案优于乙方案。

陷阱提示 在应用共同年限法时，大家一定要记得后续复制的"投资期现金流量"也需要折现，如本例中甲方案投资的 10 000 元，经过三次复制后，在第二年年末和第四年年末均会产生现金流出，但此时还需要将其折现到 0 时点。

典例研习·6-21 （综合题）

戊化工公司拟进行一项固定资产投资，以扩充生产能力，现有 X、Y、Z 三个方案备选，相关资料如下：

资料一：戊公司现有长期资本 10 000 万元，其中，权益资本为 6 000 万元，长期借款为 4 000 万元。该公司股票的系统性风险是整个股票市场风险的 2 倍。目前整个股票市场平均收益率为 8%，无风险收益率为 5%。假设该投资项目的风险与公司整体风险一致，且投资项目的筹资结构与公司资本结构相同。已知长期借款利率为 8%，假设新增债务利率不变。

资料二：X 方案需要投资固定资产 500 万元，不需要安装就可以使用，预计使用寿命为 10 年，期满无残值，采用直线法计提折旧。该项目投产后预计会使公司的存货和应收账款共增加 20 万元，应付账款增加 5 万元，假设不会增加其他流动资产和流动负债。在项目运营的 10 年中，预计每年为公司增加税前利润 80 万元。X 方案的现金流量如表 1 所示：

表 1　　　　　　　　　**X 方案现金流量计算表**

单位：万元

年份	0	1 ~ 9	10
一、投资期现金流量	—	—	—
固定资产投资	（A）	—	—
营运资金垫支	（B）	—	—
投资现金净流量	*	—	—
二、营业期现金流量	—	—	—
销售收入	—	*	*
付现成本	—	*	*
折旧	—	（C）	*
税前利润	—	80	*
所得税	—	*	*
净利润	—	（D）	*
营业现金净流量	—	（E）	（F）
三、终结期现金流量	—	—	—
固定资产净残值	—	—	*
回收营运资金	—	—	（G）

续表

年份	0	1 ~ 9	10
终结期现金净流量	—	—	*
四、年现金净流量合计	*	*	（H）

注：表内的"*"为省略的数值。

资料三：Y方案需要投资固定资产300万元，不需要安装就可以使用，预计使用寿命为8年，期满无残值。预计每年营业现金净流量为50万元。经测算，当折现率为6%时，该方案的净现值为10.49万元；当折现率为8%时，该方案的净现值为−12.67万元。

资料四：Z方案与X方案、Y方案的相关指标如表2所示。

表2   备选方案的相关指标

方案	X方案	Y方案	Z方案
原始投资额现值（万元）	—	300	420
期限（年）	10	8	8
净现值（万元）	197.27	—	180.50
现值指数	1.38	0.92	（J）
内含收益率	17.06%	—	—
年金净流量（万元）	（I）	—	32.61

资料五：公司适用的所得税税率为25%。相关货币时间价值系数如表3所示。

表3   相关货币时间价值系数表

期数（n）	8	9	10
（P/F, i, n）	0.5019	0.4604	0.4224
（P/A, i, n）	5.5348	5.9952	6.4170

注：i为该项目的必要收益率。

要求：

（1）根据资料一，利用资本资产定价模型计算戊公司权益资本成本。

（2）根据资料一和资料五，计算戊公司的加权平均资本成本。

（3）根据资料二和资料五，确定表1中字母所代表的数值（不需要列示计算过程）。

（4）根据以上计算的结果和资料三，完成下列要求：

①计算Y方案的静态投资回收期和内含收益率。

②判断Y方案是否可行，并说明理由。

（5）根据资料四和资料五，确定表2中字母所代表的数值（不需要列示计算过程）。

（6）判断戊公司应当选择哪个投资方案，并说明理由。

斯尔解析

（1）戊公司普通股资本成本 =5%+2×（8%−5%）=11%。

（2）加权平均资本成本 =8%×（1−25%）×4 000/10 000+11%×6 000/10 000=9%。

（3）A=−500（万元）。

　　　B=−（20−5）=−15（万元）

　　　C=（500−0）/10=50（万元）

　　　D=80×（1−25%）=60（万元）

　　　E=60+50=110（万元）

　　　F=E=110（万元）

　　　G=15（万元）

　　　H=F+G=110+15=125（万元）

（4）①Y方案的静态投资回收期 =300/50=6（年）。

（IRR−6%）/（8%−6%）=（0−10.49）/（−12.67−10.49）

求得：IRR=6.91%。

②Y方案的内含收益率低于投资人要求的收益率（9%），故项目不可行。

（5）I=197.27/（P/A，9%，10）=30.74（万元）；J=1+180.50/420=1.43。

（6）Y方案不可行（0.92＜1），所以要在X与Z方案中选择，由于年限不一样，所以要选择年金净流量大的Z方案（32.61＞30.74）。（提示：认真读题方可判断出本题属于互斥投资方案决策）

▷▷▷ 典例研习·6-22 单项选择题

关于互斥投资方案的决策，假设两个方案的折现率相同，下列表述错误的是（　　　）。

A. 两方案寿命期相等，而原始投资额不等，应选择净现值较大的方案

B. 两方案寿命期相等，而原始投资额不等，应选择年金净流量较大的方案

C. 两方案寿命期不等，而原始投资额相等，应选择净现值较大的方案

D. 两方案寿命期不等，而原始投资额相等，应选择年金净流量较大的方案

斯尔解析 本题考查互斥投资方案的决策。在互斥投资方案决策时，不论原始投资额是否相等，只要寿命期相等，就可以直接选择净现值较大的方案，此时净现值大的方案，年金净流量也大，所以也可以选择年金净流量大的方案，选项 AB 不当选。当互斥项目寿命期不同时，不能直接选择净现值较大的方案，应选择年金净流量大的方案，选项 C 当选、选项 D 不当选。

▲本题答案 C

三、固定资产更新决策（★★★）

问题本质：是否将旧资产出售，并购买新资产的投资活动。

问题分析：本质上出售旧设备和购买新设备是一个完整的投资项目，但是如果将其按

照一个完整的投资项目进行分析，复杂程度太高，所以，中级会计师财务管理科目考试通常将其拆分为两个互斥项目进行决策分析。

决策思路：将固定资产更新决策视为，购买新设备投资于一个新的项目，与使用旧设备投资于一个新的项目，两个项目的互斥方案的优选问题。

决策指标：看题目要求。

情形一：题目要求计算使用新设备和使用旧设备的净现值或年金净流量。

（1）决策指标。

新设备与旧设备的寿命期是否相同	决策指标
寿命期相同	净现值
寿命期不同	年金净流量

（2）现金流量估计。

在估计现金流量时，现金流入为正，现金流出为负，与普通项目一致。

阶段	购买新设备	继续使用旧设备
投资期	－ 长期资产投资 － 垫支营运资金	－ 变现净收入 －（账面价值 － 变价净收入）× 税率 － 垫支营运资金
营业期	＋ 税后收入（可能不考虑）－ 税后付现成本 ＋ 折旧抵税	
终结期	＋ 变现净收入 ＋（账面价值 － 变价净收入）× 税率 ＋ 收回营运资金	

典例研习·6-23 计算分析题

斯瓜公司一台设备已经使用 3 年，现在考虑是否需要更新。该公司所得税税率为 25%，资本成本为 10%，其余资料见下表。其中，大修理支出是确保固定资产正常工作状态而发生的支出，可直接税前扣除。假设每年营运成本均为付现成本。

要求：

比较新旧两种设备的净现值，为该公司作出是否更新设备的决策。

金额单位：元

项目	旧设备	新设备
原价	84 000	76 500
税法残值	4 000	4 500
税法使用年限（年）	8	6
已使用年限（年）	3	0

续表

项目	旧设备	新设备
尚可使用年限（年）	6	6
垫支营运资金	10 000	11 000
大修理支出	18 000（第2年年末）	9 000（第4年年末）
每年折旧费（直线法）	10 000	12 000
每年营运成本	13 000	7 000
目前变现价值	40 000	76 500
最终报废残值（变价净收入）	5 500	6 000

🔍斯尔解析

（1）继续使用旧设备。

①投资期：

目前旧设备的变价净收入（变现价值）产生的现金流量 =−40 000（元）

目前旧设备的账面价值 =84 000−10 000×3=54 000（元）

目前旧设备变现净损益带来的现金流量影响金额 =−（54 000−40 000）×25%=−3 500（元）

使用旧设备投资期现金净流量 =−40 000−3 500−10 000（垫支营运资金）=−53 500（元）

②营业期：

每年税后营运成本产生的现金流量 =−13 000×（1−25%）=−9 750（元）

税后大修理费产生的现金流量 =−18 000×（1−25%）=−13 500（元）

每年折旧抵税额产生的现金流量 =10 000×25%=2 500（元）

提示：根据税法要求，折旧只能计提5年（8−3），而非6年。

③终结期：

终结期旧设备变价净收入产生的现金流量 =5 500（元）

终结期旧设备账面价值（税法残值）产生的现金流量 =4 000（元）

终结期新设备变现净损益带来的现金流量影响金额 =（4 000−5 500）×25%=−375（元）

使用旧设备终结期现金净流量 =5 500−375+10 000（营运资金收回）=15 125（元）

④净现值 =−9 750×（P/A，10%，6）−13 500×（P/F，10%，2）+2 500×（P/A，10%，5）+15 125×（P/F，10%，6）−53 500=−89 105.51（元）。

（2）购买新设备。

①投资期：

新设备投资产生的现金流量 =−76 500（元）

垫支的营运资金产生的现金流量 =−11 000（元）

购买新设备投资期现金净流量 =−76 500−11 000=−87 500（元）

②营业期：

每年税后营运成本产生的现金流量 =−7 000×（1−25%）=−5 250（元）

税后大修理费产生的现金流量 =−9 000×（1−25%）=−6 750（元）

每年折旧抵税额产生的现金流量 =12 000×25%=3 000（元）

③终结期：

终结期新设备变价净收入产生的现金流量 =6 000（元）

终结期新设备账面价值（税法残值）=4 500（元）

终结期新设备变现净损益带来的现金流量影响金额 =（4 500−6 000）×25%=−375（元）

购买新设备终结期现金净流量 =6 000−375+11 000（营运资金收回）=16 625（元）

④净现值 =−87 500−5 250×（P/A, 10%, 6）−6 750×（P/F, 10%, 4）+3 000×（P/A, 10%, 6）+16 625×（P/F, 10%, 6）=−92 524.86（元）。

由于继续使用旧设备的净现值大于购买新设备的净现值，因此应选择继续使用旧设备。

情形二：题目要求计算现金净流出总现值和年金成本。

（1）指标计算。

①现金净流出总现值 = 未来现金流出量现值 + 原始投资额现值。计算时，通常不考虑营业收入对现金流量的影响。

②年金成本 = 现金净流出总现值 ÷ 年金现值系数。

（2）决策指标。

新设备与旧设备的寿命期是否相同	决策指标
寿命期相同	现金净流出总现值（即净现值的相反数）
寿命期不同	年金成本（即年金净流量的相反数）

（3）现金流量估计。

在估计现金流量时，现金流出为正，现金流入为负。

阶段	购买新设备	继续使用旧设备
投资期	+ 长期资产投资 + 垫支营运资金	+ 变现净收入 +（账面价值 − 变价净收入）× 税率 + 垫支营运资金
营业期	+ 税后付现成本 − 折旧抵税	
终结期	− 变现净收入 −（账面价值 − 变价净收入）× 税率 − 收回营运资金	

典例研习·6-24 计算分析题

斯瓜公司现有旧设备一台，已经使用 4 年，现在考虑是否予以更新。当期折现率为 15%，假设企业所得税税率为 25%，其他有关资料见下表。

要求：

采用年金成本法为该公司作出是否更新设备的决策。

金额单位：元

项目	旧设备	新设备
原价	35 000	36 000
预计使用年限（与税法折旧年限相同）（年）	10	10
已经使用年限（年）	4	0
税法残值	5 000	4 000
最终报废残值（变价净收入）	3 500	4 200
目前变现价值	10 000	36 000
每年折旧费（直线法）	3 000	3 200
每年营运成本	10 500	8 000

🔍 斯尔解析

（1）继续使用旧设备。

①投资期：

目前旧设备变价净收入（变现价值）产生的现金流量 =10 000（元）

目前旧设备账面价值 =35 000−3 000×4=23 000（元）

目前旧设备变现净损益的现金流量影响金额 =（23 000−10 000）×25%=3 250（元）

使用旧设备投资期现金净流量（即放弃的税后残值收入）=10 000+3 250=13 250（元）

②营业期：

每年税后营运成本产生的现金流量 =10 500×（1−25%）=7 875（元）

每年折旧抵税额产生的现金流量 =−3 000×25%=−750（元）

每年现金净流出量 =7 875−750=7 125（元）

③终结期：

终结期旧设备变价净收入产生的现金流量 =−3 500（元）

终结期旧设备账面价值 =5 000（元）

终结期旧设备变现净损益的现金流量影响金额 =−（5 000−3 500）×25%=−375（元）

使用旧设备终结期现金净流量（即处置旧设备的税后残值收入）=−3 500−375=−3 875（元）

④继续使用旧设备的年金成本 = [13 250+7 125×（P/A, 15%, 6）−3 875×（P/F, 15%, 6）] /（P/A, 15%, 6）=10 183.49（元）。

（2）使用新设备。

①投资期：

新设备购置成本产生的现金流量 =36 000（元）

②营业期：

每年税后营运成本产生的现金流量 =8 000×（1−25%）=6 000（元）

每年折旧抵税额产生的现金流量 =−3 200×25%=−800（元）

每年现金净流出量 =6 000−800=5 200（元）

③终结期：

终结期新设备变价净收入产生的现金流量 =−4 200（元）

终结期新设备的账面价值（税法残值）=4 000（元）

终结期新设备变现净收益的现金流量影响金额 =−（4 000−4 200）×25%=50（元）

终结期新设备现金净流量（即处置新设备的税后残值收入）=−4 200+50=−4 150（元）

④使用新设备的年金成本 =［36 000+5 200×（P/A，15%，10）−4 150×（P/F，15%，10）］/（P/A，15%，10）=12 168.62（元）。

由于继续使用旧设备的年金成本 10 183.49 元＜购买新设备的年金成本 12 168.62 元，应采用继续使用旧设备的方案。

典例研习·6-25 计算分析题

甲公司目前只生产和销售 A 产品，适用的所得税税率为 25%，该公司要求的最低收益率为 12%。为节约成本支出，提升运营效率，甲公司拟对正在使用的一台旧设备予以更新，设备更新不会影响销售额。相关资料如下表所示：

甲公司新旧设备资料

金额单位：万元

项目	使用旧设备	购置新设备
原值	5 000	6 000
预计使用年限（年）	10	10
已用年限（年）	4	0
尚可使用年限（年）	6	10
税法残值	500	600
最终报废残值	500	600
目前变现价值	2 200	6 000
年折旧	450	540
年付现成本	2 000	1 500

相关货币时间价值系数如下表所示：

货币时间价值系数

期限（n）	5	6	7	8	9	10
（P/F，12%，n）	0.5674	0.5066	0.4523	0.4039	0.3606	0.3220
（P/A，12%，n）	3.6048	4.1114	4.5638	4.9676	5.3282	5.6502

要求：

（1）根据资料，计算与使用旧设备相关的下列指标：①目前账面价值；②当前资产报废损益对所得税的影响；③现金净流出现值；④年金成本。

（2）根据资料，计算使用新设备的年金成本。

（3）根据上述计算，作出固定资产是否更新的决策，并说明理由。

⑤斯尔解析

（1）①目前账面价值 =5 000−450×4=3 200（万元）。

②当前资产报废损失 =3 200−2 200=1 000（万元）。

报废损失抵税 =1 000×25%=250（万元）

③现金净流出现值 =2 200+250+2 000×（1−25%）×（P/A，12%，6）−450×25%×（P/A，12%，6）−500×（P/F，12%，6）=2 200+250+2 000×（1−25%）×4.1114−450×25%×4.1114−500×0.5066=7 901.27（万元）。

④旧设备的年金成本 =7 901.27/（P/A，12%，6）=7 901.27/4.1114=1 921.8（万元）。

提示：本题也可以按照"流入为正、流出为负"的原则进行计算，计算逻辑更加清晰、直观，最终结果取相反数即可。

使用旧设备投资期现金净流量 =−2 200−（3 200−2 200）×25%=−2 450（万元）

使用旧设备营业期现金净流量 =−2 000×（1−25%）+450×25%=−1 387.5（万元）

使用旧设备终结期现金净流量 =500+（500−500）×25%=500（万元）

年金成本 =− 年金净流量 =− 净现值 / 年金现值系数 =− [−1 387.5×（P/A，12%，6）+500×（P/F，12%，6）−2 450] /（P/A，12%，6）=1 921.8（万元）

（2）新设备的年金成本 = [6 000+1 500×（1−25%）×（P/A，12%，10）−540×25%×（P/A，12%，10）−600×（P/F，12%，10）] /（P/A，12%，10）= [6 000+1 500×（1−25%）×5.6502−540×25%×5.6502−600×0.3220] /5.6502=2 017.72（万元）。

提示：本题也可以按照"流入为正、流出为负"的原则进行计算，计算逻辑更加清晰、直观，最终结果取相反数即可。

购买新设备投资期现金净流量 =−6 000（万元）

购买新设备营业期现金净流量 =−1 500×（1−25%）+540×25%=−990（万元）

购买新设备终结期现金净流量 =600（万元）

年金成本 =− 年金净流量 =− 净现值 / 年金现值系数 =− [−990×（P/A，12%，10）+600×（P/F，12%，10）−6 000] /（P/A，12%，10）=2 017.72（万元）

（3）不应当更新设备，因为使用新设备的年金成本大于使用旧设备的年金成本。

第四节　证券投资管理

一、证券资产的特点（★）

（一）价值虚拟性

证券资产不能脱离实体资产而完全独立存在，但证券资产的价值不完全由实体资本的现实生产经营活动决定，而是取决于契约性权利所能带来的未来现金流量折现的资本化价值。

（二）可分割性

证券资产可以分割为一个最小的投资单位，例如一股股票、一份债券。

（三）持有目的多元性

未来变现（促活）、谋取资本利得（赚钱）、取得控制权（控制）。

（四）强流动性

变现能力强（活跃的交易市场）、持有目的可以相互转换（如赚钱→控制）。

（五）高风险性

虚拟资产，受公司风险和市场风险（资本市场平均收益率变化）的双重影响。

二、证券投资的目的

（1）分散资金投向，降低投资风险。
（2）利用闲置资金，增加企业收益。
（3）稳定客户关系，保障生产经营。
（4）提高资产的流动性，增强偿债能力。

三、证券资产投资的风险（★★）

（一）系统性风险（不可分散风险）

证券资产的系统性风险波及所有证券资产，最终会反映在资本市场平均利率的提高上，所有系统性风险几乎都可以归结为利率风险——由于市场利率变动引起证券资产价值（反向）变化的可能性。

类型	解释
价格风险	由于市场利率上升，而使证券资产价格普遍下跌的可能性。 举例：某债券面值 1 000 元，票面利率 5%，当市场利率上涨到 8% 时，意味着如果投资者现在去投资一个等风险债券所获的收益将是 8%。因此，他当前所持有的债券便开始变得不值钱了，价格就会下跌

续表

类型	解释
再投资风险	由于市场利率下降，造成无法通过再投资而实现预期收益的可能性。 举例：某债券面值 1 000 元，票面利率 5%，当市场利率下降到 3% 时，意味着投资者当前所持有的债券更加值钱，但如果该债券很快到期，他将无法再找到一个同等回报的债券，即没有适合"再投资"的债券了
购买力风险	由于通货膨胀而使货币购买力下降的可能性。购买力风险对具有收款权利（本金、利息）的资产影响很大，因此债券投资的购买力风险远大于股票投资

（二）非系统性风险（可分散风险）

证券资产的非系统性风险与某个具体的证券资产相关联，同整个证券资产市场无关。

类型	解释
违约风险	证券资产发行者无法按时兑付证券资产利息和偿还本金的可能性，多发生于债券投资
变现风险	证券资产持有者无法在市场上以正常的价格平仓出货的可能性，即找不到愿意出合理价格的买主（提示：此处价格是指正常的价格，如果是低价，当然可以平仓）
破产风险	在证券资产发行者破产清算时投资者无法收回应得权益的可能性

典例研习·6-26 单项选择题

由于市场利率上升，而使证券资产价格具有普遍下跌的可能，投资者由此蒙受损失，此类证券投资风险是指（   ）。

A. 购买力风险　　　　B. 价格风险　　　　C. 再投资风险　　　　D. 变现风险

斯尔解析 本题考查证券投资的风险。购买力风险是指由于通货膨胀而使货币购买力下降的可能性，选项 A 不当选。价格风险是指由于市场利率上升，而使证券资产价格普遍下跌的可能性，选项 B 当选。再投资风险是指由于市场利率下降，造成无法通过再投资而实现预期收益的可能性，选项 C 不当选。变现风险是指证券资产持有者无法在市场上以正常的价格平仓出货的可能性，选项 D 不当选。

本题答案 B

四、债券投资（★★★）

（一）债券的价值

1. 债券价值评估模型

（1）基本模型。

典型的债券类型是有固定的票面利率、每期支付利息、到期归还本金的债券，其价值的计算公式为：

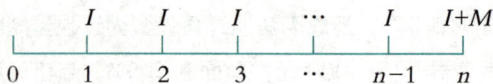

$$V_b = \sum_{t=1}^{n} \frac{I_t}{(1+R)^t} + \frac{M}{(1+R)^n} = I \times (P/A, R, n) + M \times (P/F, R, n)$$

式中，V_b 表示债券的价值，I_t 表示债券各期的利息，M 表示债券的面值，R 表示债券价值评估时所采用的折现率，即所期望的最低投资收益率。一般来说，经常采用市场利率作为评估债券价值时所期望的最低投资收益率。

（2）纯贴现债券的估值模型。

纯贴现债券是指到期按面值兑付的债券（即持有期间没有利息），其价值的计算公式为：$V = M/(1+R)^n$。

（3）永续债券的估值模型。

没有到期日，假设每年利息相同，其价值的计算公式为：$V = I/R$。

2. 影响债券价值的因素

面值、票面利率、期限、折现率（市场利率）。

|》典例研习·6-27 计算分析题

某债券面值 1 000 元，期限 20 年，每年支付一次利息，到期归还本金，以市场利率作为评估债券价值的折现率，目前的市场利率为 10%。

要求：

分别计算票面利率为 8%、10% 和 12% 时的债券价值。

斯尔解析

票面利率 =8%，$V_b = 1\,000 \times 8\% \times (P/A, 10\%, 20) + 1\,000 \times (P/F, 10\%, 20) = 829.69$（元）。

票面利率 =10%，$V_b = 1\,000 \times 10\% \times (P/A, 10\%, 20) + 1\,000 \times (P/F, 10\%, 20) = 999.96$（元）。

票面利率 =12%，$V_b = 1\,000 \times 12\% \times (P/A, 10\%, 20) + 1\,000 \times (P/F, 10\%, 20) = 1\,170.23$（元）。

情形	价格与面值的关系	原因
票面利率 > 市场利率	溢价债券：价格 > 面值	对债券发行者未来多付利息而给予的必要补偿
票面利率 < 市场利率	折价债券：价格 < 面值	对投资者未来少获利息而给予的必要补偿
票面利率 = 市场利率	平价债券：价格 = 面值	不存在补偿问题

典例研习·6-28 单项选择题

某债券面值 1 000 元，期限为 3 年，债券期限内没有利息，到期一次还本。假设市场利率为 8%，则债券的价值为（　　）元。

A. 1 000　　　　　　B. 836　　　　　　C. 739　　　　　　D. 793.8

斯尔解析 本题考查债券投资。根据债券估值基本模型，债券价值的本质是本金和利息的折现和。本题中，债券期限内没有利息，到期一次还本，其实指的是纯贴现债券，因此债券价值 =1 000×（P/F, 8%, 3）=1 000/（1+8%）³=793.8（元），选项 D 当选。

提示：本题并未提供复利现值系数，需要同学们自行计算。

本题答案 D

3. 债券价值对债券期限的敏感性——"近小、远大、变平缓"

举例：某债券面值 1 000 元，每年支付一次利息，到期归还本金，假定市场利率为 10%，票面利率分别为 8%、10% 和 12% 的三种债券，在债券期限发生变化时的债券价值如下表所示。

债券期限变化的敏感性

债券期限	债券价值（元）		
	票面利率 10%	票面利率 8%	票面利率 12%
0 年期	1 000	1 000	1 000
1 年期	1 000	981.72	1 018.08
2 年期	1 000	964.88	1 034.32
5 年期	1 000	924.28	1 075.92
10 年期	1 000	877.60	1 123.40
15 年期	1 000	847.48	1 151.72
20 年期	1 000	830.12	1 170.68

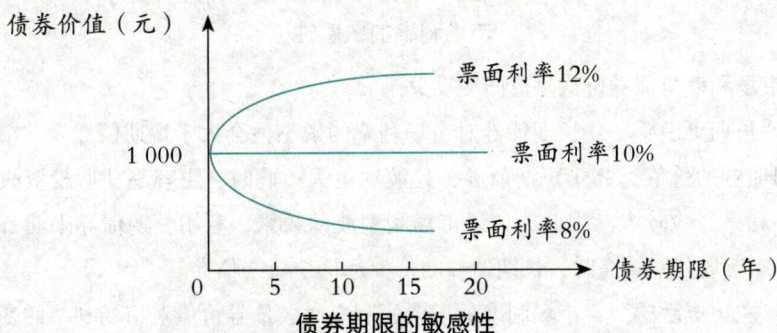

债券期限的敏感性

（1）债券价值随债券期限的变化而波动的原因是债券票面利率与市场利率存在差异。

（2）"近小"：债券期限越短，债券票面利率对债券价值的影响越小。

（3）"远大"：在票面利率偏离市场利率的情况下，债券期限越长，债券价值越偏离于债券面值。

（4）"变平缓"：随着债券期限延长，债券的价值会越偏离债券的面值，但这种偏离的变化幅度最终会趋于平缓。或者说，超长期债券的期限差异，对债券价值的影响不大。

4. 债券价值对市场利率的敏感性——"长期左边更敏感"

举例：某债券面值 1 000 元，票面利率为 15%，每年支付一次利息，到期归还本金。当市场利率发生变化时，2 年期和 20 年期的两种债券的价值变化如下表所示。

市场利率变化的敏感性

单位：元

市场利率	债券价值	
	2 年期债券	20 年期债券
5%	1 185.85	2 246.30
10%	1 086.40	1 426.10
15%	1 000.00	1 000.00
20%	923.20	756.50
25%	856.00	605.10
30%	796.15	502.40

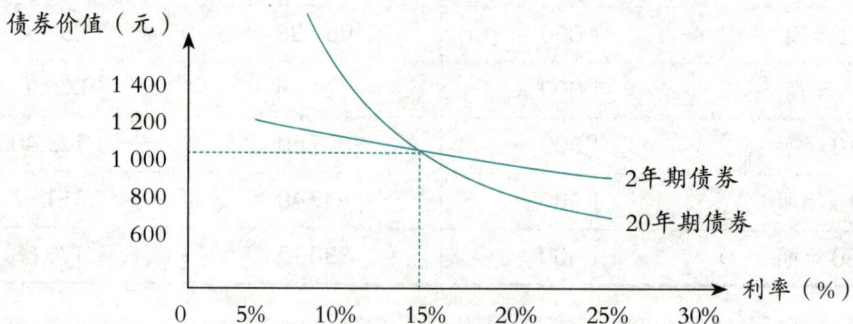

市场利率的敏感性

（1）市场利率与债券价值呈反向变动关系。

（2）"长期更敏感"：长期债券对市场利率的敏感性会大于短期债券，在市场利率较低时，长期债券的价值远高于短期债券，且波动更大（此时，更容易获取投资收益，但安全性较低，利率风险较大。因此，如果市场利率波动频繁，利用长期债券来储备现金是不明智的）；在市场利率较高时，长期债券的价值远低于短期债券。

（3）"左边更敏感"：市场利率低于票面利率时，债券价值对市场利率的变化较为敏感，市场利率稍有变动，债券价值就会发生剧烈的波动；市场利率超过票面利率后，债券价值对市场利率变化的敏感性减弱，市场利率的提高，不会使债券价值过分降低。

典例研习·6-29 单项选择题

关于债券价值，其他因素不变时，下列表述中错误的是（　　）。

A. 债券的年内付息次数越多，则债券价值越大

B. 长期债券的价值对市场利率的敏感性小于短期债券

C. 市场利率的上升会导致债券价值下降

D. 若票面利率偏离市场利率，债券期限越长，则债券价值越偏离于债券面值

斯尔解析 本题考查债券投资。债券的年内付息次数越多，债券价值越大，选项 A 不当选（这是拓展结论，教材并未收录，但考查过多次）。长期债券对市场利率的敏感性会大于短期债券，在市场利率较低时，长期债券的价值远高于短期债券；在市场利率较高时，长期债券的价值远低于短期债券，选项 B 当选。市场利率与债券价值呈反向变动关系，市场利率的上升会导致债券价值下降，选项 C 不当选。在票面利率偏离市场利率的情况下，债券期限越长，债券价值越偏离于债券面值，但这种偏离的变化幅度最终会趋于平稳，选项 D 不当选。

本题答案 B

典例研习·6-30 单项选择题

根据债券估值基本模型，若不考虑其他因素的影响，下列表述错误的是（　　）。

A. 债券的面值越大，债券的价值越大　　B. 折现率越大，债券的价值越大

C. 债券的票面利率越大，债券的价值越大　　D. 利息的支付频率越高，债券的价值越大

斯尔解析 本题考查债券投资。债券估值本质是未来现金流量（本金、利息）的现值。面值和票面利率越大，未来现金流量越大，现值越大，债券价值越大，选项 AC 不当选。折现率越大，现值越小，债券价值越小，选项 B 当选。利息的支付频率越高，现值越大，债券价值越大，选项 D 不当选。

本题答案 B

（二）债券投资的收益率

1. 债券收益的来源

（1）名义利息收益：面值 × 票面利率。

（2）利息再投资收益。

（3）价差收益（资本利得收益）：中途转让债券的卖价和买价之间的价差收益。

2. 债券的内部收益率（内含收益率）

（1）一般算法（考虑货币时间价值）：

债券投资项目的内部收益率，是指按当前市场价格购买债券并持有至到期日或转让日所产生的预期收益率，也就是债券投资项目的内含收益率。

在债券价值估值模型中，如果用债券的购买价格 P_0 代替内在价值 V_b，就能求出债券的内部收益率。

$$P_0 = I \times (P/A, R, n) + M \times (P/F, R, n)$$

简言之，债券的内部收益率是债券未来现金流入量现值等于购买价格时对应的折现率。

典例研习·6-31 计算分析题

投资者小吴目前以 1 075.92 元的价格，购买一份面值为 1 000 元、每年付息一次、到期归还本金、票面利率为 12% 的 5 年期债券，小吴计划将该债券持有至到期日。

要求：

计算该债券的内部收益率。

斯尔解析 1 075.92=120×（P/A，R，5）+1 000×（P/F，R，5）

运用逐次测试法，可解得：内部收益率 R=10%。

同理，如果债券目前购买价格为 1 000 元或 899.24 元，则内部收益率分别为 12% 或 15%。

可见，溢价债券的内部收益率低于票面利率，折价债券的内部收益率高于票面利率，平价债券的内部收益率等于票面利率。

（2）简便算法（不考虑货币时间价值）：

$$R = \frac{I+（B-P）/N}{（B+P）/2} \times 100\%$$

上式中：P 表示债券的当前购买价格，B 表示债券面值，N 表示债券持有期限，分母是平均资金占用，分子是平均收益。

将前例数据代入：

$$R = \left[120+（1\,000-1\,075.92）/5\right] / \left[（1\,000+1\,075.92）/2\right] \times 100\% = 10.1\%$$

五、股票投资（★★★）

（一）股票的价值

1. 股票的内在价值（理论价格）

股票在任何一个时点上的价值，均是以该时点为起点的未来现金流量现值总和。

提示：股票价值仅取决于"未来"，当前或过去的现金流量均不影响股票价值。

2. 股票估值基本模型

（1）模型假设：无限期持股。

理由：股票的价值不是对于某一个投资人的价值，而是对于整个资本市场的价值。因此，所谓的"无限期"假设，可以站在发行公司的角度理解，只要不退市，就一直在发放股利，与单个投资人持有、出售无关。

（2）普通股股票估值模型：

$$V_s = \frac{D_1}{(1+R_s)^1} + \frac{D_2}{(1+R_s)^2} + \cdots + \frac{D_\infty}{(1+R_s)^\infty} = \sum_{t=1}^{\infty} \frac{D_t}{(1+R_s)^t}$$

（3）优先股股票估值模型：

优先股是特殊的股票，优先股股东每期在固定的时点上收到相等的股利，没有到期日，未来的现金流量是一种永续年金，其价值计算为：

$$V_s = \frac{D}{R_s}$$

3. 常用的股票估值模式

（1）固定增长模式——无限期持股，股利增长率固定。

$$V_s = \frac{D_1}{R_s - g} = \frac{D_0(1+g)}{R_s - g}$$

提示：

①计算股票价值使用的是下一期预期支付的股利 D_1，而不是本期已经支付的股利 D_0。

② R_s 可通过资本资产定价模型确定。

③利用该公式所计算的股票价值是 0 时点的价值，而非 1 时点的价值，即 V（价值）和 D（股利）之间存在一期的时间差。

（2）零增长模式——无限期持股，股利增长率 g=0（永续年金）。

$$V_s = \frac{D_1}{R_s - g} \rightarrow V_s = \frac{D}{R_s}$$

提示：同优先股的价值计算。

典例研习·6-32 计算分析题

投资者小吴准备购买小斯瓜公司的股票，并且准备长期持有，要求达到 12% 的收益率，该公司今年每股股利 0.8 元，预计未来股利会以 9% 的速度增长。

要求：

计算小斯瓜公司股票的价值。

斯尔解析 V_0=［0.8×（1+9%）］／（12%–9%）=29.07（元）

如果小斯瓜公司股票目前的购买价格低于 29.07 元（价格低于价值），该公司的股票是值得购买的。

如果 g=0，则该股票的价值为：V=0.8÷12%=6.67（元）。

（3）阶段性增长模式——分段计算。

典例研习·6-33 计算分析题

投资者小吴准备购买大斯瓜公司的股票，打算长期持有，要求达到 12% 的收益率，大斯瓜公司今年每股股利 0.6 元，预计未来 3 年股利以 15% 的速度高速增长，而后以 9% 的速度转入正常增长。

要求：

计算大斯瓜公司股票的价值。

斯尔解析 该股票的价值需要分两段计算：

第一，计算高速增长期股利的现值。

第 1 年股利现值 =0.6×（1+15%）×（P/F，12%，1）=0.6162（元）

第 2 年股利现值 =0.6×（1+15%）²×（P/F，12%，2）=0.6324（元）

第 3 年股利现值 =0.6×（1+15%）³×（P/F，12%，3）=0.6497（元）

高速增长期股利现值 =0.6162+0.6324+0.6497=1.8983（元）

第二，计算正常增长期股利在第 3 年年末的现值。

$$V_3 = \frac{D_4}{R_s-g} = \frac{0.6 \times (1+15\%)^3 \times (1+9\%)}{12\%-9\%} = 33.15 （元）$$

因此，该股票的价值为：

$$V_0 = 33.15 \times (P/F, 12\%, 3) + 1.8983 = 25.50 （元）$$

（二）股票投资的收益率

1. 股票收益的来源

股票收益由股利收益、股利再投资收益（无须单独考虑）、转让价差收益构成。

2. 股票的内部收益率

股票未来现金流量折现值等于目前的购买价格时的折现率，也就是股票投资项目的内含收益率。

（1）固定增长模式下股票的内部收益率。

$$R_s = D_1/P_0 + g$$

可以看出，股票投资内部收益率由两部分构成：D_1/P_0 为预期股利收益率，g 为股利增长率（又称资本利得收益率）。

提示：这个公式其实就是计算普通股和留存收益资本成本的公式。只不过对于筹资人而言，还需要考虑筹资费率，即分母上要多乘以（$1-f$）。

（2）零增长模式下股票的内部收益率：$R_s = D/P_0$。

（3）有限期持股下股票的内部收益率——逐次测试法。

该情况下，股票投资的收益由两部分构成：股利收益和资本利得（转让价差收益）。此时，股票内部收益率 R_s 是使**股票投资净现值（NPV）为零时的折现率**（与内含收益率的计算方法相同）。

提示：股票投资净现值＝股利收益现值＋资本利得现值，其中，资本利得现值＝股票卖价现值－股票买价现值。

▎典例研习·6-34 　计算分析题

投资者小吴在 2017 年 5 月购入斯瓜公司股票 1 000 股，每股购价 3.2 元；该公司 2018 年、2019 年、2020 年分别派发现金股利每股 0.25 元、0.32 元、0.45 元；小吴在 2020 年 5 月以每股 3.5 元的价格售出该股票。

要求：

计算该股票内部收益率。

斯尔解析

股票投资净现值（NPV）$= \dfrac{0.25}{(1+R)} + \dfrac{0.32}{(1+R)^2} + \dfrac{0.45}{(1+R)^3} + \dfrac{3.5}{(1+R)^3} - 3.2 = 0$

当 $R = 12\%$ 时，NPV$=0.0898$（元）。

当 $R = 14\%$ 时，NPV$=-0.0682$（元）。

用插值法计算：$R = 13.14\%$。

提示：上式中，$\dfrac{0.25}{(1+R)}+\dfrac{0.32}{(1+R)^2}+\dfrac{0.45}{(1+R)^3}$为股利收益现值，$\dfrac{3.5}{(1+R)^3}-3.2$为资本利得现值。

精准答疑

问题： 如何区分内含收益率、内部收益率、期望收益率、投资收益率、最低收益率、必要收益率和资本成本。

解答： 首先，通过第二章的学习，我们知道，资产的收益率分为三种类型：实际收益率、预期收益率和必要收益率。

其中，投资收益率，本质和资产的收益率一样，均是一个泛指的概念。

其次，内含收益率、内部收益率和期望收益率本质上是一个含义。

另外，必要收益率也称为最低收益率或最低要求的收益率。

最后，资本成本是公司为筹集资金而付出的代价，其取决于投资者要求的最低收益率，即必要收益率。

▶ 典例研习·6-35 （计算分析题）

乙公司拟用 2 000 万元进行证券投资，并准备长期持有。其中，1 200 万元购买 A 公司股票，800 万元购买 B 公司债券，有关资料如下：

（1）目前无风险收益率为 6%，市场平均收益率为 16%，A 公司股票的 β 系数为 1.2。

（2）A 公司当前每股市价为 12 元。预计未来每年的每股股利均为 2.7 元。

（3）B 公司债券的必要收益率为 7%。

要求：

（1）利用资本资产定价模型计算 A 公司股票的必要收益率。

（2）计算 A 公司股票的价值，并据以判断 A 公司股票是否值得购买。

（3）计算乙公司证券投资组合的必要收益率。

斯尔解析

（1）A 公司股票的必要收益率 =6%+1.2×（16%–6%）=18%。

（2）A 公司股票的价值 =2.7/18%=15（元）。

因为 A 公司股票的价值 15 元大于当前每股市价 12 元，所以 A 公司股票值得购买。

（3）乙公司证券投资组合的必要收益率 =18%×1 200/2 000+7%×800/2 000=13.6%。

第五节　基金投资与期权投资

一、基金投资（★★）

（一）基金投资

1.含义

基金投资是一种集合投资方式，投资者通过购买基金份额，将众多资金集中起来，由专业的投资者即基金管理人进行管理，通过投资组合的方式进行投资，实现利益共享、风险共担。

2.分类

基金投资按照投资对象的不同可以分为证券投资基金和另类投资基金。

（1）证券投资基金主要投资于证券交易所或银行间市场上公开交易的有价证券，如股票、债券等。

（2）另类投资基金包括私募股权基金、风险投资基金、对冲基金以及投资于实物资产如房地产、大宗商品、基础设施等的基金。

本节主要介绍基金投资中的证券投资基金。

（二）证券投资基金的概念

证券投资基金以股票、债券等金融证券为投资对象，基金投资者通过购买基金份额的方式间接进行证券投资，由基金管理人进行专业化投资决策，由基金托管人对资金进行托管，基金托管人往往为商业银行或其他金融机构。

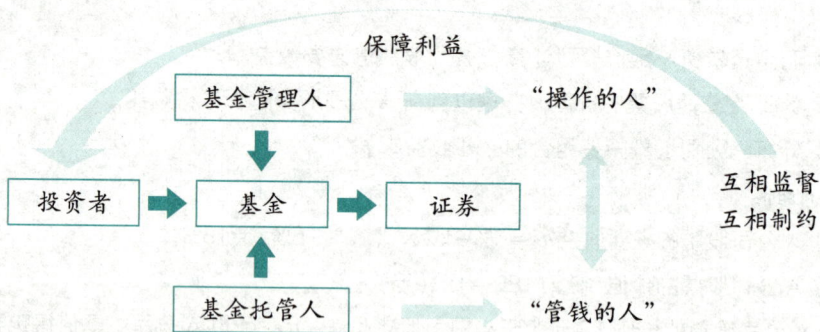

（三）证券投资基金的特点

（1）集合理财实现专业化管理——你专业，你来管。

（2）通过组合投资实现分散风险的目的——"一揽子"，降风险。

（3）投资者利益共享且风险共担——有福同享，有难同当。

提示：参与基金运作的基金管理人和基金托管人仅按照约定的比例收取管理费用和托管费用，无权参与基金收益的分配。

（4）权力隔离的运作机制——基金操作权力与资金管理权力相互隔离。

（5）严格的监管制度——法定监管机构与自律性组织相结合的监管模式。

①中国证监会是我国政府的基金监管机构，采取检查、调查取证、限制交易、行政处罚等措施对基金市场进行监管。

②基金业协会为行业自律性组织，负责制定行业标准、业务规范、从业人员教育、业内交流等工作。

③证券交易所是证券市场的自律管理者，负责对在交易所进行的基金投资行为进行监管，同时负责基金的信息披露工作。

典例研习·6-36 多项选择题

关于证券投资基金的特点，下列表述中，正确的有（　　　）。

A. 通过组合投资实现分散风险的目的
B. 投资者利益共享且风险共担
C. 基金托管人负责基金的投资工作
D. 集合理财实现专业化管理

斯尔解析 本题考查证券投资基金的特点。证券投资基金的特点包括：（1）集合理财实现专业化管理；（2）通过组合投资实现分散风险的目的；（3）投资者利益共享且风险共担；（4）权力隔离的运作机制；（5）严格的监管制度。综上，选项 ABD 当选。基金管理人负责专业化投资决策，基金托管人负责对资金进行托管，选项 C 不当选。

本题答案 ABD

（四）证券投资基金的分类

1. 依据法律形式的分类

（1）契约型基金：依据基金管理人、基金托管人之间签署的基金合同设立，合同规定了参与基金运作各方的权利与义务。基金投资者通过购买基金份额成为基金合同当事人，享受合同规定的权利，也需承担相应的义务。

（2）公司型基金：独立法人，依据基金公司章程设立，基金投资者是基金公司的股东，按持有股份比例承担有限责任，分享投资收益。

2. 依据运作方式的分类

（1）封闭式基金：持有人不得在基金约定的运作期内赎回基金，即基金份额在合同期限内固定不变。适合资金可进行长期投资的投资者。

（2）开放式基金：持有人可以在合同约定的时间和场所对基金进行申购或赎回，即基金份额不固定。适合强调流动资金管理的投资者。

3. 依据投资对象的分类

（1）股票基金：基金资产 80% 以上投资于股票的基金。

（2）债券基金：基金资产 80% 以上投资于债券的基金。

（3）货币市场基金：仅投资于货币市场工具的基金。

（4）混合基金：投资于股票、债券和货币市场工具，但股票投资和债券投资的比例不符合股票基金、债券基金规定的基金。

4. 依据投资目标的分类

（1）增长型基金：主要投资于具有较好增长潜力的股票，投资目标为获得资本增值，**较少考虑当期收入**。

（2）收入型基金：**更加关注能否取得稳定的经常性收入**，投资对象集中于风险较低的蓝筹股、公司及政府债券等。

（3）平衡型基金：集合了上述两种基金投资的目标，既关注是否能够获得资本增值，也关注收入问题。

提示：三者在风险与收益的关系上往往有如下表现。

增长型基金风险＞平衡型基金风险＞收入型基金风险

增长型基金收益＞平衡型基金收益＞收入型基金收益

5. 依据投资理念的分类

（1）主动型基金：由**基金经理主动操盘**寻找超越基准组合表现的投资组合进行投资。

（2）被动型基金：

①指数型基金：通过**复制指数的表现**，选取特定的指数成分股作为投资对象，不期望能够超越基准组合，只求能够与所复制的指数表现同步。

②指数增强型基金：在复制的基础上根据市场变化作适当调整，以期**获得超跟踪指数的收益**。

6. 依据募集方式的分类

（1）私募证券投资基金：采取**非公开方式**发售，面向特定的投资者，他们往往风险承受能力较高，**单个投资者涉及的资金量较大**。

（2）公募证券投资基金：**面向社会公众公开发售**，募集对象不确定，**投资金额较低，适合中小投资者**。由于公募基金涉及的投资者数量较多，因此受到**更加严格的监管**并要求更高的信息透明度。

（五）证券投资基金业绩评价

1. 业绩评价所需考虑的因素

因素	阐述
投资目标与范围	例如，被动型基金与货币基金之间并不具备可比性，因此在进行业绩比较时需考虑投资目标与范围的差异，从而为投资决策提供正确的依据
风险水平	在基金业绩评价时应当**以风险调整后的收益**为评价指标（如夏普比率、詹森α、特雷诺比率）
基金规模	（1）随着基金规模的增加，基金的平均固定成本会下降（例如，基金的研究费用、信息获取费用等）。 （2）非系统性风险也会随着基金规模的增大而降低。 （3）**基金规模并非越大越好**
时间区间	在比较不同的基金业绩时需要注意是否处在同样的业绩计算期，不同的业绩比较起止时间下基金业绩可能存在较大差异

2.基金业绩评估指标

（1）绝对收益——证券或投资组合的增值或贬值。

①持有期间收益率。

基金持有期间所获得的收益通常来源于所投资证券的资产回报和收入回报两部分。计算公式如下：

持有期间收益率 =（期末资产价格 – 期初资产价格 + 持有期间红利收入）/ 期初资产
价格 ×100%

②现金流和时间加权收益率。

$$R =（1+R_1）（1+R_2）（1+R_3）\cdots（1+R_n）-1$$

一方面，在基金投资过程中会不断地有投资者进行申购、赎回等操作，引发资金变动；另一方面，基金是众多证券的投资组合，证券发放红利或利息的时间存在差异。

举例：某股票基金 2019 年 5 月 1 日有大客户进行了申购，9 月 1 日进行了分红，上述两个时点即为现金流发生的时点，因此，以上述两个时点将 2019 年划分为三个阶段，假设三个阶段的收益率分别为 –6%、5%、4%，则该基金当年的现金流和时间加权收益率为 2.65%，即（1–6%）×（1+5%）×（1+4%）–1=2.65%。

③平均收益率。

基金的平均收益率根据计算方法不同可分为算术平均收益率和几何平均收益率。

算术平均收益率（R_A）的计算公式为：

$$R_A = \frac{\sum_{t=1}^{n} R_t}{n} \times 100\%$$

式中，R_t 表示 t 期收益率，n 表示期数。

几何平均收益率（R_G）的计算公式为：

$$R_G = \left[\sqrt[n]{\prod_{i=1}^{n}（1+R_i）} -1 \right] \times 100\%$$

式中，R_i 表示 i 期收益率，n 表示期数。

几何平均收益率相比算术平均收益率考虑了货币时间价值。一般来说，**收益率波动越明显，算术平均收益率相比几何平均收益率越大。**

▶▶ 典例研习 · 6-37 计算分析题

大斯瓜公司和小斯瓜公司共同设立了一支教育基金，该基金近三年的收益率分别为 6%、8%、10%。

要求：

分别计算其三年的算术平均收益率与几何平均收益率。

⑤ 斯尔解析

算术平均收益率 $R_A =（6\%+8\%+10\%）\div 3=8\%$

几何平均收益率 $R_G = \left[\sqrt[3]{（1+6\%）\times（1+8\%）\times（1+10\%）} -1 \right] \times 100\% = 7.99\%$

（2）相对收益——相对于一定业绩比较基准的收益。

举例：某基金以沪深 300 作为业绩比较基准，当沪深 300 指数收益率为 8%，该基金收益率为 6% 时，从绝对收益看确实盈利了，但其相对收益为 −2%。

二、私募股权投资基金（★★）

（一）私募股权投资基金的特点

（1）具有较长的投资周期。

私募股权投资基金的投资对象为未上市企业的股权或非公开交易的股权，尤其对于未上市企业的投资，往往需要数年时间才能实现退出并获利，存在较长的封闭期。

（2）较大的投资收益波动性。

较差的流动性与超长的投资周期，使得私募股权投资基金具有高风险、高期望收益的特征，不同投资项目收益率差异较大。

（3）对投资决策与管理的专业要求较高，投资后需进行非财务资源注入。

从事私募股权投资基金运作的人员往往具有多领域的经验与知识储备，团队体现出较高的智力密集型特征。私募股权投资基金在投资后会向被投资方提供商业资源与管理支持，并进行有效监督，帮助被投资企业快速发展，为自己寻找退出获利的机会。

（二）私募股权投资基金的退出

私募股权投资基金主要通过退出项目实现收益，选择恰当的时机，将被投资企业股权变现，其退出方式主要有三种。

1. 股份上市转让或挂牌转让

（1）首次公开发行上市（IPO）。

（2）全国中小企业股份转让系统（也称"新三板"）。

2. 股权转让

股权转让也是私募股权投资基金的重要退出途径之一，主要是指在企业未上市时，作为企业股东的私募股权投资基金依法将自己的股份让渡给他人，从而退出企业。

3. 清算退出

清算退出主要针对项目投资失败的情况，被投资方结束经营，私募股权投资基金作为股东，通过被投资方清算实现退出。主要有两种情形：

（1）破产清算，即公司被依法宣告破产，由法院依照相关规定组织清算组进行清算。

（2）解散清算，即股东主动启动清算程序解散公司。

（三）私募股权基金和风险投资基金

从投资阶段看，私募股权基金主要投资拟上市公司，被投资方业务已进入发展阶段，而风险投资基金则更关注初创型企业，公司经营可能刚刚起步，投资标的以高新技术企业或项目为主。但从目前风险投资基金机构的投资取向看，也不排除中后期的投资活动。

典例研习·6-38　（单项选择题）

相对于公募证券投资基金，关于私募证券投资基金的表述中，错误的是（　　）。

A. 面向特定投资者出售　　　　　　　B. 采用非公开形式发售

C. 涉及投资者数量相对较小　　　　　D. 受到的监管更严格

斯尔解析　本题考查证券投资基金的分类。私募证券投资基金：采取非公开方式发售，面向特定的投资者，他们往往风险承受能力较高，单个投资者涉及的资金量较大，选项 ABC 不当选。公募证券投资基金：面向社会公众公开发售，募集对象不确定，投资金额较低，适合中小投资者。由于公募基金涉及的投资者数量较多，因此受到更加严格的监管并要求更高的信息透明度，选项 D 当选。

本题答案　D

三、期权投资（★★★）

（一）期权合约的概念

期权合约，又称选择权合约，是指合约持有人可以选择在某一特定时期或该日期之前的任何时间以约定价格买入或者卖出标的资产的合约，即期权合约购买方既可以选择行权也可以选择不行权。

期权合约的构成要素为：

要素名称	含义
标的资产	标的资产是期权合约中约定交易的资产，包括商品、金融资产等
期权买方	买方通过支付费用获取期权合约规定的权利，也称为期权的多头
期权卖方	卖出期权的一方通过获得买方支付的合约购买费用，承担在规定时间内履行期权合约义务的责任，也称为期权的空头
执行价格	依据合约规定，期权买方在行权时所实际执行的价格
期权费用	期权买方为获取期权合约所赋予的权利而向卖方支付的费用
通知日与到期日	通知日为预先确定的交货日之前的某一天，以便做好准备。到期日为期权合约必须履行的时间点

（二）期权合约的分类

划分标准	类型	特征
按执行时间不同	欧式期权	期权买方仅能在到期日执行
	美式期权	期权买方可以在到期日或到期日之前的任何时间执行
按授予权利不同	看涨期权	期权赋予了期权买方在到期日或到期日之前，以固定价格购买标的资产的权利，也称为买入期权

续表

划分标准	类型	特征
按授予 权利不同	看跌期权	期权赋予了期权买方在到期日或到期日之前，以固定价格卖出标的资产的权利，也称为卖出期权

（三）期权到期日价值与净损益的计算

指标	解读
期权 到期日价值	到期日执行期权可以取得的净收入，它依赖于标的资产的到期日价格和执行价格（不考虑初始期权费）
期权净损益	由到期日执行净收入和初始期权费共同决定

1.买入或卖出看涨期权合约

看涨期权卖方与买方为零和博弈，买方获取的收益即为卖方的损失。

典例研习·6-39 计算分析题

某欧式看涨期权以 ABC 公司股票为标的，执行价格为 100 元，期权价格为 5 元。

要求：

当标的股票到期日股价分别为 95 元、103 元、200 元时，分别计算买入或卖出该看涨期权的到期日价值与净损益。

⑤斯尔解析

单位：元

执行价格	到期日股价	是否符合买方预期	是否行权	到期日价值		净损益	
				权利买方（大－小）	权利卖方	权利买方	权利卖方
100	95	否	否	0	0	0−5=−5	5
	103	是	是	103−100=3	−3	3−5=−2	2
	200	是	是	200−100=100	−100	100−5=95	−95

综上分析可知，买入看涨期权方的净损失最大为期权费用，净收益则没有上限；卖出看涨期权方的净损失没有下限，净收益最大为期权费用。

2.买入或卖出看跌期权合约

看跌期权卖方与买方为零和博弈，买方获取的收益即为卖方的损失。

典例研习·6-40 计算分析题

某欧式看跌期权以 ABC 公司股票为标的，执行价格为 100 元，期权价格为 5 元。

要求：

当标的股票到期日股价分别为 105 元、97 元、20 元时，分别计算买入或卖出该看跌期权的到期日价值与净损益。

斯尔解析

单位：元

执行价格	到期日股价	是否符合买方预期	是否行权	到期日价值		净损益	
				权利买方（大－小）	权利卖方	权利买方	权利卖方
100	105	否	否	0	0	0－5＝－5	5
	97	是	是	100－97＝3	－3	3－5＝－2	2
	20	是	是	100－20＝80	－80	80－5＝75	－75

综上分析可知，买入看跌期权方的净损失最大为期权费用，当标的资产的市价变为 0 时，净收益最大，等于执行价格 － 期权费用；卖出看跌期权方的净收益最大为期权费用，当标的资产的市价变为 0 时，净损失最大，等于执行价格 － 期权费用。

典例研习·6-41 判断题

对于期权合约的买方而言，无论是购买看涨期权还是看跌期权，其净损失都是有限的，净收益都是潜力巨大的。　　　　　　　　　　　　　　　　　　　　　　（　　）

斯尔解析 本题考查期权合约的净损益。对于期权合约的买方，若购买的是看涨期权，净损失是有限的，净收益是巨大的。但若购买的是看跌期权，其净损失和净收益都是有限的。这是因为看跌期权对应标的资产的最低价值只能是 0，因此按到期日价值口径，其最大收益只可能是"行权价 －0"，不会是无穷大。本题所述错误。

▲本题答案 ✕

解题高手👍

命题角度：期权合约中交易双方的到期日价值和净损益计算。

客观题和主观题考点。掌握以下几点原则，就可以轻松应对：

第一，由于期权买方和卖方为零和博弈，因此可以先计算期权买方的到期日价值和净损益，再确定期权卖方的到期日价值和净损益。

第二，期权买方是否行权，主要取决于标的资产的价格变动是否符合预期。若合约买方购买的是"看涨期权"，则他希望标的资产价格能够上涨，从而行权。若合约买方购买的是"看跌期权"，则他希望标的资产价格能够下跌，从而行权。

第三，若买方行权，会产生收益（到期日价值，下同），收益的计算规则是"大数 – 小数"，无须纠结到底是市价还是执行价格。若买方不行权，直接确认收益为 0。

第四，期权买方到期日价值 – 期权费用 = 期权买方净损益。

典例研习·6-42 单项选择题

某投资者出售一份看跌期权，期权费为 5 元，售出 1 股执行价格为 100 元、一年后到期的 A 公司股票的看跌期权。如果一年后该股票的市场价格为 70 元，则出售该看跌期权的净损益为（   ）元。

A. 25

B. 30

C.−25

D.−30

斯尔解析 本题考查期权投资。由于一年后该股票的价格低于执行价格，因此看跌期权的购买者将会行权，买入看跌期权到期日价值 =100−70=30（元），买入看跌期权的净损益 =30−5=25（元），则出售该看跌期权的净损益 =−25（元），选项 C 当选。

本题答案 C

背记重点 ➡ 扫码全知道

至此，财务管理的学习已经进行了 57%，继续加油呀！

57%

第七章
营运资金管理

考点精讲 ❖

第一节　营运资金管理概述

一、营运资金的概念及特点（★）

（一）概念

营运资金是指流动资产减去流动负债后的余额，是企业用于维持日常经营活动所需的资金，即企业在生产经营中可用流动资产的净额。其中，流动资产具有占用时间短、周转快、易变现等特点，流动负债具有成本低、偿还期短等特点。

提示：流动负债的分类。

（1）以应付金额是否确定为标准：应付金额确定的流动负债（如短期借款、应付账款）、应付金额不确定的流动负债（如应交税费、预计负债）。

（2）以流动负债的形成情况为标准：

①自然性/自发性流动负债：不需要正式安排，由于结算程序或有关法律法规的规定等原因而自然形成的流动负债，如应付账款。

②人为性流动负债：由财务人员根据企业对短期资金的需求情况，通过人为安排所形成的流动负债，如短期借款。

（3）以是否支付利息为标准：有息流动负债（如短期借款）、无息流动负债（如应付账款）。

（二）营运资金的特点

（1）来源具有多样性。

（2）数量具有波动性。

（3）周转具有短期性。

（4）实物形态具有变动性和易变现性。

二、营运资金的管理原则

（1）满足正常资金需求。

（2）提高资金使用效率。

（3）节约资金使用成本。

（4）维持短期偿债能力。

三、营运资金管理策略（★★）

（一）流动资产投资策略（企业需要拥有多少流动资产）

1. 流动资产投资策略的类型

项目		紧缩策略	宽松策略
基本特征	流动资产 / 销售收入	低	高
其他特征	持有成本	低	高
	短缺成本	高	低
	风险与收益	高	低

提示：

（1）紧缩的流动资产投资策略下，对企业的管理水平要求较高，如存货控制的适时管理系统（JIT）。

（2）宽松的流动资产投资策略下，企业资产的流动性更强。所谓流动性是指资产的变现能力。相较于长期资产而言，流动资产能够更快地变现。例如，应收账款可以通过保理收回现金，存货可以通过售卖收回现金。而固定资产、无形资产等长期资产需要通过持续的生产经营才能逐步变现。

2. 影响流动资产投资策略的因素

影响因素	具体情形	流动资产投资水平
经营的不确定性	销售额稳定且可预测	较低
	销售额不稳定但可以预测（如季节性变化）	合理
	销售额不稳定且难以预测	较高
风险忍受程度	忍受程度低（保守）	较高
	忍受程度高（激进）	较低
影响企业政策的决策者	生产经理	较高（满足生产需要）
	销售经理	较高（满足销售需要）
	财务管理人员	较低（节约流动资产融资成本）

典例研习·7-1 多项选择题

下列各项中，不属于宽松的流动资产投资策略特点的有（　　）。

A. 风险较低　　　　　　　　　　　B. 流动性低

C. 较少的流动资产　　　　　　　　D. 收益较低

⑤斯尔解析 本题考查流动资产的投资策略。宽松的流动资产投资策略，企业通常会维持高水平的流动资产与销售收入比率，此时企业的财务与经营风险较小、流动性较强，选项 A 不当选、选项 BC 当选。但是，过多的流动资产投资，无疑会承担较大的流动资产持有成本，提高企业的资金成本，降低企业的收益水平，选项 D 不当选。

▲本题答案 BC

（二）流动资产融资策略（如何为需要的流动资产融资）

假设现在某企业对流动资产有需求（如需要一笔钱来购买年货），这笔钱该从哪来呢？是找银行借一笔短期借款还是动用已有的长期借款呢？这就是流动资产融资策略所要讨论的问题，即流动资产所需的资金中，长短期供给的比例。

在学习具体策略之前，需要将资产负债表进行一次新的拆解。一般而言，资产负债表左边代表资金需求，右边代表资金供给。

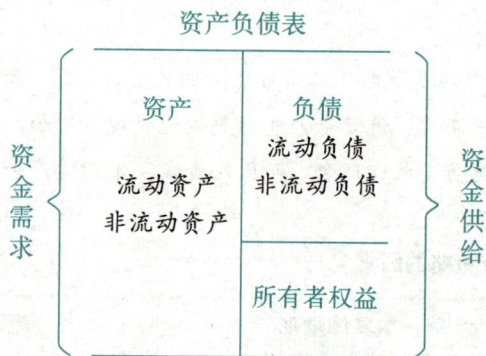

资产负债表

资金需求 —— 资产（流动资产、非流动资产） | 负债（流动负债、非流动负债）、所有者权益 —— 资金供给

（1）流动资产的重新拆解。

在企业经营状况不发生大的变化的情况下，流动资产最基本的需求具有一定的刚性和相对稳定性，我们可以将其界定为流动资产的永久性水平。而当销售发生季节性变化时，流动资产将会在永久性水平的基础上增加。因此，流动资产可以被分解为两部分：

①**永久性流动资产**：满足企业长期最低需求的流动资产，占有量通常相对稳定。

②**临时性（或波动性）流动资产**：季节性或临时性原因形成的流动资产，占有量随当时需求而波动（如季节性存货、销售和经营旺季的应收账款等）。

结论：一般来说，**永久性流动资产属于长期需求，需通过长期供给解决；临时性流动资产属于短期需求，需通过短期供给解决**。

（2）流动负债的重新拆解。

与流动资产相对应，流动负债也可以分为两部分：

①**自发性流动负债**：直接产生于企业的持续经营过程中的流动负债，如商业信用筹资和日常运营中产生的其他应付款，以及应付职工薪酬等。

提示：所谓"自发性"是指旧的自发性流动负债消失之后，随着经营活动的进行，又会产生新的自发性流动负债。

②**临时性（或筹资性）流动负债**：满足临时性流动资金需要的流动负债（如商业零售企业春节前为满足节日销售需要，超量购入货物而举借的短期银行借款）。

结论：一般来说，**自发性流动负债属于长期供给，可满足长期需求；临时性流动负债属于短期供给，可满足短期需求。**

（3）资产负债表的重新拆解。

如下图所示：

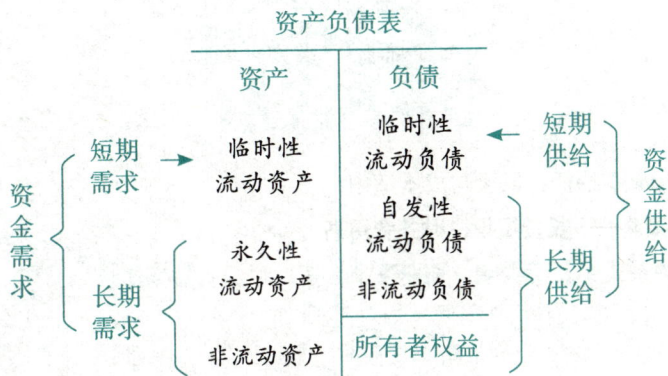

上述要素之间的期限对应关系为（注意，并非匹配关系）：

短期需求 = 临时性流动资产

长期需求 = 永久性流动资产 + 非流动资产

短期供给 = 临时性流动负债

长期供给 = 自发性流动负债 + 非流动负债 + 所有者权益

精准答疑

问题： 临时性流动资产、临时性流动负债等项目分别对应了哪些报表项目？

解答： 以上这些概念并不与财务报表项目具有严格的对应关系，这是站在管理视角下的分类，与财务会计无关。根据上文中对于临时性流动资产和临时性流动负债的定义，这两者其实是相较于销售淡季（或低谷期）的流动资产和流动负债水平而言的，企业在销售旺季所额外需要的流动资产和流动负债，即多出来的部分。以存货为例，维持企业正常经营仅需要 100 万元存货，但当旺季来临时，可能需要 150 万元存货，而多出来的这 50 万元就是临时性流动资产。因此，在财务会计视角下，无论淡季还是旺季，存货永远是存货，但是在管理视角下，却依据淡旺季赋予了新的内涵。

1. 匹配融资策略

（1）基本关系式：长期供给 = 长期需求，短期供给 = 短期需求。

匹配融资策略

需求	供给
短期需求	短期供给
长期需求	长期供给

（2）风险与成本特征：风险与成本适中。

2.保守融资策略——长贷短投，财务费用高

（1）基本关系式：长期供给＞长期需求，短期供给＜短期需求。

保守融资策略

需求	供给
短期需求	短期供给
长期需求	长期供给

> 借了3年期的钱，却只用来满足3个月的需求；3个月后，使用完毕还要一直付息

（2）风险与成本特征：

①风险低：长期负债以固定利率为基础（大部分波动小），短期融资方式以浮动或可变利率为基础（小部分波动大），整体利率风险降低（整体波动小）。

②成本高：长期负债成本高于短期负债成本。

3.激进融资策略——短贷长投，资金流会断

（1）基本关系式：长期供给＜长期需求，短期供给＞短期需求。

激进融资策略

需求	供给
短期需求	短期供给
长期需求	长期供给

> 只借了3个月到期的钱，却要用来满足3年的需求；用过3个月后，还要一直借钱

（2）风险与成本特征：

①**风险高**：流动性风险高，流动比率低。

②**成本低**：短期负债成本低于长期负债成本。

解题高手

命题角度：融资策略类型的判断。

客观题和主观题考点，难度适中。

首先，需要结合题目条件判断不同的资产或负债所对应的类型。通常应付账款、应付职工薪酬、应付利息、应交税费以及日常运行中产生的其他应付款属于自发性流动负债，短期借款属于临时性流动负债。

其次，求和后比较大小。原则上，既可以比较短期需求和短期供给的大小，也可以比较长期需求和长期供给的大小，但后者理解难度相对较低。因此，可以按照下列步骤解题：

第一步：分别求出长期需求和长期供给的和。

（1）长期需求 = 永久性流动资产 + 非流动资产。

（2）长期供给 = 自发性流动负债 + 长期负债 + 所有者权益。

第二步：比较长期供给与长期需求的大小。

（1）长期供给多，则为保守。

（2）长期供给少，则为激进。

例如：某公司资产总额为 9 000 万元，其中永久性流动资产为 2 400 万元，波动性流动资产为 1 600 万元。该公司长期资金来源金额为 8 100 万元，不考虑其他情形，判断该公司的融资策略。

第一步：分别求出长期需求和长期供给的和。

长期需求 = 永久性流动资产 + 非流动资产

=2 400+（9 000−2 400−1 600）=7 400（万元）

长期供给 =8 100（万元）

第二步：比较长期供给与长期需求的大小。

由第一步可知，长期供给多，则为保守型融资策略。

典例研习·7-2 单项选择题

下列选项中，能够表明是保守型融资策略的是（   ）。

A. 长期资金来源＞永久性流动资产 + 非流动资产

B. 长期资金来源＜永久性流动资产 + 非流动资产

C. 短期资金来源＞波动性流动资产

D. 长期资金来源 = 永久性流动资产 + 非流动资产

⑤斯尔解析 本题考查流动资产融资策略。在保守型融资策略中，长期融资支持非流动资产、永久性流动资产和部分波动性流动资产，短期融资仅用于融通剩余的波动性流动资产。"长期资金来源"为长期供给，"永久性流动资产＋非流动资产"为长期需求，对于保守型融资策略而言，应当是长期供给大于长期需求，选项A当选。

▲本题答案 A

典例研习·7-3 单项选择题

某企业以长期融资方式满足固定资产、永久性流动资产和部分波动性流动资产的需要，短期融资仅满足剩余的波动性流动资产的需要，该企业所采用的流动资产融资策略是（　　）。

A. 激进融资策略　　B. 保守融资策略　　C. 宽松融资策略　　D. 匹配融资策略

⑤斯尔解析 本题考查流动资产融资策略。在保守融资策略中，长期融资支持固定资产、永久性流动资产和部分波动性流动资产。公司通常试图以长期融资来源为波动性流动资产的平均水平融资，选项B当选。或者，长期融资方式相当于长期供给，固定资产和永久性流动资产之和相当于长期需求。本题中，长期供给除了能满足长期需求外，还能额外满足部分波动性流动资产的需求，即长期供给大于长期需求，所以为保守融资策略。

▲本题答案 B

第二节　现金管理

现金是变现能力最强的资产，代表着企业直接的支付能力和应变能力，可以用来满足生产经营的各种需要，也是还本付息和履行纳税义务的保证。

一、持有现金的动机（★★）

类型	说明
交易性需求	需要持有一定量的现金以维持日常周转及正常商业活动
预防性需求	需要持有一定量的现金以应付突发事件，现金数额的影响因素包括： （1）企业愿冒现金短缺风险的程度。 （2）企业预测现金收支可靠的程度。 （3）企业临时融资的能力
投机性需求	需要持有一定量的现金以抓住突然出现的获利机会

提示：企业的现金持有量一般小于三种需求下的现金持有量之和，因为为某一需求持有的现金可以用于满足其他需求。

典例研习 · 7-4 判断题

企业为应对未来可能出现的大客户违约导致经营紧张而持有一定的现金，该现金的持有目的在于满足投机性需求。   （   ）

斯尔解析 本题考查持有现金的动机。企业为应对未来可能出现的大客户违约导致突发性偿付等情况而持有一定量的现金，目的在于满足预防性需求。本题所述错误。

本题答案 ×

二、目标现金余额（最佳现金持有量）的确定（★★★）

（一）持有现金的成本类型

类型	含义	与现金持有量的关系
机会成本[①]	企业因持有一定现金余额丧失的再投资收益（如失去的投资有价证券的收益）	同向变化
管理成本	因持有一定数量的现金而发生的管理费用（如管理人员的工资、安全措施费等）	固定成本
短缺成本	现金持有量不足，又无法及时通过有价证券变现加以补充所给企业造成的损失	反向变化
交易／转换成本	现金同有价证券之间相互转换的成本（如手续费、证券过户费等）	与转换次数（变现次数）有关，进行交易的次数越多，转换成本越大[②]

注：

①企业为了经营业务的需要，拥有一定的现金，付出相应的机会成本代价是必要的，但若现金持有量过多，机会成本代价大幅度上升，就不划算。

②假定每次交易成本是固定的，则交易成本总额＝证券变现次数 × 每次的交易成本。

（二）成本分析模型

1. 模型假设

成本模型下，只考虑与"持有"最直接相关的成本，不打算与有价证券进行交易或转换，故不考虑交易成本。

2. 基本原理

最佳现金持有量下的现金持有总成本 =min（管理成本 + 机会成本 + 短缺成本）

其中：

（1）管理成本属于固定成本，机会成本属于正相关成本，短缺成本属于负相关成本。

（2）机会成本 = 现金平均持有量 × 资本成本（或机会成本率）。

提示：现金持有量是一个始终在波动的数值，因此在计算机会成本时，应取平均值进行计算。

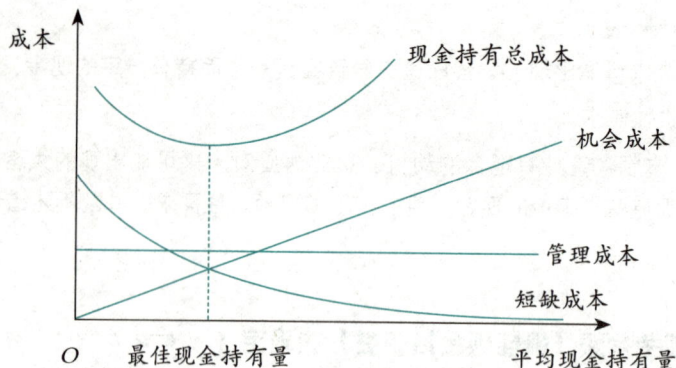

典例研习·7-5 多项选择题

使用成本分析模型确定目标现金余额时，下列表述正确的有（   ）。

A. 一般将管理成本视为固定成本

B. 交易成本与现金持有量负相关

C. 机会成本与现金持有量负相关

D. 短缺成本与现金持有量负相关

S尔解析 本题考查成本分析模型。在成本分析模型下，管理成本属于固定成本，机会成本属于正相关成本，短缺成本属于负相关成本。选项 AD 当选、选项 C 不当选。交易成本或者转换成本属于存货模型与随机模型下的相关成本，并不属于成本分析模型下的相关成本，选项 B 不当选。

本题答案 AD

（三）存货模型

1. 模型假设

（1）不允许出现短缺，即无短缺成本。

当企业有现金需要时，通过出售有价证券换回现金，既能满足现金需要，又能避免短缺成本。而有价证券转换回现金所付出的代价（如支付手续费）则属于交易成本。

（2）管理成本保持不变，属于无关成本，不予考虑。

2. 基本原理

在存货模式中，只对交易成本和机会成本予以考虑。机会成本和交易成本随着现金持有量的变动而呈现出相反的变动趋势，因此，交易成本和机会成本之和最小（此时，机会成本＝交易成本）的现金持有量，即为最佳现金持有量。

最佳现金持有量下的现金持有总成本＝min（机会成本＋交易成本）

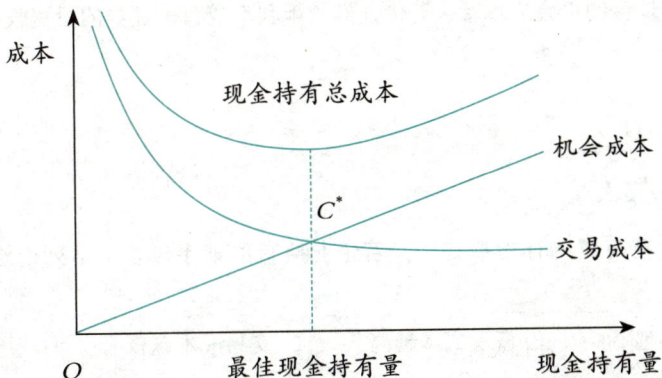

3. 计算公式

假设现金持有量为 C；一定期间内的现金需求量，用 T 表示；每次转换有价证券的交易成本，用 F 表示；持有现金的机会成本率，用 K 表示。则：

机会成本 = 平均现金持有量 × 机会成本率 = $(C/2) \times K$

交易成本 = 证券变现次数 × 每次交易成本 = $(T/C) \times F$

当交易成本 = 机会成本时，现金持有量为最佳持有量，则有：

最佳现金持有量 $C^* = \sqrt{2 \times T \times F / K}$

将上式代入总成本计算公式，得：

最小相关总成本 $TC^* = \sqrt{2 \times T \times F \times K}$

典例研习 · 7-6 （计算分析题）

斯瓜公司每年现金需求总量为 5 000 000 元，每次现金转换的成本为 80 元，持有现金的机会成本率约为 8%。

要求：

计算该企业的最佳现金持有量。

🔍 **斯尔解析**

根据公式，$C^* = \sqrt{(2 \times 5\,000\,000 \times 80)/8\%} = 100\,000$（元）。

该企业最佳现金持有量为 100 000 元，持有超过 100 000 元则会降低现金的投资收益率，低于 100 000 元则会加大企业正常现金支付的风险。

典例研习 · 7-7 （单项选择题）

甲公司预计每年的现金需求量为 5 000 000 元，每次转换有价证券的交易成本为 80 元，有价证券的年利率为 8%。根据存货模式，现金转换为有价证券的最佳交易次数为（　　）次。

A. 50　　　　　　B. 45　　　　　　C. 48.6　　　　　　D. 72.5

🔍 **斯尔解析**

本题考查最佳现金持有量的存货模式。

最佳现金持有量 $C^* = \sqrt{2 \times T \times F/K} = \sqrt{(2 \times 5\,000\,000 \times 80)/8\%} = 100\,000$（元），最佳交易次数 = 现金需求量 / 最佳现金持有量 = 5 000 000/100 000 = 50（次），选项 A 当选。

提示：持有现金的机会成本率、有价证券的年利率或有价证券的投资收益率，本质上都是相同的含义。

✦本题答案　A

典例研习·7-8　多项选择题

在最佳现金持有量的存货模式下，若企业持有的现金越多，下列说法中，正确的有（　　）。

A. 机会成本越高　　　B. 管理成本越高　　　C. 交易成本越低　　　D. 短缺成本越低

🄢斯尔解析　本题考查最佳现金持有量的存货模式。存货模式下，只需要考虑机会成本和交易成本，且机会成本和交易成本随着现金持有量的变动而呈现出相反的变动趋势，持有现金越多，机会成本越高，交易成本越低，因此选项 AC 当选、选项 BD 不当选。

✦本题答案　AC

（四）随机模型

1. 基本原理

企业可以根据历史经验和现实需要，测算出一个现金持有量的控制范围，制定出现金持有量的上限和下限，将现金量控制在上下限之间。当现金余额达到或突破控制区域的上下限时，通过有价证券交易使现金余额返回至现金回归线 *R*。

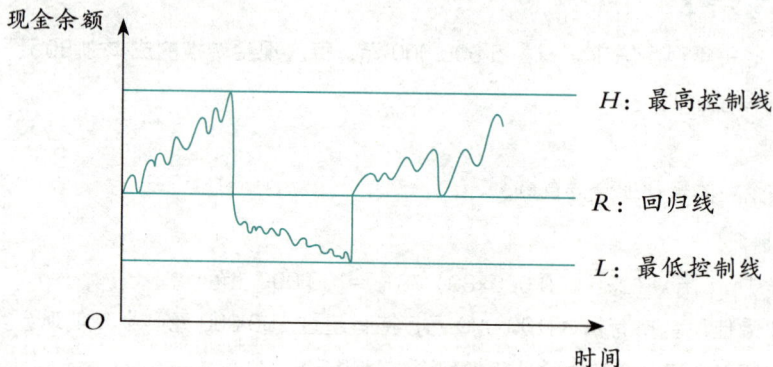

2. 计算公式

（1）最低控制线 *L* 的确定：

最低控制线 *L* 取决于模型之外的因素，其数额是由现金管理部经理在综合考虑短缺现金的风险程度、企业借款能力、企业日常周转所需资金、银行要求的补偿性余额等因素的基础上确定的。

（2）回归线 *R* 的确定：

$$R = \sqrt[3]{\frac{3b \times \delta^2}{4i}} + L$$

式中：*b*——表示证券转换为现金或现金转换为证券的成本；*δ*——表示企业每日现金流量变动的标准差；*i*——表示以日为基础计算的现金机会成本。

（3）最高控制线 H 的确定：

最高控制线 H 与回归线 R 之间的距离，是回归线 R 与最低控制线 L 之间距离的两倍，即 $H-R=2(R-L)$，化简得 $H=3R-2L$。

3. 特点

（1）符合随机思想（现金支出随机、收入无法预知），适用于所有企业现金最佳持有量的测算。

（2）建立在企业的现金未来需求总量和收支不可预测的前提下，计算出来的现金持有量比较保守（偏大）。

典例研习·7-9 单项选择题

某公司基于随机模型进行现金管理，目标现金余额为 42 万元，现金余额下限为 27 万元。公司当前的现金持有量为 60 万元，此时公司应采取的策略为（　　）。

A. 无须调整现金持有量　　　　　　B. 买入有价证券 21 万元

C. 卖出有价证券 12 万元　　　　　　D. 卖出有价证券 18 万元

⑤ **斯尔解析** 本题考查目标现金余额确定的随机模型。回归线 $R=$ 目标现金余额 $=42$（万元），最低控制线 $L=27$（万元），最高控制线 $H=3R-2L=3\times42-2\times27=72$（万元），目前持有现金介于最低控制线和最高控制线之间，公司不需要采取任何措施，选项 A 当选。

🪤 **陷阱提示** 当现金余额达到或突破控制区域的上下限时，应通过有价证券交易使现金余额返回至现金回归线 R，而非返回上限或下限。

▲ **本题答案** A

解题高手 👍

命题角度：不同现金持有量模型的相关成本。

客观题考点，初学者对不同现金持有量模型中的相关成本感到混乱，因此通过下表进行总结：

成本类型	成本模型	存货模型	随机模型
机会成本	√	√	√
管理成本	√	—	—
短缺成本	√	—	—
交易／转换成本	—	√	√

典例研习·7-10 单项选择题

在确定最佳现金持有量时，成本模型、存货模型和随机模型均需要考虑的因素是（　　）。

A. 机会成本　　　　B. 交易成本　　　　C. 管理成本　　　　D. 短缺成本

斯尔解析 本题考查最佳现金持有量的确定。成本模型中需要考虑的成本包括机会成本、管理成本和短缺成本。存货模型和随机模型中需要考虑的成本包括机会成本和交易成本（或转换成本），因此三个模型均需要考虑的因素是机会成本，选项 A 当选。

本题答案 A

三、现金管理模式（★）

（一）"收支两条线"的管理模式

企业应当设立两个账户（收入户和支出户），并规定所有收入的现金必须进入收入户，所有的货币性支出都必须从支出户里支付，**支出户里的资金只能根据一定的程序由收入户划拨而来，严禁现金坐支**（自己收、自己支）。

（二）集团企业资金集中管理模式

模式	特征
统收统支模式	（1）企业的一切现金收入和支出都集中在集团总部的财务部门，各分支机构或子企业不单独设立账号。 （2）优点：有利于企业集团实现全面收支平衡，提高资金的周转效率，减少资金沉淀，监控现金收支，降低资金成本。 （3）缺点：不利于调动成员企业开源节流的积极性，影响成员企业经营的灵活性，以致降低整个集团经营活动和财务活动的效率
拨付备用金模式	（1）集团按照一定的期限统拨给所有所属分支机构或子企业备其使用的一定数额的现金，各分支机构或子企业发生现金支出后，持有关凭证到集团财务部门报销以补足备用金。 （2）相比统收统支模式具有一定灵活性
结算中心模式	结算中心（通常设于财务部门）通过为成员企业办理现金收付和往来结算业务，降低了企业成本，提高了资金使用效率
内部银行模式	（1）内部银行是将社会银行的基本职能与管理方式引入企业内部管理机制而建立起来的一种内部资金管理机构，将企业管理、金融信贷和财务管理三者融为一体。 （2）内部银行三大职能：结算、融资信贷、监督控制
财务公司模式	（1）财务公司是经营部分银行业务的非银行金融机构，**需要经过中国人民银行审核批准才能设立**。 （2）财务公司负责开展集团内部资金集中结算，同时为集团成员企业提供包括存贷款、租赁、担保、信用鉴证、债券承销、财务顾问等在内的全方位金融服务

典例研习 · 7-11 判断题

企业内部银行是一种经营部分银行业务的非银行金融机构，需要经过中国人民银行审核批准才能设立。   （   ）

🔍 斯尔解析 本题考查现金管理模式。企业财务公司是一种经营部分银行业务的非银行金融机构。内部银行是内部资金管理机构，不需要经过中国人民银行审核批准。本题所述错误。

⚓ 本题答案 ×

四、现金收支日常管理（★★）

（一）现金周转期

1. 各类周转期的含义

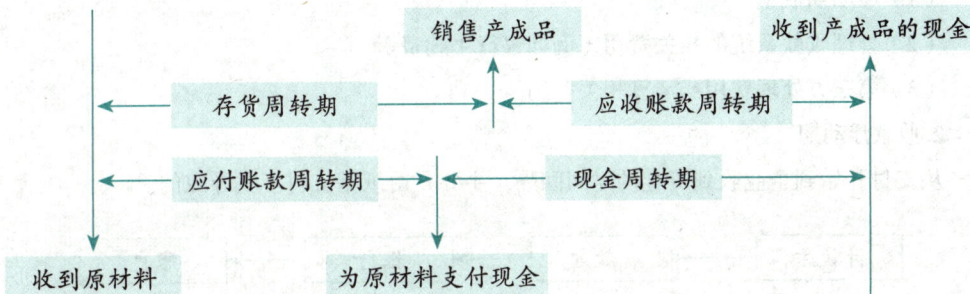

2. 公式

经营周期 = 存货周转期 + 应收账款周转期

现金周转期 = 经营周期 − 应付账款周转期

= 存货周转期 + 应收账款周转期 − 应付账款周转期

其中：

存货周转期 = 存货平均余额 / 每天的销货成本

应收账款周转期 = 应收账款平均余额 / 每天的销货收入

应付账款周转期 = 应付账款平均余额 / 每天的购货成本

提示：周转期也可被称作周转天数，本质上均反映了资产周转的速度，即周转一次需要经历多少天。天数越少，说明周转速度越快。

3. 减少现金周转期的途径

（1）加快制造与销售产成品——减少存货周转期。

（2）加速应收账款的回收——减少应收账款周转期。

（3）减缓支付应付账款——延长应付账款周转期。

典例研习 · 7-12 多项选择题

下列管理措施中，可以缩短现金周转期的有（   ）。

A. 提前偿还短期融资券   B. 利用商业信用延期付款

C. 加大应收账款催收力度   D. 加快制造和销售产品

📝斯尔解析 本题考查减少现金周转期的途径。提前偿还短期融资券与各类周转期均无关，因此不影响现金周转期，选项 A 不当选。利用商业信用延期付款，意味着企业又可以拖后支付了，即延长应付账款周转期，减少现金周转期，选项 B 当选。加大应收账款催收力度会缩短应收账款周转期，从而缩短现金周转期，选项 C 当选。加快制造和销售产品可以缩短存货周转期，从而缩短现金周转期，选项 D 当选。

▲本题答案 BCD

（二）收款管理——"早收"

高效率的收款系统能够使收款成本和收款浮动期达到最小，同时能够保证与客户汇款及其他现金流入来源相关的信息质量。

1. 收款成本

（1）浮动期成本。

（2）管理收款系统的相关费用（例如银行手续费）。

（3）第三方处理费用或清算相关费用。

2. 收款浮动期

从支付开始到企业收到资金的时间间隔，主要是由纸基支付工具导致的。

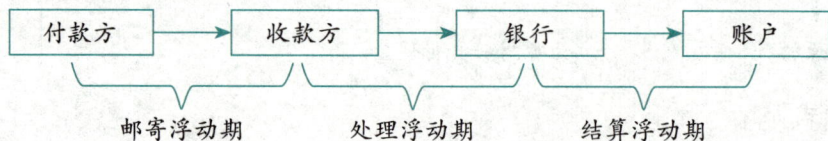

付款方	→	收款方	→	银行	→	账户
	邮寄浮动期		处理浮动期		结算浮动期	

（1）邮寄浮动期：从付款人寄出支票到收款人或其处理系统收到支票的时间间隔。

（2）处理浮动期：支票的接受方处理支票和将支票存入银行以收回现金所花的时间。

（3）结算浮动期：通过银行系统进行支票结算所需的时间。

3. 电子支付方式的好处

（1）结算时间和资金可用性可以预计。

（2）支付具有灵活性，不受人工干扰。

（3）客户的汇款信息可与支付同时传送，更容易更新应收账款。

（4）减少或消除了收款浮动期，降低了收款成本，收款过程更容易控制，并且提高了预测精度。

（三）付款管理——"晚付"

现金支出管理的主要任务是尽可能（合理合法）延缓现金的支出时间。

（1）使用现金浮游量（企业账户上的现金余额和银行账户上的企业存款余额之间的差额）。

（2）推迟应付款的支付。

（3）汇票代替支票（承兑汇票并不是见票即付，可以在银行中保持较少的现金余额）。

（4）透支（实际上是银行向企业提供的信用）。

（5）争取现金流出与现金流入同步（降低交易性现金余额、减少有价证券转换为现金的次数）。

（6）使用零余额账户（只在主账户保持一定的安全储备，子账户不需要保持安全储备）。

第三节　应收账款管理

一、应收账款的功能（赊销的好处）

企业通过提供商业信用，采取赊销、分期付款等方式可以扩大销售，增强竞争力获得利润。应收账款作为企业为扩大销售和盈利的一项投资，也会发生一定的成本，所以企业需要在应收账款所增加的盈利和所增加的成本之间作出权衡。应收账款管理就是分析赊销的条件（即信用政策），使赊销带来的盈利增加大于应收账款投资产生的成本费用增加，最终使企业利润增加，企业价值上升。

应收账款的功能是指其在生产经营中的作用，主要有两个方面：一是增加销售；二是减少存货。

二、信用政策（★）

制定合理的信用政策，是加强应收账款管理、提高应收账款投资效益的重要前提。信用政策包括信用标准、信用条件和收账政策三部分内容。

（一）信用标准

1. 含义

信用标准是指信用申请者（如客户）获得企业提供信用所必须达到的最低信用水平，通常以预期的坏账损失率作为判别标准。

2. 判断方法——5C 信用评价系统

维度	内容
品质	最重要的因素。个人或企业申请人的诚实和正直表现，反映了申请人在过去还款中所体现出的还款意图和愿望
能力	申请人的偿债能力。企业应着重了解申请人流动资产的数量、质量以及流动比率的高低，必要时还可实地考察申请人的日常运营状况
资本	申请人当前现金流不足以还债时，其在短期和长期内可以使用的财务资源
抵押	申请人不能满足还款条款时，可以用作债务担保的资产或其他担保物
条件	影响申请人还款能力和意愿的各种外在因素

（二）信用条件

信用条件是指企业接受客户订单时所提出的付款要求。信用条件的基本表达形式是"现金折扣/折扣期限，N/信用期限"。

例如，"2/10，N/60"表示：10天内付款可享受原价2%的价格优惠；付款的最后期限为60天，此时付款无优惠。

由此可见，信用条件包括三个要素：信用期限、折扣期限和现金折扣。

项目	含义
信用期限	企业允许顾客从购货到付款之间的时间，或者说是企业给予顾客的最长付款时间
折扣期限	为顾客规定的可享受现金折扣的付款时间
现金折扣	在顾客提前付款时给予的优惠

（三）收账政策

收账政策是指信用条件被违反时，企业采取的收账策略。

（1）积极的收账政策：减少应收账款投资和坏账损失，但要增加收账成本。

（2）消极的收账政策：增加应收账款投资和坏账损失，但会减少收账成本。

典例研习·7-13 单项选择题

某企业与客户结算的信用条件为"4/10，2/20，N/30"。假设某客户从该企业购入价款为20 000元的商品，并于第15天付款，则该客户实际支付的价款为（   ）元。

A. 19 400   B. 19 500   C. 19 600   D. 20 000

⑤斯尔解析 本题考查信用政策中的信用条件。该客户在第15天付款，错过了第一个折扣期（0~10天），处于第二个折扣期（11~20天），可享受的折扣率为2%，因此实际支付价款=20 000×（1−2%）=19 600（元），选项C当选。

本题答案 C

三、信用政策决策（★★★）

决策事项：公司是否应当改变信用政策，比如是否应当延长赊销的信用期限。

决策原则：若改变信用政策后增加的收益大于增加的成本（△收益＞△成本），则改变信用政策对公司是有利的，此时应当改变信用政策，否则不应当改变信用政策。

增加的收益	增加的成本
增加的边际贡献	（1）应收账款占用资金机会成本的增加。 （2）存货占用资金机会成本的增加。 （3）管理成本的增加。 （4）坏账成本的增加。 （5）现金折扣成本的增加

（一）增加的收益

增加的收益，主要指增加的边际贡献。这是因为销售的增加会同步带来变动成本增加，但固定成本一般保持不变，因此，销售增加对税前损益的影响额即为增加的边际贡献。

计算公式如下：

增加的边际贡献 ＝ 增加的销售量 × 单位边际贡献

　　　　　　 ＝ 增加的销售额 × 边际贡献率

提示：若销售增加导致固定成本增加，则应当考虑固定成本增加对税前利润的影响。

（二）增加的成本

应收账款决策中，需要考虑的成本，通常包括应收账款占用资金的机会成本、存货占用资金的机会成本、应收账款的管理成本、坏账成本和现金折扣成本等。

提示：下述所有成本均需要计算"增量"，即"新政策下的成本 − 旧政策下的成本"。

1. 应收账款占用资金的机会成本

应收账款占用资金的机会成本是指将资金投放于应收账款而放弃其他投资所带来的收益。

应收账款占用资金的机会成本 ＝ 应收账款占用资金 × 资本成本

　　　　　　　　　　　　　 ＝ 应收账款平均余额 × 变动成本率 × 资本成本

　　　　　　　　　　　　　 ＝ 日销售额 × 平均收现期 × 变动成本率 × 资本成本

2. 存货占用资金的机会成本

存货占用资金的机会成本 ＝ 平均存货量 × 单位变动成本 × 资本成本

提示：此处的假设是额外生产的存货不增加固定成本，只影响变动成本。

3. 管理成本

进行应收账款管理所增加的费用。主要包括：调查顾客信用状况的费用、收集各种信息的费用、账簿的记录费用、收账费用等。

题目中通常直接告知管理成本，或告知其计算公式。

4. 坏账成本

债务人由于种种原因无力偿还债务，债权人可能因此无法收回应收账款而发生的损失。

题目中通常直接告知坏账成本，或告知其计算公式。

5. 现金折扣成本

企业的现金折扣成本受企业信用条件中现金折扣率和享受现金折扣的顾客比例的共同影响。

现金折扣成本 ＝ 销售收入 × 现金折扣率 × 享受现金折扣的顾客比例

提示：现金折扣率本质上是销售方损失的收入，即为了早日回款所需付出的成本。

原理详解 💡

（1）何为应收账款占用资金？以及为何用变动成本率？

这是一个较有争议的内容，因为学术界对于应收账款应计利息的计算并未达成共识，只不过教材中所引用方法的接受度相对更广。因此，同学们无须过度纠结这个概念以及算法，从考试角度，记住公式并能够应用即可。下面为同学们介绍一种相对简单但不甚严谨的理解角度：

应收账款占用资金是企业为进行赊销（获得赊销收入）而在前期采购环节所垫付的（即占用的）资金，而不是指尚未从客户收回的款项（应收账款余额）。

举个例子，假设某件商品售价 10 元 / 件，进价 7 元 / 件（变动成本），若赊销 100 件该商品，则产生 1 000 元 (100×10) 营业收入，以及对应 1 000 元的应收账款（暂不考虑税费）。但之所以能够实现这次赊销，是因为企业在此之前先垫付了 700 元 (100×7) 完成进货，即该 1 000 元应收账款所占用的资金为 700 元。

提示：此处的假设是在一定业务量范围内，应收账款中所包含的固定成本是不变的，即与决策无关，故不考虑。

（2）计算时不应该采用"日赊销额"吗？

严格意义上是的。因为应收账款产生的收入应当是赊销额，但考虑到赊销金额较难从报表中获得，为了计算简便，故用销售额近似替代赊销额。

（3）何为平均收现期？

收现期是指应收账款收回变为现金的时间，本质上就是应收账款周转天数。

①如果题目给出的信用条件涉及现金折扣，则平均收现期是指各种收现期的加权平均数。

假设信用条件为"2/10，N/60"，假设有 60% 的客户（按销售额计算，下同）享受折扣，即在折扣期满（10 天）时付款，其余 40% 的客户在信用期满（60 天）付款，则平均收账期 =10×60%+60×40%=30（天）。

②如果题目中给出的信用条件不涉及现金折扣，则默认收现期为信用期。

③如果题目中给出实际收现天数，则使用实际天数，无论是否超过信用期。

（4）为何"应收账款平均余额 = 日销售额 × 平均收现期"？

根据"应收账款周转期 = 应收账款平均余额 / 每天的销货收入"，即可直接反推出应收账款平均余额的算法（应收账款周转期 = 平均收现期，日销售额 = 每天的销售收入）。

▷ 典例研习·7-14 （单项选择题）

某公司信用条件为"0.8/10，N/30"，预计有 25%（按销售额计算）的客户选择现金折扣优惠，剩余客户在信用期满时付款，则平均收现期为（　　）天。

A. 15　　　　　　　B. 20　　　　　　　C. 30　　　　　　　D. 25

⑨斯尔解析 本题考查信用政策决策。由于本题涉及现金折扣，故在计算平均收现期时，

需要对各种收现期进行加权平均，即平均收现期 =25%×10+（1-25%）×30=25（天），选项 D 当选。

▲ 本题答案　D

典例研习·7-15 　计算分析题

　　蜻蜓公司现在采用信用期为 30 日的应收账款政策，产品销售量为 100 000 件。

　　公司拟将信用期间延长至 60 天，并提出了"0.8/30，N/60"的现金折扣条件，估计会有一半的顾客（按 60 天信用期所能实现的销售量计算）将享受现金折扣优惠。预计产品销售量可扩大到 120 000 件。假设销售收入全部为赊销收入，公司资金成本率为 15%，一年按照 360 天计算，其他有关数据见下表：

信用期决策数据

项目	信用期间（30 天）	信用期间（60 天）
全年销售量（件）	100 000	120 000
全年销售额（单价 5 元）	500 000	600 000
变动成本（每件 4 元）	400 000	480 000
固定成本（元）	50 000	52 000
可能发生的收账费用（元）	3 000	4 000
可能发生的坏账损失（元）	5 000	9 000
年平均存货水平（件）	9 000	12 000

要求：

请判断该公司是否应当放宽信用期。

斯尔解析

　　（1）计算增加的收益。

　　增加的收益 = 增加的销售量 × 单位边际贡献 − 增加的固定成本 =（120 000−100 000）×（5−4）−（52 000−50 000）=18 000（元）

　　（2）计算增加的成本。

　　①计算应收账款占用资金的应计利息增加。

　　变动成本率 =4÷5×100%=80%

　　30 天信用期的应收账款机会成本 =500 000÷360×30×80%×15%=5 000（元）

　　提供现金折扣的平均收现期 =30×50%+60×50%=45（天）

　　提供现金折扣的应收账款机会成本 =600 000÷360×45×80%×15%=9 000（元）

　　应收账款占用资金的应计利息增加 =9 000−5 000=4 000（元）

　　②计算存货占用资金应计利息的增加。

　　存货占用资金应计利息的增加额 =（12 000−9 000）×4×15%=1 800（元）

③计算收账费用和坏账损失增加。

收账费用增加 =4 000–3 000=1 000（元）

坏账损失增加 =9 000–5 000=4 000（元）

④计算现金折扣成本的增加。

现金折扣成本增加 = 新的销售水平 × 享受现金折扣的顾客比例 × 新的现金折扣率 – 旧的销售水平 × 享受现金折扣的顾客比例 × 旧的现金折扣率 =600 000×50%×0.8%– 500 000×0×0=2 400（元）

（3）计算增加的税前损益。

放宽信用期增加的税前损益 = 增加的收益 – 增加的成本 =18 000–（4 000+1 000+ 4 000+2 400+1 800）=4 800（元）

由于放宽信用期增加的税前损益大于 0，故应放宽信用期，即采用 60 天信用期。

四、应收账款的监控（★）

（一）应收账款周转天数

（1）应收账款周转天数 = 应收账款平均余额 ÷ 平均日销售额。

因此，平均逾期天数 = 应收账款周转天数 – 平均信用期天数。

（2）应用：将企业当前的应收账款周转天数与规定的信用期限、历史趋势以及行业正常水平进行比较，可以反映企业整体的收款效率。

典例研习·7-16 计算分析题

斯瓜公司 2025 年第四季度应收账款平均余额为 285 000 元，信用条件为在 60 天内按全额付清货款，假定每个月平均有 30 天。过去三个月的赊销情况为：

10 月份：90 000 元。11 月份：105 000 元。12 月份：115 000 元。

要求：

计算应收账款周转天数和应收账款平均逾期天数。

斯尔解析

（1）应收账款周转天数的计算：

平均日销售额 =（90 000+105 000+115 000）÷90=3 444.44（元）

应收账款周转天数 = 应收账款平均余额 ÷ 平均日销售额 =285 000÷3 444.44=82.74（天）

（2）平均逾期天数 = 应收账款周转天数 – 平均信用期天数 =82.74–60=22.74（天）。

（二）账龄分析表

1.含义

账龄分析表将应收账款划分为未到信用期的应收账款和以 30 天为间隔的逾期应收账款。账龄分析法可以确定逾期应收账款，随着逾期时间的增加，应收账款收回的可能性变小。

账龄分析表

账龄（天）	应收账款金额（元）	占应收账款的百分比（%）
0 ~ 30	1 750 000	70
31 ~ 60	375 000	15
61 ~ 90	250 000	10
91 以上	125 000	5
合计	2 500 000	100

2. 评价

（1）优点：账龄分析表比计算应收账款周转天数更能揭示应收账款变化趋势，因为账龄分析表给出了应收账款分布的模式，而不仅仅是一个平均数。

（2）缺点：当各月之间的销售额变化很大时，账龄分析表和应收账款周转天数都可能发出类似的错误信号。

（三）应收账款账户余额的模式

1. 含义

反映一定期间（如一个月）的赊销额，在发生赊销的当月月末及随后的各月仍未偿还的百分比。企业收款的历史决定了其正常的应收账款余额的模式。

典例研习·7-17 计算分析题

斯瓜公司 2025 年第一季度各月销售额分别为 250 000 元、300 000 元、400 000 元。假设斯瓜公司没有坏账费用，收款模式如下：（1）销售的当月收回销售额的 5%；（2）销售后的第一个月收回销售额的 40%；（3）销售后的第二个月收回销售额的 35%；（4）销售后的第三个月收回销售额的 20%。

要求：

（1）计算 2025 年 3 月底的应收账款余额（即第一季度销售在 3 月底尚未收回的金额）。

（2）假设 2025 年 4 月销售额为 500 000 元，计算该月的预计现金收入。

斯尔解析

（1）1 月销售额在 3 月底尚未收回的金额 =250 000×（1−5%−40%−35%）=50 000（元）。

2 月销售额在 3 月底尚未收回的金额 =300 000×（1−5%−40%）=165 000（元）

3 月销售额在 3 月底尚未收回的金额 =400 000×（1−5%）=380 000（元）

因此，2025 年 3 月底的应收账款余额 =50 000+165 000+380 000=595 000（元）。

（2）2025 年 4 月的预计现金收入 =（5%×500 000）+（40%×400 000）+（35%×300 000）+（20%×250 000）=340 000（元）。

2. 作用

（1）通过将当前的模式和过去的模式进行对比，评价应收账款余额模式的任何变化。

（2）计划应收账款金额水平，衡量应收账款的收账效率以及预测未来的现金流。

（四）ABC 分析法——"抓重点、照顾一般"

类型	内容	收账策略
A 类	占逾期金额的比重大、占客户数量的比例低	发出措辞较为严厉的信函催收，或派专人催收，或委托收款代理机构处理，甚至可以通过法律手段解决
B 类	介于 A 类与 C 类之间	多发几封信函催收，或打电话催收
C 类	占逾期金额的比重小、占客户数量的比例高	只需要发出通知其付款的信函即可

五、应收账款日常管理（★）

（一）调查客户信用

1. 直接调查

直接调查是调查人员通过与被调查单位进行直接接触，通过当面采访、询问、观看等方式获取信用资料的一种方法。

2. 间接调查

间接调查是以被调查单位以及其他单位保存的有关原始记录和核算资料为基础，通过加工整理获得被调查单位信用资料的一种方法。资料来源包括：财务报表、信用评估机构、银行以及其他途径。

（二）评估客户信用

一般采用"5C"系统来评价，并对客户信用进行等级划分。

类型	内容
三类九等	分为 AAA（最优）、AA、A、BBB、BB、B、CCC、CC、C 九等
三级制	分为 AAA、AA、A 三个信用等级

（三）收账的日常管理

对收账的收益与成本进行权衡，在此基础上制定切实可行的收账政策。

（四）应收账款保理

1. 含义

保理是保付代理的简称，又称托收保付，是指保理商与债权人签订协议，转让其对应收账款的部分或全部权利与义务，并支付一定费用的过程。

2. 分类

分类标准	类别	特征
保理商是否具有追索权	有追索权保理（非买断型）	若购货商（债务人）拒绝付款或无力支付，只要有关款项到期未能收回，保理商都有权向供应商（债权人）进行追索，因而保理商具有全部追索权
	无追索权保理（买断型）	保理商将销售合同完全买断，并承担全部的收款风险
是否将保理情况通知客户（购货商）	明保理	保理商和供应商需要将销售合同被转让的情况通知购货商，并签订保理商、供应商、购货商之间的三方合同
	暗保理	供应商不将债权转让情况通知客户，货款到期时仍由销售商（此处指的是应收账款的出售方，即供应商、债权人）出面催款，再向银行偿还借款
保理是否提前预付款	折扣保理（融资保理）	在销售合同到期前，保理商将剩余未收款部分先预付给销售商（供应商），一般不超过全部合同额的 70% ~ 90%
	到期保理	保理商并不提供预付账款融资，而是在赊销到期时才支付，届时不管货款是否收到，保理商都必须向销售商（供应商）支付货款

3. 作用

（1）融资功能（利用未到期应收账款作为抵押从而获得银行短期借款）。

（2）减轻企业应收账款的管理负担（企业把应收账款让与专门的保理商进行管理，使企业从应收账款的管理之中解脱出来，减轻财务管理负担，提高财务管理效率）。

（3）减少坏账损失、降低经营风险。

（4）改善企业的财务结构（应收账款与货币资金之间的置换，增强资产的流动性，提高债务清偿能力）。

典例研习·7-18 单项选择题

在应收账款保理业务中，保理商和供应商将应收账款额转让的情况通知购货商，并签订三方合同，同时，供应商向保理商融通资金后，如果购货商拒绝付款，保理商有权向供应商要求偿还所融通的资金，则这种保理是（   ）。

A. 明保理，且是有追索权的保理　　　　B. 暗保理，且是无追索权的保理

C. 明保理，且是无追索权的保理　　　　D. 暗保理，且是有追索权的保理

斯尔解析 本题考查应收账款保理。"保理商和供应商将应收账款额转让的情况通知购货商"说明是明保理，选项 BD 不当选。"如果购货商拒绝付款，保理商有权向供应商要求偿还所融通的资金"说明是有追索权的保理，选项 A 当选、选项 C 不当选。

本题答案 A

第四节　存货管理

一、存货管理目标

（1）保证生产正常进行（原材料、在产品）。

（2）提高销售机动性（产成品、库存商品）。

（3）维持均衡生产，降低产品生产成本（储备产成品、原材料）。

（4）降低存货取得成本（大批量集中进货，可以享受价格折扣，也可以降低订货次数，降低订货成本）。

（5）防止意外事件发生（保险储备）。

二、存货的成本（★★）

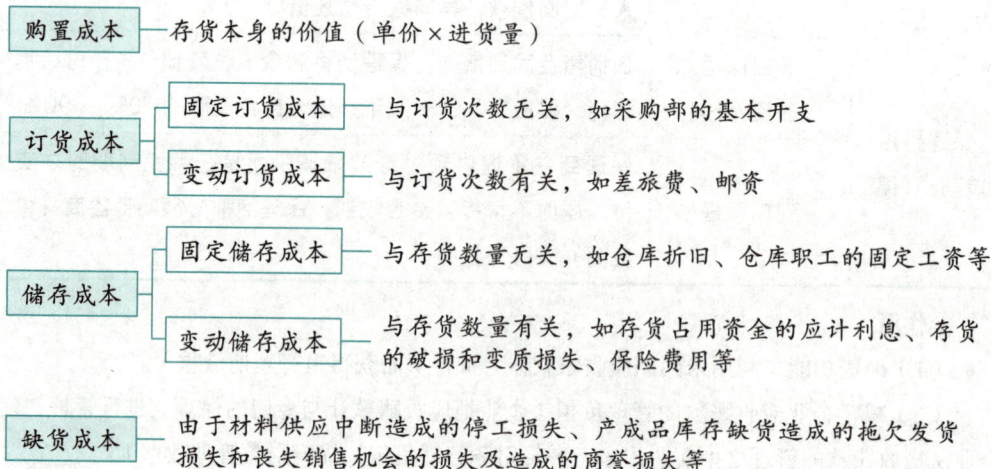

购置成本 —— 存货本身的价值（单价×进货量）

订货成本
- 固定订货成本 —— 与订货次数无关，如采购部的基本开支
- 变动订货成本 —— 与订货次数有关，如差旅费、邮资

储存成本
- 固定储存成本 —— 与存货数量无关，如仓库折旧、仓库职工的固定工资等
- 变动储存成本 —— 与存货数量有关，如存货占用资金的应计利息、存货的破损和变质损失、保险费用等

缺货成本 —— 由于材料供应中断造成的停工损失、产成品库存缺货造成的拖欠发货损失和丧失销售机会的损失及造成的商誉损失等

提示：

（1）如果生产企业以紧急采购代用材料解决库存材料中断之急，那么缺货成本表现为紧急额外购入成本。

（2）变动订货成本与"次数"有关，因此单位名称是"**元/次**"；变动储存成本与"数量"有关，因此单位名称是"**元/件（个）**"或"**元/千克（吨）**"等。

（3）单位**存货占用资金的应计利息=存货采购单价×资本成本率**。

典例研习·7-19　多项选择题

下列成本费用中，一般属于存货变动储存成本的有（　　）。

A. 存货资金应计利息

B. 存货毁损和变质损失

C. 仓库折旧费

D. 库存商品保险费

斯尔解析 本题考查存货的成本。变动储存成本与存货的数量有关，如存货资金的应计利息、存货的破损和变质损失、存货的保险费用等，选项 ABD 当选。仓库折旧费属于固定储存成本，选项 C 不当选。

本题答案 ABD

三、存货决策（★★★）

经济订货批量是指能够使一定时期存货的相关总成本达到最低点的进货批量。通过上述对存货成本的分析可知，不同的成本项目与进货批量呈现出不同的变动关系。例如：

（1）降低进货批量（每次少进货），会增加订货次数，从而降低储存成本，但会导致订货成本与缺货成本的提高。

（2）增加进货批量（每次多进货），会减少订货次数，有利于降低订货成本与缺货成本，但会导致储存成本增大。

因此，如何协调各项成本之间的关系，使存货总成本保持最低水平，是企业组织进货过程需解决的主要问题。

（一）经济订货基本模型

1. 模型假设

（1）存货总需求量是已知常数。

（2）不存在订货提前期（即可以随时补充存货）。

（3）货物是一次性入库（即不存在陆续供应的情况）。

（4）单位货物成本为常数，无批量折扣。

（5）库存储存成本与库存水平呈线性关系。

（6）货物是一种独立需求的物品，不受其他货物影响。

（7）不允许缺货（即无缺货成本）。

2. 经济订货批量的计算

基于上述假设，存货相关总成本的计算公式如下：

存货相关总成本 = 变动订货成本 + 变动储存成本

假设进货批量为 Q；存货年需要量，用 D 表示；每次订货的变动成本，用 K 表示；单位变动储存成本，用 K_c 表示；存货相关总成本，用 TC 表示。则：

变动订货成本 = 订货次数 × 每次订货的变动成本 = $(D/Q) \times K$

变动储存成本 = 平均库存量 × 单位变动储存成本 = $(Q/2) \times K_c$

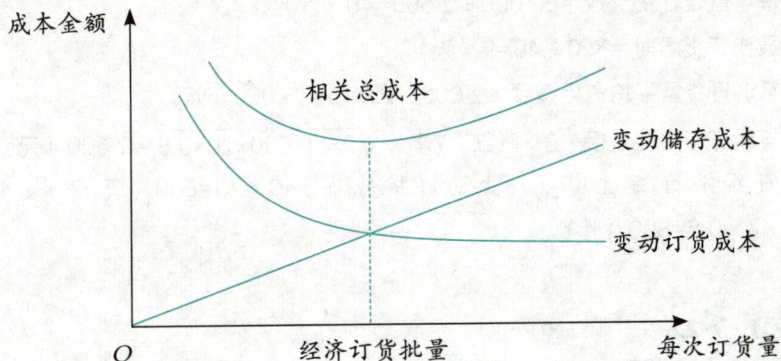

变动订货成本与变动储存成本之和达到最小值（即二者相等）时的进货批量，即为经

济进货批量，用 EOQ 表示（但习惯上，通常称之为"经济订货批量"，因此后续统一使用该名称）。由此可得：

$$经济订货批量（EOQ）= \sqrt{\frac{2KD}{K_c}}$$

将其代入相关总成本的公式可得：

（1）与经济订货批量相关的存货总成本 $= \sqrt{2KDK_c}$。

（2）在经济订货批量下，变动订货成本 = 变动储存成本 $= \sqrt{2KDK_c} \div 2$。

（3）每年最佳订货次数 = 存货年需求总量 ÷ 经济订货批量。

（4）最佳订货周期（天数）=360÷ 每年最佳订货次数。

（5）经济订货批量平均占用资金 = 经济订货批量 ÷2× 存货单价。

典例研习·7-20 （判断题）

企业的存货总成本随着订货批量的增加而呈正方向变化。　　　　　　　（　）

斯尔解析 本题考查存货的相关成本。企业的存货总成本随着订货批量的增加先呈现递减趋势，此时是反向变化；在变动订货成本和变动储存成本相等时，企业的总成本达到最低；然后随着订货批量的增加再提高，此时是正向变化。本题所述错误。

本题答案 ×

典例研习·7-21 （计算分析题）

斯瓜公司每年需耗用甲材料 80 000 千克，该材料的单位采购成本为 15 元 / 千克。每次订货的变动成本为 20 元，单位变动储存成本为 0.8 元 / 千克。一年按 360 天计算。

要求：

计算下列指标：（1）经济订货批量；（2）每年最佳订货次数；（3）最佳订货周期；（4）经济订货量平均占用资金；（5）与经济订货批量相关的存货总成本；（6）在经济订货批量下，变动订货成本和变动储存成本。

斯尔解析

（1）经济订货批量 $= \sqrt{2\times80\,000\times20\div0.8}$ =2 000（千克）。

（2）每年最佳订货次数 =80 000÷2 000=40（次）。

（3）最佳订货周期 =360÷40=9（天）。

（4）经济订货量平均占用资金 =2 000÷2×15=15 000（元）。

（5）与经济订货批量相关的存货总成本 $= \sqrt{2\times80\,000\times20\times0.8}$ =1 600（元）。

（6）在经济订货批量下，变动订货成本 =40×20=800（元），变动储存成本 =2 000÷2×0.8=800（元）。

典例研习·7-22 （计算分析题）

甲公司生产需用某种零件，全年需求量 3 600 件，一年按 360 天计算，该零件的采购单价为 100 元 / 件，每次订货的变动成本为 100 元。该零件从发出订单至到货需要 3 天，变动仓储保管费为 2 元 / 件，储存中的单件破损成本为采购单价的 0.5%，假设存货占用资金用于等风险投资的最低收益率为 10%。

要求：

（1）计算单位零件占用资金的年应计利息。

（2）计算该零件的单位变动储存成本。

（3）根据经济订货基本模型，计算该零件的经济订货批量及最佳订货次数。

⑤ 斯尔解析

（1）单位零件占用资金的年应计利息 = 单价 × 机会成本 =100×10%=10（元）。

（2）单位变动储存成本 = 单位变动仓储保管费 + 单位破损成本 + 单位零件占用资金的年应计利息 =2+100×0.5%+10=12.5（元）。

（3）经济订货批量 $= \sqrt{2×\text{全年需求量}×\text{每次订货变动成本}÷\text{单位变动储存成本}}$

$\qquad\qquad\qquad = \sqrt{2×3\ 600×100÷12.5}$

$\qquad\qquad\qquad = 240$（件）

最佳订货次数 = 全年需求量 ÷ 经济订货批量 =3 600÷240=15（次）

（二）经济订货基本模型的拓展

1. 存货陆续供应和使用模型

在陆续供应和使用的条件下，存货不是在入库时一次性达到最大库存量，而是从入库开始，库存量陆续增加，逐渐达到最大库存水平。

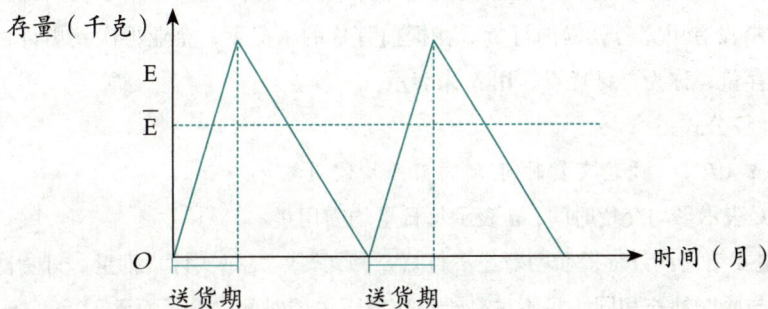

关键问题是确定每一批的最大库存量。

假设每批订货数为 Q，每日送货量为 P，每日耗用量为 d。

（1）单看增加，会增加多少？——即每批订货的总量 Q。

（2）单看减少，会减少多少？——即送货期间的耗用量（= 送货期 × 每日耗用量）。

送货期 $=Q÷P$

送货期间的耗用量 $=Q÷P×d$

（3）送货期结束后的最大库存量 = （1）-（2）$=Q-Q÷P×d=Q×（1-d/P）$。

（4）平均库存量 $=1/2×Q×（1-d/P）$，储存成本 $=1/2×Q×（1-d/P）×K_c$。

基于同样的原理，当变动订货成本与变动储存成本相等时，TC（Q）有最小值，即：

$D÷Q×K=1/2×Q×（1-d/P）×K_c$

求得存货陆续供应和使用的经济订货量公式为：

$$Q^* = \sqrt{\frac{2KD}{K_c\left(1-\dfrac{d}{P}\right)}}$$

将这一公式代入 TC（Q）公式，可得出存货陆续供应和使用的经济订货量相关总成本公式为：

$$TC\left(Q^*\right) = \sqrt{2KDK_c \times \left(1-\frac{d}{P}\right)}$$

典例研习·7-23 单项选择题

基于经济订货扩展模型进行存货管理，若每批订货数为 600 件，每日送货量为 30 件，每日耗用量为 10 件，则进货期内平均库存量为（   ）件。

A. 400 　　　　　　 B. 300 　　　　　　 C. 200 　　　　　　 D. 290

斯尔解析 本题考查经济订货批量的陆续供应和使用模型。送货期内平均库存量 = $\dfrac{1}{2}$ ×（每批订货数 − 每批订货数 ÷ 每日送货量 × 每日耗用量）= $\dfrac{1}{2}$ ×（600−600 ÷ 30 × 10）=200（件），选项 C 当选。

本题答案 C

2. 再订货点（订货提前期）

（1）含义。

一般情况下，企业的存货不能做到随用随补。为了保障生产和销售的正常进行，企业需要在原材料没有用完时就提前订货。在提前订货的情况下，企业再次发出订货单时，尚有存货的库存量，称为再订货点，用 R 来表示。

（2）计算公式：

再订货点（R）= 平均交货时间 × 每日平均需用量 = $L \times d$

其中，L 表示平均交货时间，d 表示每日平均需用量。

（3）重要结论：**订货提前期对经济订货量并无影响**，每次订货批量、订货次数、订货间隔时间等与瞬时补充相同（只不过是给供应商下单的时间提前了而已）。

3. 保险储备

（1）含义。

前述经济订货量和再订货点的讨论均以供需稳定为前提，但企业对存货的需求量可能发生变化，交货时间也可能会延误（均与概率有关）。

在交货期内，如果对存货的需求量很大，或交货时间由于某种原因被延误，企业可能发生缺货。 为防止存货中断，再订货点应等于交货期内的预计需求（平均交货时间 × 每日平均需用量）与保险储备之和。

（2）计算公式。

再订货点（R）= 平均交货时间 × 每日平均需用量 + 保险储备 = $L \times d + B$

其中，B 表示保险储备。

❖ 典例研习·7-24 单项选择题

某公司全年需要零配件 72 000 件，假设一年按 360 天计算，按经济订货基本模型计算的最佳订货量为 9 000 件，订货日至到货日的时间为 3 天，公司确定的保险储备为 1 000 件，则再订货点为（　　）件。

A. 1 600　　　　　　B. 4 000　　　　　　C. 600　　　　　　D. 1 075

🔍 斯尔解析　本题考查存货的保险储备模型。根据公式，再订货点 = 平均交货时间 × 每日平均需要量 + 保险储备 =72 000÷360×3+1 000=1 600（件），选项 A 当选。

▲ 本题答案　A

（3）保险储备的确定。

企业最佳的保险储备应该是使缺货损失和保险储备的储存成本之和达到最低，即：

最佳保险储备量下的相关总成本 =min（储存成本＋缺货成本）

①储存成本 = 保险储备 × 单位变动储存成本。

②缺货成本 = 平均每次缺货量 × 订货次数 × 单位缺货成本。

其中，**平均每次缺货量是各种可能的缺货量以其出现的概率为权数的加权平均值**，即平均每次缺货量 = Σ（某次缺货量 × 该次发生缺货的概率）。

提示：原则上，最佳保险储备也应当是令缺货损失和储存成本相等的库存水平，但实践中对保险储备的预估不会如此精确，通常是基于预计的存货交货量（相当于供给，确定值）和不同情形下的生产需求量（相当于需求，多个值）之间的差额，直接确定若干保险储备水平，再通过计算得出不同保险储备水平下的相关总成本，最终敲定最优保险储备量。

❖ 典例研习·7-25 计算分析题

蝴蝶公司某材料的年度需要量为 100 000 千克，材料单价 50 元，经济订货量 25 000 千克，全年订货 4 次（100 000÷25 000），预计交货期内的需求为 1 200 千克（指企业需要采购的存货量或供应商需交付的存货量）。单位材料年变动储存成本为材料单价的 25%，单位材料缺货损失 24 元。在交货期内，生产需要量及其概率如下：

生产需要量（千克）	1 000	1 100	1 200	1 300	1 400
概率	0.1	0.2	0.4	0.2	0.1

要求：

确定合理的保险储备量。

🔍 斯尔解析

由于预计交货期内的需求为 1 200 千克（可理解为供应商在送货期间可交付的材料量），因此：当生产需要量为 1 000 千克、1 100 千克、1 200 千克时，不会发生缺货，此时保险储备量为 0 千克；当生产需要量为 1 300 千克、1 400 千克时，会发生缺货，需要额外的保险储备，保险储备量分别为 100 千克、200 千克。

（1）当保险储备量为 0 千克时：

储存成本 =0（元）

缺货成本 = [0.2×（1 300−1 200）+0.1×（1 400−1 200）] ×4×24=3 840（元）

相关总成本 =0+3 840=3 840（元）

（2）保险储备量为 100 千克时：

储存成本 =100×50×25%=1 250（元）

缺货成本 =0.1× [1 400−（1 200+100）] ×4×24=960（元）

相关总成本 =1 250+960=2 210（元）

（3）保险储备量为 200 千克时：

储存成本 =200×50×25%=2 500（元）

缺货成本 =0（元）

相关总成本 =2 500+0=2 500（元）

综上，当保险储备为 100 千克时，缺货成本与储存成本之和最低，该企业保险储备量为 100 千克比较合适。

四、存货的控制系统（★）

（一）ABC 控制系统

依据存货重要程度、价值大小或者资金占用等标准分为三大类。

类别	性质	品种数量比	价值比	管理方法
A	高价值	10% ~ 15%	50% ~ 70%	重点控制、严格管理
B	中等价值	20% ~ 25%	15% ~ 20%	重视程度依次降低，采取一般管理
C	低价值	60% ~ 70%	10% ~ 35%	

（二）适时制库存控制系统（零库存管理、看板管理系统）

（1）含义：制造企业事先与供应商和客户协调好，只有当制造企业在生产过程中需要原料或零件时，供应商才会将原料或零件送来；而每当产品生产出来就被客户拉走。

（2）优点：存货持有水平大大下降，提高企业运营管理效率。

（3）要求：稳定而标准的生产程序以及诚信的供应商。

第五节　流动负债管理

一、短期借款（★）

（一）短期借款的信用条件

1.信贷额度（贷款限额）

（1）含义。

信贷额度是借款企业与银行在协议中规定的借款最高限额。

（2）特点。

①有限期限通常为1年。

②银行并不承担必须支付全部信贷数额的义务。

③**银行不会承担法律责任**。

2. 周转信贷协定

（1）含义。

周转信贷协定是银行**具有法律义务地承诺**提供不超过某一最高限额的贷款协定。

（2）特点。

①有效期通常超过1年，实际上贷款每几个月发放一次，具有短期和长期借款的双重特点。

②企业通常要对贷款限额的未使用部分付给银行一笔承诺费用。

举例：某企业与银行商定的周转信贷额度为5 000万元，年度内实际使用了2 800万元，承诺率为0.5%，企业应向银行支付的承诺费＝（5 000−2 800）×0.5%=11（万元）。

提示：对于贷款限额内的使用部分需支付利息。

3. 补偿性余额

（1）含义。

补偿性余额是银行要求借款企业在银行中保持按贷款限额或实际借用额一定比例（通常为10% ~ 20%）计算的最低存款余额。

（2）特点。

①对银行而言，有助于降低贷款风险，补偿其可能遭受的风险损失。

②对借款企业而言，提高了借款的实际利率（降低了实际可用资金额），加重了企业负担。

实际利率＝利息÷［名义本金×（1−补偿比率）］＝名义利率÷（1−补偿比率）

举例：某企业按年利率6%向银行借款800万元，银行要求保留贷款限额10%的补偿性余额，则企业可动用的贷款为720万元［800×（1−10%）］，则该项借款的实际利率=6%÷（1−10%）=6.67%。

4. 借款抵押

抵押品主要有应收账款、存货、应收票据、债券等，贷款额占抵押品价值的比例（30% ~ 90%）取决于抵押品的变现能力和银行对风险的态度。

5. 偿还条件

（1）到期一次偿还：由于一次性偿还大笔金额，企业财务负担较重，增大了企业的拒付风险。

（2）定期（每月、季）等额偿还：会提高借款的实际年利率。

（二）短期借款的成本

短期借款的成本主要包括利息、手续费等。短期借款成本的高低主要**取决于贷款利率的高低（影响利息）和利息的支付方式（影响本金）**。

1. 借款利率

借款利率分为优惠利率、浮动优惠利率和非优惠利率三种。

（1）优惠利率。银行向财力雄厚、经营状况良好的企业贷款时采用的利率，为贷款利率的最低限。

（2）浮动优惠利率。随市场条件的变化而随时调整变化的优惠利率。

（3）非优惠利率。银行贷款给一般企业时收取的高于优惠利率的利率。非优惠利率与优惠利率之间差距的大小，由借款企业的信誉、与银行的往来关系及当时的信贷状况所决定。

2. 短期借款利息的支付方式

短期借款利息的支付方式有收款法、贴现法和加息法三种，付息方式不同，短期借款成本计算也有所不同。

利息支付方式	含义	实际利率
收款法	借款到期时还本付息	利息÷本金=名义利率
贴现法（折价法）	发放贷款时，先从本金中扣除利息部分，到期时偿还本金	利息÷（名义本金－利息）=名义利率÷（1－名义利率）
加息法	分期等额偿还本息	利息÷（名义本金÷2）=2×名义利率

提示：

（1）此处计算的是"利率"而非"资本成本"，因此均不需要考虑所得税。

（2）上述三种付息方式下的实际利率计算，均仅适用于短期借款，故不考虑货币时间价值。

▷▷ 典例研习·7-26 （单项选择题）

某企业从银行取得借款1000万元，期限1年，利率6%。按贴现法付息，企业的实际利率为（　　）。

A. 12%　　　　　　B. 6%　　　　　　C. 6.38%　　　　　　D. 9.4%

⑤斯尔解析 本题考查短期借款下的实际利率。贴现法下，企业实际可动用的贷款为1000×（1－6%）=940（万元），故该笔借款的实际利率=（1000×6%）÷[1000×（1－6%）]=6%÷（1－6%）=6.38%，选项C当选。

提示：题干中指明了"期限1年"，因此属于短期借款的利率计算问题。

▲本题答案 C

▷▷ 典例研习·7-27 （判断题）

对于附有补偿性余额条件的短期借款，不考虑其他因素，银行要求的补偿性余额越高，短期借款的实际利率越高。　　　　　　　　　　　　　　　　　　（　　）

⑤斯尔解析 本题考查短期借款的信用条件。存在补偿性余额情况下，实际利率=名义利息／（名义本金－补偿性余额），当补偿性余额越高，实际利率越高。本题所述正确。

▲本题答案 √

二、短期融资券（★）

（一）含义

短期融资券是指企业在银行间债券市场发行和交易并约定在一定期限内还本付息的有价证券，是企业筹措短期（1年以内）资金的直接融资方式。

（二）相关规定 ！变

（1）发行人为**非金融企业**，发行企业均应经过在中国境内工商注册且具备债券评级能力的评级机构的信用评级，并将评级结果向银行间债券市场公示。

（2）发行和交易的对象是银行间债券市场的机构投资者，**不向社会公众发行和交易**。

（3）融资券的发行由符合条件的金融机构承销，**企业不得自行销售融资券**，发行融资券募集的资金用于本企业的生产经营。

（4）融资券采用实名记账方式在中央国债登记结算有限责任公司（简称中央结算公司）登记托管，中央结算公司负责提供有关服务。

（5）债务融资工具发行利率、发行价格和所涉费率以**市场化方式确定**，任何商业机构不得以欺诈、操纵市场等行为获取不正当利益。

（三）筹资特点

（1）相对于企业债券，筹资成本较低。

（2）相对于银行借款，筹资数额较大。

（3）发行条件比较严格，只有具备一定信用等级的实力强的企业才能发行。

三、商业信用（★★★）

（一）商业信用的形式

1. 应付账款

应付账款是供应商给企业提供的一个商业信用。供应商在信用条件中规定有现金折扣，目的主要在于加速资金回收。企业在决定是否享受现金折扣时，应仔细考虑。通常，放弃现金折扣的成本是很高的（所以，不要放弃，享受它）。

（1）放弃现金折扣的信用成本。

$$放弃现金折扣的信用成本率 = \frac{折扣\%}{1-折扣\%} \times \frac{360天}{付款期（信用期）-折扣期}$$

$$= \frac{2\%}{1-2\%} \times \frac{360}{50-10} = 18.37\%$$

①放弃现金折扣的信用成本与折扣百分比大小、折扣期长短正相关，与付款期长短负相关。

②在放弃现金折扣的情况下，推迟付款的时间越长（相当于增加付款期），信用成本越小，但信誉将会恶化。

③**放弃现金折扣的信用成本与货款额和折扣额无关。**

典例研习·7-28 （单项选择题）

某公司购货的付款条件为"2/20，N/90"，1年按360天计算，该公司放弃现金折扣的信用成本率为（　　）。

A. 8.5%　　　　　　B. 9.5%　　　　　　C. 12.5%　　　　　　D. 10.5%

斯尔解析 本题考查放弃现金折扣成本。放弃现金折扣的信用成本率=2%÷（1－2%）×360÷（90－20）=10.5%，选项 D 当选。

本题答案 D

典例研习·7-29 （多项选择题）

放弃现金折扣的成本受折扣百分比、折扣期和信用期的影响。下列各项中，使放弃现金折扣成本提高的情况有（　　）。

A. 信用期、折扣期不变，折扣百分比提高

B. 折扣期、折扣百分比不变，信用期延长

C. 折扣百分比不变，信用期和折扣期等量延长

D. 折扣百分比、信用期不变，折扣期延长

斯尔解析 本题考查放弃现金折扣成本。根据公式，放弃现金折扣成本与折扣百分比大小、折扣期长短正相关，与付款期（或信用期）长短负相关。因此，选项 AD 会提高放弃现金折扣成本，选项 B 会降低放弃现金折扣成本，选项 C 不改变放弃现金折扣成本（相当于"信用期－折扣期"的差额不变）。综上，选项 AD 当选。

本题答案 AD

（2）放弃现金折扣的原因。

①企业资金暂时的缺乏（但企业可以先向银行借钱来偿还应付账款，以享受折扣期内的优惠）。

②将应付账款用于临时性短期投资可获得更高的投资收益。企业将应付账款用于短期投资，所获得的投资收益率高于放弃现金折扣的信用成本率，则应当放弃现金折扣。

（3）放弃现金折扣成本的决策。

解题高手

命题角度：多方案下的放弃现金折扣决策。

主观题高频考点，且有一定难度，请同学们参照以下步骤进行计算：

第一步：计算放弃现金折扣成本，初步确定方向（享受还是放弃）。

若"放弃成本＞借款利率／投资收益率"，应享受折扣，借钱支付货款。若有多个折扣方案可供选择，则进入第二步，确定具体方案。

若"放弃成本＜借款利率／投资收益率"，则不享受折扣，在信用期付款，无须进一步讨论。

第二步：涉及多个折扣方案（互斥决策），需计算净收益，选择净收益最大的方案。

净收益＝享受的折扣－支付银行的利息

（1）享受的折扣＝应付账款 × 现金折扣率。

（2）支付银行的利息＝"本金"×"利率"

＝（应付账款－享受的折扣）× 计息期利率

＝（应付账款－享受的折扣）× 借款年利率 ×（回款期－折扣期）÷360

难点一：如何理解"应付账款－享受的折扣"为借入的本金？

这是因为企业之所以要从银行借款，就是为了享受折扣期的折扣，所以借入的本金应当是扣除折扣后的金额，而非全部的应付金额。

难点二：计息期利率的计息期是多久？如何计算？

假设供应商提供的付款条件为"3/10，N/90"，企业原本用于支付账款的资金需要在 90 天才能周转回来，因此要想在 90 天内付款，只能通过银行借款解决。如果企业打算享受现金折扣，那么就需要在第 10 天从银行借入本金并立即支付给供应商。但问题是借多久呢？应当是 90－10＝80（天），因为到了第 90 天的时候，原本用于支付账款的资金回流了，企业就可以把欠银行的钱还上了。

因此，计息期利率＝借款利率 ×（回款期－折扣期）÷360。

需要注意的是，计算银行利息的计息期算法和放弃现金折扣的信用成本率的年化方法在原理上并不相同，但在公式上却十分相似，两者恰好是互为倒数关系。

典例研习·7-30 计算分析题

斯瓜公司拟采购一批原材料，购入价款为 1 万元，供应商提供的付款条件为："3/10，2.5/30，1.8/50，N/90"。目前企业用于支付账款的资金需要在 90 天时才能周转回来，在 90 天内付款，只能通过银行借款解决。假设银行利率为 12%。

要求：

确定公司原材料采购款的付款时间。

斯尔解析

（1）确定放弃现金折扣的信用成本率：

①第 10 天付款放弃现金折扣的成本率（此时，信用条件相当于"3/10，N/90"）：

$$放弃现金折扣的信用成本率 = \frac{折扣\%}{1-折扣\%} \times \frac{360天}{付款期（信用期）-折扣期}$$

$$= \frac{3\%}{1-3\%} \times \frac{360}{90-10}$$

$$= 13.92\%$$

②第 30 天付款放弃现金折扣的成本率：

$$放弃现金折扣的信用成本率 = \frac{折扣\%}{1-折扣\%} \times \frac{360天}{付款期（信用期）-折扣期}$$

$$= \frac{2.5\%}{1-2.5\%} \times \frac{360}{90-30}$$

$$= 15.38\%$$

③第 50 天付款放弃现金折扣的成本率：

$$放弃现金折扣的信用成本率 = \frac{折扣\%}{1-折扣\%} \times \frac{360天}{付款期（信用期）-折扣期}$$

$$= \frac{1.8\%}{1-1.8\%} \times \frac{360}{90-50}$$

$$= 16.50\%$$

由于放弃现金折扣的成本率均高于短期借款的利率，因此初步结论是要取得现金折扣，借入银行借款以偿还货款。

（2）确定具体的付款方案。

方案	折扣成本	折扣	利息	收益
10 天	13.92%	300	（10 000−300）×12%×（90−10）÷360=258.67	41.33
30 天	15.38%	250	（10 000−250）×12%×（90−30）÷360=195	55
50 天	16.50%	180	（10 000−180）×12%×（90−50）÷360=130.93	49.07

结论：第 30 天付款是最佳方案，其净收益最大。

2. 应付票据

应付票据是企业在商品购销活动和对工程价款进行结算中，因采用商业汇票结算方式而产生的商业信用。应付票据可以带息，也可以不带息，其利率一般低于银行贷款利率。

3. 预收货款

预收货款是销货单位按照合同和协议规定，在发出货物之前向购货单位预先收取部分或全部货款的信用行为。购货单位对于紧俏商品往往乐于采用这种方式购货；销货方对于生产周期长、造价较高的商品，往往采用预收货款方式销货，以缓和本企业资金占用过多的矛盾。

4. 应计未付款

应计未付款是企业在生产经营和利润分配过程中已经计提但尚未以货币支付的款项，如应付职工薪酬、应交税费、应付利润或应付股利等。

典例研习·7-31 多项选择题

下列各项中，属于企业利用商业信用进行筹资的形式有（　　）。

A. 应付票据　　　　　　　　　　　　B. 应付账款

C. 租赁　　　　　　　　　　　　　　D. 预收货款

斯尔解析 本题考查商业信用的形式。商业信用的形式包括应付账款、应付票据、预收货款和应计未付款，选项 ABD 当选。虽然租赁也属于债务筹资，但它是企业长期资金的来源，不属于商业信用，不是短期资金的来源，也不依赖于借贷关系，选项 C 不当选。

本题答案 ABD

（二）商业信用筹资的优缺点

1. 优点

（1）商业信用容易获得。

（2）企业一般不用提供担保。

（3）企业有较大的机动权。

2. 缺点

（1）商业信用筹资成本高。

（2）容易恶化企业的信用水平（期限短，还款压力大）。

（3）受外部环境影响较大（受商品和资金市场的影响）。

四、流动负债的利弊

（一）流动负债的经营优势

（1）容易获得，具有灵活性，能够有效满足企业季节性信贷需求，从而创造了需要融资和获得融资之间的同步性。

（2）短期借款一般比长期借款具有更少的约束性条款，可以维持未来借款决策的灵活性。

（二）流动负债的经营劣势

（1）需要持续地重新谈判或滚动安排负债。

（2）用于为短期营运资金缺口而筹集的贷款，必须每年支付至少 1~3 个月（结清期）的全额款项。

背记重点 扫码全知道

至此，财务管理的学习已经进行了 68%，继续加油呀！

68%

第八章
成本管理

学习提要

重要程度：重点章节　　　　　　平均分值：12分

考核题型：客观题、主观题

本章提示：本章公式烦多，是计算型题目的考查重点，主要涉及本量利分析、标准成本、责任成本三个部分。另外，本章易与其他章节结合考查，需全面且灵活地掌握

考点精讲 »»

第一节　成本管理概述

一、成本管理的意义

（1）降低成本，为企业扩大再生产创造条件。

（2）增加企业利润，提高企业经济效益。

（3）帮助企业取得竞争优势，增强企业的竞争能力和抗风险能力。

二、成本管理的目标

在竞争性经济环境中，成本管理的总体目标主要依据企业竞争战略制定。

（1）成本领先战略：追求成本水平的绝对降低。

（2）差异化战略：在保证实现产品、服务等方面差异化的前提下，对产品全生命周期成本进行管理，实现成本的持续降低。

三、成本管理的原则

（一）融合性原则

成本管理应以企业业务模式为基础，将成本管理嵌入业务的各领域、各层次、各环节，实现成本管理责任到人、控制到位、考核严格、目标落实。

（二）适应性原则

成本管理应与企业生产经营特点和目标相适应，尤其要与企业发展战略或竞争战略相适应。

（三）成本效益原则

成本管理在应用相关工具方法时，应权衡其为企业带来的收益和付出的成本，避免获得的收益小于其投入的成本。

（四）重要性原则

成本管理应重点关注对成本具有重大影响的项目，对于不具有重要性的项目可以适当简化处理。

四、成本管理的主要内容（★）

（一）事前成本管理阶段

1. 成本预测

成本预测是以现有条件为前提，在历史成本资料的基础上，根据未来可能发生的变化，利用科学的方法，对未来的成本水平及其发展趋势进行描述和判断的成本管理活动。

成本预测是进行成本管理的第一步，也是组织成本决策和编制成本计划的前提。

2. 成本决策

成本决策是在成本预测及有关成本资料的基础上，综合经济效益、质量、效率和规模等指标，运用定性和定量的方法对各个成本方案进行分析并选择最优方案的成本管理活动。

成本决策所考虑的是价值问题，更具体地讲是资金耗费的经济合理性问题，因而成本决策具有较强的综合性，对其他营运决策起着指导和约束作用。

3. 成本计划

成本计划是以营运计划和有关成本数据、资料为基础，根据成本决策所确定的目标，通过一定的程序，运用一定的方法，针对计划期企业的生产耗费和成本水平进行的具有约束力的成本筹划管理活动。

（二）事中成本管理阶段

成本控制是成本管理者根据预定的目标，对成本发生和形成过程以及影响成本的各种因素条件施加主动的影响或干预，把实际成本控制在预期目标内的成本管理活动。

（三）事后成本管理阶段

1. 成本核算

成本核算分为财务成本核算和管理成本核算。财务成本核算采用历史成本计量，而管理成本核算既可以用历史成本，又可以采用现值、公允价值等计量。

2. 成本分析

成本分析的方法主要有对比分析法、连环替代法和相关分析法等。

3. 成本考核

成本考核的关键是评价指标体系的选择和评价结果与约束激励机制的衔接。

考核指标可以是财务指标，也可以是非财务指标，例如，实施成本领先战略的企业应主要选用财务指标，而实施差异化战略的企业则大多选用非财务指标。

第二节 本量利分析与应用

一、本量利分析（CVP 分析）概述（★★★）

（一）含义

本量利分析是指在成本性态分析和变动成本法的基础上，通过研究企业在一定期间内的成本、业务量和利润（通常指息税前利润）三者之间的内在联系，揭示变量之间的内在规律，为企业预测、决策、规划和业绩考评提供必要的财务信息的一种定量分析方法。

（二）本量利分析的基本假设

（1）总成本由固定成本和变动成本两部分组成。

（2）销售收入与业务量呈完全线性关系（即单价不变）。

（3）产销平衡（即生产量＝销售量，因属于短期决策，故不考虑存货的影响）。

（4）产品产销结构稳定。

（三）本量利分析的相关概念

案例引入：北京的韩老太打算开一家奶茶店。假设每杯奶茶 10 元，每天可以卖 30 杯，其原料和人工费用折合到每杯奶茶仅有 6 元。

请问：每卖一杯奶茶，可以赚多少钱？

回答：10−6=4（元）。

请问：一天下来共计可以赚多少钱？

回答：4×30=120（元）。

请问：这是卖奶茶的利润吗？

回答：不是。因为店铺还会产生固定成本。

假设店铺每天分摊下来的固定成本总额为 40 元。

请问：奶茶店的利润是多少？

回答：（10−6）×30−40=80（元）。

上述案例就是本量利分析的过程，现将有关重要概念介绍如下。

1. 边际贡献

产品的销售收入减去变动成本后的余额，有边际贡献总额和单位边际贡献两种表示方法。

（1）单位边际贡献 = 单价 − 单位变动成本。

（2）边际贡献总额 = 销售收入 − 变动成本总额。

（3）边际贡献率 = 单位边际贡献 / 单价 ×100%= 边际贡献总额 / 销售收入 ×100%。

上例中：

单位边际贡献 =10−6=4（元）

边际贡献总额 =4×30=120（元）

边际贡献率 =4/10×100%=40%

变动成本率 =6/10×100%=60%

由此可见，**变动成本率 + 边际贡献率 =1**。

提示：变动成本率 = 单位变动成本 / 单价 ×100%= 变动成本总额 / 销售收入 ×100%。

2. 息税前利润

边际贡献总额减去固定成本总额后的余额，即为息税前利润（即 EBIT，Earnings before interest and tax）。

息税前利润 =（单价 − 单位变动成本）× 销售量 − 固定成本总额

= 单位边际贡献 × 销售量 − 固定成本总额

= 边际贡献总额 − 固定成本总额

需要说明的是，这一表达式是本量利分析的基本关系式，也是后续所有公式的核心。

上例中：息税前利润 =（10-6）×30-40=80（元）。

提示：本量利分析体系下，有两个重要的规律，可以帮助同学们更快掌握公式。

规律一：各类"率"的计算。

（1）单位口径 / 单位口径。

（2）量口径 / 量口径。

（3）额口径 / 额口径。

上述公式的分母依次为：单价、销量、销售收入。

规律二：鸳鸯规则。

（1）"量"对"单"，例如"销售量"对应"单位边际贡献"。

（2）"额"对"率"，例如"销售额"对应"边际贡献率"。

二、本量利分析的基本应用之保本分析（★★★）

（一）单一产品盈亏平衡分析

续上例。韩老太年岁已高，她不想每天如此辛苦。若她只求不亏不赚（盈亏平衡），那么她每天卖多少杯就可以了呢？

假设韩老太每天卖 Q 杯就可以不亏不赚：

则：（10-6）× Q -40=0，

求得：Q =10（杯）。

这意味着：

韩老太每天卖 10 杯，就可以不亏不赚，此时息税前利润（EBIT）为 0，而这 10 杯的销量被称为"盈亏平衡点销售量"。

然而，韩老太每天实际能卖 30 杯，这超出的 20 杯被称为"安全边际量"。

由于每杯奶茶赚 4 元（单位边际贡献），当韩老太卖到了 10 杯奶茶时（盈亏平衡点销售量），合计赚 40 元（边际贡献总额），此时赚来的钱刚好补偿了固定成本 40 元。而后续额外卖出的 20 杯奶茶（安全边际量），合计赚 80 元，刚好就是店铺赚取的真正利润。

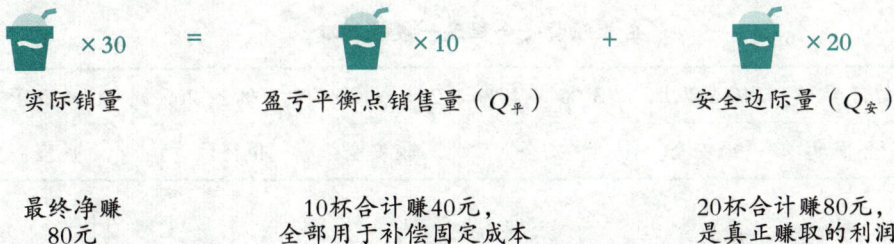

示意图如下：

实际销量 ×30	=	盈亏平衡点销售量（$Q_平$）×10	+	安全边际量（$Q_安$）×20
最终净赚 80 元		10杯合计赚40元，全部用于补偿固定成本		20杯合计赚80元，是真正赚取的利润

综上所述：边际贡献首先用于补偿企业的固定成本，只有当边际贡献大于固定成本时才能为企业提供利润，即只有安全边际才能提供利润。

由此，可以得到如下的计算关系（盈亏平衡点销售量记作 $Q_平$，安全边际量记作 $Q_安$）：

计算演变 1	
$(10-6) \times Q_平 = 40$	$(10-6) \times Q_安 = 80$
单位边际贡献 × 盈亏平衡点销售量 = 固定成本	单位边际贡献 × 安全边际量 = 息税前利润
或，边际贡献率 × 盈亏平衡点销售额 = 固定成本	或，边际贡献率 × 安全边际额 = 息税前利润

计算演变 2	
$10 \div 30 = 1/3$	$20 \div 30 = 2/3$
盈亏平衡点销售量 ÷ 实际销售量 = 盈亏平衡点作业率	安全边际量 ÷ 实际销售量 = 安全边际率
盈亏平衡点作业率 + 安全边际率 = 1	

由此，可得出本量利分析最常见的应用场景——保本分析，也叫做盈亏平衡分析。其中，最核心的概念就是盈亏平衡点（保本点），即企业达到保本状态的业务量或金额。因此，既可以是"盈亏平衡点销售量"，也可以是"盈亏平衡点销售额"。

通常，企业管理者总是希望盈亏平衡点越低越好，而从盈亏平衡点的计算公式可以看出，降低盈亏平衡点的途径主要有以下三个：

（1）降低固定成本总额。

（2）降低单位变动成本。

（3）提高销售单价。

提示：盈亏平衡和安全边际的经济含义。

①盈亏平衡：企业的盈亏平衡点越低越好，这意味着企业发生亏损的可能性越小，经营风险越低。

②安全边际：安全边际越大，反映出该企业经营风险越小。通常采用安全边际率这一指标来评价企业经营是否安全。

企业经营安全程度一般性标准

安全边际率	40% 以上	30% ~ 40%	20% ~ 30%	10% ~ 20%	10% 以下
经营安全程度	很安全	安全	较安全	值得注意	危险

解题高手👆

命题角度：本量利分析各类公式汇总。

客观题、主观题的高频考点，公式难度不高，但数量众多，故为同学们作以下梳理：

（1）息税前利润（EBIT）。

息税前利润＝（单价－单位变动成本）× 销售量－固定成本

　　　　　＝单位边际贡献 × 销售量－固定成本

　　　　　＝边际贡献率 × 销售额－固定成本

提示：变动成本率＋边际贡献率＝1。

（2）盈亏平衡点销售量＋安全边际量＝实际销售量。

盈亏平衡点作业率＋安全边际率＝1

（3）盈亏平衡点销售量 × 单位边际贡献＝固定成本。

或，盈亏平衡点销售额 × 边际贡献率＝固定成本。

（4）安全边际量 × 单位边际贡献＝息税前利润。

或，安全边际额 × 边际贡献率＝息税前利润。

提示：安全边际率 × 边际贡献率＝息税前利润率（或销售利润率）。

由此可见，提高息税前利润率（或销售利润率）主要有两种途径：一是提升现有销售水平，提高安全边际率；二是降低变动成本水平，提高边际贡献率。

|≫ 典例研习·8-1　计算分析题

斯瓜公司生产 A 产品，单价为 100 元 / 件，单位变动成本为 50 元 / 件，固定成本为 130 000 元。企业正常经营条件下的销售量为 5 000 件。

要求：

计算 A 产品的边际贡献率、盈亏平衡点销售量、盈亏平衡点销售额、盈亏平衡点作业率、安全边际量、安全边际额以及安全边际率。

斯尔解析

边际贡献率＝（100－50）/100×100%＝50%

盈亏平衡点销售量＝130 000/（100－50）＝2 600（件）

盈亏平衡点销售额＝130 000/50%＝260 000（元）

或，盈亏平衡点销售额＝2 600×100＝260 000（元）。

盈亏平衡作业率＝2 600/5 000×100%＝52%

安全边际量＝5 000－2 600＝2 400（件）

安全边际额＝2 400×100＝240 000（元）

安全边际率＝2 400/5 000×100%＝48%

典例研习·8-2 单项选择题

甲公司销售收入 50 万元，边际贡献率 40%。该公司仅设 M 和 N 两个部门，其中 M 部门的变动成本 26 万元，边际贡献率 35%。下列说法中，错误的是（   ）。

A.M 部门边际贡献为 14 万元

B.M 部门销售收入为 40 万元

C.N 部门变动成本为 6 万元

D.N 部门销售收入为 10 万元

🔍斯尔解析　本题考查本量利分析。M 部门变动成本率 =1−35%=65%，因此 M 部门销售收入 =26÷65%=40（万元），选项 B 不当选。并由此得出 N 部门销售收入为 50−40=10（万元），选项 D 不当选。M 部门边际贡献 =40−26=14（万元），选项 A 不当选。N 部门变动成本 = 甲公司变动成本 −M 部门变动成本 =50×（1−40%）−26=4（万元），选项 C 当选。

🔺本题答案　C

典例研习·8-3 单项选择题

某公司产销一种产品，变动成本率为 60%，盈亏平衡点作业率为 70%，则销售利润率为（   ）。

A. 28%　　　　　B. 12%　　　　　C. 18%　　　　　D. 42%

🔍斯尔解析　本题考查本量利分析。边际贡献率 =1−60%=40%，安全边际率 =1−70%=30%，销售利润率 = 边际贡献率 × 安全边际率 =40%×30%=12%，选项 B 当选。

🔺本题答案　B

典例研习·8-4 单项选择题

根据本量利分析原理，若其他因素不变，下列措施中，能够提高安全边际且不会降低盈亏平衡点的是（   ）。

A. 提高销售单价

B. 降低固定成本总额

C. 增加销售量

D. 提高单位变动成本

🔍斯尔解析　本题考查本量利分析。降低盈亏平衡点的主要途径：（1）降低固定成本总额；（2）降低单位变动成本；（3）提高销售单价。因此，选项 ABD 不当选。销售量本身的变化不影响盈亏平衡点，仅影响安全边际，销售量增加，安全边际提高，销售量减少，安全边际降低，选项 C 当选。

🔺本题答案　C

典例研习·8-5 多项选择题

某企业生产销售单一产品，基于本量利分析模型，若产品的单价和单位变动成本同时提高 1 元，其他因素不变，下列表述正确的有（   ）。

A. 单位边际贡献不变

B. 盈亏平衡点销售量不变

C. 边际贡献率不变

D. 安全边际量不变

🔵斯尔解析 本题考查本量利分析。单位边际贡献＝单价－单位变动成本，单价和单位变动成本同时提高 1 元，单位边际贡献不变，选项 A 当选。盈亏平衡点销售量＝固定成本／单位边际贡献，固定成本和单位边际贡献均不变，盈亏平衡点销售量不变，选项 B 当选。边际贡献率＝单位边际贡献／单价，单位边际贡献不变，单价增加，边际贡献率变小，选项 C 不当选。安全边际量＝正常销售量－盈亏平衡点销售量，正常销售量和盈亏平衡点销售量均不变，安全边际量不变，选项 D 当选。

🔺本题答案 ABD

|▶ 典例研习·8-6 多项选择题

当企业经营处于盈亏平衡点时，下列表述中，正确的有（ ）。

A. 安全边际等于 0

B. 在基本的本量利关系图中，销售额等于销售收入线与总成本线交点处销售额

C. 边际贡献等于固定成本

D. 经营杠杆系数等于 0

🔵斯尔解析 本题考查本量利分析。当企业经营处于盈亏平衡点时，企业总收入等于总成本，利润为零，选项 B 当选。本量利分析法下，利润＝边际贡献－固定成本，因此盈亏平衡时，边际贡献＝固定成本，选项 C 当选。安全边际＝实际销售量－盈亏平衡点销售量，而盈亏平衡时，实际销售量与盈亏平衡点销售量相等，选项 A 当选。根据经营杠杆系数的推导式，DOL＝边际贡献／息税前利润，当息税前利润 =0 时，经营杠杆系数无穷大，选项 D 不当选。

提示：基本的本量利分析图，如下图所示。

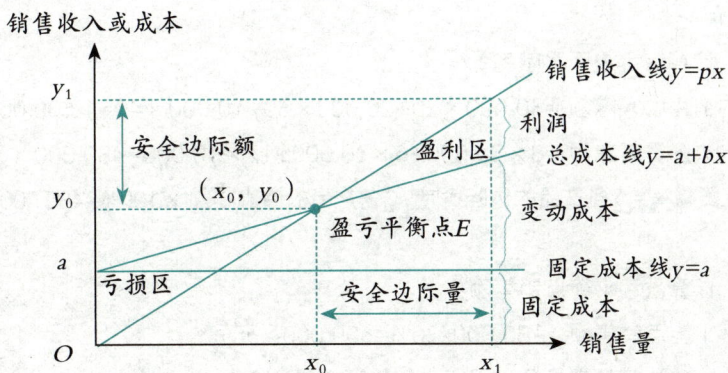

🔺本题答案 ABC

（二）产品组合盈亏平衡分析

1. 加权平均法

加权平均法是在各种产品边际贡献的基础上，以各种产品的预计销售收入占总收入的比重为权数，确定企业加权平均的边际贡献率，进而分析多品种条件下盈亏平衡点销售额的一种方法。

第一步：计算综合边际贡献率（"率"）。

综合边际贡献率 = ∑各产品的边际贡献率 × 各产品的销售收入比重

= ∑各产品的边际贡献 / ∑各产品的销售收入（推荐方法）

第二步：计算盈亏平衡点销售额（"额"）。

综合盈亏平衡点销售额 = 固定成本总额 / 综合边际贡献率

或者直接令"本量利分析的基本关系式 =0"求解。

第三步：分摊计算各产品盈亏平衡点销售额 / 量。

各产品盈亏平衡点销售额 = 综合盈亏平衡点销售额 × 各产品的销售收入比重

各产品盈亏平衡点销售量 = 各产品盈亏平衡点销售额 / 各产品的单价

典例研习 · 8-7　计算分析题

斯瓜公司生产 A、B、C 三种产品，预计固定成本总额为 180 000 元。其他信息如下表所示：

产品数据资料表

项目	销售量 / 件 ①	单价 / 元 ②	单位变动成本 / 元 ③	单位边际贡献 / 元 ④ = ② − ③	边际贡献率 ⑤ = ④ / ②
A 产品	30 000	20	12	8	40%
B 产品	20 000	30	24	6	20%
C 产品	10 000	40	28	12	30%

要求：

按加权平均法进行多种产品的本量利分析。

🔍 斯尔解析

第一步：计算综合边际贡献率。

各产品的销售收入总额 =30 000×20+20 000×30+10 000×40=1 600 000（元）

各产品的边际贡献总额 =8×30 000+6×20 000+12×10 000=480 000（元）

综合边际贡献率 = ∑各产品的边际贡献 / ∑各产品的销售收入 ×100%=480 000/1 600 000× 100%=30%

第二步：计算盈亏平衡点销售额。

综合盈亏平衡点销售额 =180 000/30%=600 000（元）

第三步：分摊计算各产品盈亏平衡点销售额 / 量。

A 产品盈亏平衡点销售额 =600 000×（30 000×20/1 600 000）=225 000（元）

A 产品盈亏平衡点销售量 =225 000/20=11 250（件）

B 产品盈亏平衡点销售额 =600 000×（20 000×30/1 600 000）=225 000（元）

B 产品盈亏平衡点销售量 =225 000/30=7 500（件）

C 产品盈亏平衡点销售额 =600 000×（10 000×40/1 600 000）=150 000（元）

C 产品盈亏平衡点销售量 =150 000/40=3 750（件）

2. 联合单位法

所谓联合单位，是指固定实物比例构成的一组产品。例如，企业同时生产甲、乙、丙三种产品，且三种产品之间的产销量长期保持固定的比例关系，产销量比为 1：2：3。那么，1 件甲产品、2 件乙产品和 3 件丙产品就构成一组产品，简称联合单位。

第一步：确定联合单位的固定实物比例（通常为"产品销量比"）。

第二步：计算联合单价、联合单位变动成本，从而确定联合单位边际贡献（"单"）。

第三步：计算联合盈亏平衡点的业务量（"量"）。

联合盈亏平衡点的业务量 = 固定成本总额 / 联合单位边际贡献

第四步：分配计算各产品销售量。

某产品盈亏平衡点的业务量 = 联合盈亏平衡点的业务量 × 一个联合单位中包含的该产品数量

典例研习 · 8-8　计算分析题

沿用【典例研习 8-7】的资料。

要求：

按联合单位法进行多种产品的本量利分析。

斯尔解析

第一步：确定联合单位的固定实物比例（产品销量比）。

产品销量比 =A：B：C=3：2：1

第二步：计算联合单价、联合单位变动成本和联合单位边际贡献。

联合单价 =20×3+30×2+40×1=160（元）

联合单位变动成本 =12×3+24×2+28×1=112（元）

联合单位边际贡献 =160−112=48（元）

第三步：计算联合盈亏平衡点的业务量。

联合盈亏平衡点的业务量 =180 000/48=3 750（联合单位）

第四步：分配计算各产品销售量。

A 产品盈亏平衡点的业务量 =3 750×3=11 250（件）

B 产品盈亏平衡点的业务量 =3 750×2=7 500（件）

C 产品盈亏平衡点的业务量 =3 750×1=3 750（件）

3. 分算法

分算法是将全部固定成本按一定标准（如边际贡献比重）在各种产品之间进行合理分配，确定每种产品应补偿的固定成本数额，然后再对每一种产品按单一品种条件下的情况分别进行本量利分析的方法。

第一步：计算各产品的边际贡献及其比重（"单"）。

边际贡献比重 = 各产品的边际贡献 / 所有产品的边际贡献

提示：计算时，务必要考虑销售结构或销量比。

第二步：按边际贡献比重分配固定成本。

第三步：计算各产品的盈亏平衡点销售量（"量"）。

某产品的盈亏平衡点销售量 = 某产品分配的固定成本 / 该产品的单位边际贡献

典例研习·8-9　计算分析题

沿用【典例研习8-7】的资料。

要求：

按分算法进行多种产品的本量利分析，其中以各产品的边际贡献比重为分配标准将固定成本分配给各产品。

斯尔解析

第一步：计算各产品的边际贡献及其比重。

A、B、C产品的边际贡献比重 =（30 000×8）:（20 000×6）:（10 000×12）

$$=50\% : 25\% : 25\%$$

第二步：按边际贡献比重分配固定成本。

分配给A产品的固定成本 =180 000×50%=90 000（元）

分配给B产品的固定成本 =180 000×25%=45 000（元）

分配给C产品的固定成本 =180 000×25%=45 000（元）

第三步：计算各产品的盈亏平衡点销售量与销售额。

A产品的盈亏平衡点销售量 =90 000/（20−12）=11 250（件）

A产品的盈亏平衡点销售额 =11 250×20=225 000（元）

同理，B产品和C产品的盈亏平衡点销售量分别为 7 500 件、3 750 件，它们的盈亏平衡点销售额分别为 225 000 元、150 000 元。

4. 主要产品法

在企业产品品种较多的情况下，如果存在一种产品是主要产品，它提供的边际贡献占企业边际贡献总额的比重较大，代表了企业产品的主导方向，则可以按该主要品种的有关资料进行本量利分析，视同于单一品种，即主要产品法计算方法与单一品种的本量利分析相同。

典例研习·8-10　计算分析题

甲公司生产销售A、B、C三种产品，目前正在进行产品组合盈亏平衡分析。已知固定成本总额为 5 400 元，产品产销量、单价和单位变动成本数据如下表所示：

项目	A产品	B产品	C产品
产销量（件）	2 000	1 000	2 000
单价（元）	6	4	10
单位变动成本（元）	2	2	6

要求：

（1）计算C产品的边际贡献率。

（2）运用加权平均法，计算甲公司的综合边际贡献率和综合盈亏平衡点销售额。

（3）运用联合单位法，由 2 件 A 产品、1 件 B 产品和 2 件 C 产品构成一个联合单位，计算联合单价和联合盈亏平衡点的销售量。

斯尔解析

（1）C 产品的边际贡献率 =（10–6）/10×100%=40%。

（2）综合边际贡献率 =［2 000×（6–2）+1 000×（4–2）+2 000×（10–6）］/（2 000×6+1 000×4+2 000×10）×100%=50%。

综合盈亏平衡点销售额 =5 400/50%=10 800（元）

（3）联合单价 =6×2+4×1+10×2=36（元）。

联合单位变动成本 =2×2+2×1+6×2=18（元）

联合盈亏平衡点的销售量 =5 400/（36–18）=300（联合单位）

三、本量利分析的基本应用之保利分析（★★）

（一）预测息税前利润

实现目标利润的销售量 =（固定成本 + 目标利润）/ 单位边际贡献

实现目标利润的销售额 =（固定成本 + 目标利润）/ 边际贡献率

= 实现目标利润的销售量 × 单价

（二）预测税后利润

税后目标利润 =［（单价 – 单位变动成本）× 销售量 – 固定成本 – 利息］×（1– 所得税税率）

$$实现目标利润的销售量 = \frac{固定成本+税后目标利润/（1–所得税税率）+利息}{单位边际贡献}$$

$$实现目标利润的销售额 = \frac{固定成本+税后目标利润/（1–所得税税率）+利息}{边际贡献率}$$

典例研习·8-11 计算分析题

斯瓜公司生产 A 产品，产品的单价为 50 元，单位变动成本为 25 元，固定成本为 50 000 元。如果将目标利润定为 40 000 元。

要求：

计算实现目标利润的销售量和实现目标利润的销售额。

斯尔解析

实现目标利润的销售量 =（50 000+40 000）/（50–25）=3 600（件）

实现目标利润的销售额 =3 600×50=180 000（元）

典例研习·8-12 单项选择题

某公司生产和销售一种产品，产销平衡，单价为 60 元 / 件，单位变动成本为 20 元 / 件，固定成本总额为 60 000 元。假设目标利润为 30 000 元，则实现目标利润的销售量为（　　）件。

A. 1 500　　　　B. 4 500　　　　C. 1 000　　　　D. 2 250

斯尔解析　本题考查目标利润分析。实现目标利润的销售量 =（固定成本 + 目标利润）/（单价 − 单位变动成本）=（60 000+30 000）/（60−20）=2 250（件），选项 D 当选。

本题答案　D

典例研习·8-13 判断题

基于本量利分析模型，其他因素不变，目标利润的变动会影响盈亏平衡点的销售额。

（　　）

斯尔解析　本题考查本量利分析。根据公式"盈亏平衡点销售额 = 固定成本 / 边际贡献率，边际贡献率 = 单位边际贡献 / 单价"可知，目标利润的变动不会影响盈亏平衡点的销售额。本题所述错误。

本题答案　×

典例研习·8-14 计算分析题

斯瓜公司生产和销售单一产品，产品的单价为 50 元，单位变动成本为 25 元，固定成本为 50 000 元，目前的销售量为 3 600 件，现假定该公司将目标利润定为 58 000 元。

要求：

从单个因素来看，影响目标利润的四个基本要素该作怎样的调整。

斯尔解析

（1）实现目标利润的销售量 =（50 000+58 000）/（50−25）=4 320（件）。

销售量应增加 720 件（4 320−3 600）。

（2）实现目标利润的单位变动成本 =50−［（50 000+58 000）/3 600］=20（元）。

单位变动成本应减少 5 元（25−20）。

（3）实现目标利润的固定成本 =（50−25）×3 600−58 000=32 000（元）。

固定成本应减少 26 000 元（58 000−32 000）。

（4）实现目标利润的单价 =25+［（50 000+58 000）/3 600］=55（元）。

单价应增加 5 元（55−50）。

四、本量利分析在经营决策中的应用（★★）

（一）产品生产和定价策略

任何一个企业为了预测利润，从而把目标利润确定下来，首先要预测盈亏平衡点，超过盈亏平衡点再扩大销售量或增加销售额才谈得上利润。盈亏平衡分析在产品生产和定价策略中经常用到，例如计算盈亏平衡点业务量或者可接受最低售价等。

典例研习·8-15 计算分析题

某企业生产 A 产品，每月固定成本为 150 000 元，销售单价为 300 元，变动成本为 60 元，假设每月正常销售量为 700 件。

要求：

（1）计算该企业目前的单位边际贡献、盈亏平衡点销售量和安全边际额。

（2）如果计划目标税前利润达到 200 000 元且销售量达到 1 000 件，计算可接受的最低售价。

斯尔解析

（1）单位边际贡献 =300−60=240（元）。

盈亏平衡点销售量 =150 000/240=625（件）

安全边际量 =700−625=75（件）

安全边际额 =75×300=22 500（元）

（2）可接受的最低售价 =（200 000+150 000）/1 000+60=410（元）。

（二）生产工艺设备的选择

决策原则：选择获得更多利润的方案，即评判哪一种生产设备会带来更多的利润。

但是，在实际决策过程中，我们有时候只知道相关的成本，但并不知道预计的销售量是多少，此时我们仅需要将销售量设为一个未知参数 X，然后根据本量利分析的基本关系式，找到不同方案下目标利润相同的分界点（类似于每股收益无差别点），然后分别判断在不同销售量下应当选择哪个方案。

提示：教材中所阐述的方法是成本分界点法，本质上与我们所介绍的方法无异，只不过本方法可以帮助我们用更简单的思路绘制出利润图，并根据斜率大小直接判断方案的优劣。

典例研习·8-16 计算分析题

斯瓜公司正在考虑更换当前企业原有的生产线，既可以选择购买与原来一样的生产线，也可以购买一条自动化程度更高的生产线。原有生产线的价格为 150 000 元，而新生产线的价格为 300 000 元，两种生产线的使用年限均为 5 年，无残值。两种生产线生产出的产品型号、质量相同，市场售价为 50 元 / 件。

金额单位：元

项目		原生产线	新生产线
直接材料		15	15
直接人工		12	10
变动制造费用		10	10
固定制造费用（假设只包括折旧）		30 000	60 000
年销售费用	固定部分	10 000	
	变动部分	5	

续表

项目	原生产线	新生产线
年管理费用（假设全部为固定费用）	10 000	
售价	50	50
单位变动成本	15+12+10+5=42	15+10+10+5=40
单位边际贡献	8	10
年固定成本	50 000	80 000
盈亏平衡点（件）	6 250	8 000

要求：

计算令两种生产线利润相同时的年产销量，并判断当年产销量为 12 000 件时，应采用哪一种生产线。

⑤斯尔解析 设销量为 x，则：

原生产线利润 =$8x$–50 000（即斜率为 8）

新生产线利润 =$10x$–80 000（即斜率为 10）

令新旧生产线利润相等，解得 x=15 000（件）（类似无差别点）。

这说明当年产销量为 15 000 件时，使用两种生产线时的利润相等。

当年产销量低于 15 000 件时，采用原来的生产线所获得利润较多，低于临界点，选斜率小的。

当年产销量高于 15 000 件时，采用新的生产线所获得的利润较多，高于临界点，选斜率大的。

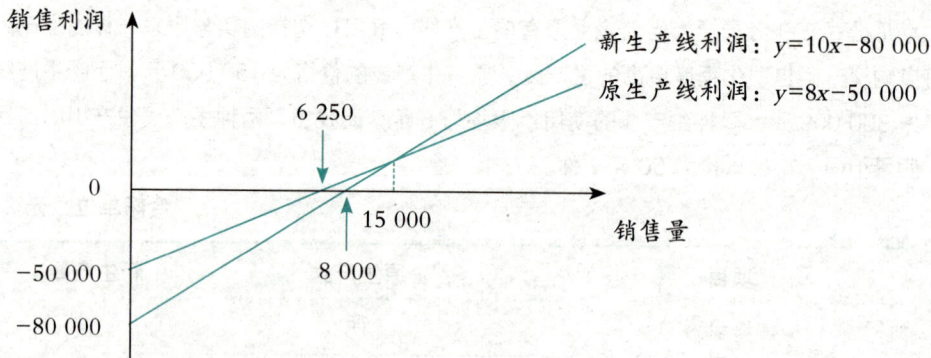

因此，当年产销量为 12 000 件时，应采用原生产线。（当然，更简便的方法是将"x=12 000"代入两个利润方程式，选择利润数值更大的方案即可，无须绘制函数图像）

（三）新产品投产的选择

决策原则：选择增加利润更多的方案，即评判新产品投产是否会带来额外的利润。

增量利润 = 增加的边际贡献 − 增加的机会成本 − 增加的固定成本

提示：

（1）何为"增加的机会成本"？

因为新产品的投产将减少原有产品的产销量，所以原有产品因此而减少的边际贡献为投产新产品的机会成本，在决策时应予以考虑。

（2）不同备选方案之间无差别的成本项目，属于决策无关成本，不纳入考虑范畴。

典例研习·8-17　计算分析题

丙公司只生产 L 产品，计划投产一种新产品，现有 M、N 两个品种可供选择，相关资料如下：

资料一：L 产品单位售价为 600 元，单位变动成本为 450 元，预计年产销量为 2 万件。

资料二：M 产品的预计单价为 1 000 元，边际贡献率为 30%，年产销量为 2.2 万件，开发 M 产品需增加一台设备，将导致固定成本增加 100 万元。

资料三：N 产品的年边际贡献总额为 630 万元，生产 N 产品需要占用原有 L 产品的生产设备，将导致 L 产品的年产销量减少 10%。

丙公司采用本量利分析法进行生产产品的决策，不考虑增值税及其他因素的影响。

要求：

（1）根据资料二，计算 M 产品边际贡献总额。

（2）根据要求（1）的计算结果和资料二，计算开发 M 产品对丙公司息税前利润的增加额。

（3）根据资料一和资料三，计算开发 N 产品导致原有 L 产品的边际贡献减少额。

（4）根据要求（3）的计算结果和资料三，计算开发 N 产品对丙公司息税前利润的增加额。

（5）在投产 M 产品或 N 产品之间作出选择并说明理由。

斯尔解析

（1）M 产品边际贡献总额 = 1 000 × 2.2 × 30% = 660（万元）。

（2）息税前利润的增加额 = 660 − 100 = 560（万元）。

（3）边际贡献减少额（或增加的机会成本）=（600 − 450）× 2 × 10% = 30（万元）。

（4）息税前利润的增加额 = 630 − 30 = 600（万元）。

（5）生产 M 产品对丙公司息税前利润的增加额 560 万元小于开发 N 产品对丙公司息税前利润的增加额 600 万元，因此应该投产 N 产品。

五、利润敏感性分析（★★）

（一）正向：因素如何影响利润

1. 含义

研究本量利分析中影响利润的诸多因素发生微小变化时，对利润的影响方向和程度。

2. 敏感系数的计算

敏感系数 = 利润变动百分比 / 因素变动百分比

（1）敏感还是不敏感？

①若绝对值＞1，利润变动幅度大于某因素变动幅度，则为敏感因素。

②若绝对值＜1，利润变动幅度小于某因素变动幅度，则为不敏感因素。

（2）正向还是反向？

某一因素的敏感系数＞0，表明该因素的变动与利润的变动为正向关系。

某一因素的敏感系数＜0，表明该因素的变动与利润的变动为反向关系。

典例研习 · 8-18 〔计算分析题〕

斯瓜公司生产 A 产品，计划年度内有关数据预测如下：销售量 100 000 件，单价 30 元，单位变动成本 20 元，固定成本 200 000 元。假设销售量、单价、单位变动成本和固定成本均分别增长了 10%。

要求：

计算各因素的敏感系数。

斯尔解析 预计的目标利润 =（30−20）×100 000−200 000=800 000（元）

（1）销售量的敏感程度：

销售量 =100 000×（1+10%）=110 000（件）

息税前利润 =（30−20）×110 000−200 000=900 000（元）

利润变动百分比 =（900 000−800 000）/800 000×100%=12.5%

销售量的敏感系数 =12.5%/10%=1.25

（2）销售单价的敏感程度：

单价 =30×（1+10%）=33（元）

利润 =（33−20）×100 000−200 000=1 100 000（元）

利润变化的百分比 =（1 100 000−800 000）/800 000×100%=37.5%

单价的敏感系数 =37.5%/10%=3.75

（3）单位变动成本的敏感程度：

单位变动成本 =20×（1+10%）=22（元）

利润 =（30−22）×100 000−200 000=600 000（元）

利润变化的百分比 =（600 000−800 000）/800 000×100%=−25%

单位变动成本的敏感系数 =−25%/10%=−2.5

（4）固定成本的敏感程度：

固定成本 =200 000×（1+10%）=220 000（元）

利润 =（30−20）×100 000−220 000=780 000（元）

利润变化的百分比 =（780 000−800 000）/800 000×100%=−2.5%

固定成本的敏感系数 =−2.5%/10%=−0.25

（二）反向：利润要求因素如何变化

对各因素允许升降幅度的分析，实质上是各因素对利润影响程度分析的反向推算，在计算上等于敏感系数的倒数乘以目标利润变动百分比。

（三）评价

敏感性分析的主要优点在于简单易行，分析结果易于理解，能为企业的规划、控制和决策提供参考，但敏感性分析对决策模型和预测数据具有依赖性，决策模型的可靠程度和数据的合理性会影响敏感性分析的可靠性。

典例研习·8-19 单项选择题

甲公司只生产和销售某一种产品，该产品的单价为 10 元，单位变动成本为 6 元，2022 年销售量为 20 万件，息税前利润为 50 万元。假设成本性态保持不变，则销售量的利润敏感系数是（　　）。

A. 2.2　　　　　　　B. 1.6　　　　　　　C. 1.2　　　　　　　D. 0.8

斯尔解析 本题考查利润敏感分析。根据本量利基本关系式"销售量 ×（单价 − 单位变动成本）− 固定成本 = 息税前利润"可得，固定成本 =30（万元）。假设销售量上升 10%（假设任何数字都可以，选择 10% 是为了便于计算），变化后的销售量 =20×（1+10%）=22（万件），变化后的息税前利润 =22×（10−6）−30=58（万元），因此，息税前利润的变化率 =（58−50）/50×100%=16%，销售量的利润敏感系数 =16%/10%=1.6，选项 B 当选。

提示：本题中"假设成本性态不变"说明单位变动成本和固定成本均保持不变。

本题答案 B

典例研习·8-20 单项选择题

甲公司只生产一种产品，目前处于盈利状态，单位变动成本为 10 元，息税前利润对单位变动成本的敏感系数为 −4。假定其他条件不变，甲公司盈亏平衡点时的单位变动成本为（　　）元。

A. 7.5　　　　　　　B. 9.6　　　　　　　C. 10.4　　　　　　　D. 12.5

斯尔解析 本题考查利润敏感分析。甲公司从盈利状态改为盈亏平衡时，息税前利润从原有水平降至 0，因此息税前利润的变动百分比为 −100%［例如，甲公司原有息税前利润水平为 50 元，进入盈亏平衡状态时，息税前利润为 0，则息税前利润变动百分比为 =（0−50）/50×100%=−100%］。由于息税前利润对单位变动成本的敏感系数为 −4，因此，单位变动成本的变动百分比 =（−100%）/（−4）×100%=+25%，所以甲公司盈亏平衡点时的单位变动成本 =10×（1+25%）=12.5（元），选项 D 当选。

本题答案 D

第三节 标准成本控制与分析

一、标准成本的含义、口径与分类

（一）含义

标准成本，是指在正常的生产技术水平和有效的经营管理条件下，企业经过努力应达到的产品成本水平。

（二）口径

口径	单位产品口径	实际产量口径
名称	单位产品标准成本	实际产量下标准成本（总额）
用途	标准成本制定	成本差异分析
算法	标准单耗 × 标准单价	实际产量 × 标准单耗 × 标准单价

（三）分类（单位产品口径）

类型	内容
理想标准成本	在生产过程无浪费、机器无故障、人员无闲置、产品无废品等的假设条件下制定的成本标准。理论标准，是现有条件下所能达到的最优成本水平
正常标准成本	在正常情况下，企业经过努力可以达到的成本标准。考虑了生产过程中不可避免的损失、故障、偏差等

通常来说，理想标准成本小于正常标准成本。正常标准成本具有客观性、现实性和激励性等特点，在实践中得到广泛应用。

二、标准成本的制定（★★）

（一）单位产品标准成本

单位产品标准成本 = 直接材料标准成本 + 直接人工标准成本 + 制造费用标准成本

其中，每一成本项目的标准成本可分为标准单耗和标准单价，因此：

单位产品的标准成本

= 直接材料标准用量 × 标准价格 + 直接人工标准用量 × 标准价格 + 制造费用标准用量 × 标准价格

= ∑（标准单耗 × 标准单价）

常见的"标准单耗"和"标准单价"说法如下表所示：

成本项目	标准单耗	标准单价
直接材料（元／件）	材料消耗量（千克／件）	材料标准单价（元／千克）
直接人工（元／件）	人工工时（小时／件）	小时标准工资率（元／小时）
制造费用（元／件）	人工／机器工时（小时／件）	小时标准分配率（元／小时）

提示：

（1）标准成本≠标准价格。

①"标准成本"是产品维度的成本，单位名称是"元／件"。

②"标准价格"是料、工、费层面的单价，单位名称是"元／千克"或"元／小时"。

（2）直接人工和制造费用的"单价"计算公式：

①小时标准工资率＝标准工资总额／标准总工时（标准／标准）。

②小时标准分配率＝标准制造费用总额／标准总工时（标准／标准）。

其中，标准总工时通常根据预算产量确定，全称是"预算产量下标准总工时"或称"预算总工时"，注意此处是"预算产量"，而非"实际产量"。

（二）标准成本制定的分工或依据

类型	项目	内容
直接材料	材料消耗量（标准单耗）	一般由生产部门负责，会同技术、财务、信息等部门制定
	材料标准单价	采用企业编制的计划价格，通常是以订货合同的价格为基础，并考虑到未来物价、供求等各种变动因素后按材料种类分别计算
直接人工	人工工时（标准单耗）	一般由生产部门负责，会同技术、财务、信息等部门，在对产品生产所需作业、工序、流程、工时进行技术测定的基础上，考虑正常的工作间隙，并适当考虑生产条件的变化，生产工序、操作技术的改善，以及相关工作人员主观能动性的充分发挥等因素合理确定
	小时标准工资率（标准单价）	一般由人事部门负责，根据企业薪酬制度以及国家有关职工薪酬制度改革的相关规定等制定

三、成本差异的计算及分析（★★★）

（一）成本差异的基本内涵

成本差异是指实际成本与相应标准成本之间的差额。即：

成本差异＝实际产量下的实际成本－实际产量下的标准成本

项目	实际产量下的实际成本	实际产量下的标准成本
拆分	实际产量 × 实际单耗 × 实际单价	实际产量 × 标准单耗 × 标准单价
合并	实际产量下的实际用量 × 实际单价 提示：实际产量下的实际用量 = 实际总消耗	实际产量下的标准用量 × 标准单价
简化	$Q_1 \times P_1$	$Q_0 \times P_0$ 其中：Q_0=件 × 千克／件，或件 × 小时／件

项目	具体释义	
料	实际领用千克数（Q_1） × 实际采购价（P_1）	实际产品生产量（件） × 每件产品消耗千克数（千克／件） × 标准采购价（P_0）
工	实际工作小时数（Q_1） × 实际工资率（P_1）	实际产品生产量（件） × 每件产品消耗小时数（小时／件） × 标准工资率（P_0）
费	实际工作小时数（Q_1） × 实际分配率（P_1）	实际产品生产量（件） × 每件产品消耗小时数（小时／件） × 标准分配率（P_0）

（二）变动成本差异分析

1.变动成本差异的计算逻辑

（1）减法逻辑。

如上所述，成本差异是"实际成本"与"标准成本"的差异，可简化表达为：

成本差异（总差异）=$Q_1 \times P_1 - Q_0 \times P_0$

（2）加法逻辑。

除此之外，还可以将成本差异拆分为用量差异和价格差异。即：成本差异（总差异）=用量差异 + 价格差异。

①用量差异 =（实际产量下的实际用量 − 实际产量下的标准用量）× 标准单价。

简化：Δ量 =（$Q_1 - Q_0$）$\times P_0$。

②价格差异 =（实际单价 − 标准单价）× 实际产量下的实际用量。

简化：Δ价 =（$P_1 - P_0$）$\times Q_1$。

提示：

a.成本差异＞0，为超支差异；成本差异＜0，为节约差异。

b. 用量差异是纯粹差异，价格差异是混合差异。

这是因为用量差异（即由于人工工时、材料消耗量带来的差异等）容易追责到相关部门和人员，而价格差异通常是多种原因共同作用下的结果，例如，市场发生变化等外因也会导致实际价格偏离标准价格。因此，按照惯例，将混合差异纳入价格差异，从而让数量差异更纯粹。

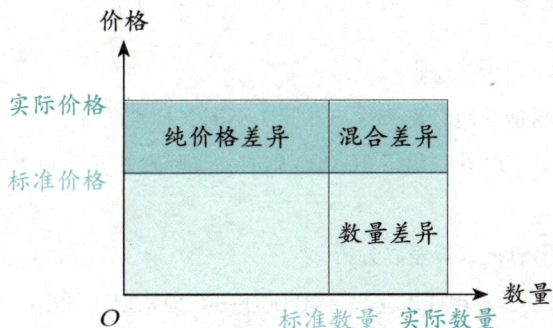

2. 变动成本差异的计算公式

项目	用量差异	价格差异
直接材料成本差异	直接材料数量差异 = （实际用量 – 标准用量）× 标准单价	直接材料价格差异 = （实际单价 – 标准单价）× 实际用量
直接人工成本差异	直接人工效率差异 = （实际工时 – 标准工时）× 标准工资率	直接人工工资率差异 = （实际工资率 – 标准工资率）× 实际工时
变动制造费用差异	变动制造费用效率差异 = （实际工时 – 标准工时）× 标准分配率	变动制造费用耗费差异 = （实际分配率 – 标准分配率）× 实际工时

典例研习 · 8-21 （计算分析题）

A 产品甲材料的标准价格为 45 元 / 千克，标准用量为 3 千克 / 件。假定企业本月投产 A 产品 8 000 件，领用甲材料 32 000 千克，其实际价格为 40 元 / 千克。

要求：

针对直接材料进行成本差异分析。

斯尔解析 直接材料成本差异 =32 000×40–8 000×3×45=200 000（元）（超支）

直接材料数量差异 =（32 000–8 000×3）×45=360 000（元）（超支）

直接材料价格差异 =32 000×（40–45）=–160 000（元）（节约）

典例研习 · 8-22 （计算分析题）

A 产品的标准工资率为 30 元 / 小时，标准工时为 1.5 小时 / 件，工资标准为 45 元 / 件。假定企业本月实际生产 A 产品 8 000 件，用工 10 000 小时，实际应付直接人工工资 350 000 元。

要求：

针对直接人工进行成本差异分析。

🔍斯尔解析 直接人工成本差异 =350 000–8 000×45=–10 000（元）（节约）

直接人工效率差异 =（10 000–8 000×1.5）×30=–60 000（元）（节约）

直接人工工资率差异 =（350 000÷10 000–30）×10 000=50 000（元）（超支）

▎ 典例研习·8-23 计算分析题

A 产品标准变动制造费用分配率为 3.6 元 / 小时，标准工时为 1.5 小时 / 件。假定企业本月实际生产 A 产品 8 000 件，用工 10 000 小时，实际发生变动制造费用 40 000 元。

要求：

针对变动制造费用进行成本差异分析。

🔍斯尔解析 变动制造费用成本差异 =40 000–8 000×1.5×3.6=–3 200（元）（节约）

变动制造费用效率差异 =（10 000–8 000×1.5）×3.6=–7 200（元）（节约）

变动制造费用耗费差异 =（40 000÷10 000–3.6）×10 000=4 000（元）（超支）

▎ 典例研习·8-24 判断题

在标准成本差异分析中，直接材料数量差异是指由实际消耗量脱离标准消耗量所形成的成本差异。 （　　）

🔍斯尔解析 本题考查直接材料成本差异的计算分析。直接材料数量差异，是指在产品生产过程中，直接材料实际消耗量脱离标准消耗量所形成的差异；直接材料价格差异，是指在采购过程中，直接材料实际价格脱离标准价格所形成的差异。本题所述正确。

▲本题答案 √

▎ 典例研习·8-25 单项选择题

下列因素中，一般不会导致直接人工工资率差异的是（　　）。

A. 工资制度的变动　　　　　　　　B. 工作环境的好坏

C. 工资级别的升降　　　　　　　　D. 加班或临时工的增减

🔍斯尔解析 本题考查直接人工成本差异的计算分析。工资率差异是价格差异，其形成原因比较复杂，工资制度的变动、工人的升降级、加班或临时工的增减等都将导致工资率差异，选项 ACD 不当选。工作环境的好坏影响的是直接人工的效率差异，选项 B 当选。

⚠陷阱提示 影响工资率差异的因素可以大致记忆为"加加减减"，例如工资增减、级别升降、加班增减，而工作环境的好坏并不属于"加加减减"，因此不产生工资率差异而会导致效率差异。

▲本题答案 B

▎ 典例研习·8-26 多项选择题

在标准成本法下，关于直接人工成本及其差异的计算，下列表述正确的有（　　）。

A. 直接人工标准成本 = 预算产量下标准工时 × 标准分配率

B. 直接人工工资率差异 = 标准工时 ×（实际工资率 – 标准工资率）

C. 直接人工效率差异 =（实际工时 − 标准工时）× 标准工资率

D. 直接人工实际成本 = 实际产量下实际工时 × 实际工资率

斯尔解析 本题考查直接人工成本差异的计算分析。直接人工标准成本 = 实际产量下标准工时 × 标准分配率，选项 A 不当选（快速方法：看到"预算产量"即可判错，因为仅有固定制造费用成本差异分析才涉及"预算产量"）。直接人工工资率差异 = 实际工时 ×（实际工资率 − 标准工资率），选项 B 不当选。直接人工效率差异 =（实际工时 − 标准工时）× 标准工资率，选项 C 当选。直接人工实际成本 = 实际产量下实际工时 × 实际工资率，选项 D 当选。

本题答案 CD

典例研习·8-27 （单项选择题）

甲公司生产制造 A 产品，该产品变动制造费用标准分配率为 2 元 / 小时，每件产品的标准工时为 2 小时。2023 年 5 月，该产品实际产量为 100 件，实际工时为 250 小时，实际发生变动制造费用 1 000 元，变动制造费用耗费差异为（　　）元。

A. 150　　　　　　B. 300　　　　　　C. 450　　　　　　D. 500

斯尔解析 本题考查变动制造费用的成本差异分析。变动制造费用的耗费差异（价差）=（变动制造费用实际分配率 − 变动制造费用标准分配率）× 实际工时 =（1 000/250−2）×250 = 500（元），选项 D 当选。

本题答案 D

3. 变动成本差异的形成原因及责任归属

差异类型		形成原因	责任归属
量差	材料用量差异	产品设计结构、原料质量、工人的技术熟练程度、废品率的高低	主要由生产部门负责，但需要具体分析
	人工效率差异	工人技术状况、工作环境和设备条件的好坏	
	变动制造费用效率差异		
价差	材料价格差异	市场价格、供货厂商、运输方式、采购批量	主要由采购部门负责
	人工工资率差异	工资制度的变动、工人的升降级、加班或临时工的增减	主要由人事劳动部门负责
	变动制造费用耗费差异	—	—

（三）固定制造费用成本差异分析

1. 基本原则

固定制造费用项目成本差异，是指固定制造费用项目实际成本与其标准成本之间的差额。

原理详解 💡

　　差异分析的核心思想是把实际成本与标准成本之间的差异，分解成更具体的维度，以便改良。例如，在变动成本差异分析中，我们将总差异分解成了价格和数量两个互相独立的变量。如果是价格原因，找采购部门等；如果是数量原因，一般找生产部门。

　　但对于固定制造费用而言，价格和数量并不独立，两者互相影响。如何理解呢？

　　固定制造费用的价格标准是固定制造费用标准分配率，数量标准是标准总工时（或预算总工时），两者关系为"固定制造费用标准分配率 = 固定制造费用标准总成本 / 标准总工时"。由于固定制造标准总成本是一个不变的预算金额（这是其与变动制造费用的本质区别），当价格标准或数量标准中的任意一个发生变化时，另一个就会同步变化，即互相影响。因此，我们不应按照"价格差异"和"数量差异"这两个维度进行固定制造费用成本差异分析，否则将产生差异责任归属部门不清的问题。

2. 固定制造费用成本差异分析

由于固定制造费用相对固定（总量固定），实际产量与预算产量的差异会对单位产品所应承担的固定制造费用产生影响，所以固定制造费用成本的分析有其特殊性（即需要单独考虑预算产量所带来的影响），分为两差异分析法和三差异分析法。

这是因为在实务中，固定制造费用的控制往往通过预算管理进行，因此固定制造费用实际成本与预算成本的对比更能够反映成本控制的效果，并为后续年度制定固定制造费用预算金额提供参考。

（1）两差异分析法。

差异项目	公式
耗费差异	固定制造费用实际成本 − 预算产量下标准工时 × 标准分配率
能量差异	（预算产量下标准工时 − 实际产量下标准工时）× 标准分配率

（2）三差异分析法。

差异项目	公式
耗费差异	固定制造费用实际成本 − 预算产量下标准工时 × 标准分配率
产量差异	（预算产量下的标准工时 − 实际产量下的实际工时）× 标准分配率
效率差异	（实际产量下的实际工时 − 实际产量下的标准工时）× 标准分配率

解题高手

命题角度：固定制造费用成本差异计算。

客观题、主观题高频考点，公式复杂，且理解难度高，但同学们只要按照下图所提示的方式进行记忆，准确抓住题目中数字后面的"单位名称"，就可以轻松列式计算：

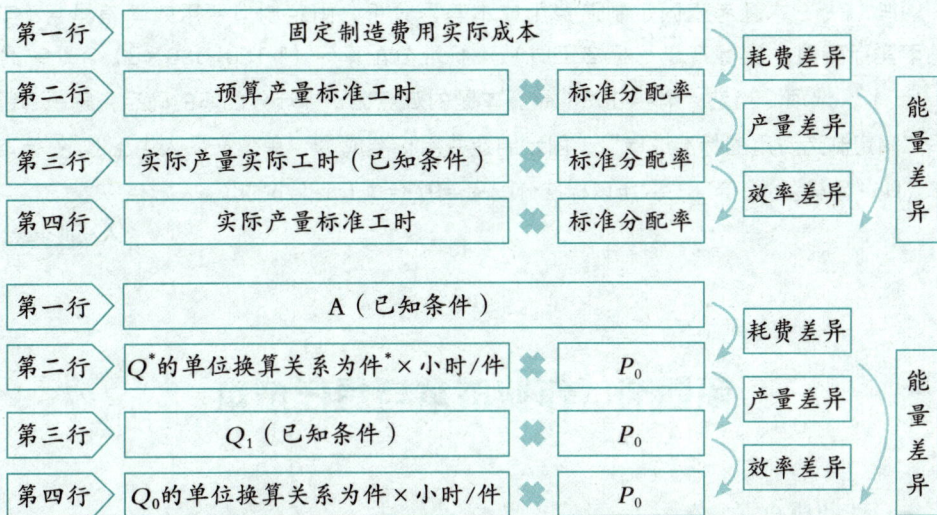

第一行	固定制造费用实际成本		
第二行	预算产量标准工时	✖	标准分配率
第三行	实际产量实际工时（已知条件）	✖	标准分配率
第四行	实际产量标准工时	✖	标准分配率

耗费差异 / 产量差异 / 效率差异 → 能量差异

第一行	A（已知条件）		
第二行	Q^*的单位换算关系为件*× 小时/件	✖	P_0
第三行	Q_1（已知条件）	✖	P_0
第四行	Q_0的单位换算关系为件×小时/件	✖	P_0

耗费差异 / 产量差异 / 效率差异 → 能量差异

字母含义与变动成本差异分析相同，唯一不同在于增加了"预算产量"这一计算口径，可用"*"予以区别。因此，预算产量下的标准用量（Q^*）= 预算产量 × 标准用量，其单位换算关系为"件*× 小时 / 件"。

典例研习·8-28 计算分析题

A产品固定制造费用标准分配率为12元/小时，标准工时为1.5小时/件。假定企业A产品预算产量为10 400件，实际生产A产品8 000件，用工10 000小时，实际发生固定制造费用190 000元。

要求：

分别运用两差异分析法、三差异分析法对固定制造费用进行成本差异分析。

斯尔解析

固定制造费用成本差异 =190 000−8 000×1.5×12=46 000（元）（超支）

两差异分析法：

耗费差异 =190 000−10 400×1.5×12=2 800（元）（超支）

能量差异 =（10 400×1.5−8 000×1.5）×12=43 200（元）（超支）

三差异分析法：

耗费差异 =190 000−10 400×1.5×12=2 800（元）（超支）

产量差异 =（10 400×1.5−10 000）×12=67 200（元）（超支）

效率差异 =（10 000−8 000×1.5）×12=−24 000（元）（节约）

典例研习·8-29 （单项选择题）

甲公司生产制造某种产品，每件产品的标准工时为 3 小时，固定制造费用的标准成本为 9 元，企业预算产量为每月 380 件。经统计，甲公司 3 月份实际产量为 350 件，发生固定制造费用 2 250 元，实际工时为 1 100 小时。该公司 3 月份固定制造费用效率差异为（　　）元。

A.−30　　　　　　　B. 100　　　　　　　C. 150　　　　　　　D.−300

🔍 **斯尔解析** 本题考查固定制造费用成本差异分析。固定制造费用效率差异 ＝（实际产量下实际工时 − 实际产量下标准工时）× 标准分配率 ＝（1 100−350×3）×（9/3）＝ 150（元），选项 C 当选。需要注意的是，本题的难点在于标准分配率的确定，解题关键是理解"固定制造费用的标准成本"。固定制造费用标准成本 ＝ 单位产品人工工时 × 标准分配率（即"单耗 × 单价"），所以标准分配率 ＝9/3＝3（元 / 小时）。

▲**本题答案** C

第四节　作业成本与责任成本

一、作业成本（★）

（一）作业成本法的产生背景

在传统的产品核算方法下，间接成本（如制造费用）通常按照直接人工等产量基础进行分配，但这会导致产量多的产品分摊的成本多，而产量少的产品分摊的成本少。这显然出现了成本扭曲，无法为企业成本管理提供真实有效的信息，不利于企业进行成本控制、产品定价和管理改进。实际上，有许多制造费用项目并不是产量的函数，而是与生产批次等其他变量存在因果关系。

随着智能制造时代的来临，机器取代人工已成为大趋势，这无疑将导致直接人工成本比重下降，制造费用比重提高。因此，制造费用的分配科学与否将很大程度上决定产品成本计算的准确性和成本控制的有效性。

作业成本法找到了一个分配间接成本更优的路径，这个路径叫作"作业"。 所谓作业，是指企业经营活动中的某些服务或者活动，如设备维修服务、供暖服务、产品检验等。

企业每进行一项作业都要耗用一定的成本（在作业成本法下，被称为"资源"，即作业消耗的人、财、物）。与此同时，产品被一系列的作业生产出来。因此，从成本归集的路径上来看，作业成本法就是引入了"作业"作为中介，先把成本（即资源）归集到各项作业，计算出作业成本；然后再按照各项作业成本与产品（在作业成本法下，被称为"成本对象"，既可以是产品，也可以是服务或顾客等，以下仅以"产品"举例）之间的因果关系，将作业成本分配到产品，最终完成成本计算，即基本逻辑是"产品消耗作业，作业消耗资源"。

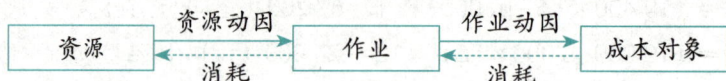

以"设备维修服务"为例，"产品消耗作业"是指在产品的生产过程中需要对设备开展维修作业，而"作业消耗资源"是指设备维修所需耗用的人力、物力、财力。

（二）作业成本法的含义

所谓作业成本法，是将间接成本和辅助费用更准确地分配到产品和服务的一种成本计算方法。其核心理念在于追踪成本动因，确定责任归属，并且通过消除不增加价值的作业达到成本优化，不断优化价值链。

（三）相关概念

1.资源费用

资源费用是指企业在一定期间内开展经济活动所发生的各项资源耗费，包括有形资源耗费、无形资源耗费、人力资源耗费以及其他各种税费支出等。

2.作业

作业，是指企业基于特定目的重复执行的任务或活动，是连接资源和成本对象的桥梁。一项作业既可以是一项非常具体的任务或活动，也可以泛指一类任务或活动。例如，产品设计、材料搬运、包装、订单处理、设备调试、采购、设备运行以及质量检验等均为不同的作业。

（1）按消耗对象不同，作业可分为：

①主要作业：被产品、服务或顾客等最终成本对象消耗的作业。

②次要作业：被原材料、主要作业等介于中间地位的成本对象消耗的作业。

（2）从作业成本分配的角度：

①首先，分配次要作业成本至主要作业，计算主要作业的总成本和单位成本。

②其次，分配主要作业成本至成本对象，计算各成本对象的总成本和单位成本。

3.成本对象

成本对象是指企业追溯或分配资源费用、计算成本的对象物，可以是工艺、流程、零部件、产品、服务、客户、分销渠道、作业、作业链等需要计量和分配成本的项目。

4.成本动因

成本动因亦称成本驱动因素，是指诱导成本发生的原因，也是成本分配的依据。成本动因可分为：

（1）资源动因：引起作业成本变动的驱动因素，反映作业量与耗费之间的因果关系，用于计量各项作业对资源的耗用，是将资源成本分配给各有关作业的依据。

（2）作业动因：引起产品成本变动的驱动因素，反映产品产量与作业成本之间的因果关系，用于计量各种产品对作业耗用的情况，是将作业成本分配给各种产品的基础。

作业动因类型	含义	示例	适用情况
交易动因	用执行频率或次数计量的成本动因	接受或发出订单数、处理收据数等	每次执行所需要的资源数量相同或接近
持续时间动因	用执行时间计量的成本动因	产品安装时间、检查小时等	每次执行所需要的时间存在显著的不同

续表

作业动因类型	含义	示例	适用情况
强度动因	不易按照频率、次数或执行时间进行分配而需要直接衡量每次执行所需资源的成本动因	特别复杂产品的安装、质量检验等	作业的执行比较特殊或复杂

5. 作业中心（成本库）

作业中心可以是某一项具体的作业，也可以是由若干相互联系的能够实现某种特定功能的作业的集合。

作业中心类型	特征	示例
产量级作业	明确地为个别产品（或服务）实施的、使单个产品（或服务）受益的作业，其数量与产品（或服务）的数量呈正比例变动	产品加工、检验等
批别级作业	为一组（或一批）产品（或服务）实施的、使该组（该批）产品（或服务）受益的作业，其数量与产品（或服务）的批量数呈正比例变动	设备调试、生产准备等
品种级作业	为生产和销售某种产品（或服务）实施的、使该种产品（或服务）的每个单位都受益的作业，其数量与品种的多少呈正比例变动	新产品设计、现有产品质量与功能改进、生产流程监控、工艺变换需要的流程设计、产品广告等
顾客级作业	为服务特定客户所实施的作业，其本身与产品（或服务）数量独立	向个别客户提供的技术支持活动、咨询活动、独特包装等
设施级作业	为提供生产产品（或服务）的基本能力而实施的作业，使所有产品（或服务）都受益，但与产量或销量无关	管理作业、针对企业整体的广告活动等

典例研习·8-30 （单项选择题）

对于一家制造企业而言，在作业成本法下，下列作业中属于产量级作业的是（　　）。

A. 设备调试　　　　　　　　　　B. 产品广告

C. 生产流程监控　　　　　　　　D. 产品加工

⑨斯尔解析　本题考查作业成本管理。产量级作业是指明确地为个别产品（或服务）实施的、使单个产品（或服务）受益的作业，其数量与产品（或服务）的数量呈正比例变动，

包括产品加工和检验，选项 D 当选。设备调试属于批别级作业，选项 A 不当选。产品广告和生产流程监控属于品种级作业，选项 BC 不当选。

本题答案　D

（四）作业成本法的优缺点及适用对象

1. 优点

（1）能够提供更加准确的各维度成本信息，有助于企业提高产品定价、作业与流程改进、客户服务等决策的准确性。

（2）改善和强化成本控制，促进绩效管理的改进和完善。

（3）推进作业基础预算，提高作业、流程、作业链（或价值链）管理的能力。

2. 缺点

部分作业的识别、划分、合并与认定，成本动因的选择以及成本动因计量方法的选择等均存在较大的主观性，操作较为复杂，开发和维护费用较高。

3. 适用对象

作业成本法一般适用于具备以下特征的企业：作业类型较多且作业链较长；同一生产线生产多种产品；企业规模较大且管理层对产品成本准确性要求较高；产品、客户和生产过程多样化程度较高；间接或辅助资源费用所占比重较大等。

（五）作业成本管理

1. 增值作业与非增值作业

按照对顾客价值所作的贡献，作业可以分为增值作业和非增值作业。

类型	项目	解释
增值作业	含义	增值作业是那些顾客认为可以增加其购买的产品或服务的有用性，有必要保留在企业中的作业
	判定标准	同时满足：（1）该作业导致了状态的改变；（2）该状态的变化不能由其他作业来完成；（3）该作业使其他作业得以进行
	举例	印刷厂的裁边作业
非增值作业	含义	非增值作业是指即便消除也不会影响产品对顾客服务的潜能，不必要的或可消除的作业。如果一项作业不能同时满足增值作业的三个条件，可断定其为非增值作业
	举例	检验作业、次品返工作业

2. 增值成本和非增值成本

类型	解释
增值成本	以完美效率执行增值作业所发生的成本，即高效增值作业的成本
非增值成本	增值作业中因为低效率所发生的成本，执行非增值作业发生的全部成本

3.降低成本的途径

途径	解释	举例
作业消除	消除非增值作业或不必要的作业，降低非增值成本	原材料直接送达原料使用部门而非仓库、将功能性的工厂布局转变为单元制造式布局
作业选择	对所有能够达到同样目的的不同作业，选取其中最佳的方案	将内部货物运输业务由自营转为外包
作业减少	以不断改进的方式降低作业消耗的资源或时间	减少整备次数、不断改进技术降低作业消耗时间
作业共享	利用规模经济来提高增值作业的效率	新产品设计时应充分利用现有其他产品使用的零件

提示：作业消除，消除的是工序或流程；作业减少，减少的是工序或流程所耗费的资源或时间。

典例研习·8-31 多项选择题

下列关于一项作业判定为增值作业的条件有（　　　）。

A. 该作业导致了状态的改变　　　　B. 该状态的变化不能由其他作业来完成

C. 该作业使其他作业得以进行　　　D. 该状态的变化可以由其他作业来完成

斯尔解析 本题考查作业成本管理。一项作业必须同时满足三个条件才可判定为增值作业：（1）该作业导致了状态的改变；（2）该状态的变化不能由其他作业来完成；（3）该作业使其他作业得以进行。否则即为非增值作业，选项 ABC 当选。

本题答案 ABC

二、责任成本管理（★★）

（一）责任成本管理的含义

责任成本管理，是指将企业内部划分成不同的责任中心，明确责任成本，并根据各责任中心的权、责、利关系来考核其工作业绩的一种成本管理模式。

（二）责任中心及其考核

1. 成本中心

（1）含义。

成本中心是有权发生并控制成本的单位，一般不会产生收入，通常只计量考核发生的成本，是责任中心中应用最为广泛的一种形式。

（2）特点。

①不考核收入，只考核成本。

②只对可控成本负责，不负责不可控成本（如分摊给某车间的折旧费）。

其中，可控成本需满足三个条件：可以预见、可以计量、可以调节和控制。

③责任成本（可控成本之和）是成本中心考核和控制的主要内容。

（3）考核与控制指标。

①预算成本节约额 = 实际产量预算责任成本 – 实际责任成本。

②预算成本节约率 = 预算成本节约额 / 实际产量预算责任成本 ×100%。

提示：如果节约额＞0，意味着节约。要区分成本差异分析的差额含义。

典例研习·8-32 计算分析题

斯瓜公司内部某车间为成本中心，生产 A 产品，预算产量 3 500 件，单位预算成本 150 元，实际产量 4 000 件，单位实际成本 145.5 元。

要求：

计算预算成本节约额和预算成本节约率。

斯尔解析 预算成本节约额 =150×4 000–145.5×4 000=18 000（元）

预算成本节约率 =18 000/（150×4 000）×100%=3%

结果表明，该成本中心的成本节约额为 18 000 元，节约率为 3%。

典例研习·8-33 单项选择题

在责任成本管理中，关于成本中心的表述错误的是（　　　）。

A. 责任成本是成本中心考核和控制的主要内容

B. 成本中心是指有权发生并控制成本的单位

C. 成本中心不考核收入，只考核成本

D. 成本中心需要对本中心的全部成本负责

斯尔解析 本题考查成本中心。成本中心只对可控成本负责，不负责不可控成本，选项 D 当选。

本题答案 D

2. 利润中心

（1）含义。

利润中心是既能控制成本，又能控制收入和利润的责任单位，要同时对成本、收入以及利润负责。

（2）分类。

①自然利润中心：自然形成的，直接对外提供劳务或销售产品以取得收入（按市场价格对外销售产品）。

②人为利润中心：人为设定的，通过企业内部各责任中心之间使用内部结算价格结算半成品取得内部销售收入（按转移价格结算转移产品）。

（3）特点。

①处于企业内部的较高层次，如分店或分厂。

②不仅要降低绝对成本，还要寻求收入的增长使之超过成本的增长，即更要强调相对成本的降低。

（4）考核与控制指标。

①边际贡献 = 销售收入总额 − 变动成本总额。

评价：反映了该利润中心的盈利能力，对业绩评价没有太大的作用（因为有一部分利润中心可控的成本未纳入考虑，因此考核范围不够全面）。

②可控边际贡献 = 边际贡献 − 该中心负责人可控固定成本。

评价：衡量了部门经理有效运用其控制下的资源的能力，是评价利润中心管理者业绩的理想指标，但是难以区分可控和不可控的与生产能力相关的成本。

③部门边际贡献 = 可控边际贡献 − 该中心负责人不可控固定成本。

评价：反映了部门为企业利润和弥补与生产能力有关的成本所作的贡献，用于评价部门业绩而不是利润中心管理者的业绩。

▌▷ 典例研习·8-34　计算分析题

斯瓜公司内部某车间是人为利润中心，生产 B 产品，本期实现内部销售收入 200 万元，变动成本 120 万元，该中心负责人可控固定成本 20 万元，不可控但应由该责任中心负担的固定成本 10 万元。

要求：

计算该利润中心的边际贡献、可控边际贡献和部门边际贡献。

斯尔解析

边际贡献 =200−120=80（万元）

可控边际贡献 =80−20=60（万元）

部门边际贡献 =60−10=50（万元）

▌▷ 典例研习·8-35　单项选择题

某企业有一个利润中心，该中心本期实现销售收入 100 万元，变动成本为 46 万元，该中心负责人可控固定成本为 15 万元，不可控但应由该中心负担的固定成本为 12 万元，该中心的可控边际贡献为（　　）万元。

A. 73　　　　　　　　　　　　　　　B. 54

C. 39　　　　　　　　　　　　　　　D. 27

斯尔解析　本题考查利润中心。可控边际贡献 = 销售收入 − 变动成本 − 可控固定成本 =100−46−15=39（万元），选项 C 当选。

本题答案　C

3. 投资中心

（1）含义。

投资中心是既能控制成本、收入和利润，又能对投入的资金进行控制的责任中心。

（2）特点。

①最高层次的责任中心，如事业部、子公司等，拥有最大的决策权，也承担最大的责任。

②经理所拥有的自主权不仅包括制定价格、确定产品和生产方法等短期经营决策权（利润中心的权利），而且还包括投资规模和投资类型等投资决策权。

（3）考核与控制指标。

提示：由于责任中心无法控制其所承担的税负高低，故应采用税前口径的指标进行评价。另外，投资中心不拥有筹资决策权，故不应考虑利息等金融成本对其业绩的影响，仅考虑经营活动即可。

①投资收益率（ROI）。

投资收益率 ＝ 息税前利润 / 平均经营资产

其中：平均经营资产 ＝（期初经营资产 ＋ 期末经营资产）/2。

提示：考试中，通常用投资额代替平均经营资产。

优缺点	解释
优点	a. 根据现有的会计资料计算，比较客观。 b. 可用于部门之间以及不同行业之间的比较。 c. 可以促使经理人员关注经营资产运用效率。 d. 有利于资产存量的调整，优化资源配置
缺点	引起短期行为的产生，追求局部利益最大化而损害整体利益最大化目标，导致经理人员为眼前利益而牺牲长远利益

②剩余收益（RI）。

剩余收益 ＝ 息税前利润 －（平均经营资产 × 最低投资收益率）

　　　　 ＝ 平均经营资产 ×（投资收益率 － 最低投资收益率）

其中，最低投资收益率是根据资本成本来确定的，一般等于或大于资本成本，通常可以采用企业整体的最低期望投资收益率，也可以是企业为该投资中心单独规定的最低投资收益率。

优缺点	解释
优点	弥补了投资收益率指标会使局部利益与整体利益相冲突的不足（只要新增投资的预期收益率大于企业所要求的最低水平，就可以使投资中心和企业整体的剩余收益都增加）
缺点	a. 绝对数指标，难以在不同规模的投资中心之间进行业绩比较。 b. 仅反映当期业绩，单纯使用该指标也会导致投资中心管理者的短视行为

典例研习·8-36 计算分析题

A部门是海鸥公司下设的一个投资中心，目前的利润和投资额如下表所示：

投资中心	利润（万元）	投资额（万元）	投资收益率
A	280	2 000	14%

假设 A 投资中心面临一个投资额为 1 000 万元的投资机会，可获利润 131 万元，投资收益率为 13.1%，假定公司对 A 投资中心要求的最低投资收益率为 12%。

要求：

（1）如果海鸥公司使用投资收益率考核 A 投资中心的业绩，判断 A 投资中心是否应当实施该投资。

（2）如果海鸥公司使用剩余收益考核 A 投资中心的业绩，判断 A 投资中心是否应当实施该投资。

斯尔解析

（1）用投资收益率指标衡量业绩。

投资前的投资收益率 =14%

投资后的投资收益率 =（280+131）÷（2 000+1 000）×100%=13.7%

站在 A 投资中心角度，不应实施该投资；但从公司层面分析，A 投资中心应该实施该投资，因为投资后的投资收益率（13.7%）高于公司对 A 投资中心要求的最低投资收益率（12%），投资该项目可以给公司创造价值的。

（2）用剩余收益指标衡量业绩。

投资前的剩余收益 =280-2 000×12%=40（万元）

投资后的剩余收益 =（280+131）-（2 000+1 000）×12%=51（万元）

实施该投资后，A 投资中心的剩余收益提高了，所以 A 投资中心应接受这项投资。

典例研习·8-37 计算分析题

甲公司为某企业集团的一个投资中心，X 是甲公司下设的一个利润中心，相关资料如下：

资料一：2012 年 X 利润中心的营业收入为 120 万元，变动成本为 72 万元，该利润中心副主任可控固定成本为 10 万元，不可控但应由该利润中心负担的固定成本为 8 万元。

资料二：甲公司 2013 年初已投资 700 万元，预计可实现利润 98 万元，现有一个投资额为 300 万元的投资机会，预计可获利润 36 万元，该企业集团要求的最低投资收益率为 10%。

要求：

（1）根据资料一，计算 X 利润中心 2012 年度的部门边际贡献。

（2）根据资料二，计算甲公司接受新投资机会前的投资收益率和剩余收益。

（3）根据资料二，计算甲公司接受新投资机会后的投资收益率和剩余收益。

（4）根据要求（2）、要求（3）的计算结果从企业集团整体利益的角度，分析甲公司是否应接受新投资机会，并说明理由。

斯尔解析

（1）部门边际贡献 =120-72-10-8=30（万元）。

（2）接受新投资机会前：

投资收益率 =98/700×100%=14%

剩余收益 =98-700×10%=28（万元）

（3）接受新投资机会后：

投资收益率 =（98+36）/（700+300）×100%=13.4%

剩余收益 =（98+36）-（700+300）×10%=34（万元）

（4）从企业集团整体利益角度来说，甲公司应该接受新投资机会。因为接受新投资机会后，甲公司的剩余收益增加了。

（三）内部转移价格的制定

1. 含义

内部转移价格，是指企业内部分公司、分厂、车间、分部等责任中心之间相互提供产品（或服务）、资金等内部交易时所采用的计价标准。

2. 目标

界定各责任中心的经济责任，计量其绩效，为实施激励措施提供可靠依据。

3. 原则

（1）合规性原则。

内部转移价格的制定、执行及调整应符合相关会计、财务、税收等法律法规的规定。

（2）效益性原则。

企业应用内部转移定价工具方法，应以企业整体利益最大化为目标，避免为追求局部最优而损害企业整体利益的情况；同时，应兼顾各责任中心及员工利益，充分调动各方积极性。

（3）适应性原则。

内部转移定价体系应当与企业所处行业特征、企业战略、业务流程、产品（或服务）特点、业绩评价体系等相适应，使企业能够统筹各责任中心利益，对内部转移价格达成共识。

4. 类型

（1）价格型内部转移定价。

①含义：以市场价格为基础制定的、由成本和毛利构成内部转移价格的方法，一般适用于内部利润中心。

②计价基础：

情形	描述	定价方式
1	经常外销且外销比例较大的	外销价（实际市价）
2	所提供的产品有外部活跃市场可靠报价	活跃市场报价（实际市价）
3	不对外销售且外部市场没有可靠报价的产品	模拟市场价
4	企业管理层和有关各方认为不需要频繁变动价格的	模拟市场价
5	没有外部市场但出于管理需要设置为模拟利润中心	生产成本 + 一定比例毛利

（2）成本型内部转移定价。

①含义：以标准成本等相对稳定的成本数据为基础，制定内部转移价格的方法，一般适用于内部成本中心。

②计价基础：采用以成本为基础的转移定价是指所有的内部交易均以某种形式的成本价格（包括完全成本、完全成本加成、变动成本以及变动成本加固定制造费用四种形式）进行结算，它适用于内部转移的产品或劳务没有市价的情况。

③特点：简便、客观，但存在信息和激励方面的问题。

（3）协商型内部转移定价。

①含义：企业内部供求双方为使双方利益相对均衡，通过协商机制制定内部转移价格的方法，主要适用于分权程度较高的情形。

②计价基础：上限是市场价格，下限是单位变动成本，共同确定双方都能接受的价格作为计价标准（前提是中间产品有非完全竞争的外部市场，在该市场内双方有权决定是否买卖这种产品）。

③特点：若双方协商僵持，将会导致公司高层的干预。

背记重点
扫码全知道

至此，财务管理的学习已经进行了80%，继续加油呀！

80%

第九章
收入与分配管理

学习提要 ⋙ ⋯⋯⋯⋯⋯⋯⋯⋯⋯⋯⋯⋯⋯⋯⋯⋯⋯⋯⋯⋯⋯⋯⋯⋯⋯⋯⋯⋯⋯

重要程度： 重点章节　　　　　　　　　　**平均分值：** 8分

考核题型： 客观题、主观题

本章提示： 本章重点内容为收入管理和分配管理。纳税管理在考试中重要性很低，如果备考时间比较紧张，可战略性放弃

考点精讲 ░░░░

第一节 收入与分配管理概述

收入与分配管理的内容

（一）收入管理

销售收入是企业收入的主要构成部分，是企业能够持续经营的基本条件，销售收入的制约因素主要是销量与价格，销售预测分析与销售定价管理构成了收入管理的主要内容。

（二）纳税管理

（1）筹资纳税管理。

（2）投资纳税管理。

（3）营运纳税管理。

（4）利润分配纳税管理。

（5）重组纳税管理。

（三）分配管理

分配管理以净利润为分配对象，是对净利润的分配管理。

1. 弥补以前年度亏损

五年之内用税前利润连续弥补，五年之后用税后利润弥补。

2. 提取法定公积金

（1）提取：提取比例为当年税后利润（弥补亏损后）的10%。

（2）限额：当年法定公积金的累积额已达注册资本的50%时，可以不再提取。

（3）转增：法定公积金可用于弥补亏损或转增资本，但企业用法定公积金转增资本后，法定公积金的余额不得低于转增前公司注册资本的25%。

3. 提取任意公积金

4. 向股东（投资者）分配股利（利润）

根据《中华人民共和国公司法》的规定，公司持有的本公司股份不得分配利润。

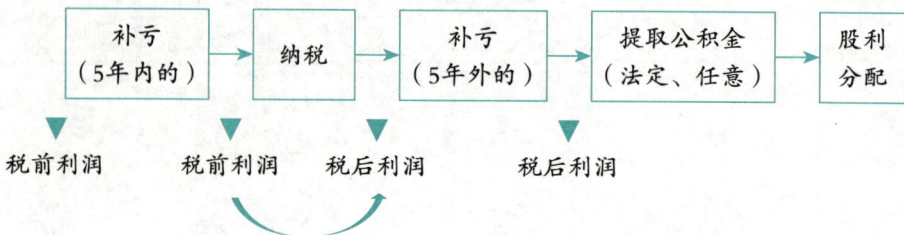

补亏 （5年内的）	→	纳税	→	补亏 （5年外的）	→	提取公积金 （法定、任意）	→	股利 分配
▽		▽		▽		▽		
税前利润		税前利润		税后利润		税后利润		

典例研习·9-1 （单项选择题）

下列各项中，正确反映公司净利润分配顺序的是（　　　）。

A. 提取法定公积金、提取任意公积金、弥补以前年度亏损、向投资者分配股利

B. 向投资者分配股利、弥补以前年度亏损、提取法定公积金、提取任意公积金

C. 弥补以前年度亏损、向投资者分配股利、提取法定公积金、提取任意公积金

D. 弥补以前年度亏损、提取法定公积金、提取任意公积金、向投资者分配股利

斯尔解析　本题考查分配管理。净利润应当先弥补以前年度亏损，然后提取法定公积金、任意公积金，最后向投资者分配股利，选项 D 当选。

本题答案　D

第二节　收入管理

一、销售预测分析（量）（★★★）

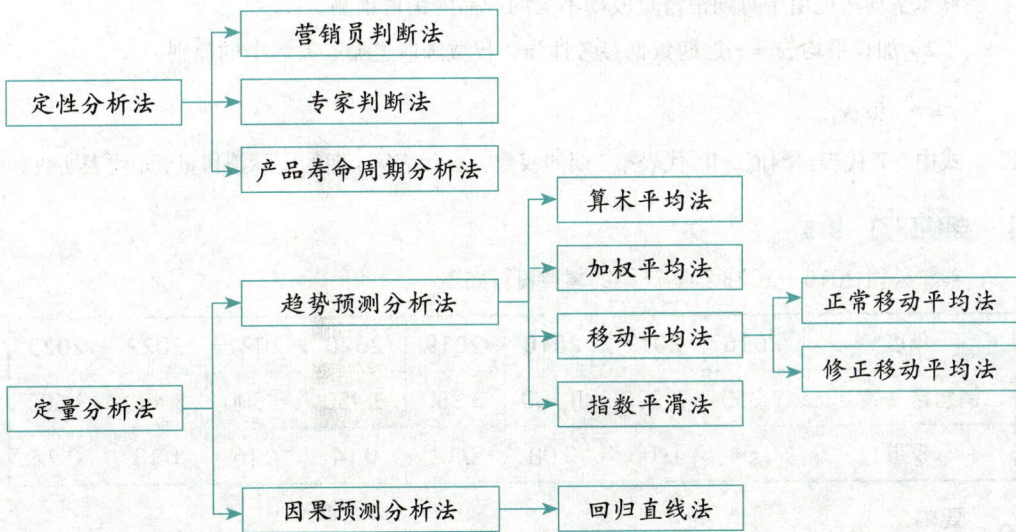

```
                    ┌──── 营销员判断法
        定性分析法 ──┼──── 专家判断法
                    └──── 产品寿命周期分析法

                                       ┌── 算术平均法
                                       ├── 加权平均法
                    ┌── 趋势预测分析法 ─┼── 移动平均法 ──┬── 正常移动平均法
        定量分析法 ──┤                  └── 指数平滑法    └── 修正移动平均法
                    └── 因果预测分析法 ──── 回归直线法
```

典例研习·9-2 （单项选择题）

下列属于定量分析方法的是（　　　）。

A. 营销员判断法　　　　　　　　　　B. 专家判断法

C. 产品寿命周期分析法　　　　　　　D. 趋势预测分析法

斯尔解析　本题考查销售预测的方法。定量分析法一般包括趋势预测分析法和因果预测分析法两大类，选项 D 当选。营销员判断法、专家判断法和产品寿命周期分析法属于定性分析方法，选项 ABC 不当选。

本题答案　D

（一）定性分析法

方法	解释
营销员判断法	由企业熟悉市场情况及相关变化信息的营销人员对市场进行预测，再将各种判断意见加以综合分析、整理，并得出预测结论的方法
专家判断法	包括个别专家意见汇集法、专家小组法、德尔菲法等
产品寿命周期分析法	推广期：增长率不稳定——定性分析（历史资料缺乏）。 成长期：增长率最大——回归分析。 成熟期：销售量稳定——趋势分析。 衰退期：增长率为负数

（二）定量分析法

1. 趋势预测分析法

（1）算术平均法。

$$Y = \frac{\sum X_i}{n}$$

式中，Y 代表销售预测值，X_i 代表第 i 期的实际销售量，n 代表期数。

算术平均法适用于每期销售量波动不大的产品的销售预测。

（2）加权平均法——近期数据参考性强，权数选取遵循近大远小的原则。

$$Y = \sum_{i=1}^{n} W_i X_i$$

式中，Y 代表预测值，W_i 代表第 i 期的权数，X_i 代表第 i 期的实际销售量，n 代表期数。

典例研习·9-3 计算分析题

羚羊公司 2016—2023 年的产品销售量资料如下：

年度	2016	2017	2018	2019	2020	2021	2022	2023
销售量（吨）	3 250	3 300	3 150	3 350	3 450	3 500	3 400	3 600
权重	0.04	0.06	0.08	0.12	0.14	0.16	0.18	0.22

要求：

根据加权平均法，预测羚羊公司 2024 年销售量。

斯尔解析 该公司 2024 年预测销售量 $Y = 3\,250 \times 0.04 + 3\,300 \times 0.06 + \cdots + 3\,600 \times 0.22 = 3\,429$（吨）

（3）移动平均法。

①正常移动平均法。

假设预测值主要受最近 m 期销售量的影响，从 n 期的时间数列销售量中选取 m 期（m 数值固定，且 $m < n/2$）数据作为样本值，求最后一个 m 期实际销量的算术平均数，并将其作为未来第 $n+1$ 期销售预测值，即：

$$Y_{n+1} = \frac{X_{n-(m-1)} + X_{n-(m-2)} + \cdots + X_{n-1} + X_n}{m}$$

简化举例：假定选取 3 期数据作为样本值。则：

2025 年正常预测销量 =（2024 年实际销量 +2023 年实际销量 +2022 年实际销量）÷3

②修正移动平均法。

为使预测值更能反映销售量变化的趋势，可以对上述结果按趋势值进行修正，其计算公式为：

$$\overline{Y}_{n+1} = Y_{n+1} + (Y_{n+1} - Y_n)$$

简化举例：承上例，且已知 2024 年正常预测销量。则：

2025 年修正预测销量 =2025 年正常预测销量 +（2025 年正常预测销量 −2024 年正常预测销量）

③缺点。

只选用了 n 期数据中的最后 m 期作为计算依据，代表性较差。

典例研习·9-4 `计算分析题`

假定公司 2023 年预测的销售量为 3 475 吨（即 2023 年正常预测销量），公司 2016—2023 年产品的实际销售量资料如下：

年度	2017	2018	2019	2020	2021	2022	2023
销售量（吨）	3 300	3 150	3 350	3 450	3 500	3 400	3 600

要求：

用修正的移动平均法预测公司 2024 年的销售量（假定 m=3）。

斯尔解析

正常预测销售量 =（3 500+3 400+3 600）÷3=3 500（吨）

修正预测销售量 =3 500+（3 500−3 475）=3 525（吨）

（4）指数平滑法。

①含义：

指数平滑法实质上是一种加权平均法，是以事先确定的平滑指数 a 及（1−a）作为权数进行加权计算，预测销售量的一种方法。

$$Y_{n+1} = aX_n + (1-a)Y_n$$

式中，Y_{n+1} 表示未来第 n+1 期的预测值，Y_n 表示第 n 期的预测值，X_n 表示第 n 期的实际销售量，a 表示平滑指数，n 表示期数。

简化举例：

2025 年预测销量 =a× 2024 年实际销量 +（1−a）× 2024 年预测销量

提示：此处的预测销量与上述移动平均法的预测销量并无直接关联，这是两个独立的销量预测方法。

②指数的取值范围：

一般地，平滑指数 a 的取值通常在 0.3 ~ 0.7 之间。

较大的平滑指数 a：预测值反映样本值新近的变化趋势，适用销售量波动较大或进行短期预测。

较小的平滑指数 a：预测值反映样本值变动的长期趋势，适用销售量波动较小或进行长期预测。

③特点：

指数平滑法运用比较灵活，适用范围较广，但在平滑指数的选择上具有一定的主观随意性。

典例研习·9-5 （计算分析题）

雪豹公司 2020 年实际销售量为 3 600 吨，假设原预测销售量为 3 475 吨，平滑指数 a=0.5。

要求：

用指数平滑法预测公司 2021 年的销售量。

斯尔解析 2021 年预测销售量 =0.5×3 600+（1−0.5）×3 475=3 537.5（吨）

解题高手

命题角度：关于趋势预测分析法的计算。

主观题高频考点，需要全面掌握，具体总结如下：

方法	公式（以预测 2025 年数据为例，假定 m=3）
正常移动平均法	2025 年正常预测销量 =（2024 年实际销量 +2023 年实际销量 +2022 年实际销量）÷3
修正移动平均法	2025 年修正预测销量 =2025 年正常预测销量 +（2025 年正常预测销量 −2024 年正常预测销量）
指数平滑法	2025 年预测销量 =a×2024 年实际销量 +（1−a）×2024 年预测销量

需注意不同公式中所运用的数据是实际数还是预测数。把握以下两点核心原则：

（1）正常移动用实际（X），修正移动用预测（Y）。

（2）指数平滑都要用，指数绑在实际上。

2. 因果预测分析法

因果预测分析法是指分析影响产品销售量（因变量）的相关因素（自变量）以及它们之间的函数关系，并利用这种函数关系进行产品销售预测的方法。

因果预测分析最常用的是回归分析法，如回归直线方法，即假设产品销售量（y）与其影响因素（x）之间存在线性变动关系（$y=a+bx$）。

典例研习·9-6 （单项选择题）

下列销售预测方法中，属于因果预测分析法的是（　　　）。

A. 指数平滑法　　　B. 移动平均法　　　C. 专家小组法　　　D. 回归直线法

⑨斯尔解析 本题考查销售预测的方法。因果预测分析法是指分析影响产品销售量的相关因素以及它们之间的函数关系，并利用这种函数关系进行产品销售预测的方法。因果预测分析法最常用的是回归分析法，比如回归直线法，选项 D 当选。

🔖本题答案 D

二、销售定价管理（价）（★★★）

（一）影响产品价格的因素

影响因素	说明
价值因素	价值的大小决定着价格的高低，价值量由生产产品的社会必要劳动时间决定。提高社会劳动生产率，缩短生产产品的社会必要劳动时间，可以相对地降低产品价格
成本因素	影响定价的基本因素。短期内的产品价格有可能会低于其成本，但从长期来看，产品价格应等于总成本加上合理的利润
市场供求因素	供大于求，对价格产生向下压力；反之，则会推动价格提升
竞争因素	在完全竞争的市场上，企业几乎没有定价主动权；在不完全竞争的市场上，竞争强度主要取决于产品生产的难易和供求形势
政策法规因素	制定定价策略要了解本国及所在国有关方面的政策和法规

（二）企业的定价目标

（1）实现利润最大化（适用于垄断地位的企业 / 具有很强的竞争优势的企业）。

（2）保持或提高市场占有率（适用于薄利多销的企业，价格往往低于同类产品价格）。

（3）稳定市场价格（适用于产品标准化的行业）。

（4）应对和避免竞争（适用于中小型企业，参照对手随时调整）。

（5）树立企业形象及产品品牌（优质高价形象或平价形象，吸引大量的普通消费者）。

（三）产品定价方法

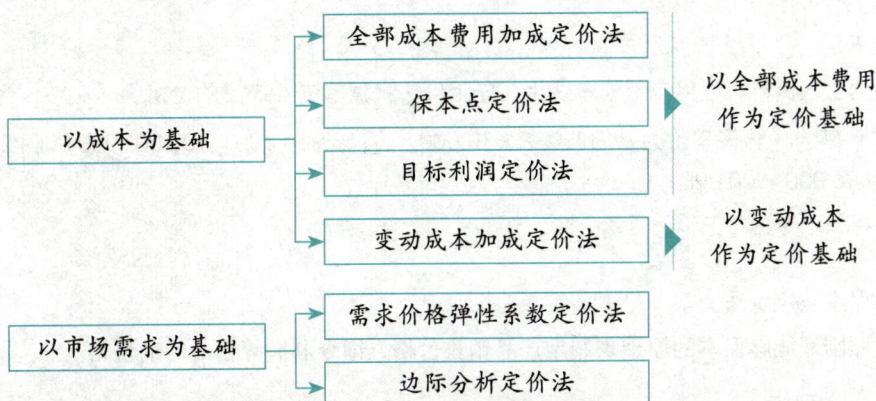

```
                    ┌─ 全部成本费用加成定价法 ─┐
                    │                          ├→ 以全部成本费用
        ┌─ 以成本为基础 ├─ 保本点定价法             │   作为定价基础
        │           │                          ┘
        │           ├─ 目标利润定价法
        │           │
        │           └─ 变动成本加成定价法 ──────→ 以变动成本
        │                                        作为定价基础
        │
        └─ 以市场需求为基础 ┬─ 需求价格弹性系数定价法
                          │
                          └─ 边际分析定价法
```

1. 以成本为基础的定价方法

（1）基本关系式。

单位口径：单位产品价格 ×（1– 适用税率）= 单位成本 + 单位利润。

总量口径：收入 ×（1– 适用税率）= 成本 + 利润。

提示：

①如何计算利润？

a. 工业企业：利润 = 成本利润率 × 成本。

b. 商业企业：利润 = 销售利润率 × 收入。

②如何确定成本？

原则上成本有三种不同内涵，包括变动成本、制造成本（不包括期间费用）、全部成本费用（制造费用 + 期间费用）。其中：

a. 制造成本不适宜作为成本定价依据，不能正确反映企业产品的真实价值消耗和转移。

b. **变动成本仅作为增量产量的定价依据**，但不能作为一般产品的定价依据。

c. **全部成本费用可作为一般产品的定价依据**，既可以保证企业简单再生产的正常进行，又可以使劳动者为社会劳动所创造的价值得以全部实现。

③适用税率指的是什么？

上述公式中的适用税率仅指消费税税率（价内税），如果题目条件提供，则需要考虑，若不提供，则无须考虑。另外，定价决策仅是粗略估计，且增值税属于价外税，因此无须考虑增值税问题。

（2）四种具体计算方法。

①全部成本费用加成定价法。

工业企业：单位产品价格 ×（1– 适用税率）= 单位成本 + 单位成本 × 成本利润率。

商业企业：单位产品价格 ×（1– 适用税率）= 单位成本 + 单位产品价格 × 销售利润率。

典例研习·9-7 计算分析题

章鱼公司生产 A 产品，预计单位产品的制造成本为 100 元，计划销售 10 000 件，计划期的期间费用总额为 900 000 元，该产品适用的消费税税率为 5%，成本利润率必须达到 20%。

要求：

根据上述资料，运用全部成本费用加成定价法测算单位 A 产品的价格。

斯尔解析 假设单价为 P，列式：P × 10 000 ×（1–5%）=100 × 10 000 + 900 000 + 20% ×（100 × 10 000 + 900 000）。

可得：P = 240（元）。

②保本点定价法。

按照刚好能够保本的原理来制定产品销售价格，即令利润等于 0 时的价格。

典例研习·9-8 计算分析题

麋鹿公司生产 B 产品，本期计划销售量为 10 000 件，应负担的固定成本总额为 250 000 元，单位变动成本为 70 元，适用的消费税税率为 5%。

要求：

根据上述资料，运用保本点定价法测算单位 B 产品的价格。

斯尔解析 假设单价为 P，列式：$P \times 10\,000 \times (1-5\%)=70 \times 10\,000+250\,000+0$。

可得：$P=100$（元）。

③目标利润定价法。

根据预期目标利润和产品销售量、产品成本、适用税率等因素来确定产品销售价格，即令利润等于目标利润时的价格。

典例研习·9-9 计算分析题

斑马公司生产 C 产品，本期计划销售量为 10 000 件，目标利润总额为 240 000 元，完全成本总额为 520 000 元，适用的消费税税率为 5%。

要求：

根据上述资料，运用目标利润定价法测算单位 C 产品的价格。

斯尔解析 假设单价为 P，列式：$P \times 10\,000 \times (1-5\%)=520\,000+240\,000$。

可得：$P=80$（元）。

④变动成本加成定价法。

企业在生产能力有剩余的情况下增加生产一定数量的产品，这些增加的产品可以不负担企业的固定成本，只负担变动成本。因此：

计划内产品：按照全部成本费用加成定价法计算。

计划外产品：按照变动成本加成定价法计算（相当于边际决策）。

典例研习·9-10 计算分析题

犀牛公司生产 D 产品，设计生产能力为 12 000 件，计划生产 10 000 件，预计单位变动成本为 190 元，计划期的固定成本费用总额为 950 000 元，该产品适用的消费税税率为 5%，成本利润率必须达到 20%。假定本年度接到一额外订单，订购 1 000 件 D 产品，单价为 300 元。

要求：

计算该企业计划内产品单位价格，并判断企业是否应接受这一额外订单。

斯尔解析 企业计划内生产的产品，应采用全部成本费用加成定价法进行价格预测：

假设价格为 P_A，则有：

$P_A \times 10\,000 \times (1-5\%)=190 \times 10\,000+950\,000+(190 \times 10\,000+950\,000) \times 20\%$

可得：$P_A=360$（元）。

追加生产的 1 000 件 D 产品属于计划外生产的产品，应采用变动成本加成定价法进行价格预测：

假设价格为 P_B，则有：

$P_B \times 1\,000 \times (1-5\%) = 190 \times 1\,000 + 190 \times 1\,000 \times 20\%$

可得：$P_B = 240$（元）。

因为额外订单单价高于其按变动成本计算的价格，故应接受这一额外订单。

典例研习·9-11　单项选择题

在生产能力有剩余的情况下，下列各项成本中，适合作为增量产品定价基础的是（　　）。

A. 全部成本　　　　B. 固定成本　　　　C. 制造成本　　　　D. 变动成本

斯尔解析　本题考查销售定价管理。企业在生产能力有剩余的情况下，增加生产一定数量的产品，这些增加的产品可以不负担企业的固定成本，只负担变动成本，在确定价格时产品成本仅以变动成本计算，选项 D 当选。

本题答案　D

典例研习·9-12　计算分析题

丙公司只生产销售 H 产品，其销售量预测相关资料如下表所示：

销售量预测相关资料

项目	2019 年	2020 年	2021 年	2022 年	2023 年	2024 年
预测销售量（吨）	990	1 000	1 020	1 030	1 030	1 040
实际销售量（吨）	945	1 005	1 035	1 050	1 020	1 080

公司拟使用修正的移动平均法预测 2025 年销售量，并以此为基础确定产品销售价格，样本期为 3 期。2025 年公司目标利润总额（不考虑所得税）为 307 700 元，完全成本总额为 800 000 元，H 产品适用的消费税税率为 5%。

要求：

（1）假设样本期为 3 期，使用移动平均法预测 2025 年 H 产品的销售量。

（2）使用修正的移动平均法预测 2025 年 H 产品的销售量。

（3）使用目标利润定价法确定 2025 年 H 产品的销售价格。

斯尔解析

（1）2025 年 H 产品的销售量 =（1 050+1 020+1 080）÷3=1 050（吨）。

（2）2025 年 H 产品的销售量 =1 050+（1 050−1 040）=1 060（吨）。

（3）H 产品的销售价格 =［（800 000+307 700）÷1 060］÷（1−5%）=1 100（元）。

2. 以市场需求为基础的定价方法

（1）需求价格弹性系数定价法。

在其他条件不变的情况下，某种产品的需求量随其价格的升降而变动的程度，就是需求价格弹性系数。计算公式为：

$$E = \frac{\Delta Q / Q_0}{\Delta P / P_0}$$

因此，单位产品价格为：

$$P = \frac{P_0 Q_0^a}{Q^a}$$

其中，a 代表需求价格弹性系数绝对值的倒数，即 $1/|E|$。

典例研习·9-13 （计算分析题）

斯瓜公司生产甲产品，2024 年前三个季度中，实际销售价格和销售数量如下表所示。假设企业在第四季度要完成 4 000 件的销售任务。

项目	第一季度	第二季度	第三季度
销售价格（元）	750	800	780
销售数量（件）	3 859	3 378	3 558

要求：

根据需求价格弹性系数定价法，确定单位产品的销售价格。

斯尔解析 根据上述资料，甲产品销售价格的计算过程为：

$$E_1 = \frac{(3\,378 - 3\,859)\,/3\,859}{(800 - 750)\,/750} = \frac{-0.1246}{0.0667} = -1.87$$

$$E_2 = \frac{(3\,558 - 3\,378)\,/3\,378}{(780 - 800)\,/800} = \frac{0.0533}{-0.025} = -2.13$$

$$E = \frac{(E_1 + E_2)}{2} = \frac{-1.87 - 2.13}{2} = -2$$

$$a = \frac{1}{|E|} = \frac{1}{2}$$

$$P = \frac{P_0 Q_0^a}{Q^a} = \frac{780 \times 3\,558^{(1/2)}}{4\,000^{(1/2)}} = 735.64（元）$$

即第四季度要完成 4 000 件的销售任务，其单位产品的销售价格为 735.64 元。

（2）边际分析定价法。

边际收入等于边际成本时，边际利润等于 0，这时利润最大（注意不是利润等于 0），销售价格是最优价格。

（四）价格运用策略

1.折让定价策略

策略	含义
现金折扣	对在一定期限内付款的购买者给予的折扣
数量折扣	对大量购买或集中购买本企业产品的购买方给予的一种折扣优惠
季节折扣	对非季节性热销商品的购买者提供的一种价格优惠
团购折扣	通过团购集合足够人数，便可以优惠价格购买或使用第三方公司的物品、优惠券或服务
预购折扣	对预先向企业订购或购买产品进行折扣

2. 心理定价策略

策略	含义
声望定价	企业按照其产品在市场上的知名度和在消费者中的信任程度来制定产品价格的一种方法，一般地，声望越高，价格越高，这就是产品的名牌效应
尾数定价	在制定产品价格时，价格的尾数取接近整数的小数或带有一定谐音的数等，一般只适用于价值较小的中低档日用消费品定价
双位定价	在向市场以挂牌价格销售时，采用两种不同的标价来促销的一种定价方法（如原价、促销价），适用于市场接受程度较低或销路不太好的产品
高位定价	根据消费者"价高质优"的心理特点实行高标价促销的方法。但高位定价必须是优质产品，不能弄虚作假

3. 组合定价策略

（1）对于具有互补关系的相关产品，可以采取降低部分产品价格而提高互补产品价格的定价策略，以促进销售，提高整体利润，如"便宜的整车＋高价的配件"。

（2）对于具有配套关系的相关产品，可以对组合购买进行优惠，如"西服套装中的上衣和裤子"。

4. 寿命周期定价策略

阶段	定价策略
推广期	低价促销
成长期	中等价格
成熟期	可以采用高价促销，同时必须考虑竞争者的情况，以保持现有市场销售量
衰退期	降价促销或维持现价并辅之以折扣等其他手段

第三节　纳税管理

一、纳税管理概述（★）

（一）纳税管理

1. 含义

纳税管理是企业对其涉税业务和纳税实务所实施的研究和分析、计划和筹划、监控和处理、协调和沟通、预测和报告的全过程管理行为。

2. 目标

规范企业纳税行为、合理降低税收支出、有效防范纳税风险。

（二）纳税筹划

1. 含义

纳税筹划是在纳税行为发生之前，在不违反税法及相关法律法规的前提下，对纳税主体的投资、筹资、营运及分配行为等涉税事项作出事先安排，以实现企业财务管理目标的一系列谋划活动。

2. 外在表现

降低税负、延期纳税。

（三）纳税筹划的原则

原则	解释
合法性原则	必须遵守国家的各项法律法规——首要原则
系统性原则	也称为整体性原则、综合性原则，在选择纳税方案时，要着眼于整体税负的降低
经济性原则	必须进行成本效益分析，选择净收益最大的方案
先行性原则	筹划策略的实施通常在纳税义务发生之前

（四）纳税筹划的方法

1. 减少应纳税额

（1）利用税收优惠政策筹划法：免税、减税、退税、税收扣除、税率差异、分劈技术以及税收抵免。

（2）转让定价筹划法。

2. 递延纳税

（1）延期纳税虽然不会减少纳税人纳税的绝对总额，但由于货币具有时间价值，递延纳税法可以使应纳税额的现值减小。

（2）采取有利的会计处理方法是企业实现递延纳税的一个重要途径，主要包括存货计价和固定资产折旧方法选择等。

典例研习·9-14 （多项选择题）

纳税筹划可以利用的税收优惠政策包括（　　　）。

A. 免税政策
B. 减税政策
C. 退税政策
D. 税收扣除政策

🔍**斯尔解析** 本题考查纳税管理。从税制构成角度探讨，利用税收优惠进行纳税筹划主要是利用以下几个优惠要素：（1）利用免税政策；（2）利用减税政策；（3）利用退税政策；（4）利用税收扣除政策；（5）利用税率差异；（6）利用分劈技术；（7）利用税收抵免，选项 ABCD 当选。

本题答案 ABCD

二、企业筹资纳税管理

（一）内部筹资纳税管理

从纳税管理角度，内部筹资优于外部筹资。

理由：从税收角度来看，内部筹资（留存收益）不能减少企业的所得税负担，但若把这部分以股利分配的形式发放给股东，股东会承担双重税负；而若将这部分资金继续留在企业内部获取投资收益，股东可以自由选择资本收益的纳税时间（至少现在不用缴纳个人所得税），享受递延纳税带来的收益。

（二）外部筹资纳税管理

从纳税管理角度，债务筹资优于股权筹资。

理由：债务筹资具有利息抵税效应和财务杠杆效应。

三、企业投资纳税管理

（一）直接投资纳税管理

1. 投资组织形式的纳税筹划

分类	组织形式	纳税情况	结论
第一组	公司制	双重课税	合伙制更优
	合伙制	个人所得税/企业所得税	
第二组	子公司	独立申报所得税	分公司更优
	分公司	总公司汇总计算缴纳所得税	

2. 投资行业的纳税筹划

进行投资决策的时候，尽可能选择税收负担较轻的行业。

3. 投资地区的纳税筹划

企业在选择注册地点时，应考虑不同地区的税收优惠政策。

4. 投资收益取得方式的纳税筹划（股息红利还是资本利得）

基于我国现行的税收政策，投资企业可以利用其在被投资企业中的地位，使被投资企业进行现金股利分配（股息红利），减轻投资企业取得投资收益（资本利得）的所得税税务负担。（即股息红利优于资本利得）

（二）间接投资纳税管理

我国国债利息收入免征企业所得税，当可供选择债券的回报率较低时，应将其税后投资收益与国债的收益相比，再作决策。即需满足债券的税后投资收益大于国债的收益。

典例研习·9-15 单项选择题

已知当前的国债利率为 3%，某公司适用的所得税税率为 25%。出于追求最大税后收益的考虑，该公司决定购买一种金融债券。该金融债券的利率至少应为（   ）。

A. 2.65%   B. 3%   C. 3.75%   D. 4%

斯尔解析 本题考查纳税管理。企业所得税法规定，国债利息收益免征企业所得税，而购买企业债券取得的收益需要缴纳企业所得税。因此，企业购买的金融债券收益要想不小于国债的收益，其利率至少为 3%÷（1−25%）=4%，选项 D 当选。

本题答案 D

四、企业营运纳税管理（★）

（一）采购的纳税管理

1. 采购方的身份选择（一般纳税人或小规模纳税人）

关键要找到无差别平衡点增值率，即令两类纳税人税负相同的增值率。

增值率＝（不含税销售额－不含税购进额）÷不含税销售额

因为一般纳税人适用增值税税率为 13%，小规模纳税人的征收率为 1%，若两类纳税人的增值税税负相同，则有：

（不含税销售额－不含税购进额）×13%＝不含税销售额×1%

（不含税销售额－不含税购进额）÷不含税销售额=1%÷13%×100%=7.69%

结论：**若增值率＜7.69%，选择成为一般纳税人税负较轻；反之，选择成为小规模纳税人较为有利。**

2. 供应商的选择

（1）一般纳税人从一般纳税人处采购的货物，增值税进项税额可以抵扣。

（2）一般纳税人从小规模纳税人处采购的货物，增值税不能抵扣，但价格上可能会有优惠。

结论：综合考虑由于价格优惠所带来的成本的减少和不能抵扣的增值税带来的成本费用的增加（核心是比较单位产品税后利润）。

3. 结算方式的纳税筹划

（1）**在赊购、现金、预付三种购货方式的价格无明显差异时，尽可能选择赊购方式。**

（2）在三种购货方式的价格有差异的情况下，需要综合考虑货物价格、付款时间和进项税额抵扣时间。

4. 增值税专用发票管理

需要认证抵扣的企业，在取得增值税专用发票后应该尽快到税务机关进行认证；购进的多用途物资应先进行认证再抵扣，待转为非应税项目时再作进项税额转出处理。

（二）生产的纳税管理

解题高手

命题角度：存货和固定资产纳税筹划方式的选择。

这部分内容细碎，且有一定理解难度，但只要同学们把握如下两种情形，并了解其中原理，就可以轻松理解存货和固定资产的纳税筹划方式。

（1）对于盈利企业——今天成本多一些：选择使本期成本最大化的方法或"前多后少"的方法，从而使得缴纳的税款呈现"前少后多"，未来支付的税款现值更小。

（2）对于亏损企业或处于税收优惠期间的企业——未来成本多一些：尽量使成本费用延迟到以后能够完全得到抵补的时期（把成本用在"刀刃"上），以保证成本费用的抵税效果最大化。

以固定资产纳税筹划为例：

（1）对于折旧年限的选择：

①若为盈利企业，应尽量缩短折旧年限——多提折旧。

②若为亏损企业或正享受税收优惠的企业，应尽量增加折旧年限——少提折旧。

（2）对于折旧方法的选择：

①若为盈利企业，采用加速折旧法——多提折旧。

②若为亏损企业或正享受税收优惠的企业，采用直线法——少提折旧。

（三）销售的纳税管理

1. 结算方式的纳税筹划

企业应尽量采取有利于本企业的结算方式，以推迟纳税时间。例如，在不能及时收到货款的情况下，可以采用委托代销、分期收款等销售方式，等收到代销清单或合同约定的收款日期到来时再开具发票，承担纳税义务。

2. 促销方式的纳税筹划

从税负角度考虑，企业适合选择折扣销售方式。

五、企业利润分配纳税管理

（一）基于自然人股东的纳税筹划

如果持股期超过1年，股票转让投资收益税负（印花税）重于红利收益的税负（0税负），上市公司发放股利有利于长期持股的个人股东获得纳税方面的好处；对上市公司而言，发放股利可以鼓励个人投资者长期持有公司股票，有利于稳定股价。（即股息红利收益优于资本利得收益）

（二）基于法人股东的纳税筹划

公司进行股利分配可以帮助法人股东减轻纳税负担，增加股东报酬。（即股息红利收益优于资本利得收益）

六、企业重组纳税管理（★）

（一）企业合并的纳税筹划

1.并购目标企业的选择

（1）并购有税收优惠政策的企业——使并购后企业整体的税务负担较轻。

（2）并购亏损的企业——合并企业可以对被合并企业的亏损进行弥补，获得抵税收益。

可由合并企业弥补的被合并企业亏损的限额＝被合并企业净资产公允价值 × 截至合并业务发生当年年末国家发行的最长期限的国债利率

（3）并购上下游企业或关联企业——实现关联企业或上下游企业流通环节的减少，减少流转税纳税义务。

2.并购支付方式的纳税筹划

（1）股权支付。

当企业符合特殊性税务处理的其他条件，且股权支付金额不低于其交易支付总额的85%时，可以使用资产重组的特殊性税务处理方法，这样可以相对减少合并环节的纳税义务，获得抵税收益。

（2）非股权支付。

非股权支付采用一般性税务处理方法，合并企业需对被合并企业公允价值大于原计税基础的所得进行确认，缴纳所得税，并且不能弥补被合并企业的亏损；被合并企业的股东需要对资产转让所得缴纳所得税。

（二）企业分立的纳税筹划

1.分立方式的选择

（1）新设分立：A → B+C。

总体原则：让新设的企业变小（小型微利企业优惠）或变特殊（高新技术企业优惠）。

（2）存续分立：A → A+B。

总体原则：针对消费税的特点，分立出销售部门，选择生产环节纳税（核心是减少内部流转）。

2.支付方式的纳税筹划（股权支付、非股权支付）

当企业符合特殊性税务处理的其他条件，且被分立企业股东在该企业分立发生时取得的股权支付金额不低于其交易支付总额的85%时，可以使用企业分立的特殊性税务处理方法，这样可以相对减少分立环节的所得税纳税义务。

第四节　分配管理

一、股利政策与企业价值（★★★）

股利政策是指在法律允许的范围内，企业是否发放股利、发放多少股利以及何时发放股利的方针及对策，其最终目标是使公司价值最大化。

（一）股利分配理论

1. 股利无关理论

（1）结论。

①在一定的假设条件限制下，股利政策的改变仅带来股东的收益在现金股利与资本利得之间分配上的变化，股利政策不会对公司价值或股票价格产生任何影响，投资者不关心公司股利的分配。

②公司的市场价值由公司选择的投资决策的获利能力和风险组合所决定，与公司的利润分配政策无关。

（2）假设条件——完全资本市场。

①市场具有强式效率。

②不存在任何公司或个人所得税。

③不存在任何筹资费用。

④公司的投资决策与股利决策彼此独立，即投资决策不受股利分配的影响。

⑤股东对股利收入和资本增值并无偏好。

2. 股利相关理论

（1）"手中鸟"理论。

①含义：用留存收益再投资给投资者带来的收益具有较大的不确定性（"林中之鸟"：资本利得），并且投资风险随着时间的推移会进一步加大，因此，厌恶风险的投资者会偏好确定的股利收益（"手中之鸟"：现金股利），而不愿将收益留存在公司内部去承担未来的投资风险。

提示：该理论的假设是股东们属于风险厌恶型，更倾向于确定性的收益。

②结论：更适宜采用高股利政策。

（2）信号传递理论。

①含义：在信息不对称的情况下，可以通过股利政策向市场传递有关公司未来获利能力的信息，从而影响公司的股价；预期未来获利能力强的公司，往往愿意通过相对较高的股利支付水平把自己同预期获利能力差的公司区别开来，以吸引更多的投资者。

②结论：更适宜采用高股利政策。

（3）所得税差异理论。

①含义：一般来说，对资本利得征收的税率小于对股利收益征收的税率，故企业应当采用低股利政策（税率差异）。即使两者没有税率上的差异，由于投资者对资本利得收益

纳税时间的选择更有弹性（资本利得仅在出售时纳税，纳税时间晚且较为灵活），投资者可以享受延迟纳税带来的收益差异（纳税时间差异）。

②结论：更适宜采用低股利政策。

精程答疑 ◎

问题： 投资纳税管理部分给出的结论是资本利得要缴纳企业所得税，而股息红利满12个月可以免税，即资本利得税＞股利收益税；而所得税差异理论给出的结论是资本利得税＜股利收益税。如何理解这一矛盾？

解答： 前者税率水平的依据是我国现行的税收政策，反映了现实情况；而后者的理论是由国外学者提出的，是对世界上普遍规律的总结，反映了理论普适性，但若具体到某一个国家，其税收政策的规定则不一定相同。这就是典型的理论与现实的不同，但这也是财务管理这门学科的特色。这教会我们，既要习得先进的科学理论，也要能够立足当下、立足国情去解决现实问题。

（4）代理理论。

①含义：股利政策有助于减缓管理者与股东之间的代理冲突，即股利政策是协调股东与管理者之间代理关系的一种约束机制。股利的支付能够有效地降低代理成本。

一方面减少了管理者对自由现金流量的支配权，抑制过度投资与在职消费行为；另一方面减少了内部融资，导致公司进入资本市场寻求外部融资，使公司接受资本市场上更多的、更严格的监督。

②结论：高水平的股利政策降低了企业的代理成本，但同时增加了外部融资成本，理想的股利政策应当使两种成本之和最小。

解题高手 ⤴

命题角度：判断不同股利理论下的股利支付率的高低。

客观题高频考点，但难度较低。建议同学们结合下表进行复习：

股利理论	高股利／低股利
"手中鸟"理论	高股利
信号传递理论	高股利
所得税差异理论	低股利
代理理论	不一定（代理成本与融资成本之和最小）

典例研习·9-16 （单项选择题）

有观点认为，投资者一般是风险厌恶型的，偏好确定的股利收益，不愿将收益留在公司而承担未来的投资风险。因此，支付较高股利有助于提高股价和公司价值。这种观点被称为（　　）。

A."手中鸟"理论　　B. 所得税差异理论　　C. 代理理论　　　　D. 信号传递理论

斯尔解析 本题考查股利理论。"手中鸟"理论认为，用留存收益再投资给投资者带来的收益具有较大的不确定性，并且投资的风险随着时间的推移会进一步加大，因此，厌恶风险的投资者会偏好确定的股利收益，而不愿将收益留存在公司内部去承担未来的投资风险，选项 A 当选。

本题答案 A

典例研习·9-17 （多项选择题）

下列关于股利政策的说法中，符合代理理论观点的有（　　）。

A. 股利政策应当向市场传递有关公司未来获利能力的信息

B. 股利政策是协调股东与管理者之间代理关系的约束机制

C. 高股利政策有利于降低公司的代理成本

D. 理想的股利政策应当是发放尽可能高的现金股利

斯尔解析 本题考查股利政策。代理理论认为，股利政策有助于减缓管理者与股东之间的代理冲突，即股利政策是协调股东与管理者之间代理关系的一种约束机制，选项 B 当选。代理理论认为，高水平的股利政策降低了企业的代理成本，但同时增加了外部融资成本，理想的股利政策应当使两种成本之和最小，选项 C 当选、选项 D 不当选。股利政策应当向市场传递有关公司未来获利能力的信息，属于信号传递理论的观点，选项 A 不当选。

本题答案 BC

（二）股利政策

1.剩余股利政策

（1）含义。

公司在有良好的投资机会时，根据目标资本结构，测算出投资所需的权益资本额，先从盈余中留用，然后将剩余的盈余作为股利来分配。

（2）理论依据：股利无关理论。

（3）步骤。

①设定目标资本结构，在此资本结构下，公司的加权平均资本成本将达到最低水平。

②根据目标资本结构，确定投资资金中所需的权益资本数额。

③优先使用留存收益来满足权益资本数额（而非增发新股）。

④净利润在满足公司权益资本增加需求后，若还有剩余再用来发放股利（先满足融资需求，再满足分配需求）。

即：发放的股利 = 净利润 − 投资金额 × 目标资本结构的权益比重。

典例研习 · 9-18 计算分析题

孔雀公司 2020 年税后净利润为 1 000 万元，根据公司规划，2021 年的投资计划需要资金 1 200 万元，公司的目标资本结构为权益资本占 60%，债务资本占 40%。该公司采用剩余股利政策。

要求：

假设公司 2020 年流通在外的普通股为 1 000 万股，计算 2020 年应分配的每股股利。

斯尔解析 按照目标资本结构，公司投资方案所需的权益资本数额为：

1 200×60%=720（万元）

2020 年可以发放的股利为：1 000−720=280（万元）。

假设公司当年流通在外的普通股为 1 000 万股，那么每股股利为：280÷1 000=0.28（元/股）。

（4）优缺点。

优缺点	解释
优点	净利润优先满足再投资的权益资金需要（即先不需要外部筹资），有助于降低再投资的资金成本，保持最佳的资本结构，实现企业价值的长期最大化
缺点	①股利发放额每年随着投资机会和盈利水平的波动而波动。 ②不利于投资者安排收入与支出，也不利于公司树立良好的形象

（5）适用条件。

一般适用于公司初创阶段。

2. 固定或稳定增长的股利政策

（1）含义。

将每年派发的股利额固定在某一特定水平，或是在此基础上维持某一固定比率（不是支付率固定）逐年稳定增长。公司只有在确信未来盈余不会发生逆转时才会宣布实施固定或稳定增长的股利政策。

（2）优缺点。

优缺点	解释
优点	①稳定的股利向市场传递着公司正常发展的信息，有利于树立公司的良好形象，增强投资者对公司的信心，稳定股票的价格。 ②稳定的股利额有助于投资者安排股利收入和支出，有利于吸引那些打算进行长期投资并对股利有很高依赖性的股东。 ③考虑到股票市场会受多种因素影响（包括股东的心理状态和其他要求），为了将股利或股利增长率维持在稳定的水平上，即使推迟某些投资方案或暂时偏离目标资本结构，也可能比降低股利或股利增长率更为有利
缺点	①股利的支付与企业的盈利相脱节，可能会导致企业资金紧缩，财务状况恶化。 ②在企业无利可分的情况下，若依然实施固定或稳定增长的股利政策，也是违反《中华人民共和国公司法》的行为

（3）适用条件。

通常适用于经营比较稳定或正处于成长期的企业，但很难被长期采用。

3. 固定股利支付率政策

（1）含义。

将每年净利润的某一固定百分比（股利支付率）作为股利分派给股东。

（2）优缺点。

优缺点	解释
优点	①股利与公司盈余紧密地配合，体现了"多盈多分、少盈少分、无盈不分"的股利分配原则。 ②从企业支付能力的角度看，这是一种稳定的股利政策（对投资者而言是不稳定的）
缺点	①在收益不稳定的情况下，波动的股利容易给投资者带来经营状况不稳定、投资风险较大的不良印象。 ②容易使公司面临较大的财务压力，因为公司实现的盈利多（账面利润），并不代表公司有足够的现金流用来支付较多的股利额。 ③合适的固定股利支付率的确定难度比较大

（3）适用条件。

一般适用于处于稳定发展阶段且财务状况也较稳健（充裕的现金流）的公司。

4. 低正常股利加额外股利政策

（1）含义。

公司事先设定一个较低的正常股利额，每年除了按正常股利额向股东发放股利外，还在公司盈余较多、资金较为充裕的年份向股东发放额外股利。

（2）优缺点。

优缺点	解释
优点	①赋予公司较大的灵活性，使公司在股利发放上留有余地，并具有较大的财务弹性。 ②使那些依靠股利度日的股东每年至少可以得到虽然较低但比较稳定的股利收入，从而吸引住这部分股东
缺点	①由于各年度之间公司盈利的波动使得额外股利不断变化，造成分派的股利不同，容易使投资者产生收益不稳定的感觉。 ②当公司在较长时间持续发放额外股利后，可能会被股东误认为"正常股利"，一旦取消，传递出的信号可能会使股东认为这是公司财务状况恶化的表现，进而导致股价下跌

（3）适用条件。

盈利随着经济周期而波动较大，或者盈利与现金流量很不稳定的公司（以动治动）。

典例研习·9-19 多项选择题

下列各项中,属于固定股利支付率政策缺点的有( )。

A. 股利波动容易给投资者带来投资风险较大的不良印象

B. 难以确定合适的固定股利支付率

C. 股利的支付与公司盈利脱节

D. 股利波动容易向投资者传递公司经营状况不稳定的负面信号

斯尔解析 本题考查股利政策。固定股利支付率政策的缺点:(1)大多数公司每年的收益很难保持稳定不变,导致年度间的股利额波动较大,由于股利的信号传递作用,波动的股利很容易给投资者带来经营状况不稳定、投资风险较大的不良印象,成为影响股价的不利因素,选项 AD 当选。(2)容易使公司面临较大的财务压力。这是因为公司实现的盈利多,并不能代表公司有足够的现金流用来支付较多的股利额。(3)合适的固定股利支付率的确定难度比较大,选项 B 当选。固定或稳定增长股利政策的缺点之一是股利的支付与企业的盈利相脱节,选项 C 不当选。

本题答案 ABD

典例研习·9-20 多项选择题

下列各项中,属于固定或稳定增长股利政策优点的有( )。

A. 稳定的股利有利于稳定股价　　　　B. 稳定的股利有利于树立公司的良好形象

C. 稳定的股利使股利与公司盈余密切挂钩　　D. 稳定的股利有利于优化公司资本结构

斯尔解析 本题考查股利政策。固定或稳定增长股利政策的优点有:(1)稳定的股利向市场传递着公司正常发展的信息,有利于树立公司的良好形象,增强投资者对公司的信心,稳定股票的价格;(2)稳定的股利额有助于投资者安排股利收入和支出,有利于吸引那些打算进行长期投资并对股利有很高依赖性的股东,选项 AB 当选。固定或稳定增长的股利政策下,股利与公司盈余是相脱节的,同时不利于优化公司资本结构,选项 CD 不当选。

本题答案 AB

二、利润分配制约因素（★★）

（一）法律因素

因素	说明
资本保全约束	不能用资本（实收资本或股本和资本公积）发放股利
资本积累约束	公司必须按照一定的比例和基数提取各种公积金,股利只能从企业的可供股东分配利润中支付。在进行利润分配时,一般应当贯彻"无利不分"的原则

续表

因素	说明
超额累积利润约束	由于资本利得与股利收入的税率不一致，如果公司为了股东避税而使得盈余的保留大大超过了公司目前及未来的投资需要时，将被加征额外的税款（不能一直不分）
偿债能力约束	考虑现金股利分配对偿债能力的影响（如已无力偿还负债，则不该支付股利）

（二）公司因素

因素	说明
现金流量	公司盈余与现金流量并非完全同步，有利润不一定有现金支持股利支付
资产的流动性	企业现金股利的支付会减少其现金持有量，降低资产的流动性，而保持一定的资产流动性是企业正常运转的必备条件
盈余的稳定性	盈余越稳定，股利支付水平就越高
投资机会	投资机会多、资金需求量大，会考虑低股利政策。 将留存收益用于再投资所得报酬低于股东个人单独将股利收入投资于其他投资机会所得的报酬时，公司就不应多留留存收益，而应多发放股利
筹资因素	公司具有较强的筹资能力，随时能筹集到所需资金，则具有较强的股利支付能力。 留存收益不需花费筹资费用，同时增加了公司权益资本的比重，降低了财务风险，便于以低成本取得债务资本
其他因素	股利的信号传递作用，要求利润分配政策应保持一定的连续性和稳定性；此外，还需要考虑发展阶段以及所处行业状况

（三）股东因素

因素	说明
控制权 （大股东的担忧）	支付较高股利会导致留存收益减少，发行新股的可能性增大，新股东的加入必然稀释现有股东的控制权。所以，股东会倾向于较低的股利支付水平
稳定的收入 （小股东的渴望）	以股利为主要收入来源的股东要求支付稳定的股利。 "手中鸟"理论的支持者也要求较多的股利
避税	一般来讲，股利收入的税率要高于资本利得的税率，高股利收入的股东出于避税的考虑，倾向于较低的股利支付水平

（四）其他因素

因素	说明
债务契约	债权人通常会在债务契约、租赁合同中加入关于借款公司股利政策的限制条款
通货膨胀	为弥补由于货币购买力下降而造成的固定资产重置资金缺口，公司的股利政策往往偏紧

解题高手

命题角度：利润分配制约因素的分类以及对于股利政策选用的影响。

客观题高频考点。一方面，同学们需要掌握四类影响因素及其下属因素的对应关系，特别需要提醒的是"偿债能力约束"属于法律因素，不是公司因素；另一方面，同学们要能够判断各种因素对于股利政策选用的影响。建议按照以下三个思路来掌握：

第一，有钱还是没钱？

具体来说，企业的筹资能力、盈余稳定性及其与现金流量是否同步，以及是否存在通货膨胀（钱的购买力下降）会决定企业是否有钱。有钱就多分点，没钱就少分点。

第二，大股东还是小股东？

具体来说，大股东看重的是控制权的稳定，因此希望少分一点，而小股东看重的是稳定的收益，因此希望多分一点。除此之外，从税的角度来看，边际税率高的股东偏好低股利。

第三，公司更能赚还是股东更能赚？

如果公司将留存收益用于再投资所获得的收益高于股东自己拿着股利去投资所获得的报酬，那么就应该由公司来继续投资赚钱，即少发股利。

三、股利支付形式与程序（★★）

（一）股利支付形式

形式	说明
现金股利	以现金支付股利，是股利支付最常见的方式
财产股利	以现金以外的其他资产（如公司所拥有的其他企业的有价证券）支付的股利
负债股利	以负债方式（通常为公司的应付票据或发放公司债券）支付的股利
股票股利	以增发股票的方式支付的股利，我国公司实务中通常也称其为红股

典例研习・9-21　（单项选择题）

某公司将所持有的其他公司股票作为股利支付给本公司股东，这种股利支付形式是（　　）。

A. 负债股利　　　　　B. 股票股利　　　　　C. 财产股利　　　　　D. 现金股利

斯尔解析　本题考查股利支付形式。财产股利是指以现金以外的其他资产（如公司所拥有的其他企业的有价证券）支付的股利，选项 C 当选。

本题答案　C

（二）股票股利

典例研习・9-22　（计算分析题）

袋鼠公司是一家上市公司，在其发放股票股利前，资产负债表上的股东权益项目情况如下：

单位：万元

股本（面值 1 元，发行在外 2 000 万股）	2 000
资本公积	3 000
盈余公积	2 000
未分配利润	3 000
股东权益合计	10 000

假设该公司宣布发放 10% 的股票股利，现有股东每持有 10 股，即可获赠 1 股普通股。假设该股票当时市价为 5 元。

要求：

按照市价和面值计算股票股利，并分别确定资产负债表上股东权益各个项目的金额。

斯尔解析

情形一：按市价计算股票股利价格（国际通用方法）。

随着股票股利的发放，从"未分配利润"项目划转出的资金为：

$2\,000 \times 10\% \times 5 = 1\,000$（万元）

由于股票面值（1 元）不变，发放 200 万股，"股本"项目应增加 200 万元，其余的 800 万元（1 000−200）应作为股票溢价转至"资本公积"项目，而公司的股东权益总额并未发生改变，仍是 10 000 万元，股票股利发放后资产负债表上的股东权益部分如下：

单位：万元

股本（面值 1 元，发行在外 2 200 万股）	2 000+200=2 200
资本公积	3 000+800=3 800
盈余公积	2 000
未分配利润	3 000−1 000=2 000
股东权益合计	10 000

可见，发放股票股利不会影响股东权益总额，但会引起股东权益结构变化（未分配利润减少，同时股本及资本公积增加）。

假设一位股东派发股票股利之前持有公司普通股 10 万股，那么他所拥有的股权比例为：

$10 \div 2\,000 \times 100\% = 0.5\%$

派发股利之后，他所拥有的股票数量 $= 10 \times (1 + 10\%) = 11$（万股）。

他所拥有的股权比例 $= 11 \div 2\,200 \times 100\% = 0.5\%$

可见，发放股票股利不会改变股东的持股比例。

情形二：按面值计算股票股利价格（我国做法）。

从"未分配利润"项目划转出的资金为：$2\,000 \times 10\% \times 1 = 200$（万元）。

由于股票面值（1 元）不变，发放 200 万股，"股本"项目应增加 200 万元，资本公积与盈余公积不变，公司的股东权益总额并未发生改变，仍是 10 000 万元，股票股利发放后资产负债表上的股东权益部分如下：

单位：万元

股本（面值 1 元，发行在外 2 200 万股）	2 000+200=2 200
资本公积	3 000
盈余公积	2 000
未分配利润	3 000−200=2 800
股东权益合计	10 000

精准答疑

问题：股票股利何时按面值计算，何时按市价计算？

解答：通常题目中会给出明确的提示，但如果考试中未明确指出按照哪种方法计算，先判断是否为我国的企业（如题干会提示在深圳交易所上市）；若无法判断，则按国际通行的做法，即按市价进行计算。

解题高手

命题角度：股票股利对所有者权益项目的影响金额。

客观题和主观题高频考点。实际做题时，可按照下表"两步走"的方法进行计算。首先，根据题目已知条件，确定是按照面值还是市价计算股票股利总额。然后，考虑其对于报表项目的影响。

步骤	按市价计算	按面值计算
第一步：计算减少的未分配利润（"抠"）	减少的未分配利润 ＝增发的股数 × 市价 ＝当前总股数 × 发放比例 × 市价	减少的未分配利润 ＝增发的股数 × 面值 ＝当前总股数 × 发放比例 × 面值
	提示："未分配利润"是一个金额概念，即"价"和"量"的乘积，市价或面值为"价"，股数为"量"	
第二步：计算对股本和资本公积的影响（"塞"） 股本	增加的股本＝当前总股数 × 发放比例 × 面值	
资本公积	增加的资本公积 ＝当前总股数 × 发放比例 ×（市价 － 面值）	增加的资本公积 ＝0

1. 股票股利的影响

（1）有影响的项目：所有者权益的结构变化，股数增加，每股收益下降，每股市价下降。

（2）无影响的项目：面值不变，资产总额、负债总额、所有者权益总额不变，资本结构不变，股份比例不变。

精准答疑

问题： 如何分析某项行为对资本结构、所有者权益结构和所有者权益总额的影响。

解答：（1）资本结构指的是企业负债与所有者权益的比例关系。因此在判断某项行为对资本结构的影响时，需要分析该行为对负债总额和所有者权益总额的影响。

（2）所有者权益结构指的是股东权益内部各项目的比例关系。就中级会计师财务管理科目考试而言，可将所有者权益的项目简化分为股本、资本公积、盈余公积和未分配利润四个项目。只要这四个项目之间的比例关系不发生变化，则认为此时所有者权益结构是不变的，否则所有者权益结构将发生变化。

（3）分析所有者权益总额，可以从两个维度分析。

维度一：根据"所有者权益＝总资产 － 总负债"，只要总资产和总负债的差额不变，则所有者权益总额不变。

维度二：由于在中级会计师财务管理科目考试中涉及的所有者权益项目只有股本、资本公积、盈余公积和未分配利润四个项目，因此在分析某项行为对所有者权益的影响时，可以计算这四个项目的合计数，合计数发生变化则所有者权益总额就会发生变化。

2.股票股利的优点

（1）对股东的优点。

①发放股票股利往往预示着公司会有较大的发展和成长，这样的信息传递会稳定股价或使股价下降比例减小甚至不降反升，股东便可以获得股票价值相对上升的好处。

②由于股利收入和资本利得税率的差异，如果股东把股票股利出售，还会给他带来资本利得纳税上的好处。

（2）对公司的优点。

①发放股票股利不需要向股东支付现金。

②发放股票股利可以降低公司股票的市场价格，既有利于促进股票的交易和流通，又有利于吸引更多的投资者成为公司股东，进而使股权更为分散，有效地防止公司被恶意控制。

③股票股利的发放可以传递公司未来发展前景良好的信息，从而增强投资者的信心，在一定程度上稳定股票价格。

典例研习 · 9-23 （多项选择题）

发放股票股利对上市公司产生的影响有（　　　）。

A. 公司股票数量增加 　　　　　　B. 公司资产总额增加

C. 公司股东权益总额增加 　　　　D. 公司股本增加

斯尔解析 本题考查股票股利。发放股票股利会导致发行在外的普通股的股数增加，股本增加，选项 AD 当选。发放股票股利并不会导致经济利益流入和流出企业，公司资产总额和股东权益总额不变，选项 BC 不当选。

本题答案 AD

（三）股利支付程序

日期	说明
股利宣告日 "我要发钱啦"	股东会决议通过并由董事会将股利支付情况予以公告的日期
股权登记日 "再不买就没钱拿"	有权领取本期股利的股东资格登记截止日期，在这一天之后取得股票的股东则无权领取本次分派的股利
除息日 "后悔也没用"	领取股利的权利与股票分离的日期（股权登记日的下一个交易日），由于失去了"收息"的权利，除息日的股票价格会下跌
股利发放日 "发钱"	公司按照公布的分红方案向股权登记日在册的股东实际支付股利的日期（通常是一段时间）

典例研习 · 9-24 （判断题）

除息日为 4 月 11 日，股权登记日为 4 月 10 日，4 月 11 日购入股票不能分股利。（　　　）

⑤斯尔解析 本题考查股利支付程序中的重要日期。除息日是指领取股利的权利与股票分离的日期，在除息日之前（当日不可以）购买股票的股东才能领取本次股利。本题所述正确。

▲本题答案 √

四、股票分割与股票回购（★★）

（一）股票分割

1. 含义

股票分割，又称拆股，将一股股票拆分成多股股票（如 1 ∶ 2）的行为。

|▷ **典例研习 · 9-25** 计算分析题

北极熊公司在 2020 年末资产负债表上的股东权益项目情况如下：

单位：万元

股本（面值 10 元，发行在外 1 000 万股）	10 000
资本公积	10 000
盈余公积	5 000
未分配利润	8 000
股东权益合计	33 000

要求：

假设该公司按照 1 ∶ 2 的比例进行股票分割，判断股东权益有何变化，并计算股票分割后的每股净资产。

⑤斯尔解析

（1）股东权益的内部结构和总额均不发生变化。

原股本：面值 10 元，发行在外 1 000 万股，股本 =10×1 000=10 000（万股）。

新股本：面值 5 元，发行在外 2 000 万元，股本 =5×2 000=10 000（万元）。

（2）每股净资产 =33 000÷（1 000×2）=16.5（元 / 股）。

2. 影响

股数增加，面值降低，每股市价降低，每股收益降低；资产总额、负债总额、所有者权益总额不变，所有者权益的内部结构不变，股东持股比例不变。

3. 作用

（1）降低股票价格。可以促进股票的流通和交易，加大对公司股票恶意收购的难度，还可以为公司发行新股做准备。

（2）向市场和投资者传递"公司发展前景良好"的信号，有助于提高投资者对公司股票的信心。

原理详解

如何辨析股票股利与股票分割的作用？

股票股利和股票分割的作用其实很相近，具体来说：

（1）都可以稳定股价或降低股价。

（2）都可以促进股票交易和流通，防止股票被恶意收购。

（3）都传递了未来发展前景良好的信息。

但两种方案对于股价影响的幅度却是不同的，股票分割是大招数，股票股利是小招数。

因此，这两者的应用场景也有所不同：

（1）如果股价上涨较为平缓，企业可采用股票股利来降低股价、促进股票流通和交易。

（2）如果股价上涨较为剧烈，而且预计短时间内还会上涨，则会采用股票分割的手段抑制股价过快上涨。

解题高手

命题角度：股票股利与股票分割的辨析。

客观题高频考点，建议同学们通过下表对比掌握：

项目	股票股利	股票分割
相同点	（1）股数增加（但股票分割增加得更多）。 （2）每股收益和每股市价下降（但股票分割下降得更多）。 （3）股东持股比例不变。 （4）资产、负债、股东权益总额不变，资本结构不变	
不同点	每股面值不变	每股面值变小
	股东权益结构变化	股东权益结构不变
	属于股利支付方式	不属于股利支付方式

4. 反分割（股票合并、逆向分割）

（1）如果公司认为其股票价格过低，不利于其在市场上的声誉和未来的再筹资时，为提高股票的价格，会采取反分割措施。

（2）降低股票流通性，提高公司股票投资的门槛，向市场传递的信息通常是不利的。

典例研习·9-26 （计算分析题）

丁公司 2017 年末的资产总额为 60 000 万元，权益资本占资产总额的 60%，当年净利润为 7 200 万元，丁公司认为其股票价格过高，不利于股票流通，于 2017 年末按照 1 : 2 的比例进行股票分割，股票分割前丁公司发行在外的普通股股数为 2 000 万股。

根据 2018 年的投资计划，丁公司需要追加 9 000 万元，基于公司目标资本结构，要求追加的投资中权益资本占 60%。

要求：

（1）计算丁公司股票分割后的下列指标：①每股净资产；②净资产收益率。

（2）如果丁公司针对 2017 年度净利润采取固定股利支付率政策分配股利，股利支付率为 40%，计算应支付的股利总额。

（3）如果丁公司针对 2017 年度净利润采取剩余股利政策分配股利。计算下列指标：① 2018 年追加投资所需要的权益资本额；②可发放的股利总额。

斯尔解析

（1）①分割后股数 =2 000×2=4 000（万股）。

股东权益总额 =60 000×60%=36 000（万元）

分割后的每股净资产 =36 000÷4 000=9（元）

②分割后净资产收益率 =7 200÷36 000×100%=20%。

（2）应支付的股利总额 =7 200×40%=2 880（万元）。

（3）①追加投资所需要的权益资本额 =9 000×60%=5 400（万元）。

②可发放的股利总额 =7 200−5 400=1 800（万元）。

典例研习·9-27 （单项选择题）

关于股票股利与股票分割，下列说法正确的是（　　）。

A. 均会改变股票面值
B. 均会增加股份数量
C. 均会增加股东权益总额
D. 均会改变股东权益的结构

斯尔解析 本题考查股票分割。股票分割会降低每股面值而股票股利不会改变每股面值，选项 A 不当选。股票股利与股票分割都会使股数增加，选项 B 当选。股票股利与股票分割都不会改变资产、负债、股东权益总额，也不会改变资本结构，选项 CD 不当选。

本题答案 B

（二）股票回购

1. 含义

股票回购是上市公司出资将其发行在外的普通股以一定价格购买回来予以注销或作为库存股的一种资本运作方式。

2. 动机

（1）**现金股利的替代**：股票回购不会对公司产生未来的派现压力，股东也可以根据自己的需要选择继续持股或出售（获得资本利得）以获得现金。

（2）改变公司的资本结构：减少权益资本，提高债务资本的比例，提高公司的财务杠杆水平。

（3）传递公司信息：认为股票价格被低估，则可以通过回购股票抬高股价。

（4）基于控制权的考虑：减少流通在外的股份数，提高现有股东的股权比重，降低敌意收购的风险。

原理详解

股票股利、股票分割、股票回购的关系。

典例研习·9-28 （多项选择题）

下列各项中，属于股票回购的动机的有（   ）。

A. 改变资本结构   B. 巩固控制权

C. 传递股价被高估的信息   D. 替代现金股利

斯尔解析 本题考查股票回购。在证券市场上，股票回购的动机多种多样，主要有以下几点：

（1）现金股利的替代。（选项 D 当选）

（2）改变公司的资本结构。（选项 A 当选）

（3）传递公司信息。由于信息不对称和预期差异，证券市场上的公司股票价格可能被低估，而过低的股价将会对公司产生负面影响。一般情况下，投资者会认为股票回购意味着公司认为其股票价值被低估而采取的应对措施。（选项 C 不当选）

（4）基于控制权的考虑。控股股东为了保证其控制权不被改变，往往采取直接或间接的方式回购股票，从而巩固既有的控制权。（选项 B 当选）

本题答案 ABD

典例研习·9-29 多项选择题

乙公司盈利稳定，有多余现金，拟进行股票回购用于将来奖励本公司职工，在其他条件不变的情况下，股票回购产生的影响有（　　）。

A. 每股收益提高　　　B. 每股面额下降　　　C. 资本结构变化　　　D. 现金流减少

🔍**斯尔解析**　本题考查股票回购。股票回购会使股数减少，每股收益提高，选项 A 当选。股票回购不会改变每股面额，选项 B 不当选。股票回购会使所有者权益减少，选项 C 当选。因一部分现金流用于股票回购，所以现金流减少，选项 D 当选。

▲**本题答案**　ACD

典例研习·9-30 单项选择题

关于股票回购和发放现金股利对公司影响的表述中，错误的是（　　）。

A. 均减少公司现金　　　　　　　　　B. 均减少所有者权益

C. 均降低公司股票市场价格　　　　　D. 均改变所有者权益结构

🔍**斯尔解析**　本题考查股票回购。股票回购和发放现金股利均会减少公司现金和所有者权益，选项 AB 不当选。股票回购和发放现金股利均改变所有者权益的结构，选项 D 不当选。股票回购可以使流通在外的普通股股数变少，进而可以抬高股价，选项 C 当选。

▲**本题答案**　C

五、股权激励（★）

（一）股票期权模式

1. 含义

股票期权模式是上市公司授予激励对象在未来某一定期限内以预先确定的条件购买一定数量股份的权利。股票期权本身不得转让、不得用于担保或偿还债务。

2. 优点

（1）降低委托代理成本。将经营者的报酬与公司的长期利益绑在一起，实现了经营者与企业所有者利益的高度一致（都希望股价上升），使二者的利益紧密联系起来，并且有利于降低激励成本。

（2）可以锁定期权人的风险。期权人事先没有支付成本或支付成本较低，如果股票价格下跌，期权人可以放弃行权，几乎没有损失。

3. 缺点

（1）影响现有股东的权益。激励对象行权将会分散股权，改变公司的总资本和股本结构（权益增多），会影响现有股东的权益（激励对象在行权日可以以较低的价格获得股权，但是现有股东不可以）。

（2）可能遭遇来自股票市场的风险。

①持续的牛市会产生"收入差距过大"的问题（行权价与股价差距越大，公司所能获得的"收入"就相对越少）。

②期权人行权但尚未售出购入的股票时（已经行权，即按照行权价买入股票，但还没有卖），如果股价跌至行权价以下，期权人将同时承担行权后纳税和股票跌破行权价的双重损失的风险。（天有不测风云，谁承想最后竟然买亏了）

（3）促使公司的经营者片面追求股价提升的短期行为（例如，放宽信用政策，产生大量赊销，收入迅速上升），而放弃有利于公司发展的重要投资机会。

4. 适用条件

初始资本投入较少，资本增值较快，处于成长初期或扩张期的企业，如互联网、高科技等风险较高的企业等。（没啥钱的公司可以先画饼，而且在成长/扩张阶段，员工也愿意相信这个饼会越来越大）

（二）限制性股票模式

1. 含义

限制性股票模式是激励对象按照股权激励计划规定的条件，获得的转让等部分权利受到限制的本公司股票。限制性股票在解除限售前不得转让、用于担保或偿还债务。

公司为了实现某一特定目标，先将一定数量的股票赠与或以较低价格售予激励对象。只有当实现预定目标后，激励对象才可将限制性股票抛售并从中获利；若预定目标没有实现，公司有权将免费赠与的限制性股票收回或者将售出的股票以激励对象购买时的价格回购。

2. 优缺点

（1）只有达到限制性股票所规定的限制性期限时，持有人才能拥有实在的股票，因此在限制期间公司不需要支付现金对价，便能留住人才。

（2）缺乏能推动企业股价上涨的激励机制，即在企业股价下跌时，激励对象仍能获得股份，这样可能达不到激励效果，并使股东受损。

3. 适用条件

处于成熟期的企业，股价的上涨空间有限，采用限制性股票模式较为合适。（当公司发展进入稳定期，你告诉他公司未来股票还会大涨，所以给他股票期权，他是不会相信的）

（三）股票增值权模式

1. 含义

股票增值权模式是公司授予经营者一种权利，如果经营者努力经营企业，在规定的期限内，公司股票价格上升或业绩上升，经营者就可以按一定比例获得这种由股价上扬或业绩提升所带来的收益，收益为行权价与行权日二级市场股价之间的差价或净资产的增值额。激励对象不用为行权支付现金，行权后由公司支付现金、股票或股票和现金的组合。

2. 优点

（1）易于操作，股票增值权持有人在行权时，直接兑现股票升值部分。

（2）审批程序简单，无须解决股票来源问题。

3. 缺点

（1）激励对象不能获得真正意义上的股票，激励的效果相对较差。

（2）公司方面需要提取奖励基金，使公司的现金支付压力增大。

4.适用条件

现金流量比较充裕且比较稳定的上市公司和现金流量比较充裕的非上市公司。

（四）业绩股票激励模式

1.含义

（1）公司在年初确定一个合理的年度业绩目标，如果激励对象在年末实现了公司预定的年度业绩目标，则公司给予激励对象一定数量的股票，或奖励其一定数量的奖金来购买本公司的股票。

（2）业绩股票在锁定一定年限以后才可以兑现。

2.优点

能够激励公司高管人员努力完成业绩目标，激励对象获得激励股票后成为公司的股东，与原股东有了共同利益。

3.缺点

（1）公司的业绩目标确定的科学性很难保证，容易导致公司高管人员为获得业绩股票而弄虚作假。

（2）激励成本较高，可能造成公司支付现金的压力。

4.适用条件

只对公司的业绩目标进行考核，不要求股价上涨，适合业绩稳定型的上市公司及其集团公司、子公司。

解题高手

命题角度：四种股权激励模式的辨析。

客观题考点，有一定辨析难度，建议同学们根据下表对比掌握各类激励模式的深层含义，从而便于更准确地辨析。

维度	股票期权	限制性股票	股票增值权	业绩股票激励
作为被激励对象，你现在有什么	未来以某一个价格获得股票的权利，但是现在手上并没有股票	一定数量的股票，但被"上锁"了	未来获得股价上扬或业绩提升所带来的收益的权利	未来直接获得一定数量股票或一定数量奖金用于购买股票的权利
你是否能获得收益，取决于什么	公司股价、业绩条件、服务期限	业绩条件、服务期限	公司股价、业绩条件、服务期限	业绩条件

续表

维度	股票期权	限制性股票	股票增值权	业绩股票激励
你获得的收益是多少	行权日以行权价购买股票、未来再以较高的市场价卖出股票所获得的资本利得	解锁日可以将自己手上的股票按照市价卖出去，获得资本利得	行权价与行权日市价的差额收益（公司通常直接给现金）	一定数量的股票或现金

提示：何为业绩条件？

根据《上市公司股权激励管理办法》的相关规定，上市公司应当设立授出权益、激励对象行使权益的条件。激励对象为董事、高级管理人员的，上市公司应当设立绩效考核指标作为激励对象行使权益的条件，而且绩效考核指标应当包括公司业绩指标和激励对象个人绩效指标。公司业绩指标可以公司历史业绩或同行业可比公司相关指标作为对照依据（常见的有净利润、净利润增长率、净资产收益率、营业收入、营业收入增长率等），激励对象个人绩效指标则由上市公司自行确定。

典例研习·9-31 （单项选择题）

某公司将 1% 的股票赠与管理者，以激励其实现设定的业绩目标，如果目标未实现，公司有权将股票收回，这种股权激励模式是（　　）。

A. 股票期权模式

B. 股票增值权模式

C. 业绩股票激励模式

D. 限制性股票模式

斯尔解析　本题考查股权激励。限制性股票模式是指激励对象按照股权激励计划规定的条件，获得的转让等部分权利受到限制的本公司股票。限制性股票模式在解除限售前不得转让、用于担保或偿还债务。公司为了实现某一特定目标，先将一定数量的股票赠与或以较低价格售予激励对象。只有当实现预定目标后，激励对象才可将限制性股票抛售并从中获利；若预定目标没有实现，公司有权将免费赠与的限制性股票收回或者将售出股票以激励对象购买时的价格回购，选项 D 当选。

本题答案　D

典例研习·9-32 （判断题）

公司采用股票期权激励政策，如果行权期内的行权价高于股价，则激励对象可以通过行权获得收益。　　　　　　　　　　　　　　　　　　　　　　（　　）

🔍**斯尔解析** 本题考查股权激励。股票期权实质上是公司给予激励对象的一种激励报酬，但能否取得该报酬取决于以经理人为首的相关人员是否通过努力实现公司的目标。在行权期内，如果股价高于行权价格，激励对象可以通过行权获得市场价与行权价格差带来的收益，否则将放弃行权。本题所述错误。

本题答案 ✕

背记重点
扫码全知道

斯考卡片

至此，财务管理的学习已经进行了88%，继续加油呀！

88%

第十章
财务分析与评价

重要程度： 重点章节　　　　　　　**平均分值：** 12分

考核题型： 客观题、主观题

本章提示： 本章公式较多，记忆难度看似较高，但绝大多数指标的计算
公式都有规律可循。建议先记忆有规律的公式，再集中精力
攻克没有规律的公式

考点精讲 ▷

第一节　财务分析与评价概述

一、财务分析的意义和内容（★）

（一）意义

（1）判断企业的财务实力。

（2）评价和考核企业的经营业绩，揭示财务活动存在的问题。

（3）挖掘企业潜力，寻求提高企业经营管理水平和经济效益的途径。

（4）评价企业的发展趋势。

（二）内容

主体	要求
企业所有者	关心资本保值、增值状况，重视盈利能力指标
企业债权人	关心其投资的安全性，重视企业偿债能力指标，同时也关注盈利能力
企业经营决策者	要求了解和掌握企业经营理财的各个方面，包括营运能力、偿债能力、盈利能力及发展能力的全部信息，并关注经营风险与财务风险
政府	财务分析的关注点因其身份不同而异

二、财务分析的方法（★★）

（一）比较分析法

比较分析法是对两个或两个以上的可比数据进行对比，找出企业财务状况、经营成果中的差异与问题。

1. 类别（按比较对象划分）

（1）趋势分析法。

定基动态比率 = 分析期数额 ÷ 固定基期数额 × 100%

环比动态比率 = 分析期数额 ÷ 前期数额 × 100%

（2）横向比较法。

（3）预算差异分析法。

2. 注意问题

（1）用于对比的各个时期指标的计算口径必须一致（如时间维度的统一）。

（2）剔除偶发性项目影响（如营业外收支），使分析所利用的数据能反映正常生产经营状况。

（3）运用例外原则对某项显著变动的指标作重点分析（针对异常重点分析）。

典例研习 · 10-1 （判断题）

第一年至第三年的净利润分别为 4 000 万元、5 000 万元和 5 600 万元。如果以第一年为基期，这三年的定基动态比率分别为 100%，125%，112%。　　　　　（　　）

斯尔解析 本题考查比较分析法。定基动态比率 = 分析期数额 ÷ 固定基期数额 ×100%，第一年定基动态比率 =4 000÷4 000×100%=100%，第二年定基动态比率 =5 000÷4 000×100%=125%，第三年定基动态比率 =5 600÷4 000×100%=140%。本题所述错误。

本题答案 ×

（二）比率分析法

比率分析法是通过计算各种比率指标来确定财务活动变动程度的方法。比率指标的类型主要有构成比率、效率比率和相关比率三类。

类型	公式	反映内容	举例
构成比率（结构比率）	构成比率 = 某个组成部分数值 ÷ 总体数值 ×100%	反映部分与总体的关系	各项资产的构成比率、各项负债的构成比率
效率比率	效率比率 = 所得 ÷ 所费 ×100%	反映投入与产出的关系	成本利润率、营业利润率、资本金利润率
相关比率	相关比率 = 某个项目 ÷ 相关项目 ×100%	反映有关经济活动的相互关系	流动比率、资产负债率

典例研习 · 10-2 （单项选择题）

下列财务比率中，属于效率比率指标的是（　　　）。

A. 成本利润率　　　　　　　　　　B. 速动比率

C. 资产负债率　　　　　　　　　　D. 无形资产占资产总额百分比

斯尔解析 本题考查比率分析法。效率比率是某项财务活动中所费与所得的比率，反映投入与产出的关系，计算公式为"所得 ÷ 所费"。从做题的角度，"利润"是典型的"所得"，因此看到"利润"二字便可判断为效率指标，直接判定选项 A 当选。速动比率和资产负债率为相关比率，选项 BC 不当选。无形资产占资产总额百分比属于构成比率，选项 D 不当选。

本题答案 A

（三）因素分析法

因素分析法是依据分析指标与其影响因素的关系，从数量上确定各因素对分析指标影响方向和影响程度的一种方法，具体有两种：连环替代法和差额分析法。

1. 连环替代法

连环替代法是将分析指标分解为各个可以计量的因素，并根据各个因素之间的依存关系，顺次用各因素的比较值（通常为实际值）替代基准值（通常为标准值或计划值），据以测定各因素对分析指标的影响。

假设某一财务指标 M 是由相互联系的 A、B、C 三个驱动因素组成，且该财务指标与其驱动因素间的函数关系为 $M=A \times B \times C$，则其标准值和实际值如下：

标准值：$M_0=A_0 \times B_0 \times C_0$

实际值：$M_1=A_1 \times B_1 \times C_1$

差异值：$\Delta M=M_1-M_0$

分析过程如下：

标准值：$M_0=A_0 \times B_0 \times C_0$ ①

第一次替代：$A_1 \times B_0 \times C_0$ ②

第二次替代：$A_1 \times B_1 \times C_0$ ③

第三次替代：$A_1 \times B_1 \times C_1$（实际值 M_1）   ④

因此：

A 因素变动对 M 的影响 = ② − ①

B 因素变动对 M 的影响 = ③ − ②

C 因素变动对 M 的影响 = ④ − ③

提示：驱动因素替代顺序的不同，其所带来的影响程度也将不同。一般情况下，我们应当根据各驱动因素的重要性排序，确定驱动因素的替代顺序，但在中级会计师财务管理科目考试中，题目一般会给出各因素的分析顺序。

典例研习·10-3　计算分析题

珊瑚公司 2025 年 6 月某种原材料费用的实际数和计划数如下表所示。假定原材料费用由产品产量、单位产品材料消耗量和材料单价三个因素的乘积构成。

要求：

运用连环替代法分析上述三个因素对材料费用总额的影响程度。

项目	单位	计划数	实际数
产品产量	件	500	530
单位产品材料消耗量	千克	7	6.5
材料单价	元	20	22
材料费用总额	元	70 000	75 790

⑤斯尔解析

计划指标：$500 \times 7 \times 20=70\ 000$（元）①

第一次替代：$530 \times 7 \times 20=74\ 200$（元）②

第二次替代：$530 \times 6.5 \times 20=68\ 900$（元）③

第三次替代（实际指标）：$530 \times 6.5 \times 22=75\ 790$（元）④

因此：

产量增加的影响 = ② − ① =74 200−70 000=4 200（元）

材料节约的影响 = ③ − ② =68 900−74 200=−5 300（元）

单价提高的影响 = ④ – ③ =75 790–68 900=6 890（元）

全部因素的影响 =4 200–5 300+6 890=5 790（元）

2. 差额分析法——连环替代法的简化形式

以三因素为例：

A 因素变动对 M 的影响 = $(A_1-A_0) \times B_0 \times C_0$

B 因素变动对 M 的影响 = $A_1 \times (B_1-B_0) \times C_0$

C 因素变动对 M 的影响 = $A_1 \times B_1 \times (C_1-C_0)$

典例研习·10-4 计算分析题

沿用【典例研习·10-3】中的资料。

要求：

运用差额分析法确定各因素变动对材料费用的影响。

项目	单位	计划数	实际数
产品产量	件	500	530
单位产品材料消耗量	千克	7	6.5
材料单价	元	20	22
材料费用总额	元	70 000	75 790

斯尔解析

（1）由于产量增加对材料费用的影响 = $(530-500) \times 7 \times 20$ =4 200（元）。

（2）由于材料节约对材料费用的影响 = $530 \times (6.5-7) \times 20$ =–5 300（元）。

（3）由于单价提高对材料费用的影响 = $530 \times 6.5 \times (22-20)$ =6 890（元）。

精准答疑

问题： 运用连环替换法或差额分析法计算影响因素时，如何确定基准值和实际值呢？替代关系是怎样的？

解答： 首先，总原则是用实际值替代基准值。但在实际考试中，往往不会明确指出何为实际值、何为基准值，需要同学们自行判断。结合历年考题，通常有如下三种出题思路，分别对应基准值和实际值。详见下表：

情形	基准值	实际值
1	计划数	实际数
2	X 年（如 2025 年，作为基期）	X+1 年（如 2026 年，作为预测期）

情形	基准值	实际值
		续表
3	行业平均水平或标杆公司	某公司（即题目分析的"主人公"）

3.注意问题

（1）因素分解的关联性。

（2）因素替代的顺序性。

（3）顺序替代的连环性。

（4）计算结果的假定性。

典例研习·10-5 单项选择题

下列各项中，不属于财务分析中因素分析法特征的是（　　）。

A. 因素分解的关联性　　　　　　　　B. 顺序替代的连环性

C. 分析结果的准确性　　　　　　　　D. 因素替代的顺序性

斯尔解析 本题考查因素分析法。采用因素分析法时，必须注意以下问题：（1）因素分解的关联性；（2）因素替代的顺序性；（3）顺序替代的连环性；（4）计算结果的假定性，选项 C 当选。

本题答案 C

三、财务分析的局限性

（一）资料来源

报表数据存在时效性、真实性、可靠性、可比性、完整性问题。

（二）分析方法

（1）比较分析法：比较的双方必须具备可比性。

（2）比率分析法：针对单个指标的分析，综合程度较低，建立在以历史数据为基础的财务报表之上，决策相关性较差。

（3）因素分析法：主观假定各因素的变化顺序而且规定每次只有一个因素发生变化，与事实不符。

（4）所有分析法均是对过去经济事项的反映，环境的变化会导致比较标准发生变化，若只注重数据的比较而忽略经营环境的变化，会使分析结论不全面。

（三）财务分析指标

（1）财务指标体系不严密。

（2）财务指标所反映的情况具有相对性。

（3）评价标准不统一。

（4）比较基础不统一。

四、财务评价

财务评价是对企业财务状况和经营情况进行的总结、考核和评价。它以企业的财务报表和其他财务分析资料为依据，注重对企业财务分析指标的综合考核。

主要方法有杜邦分析法、沃尔评分法、经济增加值法等。

第二节 基本的财务报表分析

解题高手

命题角度：考查各类财务比率指标的计算。

关键财务比率指标的记忆规律和注意要点提示总结如下：

（1）指标记忆规律。

①母子比率指标：比率名称中出现两个报表项目，前者是分母，后者是分子，如资产负债率、营业净利率等，即母子率＝子／母。

②子比率指标：比率名称中只出现一个报表项目，一般作为分子，分母是流动负债，如流动比率、速动比率等。

（2）注意要点提示。

①区分时期数和时点数：一般而言，取自利润表和现金流量表的数字属于时期数，而取自资产负债表的数字属于时点数。

②取值口径：

a. 有要求，按要求：有些题目明确取数口径，此时按题目要求计算即可。

b. 没要求，循原则：如题目没有特殊要求，在计算取值时，应遵循的基本原则是时点配时点、时期配时期或配时点平均。

一、偿债能力分析（★★★）

偿债能力是指企业偿还本身所欠债务的能力。债务一般按到期时间分为短期债务和长期债务，偿债能力分析也由此分为短期偿债能力分析和长期偿债能力分析。

（一）短期偿债能力分析

短期偿债能力衡量的是对流动负债的清偿能力。

指标	公式
营运资金	营运资金 = 流动资产 − 流动负债
流动比率	流动比率 = 流动资产 ÷ 流动负债
速动比率	速动比率 = 速动资产 ÷ 流动负债
现金比率	现金比率 =（货币资金 + 交易性金融资产）÷ 流动负债

1. 营运资金

营运资金 = 流动资产 − 流动负债

（1）经济含义。

营运资金是流动资产超过流动负债的部分。

（2）主要分析结论。

①营运资金＞0，流动资产抵偿流动负债后还有剩余，说明财务状况稳定，不能偿债的风险较小。

②营运资金＜0，部分非流动资产以流动负债作为资金来源，不能偿债的风险很大。

③营运资金为绝对数指标，不便于不同企业之间的比较。

典例研习·10-6 多项选择题

下列关于营运资金的说法中，正确的有（　　）。

A. 营运资金越多的企业，流动比率越大

B. 当营运资金小于 0 时，部分非流动资产以流动负债作为资金来源

C. 营运资金具有较强的变现力，可通过迅速变卖获取现金

D. 营运资金越多的企业，短期偿债能力越强

斯尔解析 本题考查营运资金。营运资金越多的企业，流动比率并不一定越大，例如，甲企业流动资产为 100，流动负债为 10，则营运资金为 90，流动比率为 10；乙企业流动资产为 1 000，流动负债为 400，则营运资金为 600，流动比率为 2.5，选项 A 不当选。营运资金 = 流动资产 − 流动负债，当营运资金＜0 时，说明流动负债＞流动资产，即部分非流动资产以流动负债作为资金来源，选项 B 当选。营运资金具有较强的变现力，可通过迅速变卖获取现金，应付临时性资金需求，选项 C 当选。营运资金为绝对数指标，不便于不同企业之间短期偿债能力的比较，选项 D 不当选。

本题答案 BC

2. 流动比率

流动比率 = 流动资产 ÷ 流动负债

（1）经济含义。

流动比率表明每 1 元流动负债有多少流动资产作为保障。

（2）主要分析结论。

①流动比率高并不意味着短期偿债能力一定很强。各项流动资产的变现能力不同，且变现金额可能与账面金额存在较大差异。

②营业周期、流动资产中的存货和应收账款的周转速度是影响流动比率可信度的主要因素。

③流动比率必须与同行业平均水平、本企业历史水平对比，才能判断高低。

④流动比率容易人为操纵，且没有揭示流动资产的构成内容，只能大致反映流动资产整体的变现能力。

3. 速动比率

速动比率 = 速动资产 ÷ 流动负债

（1）经济含义。

速动比率表明每1元流动负债有多少速动资产作为偿债保障。

速动资产包括货币资金、交易性金融资产、衍生金融资产和各种应收款项，不包括存货、合同资产、预付款项、一年内到期的非流动资产和其他流动资产等。 **要**

（2）主要分析结论。

①速动比率并不是越高越好，速动比率过高，会因占用现金及应收账款过多增加机会成本。

②影响速动比率可信性的重要因素是应收账款的变现能力。

|⊹ 典例研习·10-7 （多项选择题）

下列各项中，属于速动资产的有（ ）。

A. 货币资金 　　　B. 预收账款 　　　C. 应收账款 　　　D. 存货

斯尔解析 本题考查速动比率。速动资产包括货币资金、交易性金融资产、衍生金融资产和各种应收款项，不包括存货（原因：存货变现速度比应收账款要慢得多；部分存货可能已被抵押；成本与市价存在差异）、合同资产、预付款项、一年内到期的非流动资产和其他流动资产等，选项 AC 当选。

本题答案 AC

|⊹ 典例研习·10-8 （单项选择题）

某公司当前的速动比率大于1，若用现金偿还应付账款，则对流动比率和速动比率的影响是（ ）。

A. 流动比率变大、速动比率变大 　　　B. 流动比率变大、速动比率变小

C. 流动比率变小、速动比率变小 　　　D. 流动比率变小、速动比率变大

斯尔解析 本题考查短期偿债能力分析。用现金偿还应付账款，流动资产减少，流动负债减少，假设速动比率为2，流动资产和流动负债分别减少0.5，则减少后的速动比率为1.5/0.5=3，速动比率变大。速动比率为2，流动比率大于速动比率，假设流动比率为3，流动资产和流动负债分别减少0.5，则减少后的流动比率=2.5/0.5=5，流动比率变大，选项 A 当选。

本题答案 A

4. 现金比率

现金比率 = （货币资金 + 交易性金融资产） ÷ 流动负债

（1）经济含义。

现金比率表明每1元流动负债有多少现金资产作为偿债保障，最能反映企业直接偿付流动负债的能力。

（2）主要分析结论。

过高意味着企业过多资源占用在盈利能力较低的现金资产上，从而影响企业的盈利能力。

典例研习·10-9 判断题

现金比率不同于速动比率之处主要在于剔除了衍生金融资产和各种应收款项对短期偿债能力的影响。　　　　　　　　　　　　　　　　　　　　　　　（　　）

斯尔解析　本题考查现金比率。根据公式，现金比率 =（货币资金 + 交易性金融资产）÷ 流动负债，因此现金比率剔除了衍生金融资产和各种应收款项对偿债能力的影响，最能反映企业直接偿付流动负债的能力。本题所述正确。

本题答案　√

（二）长期偿债能力分析

企业在长期内，不仅需要偿还流动负债，还需要偿还非流动负债，因此长期偿债能力衡量的是对企业所有负债的清偿能力。

指标	公式
资产负债率	资产负债率 = 负债总额 ÷ 资产总额 ×100%
产权比率	产权比率 = 负债总额 ÷ 所有者权益 ×100%
权益乘数	权益乘数 = 资产总额 ÷ 所有者权益
利息保障倍数	利息保障倍数 = 息税前利润 ÷ 应付利息

1. 资产负债率、产权比率和权益乘数

（1）计算公式。

资产负债率 = 负债总额 ÷ 资产总额 ×100%

产权比率 = 负债总额 ÷ 所有者权益 ×100%

权益乘数 = 总资产 ÷ 所有者权益

（2）经济含义。

①资产负债率表明资产总额中通过负债取得的比例，可以衡量企业清算时资产对债权人权益的保障程度。

②产权比率反映债权人提供的资本与所有者提供的资本的相对关系，即企业财务结构是否稳定，以及债权人资本受股东权益保障的程度，或者是企业清算时对债权人利益的保障程度。

③权益乘数表明股东每投入1元钱可实际拥有和控制的（资产）金额，即资产总额相当于所有者权益的倍数，企业存在负债时，权益乘数大于1，企业负债比例越高，权益乘数越大。

（3）三个比率之间的关系。

①相互转换："知一求二"。

②同向变动：三个比率同向变动，一个指标上升，另外两个指标也上升。

③反向结论：比率越高，表明公司的负债越多，偿债压力越大。

典例研习·10-10 单项选择题

产权比率越高，通常反映的信息是（　　）。

A. 财务结构越稳健

B. 长期偿债能力越强

C. 财务杠杆效应越强

D. 股东权益的保障程度越高

斯尔解析 本题考查产权比率。产权比率 = 负债总额 ÷ 所有者权益总额 ×100%，这一比率越高，说明在资本结构中负债所占的比重越高，表明企业长期偿债能力越弱，债权人权益保障程度越低，选项 BD 不当选。产权比率高，是高风险、高报酬的财务结构，财务杠杆效应强，选项 C 当选、选项 A 不当选。

本题答案 C

典例研习·10-11 判断题

在资产负债率、产权比率和权益乘数三个指标中，已知其中一个指标值，就可以推出另外两个指标值。　　　　　　　　　　　　　　　　　　　　　　　　　　　　（　　）

斯尔解析 本题考查长期偿债能力分析。权益乘数 =1+ 产权比率 =1/（1− 资产负债率），因此已知其中一个指标值，就可以推算出另外两个指标值。本题所述正确。

本题答案 √

2. 利息保障倍数

利息保障倍数 = 息税前利润 ÷ 应付利息

（1）经济含义。

利息保障倍数表明每1元利息费用（应付利息）有多少倍息税前利润作为偿付保障。

其中：

分子（息税前利润）= 净利润 + 所得税 + 利润表中的利息费用

分母（应付利息）= 财务费用中的利息费用 + 计入固定资产成本的资本化利息

（2）主要分析结论。

利息保障倍数反映支付利息的利润来源（息税前利润）与利息支出之间的关系，该比率越高，长期偿债能力越强。从长期看，利息保障倍数至少要大于 1。

典例研习·10-12 单项选择题

某公司 2022 年实现净利润 6 600 万元，所得税费用为 2 200 万元，全年应付利息为 800 万元，其中计入财务费用 200 万元，其余为资本化利息支出，不考虑其他因素，2022 年利息保障倍数为（　　）。

A. 11.25

B. 8.25

C. 12

D. 11

🔍 **斯尔解析** 本题考查长期偿债能力分析。利息保障倍数 = 息税前利润 ÷ 应付利息 = （净利润 + 所得税 + 利润表中的利息费用）÷ 应付利息。故 2022 年利息保障倍数 =（6 600+2 200+200）÷800=11.25，选项 A 当选。

🔻 **本题答案** A

（三）影响偿债能力的其他因素

（1）可动用的银行贷款指标或授信额度。

（2）资产质量：如账面价值与实际价值的差异；如存在很快变现的长期资产（如变卖一栋正在出租的房产）会增加短期偿债能力。

（3）或有事项（如债务担保或未决诉讼）和承诺事项。

典例研习·10-13 多项选择题

丙公司 2022 年末负债总额为 200 万元，资产总额为 500 万元，当年利息费用为 20 万元，无资本化利息，净利润为 100 万元，所得税为 30 万元，则该公司（　　）。

A. 年末资产负债率为 40%　　　　　　　　B. 年末产权比率为 2/3

C 权益乘数为 4/3　　　　　　　　　　　　D. 当年利息保障倍数为 7.5

🔍 **斯尔解析** 本题考查长期偿债能力分析。资产负债率 =200÷500×100%=40%，选项 A 当选。产权比率 =200÷（500−200）=2/3，选项 B 当选。权益乘数 =500÷（500−200）=5/3，选项 C 不当选。利息保障倍数 =（100+30+20）÷20=7.5，选项 D 当选。

🔻 **本题答案** ABD

二、营运能力分析（★★★）

营运能力主要指资产运用、循环的效率高低。一般而言，资金周转速度越快，说明企业的资金管理水平越高，资金利用效率越高，企业可以以较少的投入获得较多的收益。因此，营运能力指标是通过投入（资产）与产出（通常是收入，也称之为"周转额"）之间的关系反映的（**本质上也是一种投入产出比的体现**）。

基本公式：

周转率（次数）= 周转额 ÷ 某资产平均余额

周转期（天数）= 计算期天数 ÷ 周转率

（一）应收账款周转率

1. 公式

（1）应收账款周转率（次数）。

$$应收账款周转率（次数）=\frac{营业收入}{应收账款平均余额}=\frac{营业收入}{（期初应收账款+期末应收账款）÷2}$$

（2）应收账款周转期（天数）。

应收账款周转期（天数）= 计算期天数 ÷ 应收账款周转次数

2. 指标计算需注意的问题

（1）分子——营业收入。

理论上，应使用赊销收入作为周转额，但外部分析人员无法取得赊销数据，只好直接使用营业收入进行计算。 _变

（2）分母——应收账款平均余额。

①应收账款包括应收票据及应收账款等全部赊销账款在内。

②应收账款应为未扣除坏账准备的金额。

③在业绩评价时，应收账款余额最好使用多个时点的平均数，以减少季节性、偶然性和人为因素的影响。

3. 主要分析结论

应收账款周转率反映了企业应收账款周转速度的快慢及应收账款管理效率的高低。在一定时期内周转次数多（或周转天数少）表明：

（1）企业收账迅速，信用销售管理严格。

（2）应收账款流动性强，从而增强企业短期偿债能力。

（3）可以减少收账费用和坏账损失，相对增加企业流动资产的投资收益。

典例研习·10-14 单项选择题

关于应收账款周转次数，下列说法中正确的是（　　）。

A. 应收账款周转次数提高表明企业应收账款周转天数增加

B. 应收账款周转次数提高将提高企业应收账款资金占用水平

C. 提高应收账款周转次数可以增强企业短期偿债能力

D. 应收账款周转次数提高表明企业赊销收入增加

斯尔解析 本题考查营运能力分析。应收账款周转天数＝计算期天数÷应收账款周转次数，故应收账款周转次数提高表明企业应收账款周转天数减少，选项 A 不当选。应收账款周转次数提高，表明应收账款管理效率提高，应收账款资金占用水平将下降，选项 B 不当选。提高应收账款周转次数，表明企业收账迅速，可以增强企业短期偿债能力，选项 C 当选。仅根据应收账款周转次数的变动，无法确定企业赊销收入的变化，选项 D 不当选。

本题答案 C

（二）存货周转率

1. 公式

（1）存货周转率（次数）。

$$存货周转率（次数）= \frac{营业成本}{存货平均余额} = \frac{营业成本}{（期初存货+期末存货）÷2}$$

（2）存货周转期（天数）。

$$存货周转期（天数）= 计算期天数 ÷ 存货周转次数$$

2. 主要分析结论

（1）一般来说，存货周转速度越快，存货占用水平越低，流动性越强，存货转化为现金或应收账款的速度越快，从而增强企业的短期偿债能力及盈利能力。

（2）存货周转率与企业经营特点有关，应注意行业的可比性。

（三）流动资产周转率

1. 公式

$$流动资产周转率（次数）= \frac{营业收入}{流动资产平均余额} = \frac{营业收入}{（期初流动资产+期末流动资产）÷2}$$

2. 主要分析结论

在一定时期内，流动资产周转次数越多，表明以相同的流动资产完成的周转额越多，流动资产利用效果越好；流动资产周转天数越少，表明流动资产在经历生产销售各阶段所占用的时间越短，可相对节约流动资产，增强企业盈利能力（更少的资产赚更多的钱）。

（四）固定资产周转率

1. 公式

$$固定资产周转率（次数）= \frac{营业收入}{平均固定资产} = \frac{营业收入}{（期初固定资产+期末固定资产）÷2}$$

2. 主要分析结论

固定资产周转率高，说明企业固定资产投资得当，结构合理，利用效率高；反之，则表明固定资产利用效率不高，提供的生产成果不多，企业的营运能力不强。

（五）总资产周转率

1. 公式

$$总资产周转率（次数）= \frac{营业收入}{平均总资产}$$

2. 指标计算时需要注意的问题

（1）如果企业各期资产总额比较稳定，波动不大，则：

平均总资产=（期初总资产+期末总资产）÷2

（2）如果资金占用的波动性较大，则应按照更详细的资料计算平均总资产，则：

月平均总资产=（月初总资产+月末总资产）÷2

季平均占用额=（1/2季初+第一月末+第二月末+1/2季末）÷3

年平均占用额=（1/2年初+第一季度末+第二季度末+第三季度末+1/2年末）÷4

3. 主要分析结论

用来衡量企业资产整体的使用效率。分析应结合各项资产的周转情况，以发现影响企业资产周转的主要因素。

典例研习·10-15 多项选择题

在其他条件不变的情况下，下列各项中，会引起总资产周转率指标上升的有（　　）。

A. 用银行存款支付广告费　　　　　　　　B. 用现金偿还应付账款

C. 用银行存款购买设备　　　　　　　D. 借入短期借款

🅢斯尔解析　本题考查营运能力分析。总资产周转率 = 营业收入 ÷ 平均资产总额，用银行存款支付广告费使资产减少，收入不变，总资产周转率上升，选项 A 当选。用现金偿还应付账款使资产减少，收入不变，总资产周转率上升，选项 B 当选。用银行存款购买设备属于资产内部的一增一减，总资产周转率不变，选项 C 不当选。借入短期借款使资产增加，收入不变，总资产周转率下降，选项 D 不当选。

🔺本题答案　AB

解题高手👌

命题角度：营运能力指标的计算。

客观题和主观题考点，对于初学者而言，这部分公式很容易混淆，且本章和第七章均出现了类似指标，故作如下总结：

第一，×× 周转次数 = ×× 周转率，周转次数或周转率越多越好（即数值越大越好）。

第二，×× 周转天数 = ×× 周转期，周转天数或周转期越短越好（即数值越小越好）。

提示：上述结论仅是方向上的结论，不考虑极端情形。

第三，相关公式总结如下（假设一年计算期为 360 天，不考虑分子分母口径不一致的调整）。

类型	×× 周转率（次数）	×× 周转期（天数）
基本公式	周转额 / 某资产或负债	360/ 周转率，或平均余额 / 日周转额
应收账款	营业收入 / 应收账款	360/ 应收账款周转率，或应收账款平均余额 / 日营业收入
存货	营业成本 / 存货	360/ 存货周转率，或存货平均余额 / 日营业成本
应付账款	不涉及	应付账款平均余额 / 日购货成本

典例研习·10-16　（计算分析题）

丁公司 2017 年末的资产负债表（简表）如下。

单位：万元

资产	年末数	负债和所有者权益	年末数
货币资金	450	短期借款	A
应收账款	250	应付账款	280

续表

资产	年末数	负债和所有者权益	年末数
存货	400	长期借款	700
非流动资产	1 300	所有者权益合计	B
资产总计	2 400	负债和所有者权益合计	2 400

2017 年营业收入为 1 650 万元，营业成本为 990 万元，净利润为 220 万元，应收账款年初余额为 150 万元，存货年初余额为 260 万元，所有者权益年初余额为 1 000 万元。该公司年末流动比率为 2.2。

要求：

（1）计算上表中字母 A 和 B 所代表的项目金额。

（2）每年按 360 天计算，计算应收账款周转次数、存货周转天数和营业毛利率。

斯尔解析

（1）根据公式，流动比率 = 流动资产 ÷ 流动负债，所以流动负债 = 流动资产 ÷ 流动比率 =（450+250+400）÷ 2.2=500（万元）。

A（短期借款）=500−280=220（万元）

B（所有者权益合计）=2 400−500−700=1 200（万元）

（2）应收账款周转次数 =1 650 ÷［（150+250）÷ 2］=8.25（次）。

存货周转次数 =990 ÷［（260+400）÷ 2]=3（次）

存货周转天数 =360 ÷ 3=120（天）

营业毛利率 =（1 650−990）÷ 1 650×100%=40%

三、盈利能力分析（★★★）

指标	公式
营业毛利率	营业毛利率 = 营业毛利 ÷ 营业收入 ×100%
营业净利率	营业净利率 = 净利润 ÷ 营业收入 ×100%
总资产净利率	总资产净利率 = 净利润 ÷ 平均总资产 ×100%
净资产收益率（权益净利率）	权益净利率 = 净利润 ÷ 平均所有者权益 ×100%

（一）营业毛利率

营业毛利率 = 营业毛利 ÷ 营业收入 ×100%

= （营业收入 − 营业成本）÷ 营业收入 ×100%

反映产品每 1 元营业收入所包含的毛利润是多少，即营业收入扣除营业成本后还有多少剩余可用于弥补各期费用和形成利润。营业毛利率越高，表明产品的盈利能力越强。

（二）营业净利率

营业净利率 = 净利润 ÷ 营业收入 × 100%

反映每 1 元营业收入最终赚取了多少利润，用于反映产品最终的盈利能力。

（三）总资产净利率

总资产净利率 = 净利润 ÷ 平均总资产 × 100%

反映每 1 元资产创造的净利润，衡量企业资产的盈利能力。总资产净利率越高，表明企业资产的利用效果越好。

（四）净资产收益率（权益净利率或权益报酬率）

净资产收益率 = 净利润 ÷ 平均所有者权益 × 100%

反映每 1 元权益资本赚取的净利润。净资产收益率越高，股东和债权人的利益保障程度越高。但净资产收益率不是一个越高越好的概念，分析时要注意企业的财务风险。

典例研习·10-17　计算分析题

丁公司 2015 年 12 月 31 日的资产负债表显示，资产总额年初数和年末数分别为 4 800 万元和 5 000 万元，负债总额年初数和年末数分别为 2 400 万元和 2 500 万元，丁公司 2015 年度营业收入为 7 350 万元，净利润为 294 万元。

要求：

（1）根据年初、年末平均值，计算权益乘数。

（2）计算总资产周转率。

（3）计算营业净利率。

（4）计算总资产净利率和权益净利率。

斯尔解析

（1）年初所有者权益 =4 800−2 400=2 400（万元）。

年末所有者权益 =5 000−2 500=2 500（万元）

平均所有者权益 =（2 400+2 500）÷2=2 450（万元）

平均总资产 =（4 800+5 000）÷2=4 900（万元）

权益乘数 =4 900÷2 450=2

（2）总资产周转率 =7 350÷4 900=1.5（次）。

（3）营业净利率 =294÷7 350×100%=4%。

（4）总资产净利率 =294÷4 900×100%=6%。

权益净利率 =294÷2 450×100%=12%

四、发展能力分析（★★）

指标	公式
营业收入增长率	营业收入增长率＝本年营业收入增长额 ÷ 上年营业收入 ×100%
营业利润增长率	营业利润增长率＝本年营业利润增长额 ÷ 上年营业利润总额 ×100%
总资产增长率	总资产增长率＝本年资产增长额 ÷ 年初资产总额 ×100%
所有者权益增长率	所有者权益增长率＝本年所有者权益增长额 ÷ 年初所有者权益 ×100%
资本保值增值率	资本保值增值率＝扣除客观增减因素后所有者权益的期末总额 ÷ 所有者权益的期初总额 ×100%

（一）营业收入增长率

营业收入增长率＝本年营业收入增长额 ÷ 上年营业收入 ×100%

营业收入增长率大于零，表明企业本年营业收入有所增长。该指标值越高，企业营业收入的增长速度越快，市场前景越好。

（二）营业利润增长率

营业利润增长率＝本年营业利润增长额 ÷ 上年营业利润总额 ×100%

（三）总资产增长率

总资产增长率＝本年资产增长额 ÷ 年初资产总额 ×100%

总资产增长率越高，表明企业一定时期内资产经营规模扩张的速度越快。但在分析时，需要关注资产规模扩张的质和量的关系，以及企业的后续发展能力，避免盲目扩张。

（四）所有者权益增长率

所有者权益增长率＝本年所有者权益增长额 ÷ 年初所有者权益 ×100%

所有者权益增长率越高，表明企业的资本积累越多，应对风险、持续发展的能力越强。

（五）资本保值增值率 ▮要

资本保值增值率＝扣除客观增减因素后所有者权益的期末总额 ÷ 所有者权益的期初总额 ×100%

其中，客观因素对所有者权益的影响包括但不限于：

（1）本期投资者追加投资，使企业的实收资本增加，以及因资本溢价、资本折算差额引起资本公积变动。

（2）本期接受外来捐赠、资产评估增值导致资本公积增加。

提示：上述指标主要反映企业资本的运营效益与安全状况。该指标越高，表明企业的资本保全状况越好，所有者权益增长越快，债权人的债务越有保障，企业发展后劲越强。

典例研习·10-18 单项选择题

下列各项财务分析指标中，能反映企业发展能力的是（　　）。

A. 权益乘数

B. 资本保值增值率

C. 现金运营指数

D. 净资产收益率

斯尔解析 本题考查发展能力分析。衡量企业发展能力的指标主要有营业收入增长率、总资产增长率、营业利润增长率、资本保值增值率和所有者权益增长率等，选项 B 当选。权益乘数属于衡量偿债能力的指标，现金营运指数属于反映收益质量的指标，净资产收益率属于反映盈利能力的指标，选项 ACD 不当选。

本题答案 B

五、现金流量分析（★★★）

指标	公式
营业现金比率	营业现金比率 = 经营活动现金流量净额 ÷ 营业收入
每股营业现金净流量	每股营业现金净流量 = 经营活动现金流量净额 ÷ 普通股股数
全部资产现金回收率	全部资产现金回收率 = 经营活动现金流量净额 ÷ 平均总资产 ×100%
净收益营运指数	净收益营运指数 = 经营净收益 ÷ 净利润
现金营运指数	现金营运指数 = 经营活动现金流量净额 ÷ 经营所得现金

（一）获取现金能力的分析

获取现金的能力可以通过经营活动现金流量净额与投入资源之比来反映。投入资源可以是营业收入、资产总额、营运资金、净资产或普通股股数等。

1. 营业现金比率

营业现金比率 = 经营活动现金流量净额 ÷ 营业收入

反映每 1 元营业收入得到的现金流量净额，其数值越大越好。

2. 每股营业现金净流量

每股营业现金净流量 = 经营活动现金流量净额 ÷ 普通股股数

反映企业最大的分派股利能力，超过此限度，可能就要借款分红。

3. 全部资产现金回收率

全部资产现金回收率 = 经营活动现金流量净额 ÷ 平均总资产 ×100%

（二）收益质量分析

收益质量是指会计收益与公司业绩之间的相关性。如果会计收益能如实反映公司业绩，则其收益质量高；反之，则收益质量不高。

1. 净收益营运指数

净收益营运指数＝经营净收益÷净利润

　　　　　　　＝（净利润－非经营净收益）÷净利润

净收益营运指数越小，非经营收益所占比重越大，收益质量越差，因为非经营收益不反映公司的核心能力及正常的收益能力，可持续性较低。

2. 现金营运指数

现金营运指数＝经营活动现金流量净额÷经营所得现金

其中：经营所得现金＝经营净收益＋非付现费用。

现金营运指数小于1，说明一部分收益尚未取得现金，停留在实物或债权形态，而实物或债权资产的风险大于现金，应收账款不一定能足额变现，存货也有贬值的风险，所以未收现的收益质量低于已收现的收益。

典例研习·10-19 单项选择题

下列财务分析指标中，能够反映收益质量的是（　　）。

A. 净资产收益率　　　　　　　　　　B. 现金营运指数

C. 营业毛利率　　　　　　　　　　　D. 每股收益

斯尔解析　本题考查现金流量分析。收益质量分析的指标包括净收益营运指数和现金营运指数，选项B当选。净资产收益率和营业毛利率是盈利能力分析指标，选项AC不当选。每股收益是综合反映上市公司盈利能力的重要指标，选项D不当选。

本题答案　B

典例研习·10-20 判断题

净收益营运指数越小，非经营收益所占比重越大，表明收益质量越差。　　　　（　　）

斯尔解析　本题考查现金流量分析。净收益营运指数越小，非经营收益所占比重越大，收益质量越差，因为非经营收益不反映公司的核心能力及正常的收益能力，可持续性较低。本题所述正确。

本题答案　√

典例研习·10-21 单项选择题

某公司利润总额为6 000万元，所得税费用为1 500万元。非经营净收益为450万元，则净收益营运指数为（　　）。

A. 0.93　　　　　　B. 0.75　　　　　　C. 0.81　　　　　　D. 0.90

斯尔解析　本题考查现金流量分析。经营净收益＝净利润－非经营净收益＝6 000－1 500－450＝4 050（万元），净收益营运指数＝经营净收益÷净利润＝4 050÷（6 000－1 500）＝0.9，选项D当选。

本题答案　D

典例研习·10-22 多项选择题

丁公司 2022 年营业收入为 1 500 万元，营业净利率为 30%，非经营净收益为 135 万元，非付现费用为 85 万元，经营活动现金流量净额为 360 万元，全年平均总资产为 5 000 万元。下列关于丁公司的财务指标计算正确的有（　　　）。

A. 净收益营运指数为 0.7

B. 现金营运指数为 0.9

C. 营业现金比率为 24%

D. 总资产净利率为 6.3%

斯尔解析 本题考查现金流量分析。净收益营运指数 = 经营净收益 ÷ 净利润 = （1 500×30%−135）÷（1 500×30%）=0.7，选项 A 当选。现金营运指数 = 经营活动现金流量净额 ÷ 经营所得现金 =360÷（1 500×30%−135+85）=0.9，选项 B 当选。营业现金比率 = 经营活动现金流量净额 ÷ 营业收入 =360÷1 500=24%，选项 C 当选。总资产净利率 = 净利润 ÷ 全年平均总资产 ×100%=1 500×30%÷5 000×100%=9%，选项 D 不当选。

本题答案 ABC

典例研习·10-23 综合题

己公司和庚公司是同一行业、规模相近的两家上市公司。有关资料如下：

资料一：己公司 2017 年普通股股数为 10 000 万股，每股收益为 2.31 元 / 股。部分财务信息如下表所示。

己公司部分财务信息

单位：万元

项目	2017 年末数据	项目	2017 年度数据
负债合计	184 800	营业收入	200 000
股东权益合计	154 000	净利润	23 100
资产总计	338 800	经营活动现金流量净额	15 000

资料二：己公司股票的 β 系数为 1.2，无风险收益率为 4%，证券市场平均收益率为 9%。己公司每年按每股 3 元发放固定现金股利。目前该公司的股票市价为 46.20 元。

资料三：己公司和庚公司 2017 年的部分财务指标如下表所示。

己公司和庚公司部分财务指标

项目	己公司	庚公司
产权比率	（A）	1
净资产收益率（按期末数计算）	（B）	20%

续表

项目	己公司	庚公司
总资产周转次数（次）（按期末数计算）	（C）	0.85
营业现金比率	（D）	15%
每股营业现金净流量（元/股）	（E）	*
市盈率（倍）	（F）	*

注：表内的"*"表示省略的数据。

资料四：庚公司股票的必要收益率为11%。该公司2017年度股利分配方案是每股现金股利1.5元（即$D_0=1.5$），预计未来各年的股利年增长率为6%。目前庚公司的股价为25元。

要求：

（1）根据资料一和资料二，确定上述表格中字母A、B、C、D、E、F所代表的数值（不需要列示计算过程）。

（2）根据要求（1）的计算结果和资料三，回答下列问题：

①判断己公司和庚公司谁的财务结构更加稳健，并说明理由。

②判断己公司和庚公司获取现金的能力哪个更强，并说明理由。

（3）根据资料二，计算并回答下列问题：

①运用资本资产定价模型计算己公司股票的必要收益率。

②计算己公司股票的价值。

③给出"增持"或"减持"该股票的投资建议，并说明理由。

（4）根据资料四，计算并回答下列问题：

①计算庚公司股票的内部收益率。

②给出"增持"或"减持"该股票的投资建议，并说明理由。

斯尔解析

（1）A=1.2，B=15%，C=0.59，D=7.5%，E=1.5，F=20。

计算过程：

A=184 800÷154 000=1.2

B=23 100÷154 000×100%=15%

C=200 000÷338 800=0.59

D=15 000÷200 000×100%=7.5%

E=15 000÷10 000=1.5

F=46.20÷2.31=20

（2）①庚公司的财务结构更稳健。

原因：产权比率反映了由债务人提供的资本与所有者提供的资本的相对关系，即企业财务结构是否稳定。产权比率越低，财务结构越稳健。庚公司产权比率低于己公司，所以庚公司的财务结构更稳健。

②庚公司获得现金的能力强。

原因：营业现金比率可以反映公司获取现金的能力，该比率越大，说明公司获取现金的能力越强。本题中庚公司的营业现金比率高于己公司，所以庚公司获取现金的能力强。

（3）①己公司股票的必要收益率 =4%+1.2×（9%−4%）=10%。

②己公司股票的价值 =3÷10%=30（元）。

③由于己公司的股票价值 30 元低于股票市价 46.20 元，该股票不值得投资，所以应该"减持"该股票。

（4）①庚公司股票的内部收益率 =1.5×（1+6%）÷25+6%=12.36%。

②投资庚公司股票的内部收益率 12.36% 高于必要收益率 11%，应该"增持"该股票。

第三节 上市公司财务分析

一、上市公司特殊财务分析指标（★★★）

（一）（普通股）每股收益

每股收益是综合反映企业盈利能力的重要指标，可以用来判断和评价管理层的经营业绩。每股收益概念包括基本每股收益和稀释每股收益。

1. 基本每股收益

基本每股收益 = 归属于公司普通股股东的净利润 ÷ 发行在外的普通股加权平均数

其中：

发行在外的普通股加权平均数 = 期初发行在外普通股股数 + 当期新发行普通股股数 × 已发行时间 ÷ 报告期时间 − 当期回购普通股股数 × 已回购时间 ÷ 报告期时间

需要注意的问题：

（1）口径不同要平均：分子是时期数，分母是时点数，因此分母需要计算平均值。

（2）为何需平均：道理很简单，半途入伙的人别想轻易地获得公司全年的收益，来多久，算多久，因此要按照时间进行加权。

（3）何时要平均：

①引起所有者权益总额变动的股数变动（增发股票、回购股票等）需要加权平均。

②不引起所有者权益总额变动的股数变动（发放股票股利、股票分割、资本公积转增股本等）不需要加权平均。

▌▶ 典例研习·10-24 计算分析题

斑马公司是一家上市公司，该公司 2019 年度归属于普通股股东的净利润为 25 000 万元。2018 年末的股数为 8 000 万股，2019 年 2 月 8 日，经公司 2018 年度股东会决议，以截至 2018 年末公司总股数为基础，向全体股东每 10 股送红股 10 股，工商注册登记变更完成后公司总股数变为 16 000 万股。2019 年 11 月 30 日发行新股 6 000 万股。

要求：

计算 2019 年的基本每股收益。

⑨斯尔解析 送红股不影响所有者权益总额，无须加权，但发行新股增加了所有者权益总额，需按时间加权。

发行在外的普通股加权平均数 =8 000（期初）+8 000（股票股利，不加权）+6 000×1/12（增发新股，加权）=16 500（万股）

基本每股收益 =25 000÷16 500=1.52（元 / 股）

提示：本题中，在 2019 年 11 月 30 日发行新股，因此截至年底来看，这笔新股的已发行时间为 1 个月（中级会计师财务管理科目考试时，通常按月计算时间权重）。

⊩⫸ 典例研习·10-25　单项选择题

甲公司 2022 年初流通在外的普通股为 8 000 万股，优先股为 200 万股，面值为 100 元 / 股，股息率为 6%；2022 年 3 月 31 日用 6 000 万元以每股 15 元的价格回购股票用于员工持股计划。如果 2022 年净利润为 17 180 万元，甲公司的基本每股收益为（　　）元 / 股。

A. 2.10　　　　　　B. 2.23　　　　　　C. 2.00　　　　　　D. 2.08

⑨斯尔解析 本题考查每股收益。甲公司 2022 年流通在外的普通股加权平均股数 =8 000−6 000÷15×9/12=7 700（万股）。甲公司每股收益 =（净利润 − 优先股股利）÷ 流通在外的普通股加权平均股数 =（17 180−200×100×6%）÷7 700=2.08（元 / 股），选项 D 当选。

提示：已回购时间是从 2022 年 3 月 31 日起算，截至 2022 年 12 月 31 日，共计 9 个月，但一定要注意前面的符号为负号。

🔺本题答案　D

2. 稀释每股收益

稀释性潜在普通股是指假设当期转换为普通股会减少每股收益的潜在普通股。潜在普通股主要包括可转换公司债券、认股权证和股份期权等。

（1）可转换公司债券。

①分子的调整项目：可转换公司债券当期已确认为费用的利息等的税后影响额。

分子调整为：归属于公司普通股股东的净利润 + 当期确认的利息费用 ×（1− 所得税税率）。

提示：a. 要考虑计息时间；b. 要扣除所得税。

②分母的调整项目：假定可转换公司债券当期期初或发行日转换为普通股的股数加权平均数。

分母调整为：发行在外普通股的加权平均数 + 可转换债券转股数的加权平均数。

提示：要考虑转股的时间。

典例研习·10-26 计算分析题

蜜蜂公司是一家上市公司，该公司 2019 年 7 月 1 日按面值发行年利率 3% 的可转换公司债券，面值为 10 000 万元，期限为 5 年，利息每年年末支付一次，发行结束 1 年后可以转换为股票，转换价格为每股 5 元，即每 100 元债券可转换为 1 元面值的普通股 20 股。2019 年该公司归属于普通股股东的净利润为 30 000 万元，2019 年发行在外普通股加权平均数为 40 000 万股，债券利息不符合资本化条件，直接计入当期损益，所得税税率为 25%。假设不考虑可转换公司债券在负债成分和权益成分之间的分拆，且债券票面利率等于实际利率。

要求：

计算稀释每股收益。

⑤斯尔解析 基本每股收益 =30 000÷40 000=0.75（元／股）

分子调整项：

可转换债券当期确认的利息费用 =10 000×3%×6/12=150（万元）

假设全部转股，所增加的净利润 =150×（1−25%）=112.5（万元）。

分母调整项：

可转换债券转换时可以转换的普通股股数 =10 000÷5=2 000（万股）

假设全部转股，所增加普通股的加权平均数 =2 000×6/12=1 000（万股）。

因此：稀释每股收益 =（30 000+112.5）÷（40 000+1 000）≈ 0.73（元／股）。

（2）认股权证和股份期权。

前提条件：在行权价格低于当期普通股平均市场价格时（认股权证和股份期权可能被执行），应当考虑稀释性。

①分子的调整项目：无。

②分母的调整项目：需考虑行权后增加的普通股股数。

发行在外的普通股的加权平均数＋行权认购的股数×（1－行权价格／普通股平均市场价格）

提示：**需考虑时间权重。**

原理详解 💡

如何理解分母调整公式？

假设 A 公司发行认股权证 100 万份，每份认股权证行权价格为 15 元，但是本期 A 公司加权平均普通股股价为 20 元。

（1）A 公司发行认股权证，可以募集到的资金为 100×15=1 500（万元），当投资人行权时，A 公司确认 100 万股的股本。

（2）如果 A 公司采用发行普通股的方式募集等额的资金，仅需要发行 75 万股（1 500÷20），即只需要确认 75 万股。

（3）因此，采用认股权证的方式，相当于多发行了 25 万股，而这 25 万股可以认为是无对价的一种对行权人的激励，但由于带有稀释性，故需要加入在分母中。

即认股权证或股份期权行权增加的普通股股数 = 行权认购的股数 ×（1− 行权价格 / 普通股平均市场价格）=100×（1−15/20）=25（万股）。

⁂ 典例研习·10-27　判断题

在计算稀释每股收益时，当认股权证的行权价格低于当期普通股平均市场价格时，应当考虑稀释性。　　　　　　　　　　　　　　　　　（　　）

斯尔解析　本题考查每股收益。当认股权证、股份期权等的行权价格低于当期普通股平均市场价格时，应当考虑其稀释性。本题所述正确。

本题答案　√

3. 主要分析结论

（1）每股收益是一个综合性的盈利概念，在不同行业、不同规模的上市公司之间具有相当大的可比性。

（2）理论上，**每股收益反映了投资者可望获得的最高股利收益**。每股收益多，表明投资价值越大，但并不意味着每股股利多。

（3）每股收益不能反映股票的风险水平。

（二）每股股利

1. 公式

每股股利 = 普通股股利总额 ÷ 期末发行在外的普通股股数

提示：分子和分母都是时点数，因此，分母不需要考虑加权平均，使用期末发行在外的普通股股数即可。

2. 经济含义

每股股利反映的是普通股股东每持有上市公司一股普通股获取的股利大小，是投资者股票投资收益的重要来源之一。

3. 影响因素

每股股利受上市公司盈利能力、股利分配政策和投资机会的共同影响。

（三）市盈率

1. 公式

市盈率 = 每股市价 ÷ 每股收益

2. 经济含义

市盈率反映股票的投资价值，即市场上投资者对股票投资收益和投资风险的预期，是投资者进行中长期投资的重要决策指标。

（1）市盈率越高，意味着投资者对股票的收益预期越看好，投资价值越大。反之，投资者对该股票评价越低。

（2）市盈率越高，也说明获得一定的预期利润投资者需要支付更高的价格，股票投资风险越大。市盈率越低，说明投资于该股票的风险越小。

（四）每股净资产（每股账面价值）

1. 公式

每股净资产 = 期末普通股净资产 ÷ 期末发行在外的普通股股数

其中：

期末普通股净资产 = 期末股东权益 - 期末优先股股东权益

提示：每股净资产计算时，由于分子是时点数，所以分母股数无须计算加权平均数。

2. 经济含义

每股净资产反映发行在外的每股普通股所能分配的企业账面净资产的价值，是理论上股票的最低价值（账面上到底值多少钱）。

（五）市净率

1. 公式

市净率 = 每股市价 ÷ 每股净资产

2. 经济含义

一般来说，市净率较低的股票，投资价值较高；反之，则投资价值较低。但有时较低市净率反映的可能是投资者对公司前景的不良预期，而较高市净率则相反。因此，在判断股票的投资价值时，需要综合考虑当时市场环境以及公司经营情况、资产质量和盈利能力等因素。

典例研习·10-28 （单项选择题）

某上市公司股票市价为 20 元，普通股股数为 100 万股，净利润为 400 万元，净资产为 500 万元，则市净率为（　　）倍。

A. 4　　　　　　　B. 5　　　　　　　C. 10　　　　　　　D. 20

斯尔解析 本题考查市净率。每股净资产 = 净资产 ÷ 普通股股数 =500÷100=5（元 / 股），市净率 = 每股市价 ÷ 每股净资产 =20÷5=4（倍），选项 A 当选。

本题答案 A

二、管理层讨论与分析（★）

管理层讨论与分析是上市公司定期报告（如中期报告、年度报告）中管理层对于本企业过去经营状况的评价分析（过去）以及对企业未来发展趋势的前瞻性判断（未来），是对企业财务报表中所描述的财务状况和经营成果的解释，是对经营中固有风险和不确定性的揭示，同时也是对企业未来发展前景的预期。

西方国家的披露原则是强制与自愿相结合，企业可以自主决定如何披露这类信息，我国也基本实行这种原则。

上市公司"管理层讨论与分析"主要包括两部分：报告期间经营业绩变动的解释（若企业实际经营业绩较曾公开披露过的本年度盈利预测或经营计划低 10% 以上或高 20% 以上，应详细说明造成差异的原因）与企业未来发展的前瞻性信息。

精准答疑

问题 1： 在各类财务指标中，哪些指标需要"×100%"，哪些指标不需要呢？有什么规律吗？

解答 1： 计算指标时，是否"×100%"本质上并不影响结果，也不影响考试得分，只不过按照惯例，有些指标常用百分数表示，有些指标常用小数表示。这其中并无明确规律，但对于中级会计师财务管理科目考试而言，建议同学们了解一下哪些指标需要"×100%"，其余指标则无须再乘。

需要"×100%"的指标包括（可分成四类进行记忆）：

（1）资产负债率。

（2）各类利润率。

（3）各类增长率。

（4）全部资产现金回收率。

问题 2： 在各类财务指标中，哪些指标的变动是正向结论，哪些指标的变动是反向结论？

解答 2： 绝大多数指标的变动均为正向结论，即该指标数值越大，所反映的某项能力越强（但注意，所有的指标并非越大越好，因为"物极必反"）。

但存在如下几种特殊情况：

第一，资产负债率、产权比率、权益乘数，均为反向结论。

第二，各类资产的周转天数，均为反向结论（提示：周转次数是正向结论）。

第三，各类市价比率，结论不确定，需具体情况具体分析。

问题 3： 在各类财务指标中，哪些指标需要写单位名称，哪些指标不需要写单位名称？

解答 3： 绝大多数指标均不需要写单位名称，但有以下几个指标建议写上单位名称。

第一，营运能力指标，周转率或周转次数的单位是"次"，周转天数或周转期的单位是"天"。

第二，每股营业现金净流量的单位是"元／股"。

第三，上市公司各类指标，每股股价、每股收益的单位都是"元／股"。

第四节 财务评价与考核

一、企业综合绩效分析的方法

（一）杜邦分析法（★★）

杜邦财务分析体系是**以净资产收益率为起点**，以总资产净利率和权益乘数为基础，重点揭示企业盈利能力及权益乘数对净资产收益率的影响，以及各相关指标间的相互影响和作用关系。

1. 基本框架

$$权益净利率 = \frac{净利润}{股东权益}$$

$$= \frac{净利润}{总资产} \times \frac{总资产}{股东权益} = 总资产净利率 \times 权益乘数$$

$$= \frac{净利润}{营业收入} \times \frac{营业收入}{总资产} \times \frac{总资产}{股东权益} = 营业净利率 \times 总资产周转次数 \times 权益乘数$$

同时，由上述公式推导可知：**总资产净利率 = 营业净利率 × 总资产周转次数**。

2. 指标解读

（1）净资产收益率是一个综合性最强的财务分析指标，是杜邦分析体系的起点。

（2）营业净利率反映企业净利润与营业收入的关系，其高低取决于营业收入与成本总额的高低。

（3）影响总资产周转率的一个重要因素是资产的结构。

（4）权益乘数主要受资产负债率的影响，反映资本结构。权益乘数越高，说明企业负债程度越高，给企业带来了较多的杠杆利益，也带来了较大的风险。

典例研习·10-29 （单项选择题）

某企业的营业净利率为 20%，总资产净利率为 30%，则总资产周转率为（ ）。

A. 1.5　　　　　　B. 0.1　　　　　　C. 0.67　　　　　　D. 0.5

斯尔解析 本题考查杜邦分析法。根据公式，总资产净利率 = 营业净利率 × 总资产周转率，因此，总资产周转率 = 总资产净利率 ÷ 营业净利率 = 30% ÷ 20% = 1.5，选项 A 当选。

本题答案 A

典例研习·10-30 （判断题）

净资产收益率是综合性比较强的财务分析指标，是杜邦财务分析体系的起点。（ ）

斯尔解析 本题考查杜邦分析法。杜邦分析体系是以净资产收益率为起点的分析体系。本题所述正确。

本题答案 √

典例研习·10-31 单项选择题

甲公司 2022 年的营业净利率比 2021 年下降 10%，总资产周转率提高 15%，假定其他条件与 2021 年相同，那么甲公司 2022 年的权益净利率比 2021 年提高（　　）。

A. 2.5%　　　　　　　　　　　　　　B. 3.5%

C. 5%　　　　　　　　　　　　　　　D. 6.5%

🔍**斯尔解析**　本题考查杜邦分析法。权益净利率 = 营业净利率 × 总资产周转次数 × 权益乘数，假设 2021 年甲公司营业净利率为 a，总资产周转次数为 b，权益乘数为 c，则甲公司 2022 年营业净利率 =a×（1−10%），2022 年总资产周转次数 =b×（1+15%），2022 年权益乘数为 c，2021 年权益净利率 =a×b×c，2022 年权益净利率 =a×（1−10%）×b×（1+15%）×c，2022 年权益净利率的增长率 = [a×（1−10%）×b×（1+15%）×c−a×b×c] ÷a×b×c=（1−10%）×（1+15%）−1=3.5%，选项 B 当选。

▲**本题答案**　B

（二）沃尔评分法

1. 传统沃尔评分法

亚历山大·沃尔把若干个财务比率用线性关系结合起来，以此来评价企业的信用水平，被称为沃尔评分法。他选择了七种财务比率，分别给定其在总评价中所占的比重，总和为 100 分。然后，确定标准比率，并与实际比率相比较，评出每项指标的得分，求出总评分。具体示例详见下表：

财务比率	比重 ①	标准比率 ②	实际比率 ③	相对比率 ④ = ③ ÷ ②	综合指数 ⑤ = ① × ④
流动比率	25	2.00	1.66	0.83	20.75
净资产 / 负债	25	1.50	2.39	1.59	39.75
资产 / 固定资产	15	2.50	1.84	0.736	11.04
营业成本 / 存货	10	8	9.94	1.243	12.43
营业收入 / 应收账款	10	6	8.61	1.435	14.35
营业收入 / 固定资产	10	4	0.55	0.1375	1.38
营业收入 / 净资产	5	3	0.40	0.133	0.67
合计	100	—	—	—	100.37

2. 现代沃尔评分法

现代沃尔评分法认为企业财务评价的内容首先是盈利能力，其次是偿债能力，最后是成长能力，它们之间大致可按 5：3：2 的比重来分配。

盈利能力有三个常用指标，主要是总资产收益率、营业净利率和净资产收益率（比重为 2：2：1）。偿债能力有四个常用指标，成长能力有三个常用指标。

（三）经济增加值法（★★）

1. 含义

经济增加值（EVA）是指税后净营业利润扣除全部投入资本成本后的剩余收益。

经济增加值是<u>从股东角度</u>去评价企业经营者有效使用资本和为企业创造价值的业绩评价指标。

2. 指标计算及评价

（1）计算公式：

$$经济增加值 = 税后净营业利润 - 平均资本占用 \times 加权平均资本成本$$

经营盈利状况　　　持续投入的　　　各种资本的
　　　　　　　　　各种债务资本和　平均成本率
　　　　　　　　　　股权资本

（2）在计算经济增加值时，需进行相应的会计科目调整，如营业外收支、递延税金等都要从税后净营业利润中扣除，以消除财务报表中不能准确反映企业价值创造的部分。

（3）经济增加值为正，表明经营者在为企业创造价值；经济增加值为负，表明经营者在损毁企业价值。

（4）经济增加值可以使管理者作出更明智的决策，帮助企业实现了决策与股东财富一致。

典例研习·10-32 单项选择题

甲公司 2021 年的税后净营业利润为 7 000 万元，资产总额为 80 000 万元，债务资本成本为 5%，股权资本成本为 10%，产权比率为 3，假设没有需要调整的项目，则甲公司的经济增加值为（　　）万元。

A. 1 664　　　　　　　　　　　　　B. -1 000

C. 1 000　　　　　　　　　　　　　D. 2 000

斯尔解析 本题考查经济增加值。由于产权比率为 3，即负债 / 所有者权益 =3/1，所以债务比重为 3/4，权益比重为 1/4。因此，加权平均资本成本 =5%×3/4+10%×1/4=6.25%，经济增加值 =7 000-80 000×6.25%=2 000（万元），选项 D 当选。

本题答案 D

3. 优点及局限性

（1）优点。

考虑了所有资本的成本（特别是考虑了体现股东资本的机会成本及股东财富的变化），能够更加真实地反映企业的价值创造，且实现了企业利益、经营者利益和员工利益的统一。

（2）局限性。

①<u>仅能衡量企业当期或预判未来 1 ~ 3 年的价值创造情况</u>，无法衡量企业长远发展战略的价值创造。

②该指标计算主要基于财务指标，无法对企业进行综合评价。

③由于不同行业、不同规模、不同成长阶段等的公司，其会计调整项和加权平均资本成本各不相同，故该指标的可比性较差。

④指标计算尚存许多争议，不利于建立统一规范，主要用于一个公司的历史分析以及内部评价。

▷ 典例研习·10-33 （单项选择题）

关于经济增加值绩效评价方法，下列表述错误的是（　　）。

A. 经济增加值的计算主要基于财务指标，无法对企业进行综合评价

B. 同时考虑了债务资本成本和股权资本成本

C. 适用于对不同规模的企业绩效进行横向比较

D. 有助于实现经营者利益与企业利益的统一

斯尔解析 本题考查经济增加值。由于不同行业、不同规模、不同成长阶段等的公司，其会计调整项和加权平均资本成本各不相同，所以经济增加值的可比性较差，选项 C 当选。

△ 本题答案 C

二、综合绩效评价（★）

综合绩效评价，是指运用数理统计和运筹学的方法，通过建立综合评价指标体系，对照相应的评价标准，定量分析与定性分析相结合，对企业一定经营期间的盈利能力、资产质量、债务风险以及经营增长等经营业绩和努力程度等各方面进行的综合评判。

综合绩效评价是站在企业所有者（投资人）的角度进行的。

（一）综合绩效评价的内容

企业综合绩效评价由财务绩效定量评价和管理绩效定性评价两部分组成。

（1）财务绩效定量评价指标由反映企业盈利能力状况、资产质量状况、债务风险状况和经营增长状况等四个方面的基本指标和修正指标构成。

（2）管理绩效定性评价指标包括企业发展战略的确立与执行、经营决策、发展创新、风险控制、基础管理、人力资源、行业影响、社会贡献等方面。

（二）综合绩效评价指标

企业综合绩效评价指标与权重

评价内容与权重		财务绩效（70%）				管理绩效（30%）	
		基本指标	权重	修正指标	权重	评议指标	权重
盈利能力状况	34	净资产收益率 总资产收益率	20 14	销售利润率 利润现金保障倍数 成本费用利润率 资本收益率	10 9 8 7	战略管理 发展创新 经营决策 风险控制 基础管理 人力资源 行业影响 社会贡献	18 15 16 13 14 8 8 8
资产质量状况	22	总资产周转率 应收账款周转率	10 12	不良资产比率 流动资产周转率 资产现金回收率	9 7 6		
债务风险状况	22	资产负债率 已获利息倍数	12 10	速动比率 现金流动负债比率 带息负债比率 或有负债比率	6 6 5 5		
经营增长状况	22	销售增长率 资本保值增值率	12 10	销售利润增长率 总资产增值率 技术投入比率	10 7 5		

背记重点
扫码全知道

至此，财务管理的学习已经100%完成，辛苦了，今年必过！

100%

附录

复利终值系数表（F/P, i, n）

期数	1%	2%	3%	4%	5%	6%	7%	8%	9%	10%
1	1.0100	1.0200	1.0300	1.0400	1.0500	1.0600	1.0700	1.0800	1.0900	1.1000
2	1.0201	1.0404	1.0609	1.0816	1.1025	1.1236	1.1449	1.1664	1.1881	1.2100
3	1.0303	1.0612	1.0927	1.1249	1.1576	1.1910	1.2250	1.2597	1.2950	1.3310
4	1.0406	1.0824	1.1255	1.1699	1.2155	1.2625	1.3108	1.3605	1.4116	1.4641
5	1.0510	1.1041	1.1593	1.2167	1.2763	1.3382	1.4026	1.4693	1.5386	1.6105
6	1.0615	1.1262	1.1941	1.2653	1.3401	1.4185	1.5007	1.5869	1.6771	1.7716
7	1.0721	1.1487	1.2299	1.3159	1.4071	1.5036	1.6058	1.7138	1.8280	1.9487
8	1.0829	1.1717	1.2668	1.3686	1.4775	1.5938	1.7182	1.8509	1.9926	2.1436
9	1.0937	1.1951	1.3048	1.4233	1.5513	1.6895	1.8385	1.9990	2.1719	2.3579
10	1.1046	1.2190	1.3439	1.4802	1.6289	1.7908	1.9672	2.1589	2.3674	2.5937
11	1.1157	1.2434	1.3842	1.5395	1.7103	1.8983	2.1049	2.3316	2.5804	2.8531
12	1.1268	1.2682	1.4258	1.6010	1.7959	2.0122	2.2522	2.5182	2.8127	3.1384
13	1.1381	1.2936	1.4685	1.6651	1.8856	2.1329	2.4098	2.7196	3.0658	3.4523
14	1.1495	1.3195	1.5126	1.7317	1.9799	2.2609	2.5785	2.9372	3.3417	3.7975
15	1.1610	1.3459	1.5580	1.8009	2.0789	2.3966	2.7590	3.1722	3.6425	4.1772
16	1.1726	1.3728	1.6047	1.8730	2.1829	2.5404	2.9522	3.4259	3.9703	4.5950
17	1.1843	1.4002	1.6528	1.9479	2.2920	2.6928	3.1588	3.7000	4.3276	5.0545
18	1.1961	1.4282	1.7024	2.0258	2.4066	2.8543	3.3799	3.9960	4.7171	5.5599
19	1.2081	1.4568	1.7535	2.1068	2.5270	3.0256	3.6165	4.3157	5.1417	6.1159
20	1.2202	1.4859	1.8061	2.1911	2.6533	3.2071	3.8697	4.6610	5.6044	6.7275
21	1.2324	1.5157	1.8603	2.2788	2.7860	3.3996	4.1406	5.0338	6.1088	7.4002
22	1.2447	1.5460	1.9161	2.3699	2.9253	3.6035	4.4304	5.4365	6.6586	8.1403
23	1.2572	1.5769	1.9736	2.4647	3.0715	3.8197	4.7405	5.8715	7.2579	8.9543
24	1.2697	1.6084	2.0328	2.5633	3.2251	4.0489	5.0724	6.3412	7.9111	9.8497
25	1.2824	1.6406	2.0938	2.6658	3.3864	4.2919	5.4274	6.8485	8.6231	10.8347
26	1.2953	1.6734	2.1566	2.7725	3.5557	4.5494	5.8074	7.3964	9.3992	11.9182
27	1.3082	1.7069	2.2213	2.8834	3.7335	4.8223	6.2139	7.9881	10.2451	13.1100
28	1.3213	1.7410	2.2879	2.9987	3.9201	5.1117	6.6488	8.6271	11.1671	14.4210
29	1.3345	1.7758	2.3566	3.1187	4.1161	5.4184	7.1143	9.3173	12.1722	15.8631
30	1.3478	1.8114	2.4273	3.2434	4.3219	5.7435	7.6123	10.0627	13.2677	17.4494
40	1.4889	2.2080	3.2620	4.8010	7.0400	10.2857	14.9745	21.7245	31.4094	45.2593
50	1.6446	2.6916	4.3839	7.1067	11.4674	18.4202	29.4570	46.9016	74.3575	117.3909
60	1.8167	3.2810	5.8916	10.5196	18.6792	32.9877	57.9464	101.2571	176.0313	304.4816

期数	12%	14%	15%	16%	18%	20%	24%	28%	32%	36%
1	1.1200	1.1400	1.1500	1.1600	1.1800	1.2000	1.2400	1.2800	1.3200	1.3600
2	1.2544	1.2996	1.3225	1.3456	1.3924	1.4400	1.5376	1.6384	1.7424	1.8496
3	1.4049	1.4815	1.5209	1.5609	1.6430	1.7280	1.9066	2.0972	2.3000	2.5155
4	1.5735	1.6890	1.7490	1.8106	1.9388	2.0736	2.3642	2.6844	3.0360	3.4210
5	1.7623	1.9254	2.0114	2.1003	2.2878	2.4883	2.9316	3.4360	4.0075	4.6526
6	1.9738	2.1950	2.3131	2.4364	2.6996	2.9860	3.6352	4.3980	5.2899	6.3275
7	2.2107	2.5023	2.6600	2.8262	3.1855	3.5832	4.5077	5.6295	6.9826	8.6054
8	2.4760	2.8526	3.0590	3.2784	3.7589	4.2998	5.5895	7.2058	9.2170	11.7034
9	2.7731	3.2519	3.5179	3.8030	4.4355	5.1598	6.9310	9.2234	12.1665	15.9166
10	3.1058	3.7072	4.0456	4.4114	5.2338	6.1917	8.5944	11.8059	16.0598	21.6466
11	3.4785	4.2262	4.6524	5.1173	6.1759	7.4301	10.6571	15.1116	21.1989	29.4393
12	3.8960	4.8179	5.3503	5.9360	7.2876	8.9161	13.2148	19.3428	27.9825	40.0375
13	4.3635	5.4924	6.1528	6.8858	8.5994	10.6993	16.3863	24.7588	36.9370	54.4510
14	4.8871	6.2613	7.0757	7.9875	10.1472	12.8392	20.3191	31.6913	48.7568	74.0534
15	5.4736	7.1379	8.1371	9.2655	11.9737	15.4070	25.1956	40.5648	64.3590	100.7126
16	6.1304	8.1372	9.3576	10.7480	14.1290	18.4884	31.2426	51.9230	84.9538	136.9691
17	6.8660	9.2765	10.7613	12.4677	16.6722	22.1861	38.7408	66.4614	112.1390	186.2779
18	7.6900	10.5752	12.3755	14.4625	19.6733	26.6233	48.0386	85.0706	148.0235	253.3380
19	8.6128	12.0557	14.2318	16.7765	23.2144	31.9480	59.5679	108.8904	195.3911	344.5397
20	9.6463	13.7435	16.3665	19.4608	27.3930	38.3376	73.8641	139.3797	257.9162	468.5740
21	10.8038	15.6676	18.8215	22.5745	32.3238	46.0051	91.5915	178.4060	340.4494	637.2606
22	12.1003	17.8610	21.6447	26.1864	38.1421	55.2061	113.5735	228.3596	449.3932	866.6744
23	13.5523	20.3616	24.8915	30.3762	45.0076	66.2474	140.8312	292.3003	593.1990	1 178.6772
24	15.1786	23.2122	28.6252	35.2364	53.1090	79.4968	174.6306	374.1444	783.0227	1 603.0010
25	17.0001	26.4619	32.9190	40.8742	62.6686	95.3962	216.5420	478.9049	1 033.5900	2 180.0814
26	19.0401	30.1666	37.8568	47.4141	73.9490	114.4755	268.5121	612.9982	1 364.3387	2 964.9107
27	21.3249	34.3899	43.5353	55.0004	87.2598	137.3706	332.9550	784.6377	1 800.9271	4 032.2786
28	23.8839	39.2045	50.0656	63.8004	102.9666	164.8447	412.8642	1 004.3363	2 377.2238	5 483.8988
29	26.7499	44.6931	57.5755	74.0085	121.5005	197.8136	511.9516	1 285.5504	3 137.9354	7 458.1024
30	29.9599	50.9502	66.2118	85.8499	143.3706	237.3763	634.8199	1 645.5046	4 142.0748	10 143.0193
40	93.051	188.83	267.86	378.72	750.38	1 469.8	5 455.9	19 427	66 521	*
50	289.00	700.23	1 083.7	1 670.7	3 927.4	9 100.4	46 890	*	*	*
60	897.60	2 595.9	4 384.0	7 370.2	20 555	56 348	*	*	*	*

* > 99 999

附录 B

复利现值系数表（P/F, i, n）

期数	1%	2%	3%	4%	5%	6%	7%	8%	9%	10%
1	0.9901	0.9804	0.9709	0.9615	0.9524	0.9434	0.9346	0.9259	0.9174	0.9091
2	0.9803	0.9612	0.9426	0.9246	0.9070	0.8900	0.8734	0.8573	0.8417	0.8264
3	0.9706	0.9423	0.9151	0.8890	0.8638	0.8396	0.8163	0.7938	0.7722	0.7513
4	0.9610	0.9238	0.8885	0.8548	0.8227	0.7921	0.7629	0.7350	0.7084	0.6830
5	0.9515	0.9057	0.8626	0.8219	0.7835	0.7473	0.7130	0.6806	0.6499	0.6209
6	0.9420	0.8880	0.8375	0.7903	0.7462	0.7050	0.6663	0.6302	0.5963	0.5645
7	0.9327	0.8706	0.8131	0.7599	0.7107	0.6651	0.6227	0.5835	0.5470	0.5132
8	0.9235	0.8535	0.7894	0.7307	0.6768	0.6274	0.5820	0.5403	0.5019	0.4665
9	0.9143	0.8368	0.7664	0.7026	0.6446	0.5919	0.5439	0.5002	0.4604	0.4241
10	0.9053	0.8203	0.7441	0.6756	0.6139	0.5584	0.5083	0.4632	0.4224	0.3855
11	0.8963	0.8043	0.7224	0.6496	0.5847	0.5268	0.4751	0.4289	0.3875	0.3505
12	0.8874	0.7885	0.7014	0.6246	0.5568	0.4970	0.4440	0.3971	0.3555	0.3186
13	0.8787	0.7730	0.6810	0.6006	0.5303	0.4688	0.4150	0.3677	0.3262	0.2897
14	0.8700	0.7579	0.6611	0.5775	0.5051	0.4423	0.3878	0.3405	0.2992	0.2633
15	0.8613	0.7430	0.6419	0.5553	0.4810	0.4173	0.3624	0.3152	0.2745	0.2394
16	0.8528	0.7284	0.6232	0.5339	0.4581	0.3936	0.3387	0.2919	0.2519	0.2176
17	0.8444	0.7142	0.6050	0.5134	0.4363	0.3714	0.3166	0.2703	0.2311	0.1978
18	0.8360	0.7002	0.5874	0.4936	0.4155	0.3503	0.2959	0.2502	0.2120	0.1799
19	0.8277	0.6864	0.5703	0.4746	0.3957	0.3305	0.2765	0.2317	0.1945	0.1635
20	0.8195	0.6730	0.5537	0.4564	0.3769	0.3118	0.2584	0.2145	0.1784	0.1486
21	0.8114	0.6598	0.5375	0.4388	0.3589	0.2942	0.2415	0.1987	0.1637	0.1351
22	0.8034	0.6468	0.5219	0.4220	0.3418	0.2775	0.2257	0.1839	0.1502	0.1228
23	0.7954	0.6342	0.5067	0.4057	0.3256	0.2618	0.2109	0.1703	0.1378	0.1117
24	0.7876	0.6217	0.4919	0.3901	0.3101	0.2470	0.1971	0.1577	0.1264	0.1015
25	0.7798	0.6095	0.4776	0.3751	0.2953	0.2330	0.1842	0.1460	0.1160	0.0923
26	0.7720	0.5976	0.4637	0.3607	0.2812	0.2198	0.1722	0.1352	0.1064	0.0839
27	0.7644	0.5859	0.4502	0.3468	0.2678	0.2074	0.1609	0.1252	0.0976	0.0763
28	0.7568	0.5744	0.4371	0.3335	0.2551	0.1956	0.1504	0.1159	0.0895	0.0693
29	0.7493	0.5631	0.4243	0.3207	0.2429	0.1846	0.1406	0.1073	0.0822	0.0630
30	0.7419	0.5521	0.4120	0.3083	0.2314	0.1741	0.1314	0.0994	0.0754	0.0573
35	0.7059	0.5000	0.3554	0.2534	0.1813	0.1301	0.0937	0.0676	0.0490	0.0356
40	0.6717	0.4529	0.3066	0.2083	0.1420	0.0972	0.0668	0.0460	0.0318	0.0221
50	0.6080	0.3715	0.2281	0.1407	0.0872	0.0543	0.0339	0.0213	0.0134	0.0085

期数	12%	14%	15%	16%	18%	20%	24%	28%	32%	36%
1	0.8929	0.8772	0.8696	0.8621	0.8475	0.8333	0.8065	0.7813	0.7576	0.7353
2	0.7972	0.7695	0.7561	0.7432	0.7182	0.6944	0.6504	0.6104	0.5739	0.5407
3	0.7118	0.6750	0.6575	0.6407	0.6086	0.5787	0.5245	0.4768	0.4348	0.3975
4	0.6355	0.5921	0.5718	0.5523	0.5158	0.4823	0.4230	0.3725	0.3294	0.2923
5	0.5674	0.5194	0.4972	0.4761	0.4371	0.4019	0.3411	0.2910	0.2495	0.2149
6	0.5066	0.4556	0.4323	0.4104	0.3704	0.3349	0.2751	0.2274	0.1890	0.1580
7	0.4523	0.3996	0.3759	0.3538	0.3139	0.2791	0.2218	0.1776	0.1432	0.1162
8	0.4039	0.3506	0.3269	0.3050	0.2660	0.2326	0.1789	0.1388	0.1085	0.0854
9	0.3606	0.3075	0.2843	0.2630	0.2255	0.1938	0.1443	0.1084	0.0822	0.0628
10	0.3220	0.2697	0.2472	0.2267	0.1911	0.1615	0.1164	0.0847	0.0623	0.0462
11	0.2875	0.2366	0.2149	0.1954	0.1619	0.1346	0.0938	0.0662	0.0472	0.0340
12	0.2567	0.2076	0.1869	0.1685	0.1372	0.1122	0.0757	0.0517	0.0357	0.0250
13	0.2292	0.1821	0.1625	0.1452	0.1163	0.0935	0.0610	0.0404	0.0271	0.0184
14	0.2046	0.1597	0.1413	0.1252	0.0985	0.0779	0.0492	0.0316	0.0205	0.0135
15	0.1827	0.1401	0.1229	0.1079	0.0835	0.0649	0.0397	0.0247	0.0155	0.0099
16	0.1631	0.1229	0.1069	0.0930	0.0708	0.0541	0.0320	0.0193	0.0118	0.0073
17	0.1456	0.1078	0.0929	0.0802	0.0600	0.0451	0.0258	0.0150	0.0089	0.0054
18	0.1300	0.0946	0.0808	0.0691	0.0508	0.0376	0.0208	0.0118	0.0068	0.0039
19	0.1161	0.0829	0.0703	0.0596	0.0431	0.0313	0.0168	0.0092	0.0051	0.0029
20	0.1037	0.0728	0.0611	0.0514	0.0365	0.0261	0.0135	0.0072	0.0039	0.0021
21	0.0926	0.0638	0.0531	0.0443	0.0309	0.0217	0.0109	0.0056	0.0029	0.0016
22	0.0826	0.0560	0.0462	0.0382	0.0262	0.0181	0.0088	0.0044	0.0022	0.0012
23	0.0738	0.0491	0.0402	0.0329	0.0222	0.0151	0.0071	0.0034	0.0017	0.0008
24	0.0659	0.0431	0.0349	0.0284	0.0188	0.0126	0.0057	0.0027	0.0013	0.0006
25	0.0588	0.0378	0.0304	0.0245	0.0160	0.0105	0.0046	0.0021	0.0010	0.0005
26	0.0525	0.0331	0.0264	0.0211	0.0135	0.0087	0.0037	0.0016	0.0007	0.0003
27	0.0469	0.0291	0.0230	0.0182	0.0115	0.0073	0.0030	0.0013	0.0006	0.0002
28	0.0419	0.0255	0.0200	0.0157	0.0097	0.0061	0.0024	0.0010	0.0004	0.0002
29	0.0374	0.0224	0.0174	0.0135	0.0082	0.0051	0.0020	0.0008	0.0003	0.0001
30	0.0334	0.0196	0.0151	0.0116	0.0070	0.0042	0.0016	0.0006	0.0002	0.0001
35	0.0189	0.0102	0.0075	0.0055	0.0030	0.0017	0.0005	0.0002	0.0001	*
40	0.0107	0.0053	0.0037	0.0026	0.0013	0.0007	0.0002	0.0001	*	*
50	0.0035	0.0014	0.0009	0.0006	0.0003	0.0001	*	*	*	*

* < .0001

附录 C

年金终值系数表（F/A，i，n）

期数	1%	2%	3%	4%	5%	6%	7%	8%	9%	10%
1	1.0000	1.0000	1.0000	1.0000	1.0000	1.0000	1.0000	1.0000	1.0000	1.0000
2	2.0100	2.0200	2.0300	2.0400	2.0500	2.0600	2.0700	2.0800	2.0900	2.1000
3	3.0301	3.0604	3.0909	3.1216	3.1525	3.1836	3.2149	3.2464	3.2781	3.3100
4	4.0604	4.1216	4.1836	4.2465	4.3101	4.3746	4.4399	4.5061	4.5731	4.6410
5	5.1010	5.2040	5.3091	5.4163	5.5256	5.6371	5.7507	5.8666	5.9847	6.1051
6	6.1520	6.3081	6.4684	6.6330	6.8019	6.9753	7.1533	7.3359	7.5233	7.7156
7	7.2135	7.4343	7.6625	7.8983	8.1420	8.3938	8.6540	8.9228	9.2004	9.4872
8	8.2857	8.5830	8.8923	9.2142	9.5491	9.8975	10.2598	10.6366	11.0285	11.4359
9	9.3685	9.7546	10.1591	10.5828	11.0266	11.4913	11.9780	12.4876	13.0210	13.5795
10	10.4622	10.9497	11.4639	12.0061	12.5779	13.1808	13.8164	14.4866	15.1929	15.9374
11	11.5668	12.1687	12.8078	13.4864	14.2068	14.9716	15.7836	16.6455	17.5603	18.5312
12	12.6825	13.4121	14.1920	15.0258	15.9171	16.8699	17.8885	18.9771	20.1407	21.3843
13	13.8093	14.6803	15.6178	16.6268	17.7130	18.8821	20.1406	21.4953	22.9534	24.5227
14	14.9474	15.9739	17.0863	18.2919	19.5986	21.0151	22.5505	24.2149	26.0192	27.9750
15	16.0969	17.2934	18.5989	20.0236	21.5786	23.2760	25.1290	27.1521	29.3609	31.7725
16	17.2579	18.6393	20.1569	21.8245	23.6575	25.6725	27.8881	30.3243	33.0034	35.9497
17	18.4304	20.0121	21.7616	23.6975	25.8404	28.2129	30.8402	33.7502	36.9737	40.5447
18	19.6147	21.4123	23.4144	25.6454	28.1324	30.9057	33.9990	37.4502	41.3013	45.5992
19	20.8109	22.8406	25.1169	27.6712	30.5390	33.7600	37.3790	41.4463	46.0185	51.1591
20	22.0190	24.2974	26.8704	29.7781	33.0660	36.7856	40.9955	45.7620	51.1601	57.2750
21	23.2392	25.7833	28.6765	31.9692	35.7193	39.9927	44.8652	50.4229	56.7645	64.0025
22	24.4716	27.2990	30.5368	34.2480	38.5052	43.3923	49.0057	55.4568	62.8733	71.4027
23	25.7163	28.8450	32.4529	36.6179	41.4305	46.9958	53.4361	60.8933	69.5319	79.5430
24	26.9735	30.4219	34.4265	39.0826	44.5020	50.8156	58.1767	66.7648	76.7898	88.4973
25	28.2432	32.0303	36.4593	41.6459	47.7271	54.8645	63.2490	73.1059	84.7009	98.3471
26	29.5256	33.6709	38.5530	44.3117	51.1135	59.1564	68.6765	79.9544	93.3240	109.1818
27	30.8209	35.3443	40.7096	47.0842	54.6691	63.7058	74.4838	87.3508	102.7231	121.0999
28	32.1291	37.0512	42.9309	49.9676	58.4026	68.5281	80.6977	95.3388	112.9682	134.2099
29	33.4504	38.7922	45.2189	52.9663	62.3227	73.6398	87.3465	103.9659	124.1354	148.6309
30	34.7849	40.5681	47.5754	56.0849	66.4388	79.0582	94.4608	113.2832	136.3075	164.4940
40	48.8864	60.4020	75.4013	95.0255	120.7998	154.7620	199.6351	259.0565	337.8824	442.5926
50	64.4632	84.5794	112.7969	152.6671	209.3480	290.3359	406.5289	573.7702	815.0836	1 163.9085
60	81.6697	114.0515	163.0534	237.9907	353.5837	533.1282	813.5204	1 253.2133	1 944.7921	3 034.8164

期数	12%	14%	15%	16%	18%	20%	24%	28%	32%	36%
1	1.0000	1.0000	1.0000	1.0000	1.0000	1.0000	1.0000	1.0000	1.0000	1.0000
2	2.1200	2.1400	2.1500	2.1600	2.1800	2.2000	2.2400	2.2800	2.3200	2.3600
3	3.3744	3.4396	3.4725	3.5056	3.5724	3.6400	3.7776	3.9184	4.0624	4.2096
4	4.7793	4.9211	4.9934	5.0665	5.2154	5.3680	5.6842	6.0156	6.3624	6.7251
5	6.3528	6.6101	6.7424	6.8771	7.1542	7.4416	8.0484	8.6999	9.3983	10.1461
6	8.1152	8.5355	8.7537	8.9775	9.4420	9.9299	10.9801	12.1359	13.4058	14.7987
7	10.0890	10.7305	11.0668	11.4139	12.1415	12.9159	14.6153	16.5339	18.6956	21.1262
8	12.2997	13.2328	13.7268	14.2401	15.3270	16.4991	19.1229	22.1634	25.6782	29.7316
9	14.7757	16.0853	16.7858	17.5185	19.0859	20.7989	24.7125	29.3692	34.8953	41.4350
10	17.5487	19.3373	20.3037	21.3215	23.5213	25.9587	31.6434	38.5926	47.0618	57.3516
11	20.6546	23.0445	24.3493	25.7329	28.7551	32.1504	40.2379	50.3985	63.1215	78.9982
12	24.1331	27.2707	29.0017	30.8502	34.9311	39.5805	50.8950	65.5100	84.3204	108.4375
13	28.0291	32.0887	34.3519	36.7862	42.2187	48.4966	64.1097	84.8529	112.3030	148.4750
14	32.3926	37.5811	40.5047	43.6720	50.8180	59.1959	80.4961	109.6117	149.2399	202.9260
15	37.2797	43.8424	47.5804	51.6595	60.9653	72.0351	100.8151	141.3029	197.9967	276.9793
16	42.7533	50.9804	55.7175	60.9250	72.9390	87.4421	126.0108	181.8677	262.3557	377.6919
17	48.8837	59.1176	65.0751	71.6730	87.0680	105.9306	157.2534	233.7907	347.3095	514.6610
18	55.7497	68.3941	75.8364	84.1407	103.7403	128.1167	195.9942	300.2521	459.4485	700.9389
19	63.4397	78.9692	88.2118	98.6032	123.4135	154.7400	244.0328	385.3227	607.4721	954.2769
20	72.0524	91.0249	102.4436	115.3797	146.6280	186.6880	303.6006	494.2131	802.8631	1 298.8166
21	81.6987	104.7684	118.8101	134.8405	174.0210	225.0256	377.4648	633.5927	1 060.7793	1 767.3906
22	92.5026	120.4360	137.6316	157.4150	206.3448	271.0307	469.0563	811.9987	1 401.2287	2 404.6512
23	104.6029	138.2970	159.2764	183.6014	244.4868	326.2369	582.6298	1 040.3583	1 850.6219	3 271.3256
24	118.1552	158.6586	184.1678	213.9776	289.4945	392.4842	723.4610	1 332.6586	2 443.8209	4 450.0029
25	133.3339	181.8708	212.7930	249.2140	342.6035	471.9811	898.0916	1 706.8031	3 226.8436	6 053.0039
26	150.3339	208.3327	245.7120	290.0883	405.2721	567.3773	1 114.6336	2 185.7079	4 260.4336	8 233.0853
27	169.3740	238.4993	283.5688	337.5024	479.2211	681.8528	1 383.1457	2 798.7061	5 624.7723	11 197.9960
28	190.6989	272.8892	327.1041	392.5028	566.4809	819.2233	1 716.1007	3 583.3438	7 425.6994	15 230.2745
29	214.5828	312.0937	377.1697	456.3032	669.4475	984.0680	2 128.9648	4 587.6801	9 802.9233	20 714.1734
30	241.3327	356.7868	434.7451	530.3117	790.9480	1 181.8816	2 640.9164	5 873.2306	12 940.8587	28 172.2758
40	767.09	1 342.0	1 779.1	2 360.8	4 163.2	7 343.2	27 290	69 377	*	*
50	2 400.0	4 994.5	7 217.7	10 436	21 813	45 497	*	*	*	*
60	7 471.6	18 535	29 220	46 058	*	*	*	*	*	*

* > 99 999

附录 D

年金现值系数表（P/A，i，n）

期数	1%	2%	3%	4%	5%	6%	7%	8%	9%	10%
1	0.9901	0.9804	0.9709	0.9615	0.9524	0.9434	0.9346	0.9259	0.9174	0.9091
2	1.9704	1.9416	1.9135	1.8861	1.8594	1.8334	1.8080	1.7833	1.7591	1.7355
3	2.9410	2.8839	2.8286	2.7751	2.7232	2.6730	2.6243	2.5771	2.5313	2.4869
4	3.9020	3.8077	3.7171	3.6299	3.5460	3.4651	3.3872	3.3121	3.2397	3.1699
5	4.8534	4.7135	4.5797	4.4518	4.3295	4.2124	4.1002	3.9927	3.8897	3.7908
6	5.7955	5.6014	5.4172	5.2421	5.0757	4.9173	4.7665	4.6229	4.4859	4.3553
7	6.7282	6.4720	6.2303	6.0021	5.7864	5.5824	5.3893	5.2064	5.0330	4.8684
8	7.6517	7.3255	7.0197	6.7327	6.4632	6.2098	5.9713	5.7466	5.5348	5.3349
9	8.5660	8.1622	7.7861	7.4353	7.1078	6.8017	6.5152	6.2469	5.9952	5.7590
10	9.4713	8.9826	8.5302	8.1109	7.7217	7.3601	7.0236	6.7101	6.4177	6.1446
11	10.3676	9.7868	9.2526	8.7605	8.3064	7.8869	7.4987	7.1390	6.8052	6.4951
12	11.2551	10.5753	9.9540	9.3851	8.8633	8.3838	7.9427	7.5361	7.1607	6.8137
13	12.1337	11.3484	10.6350	9.9856	9.3936	8.8527	8.3577	7.9038	7.4869	7.1034
14	13.0037	12.1062	11.2961	10.5631	9.8986	9.2950	8.7455	8.2442	7.7862	7.3667
15	13.8651	12.8493	11.9379	11.1184	10.3797	9.7122	9.1079	8.5595	8.0607	7.6061
16	14.7179	13.5777	12.5611	11.6523	10.8378	10.1059	9.4466	8.8514	8.3126	7.8237
17	15.5623	14.2919	13.1661	12.1657	11.2741	10.4773	9.7632	9.1216	8.5436	8.0216
18	16.3983	14.9920	13.7535	12.6593	11.6896	10.8276	10.0591	9.3719	8.7556	8.2014
19	17.2260	15.6785	14.3238	13.1339	12.0853	11.1581	10.3356	9.6036	8.9501	8.3649
20	18.0456	16.3514	14.8775	13.5903	12.4622	11.4699	10.5940	9.8181	9.1285	8.5136
21	18.8570	17.0112	15.4150	14.0292	12.8212	11.7641	10.8355	10.0168	9.2922	8.6487
22	19.6604	17.6580	15.9369	14.4511	13.1630	12.0416	11.0612	10.2007	9.4424	8.7715
23	20.4558	18.2922	16.4436	14.8568	13.4886	12.3034	11.2722	10.3711	9.5802	8.8832
24	21.2434	18.9139	16.9355	15.2470	13.7986	12.5504	11.4693	10.5288	9.7066	8.9847
25	22.0232	19.5235	17.4131	15.6221	14.0939	12.7834	11.6536	10.6748	9.8226	9.0770
26	22.7952	20.1210	17.8768	15.9828	14.3752	13.0032	11.8258	10.8100	9.9290	9.1609
27	23.5596	20.7069	18.3270	16.3296	14.6430	13.2105	11.9867	10.9352	10.0266	9.2372
28	24.3164	21.2813	18.7641	16.6631	14.8981	13.4062	12.1371	11.0511	10.1161	9.3066
29	25.0658	21.8444	19.1885	16.9837	15.1411	13.5907	12.2777	11.1584	10.1983	9.3696
30	25.8077	22.3965	19.6004	17.2920	15.3725	13.7648	12.4090	11.2578	10.2737	9.4269
35	29.4086	24.9986	21.4872	18.6646	16.3742	14.4982	12.9477	11.6546	10.5668	9.6442
40	32.8347	27.3555	23.1148	19.7928	17.1591	15.0463	13.3317	11.9246	10.7574	9.7791
50	39.1961	31.4236	25.7298	21.4822	18.2559	15.7619	13.8007	12.2335	10.9617	9.9148

期数	12%	14%	15%	16%	18%	20%	24%	28%	32%
1	0.8929	0.8772	0.8696	0.8621	0.8475	0.8333	0.8065	0.7813	0.7576
2	1.6901	1.6467	1.6257	1.6052	1.5656	1.5278	1.4568	1.3916	1.3315
3	2.4018	2.3216	2.2832	2.2459	2.1743	2.1065	1.9813	1.8684	1.7663
4	3.0373	2.9137	2.8550	2.7982	2.6901	2.5887	2.4043	2.2410	2.0957
5	3.6048	3.4331	3.3522	3.2743	3.1272	2.9906	2.7454	2.5320	2.3452
6	4.1114	3.8887	3.7845	3.6847	3.4976	3.3255	3.0205	2.7594	2.5342
7	4.5638	4.2883	4.1604	4.0386	3.8115	3.6046	3.2423	2.9370	2.6775
8	4.9676	4.6389	4.4873	4.3436	4.0776	3.8372	3.4212	3.0758	2.7860
9	5.3282	4.9464	4.7716	4.6065	4.3030	4.0310	3.5655	3.1842	2.8681
10	5.6502	5.2161	5.0188	4.8332	4.4941	4.1925	3.6819	3.2689	2.9304
11	5.9377	5.4527	5.2337	5.0286	4.6560	4.3271	3.7757	3.3351	2.9776
12	6.1944	5.6603	5.4206	5.1971	4.7932	4.4392	3.8514	3.3868	3.0133
13	6.4235	5.8424	5.5831	5.3423	4.9095	4.5327	3.9124	3.4272	3.0404
14	6.6282	6.0021	5.7245	5.4675	5.0081	4.6106	3.9616	3.4587	3.0609
15	6.8109	6.1422	5.8474	5.5755	5.0916	4.6755	4.0013	3.4834	3.0764
16	6.9740	6.2651	5.9542	5.6685	5.1624	4.7296	4.0333	3.5026	3.0882
17	7.1196	6.3729	6.0472	5.7487	5.2223	4.7746	4.0591	3.5177	3.0971
18	7.2497	6.4674	6.1280	5.8178	5.2732	4.8122	4.0799	3.5294	3.1039
19	7.3658	6.5504	6.1982	5.8775	5.3162	4.8435	4.0967	3.5386	3.1090
20	7.4694	6.6231	6.2593	5.9288	5.3527	4.8696	4.1103	3.5458	3.1129
21	7.5620	6.6870	6.3125	5.9731	5.3837	4.8913	4.1212	3.5514	3.1158
22	7.6446	6.7429	6.3587	6.0113	5.4099	4.9094	4.1300	3.5558	3.1180
23	7.7184	6.7921	6.3988	6.0442	5.4321	4.9245	4.1371	3.5592	3.1197
24	7.7843	6.8351	6.4338	6.0726	5.4509	4.9371	4.1428	3.5619	3.1210
25	7.8431	6.8729	6.4641	6.0971	5.4669	4.9476	4.1474	3.5640	3.1220
26	7.8957	6.9061	6.4906	6.1182	5.4804	4.9563	4.1511	3.5656	3.1227
27	7.9426	6.9352	6.5135	6.1364	5.4919	4.9636	4.1542	3.5669	3.1233
28	7.9844	6.9607	6.5335	6.1520	5.5016	4.9697	4.1566	3.5679	3.1237
29	8.0218	6.9830	6.5509	6.1656	5.5098	4.9747	4.1585	3.5687	3.1240
30	8.0552	7.0027	6.5660	6.1772	5.5168	4.9789	4.1601	3.5693	3.1242
35	8.1755	7.0700	6.6166	6.2153	5.5386	4.9915	4.1644	3.5708	3.1248
40	8.2438	7.1050	6.6418	6.2335	5.5482	4.9966	4.1659	3.5712	3.1250
50	8.3045	7.1327	6.6605	6.2463	5.5541	4.9995	4.1666	3.5714	3.1250

会计专业技术中级资格考试辅导用书·基础进阶

只做好题·财务管理 题目册

斯尔教育　组编

电子工业出版社

Publishing House of Electronics Industry

北京·BEIJING

未经许可，不得以任何方式复制或抄袭本书之部分或全部内容。

版权所有，侵权必究。

图书在版编目（CIP）数据

只做好题. 财务管理题目册 / 斯尔教育组编.

北京：电子工业出版社，2025. 3. --（会计专业技术中

级资格考试辅导用书）. -- ISBN 978-7-121-49865-7

Ⅰ. F23-44

中国国家版本馆CIP数据核字第20256RJ862号

责任编辑：张春雨

印　　刷：河北鸿运腾达印刷有限公司

装　　订：河北鸿运腾达印刷有限公司

出版发行：电子工业出版社

　　　　　北京市海淀区万寿路173信箱　　　　邮编：100036

开　　本：787×1092　1/16　　印张：38.5　　字数：925千字

版　　次：2025年3月第1版

印　　次：2025年3月第1次印刷

定　　价：62.00元（全3册）

凡所购买电子工业出版社图书有缺损问题，请向购买书店调换。若
书店售缺，请与本社发行部联系，联系及邮购电话：（010）88254888，
88258888。

质量投诉请发邮件至zlts@phei.com.cn，盗版侵权举报请发邮件至
dbqq@phei.com.cn。

本书咨询联系方式：faq@phei.com.cn。

开卷必读

在艰苦、漫长的学习过程中，做题是非常重要的一环。本书收集、整理了大量真题，并根据最新考情、考试风格对真题进行了改编和完善。希望这本书可以成为大家备考路上的好帮手。为了让大家更好地使用本书，下面对本书特点进行简单介绍。

（1）解析详细：对每一道题进行详细解析，帮助大家吸收每一道题的"精华"。

（2）重点清晰：在题目解析中，对需要背诵、记忆的内容更换字体进行标记，一目了然。

（3）精准答疑：本栏目以"问题+解答"的形式呈现，设置在相关知识点之后；通过在总结用户真实提问的基础上，精选出高频、典型、与考试相关的问题，配以详细解答，帮助你顺利解决学习过程中可能出现的疑问，更贴心地满足日常学习需要。

（4）设置"做新变"栏目：将当年官方教材新变知识点单独配题，顺应考试"考新考变"的特点，帮助你更有针对性地练习。

使用本书时，要注重制订和落实计划，努力以学习"打好基础"分册图书的节奏完成练习内容。无论是在配套课程的课堂上还是斯尔教育组建的班级社群内，我们都会随着授课进度将本书的练习题布置为课后作业，只有以"今日事、今日毕"的态度完成之，才有助于扎实、透彻地掌握知识要点。

本书难免有疏漏之处，还望各位考生通过各类渠道向我们反馈、多多提出宝贵意见。

希望每位考生都能够在做题中学习、在做题中检验、在做题中进步、在做题中自信。

让我们共同努力、不负韶华！

目录

第一章 总论

一、单项选择题

1.1 下列关于企业组织形式的说法中，错误的是（　　　）。

A. 个人独资企业的业主承担无限责任

B. 合伙企业中合伙人转让其所有权时需要其他合伙人同意

C. 公司制企业存在双重课税的问题

D. 国有独资公司是股份有限公司的特殊形式

1.2 与个人独资企业相比，下列各项中属于公司制企业特点的是（　　　）。

A. 企业所有者承担无限债务责任

B. 企业可以无限存续

C. 企业融资渠道较少

D. 企业所有权转移困难

1.3 与普通合伙制企业相比，下列各项中，属于公司制企业优点的是（　　　）。

A. 组建成本低

B. 设立时股东人数不受限制

C. 有限存续期

D. 有限债务责任

1.4 下列有关企业财务管理目标的表述中，错误的是（　　　）。

A. 利润最大化目标可能导致企业短期行为倾向

B. 相关者利益最大化目标强调股东的首要地位

C. 企业价值最大化目标并未考虑风险与报酬的关系

D. 各种财务管理目标都以股东财富最大化为基础

1.5 下列关于企业财务管理目标的表述中，错误的是（　　　）。

A. 企业价值最大化目标弥补了股东财富最大化目标过于强调股东利益的不足

B. 相关者利益最大化目标认为应当将除股东之外的其他利益相关者置于首要地位

C. 利润最大化目标要求企业提高资源配置效率

D. 股东财富最大化目标比较适用于上市公司

1.6 下列措施中，不可以协调大股东与中小股东之间的利益冲突的是（　　　）。

A. 增强中小股东的投票权

B. 增强中小股东的知情权

C. 降低董事会中独立董事的比例

D. 完善信息披露制度

1.7 下列关于协调相关者的利益冲突的说法中，错误的是（　　）。

A. 解聘是通过所有者约束经营者的办法

B. 接收是通过市场约束经营者的办法

C. 所有权和经营管理权分离后会产生产权问题

D. 完善上市公司的治理结构有助于缓解大股东与中小股东之间的冲突

1.8 下列各项中，不能用于协调股东与管理层之间利益冲突的措施是（　　）。

A. 限制企业借款用于高风险项目

B. 授予管理层股票期权

C. 解聘企业高管

D. 企业被强行接收

1.9 下列各项中，属于财务管理核心的是（　　）。

A. 财务预测　　　　　　　　　　　　B. 财务决策

C. 财务预算　　　　　　　　　　　　D. 财务控制

1.10 按照财务战略目标的总体要求，利用专门方法对各种备选方案进行比较和分析，从中选出最佳方案的过程称为（　　）。

A. 财务决策　　　　　　　　　　　　B. 财务控制

C. 财务分析　　　　　　　　　　　　D. 财务计划

1.11 U型组织是以职能化管理为核心的一种最基本的企业组织结构，其典型特征是（　　）。

A. 集权控制　　　　　　　　　　　　B. 分权控制

C. 多元控制　　　　　　　　　　　　D. 分层控制

1.12 下列各项中，不属于影响企业财务管理体制集权与分权选择的因素是（　　）。

A. 企业生命周期　　　　　　　　　　B. 企业战略

C. 企业基层员工素质　　　　　　　　D. 信息网络系统

1.13 下列关于通货膨胀对企业财务活动影响的表述中，错误的是（　　）。

A. 增加企业的资金需求　　　　　　　B. 引起企业利润虚增

C. 加大企业筹资成本　　　　　　　　D. 引起有价证券价格上升

1.14 下列各项中，属于货币市场工具的是（　　）。

A. 优先股　　　　　　　　　　　　　B. 银行承兑汇票

C. 可转换债券　　　　　　　　　　　D. 银行长期贷款

1.15 下列关于资本市场的说法中，错误的是（　　）。

A. 农产品期货市场属于资本市场　　　B. 主要功能是实现短期资本融通

C. 资本借贷量大　　　　　　　　　　D. 收益较高但风险也较大

二、多项选择题

1.16 与利润最大化的财务管理目标相比，股东财富最大化的优点有（　　）。

A. 考虑了风险因素

B. 在一定程度上避免企业短期行为

C. 有利于整体经济效益的提高

D. 对上市公司而言，比较容易量化，便于考核和奖惩

1.17 关于企业价值最大化财务管理目标，下列说法正确的有（　　　）。

A. 以股东财富最大化为基础

B. 有助于克服企业追求利润的短期行为

C. 考虑了收益的时间价值

D. 考虑了风险与收益的关系

1.18 公司制企业可能存在所有者和经营者之间的利益冲突，解决这一冲突的方式有（　　　）。

A. 解聘　　　　　　　　　　　　　B. 接收

C. 收回借款　　　　　　　　　　　D. 授予股票期权

1.19 为了缓解各类利益相关者之间的委托代理冲突，公司制定了两项举措：第一，将经营者报酬与其绩效挂钩，赋予股票期权；第二，提高董事会中独立董事的比例。上述举措有助于协调的冲突类型有（　　　）。

A. 股东与管理层之间的冲突

B. 大股东与中小股东之间的冲突

C. 股东与债权人之间的冲突

D. 企业责任与社会责任之间的冲突

1.20 分权型财务管理体制可能导致的问题有（　　　）。

A. 利润分配无序　　　　　　　　　B. 失去适应市场的弹性

C. 资金成本增大　　　　　　　　　D. 资金管理分散

1.21 下列各项中，属于影响企业财务管理体制集权与分权选择的因素有（　　　）。

A. 基层员工素质　　　　　　　　　B. 企业战略

C. 企业规模　　　　　　　　　　　D. 信息网络系统

1.22 下列各项实践中，在集权与分权相结合型财务管理体制下，企业总部没必要进行集中管理的有（　　　）。

A. 制度制定权　　　　　　　　　　B. 人员管理权

C. 业务定价权　　　　　　　　　　D. 固定资产购置权

1.23 下列各项措施中，有助于企业应对通货膨胀的有（　　　）。

A. 采用更为严格的信用条件　　　　B. 取得长期借款

C. 降低股利分配率　　　　　　　　D. 签订固定价格长期销货合同

三、判断题

1.24 在企业财务管理目标理论中，利润最大化与股东财富最大化都没有考虑时间价值因素。

（　　　）

1.25 与企业价值最大化目标相比，股东财富最大化目标的局限性在于未能克服企业追求利润的短期行为。

（　　　）

1.26 如果公司以股东财富最大化作为财务管理目标，存在利益冲突时，应优先满足股东的利益要求。　　　　　　　　　　　　　　　　　　　　　　　　　　　　（　　）

1.27 股东财富最大化体现了合作共赢的价值理念，有利于实现企业经济效益和社会效益的统一。（　　）

1.28 委托代理问题引起的利益冲突包括股东与管理层、股东与债权人，大股东与小股东之间的利益冲突。　　　　　　　　　　　　　　　　　　　　　　　　　　　　　　（　　）

1.29 公司将已筹集资金投资于高风险项目会给原债权人带来高风险和高收益。　（　　）

1.30 在财务管理中坚持现金收支平衡原则，是财务管理工作的首要出发点。　（　　）

1.31 在分配管理中，应在追求分配管理成本最小的前提下，妥善处理好各种财务关系，这反映了财务管理中利益关系协调原则。　　　　　　　　　　　　　　　　　　（　　）

1.32 企业集团内部各所属单位之间业务联系越密切，就越有必要采用相对集中的财务管理体制。　　　　　　　　　　　　　　　　　　　　　　　　　　　　　　　　（　　）

1.33 若企业面临的环境是稳定的、对生产经营的影响不显著，则更适合采用分权型财务管理体制。　　　　　　　　　　　　　　　　　　　　　　　　　　　　　　　　（　　）

1.34 金融市场可以分为一级市场和二级市场，其中二级市场主要处理金融工具的发行与最初购买者之间的交易。　　　　　　　　　　　　　　　　　　　　　　　　　　　（　　）

1.35 金融工具是形成一方的金融资产并形成其他方的金融负债或权益工具的合同，具有收益性、稳定性和流动性的特征。　　　　　　　　　　　　　　　　　　　　　　　（　　）

1.36 资本市场的主要功能是实现长期资本融通，包括债券市场、股票市场、期货市场、同业拆借市场和大额定期存单市场。　　　　　　　　　　　　　　　　　　　　　　（　　）

第二章 财务管理基础

一、单项选择题

2.1 （P/F，i，9）与（P/F，i，10）分别表示9年期和10年期的复利现值系数，关于二者的数量关系，下列表达式正确的是（　　）。

A.（P/F，i，10）=（P/F，i，9）−1

B.（P/F，i，10）=（P/F，i，9）×（1+i）

C.（P/F，i，9）=（P/F，i，10）×（1+i）

D.（P/F，i，10）=（P/F，i，9）+1

2.2 甲商场某型号相机的售价为7 200元，拟进行分期付款促销活动，价款可在9个月内按月分期付款，每期期初等额支付。假设年利率为12%，下列各项中，最接近该相机月初分期付款金额的是（　　）元。

A. 832　　　　B. 800　　　　C. 841　　　　D. 850

2.3 某年金的收付形式为从第一期期初开始，每期支付200元，一直到永远。假设利率为8%，则其现值为（　　）元。

A. 2 000　　　　B. 2 300　　　　C. 2 500　　　　D. 2 700

2.4 某医药企业近期购置了一台精密仪器，从第三年年初开始付款，分5年支付，每年支付100万元，按照10%的年利率计算，该仪器的现值为（　　）。

A. 100×（P/A，10%，5）×（P/F，10%，1）

B. 100×（P/A，10%，5）×（P/F，10%，2）

C. 100×（P/F，10%，5）×（P/A，10%，1）

D. 100×（P/F，10%，5）×（P/A，10%，2）

2.5 某公司预存一笔资金，年利率为i，从第六年开始连续10年可在每年年初支取现金200万元，则预存金额的计算正确的是（　　）。

A. 200×（P/A，i，10）×（P/F，i，5）

B. 200×（P/A，i，10）×［（P/F，i，4）+1］

C. 200×（P/A，i，10）×（P/F，i，4）

D. 200×（P/A，i，10）×［（P/F，i，5）−1］

2.6 某项银行贷款本金为100万元，期限为10年，利率为8%，每年年末等额偿还本息，则每年偿还额的计算式为（　　）。

A. 100÷（F/A，8%，10）

B. 100×（1+8%）÷（F/A，8%，10）

C. 100×（1+8%）÷（P/A，8%，10）

D. 100÷（P/A，8%，10）

2.7 某工程项目现需要投入3亿元，如果延迟一年建设，投入将增加10%，假设利率为5%，则项目延迟造成的投入现值的增加额为（ ）亿元。

A. 0.14　　　　　　　　　　　B. 0.17

C. 0.3　　　　　　　　　　　　D. 0.47

2.8 某企业在年初向银行借入21万元，期限为5年，每年年末等额还本付息的金额为5万元，已知（P/A，6%，5）=4.2124，（P/A，7%，5）=4.1002，则银行向其提供的借款利率为（ ）。

A. 6.11%　　　　　　　　　　B. 7.38%

C. 6.85%　　　　　　　　　　D. 5.92%

2.9 某债券名义利率为6.5%，通货膨胀率为2.5%，此债券的实际利率为（ ）。

A. 3.9%　　　　　　　　　　　B. 5.34%

C. 3.76%　　　　　　　　　　D. 4.28%

2.10 甲公司平价发行5年期的公司债券，债券票面利率为10%，每半年付息一次，到期一次偿还本金。该债券的实际年利率为（ ）。

A. 10%　　　　　　　　　　　B. 10.25%

C. 10.5%　　　　　　　　　　D. 9.5%

2.11 公司投资于某项长期基金，本金为5 000万元，每季度可获取现金收益50万元，则其年实际收益率为（ ）。

A. 2.01%　　　　　　　　　　B. 1.00%

C. 4.00%　　　　　　　　　　D. 4.06%

2.12 某投资者购买X公司股票，购买价格为100万元，当期分得现金股利5万元，当期期末X公司股票市场价格上升到120万元。则该投资产生的资本利得为（ ）万元。

A. 20　　　　　　　　　　　　B. 15

C. 5　　　　　　　　　　　　D. 25

2.13 某企业拟进行一项存在一定风险的工业项目投资，有甲、乙两个方案可供选择：已知甲方案收益的期望值为1 000万元，标准差为300万元；乙方案收益的期望值为1 200万元，标准差为330万元。下列结论中正确的是（ ）。

A. 甲方案优于乙方案　　　　　　　B. 甲方案的风险大于乙方案

C. 甲方案的风险小于乙方案　　　　D. 无法评价甲、乙方案的风险大小

2.14 下列关于投资组合的表述中，正确的是（ ）。

A. 投资组合能够消除大部分系统性风险

B. 投资组合的总规模越大，承担的风险越大

C. 投资组合的方差越小，其收益越高

D. 一般情况下，随着组合中资产数量的增加，其整体风险降低的速度会越来越慢

2.15 某上市公司股票的β系数为1.24，短期国债利率为3.5%。市场组合的收益率为8%，则投资者投资该公司股票的风险收益率是（ ）。

A. 5.58%　　　　　　　　　　B. 9.08%

C. 13.52%　　　　　　　　　　D. 17.76%

2.16 有甲、乙两种证券，甲证券的必要收益率为10%，乙证券要求的风险收益率是甲证券的1.5倍，如果无风险收益率为4%，则根据资本资产定价模型，乙证券的必要收益率为（　　）。

  A. 13%   B. 12%

  C. 15%   D. 16%

2.17 某证券资产组合由A、B两种股票构成，权重分别为40%、60%，两种股票的期望收益率分别为10%、15%，两种股票收益率的相关系数为0.7，则该证券资产组合的预期收益率为（　　）。

  A. 12.5%   B. 9.1%

  C. 13%   D. 17.5%

2.18 某资产的必要收益率为R，β系数为1.5，市场收益率为10%，假设无风险收益率和β系数不变，如果市场收益率为15%，则资产必要收益率为（　　）。

  A. R+7.5%   B. R+12.5%

  C. R+10%   D. R+5%

2.19 拒绝与信用不好的交易对手进行交易，从风险管理对策上看属于（　　）。

  A. 风险规避   B. 风险转移

  C. 风险控制   D. 风险转换

2.20 为企业的资产购买保险，从风险管理对策上看属于（　　）。

  A. 风险控制   B. 风险对冲

  C. 风险补偿   D. 风险转移

2.21 下列风险管理策略中，不属于风险对冲的是（　　）。

  A. 资产组合使用

  B. 采取合营方式实现风险共担

  C. 多种外币结算的使用

  D. 战略上的多种经营

2.22 下列因素引起的风险中，投资者可以通过投资组合予以消减的是（　　）。

  A. 行业政策变化   B. 政治冲突导致的能源危机

  C. 被投资企业面临较高的财务风险 D. 企业会计准则改革

2.23 根据成本习性，下列各项中，一般为变动成本的是（　　）。

  A. 直接材料成本   B. 管理人员基本工资

  C. 厂房折旧费   D. 职工培训费

2.24 根据成本性态，在一定时期、一定业务量范围之内，职工培训费一般属于（　　）。

  A. 半变动成本   B. 半固定成本

  C. 约束性固定成本   D. 酌量性固定成本

2.25 企业生产产品所耗用的直接材料成本属于（　　）。

  A. 技术性变动成本   B. 酌量性变动成本

  C. 酌量性固定成本   D. 约束性固定成本

2.26 某手机话费套餐为每月固定支付30元，可免费通话300分钟，超出300分钟的部分，每分钟支付0.15元通话费。根据成本性态，该手机话费属于（　　　）。

A. 延期变动成本 　　　　　　　　　　　B. 半固定成本

C. 半变动成本 　　　　　　　　　　　　D. 曲线变动成本

2.27 某公司为了提高办公效率，计划接入X-AI软件。该软件的接入费用为10万元，后续每处理一个问题须支付1元。该AI软件费用所属的混合成本类型是（　　　）。

A. 延期变动成本 　　　　　　　　　　　B. 半变动成本

C. 半固定成本 　　　　　　　　　　　　D. 曲线变动成本

2.28 某公司电梯维修合同规定，当每年上门维修不超过3次时，年维修费用为5万元，当超过3次时，则在此基础上按每次2万元付费。根据成本性态分析，该项维修费用属于（　　　）。

A. 半变动成本 　　　　　　　　　　　　B. 半固定成本

C. 延期变动成本 　　　　　　　　　　　D. 曲线变动成本

2.29 某项修理费属于混合成本，经分解，其固定成本为每月18 000元，变动成本与修理工时呈正比例关系，5月份的维修工时为60小时，修理费总额为33 000元，预计6月份的修理工时为70小时，则6月份的预计修理费总额为（　　　）元。

A. 38 500 　　　　　B. 35 500 　　　　　C. 51 000 　　　　　D. 56 500

2.30 某企业根据过去一段时间内的业务量和混合成本资料，应用最小二乘法原理，寻求最能代表二者关系的函数表达式。据以对混合成本进行分解，则该企业所采用的混合成本分解方法是（　　　）。

A. 高低点法 　　　　B. 账户分析法 　　　　C. 回归分析法 　　　　D. 技术测定法

二、多项选择题

2.31 下列关于货币时间价值系数关系的表述中，正确的有（　　　）。

A. 普通年金现值系数 × 资本回收系数 =1

B. 普通年金终值系数 × 偿债基金系数 =1

C. 普通年金现值系数 ×（1+ 折现率）= 预付年金现值系数

D. 普通年金终值系数 ×（1+ 折现率）= 预付年金终值系数

2.32 已知某笔递延年金的递延期为m，年金支付期为n，下列递延年金现值的计算式中，正确的有（　　　）。

A. $P=A \times (P/A, i, n) \times (P/F, i, m)$

B. $P=A \times (F/A, i, n) \times (P/F, i, m)$

C. $P=A \times [(P/A, i, m+n) - (P/A, i, m)]$

D. $P=A \times (F/A, i, n) \times (P/F, i, n+m)$

2.33 某递延年金从第4年开始，连续5年每年年末收到现金100万元，假设年利率为10%，下列计算中能正确计算出该递延年金现值的有（　　　）。

A. $100 \times [(P/A, 10\%, 8) - (P/A, 10\%, 4)]$

B. $100 \times [(P/A, 10\%, 8) - (P/A, 10\%, 3)]$

C. $100 \times （P/A，10\%，5）\times（P/A，10\%，3）$

D. $100 \times （P/A，10\%，5）\times（P/F，10\%，3）$

2.34 投资风险有系统性风险和非系统性风险之分，关于非系统性风险，下列表述正确的有（　　　）。

A. 由非预期的、随机发生的事件所引起

B. 可以通过资产组合予以分散

C. 一般用 β 系数进行衡量

D. 是指发生在个别公司的特有事件造成的风险

2.35 下列因素引起的风险，投资者可以通过投资组合予以分散的有（　　　）。

A. 银行调整利率水平

B. 公司劳资关系紧张

C. 公司诉讼失败

D. 市场呈现疲软

2.36 关于两项证券资产的风险比较，下列说法正确的有（　　　）。

A. 期望值相同的情况下，标准差率越大，风险程度越大

B. 期望值不同的情况下，标准差率越大，风险程度越大

C. 期望值不同的情况下，标准差越大，风险程度越大

D. 期望值相同的情况下，标准差越大，风险程度越大

2.37 下列关于单个证券投资风险度量指标的表述中，正确的有（　　　）。

A. β 系数度量投资的系统性风险

B. 方差度量投资的系统性风险和非系统性风险

C. 标准差仅度量投资的非系统性风险

D. 标准差率度量投资的单位期望收益率承担的系统性风险和非系统性风险

2.38 下列关于投资组合的风险中，错误的有（　　　）。

A. 投资组合能消除大部分系统性风险

B. 投资组合的总规模越大，其所承担的总风险越大

C. 投资组合能分散掉的是非系统性风险

D. 投资组合中资产数目增加到一定程度时风险分散的效应就会逐渐减弱

2.39 某投资者将投资于A、B两家公司的股票，假设两家公司股票的相关系数为 ρ，下列说法中正确的有（　　　）。

A. 如果 $\rho=0$，该投资组合也能降低风险

B. 如果 $\rho=-1$，该投资组合的风险最低

C. 如果 $\rho=1$，该投资组合不能抵消任何风险

D. 如果 ρ 越大，则该投资组合的风险分散的效果也越强

2.40 下列关于证券投资组合的表述中，正确的有（　　　）。

A. 两种证券的收益率完全正相关时可以消除风险

B. 投资组合收益率为组合中各单项资产收益率的加权平均数

C. 投资组合风险是各单项资产风险的加权平均数

D. 投资组合能够分散掉的是非系统性风险

2.41 关于资本资产定价模型，下列说法正确的有（　　）。
　　A.该模型反映资产的必要收益率而不是实际收益率
　　B.该模型中的资本资产主要指的是债券资产
　　C.该模型解释了风险收益率的决定因素和度量方法
　　D.该模型反映了系统风险对资产必要收益率的影响

2.42 在一定期间及特定的业务量范围内，关于成本与业务量的关系，下列说法正确的有（　　）。
　　A.变动成本总额随业务量的增加而增加
　　B.单位固定成本随业务量的增加而降低
　　C.固定成本总额随业务量的增加而增加
　　D.单位变动成本随业务量的增加而降低

2.43 下列各项中，一般属于约束性固定成本的有（　　）。
　　A.房屋租金　　　　　　　　　　B.职工培训费
　　C.管理人员的基本工资　　　　　D.新产品研究开发费用

2.44 下列各项中，属于变动成本的有（　　）。
　　A.新产品的研究开发费用
　　B.按产量法计提的固定资产折旧
　　C.按销售收入一定百分比支付的销售佣金
　　D.随产品销售的包装物成本

2.45 基于成本性态分析，对于企业推出的新产品所发生的混合成本，不适宜采用的混合成本分解方法有（　　）。
　　A.合同确认法　　　B.工业工程法　　　C.高低点法　　　D.回归分析法

三、判断题

2.46 纯利率是指在无通货膨胀、无风险情况下资金市场的平均利率。（　　）

2.47 某债券在年名义利率固定的情况下，一年内计息次数越多，该债券的年实际利率就越高。（　　）

2.48 如果通货膨胀率小于名义利率，则实际利率为负数。（　　）

2.49 期望值可以反映出资产的风险。（　　）

2.50 投资组合的风险水平不仅与组合中各证券的收益率的标准差有关，而且与各证券收益率的相关程度有关。（　　）

2.51 根据投资组合理论，在其他条件不变的情况下，如果两项资产的收益率具有完全正相关关系，则该投资组合不能够分散风险。（　　）

2.52 两项资产的收益率具有负相关时，才能分散组合的投资风险。（　　）

2.53 如果各单项资产的β系数不同，则可以通过调整资产组合中不同资产的构成比例来改变组合的系统性风险。（　　）

2.54 必要收益率与预期收益率之间的偏离程度反映投资项目的风险水平。（　　）

2.55 依据资本资产定价模型，资产的必要收益率不包括对公司特有风险的补偿。（　　）

2.56 风险矩阵需要对风险重要性等级标准、风险发生可能性、后果严重程度等作出客观准确的判断，从而保证使用的准确性。 （　　）

四、计算分析题

2.57 2018年初，某公司购置一条生产线，有以下四种付款方案。

方案一：2020年初一次性支付100万元。

方案二：2018年至2020年每年年初支付30万元。

方案三：2019年至2022年每年年初支付24万元。

方案四：2020年至2024年每年年初支付21万元。

已知：

n	1	2	3	4	5	6
$(P/F，10\%，n)$	0.9091	0.8264	0.7513	0.6830	0.6209	0.5645
$(P/A，10\%，n)$	0.9091	1.7355	2.4869	3.1699	3.7908	4.3553

要求：

（1）计算方案一付款方式下，支付价款的现值。

（2）计算方案二付款方式下，支付价款的现值。

（3）计算方案三付款方式下，支付价款的现值。

（4）计算方案四付款方式下，支付价款的现值。

（5）选择哪种付款方式更有利于公司。

2.58 某证券在行情好的情况下的收益率为10%，其他情况下的收益率为5%，行情好的概率为0.4，其他情况的概率为0.6。该证券的 β 系数为2.4，无风险收益率为4%，市场平均风险收益率为3%。

要求：

（1）计算该证券的期望收益率和收益率的方差。

（2）计算该证券收益率的标准差和标准差率。

（3）计算该证券的必要收益率。

2.59 甲公司现有一笔闲置资金，拟投资于某证券组合，该组合由X、Y、Z三种股票构成，资金权重分别为40%、30%和30%，β 系数分别为2.5、1.5和1，其中X股票投资收益率的概率分布如下表所示。

状况	概率	投资收益率
行情较好	30%	20%
行情一般	50%	12%
行情较差	20%	5%

Y、Z股票的预期收益率分别为10%和8%，当前无风险利率为4%，市场组合的收益率为9%。

要求：

（1）计算X股票的预期收益率。

（2）计算该投资组合的预期收益率。

（3）计算该投资组合β系数。

（4）利用资本资产定价模型计算该投资组合的必要收益率，并据以判断该投资组合是否值得投资。

2.60 甲公司当前持有一个由X、Y两只股票构成的投资组合，价值总额为300万元，X股票与Y股票的价值比重为4：6，β系数分别为1.8和1.2。为了进一步分散风险，公司拟将Z股票加入投资组合，价值总额不变，X、Y、Z三只股票的投资比重调整为2：4：4，Z股票的系统性风险是Y股票的0.6倍。公司采用资本资产定价模型确定股票投资的收益率，当前无风险收益率为3%，市场平均收益率为8%。

要求：

（1）计算当前由X、Y两只股票构成的投资组合的β系数。

（2）计算Z股票的风险收益率与必要收益率。

（3）计算由X、Y、Z三只股票构成的投资组合的必要收益率。

2.61 某公司拟进行股票投资，计划购买甲、乙两只股票，相关数据如下：

甲、乙两只股票的相关数据

项目	甲股票	乙股票
预期收益率	18%	15%
标准差	0.12	0.2
β系数	1.5	1.2

为降低投资风险，该公司设计了A、B两种投资组合。已知在A投资组合中，甲股票的投资比重为60%，乙股票的投资比重为40%。而B投资组合的风险收益率为5.8%。假设同期股票市场组合的收益率为12%，无风险收益率为8%，甲、乙股票的相关系数为0.5。

要求：

（1）计算A投资组合的预期收益率。

（2）计算A投资组合收益率的标准差。

（3）计算A投资组合的β系数。

（4）计算B投资组合的β系数。

（5）计算B投资组合的必要收益率。

第三章 预算管理

一、单项选择题

3.1 下列各项中，不属于经营预算的是（　　　）。

A. 资金预算

B. 销售预算

C. 销售费用预算

D. 直接材料预算

3.2 下列各项中，对企业预算管理工作负总责的组织是（　　　）。

A. 财务部

B. 董事会

C. 监事会

D. 股东

3.3 在分析业务量与预算项目之间数量依存关系的基础上，分别确定不同业务量及相应预算金额的预算编制方法是（　　　）。

A. 固定预算法

B. 定期预算法

C. 滚动预算法

D. 弹性预算法

3.4 下列各项中，不属于零基预算法特点的是（　　　）。

A. 以零为起点编制预算，不受历史期经济活动中不合理因素的影响，能够灵活应对内外环境的变化，预算编制更贴近预算期企业经济活动的需要

B. 可能导致无效费用开支无法得到有效控制，使得不必要的开支合理化，造成预算上的浪费

C. 有助于增加预算编制的透明度，有利于进行预算控制

D. 预算编制工作量较大、成本较高

3.5 某公司在编制成本费用预算时，利用成本性态模型（$y=a+bx$），测算预算期内各种可能的业务量水平下的成本费用，这种预算编制方法是（　　　）。

A. 零基预算法

B. 固定预算法

C. 弹性预算法

D. 滚动预算法

3.6 相对于增量预算法，下列关于零基预算法的表述中错误的是（　　　）。

A. 预算编制成本相对较高

B. 预算编制工作量相对较少

C. 以零为起点编制预算

D. 不受历史期不合理因素的影响

3.7 某公司按弹性预算法编制销售费用预算。已知预计业务量为5万小时，单位变动销售费用为1.5元/小时，固定销售费用总额为30万元，则按预计业务量的80%编制的销售费用预算总额为（　　　）万元。

A. 30

B. 7.5

C. 36

D. 37.5

3.8 下列各项中，不属于销售预算编制内容的是（　　）。

A. 销售收入　　　　　　　　　　B. 单价

C. 销售费用　　　　　　　　　　D. 销售量

3.9 下列关于生产预算的表述中，错误的是（　　）。

A. 生产预算是一种经营预算

B. 生产预算不涉及实物量指标

C. 生产预算以销售预算为基础编制

D. 生产预算是直接材料预算的编制依据

3.10 下列各项预算中，不以生产预算作为编制基础的是（　　）。

A. 直接人工预算　　　　　　　　B. 直接材料预算

C. 销售费用预算　　　　　　　　D. 变动制造费用预算

3.11 企业每季度预计期末产成品存货为下一季度预计销售量的10%，已知第二季度预计销售量为2 000件，第三季度预计销售量为2 200件，则第二季度产成品预计产量为（　　）件。

A. 2 020　　　　　　　　　　　B. 2 000

C. 2 200　　　　　　　　　　　D. 2 220

3.12 某企业预计7月、8月材料需用量分别为600吨、700吨，各月月末材料存量为下个月预计需用量的15%，7月预计材料采购量是（　　）吨。

A. 600　　　　　　　　　　　　B. 705

C. 615　　　　　　　　　　　　D. 500

3.13 某企业2023年第三、第四季度分别计划生产1 500件、2 000件产品，单位产品材料用量为5千克，第二季度末材料库存量为800千克。假设季末材料存量按照下一季度生产耗用材料的20%确定，材料采购价格为10元/千克，则该企业第三季度材料采购金额为（　　）元。

A. 78 000　　　　　　　　　　B. 75 000

C. 87 000　　　　　　　　　　D. 67 000

3.14 某公司2023年第三季度预算生产量为200万件，单位变动制造费用为1.5元/件，固定制造费用总额为30万元（含折旧费9万元），除折旧费外，其余均为付现费用，则2023年第三季度制造费用预算中的现金支出为（　　）万元。

A. 321　　　　　　　　　　　　B. 312

C. 288　　　　　　　　　　　　D. 308

3.15 某企业正编制8月份的"资金预算"，预计8月初短期借款余额为100万元，月利率为1%。该企业不存在长期负债，预计8月现金余缺为-50万元，现金不足时，通过银行短期借款解决（利率不变），借款额为1万元的整数倍，8月末现金余额要求不低于10万元。假设企业每月支付一次利息，借款发生在当月月初，还款发生在当月月末，则该企业8月份应向银行借款的最低金额为（　　）万元。

A. 60　　　　　　　　　　　　　B. 61

C. 62　　　　　　　　　　　　　D. 63

3.16 下列关于专门决策预算的说法中，不正确的是（　　　）。

　　A. 专门决策预算又称资本支出预算

　　B. 编制依据是项目财务可行性分析资料以及企业筹资决策资料

　　C. 与资金预算和预计资产负债表的编制无关

　　D. 专门决策预算是编制资金预算和预计资产负债表的依据

3.17 制造业企业在编制预计利润表时，"销售成本"项目数据来源是（　　　）。

　　A. 销售预算　　　　　　　　　　　　B. 生产预算

　　C. 直接材料预算　　　　　　　　　　D. 产品成本预算

3.18 下列选项中，不能直接为预计利润表项目提供数据来源的是（　　　）。

　　A. 销售预算　　　　　　　　　　　　B. 制造费用预算

　　C. 销售费用预算　　　　　　　　　　D. 管理费用预算

3.19 关于预计资产负债表，下列说法正确的是（　　　）。

　　A. 预计利润表编制应当先于预计资产负债表编制而完成

　　B. 编制预计资产负债表的目的在于了解企业预算期的经营成果

　　C. 资本支出预算的结果不会影响到预计资产负债表的编制

　　D. 预计资产负债表是资金预算编制的起点和基础

二、多项选择题

3.20 下列各项中，属于总预算内容的有（　　　）。

　　A. 管理费用预算　　　　　　　　　　B. 预计利润表

　　C. 生产预算　　　　　　　　　　　　D. 资金预算

3.21 下列关于全面预算体系的说法中，正确的有（　　　）。

　　A. 经营预算包括销售预算、生产预算、资本支出预算等

　　B. 财务预算也被称为总预算，总括地反映了企业经营预算与专门决策预算的结果

　　C. 财务预算通常为短期预算

　　D. 财务预算仅包括资金预算和预计资产负债表

3.22 在预算管理中，平衡管理原则主要涉及的维度有（　　　）。

　　A. 长期目标与短期目标　　　　　　　B. 整体利益与局部利益

　　C. 收入与支出　　　　　　　　　　　D. 结果与动因

3.23 在预算执行过程中，可能导致预算调整的情形有（　　　）。

　　A. 原材料价格大幅上涨　　　　　　　B. 公司进行重大资产重组

　　C. 主要产品市场需求大幅下降　　　　D. 公司税负大幅下降

3.24 与增量预算编制方法相比，零基预算编制方法的优点有（　　　）。

　　A. 编制工作量小

　　B. 更贴近预算期企业经济活动的需要

　　C. 可以避免前期不合理费用项目的干扰

　　D. 有利于增加预算编制的透明度

3.25 下列各项中，以生产预算为编制基础的有（ ）。

A. 直接人工预算　　　　　　　　　　　B. 变动制造费用预算

C. 销售预算　　　　　　　　　　　　　D. 管理费用预算

3.26 在编制生产预算时，计算某种产品预计生产量应考虑的因素包括（ ）。

A. 预计材料采购量　　　　　　　　　　B. 预计产品销售量

C. 预计期初产品存货量　　　　　　　　D. 预计期末产品存货量

3.27 在全面预算体系中，编制产品成本预算的依据有（ ）。

A. 制造费用预算　　　B. 生产预算　　　C. 直接人工预算　　　D. 直接材料预算

3.28 下列经营预算中，通常需要预计现金支出的有（ ）。

A. 生产预算　　　　　　　　　　　　　B. 销售费用预算

C. 直接材料预算　　　　　　　　　　　D. 制造费用预算

3.29 编制资金预算时，如果现金余缺大于最佳现金持有量，则企业可采取的措施有（ ）。

A. 销售短期有价证券　　　　　　　　　B. 偿还部分借款利息

C. 购入短期有价证券　　　　　　　　　D. 偿还部分借款本金

3.30 在企业编制的下列预算中，属于财务预算的有（ ）。

A. 制造费用预算　　　　　　　　　　　B. 资本支出预算

C. 预计资产负债表　　　　　　　　　　D. 预计利润表

3.31 在企业的全面预算体系中，下列项目属于预计利润表编制内容的有（ ）。

A. 所得税费用　　　　　　　　　　　　B. 毛利

C. 未分配利润　　　　　　　　　　　　D. 利息

3.32 下列各项预算中，与编制预计利润表直接相关的有（ ）。

A. 销售预算　　　　　　　　　　　　　B. 生产预算

C. 产品成本预算　　　　　　　　　　　D. 销售及管理费用预算

3.33 下列选项中，属于预计利润表编制依据的有（ ）。

A. 销售预算　　　　　　　　　　　　　B. 资金预算

C. 产品成本预算　　　　　　　　　　　D. 预计资产负债表

三、判断题

3.34 根据预算编制程序，董事会负责确定预算目标并下达至各预算执行单位。　　　　（ ）

3.35 企业财务管理部门负责企业预算的编制、执行、分析和考核工作，并对预算执行结果承担直接责任。　　　　　　　　　　　　　　　　　　　　　　　　　　　　　　　　（ ）

3.36 预算管理应刚性与柔性相结合，强调预算对经营管理的刚性约束，又可根据内外环境的重大变化调整预算，并针对例外事项进行特殊处理，这体现了预算管理的权变性原则。（ ）

3.37 编制弹性预算时，以手工操作为主的车间，不应选用人工工时作为业务量的计量单位。
　　　　　　　　　　　　　　　　　　　　　　　　　　　　　　　　　　　　　　（ ）

3.38 固定预算法编制相对简单，也容易使管理者理解，同时便于在一定范围内计算任何业务量的预算成本，可比性和适应性强，编制预算的工作量相对较小。　　　　　　　　　（ ）

3.39 增量预算法是以零为起点编制预算，不受历史期经济活动中不合理因素的影响，能够灵活应对内外环境的变化，预算编制更贴近预算期企业经济活动的需要。（　　）

3.40 与增量预算法相比，采用零基预算法编制预算的工作量较大、成本较高。（　　）

3.41 滚动预算可以实现动态反映市场、建立跨期综合平衡，从而有效指导企业运营，强化预算的决策与控制职能。（　　）

3.42 在全面预算体系中，企业应当先编制财务预算，在此基础上编制经营预算与专门决策预算。（　　）

3.43 在预算编制过程中，企业销售预算一般应当在生产预算的基础上编制。（　　）

3.44 在产品成本预算中，产品成本总预算金额是将直接材料、直接人工、制造费用、销售及管理费用的预算金额汇总相加而得到的。（　　）

3.45 资金预算可以反映预算期内现金收入和支出的情况，主要由可供使用现金、现金支出、现金余缺、现金筹措与运用四部分构成。（　　）

3.46 销售费用预算是指为了实现销售预算所需支付的费用预算。它以生产预算为基础。在草拟销售费用预算时，要对未来的销售费用进行分析。（　　）

四、计算分析题

3.47 甲公司编制销售预算的相关资料如下。

资料一：甲公司预计每季度销售收入中，有70%在本季度收到现金，30%于下一季度收到现金，不存在坏账。2022年末应收账款余额为6 000万元。假设不考虑增值税及其影响。

资料二：甲公司2023年的销售预算如下表所示。

甲公司2023年销售预算

金额单位：万元

项目	第一季度	第二季度	第三季度	第四季度	全年
预计销售量（万件）	500	600	650	700	2 450
预计单价（元/件）	30	30	30	30	30
预计销售收入	15 000	18 000	19 500	21 000	73 500
预计现金收入：	—	—	—	—	—
上年应收账款	*	—	—	—	*
第一季度	*	*	—	—	*
第二季度	—	(B)	*	—	*
第三季度	—	—	*	(D)	*
第四季度	—	—	—	*	*
预计现金收入合计	(A)	17 100	(C)	20 550	

注：表内的"*"为省略的数值。

要求：

（1）确定表格中字母所代表的数值（不需要列示计算过程）。

（2）计算2023年末预计应收账款余额。

3.48 甲公司生产销售A产品，公司在2021年末编制2022年一季度的经营预算，有关资料如下：

（1）第一季度A产品销售单价为500元/件，每月销售额中有60%在当月收回现金，剩余40%在下月收回，已知1月初应收账款余额为2 400 000元。

（2）第一季度A产品各月预计销售量分别为12 000件、10 000件和14 000件，A产品每月末库存量预计为下月销售量的15%，已知1月初库存量为1 800件。

（3）生产A产品的工时标准为3小时/件，变动制造费用标准分配率为40元/小时。

要求：

（1）计算1月份的预计生产量。

（2）计算2月份的预计现金收入。

（3）计算2月份的变动制造费用预算总额。

（4）计算3月末的预计应收账款余额。

3.49 甲公司编制资金预算的相关资料如下。

资料一：在甲公司2023年每季度的预计销售收入中，有70%在本季度收到现金，30%在下一季度收到现金，不存在坏账。2022年末应收账款余额为零。不考虑增值税及其他因素的影响。

资料二：甲公司2023年末各季度的资金预算如下表所示。

甲公司2023年各季度资金预算

单位：万元

项目	第一季度	第二季度	第三季度	第四季度
期初现金余额	500	（B）	1 088	1 090
预计销售收入	2 000	3 000	4 000	3 500
现金收入	（A）	2 700	（C）	3 650
现金支出	1 500	*	3 650	1 540
现金余缺	*	−700	*	（D）
向银行借款	*	*	*	*
归还银行借款及利息	*	*	*	*
期末现金余额	1 000	*	*	*

注：表内"*"为省略的数值。

要求：

（1）计算2023年末预计应收账款余额。

（2）计算表中字母代表的数值。

五、综合题

3.50 甲公司生产A产品，有关产品成本和预算的信息如下。

资料一：A产品成本由直接材料、直接人工、制造费用三部分构成，其中制造费用属于混合成本。2019年第一至第四季度A产品的产量与制造费用数据如下表所示。

项目	第一季度	第二季度	第三季度	第四季度
产量（件）	5 000	4 500	5 500	4 750
制造费用（元）	50 500	48 000	54 000	48 900

资料二：根据甲公司2020年预算，2020年第一季度A产品预计生产量为5 160件。

资料三：2020年第一至第四季度A产品的生产预算如下表（单位：件）所示，每季度末A产品的产成品存货量按下一季度销售量的10%确定。

项目	第一季度	第二季度	第三季度	第四季度	合计
预计销售量	5 200	4 800	6 000	5 000	*
预计期末产成品存货	480	a	d	*	*
预计期初产成品存货	520	b	e	*	*
预计生产量	5 160	c	f	*	*

注：表内的"*"为省略的数值。

资料四：2020年A产品预算单价为200元，各季度销售收入有70%在本季度收回现金，30%在下一季度收回现金。

要求：

（1）根据资料一，按照高低点法对制造费用进行分解，计算2019年各季度制造费用中单位变动制造费用和固定制造费用总额。

（2）根据要求（1）的计算结果和资料二，计算2020年第一季度A产品的预计制造费用总额。

（3）根据资料三，分别计算表格中a、b、c、d、e、f所代表的数值。

（4）根据资料三和资料四，计算以下两项金额。

①2020年第二季度的销售收入预算总额。

②2020年第二季度的相关现金收入预算总额。

第四章　筹资管理（上）

一、单项选择题

4.1 企业因集中发放员工的年终奖而筹集资金，这种筹资的动机是（　　　）。

    A. 创立性筹资动机　　　　　　　　　　　B. 支付性筹资动机

    C. 扩张性筹资动机　　　　　　　　　　　D. 调整性筹资动机

4.2 某企业有一笔长期借款即将到期，企业虽然有足够的偿还能力，但为了保持现有的资本结构，决定举借新债偿还旧债，这种筹资的动机是（　　　）。

    A. 创立性筹资动机　　　　　　　　　　　B. 调整性筹资动机

    C. 支付性筹资动机　　　　　　　　　　　D. 扩张性筹资动机

4.3 某企业对外产权投资需要大额资金，其资金来源通过增加长期贷款或发行公司债券解决，这既扩张了企业规模，又使得企业的资本结构发生了较大变化。根据以上信息，该企业筹资的动机是（　　　）。

    A. 支付性筹资动机　　　　　　　　　　　B. 扩张性筹资动机

    C. 调整性筹资动机　　　　　　　　　　　D. 混合性筹资动机

4.4 下列筹资方式中，属于间接筹资的是（　　　）。

    A. 租赁　　　　　　　　　　　　　　　　B. 发行债券

    C. 发行股票　　　　　　　　　　　　　　D. 吸收直接投资

4.5 下列筹资方式中，既可以筹集长期资金，也可以融通短期资金的是（　　　）。

    A. 发行股票　　　　　　　　　　　　　　B. 利用商业信用

    C. 吸收直接投资　　　　　　　　　　　　D. 向金融机构借款

4.6 下列各项中，属于衍生工具筹资方式的是（　　　）。

    A. 租赁筹资　　　　　　　　　　　　　　B. 认股权证筹资

    C. 商业信用筹资　　　　　　　　　　　　D. 普通股筹资

4.7 企业可以将某些资产作为质押品向商业银行申请质押贷款。下列各项中，不能作为质押品的是（　　　）。

    A. 厂房　　　　　　　B. 股票　　　　　　　C. 汇票　　　　　　　D. 专利权

4.8 下列各项中，属于长期借款例行性保护条款的是（　　　）。

    A. 保持存货储备量　　　　　　　　　　　B. 保持企业的资产流动性

    C. 限制企业非经营性支出　　　　　　　　D. 借款的用途不得改变

4.9 与发行公司债券相比，银行借款筹资的优点是（　　　）。

    A. 资本成本较低　　　　　　　　　　　　B. 资金使用的限制条件少

    C. 能提高公司的社会声誉　　　　　　　　D. 单次筹资数额较大

4.10 下列各项中，不属于担保贷款类型的是（　　　）。

A. 保证贷款　　　　　　　　　　B. 信用贷款

C. 抵押贷款　　　　　　　　　　D. 质押贷款

4.11 承租人既是资产出售者又是资产使用者的租赁方式是（　　　）。

A. 杠杆租赁　　　　　　　　　　B. 直接租赁

C. 售后回租　　　　　　　　　　D. 经营租赁

4.12 某航空公司为开通一条国际航线，需增加两架空客飞机。为尽快形成航运能力，下列筹资方式中，该公司通常会优先考虑（　　　）。

A. 普通股筹资　　　　　　　　　B. 债券筹资

C. 优先股筹资　　　　　　　　　D. 租赁筹资

4.13 下列各项中，不计入租赁租金的是（　　　）。

A. 租赁手续费

B. 承租公司的财产保险费

C. 租赁公司垫付资金的利息

D. 设备的买价

4.14 某企业向租赁公司租入一套设备，价值60万元，租期6年，租赁期满时预计残值5万元，归租赁公司所有。年利率8%，租赁手续费率每年2%。假设租金在每年年初支付一次，则平均每年的租金为（　　　）万元。[（P/F，8%，6）=0.6302，（P/F，10%，6）=0.5645，（P/A，8%，6）=4.6229，（P/A，10%，6）=4.3553]

A. 13.13　　　　　　　　　　　B. 11.93

C. 11.18　　　　　　　　　　　D. 13.53

4.15 某企业向租赁公司租入一套设备，价值100万元，租期6年，租赁期满时预计残值4万元，归企业所有。年利率8%，租赁手续费率每年2%。假设租金在每年年末支付一次，则平均每年的租金为（　　　）万元。[（P/F，8%，6）=0.6302，（P/F，10%，6）=0.5645，（P/A，8%，6）=4.6229，（P/A，10%，6）=4.3553]

A. 22.96　　　　　　　　　　　B. 19.66

C. 19.94　　　　　　　　　　　D. 20.88

4.16 与发行股票筹资相比，吸收直接投资的优点是（　　　）。

A. 易于进行产权交易　　　　　　B. 资本成本较低

C. 有利于提高公司声誉　　　　　D. 筹资费用较低

4.17 下列各项中，不能作为资产出资的是（　　　）。

A. 存货　　　　　　　　　　　　B. 固定资产

C. 可转换债券　　　　　　　　　D. 特许经营权

4.18 下列筹资方式中，更有利于上市公司引入战略投资者的是（　　　）。

A. 发行债券　　　　　　　　　　B. 定向增发股票

C. 公开增发股票　　　　　　　　D. 配股

4.19 下列各项优先权中，属于普通股股东所享有的一项权利是（　　）。

　　A. 优先剩余财产分配权

　　B. 优先股利分配权

　　C. 优先股份转让权

　　D. 优先认股权

4.20 下列各项中，不属于普通股股东权利的是（　　）。

　　A. 剩余财产要求权　　　　　　　　B. 固定收益权

　　C. 转让股份权　　　　　　　　　　D. 参与决策权

4.21 与股权筹资相比，下列各项中，属于债务筹资缺点的是（　　）。

　　A. 财务风险较大　　　　　　　　　B. 资本成本较高

　　C. 稀释股东控制权　　　　　　　　D. 筹资灵活性小

4.22 如果某公司的股票价格在一定的时间段内高于设定的一个阈值，上市公司有权按照略高于可转换债券面值的价格买回全部或部分未转股的可转债。这反映的可转换债券的基本要素是（　　）。

　　A. 赎回条款　　　　　　　　　　　B. 转换价格

　　C. 回售条款　　　　　　　　　　　D. 强制性转换条款

4.23 下列各项条款中，有利于保护可转换债券持有者利益的是（　　）。

　　A. 免责条款　　　　　　　　　　　B. 赎回条款

　　C. 回售条款　　　　　　　　　　　D. 强制性转换条款

4.24 某可转换债券面值为100元，转换价格为25元/股。当前可转换债券的市场价格为120元，标的股票的市价为20元/股，则该可转换债券的转换比率为（　　）。

　　A. 5　　　　　　　　　　　　　　　B. 6

　　C. 4.8　　　　　　　　　　　　　　D. 4

4.25 参与优先股中的"参与"，指的是优先股股东按确定股息率获得股息后，还能与普通股股东一起参与（　　）。

　　A. 剩余利润分配　　　　　　　　　B. 认购公司增发的新股

　　C. 剩余财产清偿分配　　　　　　　D. 公司经营决策

4.26 下列关于优先股筹资的表述中，不正确的是（　　）。

　　A. 优先股筹资有利于调整股权资本的内部结构

　　B. 优先股筹资兼有债务筹资和股权筹资的某些性质

　　C. 优先股筹资不利于保障普通股股东的控制权

　　D. 优先股筹资会给公司带来一定的财务压力

4.27 下列关于衍生工具筹资的说法中，错误的是（　　）。

　　A. 可转换债券的转换比率 = 债券面值 ÷ 转换价格

　　B. 认股权证是常用的员工激励工具

　　C. 优先股筹资不利于保障普通股的控制权

　　D. 优先股筹资兼有债务筹资和股权筹资的某些性质

二、多项选择题

4.28 下列各项中，属于直接筹资方式的有（　　）。

    A. 发行股票　　　　　　　　　　　B. 银行借款

    C. 租赁　　　　　　　　　　　　　D. 发行债券

4.29 下列筹资方式中，属于债务筹资方式的有（　　）。

    A. 发行债券　　　　　　　　　　　B. 留存收益

    C. 商业信用　　　　　　　　　　　D. 银行借款

4.30 相对于直接筹资，下列选项中，属于间接筹资特点的有（　　）。

    A. 筹资手续比较复杂

    B. 筹资费用较低

    C. 有利于提高企业的知名度

    D. 易受金融政策的制约和影响

4.31 下列关于直接筹资和间接筹资的说法中，正确的有（　　）。

    A. 直接筹资不需要通过金融机构来筹措资金

    B. 直接筹资主要形成股权资金

    C. 间接筹资包括银行借款和租赁

    D. 间接筹资的手续相对简便，筹资费用较低

4.32 与银行借款相比，发行公司债券筹资的特点有（　　）。

    A. 单次筹资数额较大

    B. 资本成本较高

    C. 降低了公司的社会声誉

    D. 筹集资金的使用具有相对的自主性

4.33 下列关于银行借款、发行债券和租赁这三种债务融资方式的比较中，正确的有（　　）。

    A. 银行借款的筹资速度最快

    B. 发行债券的筹资数额最大

    C. 银行借款的限制条件最多

    D. 租赁的资本成本最高

4.34 下列关于杠杆租赁的表述中，正确的有（　　）。

    A. 出租人既是债权人又是债务人

    B. 涉及出租人、承租人和资金出借人三方当事人

    C. 租赁的设备通常是出租方已有的设备

    D. 出租人只投入设备购买款的部分资金

4.35 下列各项中，能够作为吸收直接投资出资方式的有（　　）。

    A. 特许经营权　　　　　　　　　　B. 土地使用权

    C. 商誉　　　　　　　　　　　　　D. 非专利技术

4.36 下列关于吸收直接投资的说法中，正确的是（   ）。

A. 吸收法人投资和吸收个人投资均以参与公司利润分配为目的

B. 股东不得以劳务或特许经营权作价出资

C. 相较于其他股权筹资方式，资本成本较高

D. 便于进行产权交易

4.37 下列各项中，属于发行股票的目的有（   ）。

A. 拓宽筹资渠道

B. 加快股权流通、转让

C. 巩固控制权

D. 降低披露成本

4.38 股票上市对公司可能产生的不利影响有（   ）。

A. 商业机密容易泄露

B. 资本结构容易恶化

C. 信息披露成本较高

D. 公司价值不易确定

4.39 关于股权筹资，下列表述正确的有（   ）。

A. 股权筹资的资本成本低于债务筹资的资本成本

B. 股权筹资没有还本付息的财务压力

C. 股权筹资为债务筹资提供了信用保障

D. 股权筹资是企业稳定的资本基础

4.40 关于留存收益筹资的特点，下列表述正确的有（   ）。

A. 不发生筹资费用

B. 没有资本成本

C. 筹资数额相对有限

D. 不分散公司的控制权

4.41 与银行借款筹资相比，公开发行股票筹资的优点有（   ）。

A. 提升企业知名度

B. 不受金融监管政策约束

C. 资本成本较低

D. 筹资对象广泛

4.42 相对于普通股筹资，属于银行借款筹资特点的有（   ）。

A. 财务风险低

B. 难以满足公司大规模筹资的需求

C. 存在财务杠杆效应

D. 筹资速度快

4.43 与发行普通股筹资相比，发行债券筹资的优点有（   ）。

A. 可以稳定公司的控制权

B. 可以降低资本成本

C. 可以使用财务杠杆

D. 可以形成稳定的资本基础

4.44 与发行股票筹资相比，租赁筹资的特点有（   ）。

A. 财务风险较小

B. 筹资限制条件较少

C. 资本成本负担较低

D. 形成生产能力较快

4.45 下列筹资方式，可以降低财务风险的有（   ）。

A. 银行借款筹资

B. 留存收益筹资

C. 租赁筹资

D. 普通股筹资

4.46 一般而言，与发行普通股相比，发行优先股的特点有（   ）。

A. 可以保障普通股股东的收益

B. 可以增加公司的财务杠杆效应

C. 可以保障普通股股东的控制权

D. 可以降低公司的财务风险

4.47 下列选项中，既可以增加财务杠杆又可以保障普通股股东控制权的筹资方式有（　　　）。

A. 普通股筹资 　　　　　　　　　B. 优先股筹资

C. 银行借款 　　　　　　　　　　D. 发行公司债券

4.48 非公开定向债务融资工具是一种债务筹资创新方式，它的特点有（　　　）。

A. 只需向定向投资人披露信息 　　B. 发行规模没有明确限制

C. 发行方案不灵活 　　　　　　　D. 发行价格存在流动性溢价

三、判断题

4.49 企业发行股票、发行债券均属于直接筹资方式。（　　　）

4.50 某公司发行永续债，如果没有规定明确的还本期限，则属于股权筹资方式。（　　　）

4.51 长期借款的例行性保护条款、一般性保护条款和特殊性保护条款可结合使用，有利于全面保护债权人的权益。（　　　）

4.52 企业吸收直接投资有时能够直接获得所需的设备和技术，及时形成生产能力。（　　　）

4.53 因为公司债务必须付息，而普通股不一定支付股利，所以普通股资本成本小于债务资本成本。（　　　）

4.54 上网定价发行与上网竞价发行不同，上网定价发行方式是事先确定价格，而上网竞价发行方式是事先确定发行底价，由发行时竞价决定发行价。（　　　）

4.55 附带赎回条款时，当股价高于行权价一定程度时，要以约定价格赎回。（　　　）

4.56 可转换债券的持有人具有在未来按一定的价格购买普通股股票的权利，因为可转换债券具有买入期权的性质。（　　　）

4.57 可转换债券的票面利率比同条件下普通债券的票面利率高。（　　　）

4.58 可转换债券是常用的员工激励工具，可以把管理者和员工的利益与企业价值成长紧密联系在一起。（　　　）

4.59 优先股的优先权体现在剩余财产清偿分配顺序上居于债权人之前。（　　　）

4.60 与债务筹资相比，优先股有利于降低公司财务风险，但与发行普通股相比，发行优先股会增加公司的财务风险。（　　　）

4.61 非公开定向债务融资工具的利率一般比公开发行的同类债券利率要低。（　　　）

4.62 中期票据融资的发行采用审批制，审批通过后两年内可分次发行。（　　　）

4.63 股权众筹融资不要求通过股权众筹融资中介机构平台进行，但开展该业务的公司须接受证监会的监管。（　　　）

4.64 能效信贷是指银行业金融机构为支持环保产业、倡导绿色文明、发展绿色经济而提供的信贷融资。（　　　）

四、计算分析题

4.65 甲公司于2024年1月1日从乙租赁公司租入一套价值600万元的设备，租期为5年，租赁期满时，预计残值为20万元，归租赁公司所有。年利率为8%，租赁手续费为每年2%。租金每年年末支付一次。

要求：

计算租赁摊销计划表中字母代表的数值。

2024年—2025年的租赁摊销计划

单位：万元

年份	期初本金	支付租金	应计租费	本金偿还额	本金余额
2024年	600	A	B	C	D
2025年	E	—	F	G	—

第五章　筹资管理（下）

一、单项选择题

5.1 某企业采用因素分析法预测资金需要量，已知去年资金平均占用额为6 400万元，其中不合理资金占用额为400万元，预计今年销售增长10%，资金周转速度降低2%，则今年资金需要量为（　　）万元。

A. 5 500
B. 6 468
C. 6 734.69
D. 7 920

5.2 采用销售百分比法预测资金需求量时，下列各项中，属于非敏感性项目的是（　　）。

A. 库存现金
B. 存货
C. 长期借款
D. 应付账款

5.3 利用销售百分比法预测外部融资需求量时，预计增加的留存收益额计算公式是（　　）。

A. 预计销售额 × 预计销售净利率 × 预计利润留存率
B. 实际销售额 × 销售净利率 × 利润留存率
C. 预计销售额 × 销售净利率 × 利润留存率
D. 预计销售增加额 × 预计销售净利率 × 预计利润留存率

5.4 某公司敏感性资产和敏感性负债占销售额的比重分别为50%和10%，并保持稳定不变。2024年销售额为1 000万元，预计2025年销售额增长20%，为保证销售额的增长，需额外增加一台100万元的固定资产，销售净利率为10%，利润留存率为30%。不考虑其他因素，则根据销售百分比法，预测2025年的外部融资需求量为（　　）万元。

A. 80
B. 64
C. 144
D. 174

5.5 某企业2021—2024年的产销量和资金变化情况如下表所示：

项目	2021年	2022年	2023年	2024年
产销量（万件）	270	280	350	250
资金占用（万元）	65	75	80	70

若该企业预计2025年的销售量为400万件，采用高低点法预测其资金需要量是（　　）万元。

A. 85
B. 100
C. 93.55
D. 89.38

5.6 资本成本一般由筹资费用和用资费用两部分构成。下列各项中，属于用资费用的是（　　）。

A. 向银行支付的借款手续费　　　　　B. 向股东支付的股利

C. 发行股票支付的宣传费　　　　　　D. 发行债券支付的发行费

5.7 下列各项中，通常会引起资本成本上升的情形是（　　）。

A. 预期通货膨胀率呈下降趋势

B. 投资者要求的预期收益率下降

C. 证券市场流动性呈恶化趋势

D. 企业总体风险水平得到改善

5.8 A公司向银行借款5 000万元，年利率为8%，筹资费用率为0.2%，该公司适用的所得税税率为25%，则该笔借款的资本成本是（　　）。

A. 6.02%　　　　　　　　　　　　　B. 6.01%

C. 8.02%　　　　　　　　　　　　　D. 8.01%

5.9 某上市公司溢价发行优先股，规定的年股息率为8%，溢价率为10%，筹资费用率为发行价的2%，该优先股的资本成本率为（　　）。

A. 10%　　　　　　　　　　　　　　B. 7.42%

C. 8%　　　　　　　　　　　　　　　D. 8.16%

5.10 甲公司股票当前的市价为50元，筹资费用为股价的1%，本年股利为0.5元/股，预计股利年增长率为8%，则留存收益资本成本率是（　　）。

A. 9.08%　　　　　　　　　　　　　B. 8.04%

C. 9.01%　　　　　　　　　　　　　D. 9.09%

5.11 某股票的市价为30元，筹资费用率为3%，股利每年增长率为5%，预计第一期股利为6元/股，则该股票的资本成本为（　　）。

A. 25.62%　　　　　　　　　　　　B. 10%

C. 25%　　　　　　　　　　　　　　D. 20%

5.12 某只股票的β值为1.5，无风险收益率为6%，市场平均收益率为10%。已知该股票当前市价为10元/股，该股票的股利增长率为3.7%，不考虑筹资费用。假定根据资本资产定价模型和股利增长模型所得出的股权资本成本相等，则本期已发放的股利为（　　）元/股。

A. 1　　　　　　　　　　　　　　　B. 0.8

C. 1.2　　　　　　　　　　　　　　D. 2

5.13 计算下列筹资方式的资本成本时，需考虑企业所得税因素的是（　　）。

A. 留存收益资本成本　　　　　　　　B. 债券资本成本

C. 普通股资本成本　　　　　　　　　D. 优先股资本成本

5.14 甲公司权益市场价值为6 000万元，债务市场价值为4 000万元。债务的资本成本为8%，股票的β系数为1.5，适用的企业所得税税率为25%，市场平均收益率为12%，一年期国债利率为5%，则甲公司按市场价值加权的平均资本成本为（　　）。

A. 12.5%　　　　　　　　　　　　　B. 15.0%

C. 11.7%　　　　　　　　　　　　　D. 13.2%

5.15 下列各项中，不能用于平均资本成本计算的是（ ）。

A. 市场价值加权 B. 目标价值加权

C. 账面价值加权 D. 边际价值加权

5.16 A公司2019年边际贡献总额为500万元，2020年经营杠杆系数为2.5。假设其他条件不变，如果2020年销售量增长20%，则2020年息税前利润预计是（ ）万元。

A. 200 B. 240

C. 300 D. 250

5.17 下列筹资方式中，能给企业带来财务杠杆效应的是（ ）。

A. 发行普通股 B. 认股权证

C. 租赁 D. 留存收益

5.18 某公司2019年普通股收益为100万元，2020年息税前利润预计增长20%，假设财务杠杆系数为3，则2020年普通股收益预计为（ ）万元。

A. 300 B. 120

C. 100 D. 160

5.19 某企业经营杠杆系数为1.5，总杠杆系数为3，预计息税前利润将增长10%，则在其他条件不变的情况下，普通股每股收益将增长（ ）。

A. 15% B. 18%

C. 20% D. 30%

5.20 企业筹资的优序模式为（ ）。

A. 内部筹资、借款、发行债券、发行股票

B. 发行股票、内部筹资、借款、发行债券

C. 借款、发行债券、发行股票、内部筹资

D. 借款、发行债券、内部筹资、发行股票

5.21 下列方法中，能够用于资本结构优化分析并考虑了市场风险的是（ ）。

A. 杠杆分析法 B. 公司价值分析法

C. 每股收益分析法 D. 利润敏感性分析法

5.22 关于双重股权结构，下列说法错误的是（ ）。

A. 有助于降低公司被恶意收购的可能性

B. 有利于避免控股股东为自己谋利而损害非控股股东利益的行为

C. 有利于保障企业创始人或管理层对企业的控制权

D. 可能加剧实际经营者的道德风险和逆向选择

二、多项选择题

5.23 按照资金变动与一定范围内产销量变动之间的依存关系，可以把资金区分为不变资金、变动资金和半变动资金，下列说法正确的有（ ）。

A. 原材料的保险储备所占用的资金属于不变资金

B. 与产销量变化不呈同比例变动的辅助材料占用的资金属于半变动资金

C. 直接构成产品实体的原材料所占用的资金属于变动资金

D. 最低储备之外的存货所占用的资金属于半变动资金

5.24 关于资本成本，下列说法正确的有（　　）。

A. 平均资本成本是衡量资本结构是否合理的重要依据

B. 资本成本一般是投资所应获得收益的最低要求

C. 资本成本是取得资本所有权所付出的代价

D. 资本成本是比较筹资方式、选择筹资方案的依据

5.25 下列各项中，影响债券资本成本的有（　　）。

A. 债券发行费用

B. 债券票面利率

C. 债券发行价格

D. 利息支付频率

5.26 平均资本成本计算涉及对个别资本的权重选择问题，对于有关价值权数的说法，正确的有（　　）。

A. 账面价值权数不适合评价现时的资本结构合理性

B. 目标价值权数一般以历史账面价值为依据

C. 目标价值权数更适用于企业未来的筹资决策

D. 市场价值权数能够反映现时的资本成本水平

5.27 下列各项因素中，影响经营杠杆系数计算结果的有（　　）。

A. 销售单价　　　　　　　　　　　B. 销售数量

C. 资本成本　　　　　　　　　　　D. 所得税税率

5.28 某企业经营风险较高，准备采取措施降低经营杠杆。下列措施中，无法达到这一目的的有（　　）。

A. 降低利息费用

B. 降低固定成本

C. 降低单位变动成本

D. 降低销售单价

5.29 关于经营杠杆，下列表述正确的有（　　）。

A. 经营杠杆反映了资产收益的波动性，可用于评价企业的经营风险

B. 只要企业存在固定性资本成本，就存在经营杠杆效应

C. 经营杠杆放大了市场和生产等因素变化对利润波动的影响

D. 经营杠杆本身并不是造成企业资产收益不确定的根源

5.30 不考虑其他因素的影响，若公司的财务杠杆系数变大，下列表述正确的有（　　）。

A. 产销量的增长将引起息税前利润更大幅度的增长

B. 息税前利润的下降将引起每股收益更大幅度的下降

C. 表明公司盈利能力下降

D. 表明公司财务风险增大

5.31 下列各项中，影响财务杠杆系数的有（　　）。

A. 息税前利润   B. 普通股股利

C. 优先股股息   D. 借款利息

5.32 下列各项中，影响总杠杆系数的有（　　）。

A. 边际贡献   B. 普通股股利

C. 优先股股息   D. 借款利息

5.33 下列资本结构理论中，认为资本结构影响企业价值的有（　　）。

A. 最初的 MM 理论   B. 修正的 MM 理论

C. 代理理论   D. 权衡理论

5.34 下列关于修正的MM理论的表述中，正确的有（　　）。

A. 该理论认为企业可利用财务杠杆增加企业价值

B. 该理论认为负债利息可以带来避税利益

C. 该理论认为有无负债不改变企业的价值

D. 该理论认为资产负债率越大，股权资本成本越高

5.35 下列各项因素中，影响企业资本结构决策的有（　　）。

A. 企业的经营状况   B. 企业的信用等级

C. 国家的货币供应量   D. 管理者的风险偏好

5.36 下列财务决策方法中，可用于资本结构优化决策的有（　　）。

A. 公司价值分析法   B. 安全边际分析法

C. 每股收益分析法   D. 平均资本成本比较法

5.37 下列关于双重股权结构的说法中，正确的有（　　）。

A. 有利于提高企业运行效率

B. 有利于保障非控股股东的利益

C. 有利于保障企业创始人或管理层对企业的控制权

D. 可能加剧实际经营者的道德风险和逆向选择

三、判断题

5.38 采用销售百分比法预测筹资需求量的前提条件是公司所有资产及负债与销售额保持稳定百分比关系。（　　）

5.39 支付的银行借款利息属于资本成本中的筹资费用。（　　）

5.40 无论是外部资本市场缺乏效率，还是企业内部经营风险增大，均可能导致企业筹资资本成本上升。（　　）

5.41 其他条件不变时，优先股的发行价格越高，其资本成本也越高。（　　）

5.42 计算加权平均资本成本，采用市场价值权数能反映企业期望的资本结构，但不能反映筹资的现时资本成本。（　　）

5.43 目标价值权数的优点是能够反映现时的资本成本水平，有利于进行资本结构决策。（　　）

5.44 平均资本成本比较法侧重于从资本投入角度对筹资方案和资本结构进行优化分析。（　　）

5.45 使用企业当前的资本成本作为项目的资本成本，只要求项目的风险与企业当前资产的平均风险相同。 （　　）

5.46 在息税前利润为正的前提下，只要存在固定性经营成本，经营杠杆系数就恒大于1。 （　　）

5.47 如果公司存在固定股息优先股，优先股股息越高，财务杠杆系数越大。 （　　）

5.48 在企业承担总风险能力一定且利率相同的情况下，对于经营杠杆水平较高的企业，应当保持较低的负债水平，而对于经营杠杆水平较低的企业，则可以保持较高的负债水平。 （　　）

5.49 根据资本结构理论，最佳的资本结构是指一定条件下使企业加权平均资本成本最高且企业价值最大的资本结构。 （　　）

5.50 基于优序融资理论，在成熟的金融市场中，企业筹资方式的优先顺序依次为内部筹资、股权筹资和债务筹资。 （　　）

5.51 双重股权结构能在一定程度上避免企业内部股权纷争，保障企业创始人或管理层对企业的控制权，防止公司被恶意收购，提高企业运行效率。 （　　）

四、计算分析题

5.52 甲公司适用的企业所得税税率为25%，计划追加筹资20 000万元，方案如下：向银行取得长期借款3 000万元，借款年利率为4.8%，每年付息一次；发行面值为5 600万元，发行价格为6 000万元的公司债券，票面利率为6%，每年付息一次；增发普通股11 000万元。假定资本市场有效，当前无风险收益率为4%，市场平均收益率为10%，甲公司普通股的β系数为1.5，不考虑筹资费用、货币时间价值等其他因素。

要求：

（1）计算长期借款的资本成本。

（2）计算发行债券的资本成本。

（3）利用资本资产定价模型，计算普通股的资本成本。

（4）计算追加筹资方案的平均资本成本。

5.53 甲房地产开发企业计划投资一个汽车项目。为了评价该项目，需要对其资本成本进行估计。有关资料如下：

（1）该项目拟按照负债/权益为3/7的资本结构进行筹资，税前债务年利息率预计为9%。

（2）汽车行业的代表企业是乙公司，股东权益的β系数为1.41，乙公司的负债/权益为4/6。

（3）假设无风险利率为4.5%；市场组合的平均收益率为11.5%。

（4）甲、乙公司适用的企业所得税税率均为25%。

要求：

（1）使用可比公司法计算乙公司的$\beta_{资产}$，该汽车项目的$\beta_{权益}$与权益资本成本。

（2）计算该汽车项目的加权平均资本成本。

5.54 乙公司是一家服装企业，只生产销售某种品牌的西服。2022年度固定成本总额为20 000万元。单位变动成本为0.4万元。单位售价为0.8万元，销售量为100 000套，乙公司2022年度发生的利息费用为4 000万元。

要求：

（1）计算2022年度的息税前利润。

（2）以2022年为基数，计算下列指标：①经营杠杆系数；②财务杠杆系数；③总杠杆系数。

5.55 甲公司发行在外的普通股总股数为3 000万股，其全部债务为6 000万元（年利息率为6%）。公司因业务发展需要追加筹资2 400万元，有两种方案选择：

A方案：增发普通股600万股，每股发行价为4元。

B方案：按面值发行债券2 400万元，票面利率为8%。

公司采用资本结构优化的每股收益分析法进行方案选择。假设发行股票和发行债券的筹资费忽略不计，经测算，追加筹资后公司销售额可以达到3 600万元，变动成本率50%，固定成本总额为600万元，公司适用的企业所得税税率为25%。

要求：

（1）计算两种方案的每股收益无差别点（即两种方案的每股收益相等时的息税前利润）。

（2）计算公司追加筹资后的预计息税前利润。

（3）根据要求（1）和要求（2）的计算结果，判断公司应当选择何种筹资方案，并说明理由。

5.56 甲公司2022年实现销售收入100 000万元，净利润5 000万元，利润留存率为20%，公司2022年12月31日资产负债表（简表）如下表所示：

单位：万元

资产	期末余额	负债和所有者权益	期末余额
库存现金	1 500	应付账款	3 000
应收账款	3 500	长期借款	4 000
存货	5 000	实收资本	8 000
固定资产	11 000	留存收益	6 000
资产合计	21 000	负债和所有者权益合计	21 000

公司预计2023年销售收入比上年增长20%，假定经营性资产和经营性负债与销售收入保持稳定的百分比，其他项目不随销售收入变化而变化，同时假设销售净利率与利润留存率保持不变，公司使用销售百分比法预测资金需要量。

要求：

（1）计算2023年预计经营性资产增加额。

（2）计算2023年预计经营性负债增加额。

（3）计算2023年预计增加的留存收益额。

（4）计算2023年预计外部融资需求量。

第六章　投资管理

一、单项选择题

6.1 按照投资活动与企业本身生产经营活动的关系，企业投资可以划分为（　　）。

A. 直接投资与间接投资
B. 项目投资与证券投资
C. 发展性投资和维持性投资
D. 对内投资和对外投资

6.2 为扩充生产能力，甲公司决定购置一条新的生产线，新生产线售价300万元，无须安装即可投入使用。在生产线投入使用时，需要增加流动资产100万元和流动负债50万元。则该项目零时点现金净流量和原始投资额分别为（　　）万元。

A. 350，350
B. -350，350
C. -150，350
D. 150，-350

6.3 甲公司预计某项目投产后第一年的营业收入为180万元，营业成本为70万元，其中折旧与摊销为30万元。假设所得税税率为25%，则该项目营业期第一年的营业现金净流量为（　　）万元。

A. 90
B. 100
C. 110
D. 112.5

6.4 某公司预计其生产线报废时的净残值为1万元，税法规定净残值为1.5万元。已知公司在项目期初对该生产线投入的建设资金为20万元，投入的营运资金为5万元。假设公司适用的所得税税率为25%，则该生产线在终结期的现金净流量为（　　）万元。

A. 3.795
B. 1.125
C. 5.175
D. 6.125

6.5 某投资项目需要在第一年年初投资840万元，寿命期为10年，每年可带来营业现金净流量180万元，已知按照必要收益率计算的10年期年金现值系数为7.0，则该投资项目的年金净流量为（　　）万元。

A. 60
B. 120
C. 96
D. 126

6.6 在项目投资决策中，下列关于现值指数法的表述，错误的是（　　）。

A. 现值指数可以反映投资效率
B. 现值指数法适用于对原始投资额现值不同的独立投资方案进行比较和评价
C. 现值指数小于1，则方案可行
D. 现值指数考虑了货币时间价值

6.7 下列各项因素中，不会对投资项目内含收益率指标计算结果产生影响的是（　　）。

A. 原始投资额
B. 资本成本
C. 项目寿命期
D. 现金净流量

6.8 在对某投资方案进行分析时发现，当折现率为8%时，净现值为25万元；当折现率为10%时，净现值为8万元；当折现率为12%时，净现值为−12万元。若该投资方案只存在一个内含收益率，则其内含收益率的数值为（   ）。

A. 10.8%　　　　　　　　　　　　B. 11.8%

C. 15.6%　　　　　　　　　　　　D. 8.72%

6.9 某投资项目各年现金净流量按13%折现时，净现值大于零；按15%折现时，净现值小于零。则该项目的内含收益率一定（   ）。

A. 大于 14%　　　　　　　　　　　B. 小于 14%

C. 小于 13%　　　　　　　　　　　D. 小于 15%

6.10 某公司投资18.6万元购入一台设备，预计使用5年，预计净残值0.6万元，按照直线法计提折旧。设备投产后预计每年税后营业利润为2.4万元，则该项目的静态回收期为（   ）年。

A. 2.8　　　　　　　　　　　　　　B. 3.1

C. 3.9　　　　　　　　　　　　　　D. 4.2

6.11 公司计划投资建设一条生产线，建设期为0，使用年限为5年。项目开始时，需要一次性支出600万元，其中，长期资产投资500万元，营运资金垫支100万元。投产后各年的现金净流量分别为：150万元、150万元、200万元、200万元、250万元。则该项目的静态回收期是（   ）年。

A. 3　　　　　　　　　　　　　　　B. 3.4

C. 3.5　　　　　　　　　　　　　　D. 4

6.12 采用静态回收期法进行项目评价时，下列表述错误的是（   ）。

A. 若每年现金净流量不相等，则无法计算静态回收期

B. 静态回收期法没有考虑资金时间价值

C. 若每年现金净流量相等，则静态回收期等于原始投资额除以每年现金净流量

D. 静态回收期法没有考虑回收期后的现金流量

6.13 某投资项目只有第一年年初产生现金净流出，随后各年均产生现金净流入，且其动态回收期短于项目的寿命期，则该项目的净现值（   ）。

A. 无法判断　　　　　　　　　　　B. 小于 0

C. 大于 0　　　　　　　　　　　　D. 等于 0

6.14 在项目投资决策中，下列关于年金净流量法的表述，错误的是（   ）。

A. 年金净流量等于投资项目的现金净流量总现值除以年金现值系数

B. 年金净流量大于零时，单一投资方案可行

C. 年金净流量法适用于期限不同的互斥投资方案决策

D. 当各互斥投资方案寿命期不同时，年金净流量法与净现值法决策结果是一样的

6.15 对于寿命期不同的互斥投资方案，下列各项中，最为适用的决策指标是（   ）。

A. 动态回收期　　　　　　　　　　B. 净现值

C. 内含收益率　　　　　　　　　　D. 年金净流量

6.16 一般认为，企业利用闲置资金进行债券投资的主要目的是（　　　）。

    A. 谋取投资收益　　　　　　　　　　B. 增强资产流动性

    C. 控制被投资企业　　　　　　　　　D. 降低投资风险

6.17 下列关于证券投资风险的表述中，说法错误的是（　　　）。

    A. 基金投资风险由基金托管人和基金管理人承担

    B. 系统性风险不能随着资产种类的增加而降低

    C. 非系统性风险能随着资产种类的增加而降低

    D. 国家经济政策的变化属于系统性风险

6.18 某ST公司在2018年3月5日宣布其发行的公司债券本期利息总额为8 980万元，将无法于原定付息日2018年3月9日全额支付，仅能够支付500万元，则该公司债券的投资者面临的风险是（　　　）。

    A. 价格风险　　　　　　　　　　　　B. 购买力风险

    C. 变现风险　　　　　　　　　　　　D. 违约风险

6.19 某债券面值为50元，票面利率为10%，期限为3年，每年年末付息一次，市场利率为8%，则该债券的价值为（　　　）元。已知（P/A，8%，3）=2.5771，（P/F，8%，3）=0.7938。

    A. 50　　　　　　　　　　　　　　　B. 46.39

    C. 52.58　　　　　　　　　　　　　　D. 53.79

6.20 甲公司已进入稳定增长状态，固定股利增长率4%，股东必要收益率10%。公司最近一期已支付每股股利0.75元，预计下一年的股票价值是（　　　）元。

    A. 7.5　　　　　　B. 13　　　　　　C. 12.5　　　　　　D. 13.52

6.21 长宏公司购入一种准备永久持有的股票，预计每年股利为0.4元/股，购入该类股票应获得的收益率为10%，则其价值为（　　　）元。

    A. 2　　　　　　　　　　　　　　　　B. 3

    C. 4　　　　　　　　　　　　　　　　D. 4.4

6.22 甲公司已进入稳定增长状态，本期每股股利为0.75元，预计未来股利将保持6%的速度增长，甲公司股票当前每股股价为15元，则甲公司股票的预期股利收益率为（　　　）。

    A. 5%　　　　　　　　　　　　　　　B. 11.3%

    C. 5.3%　　　　　　　　　　　　　　D. 6%

6.23 下列关于基金投资的说法中，错误的是（　　　）。

    A. 基金投资者利益共享且风险共担

    B. 某项基金资产30% 投资于股票，70% 投资于货币市场工具，该基金属于货币市场基金

    C. 主动型基金是指由基金经理主动操盘寻找超越基准组合表现的投资组合进行投资

    D. 公募基金是指面向社会公众公开发售的基金，募集对象不确定，投资金额较低

6.24 某基金将全部资产的82%投资于可转让大额定期存单，11%投资于长期公司债券，7%投资于股票。根据中国证监会关于基金类别的划分标准，该基金类型属于（　　　）。

    A. 股票基金　　　　　　　　　　　　B. 混合基金

    C. 债券基金　　　　　　　　　　　　D. 货币市场基金

6.25 下列各项中，关于私募股权投资基金的说法中，错误的是（　　　）。

    A. 投资周期短   B. 对投资决策与管理的专业要求较高

    C. 具有高风险、高收益的特征   D. 流动性差

6.26 甲售出1股股票看跌期权，执行价格为50元，看跌期权的价格为5元。如果到期日的股票价格为48元，该期权给甲带来的净损益是（　　　）元。

    A. 2   B. 3

    C. −2   D. −3

6.27 关于期权合约，下列表述正确的是（　　　）。

    A. 买入看涨期权方的净收益没有上限

    B. 卖出看涨期权方的净收益没有上限

    C. 买入看跌期权方的净收益没有上限

    D. 卖出看跌期权方的净收益没有上限

二、多项选择题

6.28 按照企业投资的分类，下列各项中，属于战术性投资的有（　　　）。

    A. 企业间兼并合并的投资   B. 更新替换旧设备的投资

    C. 大幅度扩大生产规模的投资   D. 配套流动资金投资

6.29 采用净现值法评价投资项目可行性时，折现率选择的依据通常有（　　　）。

    A. 市场利率   B. 期望最低投资收益率

    C. 企业平均资本成本率   D. 投资项目的内含收益率

6.30 下列说法中，属于净现值指标缺点的有（　　　）。

    A. 折现率不易确定

    B. 不适用于独立投资方案的比较决策

    C. 没有直接考虑投资风险的大小

    D. 无法直接反映项目的实际收益率

6.31 某项目需要在第一年年初投资76万元，寿命期为6年，每年年末产生现金净流量20万元。已知（P/A，14%，6）=3.8887，（P/A，15%，6）=3.7845。若公司根据内含收益率法认定该项目具有可行性，则该项目的必要投资收益率不可能为（　　　）。

    A. 16%   B. 13%   C. 14%   D. 15%

6.32 下列投资项目评价指标中，考虑货币时间价值的有（　　　）。

    A. 现值指数   B. 内含收益率

    C. 静态回收期   D. 净现值

6.33 作为投资项目财务评价方法，下列关于净现值法的表述中，正确的有（　　　）。

    A. 净现值大于0，说明投资方案的实际收益率大于折现率

    B. 可以用于项目年限相同的互斥投资方案的决策

    C. 计算净现值所采用的折现率容易确定

    D. 能够根据项目投资风险选择不同的折现率

6.34 下列投资项目财务评价指标中，考虑了项目寿命期内全部现金流量的有（　　　）。

    A. 现值指数   B. 动态回收期

    C. 年金净流量   D. 内含收益率

6.35 下列各项中，会随着折现率的下降而上升的指标有（　　　）。

    A. 动态回收期   B. 净现值

    C. 内含收益率   D. 现值指数

6.36 甲公司拟投资A项目，A项目寿命期为5年，原始投资额在项目期初一次性支付，之后每年都产生正的现金净流量，项目折现率为5%，假设A项目净现值为57万元，下列表述正确的有（　　　）。

    A. 项目的现值指数大于1   B. 项目的动态回收期小于5年

    C. 项目的年金净流量小于0   D. 项目的静态回收期小于5年

6.37 运用年金成本法对设备重置方案进行决策时，应考虑的现金流量有（　　　）。

    A. 旧设备年营运成本   B. 旧设备残值变价收入

    C. 旧设备的初始购置成本   D. 旧设备目前的变现价值

6.38 下列关于证券投资风险的表述中，不正确的有（　　　）。

    A. 价格风险是指由于市场利率下降，而使证券资产普遍下跌的可能性

    B. 购买力风险属于系统性风险

    C. 再投资风险不属于系统性风险

    D. 破产风险是指证券资产持有者无法在市场上以正常价格平仓出货的可能性

6.39 在票面利率小于市场利率的情况下，根据债券估值基本模型，下列关于债券价值的说法中，正确的有（　　　）。

    A. 票面利率上升，债券价值上升   B. 付息周期增加，债券价值下降

    C. 市场利率上升，债券价值下降   D. 期限变长，债券价值下降

6.40 甲公司股票目前市价为20元，有1股以该股票为标的资产的看涨期权，期限为6个月，执行价格为24元，期权价格为4元。若到期日股价为30元，则下列各项中，正确的有（　　　）。

    A. 买入看涨期权到期日价值为6元   B. 卖出看涨期权到期日价值为 −6元

    C. 买入看涨期权净损益为 −2元   D. 卖出看涨期权净损益为 −2元

三、判断题

6.41 投资管理是企业战略性的决策，是一种程序化的管理。   （　　　）

6.42 对内投资均为直接投资，对外投资可以是直接投资，如联合投资，也可以是间接投资，如购买证券资产。   （　　　）

6.43 某企业购买其他公司发行的股票以获取投资收益，该投资属于直接投资。   （　　　）

6.44 进行固定资产投资时，税法规定的净残值与预计的净残值不同，终结期计算现金流量时应考虑所得税的影响。   （　　　）

6.45 固定资产所发生的大修理以及改良支出，如果会计上跨越年限摊销，则摊销年份的金额要计入付现成本。   （　　　）

6.46 如果投资项目A的动态回收期小于投资项目B，那么项目A的收益高于项目B。（   ）

6.47 内含收益率指标能够反映投资方案的获利水平，可用于独立投资方案的比较决策。（   ）

6.48 证券资产发行者无法按时兑付证券资产利息和偿还本金的可能性属于变现风险，是一种系统性风险，多发生于债券投资。（   ）

6.49 假设其他条件不变，市场利率变动，债券价值反方向变动，即市场利率上升，债券价值下降。（   ）

四、计算分析题

6.50 甲公司拟投资100万元购置一台新设备，年初购入时支付20%的款项，剩余80%的款项下年年初付清。新设备购入后可立即投入使用，使用年限为5年，预计净残值为5万元（与税法规定的净残值相同），按直线法计提折旧。新设备投产时需垫支营运资金10万元，设备使用期满时全额收回。新设备投入使用后，该公司每年新增税后营业利润11万元。该项投资要求的必要收益率为12%。相关货币时间价值系数如下表所示：

货币时间价值系数表

期数（n）	1	2	3	4	5
(P/F, 12%, n)	0.8929	0.7972	0.7118	0.6355	0.5674
(P/A, 12%, n)	0.8929	1.6901	2.4018	3.0373	3.6048

要求：

（1）计算新设备每年折旧额。

（2）计算新设备投入使用后第1~4年每年营业现金净流量（$NCF_{1~4}$）。

（3）计算新设备投入使用后第5年现金净流量（NCF_5）。

（4）计算原始投资额。

（5）计算新设备购置项目的净现值（NPV）。

6.51 乙公司为了扩大生产能力，拟购买一台新设备，该投资项目相关资料如下：

资料一：新设备的投资额为1 800万元，经济寿命期为10年。采用直线法计提折旧，预计期末净残值为300万元。假设设备购入即可投入生产，不需要垫支营运资金，该企业计提折旧的方法、年限、预计净残值等与税法规定一致。

资料二：新设备投资后第1~6年每年为企业增加营业现金净流量400万元，第7~10年每年为企业增加营业现金净流量500万元，项目终结时，预计设备净残值全部收回。

资料三：假设该投资项目的折现率为10%，相关货币时间价值系数如下表所示。

相关货币时间价值系数表

期数（n）	4	6	10
(P/F, 10%, n)	0.6830	0.5645	0.3855
(P/A, 10%, n)	3.1699	4.3553	6.1446

要求：

（1）计算项目静态投资回收期。

（2）计算项目净现值。

（3）评价项目投资可行性并说明理由。

6.52　甲公司拟购置一套监控设备。有X和Y两种设备可供选择，二者具有同样的功能，X设备的购买成本为480 000元，每年付现成本为40 000元，使用寿命为6年，该设备采用直线法折旧，年折旧额为80 000元，税法残值为0，最终报废残值为12 000元。Y设备使用寿命为5年，经测算，年金成本为105 000元。

投资决策采用的折现率为10%，公司适用的企业所得税税率为25%，有关货币时间价值系数为：（P/F，10%，6）=0.5645；（P/A，10%，6）=4.3553；（F/A，10%，6）=7.7156。

要求：

（1）计算X设备每年的税后付现成本。

（2）计算X设备每年的折旧抵税额和最后一年末的税后残值收入。

（3）计算X设备的年金成本。

（4）运用年金成本方式判断公司应选哪一种设备。

6.53　乙公司是一家机械制造企业，适用的所得税税率为25%。公司现有的一套设备（以下简称旧设备）已经使用6年，为降低成本，公司管理层拟将该设备提前报废，另行购建一套新设备。新设备的投资于更新起点一次性投入，并能立即投入运营。设备更新后不改变原有的生产能力，但营运成本有所降低。会计上对于新旧设备折旧年限、折旧方法以及净残值等的处理与税法保持一致，假定折现率为12%，要求考虑所得税费用的影响。相关资料如下：

新旧设备相关资料

金额单位：万元

项目	旧设备	新设备
原价	5 000	6 000
预计使用年限	12年	10年
已使用年限	6年	0年
净残值	200	400
当前变现价值	2 600	6 000
年折旧费（直线法）	400	560
年营运成本（付现成本）	1 200	800

相关货币时间价值系数

期数（n）	6	7	8	9	10
(P/F, 12%, n)	0.5066	0.4523	0.4039	0.3606	0.3220
(P/A, 12%, n)	4.1114	4.5638	4.9676	5.3282	5.6502

经测算，旧设备在其现有可使用年限内形成的净现金流出量现值为5 787.80万元，年金成本（即年金净流出量）为1 407.74万元。

要求：

（1）计算新设备在其可使用年限内形成的现金净流出量的现值（不考虑设备运营所带来的营业收入，也不把旧设备的变现价值作为新设备投资的减项）。

（2）计算新设备的年金成本（即年金净流出量）。

（3）指出净现值法与年金净流量法中哪一个更适于评价该设备更新方案的财务可行性，并说明理由。

（4）判断乙公司是否应该进行设备更新，并说明理由。

6.54 某投资者准备购买甲公司的股票，当前甲公司股票的市场价格为4.8元/股，甲公司采用固定股利政策，预计每年的股利均为0.6元/股。已知甲公司股票的 β 系数为1.5，无风险收益率为6%，市场平均收益率为10%。

要求：

（1）采用资本资产定价模型计算甲公司股票的必要收益率。

（2）以要求（1）的计算结果作为投资者要求的收益率，采用股票估值模型计算甲公司股票的价值，据此判断是否值得购买，并说明理由。

（3）计算甲公司股票的内部收益率。

五、综合题

6.55 甲公司是一家上市公司，企业所得税税率为25%，相关资料如下：

资料一：公司为扩大生产经营准备购置一条新生产线，计划于2020年初一次性投入资金6 000万元，全部形成固定资产并立即投入使用，建设期为0，使用年限为6年，新生产线每年增加营业收入3 000万元，增加付现成本1 000万元。新生产线开始投产时需垫支营运资金700万元，在项目终结时一次性收回。固定资产采用直线法计提折旧，预计净残值为1 200万元。公司所要求的最低投资收益率为8%，相关资金时间价值系数为：（P/A, 8%, 5）=3.9927，（P/F, 8%, 6）=0.6302。

资料二：为满足购置生产线的资金需求，公司设计了两个筹资方案。

方案一为向银行借款6 000万元，期限为6年，年利率为6%，每年年末付息一次，到期还本。

方案二为发行普通股1 000万股，每股发行价6元。公司将持续执行稳定增长的股利政策，每年股利增长率为3%。预计公司2020年每股股利为0.48元。

资料三：已知筹资方案实施前，公司发行在外的普通股股数为3 000万股，年利息费用为500万元。经测算，追加筹资后预计年息税前利润可达到2 200万元。

要求：

（1）根据资料一，计算新生产线项目的下列指标：

①第0年的现金净流量；②第1～5年每年的现金净流量；③第6年的现金净流量；④现值指数。

（2）根据现值指数指标，判断公司是否应该进行新生产线投资，并说明理由。

（3）根据资料二，计算：

①银行借款的资本成本率；②发行股票的资本成本率。

（4）根据资料二、资料三，计算两个筹资方案的每股收益无差别点，判断公司应该选择哪个筹资方案，并说明理由。

6.56　甲公司计划通过新建一条生产线来扩大经营规模，该公司适用的企业所得税税率为25%，有关资料如下：

（1）新生产线的建设期为1年，固定资产总投资为6 000万元，分别于建设期起点和建设期期末各投入3 000万元。无形资产投资为1 000万元，于建设期期末一次性投入。该生产线建成即正式投产，投产之时需垫支营运资金600万元，并在营业期末一次性收回，营业期为10年。固定资产和无形资产在整个营业期内均采用直线法进行折旧和摊销，营业期满时固定资产预计残值为200万元，无形资产无残值。

（2）新生产线投入使用后，每年可产生税后营业利润2 000万元。假定除固定资产折旧和无形资产摊销外，不存在其他非付现成本。

（3）新生产线建设所需资金部分来自公司现有资金，考虑到目前银行贷款基准利率下调，不足部分拟通过长期借款筹集。该公司现有资本结构（狭义）为：长期借款占40%、普通股占60%。对外筹资完成后，长期借款与普通股占比分别为45%与55%。假定该公司现有长期借款的年利率为7%（不考虑借款手续费），普通股的资本成本率为8%。对外筹资后长期借款的平均年利率为6%（不考虑借款手续费）；对外筹资后普通股的资本成本按照资本资产定价模型确定，该公司股票的β系数为0.9，无风险收益率为3%，市场组合收益率为9%。

（4）假定投资者预期最低投资收益率为10%，该公司以此作为项目投资的折现率，有关货币时间价值系数如下：（P/F，10%，1）＝0.9091，（P/F，10%，10）＝0.3855，（P/F，10%，11）＝0.3505，（P/A，10%，9）＝5.7590，（P/A，10%，10）＝6.1446，（P/A，10%，11）＝6.4951。

要求：

（1）计算新生产线投资项目的如下指标：

①第0年的现金净流量；②第1年的现金净流量；③第2～10年每年的现金净流量；④第11年的现金净流量。

（2）计算新生产线投资项目的净现值和年金净流量。

（3）计算对外筹资后的债务资本成本和股权资本成本。

（4）计算筹资前与筹资后的加权平均资本成本，并判断筹资后的资本结构是否得到优化。

6.57 甲公司计划在2021年初构建一条新生产线，现有A、B两个互斥投资方案，有关资料如下：

资料一：A方案需要一次性投资30 000 000元，建设期为0年，该生产线可用3年，按直线法计提折旧，净残值为0，第1年可取得税后营业利润10 000 000元，以后每年递增20%。

资料二：B方案需要一次性投资50 000 000元，建设期为0年，该生产线可用5年，按直线法计提折旧，净残值为0，投产后每年可获得营业收入35 000 000元，每年付现成本为8 000 000元。在投产期初需垫支营运资金5 000 000元，并于营业期满时一次性收回。

资料三：企业适用的所得税税率是25%，项目折现率为8%，已知：（P/F，8%，3）=0.7938，（P/F，8%，4）=0.7350，（P/F，8%，5）=0.6806，（P/A，8%，3）=2.5771，（P/A，8%，4）=3.3121，（P/A，8%，5）=3.9927。

资料四：为筹集投资所需资金，甲公司在2021年1月1日按面值发行可转换债券，每张面值100元，票面利率为1%，按年计息，每年年末支付一次利息，一年后可以转换为公司股票，转换价格为每股20元。如果按面值发行相同期限、相同付息方式的普通债券，票面利率需要设定为5%。

要求：

（1）计算A方案每年的营业现金流量、净现值、现值指数。

（2）计算B方案原始投资额，第一年到第四年的现金净流量，第五年的现金净流量、净现值。

（3）分别计算两个方案的年金净流量，判断选择哪个方案。

（4）根据要求（3）的计算结果选择的方案，计算可转换债券在发行当年比一般债券节约的利息支出、可转换债券的转换比率。

6.58 乙公司现有生产线已满负荷运转，鉴于其产品在市场上供不应求，公司准备购置一条生产线，公司及生产线的相关资料如下：

资料一：乙公司生产线的购置有两个方案可供选择。A方案生产线的购买成本为7 200万元，预计使用6年，采用直线法计提折旧，预计净残值率为10%，生产线投产时需要投入营运资金1 200万元，以满足日常经营活动需要，生产线运营期满时垫支的营运资金全部收回，生产线投入使用后，预计每年新增销售收入11 880万元，每年新增付现成本8 800万元，假定生产线购入后可立即投入使用。B方案生产线的购买成本为7 200万元，预计使用8年，当设定折现率为12%时，净现值为3 228.94万元。

资料二：乙公司适用的企业所得税税率为25%，不考虑其他相关税金，公司要求的最低投资报酬率为12%，部分时间价值系数如下表所示：

期数（n）	1	2	3	4	5	6	7	8
（P/F，12%，n）	0.8929	0.7972	0.7118	0.6355	0.5674	0.5066	0.4523	0.4039
（P/A，12%，n）	0.8929	1.6901	2.4018	3.0373	3.6048	4.1114	4.5638	4.9676

资料三：乙公司目前资本结构（按市场价值计算）为：总资本40 000万元，其中债务资本16 000万元（市场价值等于其账面价值，平均年利率为8%），普通股股本24 000万元（市价6元/股，

4 000万股），公司今年的每股股利（D_0）为0.3元，预计股利年增长率为10%，且未来股利政策保持不变。

资料四：乙公司投资所需资金7 200万元需要从外部筹措，有两种方案可供选择：方案一为全部增发普通股，增发价格为6元/股。方案二为全部发行债券，债券年利率为10%，按年支付利息，到期一次性归还本金。假设不考虑筹资过程中发生的筹资费用。乙公司预期的年息税前利润为4 500万元。

要求：

（1）根据资料一和资料二，计算A方案的下列指标：

①投资期现金净流量；②年折旧额；③生产线投入使用后第1~5年每年的营业现金净流量；④生产线投入使用后第6年的现金净流量；⑤净现值。

（2）分别计算A、B方案的年金净流量，据以判断乙公司应选择哪个方案，并说明理由。

（3）根据资料二、资料三和资料四：

①计算方案一和方案二的每股收益无差别点（以息税前利润表示）；②计算每股收益无差别点的每股收益；③运用每股收益分析法判断乙公司应选择哪一种筹资方案，并说明理由。

（4）假定乙公司按方案二进行筹资，根据资料二、资料三和资料四计算：

①乙公司普通股的资本成本；②筹资后乙公司的加权平均资本成本。

第七章　营运资金管理

一、单项选择题

7.1 一般而言，营运资金指的是（　　　）。

A. 流动资产减去速动资产的余额　　　　B. 流动资产减去货币资金的余额

C. 流动资产减去流动负债的余额　　　　D. 流动资产减去存货后的余额

7.2 某公司资产总额为10 000万元，其中永久性流动资产为2 800万元，临时性流动资产为1 600万元，该公司长期资金来源金额为8 100万元，不考虑其他情形，可以判断该公司的融资策略属于（　　　）。

A. 匹配融资策略　　　　　　　　　　　B. 保守融资策略

C. 激进融资策略　　　　　　　　　　　D. 宽松融资策略

7.3 某公司生产经营中永久性流动资产和波动性流动资产各400万元，不考虑其他因素，下列行为符合保守流动资产融资策略的是（　　　）。

A. 用短期资金来源支持 400 万元波动性流动资产

B. 用短期资金来源支持 200 万元永久性流动资产

C. 用短期资金来源支持 200 万元波动性流动资产

D. 用短期资金来源支持 400 万元永久性流动资产

7.4 某企业因供应商收回了信用政策，导致资金支付需求增加，需要补充持有大量现金，这种持有现金的动机属于（　　　）。

A. 交易性需求　　　　　　　　　　　　B. 投资性需求

C. 预防性需求　　　　　　　　　　　　D. 调整性需求

7.5 某公司发现某股票的价格因突发事件而大幅度下降，预判有很大的反弹空间，但苦于没有现金购买。这说明该公司持有的现金未能满足（　　　）。

A. 投机性需求　　　　　　　　　　　　B. 预防性需求

C. 决策性需求　　　　　　　　　　　　D. 交易性需求

7.6 某企业预计每月现金需要量为300 000元，每次转换有价证券的交易成本为100元，有价证券的月利率为1%，则根据存货模式，每月有价证券的最佳交易次数为（　　　）次。

A. 3.87　　　　　　　　　　　　　　　B. 3.32

C. 4.43　　　　　　　　　　　　　　　D. 4.03

7.7 落日公司每年现金需求总量为72 000万元，每次交易成本为100元，机会成本率为10%，根据目标现金余额确定的存货模型，现金持有总成本为（　　　）万元。

A. 10　　　　　　　　　　　　　　　　B. 12

C. 14　　　　　　　　　　　　　　　　D. 16

7.8 在目标现金余额确定的随机模型中，如果最低控制线L值为10 000元，回归线R为15 500元，则最高控制线H值为（　　）元。

A. 21 000

B. 25 500

C. 31 000

D. 26 500

7.9 甲公司采用随机模式进行现金管理，公司管理层设定的现金余额下限为30万元，现金余额上限为120万元。下列操作中，正确的是（　　）。

A. 当现金余额为120万元时，不必进行任何操作

B. 当现金余额为30万元时，不必进行任何操作

C. 当现金余额为70万元时，不必进行任何操作

D. 当现金余额为10万元时，需卖出有价证券20万元

7.10 存货周转期为45天，应收账款周转期为60天，应付账款周转期为40天，则现金周转期为（　　）天。

A. 45　　　　　　B. 50　　　　　　C. 60　　　　　　D. 65

7.11 应用"5C"系统评估顾客信用标准时，客户"能力"是指（　　）。

A. 偿债能力

B. 盈利能力

C. 营运能力

D. 发展能力

7.12 企业将资金投放于应收账款而放弃其他投资项目，就会丧失这些投资项目可能带来的收益，则该收益是（　　）。

A. 应收账款的管理成本

B. 应收账款的机会成本

C. 应收账款的坏账成本

D. 应收账款的短缺成本

7.13 A公司预测的年度赊销收入净额为1 200万元，应收账款平均收账期为30天，一年按360天计算，变动成本率为60%，资本成本率为10%，则应收账款的机会成本为（　　）万元。

A. 20

B. 12

C. 6

D. 4

7.14 某企业第三季度的应收账款平均余额为285 000元。经测算，第三季度的平均日销售额为3 000元，企业规定的信用期限为75天，则应收账款平均逾期天数为（　　）天。

A. 20

B. 95

C. 40

D. 43

7.15 甲公司为鼓励客户积极回款，设置信用条件为"2/15，N/30"，预计有20%的客户享受现金折扣，有40%的客户在信用期满时付款，剩余客户逾期5天付款，则平均收现期为（　　）天。

A. 29

B. 30

C. 31

D. 32

7.16 根据经济订货基本模型，以下各项与存货有关的成本费用中，不影响经济订货批量的是（　　）。

A. 采购员的差旅费

B. 存货的保险费

C. 采购部的基本开支

D. 存货的破损和变质损失

7.17 某公司存货年需求量为36 000千克，经济订货批量为600千克，一年按360天计算，则最佳订货期为（   ）天。

A. 100
B. 1.67
C. 60
D. 6

7.18 某企业全年需用A材料2 400吨，每次的订货成本为400元，每吨材料年储备成本为12元，则每年最佳订货次数为（   ）次。

A. 12
B. 6
C. 3
D. 4

7.19 甲公司使用经济订货批量扩展模型进行存货管理，全年共需要3 600件，一年按360天计算，若每批订货数为450件，每日送货量为30件，则送货期内平均库存量为（   ）件。

A. 200
B. 300
C. 150
D. 290

7.20 下列关于存货保险储备的表现中，正确的是（   ）。

A. 较低的保险储备可降低存货缺货损失
B. 保险储备的多少取决于经济订货量的大小
C. 最佳保险储备能使缺货损失和保险储备的储存成本之和达到最低
D. 较高的保险储备可降低存货储存成本

7.21 某材料每日需要50千克，经济订货批量为4 500千克，订货后平均交货时间为6天，根据扩展的经济订货模型，再订货点为（   ）千克。

A. 150
B. 540
C. 300
D. 750

7.22 某公司全年（360天）材料采购量预计为7 200吨，假定材料日耗均衡，从订货到送达正常需要3天，鉴于延迟交货会产生较大损失，公司按照延误天数2天建立保险储备。不考虑其他因素，材料再订货点为（   ）吨。

A. 40
B. 80
C. 60
D. 100

7.23 甲公司生产产品需要购买原材料，全年共需要36 000千克，采购单价为70元，经济订货批量为3 600千克，单位储存成本为20元，单位缺货损失为50元，预计交货期内总需求量为100千克，在交货期内，生产需求量和概率如下表所示，当保险储备为200千克时，总成本为（   ）元。

生产需要量（千克）	100	200	300	400	500
概率	5%	20%	50%	20%	5%

A. 19 000
B. 60 000
C. 64 000
D. 66 000

7.24 采用ABC控制法进行存货管理时，应该重点控制的存货类别是（   ）。

A. 品种较多的存货
B. 数量较多的存货
C. 库存时间较长的存货
D. 单位价值较大的存货

7.25 某企业向银行借款500万元，利率为5.4%，银行要求保留10%的补偿性余额，则该借款的实际利率为（   ）。

A. 6%   B. 4.91%   C. 4.86%   D. 5.4%

7.26 某企业获批100万元的周转信贷额度，约定年利率为10%，承诺费率为0.5%，年度内企业实际动用贷款60万元，使用了12个月，则该笔业务在当年实际发生的借款成本为（   ）万元。

A. 10   B. 6   C. 6.2   D. 10.2

7.27 某公司借入名义年利率为10%的银行借款6 000万元，分12个月等额偿还本息，则按照加息法计算的该借款的实际年利率为（   ）。

A. 20%   B. 10.25%   C. 21%   D. 10%

7.28 下列关于短期融资券的表述中，错误的是（   ）。

A. 短期融资券不向社会公众发行

B. 必须具备一定信用等级的企业才能发行短期融资券

C. 相对于发行公司债券而言，短期融资券的筹资成本较高

D. 相对于银行借款筹资而言，短期融资券的一次性筹资数额较大

7.29 甲公司按照供应商所提供的"2/10，N/40"的信用条件购入货物，该公司放弃现金折扣的信用成本（假设一年按360天计算）是（   ）。

A. 18%   B. 18.37%   C. 24%   D. 24.49%

二、多项选择题

7.30 下列各项中，属于紧缩的流动资产投资策略特征的有（   ）。

A. 维持低水平的流动资产与销售收入比率

B. 流动资产的持有成本较低

C. 对企业的管理水平有较高的要求

D. 提高企业的收益水平

7.31 下列各项中，属于宽松的流动资产投资策略特点的有（   ）。

A. 短缺成本低   B. 持有成本高

C. 风险较低   D. 收益较低

7.32 企业在制定流动资产融资策略时，下列各项中被视为长期资金来源的有（   ）。

A. 股东权益资本   B. 临时性流动负债

C. 自发性流动负债   D. 长期负债

7.33 企业持有现金，主要出于交易性、预防性和投机性三大需求。下列各项中，体现了交易性需求的有（   ）。

A. 为满足季节性库存的需求而持有现金

B. 为避免因客户违约导致的资金链意外断裂而持有现金

C. 为提供更长的商业信用期而持有现金

D. 为在证券价格下跌时买入证券而持有现金

7.34 在计算最佳现金持有量的三种模型的成本范畴中，正确的有（   ）。

A.成本模型考虑的成本包括机会成本、短缺成本、交易成本

B.存货模型考虑的成本包括机会成本、交易成本

C.随机模型考虑的成本包括机会成本、交易成本

D.所有模型均考虑管理成本和交易成本

7.35 下列管理措施中，可以缩短现金周转期的有（   ）。

A.加快制造和销售产品

B.滞后偿还短期融资券

C.加大应收账款催收力度

D.减缓支付应付账款

7.36 关于应收账款保理的作用，下列表述正确的有（   ）。

A.增强企业资产的流动性

B.降低企业的经营风险

C.优化企业的股权结构

D.减轻企业应收账款的管理负担

7.37 下列各项中，属于经济订货基本模型的假设前提有（   ）。

A.货物是一次性入库

B.单位货物成本为常数且存在批量折扣

C.允许缺货

D.存货总需求量是已知常数

7.38 下列成本费用中，一般属于存货变动储存成本的有（   ）。

A.存货资金应计利息

B.存货的保险费用

C.仓库职工基本工资

D.订货发生的差旅费

7.39 根据存货经济批量模型，下列各项中，可导致存货经济订货批量增加的情况有（   ）。

A.单位储存成本增加

B.存货年需求量增加

C.订货固定成本增加

D.单位订货变动成本增加

7.40 根据扩展的存货经济批量模型，下列各项中，可导致存货经济订货批量增加的情况有（   ）。

A.降低单位储存成本

B.存货年需求量上涨

C.增加每日送货量

D.延长订货提前期

7.41 下列各项关于保险储备的说法中，正确的有（   ）。

A.保险储备与存货缺货损失反向变动

B.保险储备与存货中断概率正向变动

C.保险储备与再订货点正向变动

D.保险储备与存货储存成本正向变动

7.42 在我国，下列关于短期融资券的说法，正确的有（   ）。

A.相对于银行借款，信用要求等级高

B.相对于企业债券，筹资成本较高

C.相对于商业信用，偿还方式灵活

D.相对于银行借款，一次性筹资金额较大

7.43 下列各项中，不属于商业信用筹资方式的有（　　）。

A. 预收货款 　　　　　　　　　　　B. 短期借款

C. 应付账款 　　　　　　　　　　　D. 租赁

7.44 在确定因放弃现金折扣而发生的信用成本时，需要考虑的因素有（　　）。

A. 数量折扣百分比 　　　　　　　　B. 现金折扣百分比

C. 折扣期 　　　　　　　　　　　　D. 信用期

三、判断题

7.45 紧缩型流动资产投资策略下，企业一般会维持较高水平的流动资产与销售收入比率，因此财务风险与经营风险小。（　　）

7.46 某公司推行适时制（JIT），对公司管理水平提出了更高的要求，因此该公司应采用宽松的流动资产投资策略。（　　）

7.47 一般而言，企业通过短期负债来满足本企业所需资金的融资手段是较为保守的。（　　）

7.48 为满足"双十一"大促销的备货需求而增持现金，反映了企业持有现金的交易性需求。（　　）

7.49 不考虑其他因素的影响，如果企业临时融资能力较强，则其预防性需求的现金持有量一般较低。（　　）

7.50 企业持有现金的机会成本主要是指企业为了取得投资机会而发生的佣金、手续费等有关成本。（　　）

7.51 现金存货模型中，最佳现金持有量是机会成本线和交易成本线交叉的点所对应的现金持有量。（　　）

7.52 丙公司由现销改为赊销并设置信用条件"5/20，N/60"后，销售收入提升至10万元，且预计有20%的顾客享受现金折扣。上述调整会使得丙公司的现金折扣成本增加1万元。（　　）

7.53 应收账款保理中，从风险角度看，有追索权的保理相对于无追索权的保理对供应商更有利，对保理商更不利。（　　）

7.54 应收账款保理的主要意图在于将逾期未能收回的应收账款转让给保理商，从而获取相应的资金。（　　）

7.55 在经济订货批量扩展模型中，若某材料保险储备为200千克，每千克材料的储存成本为2元，则保险储备的储存成本为400元。（　　）

7.56 周转信贷协定的有效期通常超过1年，且银行并不承担必须支付全部信贷数额的义务。（　　）

7.57 由于商业信用筹资无须支付利息，所以不属于债务筹资。（　　）

7.58 应付账款是供应商给企业的一种商业信用，采用这种融资方式是没有成本的。（　　）

7.59 放弃现金折扣的信用成本率与折扣百分比、付款期长短正相关。（　　）

7.60 企业利用商业信用筹资比较机动灵活，而且期限较短，不会恶化企业信用水平。（　　）

四、计算分析题

7.61 乙公司使用存货模型确定最佳现金持有量。根据有关资料分析，2023年该公司全年现金需求量为8 100万元，每次现金转换的成本为0.2万元，持有现金的机会成本率为10%。

要求：

（1）计算最佳现金持有量。

（2）计算最佳现金持有量下的现金转换次数。

（3）计算最佳现金持有量下的现金交易成本。

（4）计算最佳现金持有量下持有现金的机会成本。

（5）计算最佳现金持有量下的相关总成本。

7.62 D公司是一家服装加工企业，2021年营业收入为3 600万元，营业成本为1 800万元，日购货成本为5万元。该公司与经营有关的购销业务均采用赊账方式。假设一年按360天计算。D公司2021年12月31日的简化资产负债表如下：

单位：万元

资产	金额	负债和所有者权益	金额
货币资金	211	应付账款	120
应收账款	600	应付职工薪酬	455
存货	150	流动负债合计	575
流动资产合计	961	长期借款	300
固定资产	850	负债合计	875
非流动资产合计	850	实收资本	600
—	—	留存收益	336
—	—	所有者权益合计	936
资产合计	1 811	负债和所有者权益总计	1 811

要求：

（1）计算D公司2021年的营运资金数额。

（2）计算D公司2021年的应收账款周转期、应付账款周转期、存货周转期以及现金周转期（为简化计算，应收账款、存货、应付账款的平均余额均以期末数据代替）。

（3）在其他条件相同的情况下，如果D公司利用供应商提供的现金折扣，则对现金周转期会产生何种影响？

（4）在其他条件相同的情况下，如果D公司增加存货，则对现金周转期会产生何种影响？

7.63 甲公司2018年度全年营业收入为4 500万元（全部为赊销收入），应收账款平均收现期为60天。公司产品销售单价为500元/件，单位变动成本为250元/件，若将应收账款所占用的资金用于其他风险投资，可获得的收益率为10%。2019年公司调整信用政策，全年销售收入（全部为赊销收入）预计增长40%，应收账款平均余额预计为840万元。假定全年按照360天计算。

要求：

（1）计算2018年应收账款平均余额。

（2）计算2018年变动成本率。

（3）计算2018年应收账款的机会成本。

（4）计算2019年预计的应收账款周转率和应收账款周转天数。

7.64 甲公司生产销售某产品，单价为100元/件，单位变动成本60元/件，目前采用现销政策，年销量50 000件，为扩大销售量，改变信用政策，信用条件为"2/10，1/20，N/30"，预计有50%客户（按30天信用期所能实现的销量计算，下同）在第10天付款，30%客户在第20天付款，其余客户在第30天付款。若改变信用政策，销售量提高20%，收账费用增加10 000元，坏账成本占销售额的2%。若所有投资风险最低收益10%，一年按360天计算。

要求：

（1）计算改变信用政策增加的边际贡献。

（2）计算改变信用政策增加的现金折扣成本。

（3）计算改变信用政策增加的应收账款机会成本。

（4）计算改变信用政策增加的税前损益，并判断采用信用政策是否可行。

7.65 甲公司是一家制造类企业，全年平均开工250天。为生产产品，全年需要购买A材料250 000件，该材料进货价格为150元/件，每次订货需支付运费、订单处理费等变动费用500元，材料年单位储存成本为10元/件。A材料平均交货时间为4天。该公司A材料满足经济订货基本模型各项前提条件。

要求：

（1）利用经济订货基本模型，计算A材料的经济订货批量和全年订货次数。

（2）计算按经济订货批量采购A材料的年存货相关总成本。

（3）计算A材料每日平均需用量和再订货点。

7.66 丙公司是一家设备制造企业，每年需要外购某材料108 000千克，现有S和T两家符合要求的材料供应企业，他们所提供的材料质量和价格都相同。公司计划从两家企业中选择一家作为供应商。相关数据如下：

（1）从S企业购买该材料，一次性入库。每次订货费用为5 000元，年单位材料变动储存成本为30元/千克。假设不存在缺货。

（2）从T企业购买该材料，每次订货费用为6 050元，年单位材料变动储存成本为30元/千克。材料陆续到货并使用，每日送货量为400千克，每日耗用量为300千克。

要求：

（1）利用经济订货基本模型，计算从S企业购买材料的经济订货批量和相关存货总成本。

（2）利用经济订货扩展模型，计算从T企业购买材料的经济订货批量和相关存货总成本。

（3）基于成本最优原则，判断丙公司应该选择哪家企业作为供应商。

7.67　丙商场季节性采购一批商品，供应商报价为1 000万元。付款条件为"3/10，2.5/30，N/90"。目前丙商场资金紧张，预计到第90天才有资金用于支付，若要在90天内付款只能通过借款解决，银行借款年利率为6%。假定一年按360天计算。有关情况如下表所示：

金额单位：万元

付款日	折扣率	付款额	折扣额	放弃折扣的信用成本率	银行借款利息	享受折扣的净收益
第10天	3%	*	30	*	（A）	（B）
第30天	2.5%	*	（C）	（D）	*	15.25
第90天	0	1 000	0	0	0	0

注：表中"*"表示省略的数据。

要求：

（1）确定表中字母代表的数值（不需要列示计算过程）。

（2）请作出选择，并说明理由。

五、综合题

7.68　甲公司生产销售A产品，为扩大销售，并加强应收账款管理，公司计划对信用政策作出调整，有关资料如下：

（1）A产品单价为100元/件，单位变动成本为60元/件，固定成本总额为700万元。假定产品单价、单位变动成本以及固定成本总额不因信用政策的改变而改变。应收账款、存货占用资金用于等风险投资的最低收益率为15%，一年按360天计算。

（2）公司目前采用30天按发票全额付款的信用政策，平均有90%（指销售量占比，下同）的客户能在信用期满时付款，10%的客户在信用期满后20天付款，在现有信用政策下，年销售量为27万件，年平均存货水平为6万件。

（3）公司计划改变信用政策，即向客户提供一定的现金折扣，折扣条件为"1/10，N/30"。经测算，采用该政策后，预计年销售量将增加20%，预计平均有70%的客户选择在第10天付款，20%的客户选择在第30天付款，其余10%的客户在信用期满后20天付款。因改变信用政策，收账费用将减少15万元。此外，因销售量增加，预计年平均存货水平将增加到8万件。不考虑其他因素的影响。

（4）对于应收账款、存货等形成的营运资金需求，公司通过与银行签订周转信贷协定予以满足。银行授予公司的周转信贷额度为500万元，假定当年实际使用了320万元，承诺费率为0.3%。

要求：

（1）计算现有信用政策下的如下指标（以万元为单位）：

①边际贡献总额；②应收账款平均余额；③应收账款的机会成本。

（2）计算新信用政策下的平均收现期。

（3）计算公司改变信用政策的影响（以万元为单位）：

①增加的应收账款机会成本（减少用负数表示，下同）；②增加的存货占用资金应计利息；③增加的现金折扣成本；④增加的税前利润，并据此判断改变信用政策是否有利。

（4）根据周转信贷协定，计算公司当年支付的信贷承诺费（以万元为单位）。

7.69 戊公司是一家设备制造商，公司基于市场发展进行财务规划，有关资料如下：

资料一：戊公司2017年12月31日的资产负债表简表及相关信息如下表所示。

戊公司2017年12月31日资产负债表简表

金额单位：万元

资产	金额	占销售额百分比%	负债与权益	金额	占销售额百分比%
现金	1 000	2.5	短期借款	5 000	N
应收票据	8 000	20.0	应付票据	2 000	5.0
应收账款	5 000	12.5	应付账款	8 000	20.0
存货	4 000	10.0	应付债券	6 000	N
其他流动资产	4 500	N	实收资本	20 000	N
固定资产	23 500	N	留存收益	5 000	N
合计	46 000	45.0	合计	46 000	25.0

注：表中"N"表示该项目不随销售额的变动而变动。

资料二：戊公司2017年销售额为40 000万元，销售净利率为10%，利润留存率为40%。

预计2018年销售增长率为30%，销售净利率和利润留存率保持不变。

资料三：戊公司计划于2018年1月1日从租赁公司融资租入一台设备，该设备价值为1 000万元，租期为5年。租赁期满时预计净残值为100万元，归租赁公司所有。年利率为8%，年租赁手续费为2%，租金每年年末支付1次。

相关货币时间价值系数为（P/F，8%，5）=0.6806，（P/F，10%，5）=0.6209，（P/A，8%，5）=3.9927，（P/A，10%，5）=3.7908。

资料四：经测算，资料三中新增设备投产后每年能为戊公司增加税后营业利润132.5万元，设备年折旧额为180万元。

资料五：

戊公司采用以下两种筹资方式：

（1）利用商业信用：戊公司供应商提供的付款条件为"1/10，N/30"。

（2）向银行借款：借款年利率为8%。

一年按360天计算，该公司适用的企业所得税税率为25%。不考虑增值税及其他因素的影响。

要求：

（1）根据资料一和资料二，计算戊公司2018年下列各项金额：

①因销售增加而增加的资产额；②因销售增加而增加的负债额；③因销售增加而需要增加的资金量；④预计留存收益的增加额；⑤外部融资需要量。

（2）根据资料三，计算下列数值：

①计算租金时使用的折现率；②该设备的年租金。

（3）根据资料四，计算下列数值：

①新设备投产后每年增加的营业现金净流量；②如果公司按1 000万元自行购买而非租赁该设备，计算该设备投资的静态回收期。

（4）根据资料五，计算并回答如下问题：

①计算放弃现金折扣的信用成本率；②判断戊公司是否应该放弃现金折扣，并说明理由；③计算银行借款的资本成本率。

第八章 成本管理

一、单项选择题

8.1 在企业的日常经营管理工作中，成本管理工作的起点是（　　）。

A. 成本预测

B. 成本核算

C. 成本控制

D. 成本分析

8.2 下列关于本量利分析基本假设的表述中，不正确的是（　　）。

A. 产销平衡

B. 产品产销结构稳定

C. 销售收入与业务量呈完全线性关系

D. 总成本由营业成本和期间费用两部分组成

8.3 根据本量利分析原理，下列计算利润的公式中，正确的是（　　）。

A. 利润 = 盈亏平衡销售额 × 边际贡献率

B. 利润 = 销售收入 × 变动成本率 – 固定成本

C. 利润 =（销售收入 – 盈亏平衡销售额）× 边际贡献率

D. 利润 = 销售收入 ×（1 – 边际贡献率）– 固定成本

8.4 某汽车制造商的盈亏平衡作业率为70%，边际贡献率为30%，安全边际量为2 400辆，单价为200万元，则实际销售额为（　　）亿元。

A. 120

B. 140

C. 160

D. 无法计算

8.5 甲公司生产X产品，产销平衡，单价为30元/件，单位变动成本为18元/件，固定成本为6 000万元，X产品的销售量为800万件，则安全边际率为（　　）。

A. 62.5%

B. 40%

C. 37.5%

D. 60%

8.6 甲公司只生产销售一种产品，变动成本率为20%，盈亏临界点作业率为40%，甲公司销售利润率是（　　）。

A. 12%

B. 32%

C. 8%

D. 48%

8.7 对于生产多种产品的企业而言，如果能够将固定成本在各种产品之间进行合理分配，则比较适用的综合保本分析方法是（　　）。

A. 联合单位法

B. 主要产品法

C. 加权平均法

D. 分算法

8.8 某产品单价为60元，单位变动成本为20元，固定成本总额为50 000元，假设目标利润为10 000元，则实现目标利润的销售量为（ ）件。

A. 1 250　　　　　B. 2 000　　　　　C. 3 000　　　　　D. 1 500

8.9 某企业只生产和销售X产品，年计划销售4万件，单位变动成本为20元，年固定成本为30万元，假设目标的税前利润为70万元，则单价应为（ ）元。

A. 32　　　　　B. 45　　　　　C. 53　　　　　D. 61

8.10 某企业仅生产一种产品，单价为100元，单位变动成本为40元，每年固定成本为600万元，预计下年产销量为30万件，则利润对单价的敏感系数为（ ）。

A. 8　　　　　B. 5　　　　　C. 2.5　　　　　D. 1.5

8.11 某公司生产和销售单一产品，该产品单位边际贡献为2元，2020年销售量为40万件，利润为50万元。假设成本性态保持不变，则利润对销售量的敏感系数是（ ）。

A. 0.6　　　　　B. 0.8　　　　　C. 1.25　　　　　D. 1.6

8.12 甲公司是制造业企业，生产W产品，生产工人每月工作22天，每天工作8小时，平均月薪为6 600元，该产品的直接加工必要时间为每件1.5小时，正常工间休息和设备调整准备等非生产时间为每件0.1小时，单位产品直接人工标准成本是（ ）元。

A. 56　　　　　B. 60　　　　　C. 62　　　　　D. 65

8.13 在标准成本法下，下列各项中，不属于直接材料用量差异形成原因的是（ ）。

A. 产品废品率的高低　　　　　　　　B. 直接材料运输方式的不同

C. 产品设计结构的变化　　　　　　　D. 工人的技术熟练程度

8.14 甲公司生产制造某种产品，当月预算产量为1 200件，材料标准用量为5千克/件，材料标准单价为2元/千克。经统计，当月实际产量为1 100件，购买并耗用材料为4 500千克。假设实际采购价格比标准价格低10%，则当月直接材料数量差异是（ ）元。

A. −1 500　　　　　B. −1 200　　　　　C. −2 000　　　　　D. −1 860

8.15 下列各项中，一般会导致直接人工效率差异的是（ ）。

A. 工资制度的变动　　　　　　　　B. 工作环境的好坏

C. 工资级别的升降　　　　　　　　D. 加班或临时工的增减

8.16 企业生产X产品，工时标准为2小时/件，变动制造费用标准分配率为24元/小时，当期实际产量为600件，实际变动制造费用为32 400元，实际工时为1 296小时，则在标准成本法下，当期变动制造费用效率差异为（ ）元。

A. 1 200　　　　　B. 2 304　　　　　C. 2 400　　　　　D. 1 296

8.17 某产品的预算产量为10 000件，实际产量为9 000件，实际发生固定制造费用180 000元，固定制造费用标准分配率为8元/小时，工时标准为1.5小时/件，则固定制造费用成本差异为（ ）。

A. 超支 72 000 元　　　B. 节约 60 000 元　　　C. 超支 60 000 元　　　D. 节约 72 000 元

8.18 作业成本法下，间接成本的分配路径是（ ）。

A. 作业→部门→产品　　　　　　　B. 资源→作业→产品

C. 资源→部门→产品　　　　　　　D. 资源→产品

8.19 下列各项中，应使用强度动因作为作业量计量单位的是（　　）。

A. 产品的生产准备　　　　　　　　B. 复杂产品的安装

C. 接受订单数　　　　　　　　　　D. 处理收据数

8.20 甲公司是一家冰箱生产企业，采用作业成本法核算产品成本，现正进行作业库设计，下列说法中错误的是（　　）。

A. 冰箱加工属于产量级作业　　　　B. 冰箱设计属于品种级作业

C. 冰箱工艺流程监控属于设施级作业　　D. 冰箱成品抽检属于批别级作业

8.21 根据作业成本管理原理，某制造企业的下列作业中，属于增值作业的是（　　）。

A. 废品清理作业　　　　　　　　　B. 次品返工作业

C. 产品检验作业　　　　　　　　　D. 产品加工作业

8.22 关于成本中心及其业绩考核，下列说法中错误的是（　　）。

A. 成本中心既对可控成本负责，又对不可控成本负责

B. 成本中心一般不会产生收入

C. 与利润中心相比，成本中心的权利和责任都较小

D. 成本中心仅考核发生的成本，不考核收入

8.23 对于成本中心而言，某项成本成为可控成本的条件不包括（　　）。

A. 该成本是成本中心可以计量的

B. 该成本的发生是成本中心可以预见的

C. 该成本是成本中心可以调节和控制的

D. 该成本是总部向成本中心分摊的

8.24 利润中心本期销售收入为7 000万元，变动成本总额为3 800万元，中心负责人可控的固定成本为1 300万元，其不可控但由该中心负担的固定成本为600万元，则该中心的可控边际贡献为（　　）万元。

A. 1 900　　　　　　　　　　　　B. 3 200

C. 5 100　　　　　　　　　　　　D. 1 300

8.25 在下列业绩评价指标中，最适合评价利润中心部门业绩的是（　　）。

A. 可控边际贡献　　　　　　　　　B. 部门边际贡献

C. 投资收益率　　　　　　　　　　D. 剩余收益

8.26 下列关于投资中心业绩评价指标的说法中，错误的是（　　）。

A. 使用投资收益率和剩余收益指标分别进行决策可能导致结果冲突

B. 计算剩余收益指标所使用的最低投资收益率一般小于资本成本

C. 在不同规模的投资中心之间进行比较时不适合采用剩余收益指标

D. 采用投资收益率指标可能因追求局部利益最大化而损害整体利益

8.27 以协商价格作为内部转移价格时，该协商价格的下限通常是（　　）。

A. 单位变动成本　　　　　　　　　B. 单位标准成本

C. 单位制造成本　　　　　　　　　D. 单位市场价格

8.28 某企业下设甲、乙两个责任中心，甲将A产品出售给乙时，A产品的价格采用以市场价格为基础，由成本和毛利构成内部转移价格的方法，据此可以认为该项内部交易采用的内部转移价格是（ 　　 ）。

A. 价格型内部转移定价 　　　　　　　B. 成本型内部转移定价

C. 协商型内部转移定价 　　　　　　　D. 市场价格

二、多项选择题

8.29 在单一产品本量利分析中，下列公式成立的有（ 　　 ）。

A. 盈亏平衡点作业率＋安全边际率＝1

B. 变动成本率×营业毛利率＝边际贡献率

C. 安全边际率×边际贡献率＝销售利润率

D. 变动成本率＋边际贡献率＝1

8.30 在边际贡献为正的前提下，某产品单位变动成本和单价均降低1元。不考虑其他因素，下列说法中正确的有（ 　　 ）。

A. 边际贡献率不变 　　　　　　　　　B. 单位边际贡献不变

C. 盈亏平衡点销售额不变 　　　　　　D. 盈亏平衡点销售量不变

8.31 下列各项指标中，与盈亏平衡点呈同向变化关系的有（ 　　 ）。

A. 单位售价 　　　B. 预计销量 　　　C. 固定成本总额 　　　D. 单位变动成本

8.32 关于安全边际，下列表述正确的有（ 　　 ）。

A. 安全边际率＝1－盈亏平衡作业率

B. 安全边际额是指实际或预期销售额超过盈亏平衡点销售额的部分

C. 安全边际率越大，企业发生亏损的可能性就越小

D. 其他因素不变时，安全边际额越大，利润就越大

8.33 某公司生产销售A、B、C三种产品，销售单价分别为20元、30元、40元；预计销售量分别为30 000件、20 000件、10 000件；预计各产品的单位变动成本分别为12元、24元、28元；预计固定成本总额为180 000元。按加权平均法进行产品的盈亏平衡分析，下列说法中正确的有（ 　　 ）。

A. 综合边际贡献率为30%

B. 综合盈亏平衡销售额为60万元

C. A产品和B产品的盈亏平衡销售额均为22.5万元

D. C产品的盈亏平衡销售量为3 750件

8.34 如果采用加权平均法计算综合盈亏平衡点，下列各项中，将会影响综合盈亏平衡点大小的有（ 　　 ）。

A. 固定成本总额 　　B. 销售结构 　　　C. 单价 　　　　　　D. 单位变动成本

8.35 在标准成本差异分析中，下列成本差异属于价格差异的有（ 　　 ）。

A. 直接人工工资率差异 　　　　　　　B. 变动制造费用耗费差异

C. 固定制造费用能量差异 　　　　　　D. 变动制造费用效率差异

8.36 推行作业成本法的企业，一般具有一定的适用性，包括（　　　）。

A. 作业类型较多且作业链较长

B. 企业规模较大且管理层对产品成本准确性要求较高

C. 间接或者辅助资源费用所占比重较大

D. 同一生产线生产的产品种类单一

8.37 作业成本管理的一个重要内容是寻找非增值作业，将非增值成本降至最低。下列各项中，属于非增值作业的有（　　　）。

A. 零部件加工作业　　　　　　　　　B. 零部件组装作业

C. 产成品质量检验作业　　　　　　　D. 从仓库到车间的材料运输作业

8.38 下列指标中，适用于对利润中心进行业绩考评的有（　　　）。

A. 投资收益率　　　　　　　　　　　B. 部门边际贡献

C. 剩余收益　　　　　　　　　　　　D. 可控边际贡献

8.39 甲公司下设M、N两个利润中心，M利润中心常年向N利润中心提供劳务，在其他条件不变的情况下，降低劳务的内部转移价格，可能出现的结果有（　　　）。

A. M 利润中心内部利润增加　　　　　B. N 利润中心内部利润增加

C. 企业利润总额增加　　　　　　　　D. 企业利润总额不变

8.40 某公司下设A、B两个投资中心，A投资中心平均经营资产为500 000元，息税前利润为67 500元；B投资中心平均经营资产为600 000元，息税前利润为78 000元。该公司整体的预期最低投资收益率为10%，加权平均资本成本为5%。则下列说法中正确的有（　　　）。

A. A 中心剩余收益为 17 500 元　　　　B. B 中心剩余收益为 18 000 元

C. A 中心投资收益率为 13.5%　　　　D. B 中心投资收益率为 13%

三、判断题

8.41 不考虑其他因素影响，固定成本每增加1元，边际贡献就减少1元。（　　　）

8.42 根据本量利分析原理，盈亏平衡点越高，企业经营越安全。（　　　）

8.43 在企业盈利状态下进行利润敏感性分析，固定成本的敏感系数大于销售量的敏感系数。（　　　）

8.44 正常标准成本是指在生产过程无浪费、机器无故障、人员无闲置、产品无废品的假设条件下制定的成本标准。（　　　）

8.45 在标准成本法下，变动制造费用成本差异指的是实际变动制造费用与预算产量下的标准变动制造费用之间的差额。（　　　）

8.46 在标准成本控制与分析中，产品成本所出现的不利或有利差异均应由生产部门负责。（　　　）

8.47 在标准成本法下，固定制造费用成本差异是指固定制造费用实际金额与固定制造费用预算金额之间的差异。（　　　）

8.48 在作业成本法下，一个作业中心只能包括一种作业。（　　　）

8.49 在作业成本管理中，次要作业属于非增值作业，也是企业应避免或消除的作业。（　　　）

8.50 作业成本管理中，成本节约的途径主要包括作业消除、作业选择、作业减少和作业共享。

（　　）

8.51 对作业和流程的执行情况进行评价时，使用的考核指标可以是财务指标也可以是非财务指标，其中非财务指标主要用于时间、质量、效率三个方面的考核。（　　）

8.52 在计算投资中心的剩余收益时，可以采用该投资中心自行规定的最低投资收益率。（　　）

四、计算分析题

8.53 甲公司生产销售A产品，产销平衡，目前单价为60元/件，单位变动成本为24元/件，固定成本总额为72 000元，目前销售量水平为10 000件。计划期决定降价10%，预计产品销售量将提高20%，计划期单位变动成本和固定成本总额不变。

要求：

（1）计算当前A产品的单位边际贡献、边际贡献率和安全边际率。

（2）计算计划期A产品的盈亏平衡点销售量和盈亏平衡作业率。

8.54 甲公司生产销售A、B、C三种产品，采用联合单位法进行本量利分析，由2件A产品、1件B产品和2件C产品构成一个联合单位。已知固定成本总额为72 000元，产品产销量、单价和单位变动成本数据如下表所示。

项目	A产品	B产品	C产品
产销量（件）	2 000	1 000	2 000
单价（元）	60	90	75
单位变动成本（元）	40	60	50

要求：

（1）计算联合单价。

（2）计算联合单位变动成本。

（3）计算联合盈亏平衡点销售量。

（4）计算A产品盈亏平衡点销售量。

（5）计算三种产品的综合边际贡献率。

8.55 甲公司是一家制造业企业，只生产和销售一种产品。甲公司实行标准成本管理，定期分析生产成本的差异。已知甲公司2021年9月实际生产5 000件产品，其他相关资料如下：

项目	实际成本资料		标准成本资料	
	实际耗用量	实际价格	用量标准	标准价格
直接材料	280 000千克	20元/千克	50千克/件	15元/千克
直接人工	180 000小时	28元/小时	25小时/件	30元/小时
变动制造费用	250 000小时	15元/小时	40小时/件	10元/小时

要求：

（1）计算直接材料的数量差异、价格差异。

（2）计算直接人工的效率差异、工资率差异。

（3）计算变动制造费用的成本差异。

8.56 甲公司是一家生产经营比较稳定的制造业企业，只生产一种产品，采用标准成本法进行成本计算与分析。单位产品用料标准为6千克/件，原材料标准单价为1.5元/千克。2019年1月份实际产量为500件，实际使用原材料2 500千克，实际成本为5 000元。另外，直接人工成本为9 000元，实际耗用工时为2 100小时，经计算，直接人工效率差异为500元，直接人工工资率差异为-1 500元。

要求：

（1）计算单位产品直接材料标准成本。

（2）计算直接材料成本差异、直接材料数量差异和直接材料价格差异。

（3）计算该产品的直接人工单位标准成本。

8.57 乙公司生产M产品，采用标准成本法进行成本管理。M产品的变动制造费用标准分配率为3.6元/小时。工时标准为2.2小时/件。假定乙公司本月实际生产M产品7 500件，实际耗用总工时15 000小时，实际发生变动制造费用为57 000元。

要求：

（1）计算M产品的变动制造费用实际分配率。

（2）计算M产品的变动制造费用成本差异。

（3）计算M产品的变动制造费用效率差异。

（4）计算M产品的变动制造费用耗费差异。

8.58 甲公司生产某产品，预算产量为10 000件，单位标准工时为1.2小时/件，固定制造费用预算总额为36 000元。该产品实际产量为9 500件，实际工时为15 000小时，实际发生固定制造费用38 000元。公司采用标准成本法，将固定制造费用成本差异分解为三种差异进行计算与分析。

要求：

（1）计算固定制造费用耗费差异。

（2）计算固定制造费用产量差异。

（3）计算固定制造费用效率差异。

（4）计算固定制造费用成本差异，并指出该差异属于有利差异还是不利差异。

8.59 甲公司下设A投资中心，该投资中心目前的投资收益率为17%，剩余收益为300万元，A投资中心面临一个投资额为1 500万元的投资机会，若实施该投资，预计A投资中心会增加利润225万元，假定甲公司整体的预期最低投资收益率为11%。

要求：

（1）计算实施该投资后A投资中心的投资收益率。若甲公司用投资收益率指标考核A投资中心业绩，判断A投资中心是否应当实施该投资。

（2）计算实施该投资后A投资中心的剩余收益。若甲公司用剩余收益指标考核A投资中心业绩。判断A投资中心是否应当实施该投资。

（3）从公司整体利益角度，判断甲公司应以哪个指标对A投资中心的业绩进行评价。

五、综合题

8.60 甲公司是一家制造业企业，下设一个M分厂，专营一条特种零配件生产线，有关资料如下：

（1）至2024年末，M分厂的生产线已使用6年，技术相对落后，公司决定由总部出资对该生产线进行更新改造，建设期为0年，相关固定资产和营运资金均于更新改造时一次性投入，且垫支的营运资金在生产线使用期满时一次性收回。在2024年末作出更新改造投资决策时，有关资本支出预算和其他资料如下表所示：

项目	旧生产线	新生产线
原价	7 000万元	8 000万元
当前变现价值	2 300万元	8 000万元
税法残值（预计报废残值）	200万元	400万元
使用年限（会计与税法一致）	10年	8年
尚可使用年限	4年	8年
垫支营运资金	300万元	600万元
每年折旧费（会计与税法一致）	680万元	950万元
每年税后营业利润	160万元	1 300万元

（2）M分厂适用的企业所得税税率为25%，生产线更新决策方案的折现率为12%，有关货币时间价值系数如下：

期数（m）	1	2	3	4	5	6	7	8
(P/F, 12%, m)	0.8929	0.7972	0.7118	0.6355	0.5674	0.5066	0.4523	0.4039
(P/A, 12%, m)	0.8929	1.6901	2.4018	3.0373	3.6048	4.1114	4.5638	4.9676

（3）新生产线于2025年初正式投入运营，甲公司将M分厂作为利润中心进行绩效评价，该分厂不能自主决定固定资产的处置及其折旧问题，2025年M分厂的实际经营数据（与上述资本支出预算数据不同）如下：销售收入为4 400万元，付现成本为1 700万元（其中变动成本为1 320万元，固定成本为380万元），付现成本均属于M分厂负责人可控成本，非付现成本仅包括新生产线的折旧费950万元，假定对M分厂进行业绩考核时不考虑利息、所得税等其他因素。

要求：

（1）计算如果继续使用旧生产线的下列指标（要求考虑所得税的影响）：

①初始（2024年末）现金净流量（旧生产线变卖对税收的影响计入继续使用旧生产线方案的现金流量）；②第2年的营业现金净流量；③第4年的现金净流量；④净现值。

（2）计算使用新生产线方案的下列指标（要求考虑所得税的影响）：

①初始现金净流量；②第1～7年每年的营业现金净流量；③第8年的现金净流量；④净现值；⑤年金净流量。

（3）计算2025年M分厂的下列绩效考核指标：

①边际贡献；②可控边际贡献；③部门边际贡献。

8.61 甲公司是一家制造业企业，企业所得税税率为25%。公司考虑用效率更高的新生产线来代替现有旧生产线。有关资料如下：

资料一：旧生产线原价为5 000万元，预计使用年限为10年，已经使用5年。采用直线法计提折旧，使用期满无残值。每年的销售收入为3 000万元，变动成本总额为1 350万元，固定成本总额为650万元。

资料二：旧生产线每年的全部成本中，除折旧外均为付现成本。

资料三：如果采用新生产线取代旧生产线。相关固定资产投资和垫支营运资金均于开始时一次性投入（建设期为0），垫支营运资金于营业期结束时一次性收回。新生产线使用直线法计提折旧，使用期满无残值。有关资料如下表所示：

项目	固定资产投资	垫支营运资金	使用年限	年营业收入	年营运成本
数额	2 400万元	600万元	8年	1 800万元	500万元

资料四：公司进行生产线更新投资决策时采用的折现率为15%。有关资金时间价值系数如下：$(P/F，15\%，8)=0.3269$，$(P/A，15\%，7)=4.1604$，$(P/A，15\%，8)=4.4873$。

资料五：经测算，新生产线的净现值大于旧生产线的净现值，而其年金净流量小于旧生产线的年金净流量。

要求：

（1）根据资料一，计算旧生产线的边际贡献总额和边际贡献率。

（2）根据资料一和资料二，计算旧生产线的年营运成本（即付现成本）和年营业现金净流量。

（3）根据资料三，计算新生产线的如下指标：

①投资时点（第0年）的现金流量；②第1～7年每年的营业现金净流量；③第8年的现金净流量。

（4）根据资料三和资料四，计算新生产线的净现值和年金净流量。

（5）根据资料五，判断公司是否采用新生产线替换旧生产线，并说明理由。

8.62 乙公司是一家制造业企业，长期以来只生产A产品。2024年有关资料如下：

资料一：8月份A产品月初存货量预计为180件，8月份和9月份的预计销售量分别为2 000件和2 500件。A产品的预计月末存货量为下月月销售量的12%。

资料二：生产A产品需要耗用X、Y、Z三种材料，其价格标准和用量标准如下表所示。

项目	标准		
	X材料	Y材料	Z材料
价格标准	10元/千克	15元/千克	20元/千克
用量标准	3千克/件	2千克/件	2千克/件

资料三：公司利用标准成本信息编制直接人工预算。生产A产品的工时标准为3小时/件，标准工资率为20元/小时。8月份A产品的实际产量为2 200件，实际工时为7 700小时，实际发生直接人工成本146 300元。

资料四：公司利用标准成本信息，并采用弹性预算法编制制造费用预算，A产品的单位变动制造费用标准成本为18元，每月的固定制造费用预算总额为31 800元。

资料五：A产品的预计销售单价为200元/件，每月销售收入中，有40%在当月收取现金，另外的60%在下月收取现金。

资料六：9月份月初现金余额预计为60 500元，本月预计现金支出为487 500元。公司理想的月末现金余额为60 000元且不低于该水平，现金余额不足时向银行借款，多余时归还银行借款，借入和归还金额均要求为10 000元的整数倍。不考虑借款利息、增值税及其他因素的影响。

要求：

（1）根据资料一，计算8月份A产品的预计生产量。

（2）根据资料二，计算A产品的单位直接材料标准成本。

（3）根据要求（1）的计算结果和资料三，计算8月份的直接人工预算金额。

（4）根据资料三，计算下列成本差异：

①直接人工成本差异；②直接人工效率差异；③直接人工工资率差异。

（5）根据要求（1）的计算结果和资料四，计算8月份制造费用预算总额。

（6）根据要求（1）、要求（2）的计算结果、资料三和资料四，计算A产品的单位标准成本。

（7）根据资料一和资料五，计算公司9月份的预计现金收入。

（8）根据要求（7）的计算结果和资料六，计算9月份的预计现金缺，并判断为保持所需现金余额，是否需要向银行借款，如果需要，指出应借入多少款项。

第九章　收入与分配管理

一、单项选择题

9.1 下列净利润分配事项中，根据相关法律法规和制度，应当最后进行的是（　　）。

A. 向股东分配股利
B. 提取任意公积金
C. 提取法定公积金
D. 弥补以前年度亏损

9.2 下列各项中，属于定量分析方法的是（　　）。

A. 营销员判断法
B. 专家判断法
C. 产品寿命周期分析法
D. 趋势预测分析法

9.3 某钢材制造企业采用指数平滑法进行销售预测。2024年第三季度预计销售量为100万根钢材，实际销售量为130万根钢材，已知选取的平滑指数为0.6，则预测第四季度的销售量为（　　）万根。

A. 117 　　　　　　 B. 118 　　　　　　 C. 119 　　　　　　 D. 120

9.4 某电商平台目前采用薄利多销的营销策略，价格低于同类产品，最适合作为该电商平台的定价目标的是（　　）。

A. 保持或提高市场占有率
B. 稳定市场价格
C. 应对和避免竞争
D. 树立企业形象及产品品牌

9.5 下列各项中，以市场需求为基础的定价方法是（　　）。

A. 保本点定价法
B. 目标利润定价法
C. 边际分析定价法
D. 全部成本费用加成定价法

9.6 某企业生产H产品，本期计划销售量为10 000件，应负担的固定成本总额为250 000元，单位变动成本为70元，适用的消费税税率为5%。运用保本点定价法测算的单位H产品的价格应为（　　）元。

A. 100
B. 120
C. 150
D. 180

9.7 某企业生产M产品，计划销售量为20 000件，目标利润总额为400 000元，完全成本总额为600 000元，不考虑其他因素，则使用目标利润定价法测算的M产品单价为（　　）元。

A. 10
B. 30
C. 50
D. 20

9.8 股利无关论认为股利分配对公司市场价值不产生影响，下列关于股利无关论的假设表述中，错误的是（　　）。

A. 投资决策不受股利分配的影响
B. 不存在股票筹资费用
C. 不存在资本增值
D. 对公司或个人不存在任何所得税

9.9 当公司宣布采用高股利政策后，投资者认为公司有充足的财务实力和良好的发展前景，从而使股价产生正向反映。持有这种观点的股利理论是（　　）。

A. 所得税差异理论
B. 信号传递理论
C. 代理理论
D. "手中鸟"理论

9.10 下列股利理论中，支持"低现金股利有助于实现股东利益最大化目标"观点的是（　　）。

A. 信号传递理论
B. 所得税差异理论
C. "手中鸟"理论
D. 代理理论

9.11 有种观点认为，企业支付高现金股利可以减少管理者对于自由现金流量的支配，从而在一定程度上抑制管理者的在职消费。支持这种观点的股利分配理论是（　　）。

A. 所得税差异理论
B. 代理理论
C. 信号传递理论
D. "手中鸟"理论

9.12 厌恶风险的投资者偏好确定的股利收益，而不愿将收益留存在公司内部去承担未来的投资风险，因此公司采用高现金股利政策有利于提升公司价值，这种观点的理论依据是（　　）。

A. 信号传递理论
B. 所得税差异理论
C. "手中鸟"理论
D. 代理理论

9.13 某公司目标资本结构要求权益资本占55%，2020年的净利润为2 500万元，预计2021年投资所需资金为3 000万元。按照剩余股利政策，2020年可发放的现金股利为（　　）万元。

A. 850
B. 1 150
C. 1 375
D. 1 125

9.14 一般而言，适合采用固定股利支付率政策的公司是（　　）。

A. 处于稳定发展阶段且财务状况也较稳健的公司
B. 经营比较稳定或正处于成长期的企业
C. 处于初创阶段的企业
D. 盈利随着经济周期而波动较大，或者盈利与现金流量很不稳定的公司

9.15 对于依靠股利度日或对股利有较高依赖性的股东而言，下列股利政策中，最不符合其预期的是（　　）。

A. 剩余股利政策
B. 固定或稳定增长股利政策
C. 固定股利支付率政策
D. 低正常股利加额外股利政策

9.16 下列各项中，属于固定股利支付率政策优点的是（　　）。

A. 股利与公司盈余紧密配合
B. 有利于树立公司的良好形象
C. 股利分配有较大灵活性
D. 有利于稳定公司的股价

9.17 下列各项中，属于企业采用剩余股利政策的主要理由是（　　）。

A. 最大限度地用收益满足筹资的需要
B. 向市场传递企业不断发展的信息
C. 使企业保持理想的资本结构
D. 使企业在资金使用上有较大的灵活性

9.18 下列关于股利政策的说法中，错误的是（　　）。

A. 采用剩余股利政策，可以保持理想的资本结构，使加权平均资本成本最低
B. 采用固定股利支付率政策，可以使股利和公司盈余紧密配合，但不利于稳定股票价格

C. 采用固定股利政策，当盈余较低时，容易导致公司资金短缺，增加公司风险

D. 采用低正常股利加额外股利政策，股利和盈余不匹配，不利于增强股东对公司的信心

9.19 股东可以通过证券交易所按交易方式领取股息的日期为（　　）。

A. 股利宣告日　　　　B. 股权登记日　　　　C. 除息日　　　　D. 股利发放日

9.20 要获得收取股利的权利，投资者购买股票的最迟日期是（　　）。

A. 股利宣告日　　　　　　　　B. 股利发放日

C. 除息日　　　　　　　　　　D. 股权登记日

9.21 甲公司以持有的乙公司股票作为股利支付给股东，这种股利属于（　　）。

A. 现金股利　　　　B. 负债股利　　　　C. 股票股利　　　　D. 财产股利

9.22 企业以增发股票的方式支付股利，这个行为对公司的影响是（　　）。

A. 减少公司资产总额　　　　　　B. 减少股东权益总额

C. 导致现金流出　　　　　　　　D. 改变股东权益结构

9.23 关于股票分割，下列表述正确的是（　　）。

A. 会引起股票面值的变化　　　　B. 不会增加发行在外的股票总数

C. 会引起所有者权益总额的变化　D. 会引起所有者权益内部结构的变化

9.24 在净利润和市盈率不变的情况下，公司实行股票反分割导致的结果是（　　）。

A. 每股面额下降　　　　　　　　B. 每股市价下降

C. 每股收益上升　　　　　　　　D. 每股净资产不变

9.25 下列因素可能改变企业的资本结构的是（　　）。

A. 股票回购　　　　　　　　　　B. 股票股利

C. 股票分割　　　　　　　　　　D. 股票合并

9.26 股票股利与股票分割都将增加股份数量，二者的主要差别在于是否改变公司的（　　）。

A. 资产总额　　　　　　　　　　B. 股东权益总额

C. 股东持股比例　　　　　　　　D. 股东权益的内部结构

9.27 若激励对象没有实现约定的目标，公司有权将免费赠与的股票收回，这种股权激励是（　　）。

A. 股票期权模式　　　　　　　　B. 业绩股票模式

C. 股票增值权模式　　　　　　　D. 限制性股票模式

9.28 某公司对公司高管进行股权激励，约定每位高管只要自即日起在公司工作满三年，即有权按每股10元的价格购买本公司股票50万股，该股权激励模式属于（　　）。

A. 股票期权模式　　　　　　　　B. 限制性股票模式

C. 业绩股票激励模式　　　　　　D. 股票增值权模式

二、多项选择题

9.29 下列各项中，可以作为企业产品定价目标的有（　　）。

A. 实现利润最大化　　　　　　　B. 保持或提高市场占有率

C. 应对和避免市场竞争　　　　　D. 树立企业形象

9.30 下列各项中，属于价格运用策略的有（　　　　）。

A. 折让定价策略

B. 心理定价策略

C. 组合定价策略

D. 寿命周期定价策略

9.31 从筹资纳税管理的角度看，在目标结构范围内，企业通过负债进行筹资的理由有（　　　　）。

A. 降低纳税负担

B. 增加了企业价值

C. 可带来财务杠杆效应

D. 可带来经营杠杆效应

9.32 下列股利分配理论中，认为股利政策会影响公司的价值的有（　　　　）。

A. 信号传递理论

B. 所得税差异理论

C. "手中鸟"理论

D. 股利无关论

9.33 下列各项说法中，不属于所得税差异理论的有（　　　　）。

A. 公司通过股利政策可以向市场传递有关公司未来获利能力的信息，从而影响股价

B. 公司应当采用高股利政策

C. 资本利得收益与股利收益之间存在纳税的时间差异

D. 厌恶风险的投资者会偏好确定的股利收益

9.34 下列各项中，属于剩余股利政策优点的有（　　　　）。

A. 保持目标资本结构

B. 降低再投资资本成本

C. 使股利与企业盈余紧密结合

D. 实现企业价值的长期最大化

9.35 处于初创阶段的公司，一般不宜采用的股利政策有（　　　　）。

A. 固定股利政策

B. 剩余股利政策

C. 固定股利支付率政策

D. 稳定增长股利政策

9.36 某公司在2019年董事会上决定自2020年起将采用剩余股利政策分配股利，下列因素中，需要在计算股利发放金额时考虑的有（　　　　）。

A. 公司的目标资本结构

B. 2019年末的货币资金

C. 2019年实现的净利润

D. 2020年需要的投资资本

9.37 下列关于固定股利支付率政策的说法中，正确的有（　　　　）。

A. 体现了"多盈多分、少盈少分、无盈不分"的股利分配原则

B. 从企业支付能力的角度看，这是一种稳定的股利政策

C. 适合于盈利随着经济周期而波动较大的公司

D. 容易使公司面临较大的财务压力

9.38 下列股利政策中，股利发放金额与当期盈利水平无直接关联的有（　　　　）。

A. 固定股利政策

B. 稳定增长股利政策

C. 固定股利支付率政策

D. 低正常股利加额外股利政策

9.39 以下利润分配制约因素中，属于法律因素的有（　　　　）。

A. 资本保全约束

B. 资本积累约束

C. 资产的流动性

D. 避税

9.40 某公司发放股利前的股东权益项目如下：普通股股数3 000万股，无优先股，股本3 000万元，未分配利润5 000万元，资本公积2 000万元，盈余公积2 000万元。公司执行按每10股发放股票股利1股的股利分配政策。股票股利按市价计算，每股市场价格为10元，分配完毕后，如下说法正确的有（　　）。

    A. 股本3 300万元
    B. 未分配利润2 000万元
    C. 所有者权益12 000万元
    D. 盈余公积4 700万元

9.41 对公司而言，发放股票股利的优点有（　　）。

    A. 减轻公司现金支付压力

    B. 有利于股票交易和流通

    C. 使股权更为集中

    D. 可以向市场传递公司未来发展前景良好的信息

9.42 假设某股份公司按照1∶2的比例进行股票分割，下列正确的有（　　）。

    A. 股本总额增加一倍
    B. 每股净资产保持不变
    C. 股东权益总额保持不变
    D. 股东权益内部结构保持不变

9.43 股票分割和股票股利的相同之处有（　　）。

    A. 不改变公司股票数量
    B. 不改变资本结构
    C. 不改变股东权益结构
    D. 不改变股东权益总额

9.44 下列各项中，属于股票回购的影响的有（　　）。

    A. 提升公司调整股权结构和管理风险的能力，提高公司整体质量和投资价值

    B. 可改善公司资本结构

    C. 不利于稳定股价，降低投资者信心

    D. 用大量资金支付回购成本，容易造成资金紧张，降低资产流动性

三、判断题

9.45 经济性原则是企业纳税筹划的首要原则。（　　）

9.46 在利润分配纳税管理中，对于股东纳税筹划的主要目标是确保股东税负最小。（　　）

9.47 甲公司目标资本结构要求权益资本占60%，2020年的净利润为2 000万元，预计2021年投资需求为1 000万元。公司采用剩余股利政策，2020年可发放的现金股利为1 400万元。（　　）

9.48 在固定股利支付率政策下，各年的股利随着收益的波动而波动，容易给投资者带来公司经营状况不稳定的印象。（　　）

9.49 当公司处于经营稳定或成长期，对未来的盈利和支付能力可作出准确判断并具有足够把握时，可以考虑采用稳定增长的股利政策，增强投资者信心。（　　）

9.50 根据"无利不分"原则，当企业出现年度亏损时，一般不进行利润分配。（　　）

9.51 股票分割会使股票的每股市价下降，可以提高股票的流动性。（　　）

9.52 由于信息不对称和预期差异，投资者会把股票回购当作公司认为其股票价格被高估的信号。
    （　　）

9.53 业绩股票激励模式只对业绩目标进行考核，而不要求股价的上涨，因而比较适合业绩稳定的上市公司。 （   ）

四、计算分析题

9.54 甲公司生产销售A产品，设计生产能力为150万件/年，本年度计划生产并销售120万件，预计单位变动成本为200元。年固定成本费用总额为3 000万元，该产品适用的消费税税率为5%，甲公司对计划内产品采取全部成本费用加成定价法，相应的成本利润率要求达到30%；对计划外产品则采取变动成本加成定价法，相应的成本利润率同样要求达到30%。

假定公司本年度接到一项计划外订单，客户要求订购10万件A产品，报价为300元/件。

要求：

（1）计算甲公司计划内A产品单位价格。

（2）计算甲公司计划外A产品单位价格。

（3）判断甲公司是否应当接受这项计划外订单，并说明理由。

9.55 某上市公司发放股票股利前，其资产负债表上的股东权益项目情况如下：

单位：万元

项目	金额
股本（面值1元，发行在外200万股）	200
资本公积	400
盈余公积	400
未分配利润	2 000
股东权益合计	3 000

假设该公司宣布发放10%的股票股利，现有股东每持有10股，即可获赠1股普通股。若该股票当时市价为20元，发放股票股利以市价计算。

要求：

（1）填写发放股票股利后的股东权益项目情况：

单位：万元

项目	金额
股本	
资本公积	
盈余公积	
未分配利润	
股东权益合计	

（2）假设一位股东派发股票股利之前持有公司的普通股10万股，请计算说明其股权比例在发放股票股利后是否会发生变化。

9.56 甲公司是一家上市公司，2021年度实现净利润10 000万元，分配现金股利3 000万元；2022年度实现净利润12 000万元。公司计划在2023年投资一个新项目，投资所需资金为8 000万元。

要求：

（1）如果甲公司一直采用固定股利政策，计算2022年度的股利支付率。

（2）如果甲公司一直采用固定股利支付率政策，计算2022年度的股利支付率。

（3）如果甲公司采用剩余股利政策，其目标资本结构要求，2023年新项目所需投资资金中债务资本占40%，权益资本占60%，计算2022年度的股利支付率。

（4）如果甲公司采用低正常股利加额外股利政策，低正常股利为2 000万元，额外股利为2022年度净利润扣除低正常股利后余额的25%，计算2022年度的股利支付率。

五、综合题

9.57 甲公司是一家上市公司，适用的企业所得税税率为25%。公司现阶段基于发展需要，拟实施新的投资计划，有关资料如下：

资料一：公司项目投资的必要收益率为15%，有关货币时间价值系数如下。

$(P/A，15\%，2)=1.6257$；$(P/A，15\%，3)=2.2832$；$(P/A，15\%，6)=3.7845$；

$(P/F，15\%，3)=0.6575$；$(P/F，15\%，6)=0.4323$。

资料二：公司的资本支出预算为5 000万元，有A、B两种互斥投资方案可供选择，A方案的建设期为0年，需于建设起点一次性投入资金5 000万元，运营期为3年，无残值，现金净流量每年均为2 800万元。B方案的建设期为0年，需于建设起点一次性投入资金5 000万元，其中：固定资产投资4 200万元，采用直线法计提折旧，使用年限为6年，无残值；垫支营运资金800万元，第6年年末收回垫支的营运资金。预计投产后第1～6年每年营业收入为2 700万元，每年付现成本为700万元。

资料三：经测算，A方案的年金净流量为610.09万元。

资料四：针对上述5 000万元的资本支出预算所产生的融资需求，公司为保持合理的资本结构，决定调整股利分配政策。公司当前的净利润为4 500万元，过去长期以来一直采用固定股利支付率政策进行股利分配，股利支付率为20%。如果改用剩余股利政策，所需权益资本应占资本支出预算金额的70%。

要求：

（1）根据资料一和资料二，计算A方案的静态回收期、动态回收期、净现值、现值指数。

（2）根据资料一和资料二，计算B方案的净现值、年金净流量。

（3）根据资料二，判断公司在选择A、B两种方案时，应采用净现值法还是年金净流量法。

（4）根据要求（1）、要求（2）、要求（3）的结果和资料三，判断公司应选择A方案还是B方案。

（5）根据资料四，如果继续执行固定股利支付率政策，计算公司的收益留存额。

（6）根据资料四，如果改用剩余股利政策，计算公司的收益留存额与可发放股利额。

9.58 甲公司是一家国内中小板上市的制造企业，基于公司持续发展需要，公司决定优化资本结构，并据以调整相关股利分配政策。有关资料如下：

资料一：公司已有的资本结构如下。债务资金账面价值为600万元，全部为银行借款本金，年利率为8%，假设不存在手续费等其他筹资费用；权益资金账面价值为2 400万元，权益资本成本率采用资本资产定价模型计算。已知无风险收益率为6%，市场组合收益率为10%。公司股票的β系数为2。公司适用的企业所得税税率为25%。

资料二：公司当前销售收入为12 000万元，变动成本率为60%，固定成本总额为800万元。上述变动成本和固定成本均不包含利息费用。随着公司所处资本市场环境变化以及持续稳定发展的需要，公司认为现有的资本结构不够合理，决定采用公司价值分析法进行资本结构优化分析。经研究，公司提出两种资本结构调整方案，两种方案下的债务资金和权益资本的相关情况如下表所示：

调整方案	全部债务市场价值（万元）	税前债务利息率	公司权益资本成本率
方案1	2 000	8%	10%
方案2	3 000	8.4%	12%

假定公司债务市场价值等于其账面价值，且税前债务利息率等于税前债务资本成本率，同时假定公司息税前利润水平保持不变，权益资本市场价值按净利润除以权益资本成本率这种简化方式进行测算。

资料三：公司实现净利润2 800万元。为了确保最优资本结构，公司拟采用剩余股利政策。假定投资计划需要资金2 500万元，其中权益资金占比应达到60%。公司发行在外的普通股数量为2 000万股。

资料四：公司自上市以来一直采用基本稳定的固定股利政策，每年发放的现金股利均在每股0.9元左右。不考虑其他因素影响。

要求：

（1）根据资料一，计算公司的债务资本成本率、权益资本成本率，并按账面价值权数计算公司的平均资本成本率。

（2）根据资料二，计算公司当前的边际贡献总额、息税前利润。

（3）根据资料二，计算两种方案下的公司市场价值，并据以判断采用何种资本结构优化方案。

（4）根据资料三，计算投资计划所需要的权益资本数额以及预计可发放的现金股利，并据此计算每股股利。

（5）根据要求（4）的计算结果和资料四，不考虑其他因素，依据信号传递理论，判断公司改变股利政策可能给公司带来什么不利影响。

9.59 某公司长期以来只生产X产品，有关资料如下：

资料一：2016年度X产品实际销售量为600万件，销售单价为30元，单位变动成本为16元，固定成本总额为2 800万元，假设2017年X产品单价和成本性态保持不变。

资料二：公司按照指数平滑法对各年销售量进行预测，平滑指数为0.7。2015年公司预测的2016年销售量为640万件。

资料三：为了提升产品市场占有率，公司决定2017年放宽X产品销售的信用条件，延长信用期，预计销售量将增加120万件，收账费用和坏账损失将增加350万元，应收账款年平均占有资金将增加1 700万元，资本成本率为6%。

资料四：2017年度公司发现新的商机，决定利用现有剩余生产能力，并添置少量辅助生产设备，生产一种新产品Y。预计Y产品的年销售量为300万件，销售单价为36元，单位变动成本为20元，固定成本每年增加600万元。与此同时，X产品的销售会受到一定冲击，其年销售量将在原来基础上减少200万件。

要求：

（1）根据资料一，计算2016年度下列指标：

①边际贡献总额；②保本点销售量；③安全边际额；④安全边际率。

（2）根据资料一和资料二，完成下列要求：

①采用指数平滑法预测2017年度X产品的销售量；②以2016年为基期计算经营杠杆系数；③预测2017年息税前利润增长率。

（3）根据资料一和资料三，计算公司因调整信用政策而预计增加的相关收益（边际贡献）、相关成本和相关利润，并据此判断改变信用条件是否对公司有利。

（4）根据资料一和资料四，计算投产新产品Y为公司增加的息税前利润，并据此作出是否投产新产品Y的经营决策。

9.60 甲公司长期以来只生产X产品，公司现组织财务部门进行2021年的财务计划与预算，有关资料如下：

资料一：X产品的单价为1 000元/件，单位变动成本为600元/件，2020年的销量为980件，假设该公司目前盈亏临界点作业率为40%。

企业经营安全程度一般性标准

安全边际率	40%以上	30% ~ 40%	20% ~ 30%	10% ~ 20%	10%以下
经营安全程度	很安全	安全	较安全	值得注意	危险

资料二：公司拟采用修正的移动平均法对2021年的全年销售量进行预测，样本期为3期，有关历史数据如下表所示。

年份	2013	2014	2015	2016	2017	2018	2019	2020
预测销售量（件）	790	750	800	820	850	830	960	900
实际销售量（件）	800	720	810	830	870	810	1 060	980

资料三：受电商大促活动的影响，公司预计X产品在2021年第二季度和第四季度达到销售高峰，分别能实现300件和400件的销量，剩下两个季度销量相同。已知每季度预计期末产成品存货为下一季度预计销售量的10%。

资料四：甲公司各季度的销售收入中，有80%在本季度收到现金，20%在下一季度收到现金。2020年末应收账款余额为80 000元，不考虑增值税及其他因素的影响。

资料五：公司2020年末的现金余额为62 000元，2021年第一季度预计的现金支出为220 000元。公司在每季度末的理想现金余额是60 000元且不低于该水平。如果当季度现金不足，则向银行取得短期借款；如果当季度现金溢余，则偿还银行短期借款。短期借款的年利率为8%，按季度偿付利息。借款和还款的数额须为1 000元的整数倍。假设新增借款发生在季度初，归还借款发生在季度末。

要求：

（1）根据资料一，计算2020年甲公司X产品的下列指标：

①盈亏平衡点销售量；②固定成本总额；③安全边际率，并判断其经营安全程度。

（2）根据资料二，计算2021年甲公司X产品的预计销售量。

（3）根据要求（2）的结果和资料三，为确保第四季度大促活动的库存充足，计算第三季度的预计生产量。

（4）根据资料一、要求（2）的结果和资料四，计算甲公司2021年第一季度的预计现金收入。

（5）根据要求（4）的结果和资料五，计算甲公司第一季度资金预算中的：

①现金余缺；②取得短期借款金额；③短期借款利息金额；④期末现金余额。

9.61 戊公司生产和销售E、F两种产品，每年产销平衡。为了加强产品成本管理，合理确定下年度经营计划和产品销售价格，该公司专门召开总经理办公会进行讨论。相关资料如下：

资料一：2014年E产品实际产销量为3 680件，生产实际用工为7 000小时，实际人工成本为16元/小时。

标准成本资料如下表所示：

E产品单位标准成本

项目	直接材料	直接人工	制造费用
价格标准	35元/千克	15元/小时	10元/小时
用量标准	2千克/件	2小时/件	2小时/件

资料二：F产品年设计生产能力为15 000件，2015年计划生产12 000件，预计单位变动成本为200元，计划期的固定成本总额为720 000元。该产品适用的消费税税率为5%，成本利润率为20%。

资料三：戊公司接到F产品的一个额外订单，意向订购量为2 800件，订单价格为290元/件，要求2015年内完工。

要求：

（1）根据资料一，计算2014年E产品的下列指标：

①单位标准成本；②直接人工成本差异；③直接人工效率差异；④直接人工工资率差异。

（2）根据资料二，运用全部成本费用加成定价法测算F产品的单价。

（3）根据资料二，运用变动成本费用加成定价法测算F产品的单价。

（4）根据资料二、资料三和上述测算结果，作出是否接受F产品额外订单的决策，并说明理由。

（5）根据资料二，如果2015年F产品的目标利润为150 000元，销售单价为350元。假设不考虑消费税的影响，计算F产品保本销售量和实现目标利润的销售量。

9.62 甲公司是一家制造业企业集团，生产耗费的原材料为L零部件。有关资料如下：

资料一：L零部件的年正常需要量为54 000个，2018年及以前年度一直从乙公司进货，单位购买价格为100元/个，单位变动储存成本为6元/个，每次订货变动成本为2 000元，一年按360天计算。

资料二：2018年，甲公司全年应付账款平均余额为450 000元，假定应付账款全部为应向乙公司支付的L零部件的价款。

资料三：2019年初，乙公司为鼓励甲公司尽早还款，向甲公司开出的现金折扣条件为"2/10，N/30"，目前甲公司用于支付账款的资金需要在30天时才能周转回来，30天以内的资金需求要通过银行借款筹集，借款利率为4.8%。甲公司综合考虑借款成本与折扣收益，决定在10天付款方案和30天付款方案中作出选择。

资料四：受经济环境的影响，甲公司决定自2020年将零部件从外购转为自行生产，计划建立一个专门生产L零部件的A分厂。该分厂投入运行后的有关数据估算如下：零部件的年产量为54 000个，单位直接材料为30元/个，单位直接人工为20元/个，其他成本全部为固定成本，金额为1 900 000元。

资料五：甲公司将A分厂作为一个利润中心予以考核，内部结算价格为100元/个，该分厂全部固定成本1 900 000元中，该分厂负责人可控的部分占700 000元。

要求：

（1）根据资料一，按照经济订货基本模型计算：

①零部件的经济订货量；②全年最佳订货次数；③最佳订货周期（要求用天数表示）；④经济订货量下的变动储存成本总额。

（2）根据资料一和资料二，计算2018年度的应付账款周转期（要求用天数表示）。

（3）根据资料一和资料三，分别计算甲公司2019年度两个付款方案的净收益，并判断甲公司应选择哪个付款方案。

（4）根据资料四，计算A分厂投入运营后预计年产品成本总额。

（5）根据资料四和资料五，计算A分厂作为利润中心的如下业绩考核指标：

①边际贡献；②可控边际贡献；③部门边际贡献。

9.63 甲公司是一家生产经营比较稳定的制造企业，长期以来仅生产A产品。公司2017年和2018年的有关资料如下：

资料一：公司采用指数平滑法对销售量进行预测，平滑指数为0.6。2017年A产品的预测销售量为50万吨，实际销售量为45万吨，A产品的销售单价为3 300元/吨。

资料二：由于市场环境发生变化，公司对原销售预测结果进行修正，将预计销售额调整为180 000万元。公司通过资金习性分析，采用高低点法对2018年度资金需要量进行预测。有关历史数据如下表所示：

资金与销售额变化情况表

单位：万元

年度	2017年	2016年	2015年	2014年	2013年	2012年
销售额	148 500	150 000	129 000	120 000	105 000	100 000
资金占用	54 000	55 000	50 000	49 000	48 500	47 500

资料三：公司在2017年度实现净利润50 000万元，现根据2018年度的预计资金需求量来筹集资金，为了维持目标资本结构，要求所需资金中，负债资金占40%，权益资金占60%，按照剩余股利政策分配现金股利。公司发行在外的普通股股数为2 000万股。

资料四：公司在2018年有计划地进行外部融资，其部分资金的融资方案为溢价发行5年期公司债券，面值总额为900万元，票面利率为9%，发行总价为1 000万元，发行费用率为2%；另向银行借款4 200万元，年利率为6%。公司适用的企业所得税税率为25%。

要求：

（1）根据资料一，计算：

①2018年A产品的预计销售量；②2018年A产品的预计销售额。

（2）根据资料二，计算如下指标：

①单位变动资金；②不变资金总额；③2018年度预计资金需求量。

（3）根据要求（2）的计算结果和资料三，计算：

①2018年资金总需求中的权益资本数额；②发放的现金股利总额与每股股利。

（4）根据资料四，不考虑货币时间价值，计算下列指标：

①债券的资本成本率；②银行借款的资本成本率。

第十章 财务分析与评价

一、单项选择题

10.1 下列比率指标的不同类型中，营业利润率属于（   ）。

    A. 构成比率   B. 动态比率

    C. 相关比率   D. 效率比率

10.2 下列关于财务分析的因素分析法的说法中，正确的是（   ）。

    A. 构成指标的因素必须客观上存在因果关系

    B. 因素替代的顺序可以灵活颠倒

    C. 连环替代法是差额分析法的一种简化形式

    D. 因素分析法可以得出准确的因素变动影响数

10.3 某公司的流动资产总额为46亿元，其中货币资金18亿元，应收账款18.8亿元，存货9.2亿元，流动负债总额为23亿元，该公司的速动比率为（   ）。

    A. 0.78   B. 2   C. 1.18   D. 1.6

10.4 某公司流动比率为1.8，如果赊购一批原材料，则流动比率的变化方向是（   ）。

    A. 不变   B. 都有可能

    C. 变大   D. 变小

10.5 某企业目前的速动比率大于1，若其他条件不变，下列措施中，能够提高该企业速动比率的是（   ）。

    A. 以银行存款偿还长期借款   B. 以银行存款购买原材料

    C. 收回应收账款   D. 以银行存款偿还短期借款

10.6 下列各项中，不属于速动资产的是（   ）。

    A. 现金   B. 产成品

    C. 应收账款   D. 交易性金融资产

10.7 下列财务指标中，最能反映企业即时偿付短期债务能力的是（   ）。

    A. 资产负债率   B. 流动比率

    C. 权益乘数   D. 现金比率

10.8 下列各项中，既不影响现金比率又不影响速动比率的是（   ）。

    A. 交易性金融资产   B. 应收票据

    C. 短期借款   D. 存货

10.9 某企业2022年利润总额为1 000万元，财务费用中的利息支出金额为100万元，计入固定资产成本的资本化利息金额为50万元，则2022年利息保障倍数为（   ）。

    A. 7.33   B. 7.67   C. 11.5   D. 6.67

10.10 某公司2021年度营业收入为9 000万元，营业成本为7 000万元，年初存货为2 000万元，年末存货为1 500万元，则该公司2021年的存货周转次数为（　　）次。

A. 3.5　　　　　　　　　　　　　　　B. 4.5

C. 5.14　　　　　　　　　　　　　　　D. 4

10.11 某公司上期营业收入为1 000万元，本期期初应收账款为120万元，本期期末应收账款为180万元，本期应收账款周转率为8次，则本期的营业收入增长率为（　　）。

A. 20%　　　　　　　　　　　　　　　B. 12%

C. 18%　　　　　　　　　　　　　　　D. 50%

10.12 某公司2019年初所有者权益为2亿元，2019年末所有者权益为3亿元（已扣除客观增减因素影响）。该公司2019年的资本保值增值率为（　　）。

A. 50%　　　　　　　　　　　　　　　B. 75%

C. 120%　　　　　　　　　　　　　　　D. 150%

10.13 甲公司2021年平均负债总额为6 000万元，平均产权比率为3，经营活动现金流量净额为500万元，则2021年甲公司的全部资产现金回收率为（　　）。

A. 6.25%　　　　　　　　　　　　　　B. 8.33%

C. 2.78%　　　　　　　　　　　　　　D. 5.56%

10.14 下列各项财务分析指标中，能反映企业收益质量的是（　　）。

A. 现金营运指数　　　　　　　　　　B. 净资产收益率

C. 营业现金比率　　　　　　　　　　D. 资本保值增值率

10.15 某上市公司2019年度归属于普通股股东的净利润为15 000万元。2018年末的股数为5 000万股。2019年2月1日，经公司股东大会决议，以截至2018年末公司总股数为基础，向全体股东每10股送红股10股，工商注册登记变更完成后公司总股数变为10 000万股，则2019年的基本每股收益为（　　）元/股。

A. 1.22　　　　　　B. 1.5　　　　　　C. 1.57　　　　　　D. 1.09

10.16 某上市公司2019年度归属于普通股股东的净利润为25 500万元，2018年末的股数为5 000万股。2019年5月1日发行新股6 000万股，10月1日回购2 000万股用于职工奖励，则2019年的基本每股收益为（　　）元/股。

A. 3　　　　　　　　　　　　　　　　B. 2.8

C. 2.5　　　　　　　　　　　　　　　D. 4

10.17 在计算稀释每股收益时，下列各项中，不属于潜在普通股的是（　　）。

A. 可转换公司债券　　　　　　　　　B. 不可转换优先股

C. 股份期权　　　　　　　　　　　　D. 认股权证

10.18 某公司2021年实现的净利润为500万元，2021年12月31日的每股市价为30元，普通股股东权益为600万元，流通在外的普通股股数为120万股。2021年4月1日发行股票30万股，10月1日回购股票20万股，则2021年末的市净率为（　　）倍。

A. 6.875　　　　　　　　　　　　　　B. 6

C. 6.5　　　　　　　　　　　　　　　D. 6.83

10.19 关于杜邦分析体系所涉及的财务指标，下列表述中错误的是（　　）。

A. 营业净利率可以反映企业的盈利能力

B. 权益乘数可以反映企业的偿债能力

C. 总资产周转率可以反映企业的营运能力

D. 总资产收益率是杜邦分析体系的起点

10.20 某公司税后净营业利润为 2 000 万元，负债总额为 4 000 万元，股东权益总额为 6 000 万元，加权平均资本成本为 8%，假设没有调整项目，则该公司的经济增加值为（　　）万元。

A. 1 440 　　　　　 B. 1 680 　　　　　 C. 1 520 　　　　　 D. 1 200

二、多项选择题

10.21 下列各项中，影响流动比率的重要因素有（　　）。

A. 营业周期 　　　　　　　　　　 B. 应收账款的变现能力

C. 存货的周转速度 　　　　　　　 D. 长期股权投资的变现能力

10.22 下列财务指标中，可以反映长期偿债能力的有（　　）。

A. 总资产周转率 　　　　　　　　 B. 权益乘数

C. 产权比率 　　　　　　　　　　 D. 资产负债率

10.23 下列财务指标中，可以用来反映公司资本结构的有（　　）。

A. 资产负债率 　　　　　　　　　 B. 产权比率

C. 营业净利率 　　　　　　　　　 D. 总资产周转率

10.24 下列各项中，影响企业偿债能力的有（　　）。

A. 可动用的授信额度 　　　　　　 B. 资产质量

C. 债务担保 　　　　　　　　　　 D. 未决诉讼

10.25 不考虑其他因素，当企业权益乘数升高时，下列说法中，正确的有（　　）。

A. 资产负债率和产权比率提高 　　 B. 长期偿债能力增加

C. 财务风险提高 　　　　　　　　 D. 企业总杠杆下降

10.26 下列各项中，可用于企业营运能力分析的财务指标有（　　）。

A. 速动比率 　　　　　　　　　　 B. 应收账款周转天数

C. 存货周转次数 　　　　　　　　 D. 流动比率

10.27 下列各项中，影响应收账款周转率指标的有（　　）。

A. 应收账款 　　　　　　　　　　 B. 预付账款

C. 应收票据 　　　　　　　　　　 D. 应付账款

10.28 在一定时期内，应收账款周转次数多，所反映的信息有（　　）。

A. 收账速度快，信用销售管理严格 　 B. 增强短期偿债能力

C. 减少收账费用以及坏账损失 　　 D. 应收账款流动性强

10.29 假定其他条件不变，下列各项经济业务中，不影响总资产净利率的有（　　）。

A. 收回应收账款 　　　　　　　　 B. 用资本公积转增资本

C. 用银行存款购入生产设备 　　　 D. 用银行存款偿还短期借款

10.30 关于经济增加值指标，下列表述中，错误的有（　　　）。

A. 经济增加值能够真实地反映公司业绩，可以对企业进行综合评价

B. 不同企业之间经济增加值的可比性较强

C. 经济增加值可以衡量企业长远发展战略的价值

D. 经济增加值为正，表明经营者在创造价值

10.31 现代所使用的沃尔评分法相较于原来已经有了很大的变化，它认为企业财务评价的内容应当包括（　　）。

A. 盈利能力 　　　　　　　　　　　B. 偿债能力

C. 营运能力 　　　　　　　　　　　D. 成长能力

10.32 下列企业综合绩效评价指标中，属于评价企业资产质量状况的指标有（　　　）。

A. 总资产周转率 　　　　　　　　　B. 总资产增值率

C. 总资产收益率 　　　　　　　　　D. 不良资产比率

三、判断题

10.33 某企业前三年销售收入分别为100万元、120万元和110万元，以第一年为基期，则第三年的环比动态比率为110%。（　　　）

10.34 企业债权人在进行财务分析时，主要关心其投资的安全性，因此会进行偿债能力分析，但不关注盈利能力。（　　　）

10.35 计算利息保障倍数时，"应付利息"指计入财务费用中的利息支出，不包括资本化利息。（　　　）

10.36 在计算应收账款周转率时，营业收入理论上应使用"赊销收入"作为周转额，应收账款为扣除坏账准备后的净额。（　　　）

10.37 总资产周转率可用于衡量企业全部资产赚取收入的能力，故根据该指标可以全面评价企业的盈利能力。（　　　）

10.38 净资产收益率是杜邦分析法的核心，反映权益资本经营的盈利能力。其计算公式为净资产收益率=总资产净利率×权益乘数。如果不改善资产盈利能力，单纯通过加大举债力度提高权益乘数，可进一步提高净资产收益率，改善财务状况。（　　　）

10.39 一般而言，所有者权益增长率越高，表明企业资本积累越多，应对风险、持续发展的能力越强。（　　　）

10.40 净收益营运指数作为一个能够反映公司收益质量的指标，可以揭示净收益与现金流量之间的关系。（　　　）

10.41 每股收益可以衡量股票投资价值，每股收益越高，表示投资价值越大，每股股利多。（　　　）

10.42 我国上市公司"管理层讨论与分析"信息披露遵循的原则是不定期披露原则。（　　　）

10.43 与净资产收益率相比，经济增加值绩效评价方法考虑了全部资本的机会成本，能更真实地反映企业的价值创造。（　　　）

10.44 综合绩效评价是一种定量分析与定性分析相结合的方法，该方法是站在企业经营管理者的角度进行的。（　　）

四、计算分析题

10.45 甲公司生产销售某产品，现将该产品的人工成本分解为产品产量、单位产品消耗人工工时和小时工资率三个影响因素，采用因素分析法对其人工成本变动进行分析，基期、报告期人工成本信息如下：

项目	基期	报告期
产品产量（件）	200	220
单位产品消耗人工工时（小时）	20	18
小时工资率（元/小时）	25	30

要求：

（1）计算该产品报告期与基期人工成本的差额。

（2）使用因素分析法，依次计算下列因素变化对报告期与基期人工成本差额的影响：①产品产量；②单位产品消耗人工工时；③小时工资率。

10.46 资料一：2024年末甲公司的部分资产负债表如下：

单位：万元

项目	金额	项目	金额
货币资金	450	短期借款	A
应收账款	250	应付账款	280
存货	400	长期借款	700
非流动资产	1 300	所有者权益	B
资产总计	2 400	负债与所有者权益总计	2 400

资料二：已知年初应收账款为150万元，年初存货为260万元，年初所有者权益为1 000万元。本年营业收入为1 650万元，营业成本为990万元，净利润为220万元。年末流动比率为2.2，一年按360天计算。

要求：

（1）计算资料一中字母所代表数字。

（2）计算应收账款周转次数、存货周转天数和营业毛利率。

10.47 甲公司近年来受宏观经济形势的影响，努力加强资产负债管理，不断降低杠杆水平，争取在2018年末将资产负债率控制在55%以内。为考察降杠杆对公司财务绩效的影响，现基于杜邦分析体系，将净资产收益率指标依次分解为营业净利率、总资产周转率和权益乘数三个因素，采用连环替代法予以分析。近几年有关财务指标如下表所示：

单位：万元

项目	2016年末	2017年末	2018年末	2017年度	2018年度
资产总额	6 480	6 520	6 980	—	—
负债总额	4 080	3 720	3 780	—	—
所有者权益总额	2 400	2 800	3 200	—	—
营业收入	—	—	—	9 750	16 200
净利润	—	—	—	1 170	1 458

要求：

（1）计算2018年末的资产负债率，并据以判断公司是否实现了降杠杆目标。

（2）计算2017年和2018年的净资产收益率（涉及的资产、负债、所有者权益均采用平均值计算）。

（3）计算2017年和2018年的权益乘数（涉及的资产、负债、所有者权益均采用平均值计算）。

（4）计算2018年与2017年净资产收益率之间的差额，运用连环替代法，计算权益乘数变化对净资产收益率变化的影响（涉及的资产、负债、所有者权益用平均值计算）。

10.48 甲公司2024年有关报表数据如下表所示，假设一年按360天计算。

单位：万元

资产负债表			利润表	
项目	期初余额	期末余额	项目	金额
货币资金	150	150	营业收入	8 000
交易性金融资产	50	50	营业成本	6 400
应收账款	600	1 400		
存货	800	2 400		
流动资产合计	1 600	4 000		
流动负债合计	1 000	1 600		

要求：

（1）计算2024年营业毛利率、应收账款周转率、存货周转天数。

（2）计算2024年营运资金增加额。

（3）计算2024年末现金比率。

10.49 丁公司是一家创业板上市公司，2016年度营业收入为20 000万元，营业成本为15 000万元，财务费用为600万元（全部为利息支出），利润总额为2 000万元，净利润为1 500万元，非经营净收益为300万元。此外，资本化的利息支出为400万元。丁公司存货年初余额为1 000万元，年末余额为2 000万元，公司全年发行在外的普通股加权平均数为10 000万股，年末每股市价为4.5元。

　　要求：

（1）计算营业净利率。

（2）计算利息保障倍数。

（3）计算净收益营运指数。

（4）计算存货周转率。

（5）计算市盈率。

10.50 丁公司2023年12月31日总资产为600 000元，其中流动资产为450 000元，非流动资产为150 000元，股东权益为400 000元。丁公司年度运营分析报告显示，2023年的存货周转次数为8次，销售成本为500 000元，净资产收益率为20%，非经营净收益为−20 000元。期末的流动比率为2.5。

　　要求：

（1）计算2023年存货平均余额。

（2）计算2023年末流动负债。

（3）计算2023年净利润。

（4）计算2023年经营净收益。

（5）计算2023年净收益营运指数。

五、综合题

10.51 己公司是一家饮料生产商，公司相关资料如下：

　　资料一：己公司2015年相关财务数据如表1所示，假设己公司成本性态不变，现有债务利息水平不变。

表1　己公司2015年相关财务数据

单位：万元

资产负债类项目（2015年12月31日）	金额
流动资产	40 000
非流动资产	60 000
流动负债	30 000
长期负债	30 000
所有者权益	40 000

单位：万元

收入成本类项目（2015年度）	金额
营业收入	80 000
固定成本	25 000
变动成本	30 000
财务费用（利息费用）	2 000

资料二：己公司计划2016年推出一款新型饮料，年初需要购置一条新生产线，并立即投入使用。该生产线购置价格为50 000万元，可使用8年，预计净残值为2 000万元，采用直线法计提折旧，该生产线投入使用时需要垫支营运资金5 500万元，在项目终结时收回。该生产线投产后己公司每年可增加营业收入22 000万元，增加付现成本10 000万元。会计上对于新生产线折旧年限、折旧方法以及净残值等的处理与税法保持一致，假设己公司要求的最低报酬率为10%。

资料三：为了满足购置新生产线的资金需求，己公司设计了两个筹资方案，第一个方案是以借贷方式筹集资金50 000万元，年利率为8%；第二个方案是发行普通股10 000万股，每股发行价5元，己公司2016年初普通股股数为30 000万股。

资料四：假设己公司不存在其他事项，适用的企业所得税税率为25%。相关货币时间价值系数如表2所示。

表2　货币时间价值系数表

期数（n）	1	2	7	8
（P/F，10%，n）	0.9091	0.8264	0.5132	0.4665
（P/A，10%，n）	0.9091	1.7355	4.8684	5.3349

要求：

（1）根据资料一，计算己公司的下列指标：

①营运资金；②产权比率；③边际贡献率；④保本销售额。

（2）根据资料一，计算经营杠杆系数。

（3）根据资料二和资料四，计算新生产线项目的下列指标：

①原始投资额；②NCF_{1-7}；③NCF_8；④NPV。

（4）根据要求（3）的计算结果，判断是否应该购置该生产线，并说明理由。

（5）根据资料三，计算两个筹资方案的每股收益无差别点息税前利润。

（6）假设己公司采用第一个方案进行筹资，根据资料一、资料二和资料三，计算生产线投产后己公司的息税前利润和财务杠杆系数。

10.52 丙公司是一家制造类的上市公司，公司正在对2020年的投融资方案进行筹划，有关资料如下：

资料一：丙公司2019年12月31日的资产负债表简表及相关信息如下表所示。

丙公司2019年12月31日资产负债表简表

金额单位：万元

资产	金额	占销售额百分比%	负债与权益	金额	占销售额百分比%
现金	500	5	短期借款	2 500	N
应收账款	1 500	15	应付账款	1 000	10
存货	3 000	30	预提费用	500	5
固定资产	3 000	N	公司债券	1 000	10
			实收资本	2 000	N
			留存收益	1 000	N
合计	8 000	50	合计	8 000	15

注：N表示对应项目与销售收入存在不稳定的比例关系。

资料二：丙公司拟通过销售百分比法确定2020年资金需求量。已知丙公司2019年销售额10 000万元，销售净利率10%，利润留存率40%，普通股股数2 000万股，公司目前的股票市价为10元。丙公司2020年销售额预计增长20%，销售净利率和利润留存率保持不变。

资料三：为解决资金的缺口，公司打算通过以下两种方式筹集资金：

①溢价发行面值为100元的优先股，年固定股息率为9%，发行价格为120元，发行时筹资费用为发行价的3%。

②从银行获批100万元的周转信贷额度，约定年利率为10%，承诺费率为0.5%。

资料四：丙公司一直以来对从事智能制造的A公司十分看好，准备在2020年购买A公司股票并打算长期持有，要求达到12%的收益率。已知A公司2019年的每股股利为0.6元，预计未来3年股利以15%的速度高速增长，从第4年开始以9%的速度转入正常增长。A公司当前的股票市价为18元。

资料五：相关货币时间价值系数如下表所示：

相关货币时间价值系数表

期数（n）	1	2	3	4
(P/F, 12%, n)	0.893	0.797	0.712	0.636

要求：

（1）根据资料一和资料二，计算丙公司2020年下列各项金额：

①因销售增加而增加的资产额；②因销售增加而增加的负债额；③因销售增加而需要增加的资金量；④预计利润的留存额；⑤外部融资需要量。

（2）根据要求（1）的结果，如果丙公司2020年需要额外增加固定资产投资100万元，计算外部融资需要量。

（3）根据资料二，计算丙公司2019年的每股收益以及当前的市盈率。

（4）根据资料三，不考虑货币时间价值，计算优先股的资本成本率。

（5）根据资料三，假设丙公司2020年企业预计动用贷款60万元，使用时间为12个月，计算该笔业务预计的借款成本。

（6）根据资料四和资料五，计算A公司：

①高速增长期的股利现值之和；②正常增长期的股利在第3年年末的现值；③股票的内在价值。

（7）根据要求（6）的结果，请给出丙公司是否应当购买A公司股票的决策，并说明理由。

10.53 甲企业是某公司下属的一个独立分厂，该企业仅生产并销售W产品，2018年有关预算与考核分析资料如下：

资料一：W产品的预计产销量相同，2018年第一至第四季度的预计产销量分别为100件、200件、300件和400件，预计产品销售单价为1 000元/件。预计销售收入中，有60%在本季度收到现金，40%在下一季度收到现金。2017年末应收账款余额为80 000元。不考虑增值税及其他因素的影响。

资料二：2018年初材料存货量为500千克，每季度末材料存货量按下一季度生产需用量的10%确定。单位产品用料标准为10千克/件，单位材料价格标准为5元/千克。材料采购款有50%在本季度支付现金，另外50%在下一季度支付。

资料三：企业在每季度末的理想现金余额是50 000元，且不得低于50 000元。如果当季度现金不足，则向银行取得短期借款；如果当季度现金溢余，则偿还银行短期借款。短期借款的年利率为10%，按季度偿付利息。借款和还款的数额须为1 000元的整数倍。假设新增借款发生在季度初，归还借款发生在季度末。2018年第一季度，在未考虑银行借款情况下的现金余额（即现金余缺）为26 700元。假设2018年初企业没有借款。

资料四：2018年末，企业对第四季度预算执行情况进行考核分析。第四季度W产品的实际产量为450件，实际材料耗用量为3 600千克，实际材料单价为6元/千克。

要求：

（1）根据资料一，计算：

①W产品第一季度的现金收入；②预计资产负债表中应收账款的年末数。

（2）根据资料一和资料二，计算：

①第一季度预计材料期末存货量；②第二季度预计材料采购量；③第三季度预计材料采购金额。

（3）根据资料三，计算第一季度现金预算中：

①取得短期借款金额；②短期借款利息金额；③期末现金金额。

（4）根据资料一、资料二和资料四，计算第四季度材料费用总额实际数与预算数之间的差额。

（5）根据资料一、资料二和资料四，使用连环替代法，依次计算第四季度下列因素变化对材料费用总额实际数与预算数之间差额的影响：

①产品产量；②单位产品材料消耗量；③单位材料价格。

10.54 丁公司是一家处于初创阶段的电子产品生产企业，相关资料如下：

资料一：2016年开始生产和销售P产品，售价为0.9万元/件，全年生产20 000件，产销平衡。丁公司适用的企业所得税税率为25%。

资料二：2016年财务报表部分数据如下表所示。

资产负债表部分数据

单位：万元

流动资产合计	27 500	负债合计	35 000
非流动资产合计	32 500	所有者权益合计	25 000
资产总计	60 000	负债与所有者权益总计	60 000

利润表项目（年度数）

单位：万元

营业收入	18 000	利润总额	3 000
营业成本	11 000	所得税	750
期间费用	4 000	净利润	2 250

资料三：

所在行业的相关财务指标平均水平：总资产净利率为4%，总资产周转率为0.5次，营业净利率为8%，权益乘数为2。

资料四：公司2016年营业成本中固定成本为4 000万元，变动成本为7 000万元；期间费用中固定成本为2 000万元，变动成本为1 000万元，利息费用为1 000万元，假设2017年成本性态不变。

资料五：公司2017年目标净利润为2 640万元，预计利息费用为1 200万元。

要求：

（1）根据资料二，计算下列指标（计算中需要使用期初与期末平均数的，以期末数替代）：

①总资产净利率；②权益乘数；③营业净利率；④总资产周转率。

（2）根据要求（1）的计算结果和资料三，完成下列要求：

①依据所在行业平均水平对丁公司偿债能力和营运能力进行评价。

②说明丁公司总资产净利率与行业平均水平差异形成的原因。

（3）根据资料一、资料四和资料五，计算2017年的下列指标：

①单位变动成本；②保本点销售量；③实现目标净利润的销售量；④实现目标净利润时的安全边际量。

10.55 甲公司采用杜邦分析法进行绩效评价，并通过因素分析法寻求绩效改进思路。有关资料如下：

资料一：公司2020年产品销量为90 000件，单价为200元/件，净利润为5 400 000元。

资料二：2020年公司和行业的财务指标如下表所示。

财务指标	甲公司	行业平均水平
营业净利率	?	25%
总资产周转率	?	0.5
资产负债率	60%	?
净资产收益率	15%	25%

假定有关资产负债项目年末余额均代表全年平均水平。

资料三：公司将净资产收益率指标依次分解为营业净利率、总资产周转率和权益乘数三个因素，利用因素分析法对公司净资产收益率与行业平均水平的差异进行分析。

资料四：经测算，公司产品需求价格弹性系数为−3。为缩小净资产收益率与行业平均水平的差距，公司决定在2021年将产品价格降低10%，预计销售量与销售额都将增加。鉴于部分资产、负债与销售额存在稳定的百分比关系，预计2021年资产增加额和负债增加额分别为当年销售额的18%和8%。

资料五：预计公司在2021年的销售净利率（即营业净利率）为22%，利润留存率为30%。

要求：

（1）根据资料一和资料二，计算甲公司2020年的下列指标：

①营业净利率；②权益乘数；③总资产周转率。

（2）根据资料二，计算行业平均水平的权益乘数和资产负债率。

（3）根据资料一、资料二和资料三，采用差额分析法分别计算三个因素对甲公司净资产收益率与行业平均水平的差异的影响数，并指出造成该差异的最主要影响因素。

（4）根据资料四及上述有关信息，计算下列指标：

①2021年的销售额增长百分比；②2021年的总资产周转率，并判断公司资产运营效率是否改善。

（5）根据资料四、资料五及上述有关信息，利用销售百分比法测算公司2021年的外部融资需求额。

10.56 乙公司是一家生产经营比较稳定的制造企业，长期以来仅生产P产品。相关资料如下：

资料一：2021年财务报表部分数据如下表所示。

单位：万元

资产负债表项目	2021年末
货币资金	1 050
应收账款	1 750
存货	1 200
固定资产	4 000

续表

资产负债表项目	2021年末
资产合计	8 000
流动负债	3 500
非流动负债	500
所有者权益	4 000
负债和所有者权益	8 000
利润表项目	**2021年度**
营业收入	10 000
营业成本	6 500
期间费用	1 600
净利润	1 200

假设资产负债表项目的年末余额代表全年平均水平。

资料二：

乙公司的主要竞争对手为丙公司，其相关财务比率水平为：营业净利率为18%，总资产周转率0.6次，权益乘数为1。

资料三：乙公司生产的P产品单价为10万元/件，全年生产1 000件，产销平衡。乙公司所适用的企业所得税税率为25%。

资料四：乙公司2021年营业成本中固定成本为3 500万元，变动成本为3 000万元，期间费用中固定成本为600万元，变动成本为1 000万元。

要求：

（1）根据资料一，计算乙公司的下列指标：

①营业净利率；②总资产周转率；③权益乘数；④应收账款周转率；⑤存货周转率。

（2）根据资料一的计算结果和资料二，完成下列要求：

①说明营业净利率、总资产周转率和权益乘数三个指标各自评价企业哪方面能力。

②分别评价乙公司和丙公司以上三个能力的强弱。

（3）根据资料三和资料四，计算乙公司2021年的下列指标：

①单位变动成本；②单位边际贡献；③息税前利润；④盈亏平衡点年销售量。

（4）根据资料三的计算结果和资料四，分别计算在单价、单位变动成本增长10%时的敏感系数，并指出是否为敏感因素。

（5）根据资料三和资料四，假设其他条件不变，该产品预计2022年目标利润（息税前利润）达到2 900万元，计算说明该产品的定价该作怎样的调整。

10.57 甲公司为上市公司，适用的企业所得税税率为25%，相关资料如下：

（1）甲公司2020年末的普通股股数为6 000万股，2021年3月31日，经公司股东大会决议，以2020年末公司普通股股数为基础，向全体股东每10股送红股2股，2021年9月30日增发普通股300万股。除以上情况外，公司2021年度没有其他股份变动事宜。

（2）甲公司2021年平均资产总额为80 000万元，平均负债总额为20 000万元，净利润为12 000万元，公司2021年度股利支付率为50%，并假设在2021年末以现金形式分配给股东。

（3）2022年初某投资者拟购买甲公司股票，甲公司股票的市场价格为10元/股，预计未来两年的每股股利均为1元，第三年起每年的股利增长率保持6%不变，甲公司 β 系数为1.5，当前无风险收益率为4%，市场组合收益率为12%，公司采用资本资产定价模型计算资本成本率，即投资者要求达到的必要收益率。

（4）复利现值系数表如下：

(P/F, i, n)	14%	16%	18%	20%
1	0.8722	0.8621	0.8475	0.8333
2	0.7695	0.7432	0.7182	0.6944
3	0.6750	0.6407	0.6086	0.5787

要求：

（1）计算甲公司的如下指标：

①2021年净资产收益率；②2021年支付的现金股利。

（2）计算甲公司的如下指标：

①2021年基本每股收益；②2021年每股股利。

（3）基于资本资产定价模型，计算2022年初的如下指标：

①市场组合的风险收益率；②甲公司股票的资本成本率；③甲公司股票的每股价值，并判断投资者是否应该购买甲公司股票。

10.58 戊公司是一家以软件研发为主要业务的上市公司，其股票于2013年在我国深圳证券交易所创业板上市交易。戊公司有关资料如下：

资料一：X是戊公司下设的一个利润中心，2015年X利润中心的营业收入为600万元，变动成本为400万元，该利润中心负责人可控的固定成本为50万元，由该利润中心承担但其负责人无法控制的固定成本为30万元。

资料二：Y是戊公司下设的一个投资中心，年初已占用的投资额为2 000万元，预计每年可实现利润300万元，投资收益率为15%，2016年初有一个投资额为1 000万元的投资机会，预计每年增加利润90万元，假设戊公司投资的必要收益率为10%。

资料三：2015年戊公司实现的净利润为500万元，2015年12月31日戊公司股票每股市价为10元。戊公司2015年末资产负债表相关数据如下表所示。

戊公司资产负债表相关数据

单位：万元

项目	金额
资产总计	10 000
负债总计	6 000
股本（面值1元，发行在外1 000万股）	1 000
资本公积	500
盈余公积	1 000
未分配利润	1 500
所有者权益合计	4 000

资料四：戊公司2016年拟筹资1 000万元以满足发展的需要，戊公司2015年末的资本结构即目标资本结构。

资料五：2016年3月1日，戊公司制定的2015年度利润分配方案如下：（1）鉴于法定盈余公积的累计额已达注册资本的50%，不再计提盈余公积；（2）每10股发放现金股利1元；（3）每10股发放股票股利1股。发放股利时戊公司的股价为10元/股。股票股利价格按面值计算。

要求：

（1）根据资料一，计算X利润中心的边际贡献、可控边际贡献和部门边际贡献，并指出以上哪个指标可以更好地评价X利润中心负责人的管理业绩。

（2）①计算接受投资机会前Y投资中心的剩余收益。

②计算接受投资机会后Y投资中心的剩余收益。

③判断Y投资中心是否应接受新投资机会，并说明理由。

（3）根据资料三，计算戊公司2015年12月31日的市盈率和市净率。

（4）在剩余股利政策下，计算下列数据：

①权益筹资数额；②每股现金股利。

（5）计算发放股利后的下列指标：

①未分配利润；②股本；③资本公积。

10.59 甲公司是一家制造企业，近几年公司生产经营比较稳定，并假定产销平衡，公司结合自身发展和资本市场环境，以利润最大化为目标，并以每股收益作为主要评价指标。有关资料如下：

资料一：2016年度公司产品产销量为2 000万件，产品销售单价为50元，单位变动成本为30元，固定成本总额为20 000万元。假定单价、单位变动成本和固定成本总额在2017年保持不变。

资料二：2016年度公司全部债务资金均为长期借款，借款本金为200 000万元，年利率为5%，全部利息都计入当期费用。假定债务资金和利息水平在2017年保持不变。

资料三：公司在2016年末预计2017年的产销量将比2016年增长20%。

资料四：2017年度的实际产销量与上年年末的预计产销量有出入，年实际归属于普通股股东的净利润为8 400万元。2017年初，公司发行在外的普通股数为3 000万股；2017年9月30日，公司增发普通股2 000万股。

资料五：2018年7月1日，公司发行可转换债券一批，债券面值为8 000万元，期限为5年，2年后可以转换为本公司的普通股，转换价格为每股10元。可转换债券当年发生的利息全部计入当期损益，其对公司当年净利润的影响数为200万元。公司当年归属于普通股股东的净利润为10 600万元，公司适用的企业所得税税率为25%。

资料六：2018年末，公司普通股的每股市价为31.8元，同行业类似可比公司的市盈率均在25倍左右（按基本每股收益计算）。

要求：

（1）根据资料一，计算2016年边际贡献总额和息税前利润。

（2）根据资料一和资料二，以2016年为基期计算经营杠杆系数、财务杠杆系数和总杠杆系数。

（3）根据要求（2）的计算结果和资料三，计算：

①2017年息税前利润预计增长率；②2017年每股收益预计增长率。

（4）根据资料四，计算公司2017年基本每股收益。

（5）根据资料四和资料五，计算公司2018年的基本每股收益和稀释每股收益。

（6）根据要求（5）基本每股收益的计算结果和资料六，计算公司2018年末市盈率，并初步判断市场对于该公司的收益预期是否看好。

10.60 甲公司是一家制造企业，企业适用的企业所得税税率为25%。其他资料如下：

（1）2023年资产负债表（部分）如下。

资产项目	年末数（万元）	百分比	负债和股东权益项目	年末数（万元）	百分比
现金	2 000	10%	短期借款	2 000	N
应收账款	1 800	9%	应付账款	1 000	5%
存货	3 000	15%	长期借款	3 000	N
固定资产	9 200	N	股本	8 000	N
			留存收益	2 000	N
资产总计	16 000	N	负债与股东权益	16 000	N

注：N表示对应项目与销售收入存在不稳定的比例关系。

（2）甲公司2023年度销售收入（即营业收入，下同）为20 000万元，净利润为2 500万元，向股东分配现金股利1 500万元，2023年初资产总额为14 000万元（其中，应收账款2 200万元），年初负债总额5 000万元，公司2023年度存货周转期为60天，应付账款周转期为45天，一年按360天计算。

（3）甲公司目前利息费用为300万元，发行在外普通股股数为1 000万股。

（4）由于公司产品供不应求，现生产能力不足，拟于2024年初投资3 000万元购买新设备，增加新设备后预计2024年销售收入增加到30 000万元，净利润3 600万元。假设现金、应收账款、存货、应付账款项目与销售收入保持比例不变，2024年度利润留存率与2023年度相同。

（5）为满足外部融资需求，公司通过以下两种方式筹集资金。

方式一：按面值发行公司债券，期限为5年，票面利率为6%，每年付息一次，到期一次还本，筹资费用率2%。

方式二：发行普通股500万股，已知无风险收益率为3%，市场组合收益率为8%，β 系数为1.2。

要求：

（1）计算公司2023年度的下列指标：

①总资产周转率；②净资产收益率；③营业净利率；④年末权益乘数。

（2）计算公司2023年度的下列指标：

①应收账款周转期；②经营周期；③现金周转期。

（3）计算公司2024年度的下列指标：

①利润留存额；③外部融资需求量（基于销售百分比法）。

（4）公司结合两种方式来筹集资金，所需资金的40%采用方式一筹集，60%采用方式二筹集，计算下列资本成本率：

①发行债券的资本成本率（按一般模式计算）；②发行普通股的资本成本率；③加权平均资本成本率。

做新变 new

new

一、多项选择题

10.61 下列各项中，既不影响速动比率又不影响现金比率的有（　　）。

   A. 应收账款
   B. 预付账款

   C. 合同资产
   D. 交易性金融资产

10.62 关于"资本保值增值率=扣除客观增减因素后所有者权益的期末总额÷所有者权益的期初总额×100%"的计算公式中，客观因素对所有者权益的影响包括（　　）。

   A. 本期投资者追加投资，使企业的实收资本增加

   B. 因资本溢价引起的资本公积变动

   C. 本期接受外来捐赠导致资本公积增加

   D. 资产评估增值导致资本公积增加

二、判断题

10.63 合同资产与应收账款性质相似，两者均属于速动资产。　　　　　　　　　　（　　）

会计专业技术中级资格考试辅导用书·基础进阶

只做好题·财务管理 答案册

斯尔教育 组编

电子工业出版社·

Publishing House of Electronics Industry

北京·BEIJING

图书在版编目（CIP）数据

只做好题. 财务管理答案册 / 斯尔教育组编.

北京 : 电子工业出版社，2025. 3. --（会计专业技术中

级资格考试辅导用书). -- ISBN 978-7-121-49865-7

Ⅰ. F23-44

中国国家版本馆CIP数据核字第2025K2T767号

责任编辑：张春雨

印　　刷：河北鸿运腾达印刷有限公司

装　　订：河北鸿运腾达印刷有限公司

出版发行：电子工业出版社

　　　　　北京市海淀区万寿路173信箱　　　　邮编：100036

开　　本：787×1092　1/16　　印张：38.5　　字数：925千字

版　　次：2025年3月第1版

印　　次：2025年3月第1次印刷

定　　价：62.00元（全3册）

　　凡所购买电子工业出版社图书有缺损问题，请向购买书店调换。若

书店售缺，请与本社发行部联系，联系及邮购电话：（010）88254888，

88258888。

　　质量投诉请发邮件至zlts@phei.com.cn，盗版侵权举报请发邮件至

dbqq@phei.com.cn。

　　本书咨询联系方式：faq@phei.com.cn。

开卷必读

在艰苦、漫长的学习过程中，做题是非常重要的一环。本书收集、整理了大量真题，并根据最新考情、考试风格对真题进行了改编和完善。希望这本书可以成为大家备考路上的好帮手。为了让大家更好地使用本书，下面对本书特点进行简单介绍。

（1）解析详细：对每一道题进行详细解析，帮助大家吸收每一道题的"精华"。

（2）重点清晰：在题目解析中，对需要背诵、记忆的内容更换字体进行标记，一目了然。

（3）精准答疑：本栏目以"问题+解答"的形式呈现，设置在相关知识点之后；通过在总结用户真实提问的基础上，精选出高频、典型、与考试相关的问题，配以详细解答，帮助你顺利解决学习过程中可能出现的疑问，更贴心地满足日常学习需要。

（4）设置"做新变"栏目：将当年官方教材新变知识点单独配题，顺应考试"考新考变"的特点，帮助你更有针对性地练习。

使用本书时，要注重制订和落实计划，努力以学习"打好基础"分册图书的节奏完成练习内容。无论是在配套课程的课堂上还是斯尔教育组建的班级社群内，我们都会随着授课进度将本书的练习题布置为课后作业，只有以"今日事、今日毕"的态度完成之，才有助于扎实、透彻地掌握知识要点。

本书难免有疏漏之处，还望各位考生通过各类渠道向我们反馈、多多提出宝贵意见。

希望每位考生都能够在做题中学习、在做题中检验、在做题中进步、在做题中自信。

让我们共同努力、不负韶华！

目录

第一章 总论
答案与解析

一、单项选择题

1.1 ▶ D	1.2 ▶ B	1.3 ▶ D	1.4 ▶ C	1.5 ▶ B
1.6 ▶ C	1.7 ▶ C	1.8 ▶ A	1.9 ▶ B	1.10 ▶ A
1.11 ▶ A	1.12 ▶ C	1.13 ▶ D	1.14 ▶ B	1.15 ▶ B

二、多项选择题

1.16 ▶ ABD	1.17 ▶ ABCD	1.18 ▶ ABD	1.19 ▶ AB	1.20 ▶ ACD
1.21 ▶ BCD	1.22 ▶ BC	1.23 ▶ ABC		

三、判断题

1.24 ▶ ×	1.25 ▶ ×	1.26 ▶ ×	1.27 ▶ ×	1.28 ▶ √
1.29 ▶ ×	1.30 ▶ ×	1.31 ▶ ×	1.32 ▶ √	1.33 ▶ ×
1.34 ▶ ×	1.35 ▶ ×	1.36 ▶ ×		

一、单项选择题

1.1　**⑤斯尔解析**　D　本题考查企业的组织形式。个人独资企业是由一个自然人投资，全部资产为投资人所有，全部债务由投资者个人承担的经营实体，需要业主对企业债务承担无限责任，选项A不当选。合伙企业中合伙人转让其所有权时，需要取得其他合伙人的同意，有时甚至还需要修改合伙协议，选项B不当选。公司作为独立的法人，其利润需缴纳企业所得税，企业利润分配给股东后，股东还需缴纳个人所得税，因此公司制企业存在双重课税的问题，选项C不当选。国有独资公司是有限责任公司的特殊形式，选项D当选。

1.2 斯尔解析 B 本题考查企业的组织形式。公司制企业的所有者以其出资额为限，承担有限债务责任，选项A不当选。公司制企业可以无限存续，选项B当选。公司制企业融资渠道较多，更容易筹集所需资金，选项C不当选。公司的股东权益被划分为若干股权份额，每个份额可以单独转让，所以容易转让所有权，选项D不当选。

1.3 斯尔解析 D 本题考查企业组织形式。公司制企业的缺点是组建公司的成本高，选项A不当选。公司制企业在设立时有股东人数限制，其中有限责任公司股东人数为1～50名，股份有限公司发起人为1～200名，因此选项B不当选。公司制企业的优点有：（1）有限债务责任；（2）无限存续；（3）容易转让所有权；（4）融资渠道较多。因此选项C不当选、选项D当选。

1.4 斯尔解析 C 本题考查财务管理目标。利润指标通常按年计算，以利润最大化为目标时，企业决策也往往会服务于年度指标的完成或实现，因此可能导致企业短期行为倾向，选项A不当选。相关者利益最大化目标强调股东的首要地位，并强调企业与股东之间的协调关系，选项B不当选。企业价值是企业所能创造的预计未来现金流量的现值，而未来现金流量的预测包含了不确定性和风险因素，选项C当选。各种财务管理目标都以股东财富最大化为基础，因为企业的创立和发展都必须以股东的投入为基础，选项D不当选。

1.5 斯尔解析 B 本题考查财务管理目标。股东财富最大化目标强调更多的是股东的利益，而企业价值最大化，同时强调股东和债权人的利益，因此可以弥补股东财富最大化目标过于强调股东利益的不足，选项A不当选。相关者利益最大化目标，强调股东的首要地位，并强调企业与股东之间的协调关系，选项B当选。企业追求利润最大化，就必须提高劳动生产率，提高资源配置效率，选项C不当选。股东财富最大化的衡量指标是股价，而上市公司的股价可以随时准确获得，因此比较适用于上市公司，选项D不当选。

1.6 斯尔解析 C 本题考查相关者的利益冲突与协调。大股东与中小股东之间的利益冲突的协调方式包括：（1）增强中小股东的投票权和知情权；（2）提高董事会中独立董事的比例，因为独立董事可以代表中小股东的利益；（3）建立健全监事会，并赋予监事会更大的监督与起诉权；（4）完善会计准则体系和信息披露规则；（5）加大对信息披露违规行为的处罚力度，加强对信息披露的监管。综上，选项C当选、选项ABD不当选。

1.7 斯尔解析 C 本题考查相关者的利益冲突与协调。解聘是一种通过股东约束经营者的办法，而接收是一种通过市场约束经营者的办法，选项AB不当选。当公司的所有权和经营管理权分离以后，所有者成为委托人，经营管理者成为代理人，代理人有可能为了自身利益而损害委托人利益，这属于委托代理问题，不会形成产权问题，选项C当选。为了协调大股东与中小股东之间的冲突，通常可采取完善上市公司的治理结构和规范上市公司的信息披露制度的办法，选项D不当选。

1.8 斯尔解析 A 本题考查所有者和经营者利益冲突与协调。协调所有者与经营者利益冲突的方式包括：（1）解聘（选项C不当选）；（2）接收（选项D不当选）；（3）激励（选项B不当选）。限制企业借款用于高风险项目是协调所有者与债权人之间的利益冲突的措施，因此选项A当选。

1.9　ⓢ斯尔解析　B　本题考查财务管理环节。财务决策是指按照财务战略目标的总体要求，利用专门的方法对各种备选方案进行比较和分析，从中选出最佳方案的过程。**财务决策是财务管理的核心**，决策的成功与否直接关系到企业的兴衰成败，选项B当选。

1.10　ⓢ斯尔解析　A　本题考查财务管理环节。财务决策是指按照财务战略目标的总体要求，利用专门的方法对各种备选方案进行比较和分析，从中选出最佳方案的过程，选项A当选。

1.11　ⓢ斯尔解析　A　本题考查财务管理体制。企业组织体制主要有U型组织、H型组织和M型组织三种基本形式，其中U型组织最典型的特征是在管理分工下实行集权控制，选项A当选。

1.12　ⓢ斯尔解析　C　本题考查影响企业财务管理体制集权与分权选择的因素。影响企业财务管理体制集权与分权选择的因素有：（1）企业生命周期（选项A不当选）；（2）企业战略（选项B不当选）；（3）企业所处市场环境；（4）企业规模；（5）企业管理层素质（选项C当选）；（6）信息网络系统（选项D不当选）。

1.13　ⓢ斯尔解析　D　本题考查财务管理环境。通货膨胀对企业财务活动的影响主要表现在：

（1）引起资金占用的大量增加，从而增加企业的资金需求。（选项A不当选）

（2）引起企业利润虚增，造成企业资金由于利润分配而流失。（选项B不当选）

（3）引起利率上升，加大企业筹资成本。（选项C不当选）

（4）引起有价证券价格下降，增加企业的筹资难度。（选项D当选）

（5）引起资金供应紧张，增加企业的筹资困难。

1.14　ⓢ斯尔解析　B　本题考查金融市场。货币市场又称短期金融市场，交易的证券期限不超过1年，包括同业拆借市场、票据市场、大额定期存单市场和短期债券市场，选项B当选。资本市场又称长期金融市场，是指以期限在1年以上的金融工具为媒介，进行长期资金交易活动的市场，包括股票市场、债券市场、期货市场和融资租赁市场等，选项ACD不当选。

1.15　ⓢ斯尔解析　B　本题考查金融市场。资本市场又称长期金融市场，主要包括债券市场、股票市场、期货市场和融资租赁市场等，选项A不当选。资本市场的主要特点有：

（1）融资期限长，至少1年以上，最长可达10年甚至10年以上。

（2）融资的目的是解决长期投资性资本的需要。（选项B当选）

（3）资本借贷量大。（选项C不当选）

（4）收益较高但风险也较大。（选项D不当选）

二、多项选择题

1.16　ⓢ斯尔解析　ABD　本题考查财务管理目标。与利润最大化的财务管理目标相比，股东财富最大化的优点有：

（1）考虑了风险因素，因为通常股价会对风险作出较敏感的反应。（选项A当选）

（2）在一定程度上避免短期行为。（选项B当选）

（3）对上市公司而言，容易量化，便于考核和奖惩。（选项D当选）

利润最大化目标有利于企业资源的合理配置，有利于企业整体经济效益的提高，选项C
不当选。

1.17 斯尔解析　**ABCD**　本题考查财务管理目标。各种财务管理目标，都以股东财富最大化为
基础，选项A当选。以企业价值最大化作为财务管理目标，考虑了取得收益的时间，并用时
间价值的原理进行计量，并且考虑了风险与收益的关系，选项CD当选。不仅目前的利润会影
响企业价值，预期未来的利润对企业价值增加也会产生重大影响，因此企业价值最大化财务
管理目标，有助于克服企业追求利润的短期行为，选项B当选。

1.18 斯尔解析　**ABD**　本题考查所有者与经营者利益冲突与协调。协调所有者与经营者利
益冲突的方式包括：解聘、接收和激励。其中激励方式分为股票期权和绩效股两种，选
项ABD当选。收回借款是协调所有者和债权人之间利益冲突的方式之一，选项C不当选。

1.19 斯尔解析　**AB**　本题考查委托代理问题与利益冲突。举措一（属于激励）协调的是股东
与管理层之间的冲突，选项A当选。举措二（属于完善上市公司的治理结构）协调的是大
股东与中小股东之间的冲突，选项B当选。本题不涉及股东与债权人之间的冲突与协调，选
项C不当选。企业责任与社会责任之间的冲突不属于委托代理冲突，选项D不当选。

1.20 斯尔解析　**ACD**　本题考查财务管理体制。在分权型财务管理体制下，各所属单位大多
从本单位利益出发安排财务活动，缺乏全局观念和整体意识，从而可能导致资金管理分散、
资金成本增大、费用失控、利润分配无序，选项ACD当选。分权型财务管理体制，有利于针
对本单位存在的问题及时作出有效决策，因地制宜地搞好各项业务，不会失去适应市场的弹
性，而集权型财务管理体制容易使企业失去市场弹性，选项B不当选。

1.21 斯尔解析　**BCD**　本题考查财务管理体制。影响企业财务管理体制集权与分权选择的因
素有：（1）企业生命周期；（2）企业战略；（3）企业所处市场环境；（4）企业规模；
（5）企业管理层素质；（6）信息网络系统。此外，财权的集中与分散还应该考虑企业类
型、经济政策、管理方法、管理手段、成本代价等相关情况。企业应综合各种因素，建立符
合企业自身特点和发展需要的财务管理体制。综上，选项BCD当选。

1.22 斯尔解析　**BC**　本题考查财务管理体制。在集权与分权相结合型财务管理体制的实践
中，应当分散管理的权力包括：经营自主权、人员管理权、业务定价权、费用开支审批
权，选项BC当选。制度制定权和固定资产购置权均属于企业总部应当集中管理的权力，选
项AD不当选。

1.23 斯尔解析　**ABC**　本题考查财务管理环境。为了减轻通货膨胀对企业造成的不利影响，在
通货膨胀初期，货币面临贬值的风险，这时企业进行投资可以避免风险，实现资本保值。企
业与客户应签订长期购货合同（而非固定价格的长期销货合同），以减少物价上涨造成的损
失，选项D不当选。企业应取得长期负债，保持资本成本的稳定，选项B当选。在通货膨胀持
续期，企业可以采用比较严格的信用条件，减少企业债权，选项A当选。调整财务政策，防
止和减少企业资本流失，选项C当选。

三、判断题

1.24 〔斯尔解析〕　× 　本题考查企业财务管理目标。利润最大化没有考虑利润实现时间和资金时间价值。但股东财富最大化考虑了货币时间价值，因为计算股东财富所要用到的"股价"本身就考虑了时间价值。本题所述错误。

1.25 〔斯尔解析〕　× 　本题考查企业财务管理目标。企业价值最大化和股东财富最大化都可以克服企业追求利润的短期行为，因为不仅目前的利润会影响股票价格和企业价值，预期未来的利润同样会对股价和企业价值产生重要影响。本题所述错误。

1.26 〔斯尔解析〕　× 　本题考查企业财务管理目标。以股东财富最大化为核心和基础，还应该考虑利益相关者的利益。各国公司法都规定，股东权益是剩余权益，只有满足了其他方面的利益之后才会有股东的利益。可见，其他利益相关者的要求先于股东被满足。本题所述错误。

　　　提示：虽然其他利益相关者的要求会先于股东被满足，但是这种要求必须是有限度的，并非在任何情况下都先于股东被满足。

1.27 〔斯尔解析〕　× 　本题考查企业财务管理目标。相关者利益最大化体现了合作共赢的价值理念，有利于实现企业经济效益和社会效益的统一。本题所述错误。

1.28 〔斯尔解析〕　√ 　本题考查委托代理问题与利益冲突。本题所述正确。

🎯 精准答疑

问题：为什么股东与债权人之间、大股东与中小股东之间也叫作委托代理问题？

解答：现代企业理论认为，企业是由一系列契约关系构成的。在这种结构中，各方成为企业的利益相关者。然而，利益相关者之间的利益和目标往往并不完全一致。在信息不对称的情况下，这导致各利益相关者之间形成了多个委托代理关系。对于股东与债权人来说，股东想要获得更多的股利，债权人想要按时收取利息，到期收回本金；对于大股东和中小股东来说，大股东想要控制企业的生产经营进而侵占中小股东的利益，中小股东想要获得股利，所以这两类关系是常见的委托代理问题示例。

此处需要与法律中的委托代理作出区分，相比较而言，财务管理中的委托代理范畴更广。

1.29 〔斯尔解析〕　× 　本题考查利益相关者的冲突与协调。公司将已筹集资金投资于高风险项目，会给债权人带来高风险，但不会带来高收益，因为债权人无权获得比合同约定更高的收益，项目一旦成功的额外利润会被所有者独享。本题所述错误。

1.30 〔斯尔解析〕　× 　本题考查财务管理原则。在财务管理中坚持系统性原则，是财务管理工作的首要出发点。本题所述错误。

1.31 〔斯尔解析〕　× 　本题考查财务管理原则。在分配管理中，应在追求分配管理成本最小的前提下，妥善处理好各种财务关系，这反映了财务管理中成本收益权衡原则。本题所述错误。

提示：利益关系协调原则重在协调与各方的利益关系，比如与员工、股东、经营者、债务人、债权人、社会公众等。

1.32 ⑤斯尔解析 √ 本题考查财务管理体制。不同战略目标应匹配不同的财务管理体制，比如那些实施纵向一体化战略的企业，要求各所属单位保持密切的业务联系，各所属单位之间业务联系越密切，就越有必要采用相对集中的财务管理体制。本题所述正确。

1.33 ⑤斯尔解析 × 本题考查影响企业财务管理体制集权与分权选择的因素。如果企业所处的市场环境复杂多变，有较大的不确定性，可以给中下层财务管理人员较多的随机处理权；如果企业面临的环境是稳定的，对生产经营的影响不太显著，则可以较多地集中财务管理权，采用集权型财务管理体制。本题所述错误。

1.34 ⑤斯尔解析 × 本题考查金融市场的分类。金融市场可以分为一级市场（发行市场）和二级市场（流通市场），其中一级市场主要处理金融工具的发行与最初购买者之间的交易。二级市场主要处理现有金融工具转让和变现的交易。本题所述错误。

1.35 ⑤斯尔解析 × 本题考查金融工具。金融工具具有收益性、风险性和流动性的特征，但不具有稳定性的特征。本题所述错误。

1.36 ⑤斯尔解析 × 本题考查金融市场。同业拆借市场和大额定期存单市场属于货币市场。本题所述错误。

第二章　财务管理基础
答案与解析

一、单项选择题

2.1 ▶ C	2.2 ▶ A	2.3 ▶ D	2.4 ▶ A	2.5 ▶ C
2.6 ▶ D	2.7 ▶ A	2.8 ▶ A	2.9 ▶ A	2.10 ▶ B
2.11 ▶ D	2.12 ▶ A	2.13 ▶ B	2.14 ▶ D	2.15 ▶ A
2.16 ▶ A	2.17 ▶ C	2.18 ▶ A	2.19 ▶ A	2.20 ▶ D
2.21 ▶ B	2.22 ▶ C	2.23 ▶ A	2.24 ▶ D	2.25 ▶ A
2.26 ▶ A	2.27 ▶ B	2.28 ▶ C	2.29 ▶ B	2.30 ▶ C

二、多项选择题

2.31 ▶ ABCD	2.32 ▶ ACD	2.33 ▶ BD	2.34 ▶ ABD	2.35 ▶ BC
2.36 ▶ ABD	2.37 ▶ ABD	2.38 ▶ AB	2.39 ▶ ABC	2.40 ▶ BD
2.41 ▶ ACD	2.42 ▶ AB	2.43 ▶ AC	2.44 ▶ BCD	2.45 ▶ CD

三、判断题

2.46 ▶ √	2.47 ▶ √	2.48 ▶ ×	2.49 ▶ ×	2.50 ▶ √
2.51 ▶ √	2.52 ▶ ×	2.53 ▶ √	2.54 ▶ ×	2.55 ▶ √
2.56 ▶ ×				

一、单项选择题

2.1 〔斯尔解析〕 C 本题考查货币时间价值。根据复利现值的基本计算式，$(P/F, i, 10)=1\div(1+i)^{10}$，$(P/F, i, 9)=1\div(1+i)^9$，因此，$1\div(1+i)^9=1\div(1+i)^{10}\times(1+i)$，即：$(P/F, i, 9)=(P/F, i, 10)\times(1+i)$，选项C当选。

2.2 〔斯尔解析〕 A 本题考查货币时间价值。因价款按月分期支付，需将年利率转换为月利率，月利率=12%÷12=1%。由于价款于每期期初等额支付，因此属于预付年金。假设每期付款额为A，则有：$A\times(P/A, 1\%, 9)\times(1+1\%)=7\,200$，求得，$A=832.21$（元），选项A当选。

> ### 精准答疑
>
> **问题：** 如何根据已知条件，找到现值、终值和年金A？
>
> **解答：** 除了认真阅读理解题意，还需要学会根据已知条件画图。
>
> 把握住两个原则：（1）年金A是一系列等额收付的款项；（2）"现值是零时点发生，终值是未来时点发生"。
>
>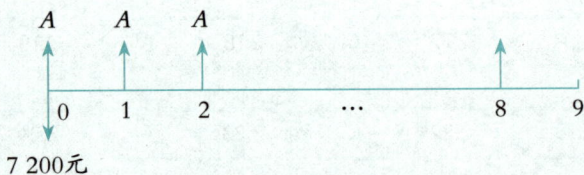
>
> 根据上方现金流量轴，可以清晰展示已知条件，本题是已知预付年金的现值、期限和期利率（1%），计算年金A。

2.3 〔斯尔解析〕 D 本题考查货币时间价值。本题中年金的第一次支付发生在第一期期初，所以不是标准的永续年金。而从第一期期末开始的永续支付才属于永续年金，所以其现值=200+200÷8%=2 700（元），选项D当选。

2.4 〔斯尔解析〕 A 本题考查货币时间价值。第三年年初开始有现金流出，相当于从第二年年末开始连续5年每年年末现金流出100万元，据此可以判定，该现金流量属于递延期为1期、后续收付期为5期的递延年金，其现值=$100\times(P/A, 10\%, 5)\times(P/F, 10\%, 1)$，选项A当选。

2.5 〔斯尔解析〕 C 本题考查货币时间价值。第六年年初发生第一笔现金流量，相当于第五年年末发生第一笔现金流量，所以支取的现金流量属于递延期为4期、后续收付期为10期的递延年金。当前预存的金额等于后续支取款项的现值，所以预存金额=$200\times(P/A, i, 10)\times(P/F, i, 4)$，选项C当选。

2.6 〔斯尔解析〕 D 本题考查货币时间价值。本题相当于已知现值求年金，假设每年偿还额为A，则有：$A\times(P/A, 8\%, 10)=100$，即：$A=100\div(P/A, 8\%, 10)$，选项D当选。

提示：利息已经反映在折现率中。

2.7 　斯尔解析　A　本题考查货币时间价值。该工程如果现在投资，需要投入的资金为3亿元，1年后投资需要投入的资金=3×（1+10%）=3.3（亿元），其现值=3.3÷（1+5%）=3.14（亿元），因此项目延迟造成的投入现值的增加额=3.14-3=0.14（亿元），选项A当选。

2.8 　斯尔解析　A　本题考查利率的计算。由题目可知，$P=21$，$A=5$，$n=5$，则$21=5×（P/A，i，5）$，即$（P/A，i，5）=4.2$，利用内插法：$（7\%-i）÷（7\%-6\%）=（4.1002-4.2）÷（4.1002-4.2124）$，求得：$i=6.11\%$，选项A当选。

2.9 　斯尔解析　A　本题考查实际利率的计算。实际利率=（1+名义利率）/（1+通货膨胀率）-1，实际利率=（1+6.5%）/（1+2.5%）-1=3.9%，选项A当选。

2.10 　斯尔解析　B　本题考查实际利率的计算。债券的票面利率，即名义利率为10%，每半年付息一次，即每年计息两次，此时债券实际年利率=$（1+r/m）^m-1=（1+5\%）^2-1=10.25\%$，选项B当选。

2.11 　斯尔解析　D　本题考查实际利率的计算。本题按季度付息，说明一年付息4次，即$m=4$（次）。该投资的年度收益=50×4=200（万元），年度名义收益率=200÷5 000×100%=4%，即$r=4\%$。所以年实际收益率=$（1+r/m）^m-1=（1+4\%÷4）^4-1=4.06\%$，选项D当选。

2.12 　斯尔解析　A　本题考查资产的收益。资本利得=期末资产的价值-期初资产的价值，因此该投资产生的资本利得=120-100=20（万元），选项A当选。

2.13 　斯尔解析　B　本题考查资产的风险。当两个方案收益的期望值不同时，只能用标准差率比较风险大小，标准差率越大，风险越大。甲方案标准差率=标准差÷期望值=300÷1 000=0.3，乙方案标准差率=标准差÷期望值=330÷1 200=0.275，因此甲方案的风险大于乙方案，选项B当选。

提示：在财务管理中，虽然遵循"风险权衡原则——风险越大收益越大"，但是不能仅通过风险高低来判断项目优劣。

2.14 　斯尔解析　D　本题考查投资组合的收益与风险。系统性风险是不能通过投资组合分散的，选项A不当选。投资组合的总规模越大，风险分散化效应越强，承担的风险越小，选项B不当选。投资组合的方差越小，反映投资组合的风险越小，通常情况下风险越小，收益越低，选项C不当选。在资产组合中的资产数目较低时，增加资产的个数，分散风险的效应会比较明显，但资产数目增加到一定程度时，风险分散效应会逐渐减弱，选项D当选。

2.15 　斯尔解析　A　本题考查资本资产定价模型。股票的风险收益率=$β×（R_m-R_f）=1.24×（8\%-3.5\%）=5.58\%$，选项A当选。

提示：审题时，要注意题目问的是股票的必要收益率，还是风险收益率，本题求的是股票的风险收益率。该股票的必要收益率=3.5%+1.24×（8%-3.5%）=9.08%。

2.16 　斯尔解析　A　本题考查资本资产定价模型。甲证券的风险收益率=10%-4%=6%，乙证券的风险收益率=1.5×6%=9%，乙证券的必要收益率=4%+9%=13%，选项A当选。

2.17 　斯尔解析　C　本题考查证券资产组合的预期收益率。证券资产组合的预期收益率是组成证券资产组合的各种资产收益率的加权平均数，该证券资产组合的预期收益率=10%×40%+15%×60%=13%，选项C当选。

提示：证券资产组合的预期收益率与相关系数无关。

2.18 ⑤斯尔解析　A　本题考查资本资产定价模型。根据公式"$R=R_f+\beta（R_m-R_f）$"，$\beta=1.5$。

当市场收益率$R_m=10\%$时，$R=R_f+1.5\times（10\%-R_f）$。

当市场收益率$R_m=15\%$时，
$$R'=R_f+1.5\times（10\%+5\%-R_f）$$
$$=R_f+1.5\times（10\%-R_f）+1.5\times5\%$$
$$=R_f+1.5\times（10\%-R_f）+7.5\%$$
$$=R+7.5\%$$

综上，选项A当选。

2.19 ⑤斯尔解析　A　本题考查风险管理对策。风险规避是指企业回避、停止或退出蕴含某一风险的商业活动或商业环境，避免成为风险的所有人。例如，退出某一市场以避免激烈竞争，拒绝与信用不好的交易对手进行交易，禁止各业务单位在金融市场上进行投机，选项A当选。风险转移是指企业通过合同将风险转移到第三方，企业对转移后的风险不再拥有所有权，选项B不当选。风险控制是指控制风险事件发生的动因、环境、条件等，来达到减轻风险事件发生时的损失或降低风险事件发生概率的目的，选项C不当选。风险转换是指企业通过战略调整等手段将企业面临的风险转换成另一个风险，选项D不当选。

2.20 ⑤斯尔解析　D　本题考查风险管理对策。风险转移是指企业通过合同将风险转移到第三方，企业对转移后的风险不再拥有所有权，转移风险不会降低其可能的严重程度，只是从一方移除后转移到另一方。例如，购买保险，采取合营方式实现风险共担，选项D当选。

2.21 ⑤斯尔解析　B　本题考查风险管理对策。风险对冲是指引入多个风险因素或承担多个风险，使得这些风险能互相冲抵。风险对冲不是针对单一风险，而是涉及风险组合。例如，资产组合使用、多种外币结算的使用和战略上的多种经营，选项ACD不当选。采取合营方式实现风险共担，属于风险转移，选项B当选。

2.22 ⑤斯尔解析　C　本题考查系统性风险和非系统性风险的辨析。行业政策变化、政治冲突导致的能源危机和企业会计准则改革均为影响整个市场的风险因素，属于系统性风险，投资者无法通过投资组合予以消减，选项ABD不当选。被投资企业面临较高的财务风险仅与被投资企业有关，不会对整个市场产生太大影响，属于非系统性风险，投资者可以通过投资组合予以消减，选项C当选。

提示：非系统性风险的示例通常涉及特定公司的事件，如"某公司面临较高的财务风险"或"某公司新产品开发失败"。同学们据此来识别非系统性风险。

2.23 ⑤斯尔解析　A　本题考查成本性态分析。变动成本是指在特定业务量范围内，其总额会随业务量的变动而呈正比例变动的成本。例如，直接材料、直接人工、按销售量支付的推销员佣金、装运费、包装费，以及按业务量计提的固定设备折旧等，选项A当选。

2.24 ⑤斯尔解析　D　本题考查成本性态分析。职工培训费通常情况下不受业务量变动的影响，属于固定成本，选项AB不当选。同时，职工培训费的发生金额，可以通过管理当局的短期经营决策行动而改变，因此属于酌量性固定成本，选项C不当选、选项D当选。

2.25　**斯尔解析**　A　本题考查成本性态分析。直接材料成本总额会随业务量的变动而呈正比例变动，属于变动成本，选项CD不当选。同时，直接材料成本的金额，是由技术或设计关系所决定，不可以通过管理当局的决策行动而改变，因此属于技术性（约束性）变动成本，选项A当选、选项B不当选。

2.26　**斯尔解析**　A　本题考查成本性态分析。延期变动成本在一定的业务量范围内有一个固定不变的基数（每月固定支付30元，可免费通话300分钟），当业务量增长超出此范围，则与业务量的增长呈正比例变动（超出300分钟的部分，每分钟支付0.15元通话费），选项A当选。

2.27　**斯尔解析**　B　本题考查成本性态分析。半变动成本通常有一个初始固定基数（软件接入费10万元），在此基数之上的其余部分，则随着业务量的增加呈正比例增加（每处理一个问题须支付1元），因此该X-AI软件费用属于半变动成本，选项B当选。

2.28　**斯尔解析**　C　本题考查成本性态分析。延期变动成本，是指在一定的业务量范围（3次）内有一个固定不变的基数（5万元），当业务量增长超出了这个范围，它就与业务量的增长呈正比例变动（每次2万元），因此，该维修费属于延期变动成本，选项C当选。

2.29　**斯尔解析**　B　本题考查混合成本的分解。根据$y=a+bx$，可列式$18\ 000+60b=33\ 000$，可得，$b=250$（元）。6月份的预计修理费总额为$18\ 000+70×250=35\ 500$（元），选项B当选。

2.30　**斯尔解析**　C　本题考查混合成本的分解。回归分析法是根据过去一定期间的业务量和混合成本的历史资料，应用最小二乘法原理，算出最能代表业务量与混合成本关系的回归直线，据以确定混合成本中固定成本和变动成本的方法，选项C当选。

二、多项选择题

2.31　**斯尔解析**　ABCD　本题考查货币时间价值。货币时间价值系数中，共有三组系数互为倒数关系，分别为：普通年金现值系数与资本回收系数、普通年金终值系数与偿债基金系数、复利现值系数与复利终值系数，选项AB当选。另外，对于普通年金与预付年金的关系，无论是预付年金的终值还是现值，均需要在普通年金的基础上乘以（1+折现率），选项CD当选。

2.32　**斯尔解析**　ACD　本题考查货币时间价值。递延年金现值有三种计算方法：
第一种方法（两次折现法）：$P=A×(P/A, i, n)×(P/F, i, m)$。
第二种方法（年金作差法）：$P=A×[(P/A, i, m+n)-(P/A, i, m)]$。
第三种方法（回头是岸法，较少见）：$P=A×(F/A, i, n)×(P/F, i, n+m)$。
故选项ACD当选。

2.33　**斯尔解析**　BD　本题考查递延年金的计算。该现金流是一个递延期为3期，后续收付期为5期的递延年金。采用两次折现法，选项D当选。采用年金作差法，选项B当选。

提示：本题现金流量时间轴如下图所示。

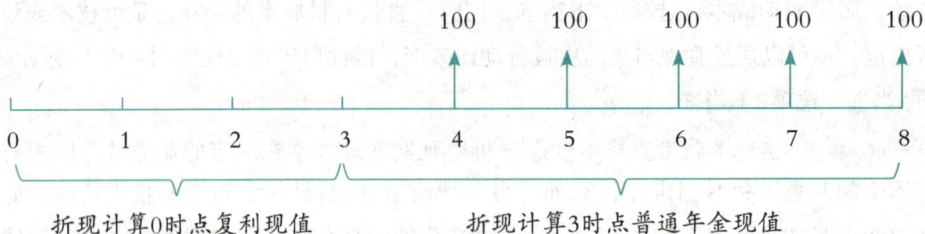

2.34 ⑤斯尔解析　**ABD**　本题考查投资组合的风险及其衡量。非系统性风险亦称可分散风险、特有风险、特殊风险，是指发生于个别公司的特有事件造成的风险，选项BD当选。非系统性风险的产生因素是非预期的、随机发生的事件，这类事件只影响一个或少数公司，不会对整个市场产生太大影响，选项A当选。系统性风险一般用 β 系数进行衡量，选项C不当选。

2.35 ⑤斯尔解析　**BC**　本题考查系统性风险与非系统性风险。投资者可通过投资组合予以分散的风险属于非系统性风险。银行调整利率水平、市场呈现疲软会影响整个市场，属于系统性风险，不可以通过投资组合予以分散，选项AD不当选。公司劳资关系紧张、公司诉讼失败不会影响整个市场，属于非系统性风险，可以通过投资组合予以分散，选项BC当选。

2.36 ⑤斯尔解析　**ABD**　本题考查资产的风险。标准差以绝对数来衡量决策方案的风险，在期望值相同的情况下，标准差越大，风险越大，选项C不当选、选项D当选。标准差率是一个相对指标，既适用于期望值相同的决策方案，也适用于期望值不同的决策方案，标准差率越大，风险越大，选项AB当选。

2.37 ⑤斯尔解析　**ABD**　本题考查资产的风险。β 系数度量投资的系统性风险，选项A当选。方差和标准差度量投资的整体风险（系统性风险和非系统性风险），选项B当选、选项C不当选。标准差率=标准差/期望收益率，表示单位期望收益率承担的整体风险，选项D当选。

2.38 ⑤斯尔解析　**AB**　本题考查投资组合的风险。系统性风险是不可分散的，无法通过投资组合消除，选项A当选。投资组合可以分散非系统性风险，选项C不当选。投资组合的规模越大，分散的非系统性风险越多，其所承担的总风险越小，选项B当选。投资组合中资产数目较低时，增加资产的个数，分散风险的效应会比较明显，但资产数目增加到一定程度时风险分散的效应就会逐渐减弱，选项D不当选。

2.39 ⑤斯尔解析　**ABC**　本题考查投资组合的风险。$\rho=0$ 时，该资产组合内的两只股票缺乏相关性，但仍可以降低风险，选项A当选。$\rho=-1$ 时，该资产组合内的两只股票完全负相关，此时投资组合的风险是最低的，选项B当选。$\rho=1$ 时，该资产组合内的两只股票完全正相关，不能抵消任何风险，选项C当选。ρ 越大，意味着两只股票的收益率变化方向以及变化幅度越趋同（即相关程度越高），此时风险分散的效果越弱，选项D不当选。

2.40 ⑤斯尔解析　**BD**　本题考查证券投资组合的收益与风险。两种证券的收益率完全正相关时，不能分散风险，选项A不当选。只要相关系数小于1，投资组合就可以分散风险，投资组合的风险就小于各单项资产风险的加权平均数，选项C不当选。因此，本题选项BD当选。

提示：投资组合的风险并非单项资产风险简单加权而来，但是投资组合的收益却是单项资产收益的加权平均。

2.41　**斯尔解析**　**ACD**　本题考查资本资产定价模型。资本资产定价模型是"必要收益率=无风险收益率+风险收益率"的具体化，反映资产的必要收益率，选项A当选。该模型中的资产主要指的是股票资产，选项B不当选。风险收益率指的是$\beta \times (R_m - R_f)$，该表达式解释了风险收益率的决定因素和度量方法，选项C当选。该模型只考虑了系统性风险，没有考虑非系统性风险，这是因为非系统性风险可以通过资产组合消除，一个充分的投资组合几乎没有非系统性风险，选项D当选。

2.42　**斯尔解析**　**AB**　本题考查成本性态分析。变动成本的基本特征是：在特定的业务量范围内，变动成本总额因业务量的变动而呈正比例变动，但单位变动成本不变，选项A当选、选项D不当选。固定成本的基本特征是：在一定期间及特定的业务量范围内，固定成本总额不因业务量的变动而变动，但单位固定成本会随业务量的增减呈反方向变动，选项B当选、选项C不当选。

2.43　**斯尔解析**　**AC**　本题考查固定成本的典型举例。约束性固定成本是指管理当局的短期经营决策不能改变其数额的固定成本，是生产能力一经形成就必然要发生的最低支出。例如，房屋租金（选项A当选）、固定的设备折旧、管理人员的基本工资（选项C当选）、车辆交强险等。酌量性固定成本是指管理当局的短期经营决策行动能改变其数额的固定成本。例如广告费、职工培训费（选项B不当选）和新产品研究开发费用（选项D不当选）。

提示：在解答这类题目时，可以依据"是否受管理当局短期经营决策的影响"来判断。教材中的例子基于当时的行业发展和决策实践，可能已不再完全适用当前经济环境。因此，关于"是否受管理当局短期经营决策的影响"这一点，可能存在不同观点，导致争议。为了有效备考，我们重点记忆典型举例即可。

2.44　**斯尔解析**　**BCD**　本题考查变动成本的典型举例。变动成本是指在特定的业务量范围内，其总额会随业务量的变动而呈正比例变动的成本。如直接材料、直接人工、按销售量支付的推销员佣金、装运费、包装费（选项D当选），以及按业务量计提的固定资产折旧（选项B当选）等，其总额会随着产量的增减呈正比例增减。同时变动成本也可以区分为两大类：技术性变动成本和酌量性变动成本。其中酌量性变动成本是指通过管理当局的决策行动可以改变的变动成本。如按销售收入的一定百分比支付的销售佣金、新产品研制费、技术转让费等（选项C当选）；而新产品的研究开发费用属于固定成本（选项A不当选）。

2.45　**斯尔解析**　**CD**　本题考查成本性态分析。高低点法和回归分析法，都属于历史成本分析的方法，都需要依据过去一定期间的业务量和成本资料进行分析，而新产品并不具有足够的历史数据，因此选项CD当选。合同确认法是根据企业订立的经济合同或协议中关于支付费用的规定，来确认并估算哪些项目属于变动成本、哪些项目属于固定成本的方法，估算的过程中，可以不依赖于历史数据，选项A不当选。工业工程法通常适用于投入成本与产出数量之间有规律性联系的成本分解，可以在没有历史成本数据的情况下使用，选项B不当选。

三、判断题

2.46 ⑤斯尔解析 √ 本题考查货币时间价值的定义。本题所述正确。

2.47 ⑤斯尔解析 √ 本题考查利率的计算。当一年多次计息时，实际利率=$(1+r/m)^m-1$，当计息次数（m）越多，实际利率越高。本题所述正确。

2.48 ⑤斯尔解析 × 本题考查利率的计算。实际利率=（1+名义利率）/（1+通货膨胀率）−1，如果通货膨胀率大于名义利率，则实际利率为负数。本题所述错误。

2.49 ⑤斯尔解析 × 本题考查资产的风险。离散程度是用以衡量风险大小的统计指标，反映随机变量离散程度（风险）的指标包括方差、标准差、标准差率等，当指标越大，风险越大。期望值只能反映资产的收益。本题所述错误。

2.50 ⑤斯尔解析 √ 本题考查投资组合的风险。由投资组合收益率的方差的计算公式可知，投资组合的风险水平不仅与组合中各证券的收益率的标准差有关，而且与各证券收益率的相关程度有关。本题所述正确。

2.51 ⑤斯尔解析 √ 本题考查投资组合的风险。完全正相关的两项资产的收益率变化方向和变化幅度完全相同，即相关系数=1，这样的组合不能降低任何风险。本题所述正确。

2.52 ⑤斯尔解析 × 本题考查投资组合的风险。只要两项资产的相关系数不为1，就可以分散组合的投资风险。本题所述错误。

2.53 ⑤斯尔解析 √ 本题考查投资组合的风险。投资组合的β系数是所有单项资产系数的加权平均数，可以通过调整投资组合中不同资产的构成比例来改变组合的系统性风险。本题所述正确。

提示：非系统性风险理论上可以被全部消除，系统性风险不能被完全消除，但是可以被改变。

2.54 ⑤斯尔解析 × 本题考查三种资产收益率之间的关系。实际收益率与预期收益率之间的偏离程度反映投资项目的风险水平。必要收益率与预期收益率之间的关系反映投资项目是否具有财务可行性。本题所述错误。

2.55 ⑤斯尔解析 √ 本题考查资本资产定价模型。在资本资产定价模型中，计算风险收益率时只考虑系统性风险，没有考虑非系统性风险，这是因为非系统性风险可以通过资产组合消除，而公司的特有风险，属于非系统性风险。本题所述正确。

2.56 ⑤斯尔解析 × 本题考查风险矩阵的局限性。风险矩阵仅能对风险重要性等级标准、风险发生可能性、后果严重程度等作出主观判断，并且可能影响使用风险矩阵的准确性。本题所述错误。

四、计算分析题

2.57 ⑤斯尔解析

（1）100×（P/F，10%，2）=100×0.8264=82.64（万元）。

（2）30×（P/A，10%，3）×（1+10%）=30×2.4869×1.1=82.07（万元）。

或：30+30×（P/A，10%，2）=30+30×1.7355=82.07（万元）。

提示：现金流量时间轴如下所示。

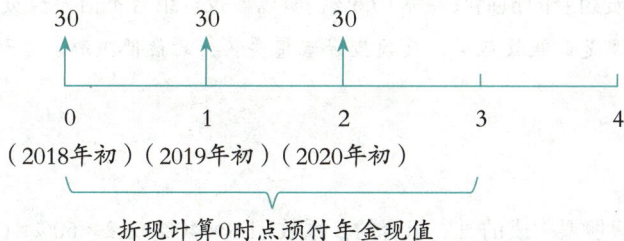

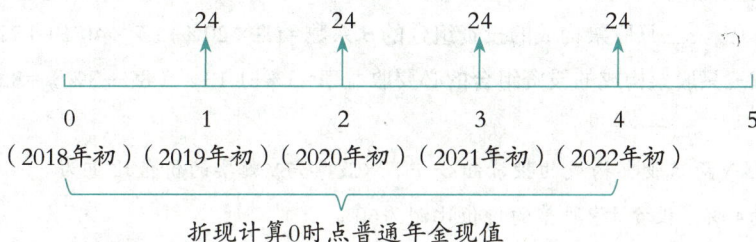

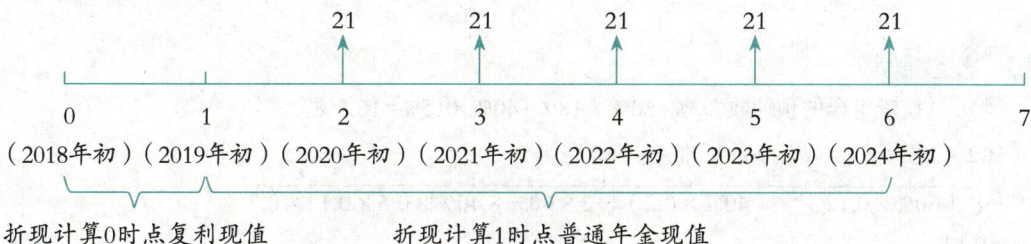

```
        30        30        30
        ↑         ↑         ↑
   |----+----+----+----+----|
   0    1    2    3    4
（2018年初）（2019年初）（2020年初）
```
折现计算0时点预付年金现值

（3）24×（P/A，10%，4）=24×3.1699=76.08（万元）。

提示：现金流量时间轴如下所示。

```
        24        24        24        24
        ↑         ↑         ↑         ↑
   |----+----+----+----+----+----|
   0    1    2    3    4    5
（2018年初）（2019年初）（2020年初）（2021年初）（2022年初）
```
折现计算0时点普通年金现值

（4）21×（P/A，10%，5）×（P/F，10%，1）=21×3.7908×0.9091=72.37（万元）。

提示：现金流量时间轴如下所示。

```
          21        21        21        21        21
          ↑         ↑         ↑         ↑         ↑
   |----+----+----+----+----+----+----|
   0    1    2    3    4    5    6    7
（2018年初）（2019年初）（2020年初）（2021年初）（2022年初）（2023年初）（2024年初）
```
折现计算0时点复利现值　　　折现计算1时点普通年金现值

（5）由于方案四的付款额现值最小，所以应该选择方案四。

2.58 斯尔解析

（1）该证券的期望收益率=10%×0.4+5%×0.6=7%。

该证券收益率的方差=0.4×（10%−7%）^{2}+0.6×（5%−7%）^{2}=0.0006

（2）该证券收益率的标准差=$\sqrt{0.0006}$=0.0245。

该证券收益率的标准差率=0.0245÷7%=0.35

（3）该证券的必要收益率=4%+2.4×3%=11.2%。

2.59 斯尔解析

（1）X股票的预期收益率=30%×20%+50%×12%+20%×5%=13%。

（2）该投资组合的预期收益率=40%×13%+30%×10%+30%×8%=10.6%。

（3）该投资组合的β系数=40%×2.5+30%×1.5+30%×1=1.75。

（4）该投资组合的必要收益率=4%+1.75×（9%－4%）=12.75%，由于该投资组合的必要收益率12.75%大于该投资组合的预期收益率10.6%，所以该投资组合不值得投资。

提示：必要收益率是最低收益率，反映投资者想要获得的最低报酬。当预期收益率大于必要收益率时，值得投资。

2.60 斯尔解析

（1）由X、Y两只股票构成的投资组合的β系数=1.8×40%+1.2×60%=1.44。

（2）Z股票的β系数=1.2×0.6=0.72。

Z股票的风险收益率=0.72×（8%－3%）=3.6%

Z股票的必要收益率=3%+3.6%=6.6%

（3）由X、Y、Z三只股票构成的投资组合的β系数=1.8×20%+1.2×40%+0.72×40%=1.13。

由X、Y、Z三只股票构成的投资组合的必要收益率=3%+1.13×（8%－3%）=8.65%。

提示：

（1）由X、Y两只股票构成的投资组合中，X股票与Y股票的价值比重为4：6，则投资于X股票的价值比例为40%，投资于Y股票的价值比例为60%。

（2）由X、Y、Z三只股票构成的投资组合中，X、Y、Z三只股票的投资比重为2：4：4，则投资于X股票的价值比例为20%，投资于Y股票的价值比例为40%，投资于Z股票的价值比例为40%。

2.61 斯尔解析

（1）A投资组合的预期收益率=60%×18%+40%×15%=16.8%。

（2）A投资组合收益率的标准差

$$=\sqrt{(60\%×0.12)^2+(40\%×0.2)^2+2×60\%×40\%×0.5×0.12×0.2}$$

$$=0.13$$

（3）A投资组合的β系数=60%×1.5+40%×1.2=1.38。

（4）因为B投资组合的风险收益率为5.8%，即$\beta×(R_m-R_f)$=5.8%，因此B投资组合的β系数=5.8%÷（12%－8%）=1.45。

（5）B投资组合的必要收益率=$R_f+\beta×(R_m-R_f)$=8%+5.8%=13.8%。

精准答疑

问题：为什么本题和题目2.58的标准差的计算公式不一样？

解答：2.58考查单项资产收益率的标准差，本题考查投资组合收益率的标准差，所以两题计算标准差的公式不同，计算公式总结如下。

单项资产收益率的标准差：$\sigma=\sqrt{\sigma^2}=\sqrt{\sum_{i=1}^{n}(X_i-\overline{E})^2×P_i}$

投资组合收益率的标准差：$\sigma_P=\sqrt{W_A^2\sigma_A^2+W_B^2\sigma_B^2+2W_A\sigma_AW_B\sigma_B\rho_{A,B}}$

第三章　预算管理
答案与解析

一、单项选择题

3.1 ▶ A	3.2 ▶ B	3.3 ▶ D	3.4 ▶ B	3.5 ▶ C
3.6 ▶ B	3.7 ▶ C	3.8 ▶ C	3.9 ▶ B	3.10 ▶ C
3.11 ▶ A	3.12 ▶ C	3.13 ▶ D	3.14 ▶ A	3.15 ▶ C
3.16 ▶ C	3.17 ▶ D	3.18 ▶ B	3.19 ▶ A	

二、多项选择题

3.20 ▶ BD	3.21 ▶ BC	3.22 ▶ ABCD	3.23 ▶ ABCD	3.24 ▶ BCD
3.25 ▶ AB	3.26 ▶ BCD	3.27 ▶ ABCD	3.28 ▶ BCD	3.29 ▶ BCD
3.30 ▶ CD	3.31 ▶ ABD	3.32 ▶ ACD	3.33 ▶ ABC	

三、判断题

3.34 ▶ ×	3.35 ▶ ×	3.36 ▶ √	3.37 ▶ ×	3.38 ▶ ×
3.39 ▶ ×	3.40 ▶ √	3.41 ▶ √	3.42 ▶ ×	3.43 ▶ ×
3.44 ▶ ×	3.45 ▶ √	3.46 ▶ ×		

一、单项选择题

3.1 〔斯尔解析〕 **A** 本题考查预算的分类与预算体系。全面预算体系包括经营预算、专门决策预算和财务预算，资金预算属于财务预算，选项A当选。销售预算、销售费用预算和直接材料预算，属于经营预算，选项BCD不当选。

3.2 〔斯尔解析〕 **B** 本题考查预算管理工作的组织及职责。企业董事会或类似机构应当对企业预算的管理工作负总责，选项B当选。监事会和股东在预算管理工作中并未承担相关职责，选项CD不当选。财务部在预算管理工作中更多从事的是粗活累活，而非负总责，选项A不当选。

3.3 〔斯尔解析〕 **D** 本题考查预算的编制方法。弹性预算法又称动态预算法，是企业在分析业务量与预算项目之间数量依存关系的基础上，分别确定不同业务量及其相应预算项目所消耗资源的预算编制方法，选项D当选。固定预算法是以预算期内正常的、最可实现的某一业务量水平为固定基础，不考虑可能发生的变动的预算编制方法，选项A不当选。定期预算法是以固定会计期间作为预算期的一种预算编制方法，选项B不当选。滚动预算法是企业根据上一期预算执行情况和新的预测结果，按既定的预算编制周期和滚动频率，对原有的预算方案进行调整和补充、逐期滚动、持续推进的预算编制方法，选项C不当选。

3.4 〔斯尔解析〕 **B** 本题考查增量预算法与零基预算法。零基预算法的优点表现在：（1）以零为起点编制预算，不受历史期经济活动中不合理因素的影响，能够灵活应对内外环境的变化，预算编制更贴近预算期企业经济活动的需要（选项A不当选）；（2）有助于增加预算编制的透明度，有利于进行预算控制（选项C不当选）。其缺点主要表现在：（1）预算编制工作量较大、成本较高（选项D不当选）；（2）预算编制的准确性受企业管理水平和相关数据标准准确性影响较大。增量预算法可能导致无效费用开支无法得到有效控制，使得不必要开支合理化，造成预算上的浪费，选项B当选。

3.5 〔斯尔解析〕 **C** 本题考查预算编制方法的类型。弹性预算法又称动态预算法，是指企业在分析业务量与预算项目之间数量依存关系的基础上，分别确定不同业务量及其相应预算项目所消耗资源的预算编制方法。弹性预算法又分为公式法和列表法两种具体方法，其中公式法利用成本性态模型（$y=a+bx$），测算预算期内各种可能的业务量水平下的成本费用，选项C当选。

3.6 〔斯尔解析〕 **B** 本题考查增量预算法与零基预算法。增量预算法以过去的费用发生水平为基础，主张不需要在预算内容上作较大的调整；而零基预算法不以历史期经济活动及其预算为基础，以零为起点，从实际需要出发进行分析，所以编制工作量较大、成本较高，选项B当选。

3.7 〔斯尔解析〕 **C** 本题考查弹性预算法。预计业务量的80%为4万小时（5×80%）。根据弹性预算法，此时的销售费用预算总额=30+1.5×4=36（万元），选项C当选。

3.8 〔斯尔解析〕 **C** 本题考查销售预算的编制。销售预算的主要内容是销售数量、销售单价和销售收入，选项ABD不当选。销售费用属于销售及管理费用预算的内容，选项C当选。

3.9 〔斯尔解析〕 **B** 本题考查生产预算的编制。生产预算是为规划预算期生产规模而编制的一种经营预算，它是在销售预算的基础上编制的，并可以作为编制直接材料预算和产品成本预算的依据，选项ACD不当选。**在生产预算中，只涉及实物量指标**，选项B当选。

3.10 🅢斯尔解析 　C 　本题考查经营预算的编制。**直接材料预算、直接人工预算、变动制造费用预算以生产预算为基础编制**，选项ABD不当选。销售费用预算以销售预算为基础，选项C当选。

3.11 🅢斯尔解析 　A 　本题考查生产预算的编制。第二季度预计产量=第二季度销售量+第二季度期末库存−第二季度期初库存，第二季度期末产成品存货=2 200×10%=220（件），第二季度期初产成品存货=第一季度期末产成品存货=2 000×10%=200（件），因此，第二季度预计产量=2 000+220−200=2 020（件），选项A当选。

3.12 🅢斯尔解析 　C 　本题考查直接材料预算的编制。7月初材料存量=600×15%=90（吨），7月月末材料存量=700×15%=105（吨），7月预计材料采购量=600+105−90=615（吨），选项C当选。

3.13 🅢斯尔解析 　C 　本题考查直接材料预算的编制。第三季度材料采购量=生产需用量+期末材料存量−期初材料存量=1 500×5+2 000×5×20%−800=8 700（千克），则第三季度的采购金额=8 700×10=87 000（元），选项C当选。

3.14 🅢斯尔解析 　A 　本题考查制造费用预算。第三季度制造费用预算中的现金支出=单位变动制造费用×预算生产量+付现固定制造费用总额=1.5×200+（30−9）=321（万元），选项A当选。

3.15 🅢斯尔解析 　C 　本题考查资金预算的编制。假设借入的借款为X万元，则8月份支付的利息=（100+X）×1%，根据−50−（100+X）×1%+X≥10，可得：X≥61.62（万元）。因为借款额必须为1万元的整数倍，所以X的最小值为62万元，即应向银行借款的最低金额为62万元，选项C当选。

精难答疑 🎯

问题： 关于企业期初已存在的借款对资金预算的影响。

解答： 企业期初已存在的借款是企业以前期间借入的、已经用于其他期间的，其利息会对本期资金预算的计算产生影响。另外，计算借入借款的起点是"现金余缺"，而现金余缺已经考虑了期初现金余额以及当期现金收入和支出的影响，不必重复考虑。

3.16 🅢斯尔解析 　C 　本题考查专门决策预算的编制。专门决策预算主要是长期投资预算（又称资本支出预算），通常是指与项目投资决策相关的专门预算，它往往涉及长期建设项目的资金投放与筹集，并经常跨越多个年度，选项A不当选。编制专门决策预算的依据是项目财务可行性分析资料以及企业筹资决策资料，选项B不当选。专门决策预算的要点是准确反映项目资金投资支出与筹资计划，它同时也是编制资金预算和预计资产负债表的依据，选项C当选、选项D不当选。

3.17 ⑤斯尔解析 **D** 本题考查预计利润表的编制。预计利润表中"销售成本"项目的数据来自于产品成本预算，因为产品成本预算的内容包括单位成本、生产成本、期末存货成本和销货成本，选项D当选。

3.18 ⑤斯尔解析 **B** 本题考查预计利润表的编制。销售预算可以为预计利润表中的"销售收入"提供数据来源，选项A不当选。销售费用预算和管理费用预算可以为预计利润表中的"销售及管理费用"提供数据来源，选项CD不当选。制造费用预算会归集到产品成本预算，而产品成本预算会为预计利润表中的"销售成本"提供数据来源，因此选项B当选。

3.19 ⑤斯尔解析 **A** 本题考查预计资产负债表的编制。预计资产负债表需以计划期开始日的资产负债表为基础，结合计划期间各项经营预算、专门决策预算、资金预算和预计利润表进行编制，因此编制顺序在预计利润表和资金预算之后，选项A当选，选项D不当选。同时资本支出预算的结果也会影响预计资产负债表，选项C不当选。预计资产负债表用来反映企业在计划期期末预计的财务状况，选项B不当选。

二、多项选择题

3.20 ⑤斯尔解析 **BD** 本题考查预算的分类与预算体系。财务预算也称为总预算，是指与企业资金收支、财务状况或经营成果等有关的预算，包括资金预算、预计资产负债表、预计利润表等，选项BD当选。管理费用预算和生产预算，属于经营预算（分预算），选项AC不当选。

3.21 ⑤斯尔解析 **BC** 本题考查预算管理体系。资本支出预算属于专门决策预算，选项A不当选。财务预算作为全面预算体系的最后环节，是从价值方面总括地反映企业经营预算与专门决策预算的结果，故亦称为总预算，选项B当选。专门决策预算通常为长期预算，经营预算和财务预算通常为短期预算，选项C当选。财务预算包括资金预算、预计利润表和预计资产负债表等，选项D不当选。

3.22 ⑤斯尔解析 **ABCD** 本题考查预算管理原则。预算管理应平衡长期目标与短期目标、整体利益与局部利益、收入与支出、结果与动因等关系，促进企业可持续发展，选项ABCD当选。

提示：平衡管理原则不包括刚性和柔性的平衡，刚性和柔性的平衡对应的是权变性原则。

3.23 ⑤斯尔解析 **ABCD** 本题考查预算管理的过程。年度预算经批准后，原则上不作调整。当内外战略环境发生重大变化或突发重大事件等，导致预算编制的基本假设发生重大变化时，可进行预算调整。具体在做题过程中，核心是要抓住关键词，如"大幅度""重大""大幅"这些程度副词表明了"重大变化"，因此选项ABCD当选。

3.24 ⑤斯尔解析 **BCD** 本题考查增量预算法与零基预算法。零基预算法的优点包括：（1）以零为起点编制预算，不受历史期经济活动中不合理因素的影响，能够灵活应对内外环境的变化，预算编制更贴近预算期企业经济活动的需要；（2）有助于增加预算编制的透明度，有利于进行预算控制。零基预算法的缺点包括：（1）预算编制工作量较大、成本较高；（2）预算编制的准确性受企业管理水平和相关数据标准准确性影响较大。综上，选项BCD当选。

3.25 ⑤斯尔解析 **AB** 本题考查经营预算的编制。直接人工预算、直接材料预算以及变动制造费用预算以生产预算为编制基础，选项AB当选。销售预算是生产预算的编制基础，选项C不当选。管理费用预算多属于固定成本，一般是以过去的实际开支为基础，按预算期的可预见变化进行调整，并不以生产预算为编制基础，选项D不当选。

3.26 〔斯尔解析〕 **BCD** 本题考查生产预算的编制。预计生产量=预计销售量+预计期末产成品存货量-预计期初产成品存货量，选项BCD当选、选项A不当选。

3.27 〔斯尔解析〕 **ABCD** 本题考查产品成本预算的编制。产品成本预算是销售预算、生产预算、直接材料预算、直接人工预算、制造费用预算的汇总，选项ABCD当选。

3.28 〔斯尔解析〕 **BCD** 本题考查经营预算的编制。在全面预算体系中，生产预算只涉及实物量指标，不需要预计现金收支，选项A不当选。销售费用预算、直接材料预算和制造费用预算，通常需要预计现金支出，选项BCD当选。

3.29 〔斯尔解析〕 **BCD** 本题考查资金预算的编制。财务管理部门应根据现金余缺与理想期末现金余额的比较，并结合固定的利息支出数额以及其他因素，来确定预算期现金运用或筹措的数额。当现金余缺大于最佳现金持有量时，企业可以偿还部分借款的本金和利息，购入短期有价证券，选项A不当选、选项BCD当选。

提示：利息的偿还方式可以在合同中约定，可约定提前偿还。

3.30 〔斯尔解析〕 **CD** 本题考查财务预算的编制。财务预算（总预算），包括资金预算、预计资产负债表、预计利润表等，选项CD当选。制造费用预算属于经营预算，选项A不当选。资本支出预算属于专门决策预算，选项B不当选。

3.31 〔斯尔解析〕 **ABD** 本题考查预计利润表的编制。预计利润表编制内容包括销售收入、销售成本、毛利、销售及管理费用、利息、利润总额、所得税费用、净利润等，选项ABD当选、选项C不当选。

3.32 〔斯尔解析〕 **ACD** 本题考查预计利润表的编制。利润表中，"销售收入"项目的数据来自销售预算，选项A当选。生产预算只涉及实物量指标，所以生产预算与预计利润表的编制不直接相关，选项B不当选。"销售成本"项目的数据来自产品成本预算，选项C当选。"销售及管理费用"项目的数据来自销售及管理费用预算，选项D当选。

3.33 〔斯尔解析〕 **ABC** 本题考查预计利润表的编制。编制预计利润表的依据是各经营预算、专门决策预算和资金预算，选项ABC当选。预计利润表是编制预计资产负债表的依据，选项D不当选。

三、判断题

3.34 〔斯尔解析〕 **×** 本题考查预算管理工作的组织及职责。董事会负责确定预算目标，预算管理委员会将目标下达至各预算执行单位。本题所述错误。

3.35 〔斯尔解析〕 **×** 本题考查预算管理组织的职责。企业财务管理部门在有关预算执行单位修正调整的基础上，编制企业预算方案；财务管理部门具体负责企业预算的跟踪管理，监督预算的执行情况，分析预算与实际执行的差异及原因，提出改进管理的意见与建议。因此前半句说法正确，但是企业财务管理部门并不对预算执行结果承担直接责任，因此后半句说法错误。本题所述错误。

3.36 斯尔解析 √ 本题考查预算管理的原则。本题所述正确。

3.37 斯尔解析 × 本题考查弹性预算的编制方法。编制弹性预算，要选用一个最能代表生产经营活动水平的业务量计量单位。例如，以手工操作为主的车间，就应选用人工工时；制造单一产品或零件的部门，可以选用实物数量；修理部门可以选用直接修理工时等。本题所述错误。

3.38 斯尔解析 × 本题考查固定预算法。固定预算法的优点是编制相对简单，也容易使管理者理解，本题前半句说法正确。弹性预算法的公式法便于在一定范围内计算任何业务量的预算成本，可比性和适应性强，编制预算的工作量相对较小，本题后半句说法错误。本题所述错误。

3.39 斯尔解析 × 本题考查增量预算法与零基预算法。增量预算法是以历史期实际经济活动及其预算为基础编制预算的方法。本题所述错误。

3.40 斯尔解析 √ 本题考查增量预算法与零基预算法。本题所述正确。

3.41 斯尔解析 √ 本题考查定期预算法与滚动预算法。滚动预算法是指企业根据上一期预算执行情况和新的预测结果，按既定的预算编制周期和滚动频率，对原有的预算方案进行调整和补充，逐期滚动、推进的预算编制方法。该方法通过持续滚动预算编制、逐期滚动管理，实现动态反映市场、建立跨期综合平衡，从而有效指导企业营运，强化预算的决策与控制职能。本题所述正确。

3.42 斯尔解析 × 本题考查预算的编制。在全面预算体系中，企业应当先编制经营预算和专门决策预算，并在此基础上编制财务预算。本题所述错误。

3.43 斯尔解析 × 本题考查经营预算的编制。生产预算是为规划预算期生产规模而编制的一种经营预算，它是在销售预算的基础上编制的，并可以作为编制直接材料预算和产品成本预算的依据。本题所述错误。

3.44 斯尔解析 × 本题考查产品成本预算的编制。产品成本预算是销售预算、生产预算、直接材料预算、直接人工预算、制造费用预算的汇总，但是不包括销售及管理费用预算。本题所述错误。

3.45 斯尔解析 √ 本题考查资金预算，本题所述正确。

提示：现金余缺并没有考虑现金的筹措与运用，期末现金余额考虑了现金的筹措与运用。

3.46 斯尔解析 × 本题考查销售费用预算的编制。销售费用预算是指为了实现销售预算所需支付的费用预算。它以销售预算为基础。在草拟销售费用预算时，要对过去的销售费用进行分析，考察过去销售费用支出的必要性和效果。本题所述错误。

四、计算分析题

3.47 斯尔解析

（1）A=16 500；B=12 600；C=19 050；D=5 850。

（2）2023年末预计应收账款余额=21 000×30%=6 300（万元）。

提示：

A（第一季度预计现金收入合计）=15 000×70%+6 000=16 500（万元）

B（第二季度中由于第二季度发生的销售导致的现金流入）=18 000×70%=12 600（万元）

C（第三季度预计现金收入合计）=18 000×30%+19 500×70%=19 050（万元）

D（第四季度中由于第三季度发生的销售导致的现金流入）=19 500×30%=5 850（万元）

3.48 🅢斯尔解析

（1）1月份的预计生产量=12 000+10 000×15%-1 800=11 700（件）。

（2）2月份的预计现金收入=12 000×500×40%+10 000×500×60%=5 400 000（元）。

（3）2月份的预计生产量=10 000+14 000×15%-10 000×15%=10 600（件）。

2月份的变动制造费用预算总额=计划产量×单位产品标准成本=10 600×3×40=1 272 000（元）

（4）3月末的预计应收账款余额=14 000×500×40%=2 800 000（元）。

3.49 🅢斯尔解析

（1）2023年末预计应收账款余额=3 500×30%=1 050（万元）。

（2）A=1 400；B=1 000；C=3 700；D=3 200。

提示：

A=2 000×70%=1 400（万元）

B=第一季度期末现金余额=1 000（万元）

C=4 000×70%+3 000×30%=3 700（万元）

D=1 090+3 650-1 540=3 200（万元）

五、综合题

3.50 🅢斯尔解析

（1）单位变动制造费用=（54 000-48 000）÷（5 500-4 500）=6（元/件）。

固定制造费用总额=48 000-4 500×6=21 000（元）

（2）2020年第一季度A产品的预计制造费用总额=5 160×6+21 000=51 960（元）。

（3）a=600；b=480；c=4 920；d=500；e=600；f=5 900。

提示：

a=6 000×10%=600（件）

b=4 800×10%=480（件）

c=4 800+600-480=4 920（件）

d=5 000×10%=500（件）

e=6 000×10%=600（件）

f=6 000+500-600=5 900（件）

（4）①2020年第二季度的销售收入预算总额=4 800×200=960 000（元）。

②2020年第二季度的相关现金收入预算总额=5 200×200×30%+960 000×70%=984 000（元）。

第四章 筹资管理（上）
答案与解析

一、单项选择题

4.1 ▶ B	4.2 ▶ B	4.3 ▶ D	4.4 ▶ A	4.5 ▶ D
4.6 ▶ B	4.7 ▶ A	4.8 ▶ A	4.9 ▶ A	4.10 ▶ B
4.11 ▶ C	4.12 ▶ D	4.13 ▶ B	4.14 ▶ B	4.15 ▶ A
4.16 ▶ D	4.17 ▶ D	4.18 ▶ B	4.19 ▶ D	4.20 ▶ B
4.21 ▶ A	4.22 ▶ A	4.23 ▶ C	4.24 ▶ D	4.25 ▶ A
4.26 ▶ C	4.27 ▶ C			

二、多项选择题

4.28 ▶ AD	4.29 ▶ ACD	4.30 ▶ BD	4.31 ▶ ACD	4.32 ▶ ABD
4.33 ▶ ABCD	4.34 ▶ ABD	4.35 ▶ BD	4.36 ▶ ABC	4.37 ▶ AB
4.38 ▶ AC	4.39 ▶ BCD	4.40 ▶ ACD	4.41 ▶ AD	4.42 ▶ BCD
4.43 ▶ ABC	4.44 ▶ BCD	4.45 ▶ BD	4.46 ▶ ABC	4.47 ▶ BCD
4.48 ▶ ABD				

三、判断题

4.49 ▶ √	4.50 ▶ ×	4.51 ▶ √	4.52 ▶ √	4.53 ▶ ×
4.54 ▶ √	4.55 ▶ √	4.56 ▶ √	4.57 ▶ ×	4.58 ▶ ×
4.59 ▶ ×	4.60 ▶ √	4.61 ▶ √	4.62 ▶ √	4.63 ▶ √
4.64 ▶ ×				

一、单项选择题

4.1 🅢斯尔解析　B　本题考查筹资的动机。支付性筹资动机是为满足经营业务活动的正常波动所形成的支付需要而产生的筹资动机，如原材料购买的大额支付、员工工资的集中发放、银行借款的偿还、股东股利的发放等，选项B当选。创立性筹资动机是企业设立时，为取得资本金并形成开展经营活动的基本条件而产生的筹资动机，选项A不当选。扩张性筹资动机是企业因扩大经营规模或满足对外投资需要而产生的筹资动机，选项C不当选。调整性筹资动机是企业因调整资本结构而产生的筹资动机，选项D不当选。

4.2 🅢斯尔解析　B　本题考查筹资的动机。调整性筹资动机是企业因调整资本结构而产生的筹资动机，选项B当选。

4.3 🅢斯尔解析　D　本题考查筹资的动机。该企业通过追加筹资，既满足了投资活动的资金需要，又达到了调整资本结构的目的，兼具扩张性筹资动机和调整性筹资动机的特性，因此属于混合性筹资动机，选项D当选。

精准答疑 🎯

问题：如何区分扩张性筹资动机和混合性筹资动机？

解答：扩张性筹资动机是企业因扩大经营规模或满足对外投资需要而产生的筹资动机，筹资的结果往往是企业资产总规模的增加和资本结构的明显变化。混合性筹资动机通过追加筹资，既满足了经营活动、投资活动的资金需要，又达到了调整资本结构的目的，兼具扩张性筹资动机和调整性筹资动机的特性。

两者的主要区别体现在：扩张性筹资动机的目的只有一个（扩大经营规模），混合性筹资动机的目的有两个（扩大经营规模和调整资本结构）。

4.4 🅢斯尔解析　A　本题考查筹资的分类。间接筹资是企业借助银行和非银行金融机构而筹集资金。在间接筹资方式下，银行等金融机构发挥中介作用，预先集聚资金，然后提供给企业。间接筹资的主要方式有银行借款和租赁，选项A当选。直接筹资是企业直接与资金供应者协商融通资金的筹资活动。直接筹资的主要方式有发行股票、发行债券和吸收直接投资等，选项BCD不当选。

提示：直接筹资方式既可以筹集股权资金（如发行股票），也可以筹集债务资金（如发行债券）；而间接筹资主要是筹集债务资金。

4.5　🔍斯尔解析　D　本题考查筹资的分类。长期筹资是指企业筹集使用期限在1年以上的资金。短期筹资是指企业筹集使用期限在1年以内的资金。发行股票和吸收直接投资属于长期筹资，选项AC不当选。利用商业信用属于短期筹资，选项B不当选。向金融机构借款，资金的使用期限可以在1年以上，也可以在1年以下，既可以筹资长期资金，也可以融通短期资金，选项D当选。

4.6　🔍斯尔解析　B　本题考查筹资的分类。衍生工具筹资，包括兼具股权与债务筹资性质的混合融资和其他衍生工具融资。我国上市公司目前最常见的混合融资方式是可转换债券融资和优先股股票筹资，最常见的其他衍生工具融资方式是认股权证融资，选项B当选。租赁筹资和商业信用筹资属于债务筹资，选项AC不当选。普通股筹资属于股权筹资，选项D不当选。

4.7　🔍斯尔解析　A　本题考查银行借款筹资。质押贷款是指以借款人或第三方的动产或财产权利作为质押物而取得的贷款。作为贷款担保的质押品，可以是汇票、支票、债券、存款单、提单等信用凭证，可以是依法可以转让的股份、股票等有价证券，也可以是依法可以转让的商标专用权、专利权、著作权中的财产权等，选项BCD不当选。厂房属于不动产，不能作为质押品，选项A当选。

4.8　🔍斯尔解析　A　本题考查长期借款筹资。保持存货储备量，属于例行性保护条款，选项A当选。保持企业的资产流动性和限制企业非经营性支出，属于一般性保护条款，选项BC不当选。借款的用途不得改变，属于特殊性保护条款，选项D不当选。

4.9　🔍斯尔解析　A　本题考查债务筹资。相对于发行公司债券，银行借款的资本成本比较低，但资金使用的限制条件较多，选项A当选、选项B不当选。相对于银行借款筹资，发行公司债券可以提高公司的社会声誉，同时单次筹资数额较大，选项CD不当选。

4.10　🔍斯尔解析　B　本题考查银行借款的种类。银行借款按照机构对贷款有无担保要求可分为信用贷款与担保贷款，选项B当选。担保贷款又包括保证贷款、抵押贷款和质押贷款三种基本类型，选项ACD不当选。

4.11　🔍斯尔解析　C　本题考查租赁筹资。售后回租是指承租方由于急需资金等各种原因，将自己的资产出售给出租方，然后以租赁的形式从出租方原封不动地租回资产的使用权，此时承租人既是资产出售者又是资产使用者，选项C当选、选项ABD不当选。

4.12　🔍斯尔解析　D　本题考查筹资方式的选择。在资金缺乏的情况下，租赁能迅速获得所需资产。大型企业的大型设备、工具等固定资产，也经常通过租赁方式解决巨额资金的需要，如商业航空公司的飞机，大多是通过租赁取得的，选项D当选、选项ABC不当选。

4.13　🔍斯尔解析　B　本题考查租赁筹资。租赁每期的租金，取决于以下几项因素：（1）设备原价及预计残值（选项D不当选）；（2）租赁公司为承租企业购置设备垫付资金所应支付的利息（选项C不当选）；（3）租赁手续费和利润（选项A不当选）。承租公司的财产保险费不计入租赁租金，选项B当选。

4.14　[斯尔解析]　B　本题考查租赁筹资。折现率=利率+租赁手续费率=8%+2%=10%。假设每年租金为X，则：$60=X×(P/A，10%，6)×(1+10%)+5×(P/F，10%，6)$，求得$X=11.93$（万元），选项B当选。

4.15　[斯尔解析]　A　本题考查租赁筹资。折现率=利率+租赁手续费率=8%+2%=10%。假设每年租金为X，则：$100=X×(P/A，10%，6)$，求得$X=22.96$（万元），选项A当选。

精准答疑

问题： 本题条件中的"租赁期满时预计残值4万元"为什么不用在算式中考虑？

解答： 本题的条件"租赁期满时预计残值4万元，归企业所有"，意思是残值收入4万元归承租人所有；上一题的条件"租赁期满时预计残值5万元，归租赁公司所有"，意思是残值收入5万元归出租人所有。

租金是站在**出租人（租赁公司）**的角度进行计算，考虑残值收入时应该分以下两种情况：

情况一（本题）：**残值收入归承租人。**

设备现值（原价）= 租金 × (P/A, i, n)

可列式：$100=X×(P/A，10%，6)$。

情况二（上一题）：**残值收入归出租人（租赁公司）。**

设备现值（原价）= 租金 × (P/A, i, n) + 残值收入 × (P/F, i, n)

可列式：$60=X×(P/A，10%，6)×(1+10%)+5×(P/F，10%，6)$。

4.16　[斯尔解析]　D　本题考查股权筹资。相对于吸收直接投资，发行股票筹资更易于进行产权交易，同时有利于提升公司的声誉，选项AC不当选。**相对于发行股票筹资，吸收直接投资资本成本较高，但筹资费用较低**，选项B不当选、选项D当选。

4.17　[斯尔解析]　D　本题考查吸收直接投资的出资方式。法律规定，股东或者发起人不得以劳务、信用、自然人姓名、商誉、特许经营权或者设定担保的财产等作价出资，选项D当选。选项ABC均可以作为资产出资，故不当选。

4.18　[斯尔解析]　B　本题考查发行普通股股票筹资。上市公司定向增发的优势在于：（1）有利于引入战略投资者和机构投资者；（2）有利于利用上市公司的市场化估值溢价，将母公司资产通过资本市场放大，从而提升母公司的资产价值；（3）定向增发是一种主要的并购手段，特别是资产并购型定向增发，有利于集团企业整体上市，并同时减轻并购的现金流压力。综上，选项B当选。

4.19　[斯尔解析]　D　本题考查发行普通股股票筹资。**优先股股东相对于普通股股东的优先权包括优先股利分配权和优先剩余财产分配权**，选项AB不当选。普通股股东和优先股股东都具有股份转让权，无"优先"之说，选项C不当选。**普通股股东相对于优先股股东具有优先认股权**，选项D当选。

4.20　[斯尔解析]　B　本题考查普通股股东的权利。普通股股东的权利包括：（1）公司管理权；（2）收益分享权；（3）股份转让权；（4）优先认股权；（5）剩余财产要求权。普通股股东获得的股利数额是不确定的。综上，选项B当选。

4.21 斯尔解析 A 本题考查股权筹资与债务筹资的对比。与股权筹资相比，债务筹资有固定的到期日，因此财务风险较大，但是资本成本较低，选项A当选、选项B不当选。债务筹资不会稀释股东控制权，股权筹资有可能会稀释股东控制权，选项C不当选。利用债务筹资，可以根据企业的经营情况和财务状况，灵活地商定债务条件，因此债务筹资的灵活性较大，选项D不当选。

4.22 斯尔解析 A 本题考查可转换债券筹资。赎回条款是发债公司按事先约定的价格买回未转股债券的条件规定，选项A当选。

4.23 斯尔解析 C 本题考查可转换债券基本要素中的各类条款。回售条款是指债券持有人有权按照事先约定的价格将债券卖回给发债公司的条件规定。回售对于投资者而言实际上是一种卖权，有利于降低投资者的持券风险，所以回售条款有利于保护可转换债券持有者的利益，选项C当选。在可转换债券中，并未设置免责条款（免责本质上也是为了免去发行方的责任，并未保护债券持有者的利益），选项A不当选。赎回条款和强制性转换条款均有利于保护发债公司，选项BD不当选。

4.24 斯尔解析 D 本题考查可转换债券筹资。可转换债券的转换比率=债券面值÷转换价格=100÷25=4，选项D当选。

4.25 斯尔解析 A 本题考查优先股筹资。持有人除可按规定的股息率优先获得股息外，还可与普通股股东分享公司的剩余收益的优先股，称为参与优先股，选项A当选。

提示：相对于普通股股东而言，优先股股东本身就拥有优先分配股利权和优先分配剩余财产权，而"参与优先股"是在优先股股东本身的权利上又附加了一项参与剩余利润的分配权。

4.26 斯尔解析 C 本题考查优先股筹资。优先股筹资不仅可以调整股权资本的内部结构，也可以调整债务资本和股权资本的相对结构，选项A不当选。相对于普通股而言，优先股的股利收益是事先约定的，也是相对固定的，因此优先股具有债务筹资的性质。同时，优先股股利不是公司必须偿付的一项法定债务，因此又具有一定的股权筹资的性质，选项B不当选。优先股股东无表决权，因此优先股筹资不影响普通股股东对企业的控制权，选项C当选。优先股的资本成本相对于债务较高，且其股利支付相对于普通股具有固定性，可能给股份公司带来一定的财务负担，选项D不当选。

4.27 斯尔解析 C 本题考查衍生工具筹资。优先股有利于保障普通股的收益和控制权，优先股的每股收益是固定的，只要净利润增加并且高于优先股股息，普通股的每股收益就会上升。另外，优先股股东无表决权，因此不影响普通股股东对企业的控制权，也基本上不会稀释原有普通股的权益，选项C当选

二、多项选择题

4.28 斯尔解析 AD 本题考查筹资的分类。直接筹资是企业直接与资金供应者协商融通资金的筹资活动，其方式主要有发行股票、发行债券、吸收直接投资等，选项AD当选。银行借款和租赁属于间接筹资，选项BC不当选。

4.29 🔵斯尔解析　　ACD　　本题考查筹资的分类。债务筹资方式包括银行借款、发行债券、租赁、商业信用等，选项ACD当选。留存收益筹资属于股权筹资，选项B不当选。

4.30 🔵斯尔解析　　BD　　本题考查直接筹资和间接筹资的对比。直接筹资的特点包括：（1）筹资手续比较复杂、筹资费用较高（选项A不当选）；（2）筹资领域广阔，能够直接利用社会资金，有利于提高企业知名度和资信度（选项C不当选）。间接筹资的特点包括：（1）手续相对比较简便，筹资效率高，筹资费用较低（选项B当选）；（2）容易受金融政策的制约和影响（选项D当选）。

4.31 🔵斯尔解析　　ACD　　本题考查筹资的分类。直接筹资是企业直接与资金供应者协商融通资金的筹资活动，不需要通过金融机构来筹措资金，选项A当选。直接筹资方式主要有发行股票、发行债券、吸收直接投资等，既可以筹集股权资金，也可以筹集债务资金，选项B不当选。银行借款和租赁属于间接筹资的主要方式，选项C当选。直接筹资的筹资手续比较复杂，筹资费用较高，相对而言，间接筹资的手续相对简便，筹资费用较低，选项D当选。

> **精程答疑** 🎯
>
> **问题：** 发行股票是通过券商、证券交易所等金融机构完成，而选项 A 表述为"直接筹资不需要通过金融机构来筹措资金"，两者相矛盾，应该如何理解呢？
>
> **解答：** 在发行股票、发行债券等直接筹资方式中，虽然借助了券商、证券交易所等金融机构，但此类金融机构的作用是帮助企业进入资本市场（券商），并通过资本市场直接募集股东资金或促成资金流通（交易所）。这一过程中，无论是券商还是交易所，均不涉及"先集聚资金，再提供企业"的流程。发行方的交易对象一直是资金供应者本身，因此属于直接筹资。而间接筹资方式中，银行的作用则是"先集聚资金，再提供企业"。直白来讲，筹资方（借款方）永远都不会知道所收到的借款原本是谁存进去的钱。

4.32 🔵斯尔解析　　ABD　　本题考查债务筹资。相比于银行借款，公司可以面向社会公众发行公司债券，一次性筹资数额较大，选项A当选。发行公司债券筹资的资本成本高于银行借款，选项B当选。公司债券的发行主体有严格的资格限制，有利于提高公司的社会声誉，选项C不当选。与银行借款相比，发行公司债券募集的资金在使用上具有相对的灵活性和自主性，选项D当选。

4.33 🔵斯尔解析　　ABCD　　本题考查债务筹资。银行借款的借款程序简单，筹资速度最快，选项A当选。银行借款合同通常对借款用途有明确规定，通过保护性条款对公司进行约束，限制条件最多，选项C当选。与银行借款、租赁相比，发行债券可通过资本市场筹集大额的资金，选项B当选。相比于银行借款、发行债券，租赁的利息较高且租金总额通常要比设备价值高出30%，资本成本最高，选项D当选。

4.34 🔵斯尔解析　　ABD　　本题考查租赁筹资。杠杆租赁是指涉及承租人、出租人和资金出借人三方的租赁业务。一般而言，出租方自己只投入部分资金，其余资金则通过将该资产抵押担保的方式，向第三方申请贷款解决。然后，出租人将购进的设备出租给承租方，用收取的租金偿还贷款。出租人既是债权人也是债务人，选项ABD当选。对于杠杆租赁而言，租赁的设备通常是出租人根据设备需要者的要求重新购买的，选项C不当选。

4.35 斯尔解析 BD 本题考查吸收直接投资。吸收直接投资的出资方式包括：（1）以货币资产出资；（2）以实物资产出资；（3）以土地使用权出资（选项B当选）；（4）以知识产权（专有技术、商标权、专利权、非专利技术等无形资产）出资（选项D当选）；（5）以特定债权出资。此外，国家相关法律法规对无形资产出资方式另有限制，**股东或者发起人不得以劳务、信用、自然人姓名、商誉、特许经营权或者设定担保的财产等作价出资**，选项AC不当选。

4.36 斯尔解析 ABC 本题考查吸收直接投资。吸收直接投资是指企业按照"共同投资、共同经营、共担风险、共享收益"的原则，直接吸收国家、法人、个人和外商投入资金的一种筹资方式。吸收法人投资的特点之一是"以参与公司利润分配或控制为目的"；吸收个人投资的特点之一也是"以参与公司利润分配为目的"，因此，选项A当选。根据规定，股东不得以劳务、信用、自然人姓名、商誉、特许经营权或者设定担保的财产等作价出资，选项B当选。相对于股票筹资，吸收直接投资的投资者往往要求将大部分盈余作为红利分配，且持股比例高的投资者对股利分配政策影响大，所以筹资的资本成本较高，选项C当选。吸收直接投资由于没有证券为媒介，不利于产权交易，难以进行产权转让，选项D不当选。

4.37 斯尔解析 AB 本题考查发行普通股股票筹资。公司发行股票上市的目的主要包括：便于筹措新资金、促进股权流通和转让、便于确定公司价值，选项AB当选。发行股票会稀释控制权，选项C不当选。发行股票之后，公司要负担较高的信息披露成本，选项D不当选。

4.38 斯尔解析 AC 本题考查发行普通股股票筹资。股票上市对公司可能产生的不利影响主要有：（1）上市成本较高，手续复杂严格；（2）公司将负担较高的信息披露成本；（3）信息公开的要求可能会暴露公司商业机密；（4）股价有时会歪曲公司的实际情况，影响公司声誉；（5）可能会分散公司的控制权，造成管理上的困难，选项AC当选。股票上市增加了企业的权益资本，可以降低财务风险，不会恶化资本结构，选项B不当选。股票上市后，公司股价有市价可循，便于确定公司的价值，选项D不当选。

4.39 斯尔解析 BCD 本题考查股权筹资方式的特点。股权投资者承担较高的投资风险，要求较高的收益率；股利、红利税后支付，无法获得抵税效应；普通股发行、上市等方面的费用较高，所以股权筹资的资本成本高于债务筹资的资本成本，选项A不当选。股权筹资是企业的永久性资本，并不会要求还本付息，所以股权筹资没有还本付息的财务压力，选项BD当选。股权筹资代表了公司的资本实力，是其他筹资方式特别是债务筹资的基础，选项C当选。

4.40 斯尔解析 ACD 本题考查留存收益筹资。**留存收益筹资不需要发生筹资费用**，选项A当选。留存收益筹资，本质上属于股东对企业追加的投资，虽然没有筹资费用，但依然存在资本成本，选项B不当选。当期留存收益的最大数额是当期的净利润，因此筹资数额相对有限，选项C当选。利用留存收益筹资，不会增加新的股东，不会分散公司的控制权，选项D当选。

4.41 ⑤斯尔解析　　AD　本题考查股权筹资与债务筹资的对比。公开发行股票筹资能增强公司的社会声誉，促进股权流通和转让，使得股东大众化，选项AD当选。公司公开发行的股票进入证券交易所交易，会受到金融监管政策的约束，选项B不当选。发行股票筹资的资本成本高于银行借款的资本成本，选项C不当选。

4.42 ⑤斯尔解析　　BCD　本题考查股权筹资与债务筹资的对比。银行借款有固定的到期日，而普通股筹资没有固定的到期日，因此银行借款筹资的财务风险较高，选项A不当选。银行借款的数额往往受到贷款机构资本实力的制约，难以像发行公司债券、股票那样一次筹集到大笔资金，无法满足公司大规模筹资的需要，选项B当选。银行借款筹资会产生固定的利息支出，因此会产生财务杠杆效应，选项C当选。银行借款的程序相对简单，所花时间较短，公司可以迅速获得所需资金，选项D当选。

4.43 ⑤斯尔解析　　ABC　本题考查股权筹资与债务筹资的对比。发行普通股筹资可能会分散公司的控制权，但是发行债券通常不会分散公司的控制权，选项A当选。发行债券的资本成本小于发行普通股筹资的资本成本，选项B当选。发行债券筹资会产生固定的利息支出，产生财务杠杆效应，选项C当选。债券筹资有固定的到期日，到期须偿还，不能形成企业稳定的资本基础，选项D不当选。

4.44 ⑤斯尔解析　　BCD　本题考查股权筹资与债务筹资的对比。租赁筹资需要定期支付固定的租金，而股权资本没有到期日，无须归还，因此租赁筹资的财务风险大于发行股票筹资，选项A不当选。企业发行股票筹资，会受到相当多的资格条件的限制，而租赁筹资的限制条件相对少，选项B当选。租赁筹资属于债务筹资，资本成本低于发行股票筹资的资本成本，选项C当选。租赁无须大量资金就能迅速获得资产，可以尽快形成生产能力，选项D当选。

精准答疑

问题：如何比较各种筹资方式财务风险的大小？

解答：一般情况下，财务风险从高到低的大致排序如下。

银行借款＝发行债券＞租赁＞可转换公司债券＞优先股＞吸收直接筹资＞普通股股票＞留存收益

4.45 ⑤斯尔解析　　BD　本题考查股权筹资与债务筹资的对比。股权资本不用在企业正常营运期内偿还，没有还本付息的财务压力，因此利用股权筹资，可以降低公司的财务风险，选项BD当选。债务资本有固定的到期日、固定的利息负担，因此利用债务筹资会增加企业的财务风险，选项AC不当选。

4.46 ⑤斯尔解析　　ABC　本题考查优先股的特点。与发行普通股相比，优先股的特点包括：有利于股份公司股权资本结构的调整；有利于保障普通股收益和控制权；可以增加公司的财务杠杆效应，选项ABC当选。相对于普通股而言，优先股的股利是相对固定的，而且在利润分配前必须要先支付优先股股利，因而会增加公司的财务风险，选项D不当选。

4.47 ⑤斯尔解析　　BCD　本题考查各筹资方式的特点。普通股筹资可以不向股东支付股利，所以不会增加财务杠杆，发行普通股又会引入新的股东，会稀释控制权，选项A不当选。优先股筹资需要支付固定的优先股股息，会增加财务杠杆，优先股股东没有表决权，所以可以保障普通股股东的控制权，选项B当选。银行借款和发行公司债券都需要支付固定的利息，可以增加财务杠杆，不会引入新的股东，从而保障了控制权，选项CD当选。

4.48 ⑤斯尔解析   ABD   本题考查非公开定向债务融资工具的特点。非公开定向债务融资工具是具有法人资格的非金融企业，向银行间市场特定机构投资人发行债务融资工具取得资金的筹资方式，是一种债务筹资创新方式。非公开定向债务融资工具的特点包括：（1）简化的信息披露要求，非公开定向债务融资工具只需向定向投资人披露信息，披露方式可协商约定（选项A当选）；（2）发行规模没有明确限制（选项B当选）；（3）发行方案灵活，由于采取非公开方式发行，利率、规模、资金用途等条款可由发行人与投资者通过一对一的谈判协商确定（选项C不当选）；（4）融资工具有限度流通；（5）发行价格存在流动性溢价。定向工具的利率比公开发行的同类债券利率要高（选项D当选）。

三、判断题

4.49 ⑤斯尔解析   √   本题考查筹资的分类。本题所述正确。

4.50 ⑤斯尔解析   ×   本题考查筹资的分类。永续债是一种介于债务和股权之间的融资工具，在判断究竟将其视为权益工具还是金融负债时，应把"是否能无条件避免支付现金或其他金融资产的合同义务"作为判断分类的关键，最终还要结合永续债募集说明书条款，按照经济实质重于法律形式原则进行判断。本题所述错误。

4.51 ⑤斯尔解析   √   本题考查长期借款筹资。长期借款的保护性条款包括例行性保护条款、一般性保护条款和特殊性保护条款。上述各项条款结合使用，将有利于全面保护银行等债权人的权益。本题所述正确。

4.52 ⑤斯尔解析   √   本题考查吸收直接投资。吸收直接投资不仅可以取得一部分货币资金，而且能够直接获得所需的先进设备和技术，尽快形成生产经营能力。本题所述正确。

提示：债务筹资方式中，租赁筹资也可以快速形成生产经营能力。

4.53 ⑤斯尔解析   ×   本题考查债务筹资与股权筹资的对比。投资者投资于股票的风险较高，所以相应要求的报酬率也较高，同时由于支付债务的利息还可以抵税，所以普通股资本成本会高于债务资本成本。本题所述错误。

4.54 ⑤斯尔解析   √   本题考查股票的发行方式。上网定价发行与上网竞价发行的不同之处主要有两点：一是发行价格的确定方式不同，即定价发行方式事先确定价格，而竞价发行方式是事先确定发行底价，由发行时竞价决定发行价；二是认购成功者的确认方式不同，即定价发行方式按抽签决定，竞价发行方式按价格优先、同等价位时间优先原则决定。本题所述正确。

4.55 ⑤斯尔解析   √   本题考查债券的提前赎回条款。赎回条款是指发债公司按事先约定的价格买回未转股债券的条件规定，赎回一般发生在公司股票价格一段时期内连续高于转股价格达到某一幅度时。本题所述正确。

4.56 ⑤斯尔解析   √   本题考查可转换债券筹资。本题所述正确。

4.57 斯尔解析 ✕ 本题考查可转换债券。可转换债券的票面利率比同条件下普通债券的票面利率低，这是因为在可转换债券的投资收益中，除了债券的利息收益外，还附加了股票买入期权的收益部分（即转股权）。因此，站在投资者的角度，愿意接受一个利息收益更低的方式。本题所述错误。

4.58 斯尔解析 ✕ 本题考查认股权证筹资。认股权证是常用的员工激励工具，通过给予管理者和重要员工一定的认股权证，可以把管理者和员工的利益与企业价值成长紧密联系在一起，建立一个管理者与员工通过提升企业价值实现自身财富增值的利益驱动机制。本题所述错误。

4.59 斯尔解析 ✕ 本题考查优先股筹资。优先股的优先权是相对于普通股而言的，而非相对于债权人。一旦公司清算，剩余财产先分给债权人，再分给优先股股东，最后分给普通股股东。本题所述错误。

4.60 斯尔解析 √ 本题考查优先股筹资。相对于债务筹资，优先股股利不是公司必须偿付的一项法定债务，如果公司财务状况恶化、经营成果不佳，这种股利可以不支付，从而相对避免了企业的财务负担。但相对于普通股而言，优先股的股利收益是事先约定的，也是相对固定的，因此会增加公司的财务风险。本题所述正确。

4.61 斯尔解析 ✕ 本题考查筹资实务创新。非公开定向债务融资工具只能在特定的投资人范围内流动转让，风险比较高，所以其利率通常比公开发行的同类债券利率要高。本题所述错误。

4.62 斯尔解析 ✕ 本题考查筹资实务创新。中期票据融资的发行采用注册制，注册通过后两年内可分次发行。本题所述错误。

4.63 斯尔解析 ✕ 本题考查筹资实务创新。股权众筹融资必须通过股权众筹融资中介机构平台进行，且股权众筹融资业务由证监会负责监管。本题所述错误。

4.64 斯尔解析 ✕ 本题考查筹资实务创新。银行业金融机构为支持环保产业、倡导绿色文明、发展绿色经济而提供的信贷融资属于绿色信贷，而非能效信贷。本题所述错误。

四、计算分析题

4.65 斯尔解析

A=155；B=60；C=95；D=505；E=505；F=50.5；G=104.5。

提示：

折现率=年利率+租赁手续费率=8%+2%=10%

假设每年支付租金为X，可列式：$X \times (P/A, 10\%, 5) + 20 \times (P/F, 10\%, 5) = 600$。解得，$X=155$（万元），即A（支付租金）=155（万元）。

B（应计租费）=期初本金×折现率=600×10%=60（万元）

C（本金偿还额）=支付租金−应计租费=155−60=95（万元）

D（本金余额）=期初本金−本金偿还额=600−95=505（万元）

E（期初本金）=D（本金余额）=505（万元）

F（应计租费）=期初本金×折现率=505×10%=50.5（万元）

G（本金偿还额）=支付租金−应计租费=155−50.5=104.5（万元）

第五章　筹资管理（下）
答案与解析

一、单项选择题

5.1 ▶ C	5.2 ▶ C	5.3 ▶ A	5.4 ▶ C	5.5 ▶ A
5.6 ▶ B	5.7 ▶ C	5.8 ▶ B	5.9 ▶ B	5.10 ▶ A
5.11 ▶ A	5.12 ▶ B	5.13 ▶ B	5.14 ▶ A	5.15 ▶ D
5.16 ▶ C	5.17 ▶ C	5.18 ▶ D	5.19 ▶ C	5.20 ▶ A
5.21 ▶ B	5.22 ▶ B			

二、多项选择题

5.23 ▶ ABC	5.24 ▶ ABD	5.25 ▶ ABCD	5.26 ▶ ACD	5.27 ▶ AB
5.28 ▶ AD	5.29 ▶ ACD	5.30 ▶ BD	5.31 ▶ ACD	5.32 ▶ ACD
5.33 ▶ BCD	5.34 ▶ ABD	5.35 ▶ ABCD	5.36 ▶ ACD	5.37 ▶ ACD

三、判断题

5.38 ▶ ×	5.39 ▶ ×	5.40 ▶ √	5.41 ▶ ×	5.42 ▶ ×
5.43 ▶ ×	5.44 ▶ √	5.45 ▶ ×	5.46 ▶ √	5.47 ▶ √
5.48 ▶ √	5.49 ▶ ×	5.50 ▶ ×	5.51 ▶ √	

一、单项选择题

5.1 斯尔解析 C 本题考查资金需要量预测的因素分析法。资金需要量=（基期资金平均占用额−不合理资金占用额）×（1+预测期销售增长率）÷（1+预测期资金周转速度增长率）=（6 400−400）×（1+10%）÷（1−2%）=6 734.69（万元），选项C当选。

5.2 斯尔解析 C 本题考查资金需要量预测的销售百分比法。敏感性资产通常包括库存现金、应收账款和存货，选项AB不当选。敏感性负债通常包括应付票据和应付账款，选项D不当选。短期借款、短期融资券、长期借款等筹资性负债，不属于敏感性负债，选项C当选。

5.3 斯尔解析 A 本题考查资金需要量预测的销售百分比法。根据销售百分比法，预计增加的留存收益额=预计净利润×预计利润留存率=预计销售额×预计销售净利率×预计利润留存率=预计销售额×预计销售净利率×（1−预计股利支付率），选项A当选。

5.4 斯尔解析 C 本题考查资金需要量预测的销售百分比法。预测2025年外部融资需求量=融资总需求−增加的留存收益=（50%−10%）×1 000×20%+100−1 000×（1+20%）×10%×30%=144（万元），选项C当选。

5.5 斯尔解析 A 本题考查资金需要量预测的资金习性预测法。根据高低点法，应从历史数据中选择收入（产销量）最高和最低时的数据，测算单位变动资金和不变资金。本题应选择2023年和2024年的数据，此时，b=（80−70）÷（350−250）=0.1（元/件），a=80−0.1×350=45（万元）。则2025年的预测资金需要量=45+0.1×400=85（万元），选项A当选。

5.6 斯尔解析 B 本题考查资本成本的含义。资本成本包括筹资费用和用资费用。用资费用是指企业在资本使用过程中因占用资本而付出的代价，如向银行等债权人支付的利息、向股东支付的股利等，选项B当选。筹资费用是指在资本筹措过程中为获取资本而付出的代价，如借款手续费、因发行股票和债券而支付的发行费等，选项ACD不当选。

5.7 斯尔解析 C 本题考查资本成本的影响因素。通货膨胀率下降，资金所有者投资的风险变小，筹资的资本成本会下降，选项A不当选。投资者的预期收益率下降，筹资的资本成本会下降，选项B不当选。证券市场流动性呈恶化趋势，资金所有者投资的风险变大，筹资的资本成本会上升，选项C当选。企业总体风险水平得到改善，资金所有者投资的风险变小，筹资的资本成本会下降，选项D不当选。

5.8 斯尔解析 B 本题考查银行借款资本成本的计算。银行借款的资本成本=年利率×（1−所得税税率）÷（1−筹资费用率）=8%×（1−25%）÷（1−0.2%）=6.01%，选项B当选。

5.9 斯尔解析 B 本题考查优先股资本成本的计算。假设优先股面值为M，年股息为$8\%×M$，发行价格为$M×（1+10\%）$，筹资费用率为2%，根据优先股资本成本计算公式"优先股资本成本=年固定股息÷［发行价格×（1−筹资费用率）］"，优先股资本成本=$8\%×M÷［M×（1+10\%）×（1−2\%）］$=7.42%，选项B当选。

提示：固定股息的计算公式为"面值×股息率"，而非"发行价格×股息率"。

5.10 斯尔解析 A 本题考查留存收益资本成本的计算。留存收益资本成本计算与普通股资本成本计算相同，不过计算留存收益资本成本时不考虑筹资费用，故留存收益资本成本=$D_1÷P_0+g$=0.5×（1+8%）÷50+8%=9.08%，选项A当选。

提示：如果本题问的是股票的资本成本，计算过程如下。

股票的资本成本$=D_1 \div [P_0 \times (1-f)] + g = 0.5 \times (1+8\%) \div [50 \times (1-1\%)] + 8\% = 9.09\%$

5.11 〔斯尔解析〕　**A**　本题考查普通股资本成本的计算。根据股利增长模型法，股票的资本成本$=D_1 \div [P_0 \times (1-f)] + g = 6 \div [30 \times (1-3\%)] + 5\% = 25.62\%$，选项A当选。

5.12 〔斯尔解析〕　**B**　本题考查股权资本成本的计算。根据资本资产定价模型，股权资本成本$=6\% + 1.5 \times (10\% - 6\%) = 12\%$，根据股利增长模型，$12\% = D_0 \times (1+3.7\%) \div 10 + 3.7\%$，解得，$D_0 = 0.8$（元/股），选项B当选。

5.13 〔斯尔解析〕　**B**　本题考查个别资本成本的计算。由于债券的利息可以抵税，所以在计算债券资本成本时需要考虑所得税因素，选项B当选。留存收益资本成本、普通股资本成本以及优先股资本成本计算时，无须考虑企业所得税，选项ACD不当选。

5.14 〔斯尔解析〕　**A**　本题考查平均资本成本的计算。根据资本资产定价模型，股票的资本成本$=5\% + 1.5 \times (12\% - 5\%) = 15.5\%$。平均资本成本$=8\% \times [4\,000 \div (6\,000 + 4\,000)] + 15.5\% \times [6\,000 \div (6\,000 + 4\,000)] = 12.5\%$，选项A当选。

提示：题目中给出的债务资本成本默认税后口径，可直接加权计算。

5.15 〔斯尔解析〕　**D**　本题考查平均资本成本的权数选择。平均资本成本的计算需要关注权数的选择。通常，可供选择的权数有账面价值、市场价值、目标价值，选项ABC不当选、选项D当选。

5.16 〔斯尔解析〕　**C**　本题考查经营杠杆系数。根据推导公式，经营杠杆系数=基期边际贡献÷基期息税前利润，则2019年息税前利润=基期边际贡献÷经营杠杆系数$=500 \div 2.5 = 200$（万元）。根据定义公式，经营杠杆系数=息税前利润变动率÷产销业务量变动率，则2020年息税前利润变动率=产销业务量变动率×经营杠杆系数$=20\% \times 2.5 = 50\%$，因此，2020年预计息税前利润$=200 \times (1+50\%) = 300$（万元），选项C当选。

提示：杠杆系数的计算中，定义式使用本期数据，推导式使用基期数据。

5.17 〔斯尔解析〕　**C**　本题考查财务杠杆系数。财务杠杆效应是由于企业存在固定性资本成本，而债务筹资可以产生固定性资本成本。租赁属于债务筹资，可以带来财务杠杆效应，选项C当选。发行普通股和留存收益属于股权筹资，认股权证属于衍生工具筹资，均不会产生固定性资本成本，不会带来财务杠杆效应，选项ABD不当选。

5.18 〔斯尔解析〕　**D**　本题考查财务杠杆系数。财务杠杆系数=普通股收益变动率÷息税前利润变动率，普通股收益增长率$=20\% \times 3 = 60\%$，2020年普通股收益$=100 \times (1+60\%) = 160$（万元），选项D当选。

5.19 〔斯尔解析〕　**C**　本题考查财务杠杆系数。根据"经营杠杆系数×财务杠杆系数=总杠杆系数"，求得财务杠杆系数$=3 \div 1.5 = 2$，而财务杠杆系数=普通股每股收益变动率÷息税前利润变动率，则普通股每股收益变动率$=2 \times 10\% = 20\%$，选项C当选。

5.20 〔斯尔解析〕　**A**　本题考查资本结构理论。根据优序融资理论，企业的筹资优序模式首先是内部筹资，其次是借款、发行债券、可转换债券，最后是发行新股筹资，选项A当选。

5.21 〔斯尔解析〕　**B**　本题考查资本结构优化。资本结构优化的方法包括每股收益分析法、平均资本成本比较法、公司价值分析法，选项AD不当选。公司价值分析法是在考虑市场风险的基础上，以公司市场价值为标准，进行资本结构优化，选项B当选。**每股收益分析法是从账面价值的角度进行资本结构优化分析，没有考虑市场反应，也没有考虑风险因素**，选项C不当选。

5.22 ⑤斯尔解析 B 本题考查双重股权结构。双重股权结构的优点有：（1）能在一定程度上避免企业内部股权纷争，保障企业创始人或管理层对企业的控制权，防止公司被恶意收购；（2）提高企业运行效率，有利于企业的长期发展。缺点有：（1）容易导致管理中独裁行为的发生；（2）控股股东为自己谋利而损害非控股股东的利益，不利于非控股股东利益的保障；（3）可能加剧企业治理中实际经营者的道德风险和逆向选择。综上，选项B当选。

二、多项选择题

5.23 ⑤斯尔解析 ABC 本题考查资金需要量预测的资金习性预测法。不变资金是指在一定的产销量范围内，不受产销量变动的影响而保持固定不变的那部分资金，包括为维持营业而占用的最低数额的现金，原材料的保险储备，必要的成品储备，厂房、机器设备等固定资产占用的资金，选项A当选。变动资金是指随产销量的变动而同比例变动的那部分资金。它一般包括直接构成产品实体的原材料、外购件等占用的资金。另外，在最低储备以外的现金、存货、应收账款等也具有变动资金的性质，选项C当选、选项D不当选。半变动资金是指虽然受产销量变化的影响，但不呈同比例变动的资金，如一些辅助材料占用的资金，选项B当选。

5.24 ⑤斯尔解析 ABD 本题考查资本成本的含义与作用。资本成本的作用有：（1）资本成本是比较筹资方式、选择筹资方案的依据（选项D当选）；（2）平均资本成本是衡量资本结构是否合理的重要依据（选项A当选）；（3）资本成本是评价投资项目可行性的主要标准（选项B当选）；（4）资本成本是评价企业整体业绩的重要依据。资本成本是资本所有权和资本使用权分离的结果。对于出资者而言，保留了资本所有权，**资本成本表现为让渡资本使用权所带来的投资收益**。对筹资者而言，由于取得了资本使用权，必须支付一定代价，**资本成本表现为取得资本使用权所付出的代价**，选项C不当选。

> **精准答疑** 🎯
>
> **问题：** 如何理解"资本成本一般是投资所应获得收益的最低要求"？
>
> **解答：** 任何投资项目，如果它预期的投资收益率超过该项目使用资金的资本成本率，则该项目在经济上就是可行的。因此，资本成本率是企业用以确定项目要求达到的投资收益率的最低标准。

5.25 ⑤斯尔解析 ABCD 本题考查个别资本成本的计算。按照一般模式，债券资本成本=债券面值×票面利率×（1-所得税税率）÷（债券发行价格-发行费用），选项ABC当选。按照贴现模式，将债务未来还本付息的贴现值与目前筹资净额相等时的贴现率作为资本成本，此时利息支付频率将会影响贴现率，进而影响债券资本成本，选项D当选。

5.26 ⓢ斯尔解析　**ACD**　本题考查平均资本成本的计算。以账面价值为权数，不能反映目前从资本市场上筹集资本的现时机会成本，不适合评价现时的资本结构，选项A当选。目标价值权数的确定一般以现时市场价值为依据，选项B不当选。目标价值权数适用于未来的筹资决策，选项C当选。在市场价值权数中以现行市价为基础来计算资本权数，能够反映现时的资本成本水平，选项D当选。

5.27 ⓢ斯尔解析　**AB**　本题考查经营杠杆系数。经营杠杆系数=基期边际贡献÷基期息税前利润，边际贡献=销售量×（销售单价−单位变动成本），息税前利润=边际贡献−固定成本，所以销售单价和销售数量影响经营杠杆系数，但是资本成本和所得税税率不会影响经营杠杆系数，选项AB当选、选项CD不当选。

5.28 ⓢ斯尔解析　**AD**　本题考查经营杠杆系数。降低利息费用只能降低财务杠杆，对经营杠杆没有影响，选项A当选。降低固定成本和单位变动成本，可以降低经营杠杆，选项BC不当选。降低销售单价将会提高经营杠杆，选项D当选。

精准答疑 🎯

问题：如何判断各种因素对杠杆系数变动方向的影响？

解答：方法一，公式法。通过分析各种因素对杠杆系数公式的影响来判断。以本题举例，经营杠杆系数 =（基期息税前利润 + 固定成本）÷ 基期息税前利润，基期息税前利润 =（单价 − 单位变动成本）× 销售量 − 固定成本，所以降低单位变动成本会降低经营杠杆系数，选项 C 不当选。

方法二，定性法。通过分析各种因素是"好事"还是"坏事"来判断。

以本题举例，降低经营杠杆是"好事"，能达到相同目的的通常也是"好事"。降低成本（无论是固定成本还是变动成本）是"好事"，因此可以降低经营杠杆；降低销售单价是"坏事"，所以会提高经营杠杆。但要注意，虽然降低利息费用也是"好事"，但它与经营杠杆无关。

5.29 ⓢ斯尔解析　**ACD**　本题考查经营杠杆效应。经营杠杆效应是由于固定性经营成本的存在，使得企业的资产收益（息税前利润）变动率大于业务量（产销量或销售额）变动率的现象，选项B不当选。经营杠杆反映了资产收益的波动性，用以评价企业的经营风险，选项A当选。经营风险是指企业由于生产经营上的原因而导致的资产收益波动的风险。引起企业经营风险的主要原因是市场需求和生产成本等因素的不确定性，经营杠杆本身并不是资产收益不确定的根源，选项D当选。经营杠杆只是资产收益波动的表现。但是，经营杠杆放大了市场和生产等因素变化对利润波动的影响，选项C当选。

5.30 ⓢ斯尔解析　**BD**　本题考查财务杠杆效应。财务杠杆系数=普通股收益变动率÷息税前利润变动率，当财务杠杆系数变大时，息税前利润的下降将引起每股收益更大幅度的下降，每股收益的波动程度越大，财务风险也就越大，选项BD当选。经营杠杆系数=息税前利润变动率÷产销业务量变动率，当经营杠杆系数变大时，产销量的增长将引起息税前利润更大幅度的增长，但同时产销量的下降将引起息税前利润更大幅度的下降，息税前利润的波动程度越大，经营风险也就越大，表明公司盈利能力下降，选项AC不当选。

5.31 🅢斯尔解析 **ACD** 本题考查财务杠杆系数。根据推导公式，财务杠杆系数=息税前利润÷〔息税前利润−利息费用−优先股股息÷（1−所得税税率）〕，因此选项ACD当选。普通股股利不是固定性资本成本，所以不会影响财务杠杆，选项B不当选。

5.32 🅢斯尔解析 **ACD** 本题考查总杠杆系数。根据推导公式，总杠杆系数=（息税前利润+固定成本）÷〔息税前利润−利息费用−优先股股息÷（1−所得税税率）〕，而息税前利润=边际贡献−固定成本，因此选项ACD当选、选项B不当选。

提示：普通股股利是一种可选择支付的成本，既不属于固定经营成本，也不属于固定资本成本，所以不会影响总杠杆。

5.33 🅢斯尔解析 **BCD** 本题考查资本结构理论。最初的MM理论认为资本结构与企业价值无关，因此也被称作资本无关论，选项A不当选。相应地，修正的MM理论、代理理论和权衡理论则属于资本相关论，认为资本结构会影响企业价值。其中代理理论和权衡理论都是在修正的MM理论上作了进一步完善。综上，选项BCD当选。

5.34 🅢斯尔解析 **ABD** 本题考查资本结构理论。修正的MM理论认为企业可利用财务杠杆增加企业价值，因负债利息可带来避税利益，企业价值会随着资产负债率的增加而增加，选项AB当选、选项C不当选。修正的MM理论还认为有负债企业的股权成本等于相同风险等级的无负债企业的股权成本加上与以市值计算的债务与股权比例成比例的风险收益，资产负债率越大，企业的财务风险越高，股东所承受的风险更大，使得股权资本成本越高，选项D当选。

5.35 🅢斯尔解析 **ABCD** 本题考查资本结构的影响因素。影响企业资本结构的因素有：（1）企业经营状况的稳定性和成长性；（2）企业的财务状况和信用等级；（3）企业的资产结构；（4）企业投资人和管理当局的态度；（5）行业特征和企业发展周期；（6）经济环境的税收政策和货币政策。综上，选项ABCD当选。

5.36 🅢斯尔解析 **ACD** 本题考查资本结构优化。可用于资本结构优化决策的方法主要有每股收益分析法、平均资本成本比较法、公司价值分析法，选项ACD当选、选项B不当选。

5.37 🅢斯尔解析 **ACD** 本题考查双重股权结构。双重股权结构能在一定程度上避免企业内部股权纷争，保障企业创始人或管理层对企业的控制权，防止公司被恶意收购，进而提高公司运行效率，有利于企业的长期发展，选项AC当选。双重股权结构容易导致管理中独裁行为的发生；控股股东为自己谋利而损害非控股股东的利益，不利于非控股股东利益的保障；可能加剧企业治理中实际经营者的道德风险和逆向选择，选项B不当选、选项D当选。

三、判断题

5.38 🅢斯尔解析 × 本题考查资金需要量测算的销售百分比法。**销售百分比法是假设某些（而非所有）资产和负债与销售额存在稳定的百分比关系**，根据这个假设预计外部资金需要量的方法。本题所述错误。

5.39　Ⓢ斯尔解析　×　本题考查资本成本的含义。支付的银行借款利息，属于资本成本中的用资费用而非筹资费用。本题所述错误。

5.40　Ⓢ斯尔解析　√　本题考查影响资本成本的因素。如果资本市场缺乏效率，证券的市场流动性低，投资者投资风险大，要求的必要收益率高，那么通过资本市场来融通资本，其成本水平就比较高。如果企业经营风险高，财务风险大，则企业总体风险水平高，投资者要求的必要收益率高，企业筹资的资本成本相应就大。本题所述正确。

5.41　Ⓢ斯尔解析　×　本题考查个别资本成本的计算。优先股资本成本＝优先股年固定股息÷〔优先股发行价格×（1-筹资费用率）〕，因此优先股发行价格越高，其资本成本越低。本题所述错误。

5.42　Ⓢ斯尔解析　×　本题考查平均资本成本的计算。计算加权平均资本成本，采用市场价值权数，能够反映现时的资本成本水平，不能反映未来资本结构。本题所述错误。

5.43　Ⓢ斯尔解析　×　本题考查平均资本成本的计算。市场价值权数是以各项个别资本的现行市价为基础来计算资本权数，确定各类资本占总资本的比重。其优点是能够反映现时的资本成本水平，有利于进行资本结构决策。本题所述错误。

提示：市场价值权数有利于进行资本结构决策，目标价值权数有利于未来的筹资决策。

5.44　Ⓢ斯尔解析　√　本题考查资本结构优化。平均资本成本比较法是通过计算和比较各种可能的筹资组合方案的平均资本成本，选择平均资本成本最低的方案。即能够降低平均资本成本的资本结构，就是合理的资本结构。这种方法侧重于从资本投入的角度对筹资方案和资本结构进行优化分析。本题所述正确。

5.45　Ⓢ斯尔解析　×　本题考查项目资本成本。使用企业当前的资本成本作为项目的资本成本，应同时满足两个条件：项目的风险与企业当前资产的平均风险相同；公司继续采用相同的资本结构为项目筹资。本题所述错误。

5.46　Ⓢ斯尔解析　√　本题考查经营杠杆系数。本题所述正确。

5.47　Ⓢ斯尔解析　√　本题考查财务杠杆系数。财务杠杆系数＝息税前利润÷（息税前利润-利息-税前优先股股息），可见，优先股股息越高，财务杠杆系数越大。本题所述正确。

5.48　Ⓢ斯尔解析　√　本题考查总杠杆系数。因为总杠杆系数＝经营杠杆系数×财务杠杆系数，所以在总杠杆系数（总风险）一定的情况下，经营杠杆系数与财务杠杆系数此消彼长。若经营杠杆水平较高，其经营风险较高，其所能承担的财务风险较低，故应保持较低的负债水平。反之，经营风险较低，其所能承担的财务风险较高，故可以保持较高的负债水平。本题所述正确。

5.49　Ⓢ斯尔解析　×　本题考查资本结构理论。根据资本结构理论，最佳的资本结构是指一定条件下使企业加权平均资本成本最低且企业价值最大的资本结构。本题所述错误。

5.50　Ⓢ斯尔解析　×　本题考查资本结构理论。优序融理论下，企业的筹资优序模式首先是内部筹资，其次是借款、发行债券、可转换债券，最后是发行新股筹资。本题所述错误。

5.51　Ⓢ斯尔解析　√　本题考查双重股权结构。同股不同权制度（双重股权结构）能在一定程度上避免企业内部股权纷争，保障企业创始人或管理层对企业的控制权，防止公司被恶意收购；提高企业运行效率，有利于企业的长期发展。本题所述正确。

四、计算分析题

5.52 斯尔解析

（1）长期借款的资本成本=4.8%×（1−25%）=3.6%。

（2）发行债券的资本成本=5 600×6%×（1−25%）÷6 000=4.2%。

（3）普通股的资本成本=4%+1.5×（10%−4%）=13%。

（4）平均资本成本=3.6%×3 000÷20 000+4.2%×6 000÷20 000+13%×11 000÷20 000=8.95%。

5.53 斯尔解析

（1）乙企业$\beta_{资产}$=1.41÷［1+（1−25%）×（4/6）］=0.94。

该汽车项目的$\beta_{权益}$=0.94×［1+（1−25%）×（3/7）］=1.24

权益资本成本=4.5%+1.24×（11.5%−4.5%）=13.18%

（2）加权平均资本成本=9%×（1−25%）×3/10+13.18%×7/10=11.25%。

5.54 斯尔解析

（1）2022年度的息税前利润=（0.8−0.4）×100 000−20 000=20 000（万元）。

（2）①经营杠杆系数=（0.8−0.4）×100 000÷20 000=2。

②财务杠杆系数=20 000÷（20 000−4 000）=1.25。

③总杠杆系数=2×1.25=2.5。

5.55 斯尔解析

（1）设每股收益无差别点的息税前利润为EBIT，则：

$$\frac{（EBIT−6 000×6%）×（1−25%）}{3 000+600}=\frac{（EBIT−6 000×6%−2 400×8%）×（1−25%）}{3 000}$$

解得：EBIT=1 512（万元）。

（2）追加筹资后的预计息税前利润=3 600×（1−50%）−600=1 200（万元）。

（3）应当选择A方案增发普通股筹资。因为追加筹资后的预计息税前利润1 200万元小于每股收益无差别点息税前利润1 512万元，所以应当选择股权筹资，即选择A方案。

5.56 斯尔解析

（1）经营性资产增加额=基期经营性资产×销售增长率=（1 500+3 500+5 000）×20%=2 000（万元）。

（2）经营性负债增加额=基期经营性负债×销售增长率=3 000×20%=600（万元）。

（3）增加的留存收益额=基期净利润×（1+销售增长率）×利润留存率=5 000×（1+20%）×20%=1 200（万元）。

提示："增加的留存收益"是指2023年净利润中企业留存的部分，而不是2023年相对于2022年留存收益的增加额。

（4）外部资金需求量=经营性资产增加－经营性负债增加－留存收益增加=2 000－600－1 200=200（万元）。

提示：在考试中，除非题目特别指明，固定资产属于非敏感性资产，与收入不存在稳定的百分比关系。

第六章　投资管理
答案与解析

一、单项选择题

6.1 ▶ A	6.2 ▶ B	6.3 ▶ D	6.4 ▶ D	6.5 ▶ A
6.6 ▶ C	6.7 ▶ B	6.8 ▶ A	6.9 ▶ D	6.10 ▶ B
6.11 ▶ C	6.12 ▶ A	6.13 ▶ C	6.14 ▶ D	6.15 ▶ D
6.16 ▶ A	6.17 ▶ A	6.18 ▶ D	6.19 ▶ C	6.20 ▶ D
6.21 ▶ C	6.22 ▶ C	6.23 ▶ B	6.24 ▶ B	6.25 ▶ A
6.26 ▶ B	6.27 ▶ A			

二、多项选择题

6.28 ▶ BD	6.29 ▶ ABC	6.30 ▶ ABD	6.31 ▶ AD	6.32 ▶ ABD
6.33 ▶ ABD	6.34 ▶ ACD	6.35 ▶ BD	6.36 ▶ ABD	6.37 ▶ ABD
6.38 ▶ ACD	6.39 ▶ ABCD	6.40 ▶ ABD		

三、判断题

6.41 ▶ ×	6.42 ▶ √	6.43 ▶ ×	6.44 ▶ √	6.45 ▶ ×
6.46 ▶ ×	6.47 ▶ √	6.48 ▶ ×	6.49 ▶ √	

一、单项选择题

6.1 〔斯尔解析〕 **A** 本题考查企业投资的分类。按照投资活动与企业本身生产经营活动的关系，企业投资可以划分为直接投资与间接投资，选项A当选。按投资对象的存在形态和性质，企业投资可以划分为项目投资和证券投资，选项B不当选。按投资活动对企业未来生产经营前景的影响，企业投资可以划分为发展性投资和维持性投资，选项C不当选。按投资活动资金投出的方向，企业投资可以划分为对内投资和对外投资，选项D不当选。

6.2 〔斯尔解析〕 **B** 本题考查项目现金流量。购买生产线零时点的现金流出量为300万元。生产线投入使用时会同时增加流动资产和流动负债，会相应增加垫支的营运资金50万元（100-50），因此导致零时点现金流出量为50万元。综上，零时点现金净流量为-350万元，原始投资额为350万元，选项B当选。

提示：项目现金流量需要考虑正负符号，有正数或负数的情况，原始投资额只是一笔金额，只有正数，没有负数。

6.3 〔斯尔解析〕 **D** 本题考查营业现金流量的计算。根据公式，营业现金净流量=营业收入×（1-所得税税率）-付现成本×（1-所得税税率）+非付现成本×所得税税率，可列式：营业现金净流量=180×（1-25%）-（70-30）×（1-25%）+30×25%=112.5（万元），选项D当选。

提示：营业成本包括付现成本以及非付现成本（例如折旧和摊销）。本题也可以采用其他公式计算，营业现金净流量=税后营业利润+非付现成本=（营业收入-营业成本）×（1-所得税税率）+非付现成本=（180-70）×（1-25%）+30=112.5（万元）。

6.4 〔斯尔解析〕 **D** 本题考查项目现金流量。项目终结期的现金净流量包括三个部分：（1）固定资产变价净收入；（2）固定资产变现净损益对现金净流量的影响；（3）垫支营运资金的收回。因此，该生产线在终结期的现金净流量=净残值收入+（税法规定的净残值-残值变现收入）×所得税税率+垫支营运资金的收回=1+（1.5-1）×25%+5=6.125（万元），选项D当选。

6.5 〔斯尔解析〕 **A** 本题考查年金净流量。根据公式，年金净流量=净现值÷年金现值系数，其中，净现值=未来现金净流量现值-原始投资额现值=180×年金现值系数-840，因此，年金净流量=（180×7-840）÷7=60（万元），选项A当选。

6.6 〔斯尔解析〕 **C** 本题考查现值指数。现值指数=未来现金净流量现值÷原始投资额现值，是一个相对数指标，反映了投资效率，同时利用现值进行计算，考虑了货币时间价值，选项AD不当选。现值指数法是净现值法的辅助方法，以该指标来评价独立投资方案，可以克服净现值指标对原始投资额现值不同的独立投资方案进行比较和评价的缺点，选项B不当选。若现值指数大于或等于1，方案可行，选项C当选。

6.7 〔斯尔解析〕 **B** 本题考查内含收益率。内含收益率是指对投资方案未来的每年现金净流量进行折现，使所得的现值恰好与原始投资额现值相等，从而使净现值等于零时的折现率，因此原始投资额、项目寿命期和现金净流量均会影响内含收益率的计算，选项ACD不当选。资本成本的大小，不会影响内含收益率的大小，选项B当选。

6.8 ⑤斯尔解析 A 本题考查内含收益率。采用折现率10%，净现值为正数，说明方案的内含收益率高于10%。采用折现率12%，净现值为负数，说明方案的内含收益率低于12%，因此内含收益率的数值区间介于10%与12%之间。根据插值法的基本原理，可列式：（IRR-10%）÷（12%-10%）=（0-8）÷（-12-8），解得，IRR=10.8%，选项A当选。

6.9 ⑤斯尔解析 D 本题考查内含收益率。由于折现率越高，净现值越低，这两者呈反向变动关系。按13%折现时，净现值大于零，说明令净现值等于零的内含收益率大于13%；按15%折现时，净现值小于零，说明令净现值等于零的内含收益率小于15%。因此该投资项目的内含收益率在13%~15%之间，选项D当选。

6.10 ⑤斯尔解析 B 本题考查回收期。该设备年折旧额=（18.6-0.6）÷5=3.6（万元），每年营业现金净流量=税后营业利润+折旧=2.4+3.6=6（万元），由于未来每年现金净流量相等，所以静态回收期=原始投资额÷每年现金净流量=18.6÷6=3.1（年），选项B当选。

6.11 ⑤斯尔解析 C 本题考查回收期。静态回收期=收回原始投资额的前一年M+第M年的尚未回收额÷第（M+1）年的现金净流量=3+（600-150-150-200）÷200=3.5（年），选项C当选。

提示：原始投资额=长期资产投资额+营运资金垫支额。

6.12 ⑤斯尔解析 A 本题考查回收期。无论每年现金净流量是否相等，均可计算其静态回收期，只不过计算方法不同，选项A当选。若每年现金净流量相等，则静态回收期等于原始投资额除以每年现金净流量，选项C不当选。静态回收期没有考虑货币时间价值，也没有考虑回收期以后的现金流量，选项BD不当选。

6.13 ⑤斯尔解析 C 本题考查回收期。由于该项目的动态回收期小于项目的寿命期，说明项目到期时，未来现金流量现值大于原始投资额现值，此时项目的净现值大于0，选项C当选。

6.14 ⑤斯尔解析 D 本题考查年金净流量。年金净流量=现金净流量总现值÷年金现值系数，选项A不当选。对于独立投资方案的决策，年金净流量大于等于0，方案可行，选项B不当选。对于互斥投资方案的决策，如果期限相同，可以直接根据净现值进行决策，如果期限不同，需要使用年金净流量法或共同年限法进行决策，选项C不当选。对于期限不同的互斥投资方案，年金净流量法与净现值法的决策结果可能是不同的，选项D当选。

6.15 ⑤斯尔解析 D 本题考查互斥投资方案的决策。动态回收期只考了未来现金净流量现值总和中等于原始投资额现值的部分，没有考虑超过原始投资额现值的部分，无法作为直接的决策指标，选项A不当选。在互斥投资方案的决策中，当寿命期相同时，可使用净现值法，选项B不当选。在互斥投资方案的决策中，当寿命期不同时，可使用共同年限法或年金净流量法，选项D当选。独立投资方案决策时，以各独立方案的获利程度作为评价标准，一般采用内含收益率法进行比较决策，选项C不当选。

提示：如果两互斥项目寿命期不相等，折现率也不相同，需要使用永续净现值来决策。

6.16 ⑤斯尔解析 A 本题考查证券投资的目的。企业在生产经营过程中，闲置的资金可以投资于股票、债券等有价证券上，谋取投资收益，选项A当选。债券相比于货币资金投资风险大、流动性弱，选项BD不当选。企业进行债券投资，而非股权投资，所以不能控制被投资企业，选项C不当选。

提示：**企业投资于债券的收益来源包括名义利息收益、利息再投资收益以及价差收益，投资于股票的收益来源包括股利收益、股利再投资收益以及转让价差收益。**

6.17 斯尔解析 A 本题考查证券投资的风险。参与基金运作的基金管理人和基金托管人仅按照约定的比例收取管理费和托管费用，无权参与基金收益的分配，也不承担管理过程中资金投资所产生的风险，选项A当选。

6.18 斯尔解析 D 本题考查证券投资的风险。该公司无法于原定付息日全额支付利息，属于证券投资的违约风险，即证券资产发行者无法按时兑付证券资产利息和偿还本金的可能性，选项D当选。

6.19 斯尔解析 C 本题考查债券投资。该债券价值=50×10%×（P/A，8%，3）+50×（P/F，8%，3）=52.58（元），选项C当选。

6.20 斯尔解析 D 本题考查股票投资。公司最近一期已支付每股股利0.75元，表明D_0=0.75（元），根据固定股利增长模型，$V_1=D_2/（R_s-g）$=0.75×（1+4%）×（1+4%）÷（10%-4%）=13.52（元），选项D当选。

提示：本题要求计算的是下一年（V_1）的股票价值而非本年（V_0）的股票价值。

6.21 斯尔解析 C 本题考查股票投资。根据股票估值的零增长模式，股票价值=0.4÷10%=4（元），选项C当选。

6.22 斯尔解析 C 本题考查股票内部收益率。预期股利收益率=$D_1÷P_0$=0.75×（1+6%）÷15=5.3%，选项C当选。

提示：如果本题要求计算股票内部收益率，则需要注意**股票内部收益率包括预期股利收益率和股利增长率两个部分**，即股票内部收益率=$D_1÷P_0+g$=5.3%+6%=11.3%。

6.23 斯尔解析 B 本题考查基金投资。基金投资是一种集合投资方式，投资者通过购买基金份额，将众多资金集中起来，由专业的投资者即基金管理人进行管理，通过投资组合的方式进行投资，实现利益共享、风险共担，选项A不当选。仅投资于货币市场工具的基金属于货币市场基金，选项B当选。主动型基金是指由基金经理主动操盘寻找超越基准组合表现的投资组合进行投资，选项C不当选。公募证券投资基金可以面向社会公众公开发售，募集对象不确定，投资金额较低，适合中小投资者，选项D不当选。

6.24 斯尔解析 B 本题考查证券投资基金的分类。证券投资基金依据投资对象的分类，可分为股票基金、债券基金、货币市场基金和混合基金。**股票基金是指基金资产80%以上投资于股票的基金。债券基金是指基金资产80%以上投资于债券的基金。货币市场基金是指仅投资于货币市场工具的基金。**混合基金是指投资于股票、债券和货币市场工具，但股票投资和债券投资的比例不符合股票基金、债券基金规定的基金。综上，选项B当选。

6.25 斯尔解析 A 本题考查私募股权投资基金。私募证券投资基金的特点有：（1）具有较长的投资周期（选项A当选）；（2）较大的投资收益波动性（选项C不当选）；（3）对投资决策与管理的专业要求较高，投资后需进行非财务资源注入（选项B不当选）。私募股权投资基金没有现成的市场供非上市公司的股权出让方与购买方直接达成交易，因此流动性差（选项D不当选）。

6.26 🔍斯尔解析　　B　本题考查期权合约。到期日股价48元小于期权的执行价格50元，买入看跌期权的投资人会选择行权，期权买方的到期日价值=50−48=2（元），期权买方的净损益=2−5=−3（元），则该期权给甲带来的净损失为3元，选项B当选。

6.27 🔍斯尔解析　　A　本题考查期权合约。卖出看涨期权方和卖出看跌期权方净收益最大为期权费用，选项BD不当选。买入看涨期权方的净收益没有上限，选项A当选。买入看跌期权方，在标的资产市价为0时净收益最大，最大净收益=执行价格−期权费，选项C不当选。

二、多项选择题

6.28 🔍斯尔解析　　BD　本题考查投资的分类。战术性投资，也称为维持性投资，即为了维持企业现有的生产经营正常顺利进行，不会改变企业未来生产经营发展全局的企业投资，包括更新替换旧设备的投资和配套流动资金投资等，选项BD当选。企业间兼并合并的投资和大幅度扩大生产规模的投资，属于战略性投资，选项AC不当选。

6.29 🔍斯尔解析　　ABC　本题考查净现值。计算净现值时，确定折现率选择的参考标准可以是：（1）以市场利率为标准；（2）以投资者希望获得的预期最低投资收益率为标准；（3）以企业平均资本成本率为标准。综上所述，选项ABC当选、选项D不当选。

6.30 🔍斯尔解析　　ABD　本题考查净现值。净现值法的缺点主要表现在：（1）所采用的折现率不易确定；（2）不适用于独立投资方案的比较决策；（3）不能直接用于对寿命期不同的互斥投资方案进行决策，选项AB当选。只有内含收益率能够直接反映项目的实际收益率，选项D当选。净现值法在所设定的折现率中包含投资风险收益率要求，从而能有效地考虑投资风险，选项C不当选。

6.31 🔍斯尔解析　　AD　本题考查内含收益率。由题目可知，$20×（P/A，IRR，6）−76=0$，$（P/A，IRR，6）=3.8$，所以内含收益率在14%～15%之间。因为项目具有可行性，所以内含收益率大于必要收益率，因此必要收益率不能大于内含收益率区间的最大值15%，即必要收益率<15%，选项AD当选。

6.32 🔍斯尔解析　　ABD　本题考查投资项目评价指标。静态回收期没有考虑货币时间价值，直接将未来现金净流量累计到原始投资数额时所经历的时间作为静态回收期，选项C不当选。现值指数、内含收益率、净现值均运用了折现的原理，均考虑了货币时间价值，选项ABD当选。

提示：投资项目评价指标按照是否考虑了货币时间价值可以分为静态评价指标（静态回收期）和动态评价指标（净现值、年金净流量、现值指数、内含收益率、动态回收期）。

6.33 🔍斯尔解析　　ABD　本题考查净现值。净现值为正，方案可行，说明方案的实际收益率高于所要求的收益率（折现率），选项A当选。净现值法可以用于寿命期相同的互斥投资方案的决策，不能直接用于对寿命期不同的互斥投资方案进行决策，选项B当选。净现值法采用的折现率不容易确定，选项C不当选。净现值法在所设定的折现率中包含投资风险收益率要求，从而能有效地考虑投资风险，选项D当选。

6.34 🔍斯尔解析　　ACD　本题考查投资项目评价指标。现值指数、年金净流量和内含收益率在计算时均考虑了寿命期内全部的现金流量，选项ACD当选。动态回收期只考虑了未来现金净流量现值总和中等于原始投资额现值的部分，没有考虑超过原始投资额现值的部分，选项B不当选。

6.35 斯尔解析　**BD**　本题考查投资项目评价指标。动态回收期是投资项目的未来现金净流量现值与原始投资额现值相等所经历的时间，折现率下降，未来现金净流量的现值变大，动态回收期变小，选项A不当选。净现值=未来现金净流量现值−原始投资额现值，现值指数=未来现金净流量现值÷原始投资额现值，折现率下降，未来现金净流量上升，净现值和现值指数均上升，选项BD当选。内含收益率是使项目净现值为零时所对应的折现率，与折现率的大小无关，选项C不当选。

精准答疑

> **问题：** 这类题目是否还有别的解题思路？另外，为什么内含收益率和折现率无关？
>
> **解答：** 可以从定性角度来解答。上述所有指标都要站在"现值"时点来判断；因此，折现率下降则说明"钱贬值得更少"，属于"好事"，只须找到指标中"升高也是好事"即可。动态回收期升高代表回本的速度变慢，是"坏事"，选项A不当选。净现值升高代表超额收益增加，是"好事"，选项B当选。现值指数可以消除投资规模的影响，净现值升高，现值指数会升高，选项D当选。内含收益率本身就是未来现金流量的现值等于原始投资额所计算出的折现率，本质就是折现率。

6.36 斯尔解析　**ABD**　本题考查投资项目财务评价指标。净现值（57万元）大于0，所以现值指数大于1，年金净流量大于0，动态回收期小于项目寿命期，静态回收期小于项目寿命期，选项ABD当选、选项C不当选。

提示：当净现值大于零时，项目的动态回收期大于静态回收期，内含收益率大于折现率。

6.37 斯尔解析　**ABD**　本题考查固定资产更新决策。年金成本=成本总现值÷年金现值系数，成本总现值=未来现金净流出现值，即考虑了项目未来各期现金流入量和流出量之后的净额，选项ABD当选。旧设备的初始购置成本是过去发生的成本，与当下作决策无关，不应考虑，选项C不当选。

6.38 斯尔解析　**ACD**　本题考查证券投资的风险。价格风险是指由于市场利率上升，从而使证券资产价格普遍下跌的可能性，而非市场利率下降，选项A当选。系统性风险包括价格风险、再投资风险和购买力风险，选项B不当选、选项C当选。破产风险是指在证券资产发行者破产清算时，投资者无法收回应得权益的可能性，证券资产持有者无法在市场上以正常价格平仓出货的可能性属于变现风险，选项D当选。

6.39 斯尔解析　**ABCD**　本题考查债券投资。债券价值是未来债券利息和本金的现值，票面利率上升，未来利息增加，则利息的现值增加，选项A当选。付息周期增加，付息频率降低，投资人得到部分利息的时间延后，债券价值下降，选项B当选。计算债券价值时，折现率为市场利率，根据折现率与现值呈反向变动的关系，市场利率上升会导致债券价值下降，选项C当选。票面利率小于市场利率，债券为折价发行的债券，期限越长，债券价值越低，选项D当选。

提示：

（1）债券期限：溢价债券，期限越长，债券价值越大；折价债券，期限越长，债券价值越小。

（2）付息频率：无论是哪种债券，付息频率高，付息周期短，债券价值大。

6.40 ⑤斯尔解析　　ABD　本题考查期权投资。由于到期日股价30元大于执行价格24元，因此买入看涨期权到期日价值=30−24=6（元），选项A当选。买入看涨期权净损益=6−4=2（元），选项C不当选。由于期权买方和卖方为零和博弈，所以，卖出看涨期权到期日价值为−6元，净损益为−2元，选项BD当选。

三、判断题

6.41 ⑤斯尔解析　　×　本题考查投资管理的特点。投资管理往往不会经常性地重复出现，是一种非程序化的管理。本题所述错误。

6.42 ⑤斯尔解析　　√　本题考查投资的分类。本题所述正确。

6.43 ⑤斯尔解析　　×　本题考查企业投资的分类。直接投资是指将资金直接投放于形成生产经营能力的实体性资产，直接谋取经营利润。间接投资是指将资金投放于股票、债券等资产上，股票、债券的发行方（筹资方），在筹集到资金后再将筹集的资金投放于形成生产经营能力的实体性资产，获取经营利润。本题所述错误。

6.44 ⑤斯尔解析　　√　本题考查投资项目现金流量的计算。本题所述正确。

6.45 ⑤斯尔解析　　×　本题考查项目现金流量。营业期内某一年发生的大修理支出，如果会计处理在本年内一次性作为损益性支出，则直接作为该年付现成本；如果跨年摊销处理，则本年作为投资性的现金流出量，摊销年份的金额以非付现成本形式处理。本题所述错误。

6.46 ⑤斯尔解析　　×　本题考查投资项目财务评价指标。动态回收期只能表示考虑货币时间价值的回本期限，不能用于衡量项目的盈利性。本题所述错误。

6.47 ⑤斯尔解析　　√　本题考查内含收益率。本题所述正确。

6.48 ⑤斯尔解析　　×　本题考查证券投资的风险。证券资产发行者无法按时兑付证券资产利息和偿还本金的可能性属于违约风险，是一种非系统性风险。本题所述错误。

6.49 ⑤斯尔解析　　√　本题考查债券投资。债券的内在价值也称为债券的理论价格，是指债券未来本利和的现值。而市场利率作为折现率，市场利率上升，债券价格是下降的。本题所述正确。

四、计算分析题

6.50 ⑤斯尔解析

（1）年折旧额=（100−5）÷5=19（万元）。

（2）$NCF_{1\sim4}$=11+19=30（万元）。

（3）NCF_5=30+5+10=45（万元）。

（4）原始投资额=100+10=110（万元）。

（5）净现值=30×（P/A，12%，4）+45×（P/F，12%，5）-100×20%-10-100×80%×（P/F，12%，1）=30×3.0373+45×0.5674-20-10-80×0.8929=15.22（万元）。

提示：

①原始投资额包括长期资产投资和营运资金垫支，本题第四问题目要求计算的是原始投资额，而非原始投资额"现值"，因此无须折现，直接将设备购置款与营运资金垫支金额相加即可。

②本题的现金流量折现思路如下所示。

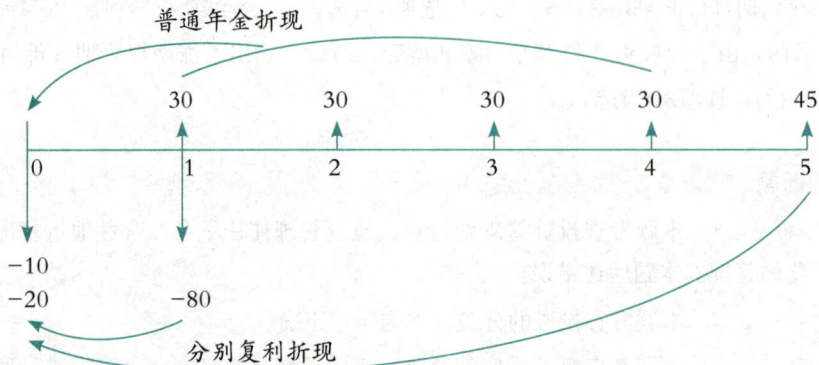

6.51 斯尔解析

（1）项目静态投资回收期=原始投资额÷每年现金净流量=1 800÷400=4.5（年）。

（2）项目净现值=-1 800+400×（P/A，10%，6）+500×（P/A，10%，4）×（P/F，10%，6）+300×（P/F，10%，10）=-1 800+400×4.3553+500×3.1699×0.5645+300×0.3855=952.47（万元）。

（3）由于项目净现值大于0，所以该投资项目可行。

提示：本题第一问直接使用"1 800÷400"，是因为1~6年现金净流量之和（2 400万元）>原始投资额（1 800万元），所以静态投资回收期一定在前6年内，可以直接使用"1 800÷400"计算静态回收期。

6.52 斯尔解析

（1）X设备每年的税后付现成本=40 000×（1-25%）=30 000（元）。

（2）X设备每年的折旧抵税额=80 000×25%=20 000（元）。

最后一年末的税后残值收入=12 000+（0-12 000）×25%=9 000（元）

（3）X设备的年金成本=［480 000+30 000×（P/A，10%，6）-20 000×（P/A，10%，6）-9 000×（P/F，10%，6）］÷（P/A，10%，6）=119 044.04（元）。

（4）由于X设备的年金成本大于Y设备，所以，应该选择Y设备。

提示：年金成本=现金流出总现值÷年金现值系数，在计算现金流出总现值时，现金流出为正，现金流入为负。

6.53 斯尔解析

（1）新设备的现金净流出量的现值=6 000+800×（1-25%）×（P/A，12%，10）-560×25%×（P/A，12%，10）-400×（P/F，12%，10）=6 000+600×5.650 2-140×5.650 2-400×0.322 0=8 470.29（万元）。

（2）新设备的年金成本=8 470.29÷（P/A，12%，10）=8 470.29÷5.650 2=1 499.11（万元）。

（3）因为新旧设备的尚可使用年限不同，所以应该使用年金净流量法。

（4）因为新设备的年金成本高于旧设备，不应该更新。

精程答疑

问题： 为什么设备残值400万元没有缴纳企业所得税？

解答： （1）定性来看：企业所得税的征税对象是"所得"，本题中设备的固定资产账面价值（税法残值）和变价净收入都是400万元，不存在"所得"，也就无须缴纳企业所得税。

（2）定量来看：根据公式"固定资产变现净损益对现金净流量的影响=（固定资产账面价值-变价净收入）×所得税税率"，可列式：（400-400）×25%=0。

6.54 斯尔解析

（1）甲公司股票的必要收益率=6%+1.5×（10%-6%）=12%。

（2）甲公司股票的价值=0.6÷12%=5（元）。

由于甲公司股票价值高于价格，所以值得购买。

（3）甲公司股票的内部收益率=0.6÷4.8×100%=12.5%。

提示：

①根据股票价值与股票价格判断股票是否值得投资时，如果股票价值高于价格，说明该股票被低估了，是值得购买的；如果股票价值低于价格，说明该股票被高估了，是不值得购买的。

②由于甲公司股票未来的股利是永续零增长的，所以甲公司股票的内部收益率=$D \div P_0$。

五、综合题

6.55 斯尔解析

（1）①第0年现金净流量=-6 000-700=-6 700（万元）。

②生产线每年的折旧额=（6 000-1 200）÷6=800（万元）。

第1～5年每年的现金净流量=（3 000-1 000）×（1-25%）+800×25%=1 700（万元）

③第6年现金净流量=1 700+700+1 200=3 600（万元）。

④现值指数=［3 600×（P/F，8%，6）+1 700×（P/A，8%，5）］÷6 700=1.35。

（2）因为现值指数大于1，所以甲公司应该进行新生产线投资。

（3）①银行借款的资本成本率=6%×（1-25%）=4.5%。

②发行股票的资本成本率=0.48÷6+3%=11%。

（4）设每股收益无差别点的息税前利润为EBIT，则：

（EBIT−500−6 000×6%）×（1−25%）÷3 000=（EBIT−500）×（1−25%）÷（3 000+1 000）

解得：EBIT=1 940（万元）。

因为预计年息税前利润2 200万元大于每股收益无差别点1 940万元，所以甲公司应该选择方案一。

6.56 ⑤斯尔解析

（1）①第0年的现金净流量=−3 000（万元）。

②第1年的现金净流量=−（3 000+1 000+600）=−4 600（万元）。

固定资产每年折旧额=（6 000−200）÷10=580（万元）

无形资产每年摊销额=1 000÷10=100（万元）

③第2～10年每年的现金净流量=税后营业利润+折旧与摊销=2 000+580+100=2 680（万元）。

④第11年的现金净流量=2 680+200+600=3 480（万元）。

（2）净现值=2 680×（P/A，10%，9）×（P/F，10%，1）+3 480×（P/F，10%，11）−3 000−4 600×（P/F，10%，1）=2 680×5.7590×0.9091+3 480×0.3505−3 000−4 600×0.9091=8 069.04（万元）。

年金净流量=8 069.04÷（P/A，10%，11）=8 069.04÷6.4951=1 242.33（万元）

（3）筹资后债务资本成本=6%×（1−25%）=4.5%。

筹资后股权资本成本=3%+0.9×（9%−3%）=8.4%

（4）筹资前的加权平均资本成本=40%×7%×（1−25%）+60%×8%=6.9%。

筹资后的加权平均资本成本=45%×4.5%+55%×8.4%=6.65%

筹资后的加权平均资本成本低于筹资前的加权平均资本成本，因此资本结构得到优化。

6.57 ⑤斯尔解析

（1）A方案原始投资额=30 000 000÷10 000=3 000（万元）。

A方案生产线年折旧额=3 000÷3=1 000（万元）

NCF_1=1 000+1 000=2 000（万元）

NCF_2=1 000×（1+20%）+1 000=2 200（万元）

NCF_3=1 000×（1+20%）×（1+20%）+1 000=2 440（万元）

净现值=−3 000+2 000÷（1+8%）^{1}+2 200÷（1+8%）^{2}+2 440×（P/F，8%，3）=2 674.87（万元）

现值指数=1+净现值÷原始投资额现值=1+2 674.87÷3 000=1.89

提示：现值指数的公式推导如下。

现值指数=未来现金净流量现值÷原始投资额现值

=（原始投资额现值+净现值）÷原始投资额现值

=1+净现值÷原始投资额现值

（2）B方案原始投资额=（50 000 000+5 000 000）÷10 000=5 500（万元）。

B方案生产线年折旧额=50 000 000÷5÷10 000=1 000（万元）

$NCF_{1\sim4}$=3 500×（1-25%）-800×（1-25%）+1 000×25%=2 275（万元）

NCF_5=2 275+500=2 775（万元）

净现值=-5 500+2 275×（P/A，8%，4）+2 775×（P/F，8%，5）=3 923.69（万元）

（3）A方案年金净流量=2 674.87÷（P/A，8%，3）=1 037.94（万元）。

B方案年金净流量=3 923.69÷（P/A，8%，5）=982.72（万元）

由于A方案年金净流量大于B方案，故选择A方案。

（4）节省的利息=30 000 000×（5%-1%）÷10 000=120（万元）。

转换比率=债券面值÷转换价格=100÷20=5

6.58 斯尔解析

（1）①投资期现金净流量=-（7 200+1 200）=-8 400（万元）。

②年折旧额=7 200×（1-10%）÷6=1 080（万元）。

③生产线投入使用后第1~5年每年的营业现金净流量=（11 880-8 800）×（1-25%）+1 080×25%=2 580（万元）。

④生产线投入使用后第6年的现金净流量=2 580+1 200+7 200×10%=4 500（万元）。

⑤净现值=-8 400+2 580×（P/A，12%，5）+4 500×（P/F，12%，6）=3 180.08（万元）。

（2）A方案的年金净流量=3 180.08÷（P/A，12%，6）=773.48（万元）。

B方案的年金净流量=3 228.94÷（P/A，12%，8）=650（万元）。

由于A方案的年金净流量大于B方案的年金净流量，因此乙公司应选择A方案。

（3）①设每股收益无差别点的息税前利润为EBIT，则：

（EBIT-16 000×8%）×（1-25%）÷（4 000+7 200/6）=（EBIT-16 000×8%-7 200×10%）×（1-25%）÷4 000

解得：EBIT=4 400（万元）。

②每股收益无差别点的每股收益=（4 400-16 000×8%）×（1-25%）÷（4 000+7 200/6）=0.45（元）。

③该公司预期息税前利润4 500万元大于每股收益无差别点的息税前利润4 400万元，所以应该选择财务杠杆较大的方案二债券筹资。

（4）①乙公司普通股的资本成本=0.3×（1+10%）÷6+10%=15.5%。

②筹资后乙公司的加权平均资本成本=15.5%×24 000/（40 000+7 200）+8%×（1-25%）×16 000/（40 000+7 200）+10%×（1-25%）×7 200/（40 000+7 200）=11.06%。

第七章　营运资金管理
答案与解析

一、单项选择题

7.1 ▶ C	7.2 ▶ C	7.3 ▶ C	7.4 ▶ A	7.5 ▶ A
7.6 ▶ A	7.7 ▶ B	7.8 ▶ D	7.9 ▶ C	7.10 ▶ D
7.11 ▶ A	7.12 ▶ B	7.13 ▶ C	7.14 ▶ A	7.15 ▶ A
7.16 ▶ C	7.17 ▶ D	7.18 ▶ B	7.19 ▶ C	7.20 ▶ C
7.21 ▶ C	7.22 ▶ D	7.23 ▶ A	7.24 ▶ D	7.25 ▶ A
7.26 ▶ C	7.27 ▶ A	7.28 ▶ C	7.29 ▶ D	

二、多项选择题

7.30 ▶ ABCD	7.31 ▶ ABCD	7.32 ▶ ACD	7.33 ▶ AC	7.34 ▶ BC
7.35 ▶ ACD	7.36 ▶ ABD	7.37 ▶ AD	7.38 ▶ AB	7.39 ▶ BD
7.40 ▶ AB	7.41 ▶ ACD	7.42 ▶ AD	7.43 ▶ BD	7.44 ▶ BCD

三、判断题

7.45 ▶ ×	7.46 ▶ ×	7.47 ▶ ×	7.48 ▶ √	7.49 ▶ √
7.50 ▶ ×	7.51 ▶ √	7.52 ▶ ×	7.53 ▶ ×	7.54 ▶ ×

7.55 ► √	7.56 ► ×	7.57 ► ×	7.58 ► ×	7.59 ► ×

7.60 ► ×

一、单项选择题

7.1 ⑤斯尔解析 **C** 本题考查营运资金的概念。营运资金是指在企业生产经营活动中占用在流动资产上的资金。营运资金有广义和狭义之分，广义的营运资金是指一个企业流动资产的总额；**狭义的营运资金是指流动资产减去流动负债后的余额**，选项C当选。

7.2 ⑤斯尔解析 **C** 本题考查流动资产的融资策略。长期需求=永久性流动资产+非流动资产=2 800+（10 000−2 800−1 600）=8 400（万元），长期供给=长期资金来源=8 100（万元），因为长期供给<长期需求，故属于激进融资策略，选项C当选。

7.3 ⑤斯尔解析 **C** 本题考查流动资产的融资策略。**在保守融资策略中，长期融资支持非流动资产、永久性流动资产和部分波动性流动资产，短期融资仅支持部分波动性流动资产。**根据题干，波动性流动资产为400万元，在保守融资策略下，短期融资（即短期资金来源）无法提供足额支持，只能提供小于400万元的部分，因此选项C当选。

精准答疑 🎯

问题： 关于三种流动资产融资策略总是混淆，到底是谁支持谁？如何记忆呢？

解答： 下面用图示说明。

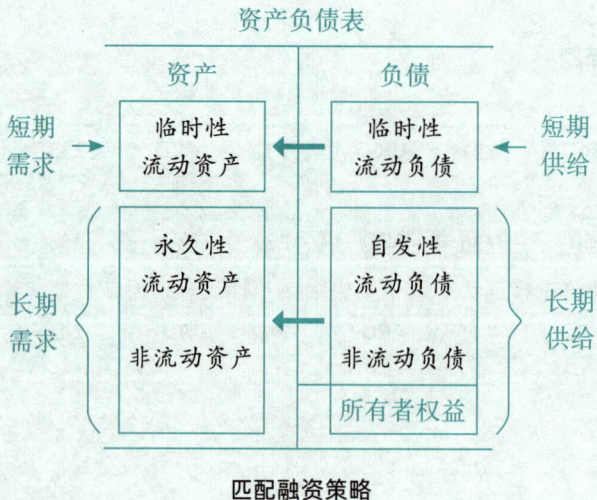

资产负债表

短期需求 →	资产	负债	← 短期供给
	临时性流动资产 ←	临时性流动负债	

长期需求	永久性流动资产 ←	自发性流动负债	长期供给
	非流动资产	非流动负债	
		所有者权益	

匹配融资策略

资产负债表

| 资产 | 负债 |

短期需求 → 临时性流动资产 ← 临时性流动负债 ← 短期供给

长期需求 { 永久性流动资产 / 非流动资产 } ← 自发性流动负债 / 非流动负债 / 所有者权益 } 长期供给

保守融资策略

资产负债表

| 资产 | 负债 |

短期需求 → 临时性流动资产 ← 临时性流动负债 ← 短期供给

长期需求 { 永久性流动资产 / 非流动资产 } ← 自发性流动负债 / 非流动负债 / 所有者权益 } 长期供给

激进融资策略

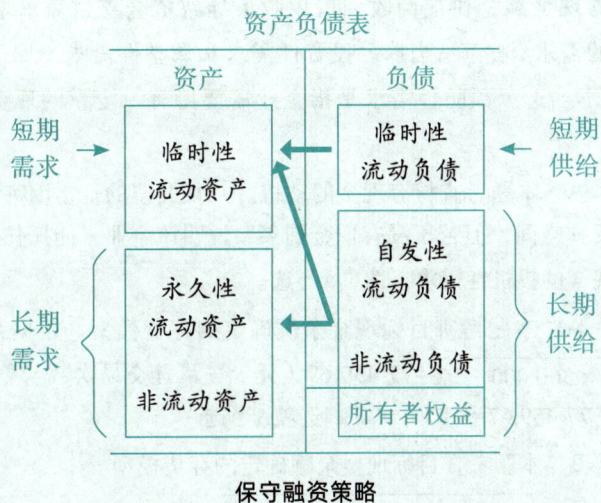

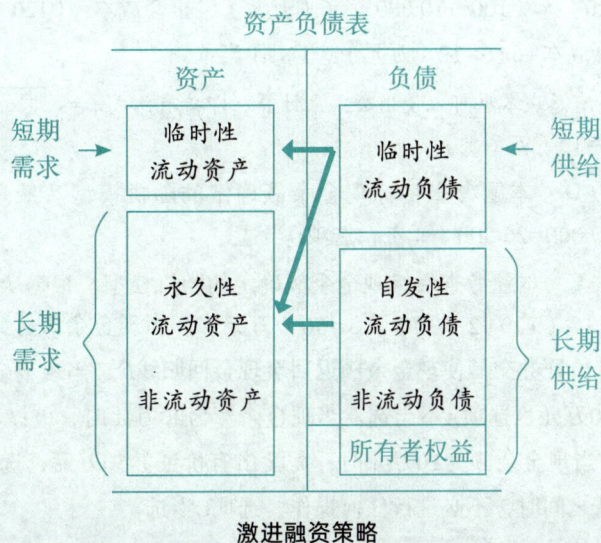

综上，三张图将三种流动资产融资策略作出了分析，同学们可以只盯住一个部分进行记忆，以长期供给（包括自发性流动负债、长期负债和股东权益）为例：

（1）如果长期供给仅仅支持长期需求，则为匹配融资策略。

（2）如果长期供给不仅支持长期需求，还支持了一部分短期需求，则为保守融资策略。

（3）如果长期供给并不足以支持长期需求，还需要部分短期供给来支持，则为激进融资策略。

7.4 〔斯尔解析〕 **A** 本题考查持有现金的动机。**交易性需求是为维持日常周转及正常商业活动所需持有的现金额**，供应商收回信用政策导致资金支付需求增加，属于正常商业活动中对于现金的需求，选项A当选。投资性需求和调整性需求不属于企业持有现金的动机之一，选项BD不当选。预防性需求是指企业需要持有一定量的现金，以应付突发事件，选项C不当选。

7.5 〔斯尔解析〕 **A** 本题考查持有现金的动机。"某股票的价格因突发事件而大幅度下降，预判有很大的反弹空间，但苦于没有现金购买"说明该企业未能抓住突然出现的获利机会，未能满足持有现金的投机性需求，选项A当选。

7.6 〔斯尔解析〕 **A** 本题考查目标现金余额确定的存货模型。根据存货模型，最佳现金持有量$=\sqrt{2\times100\times300\,000\div1\%}=77\,459.67$（元），最佳交易次数=现金需求量÷最佳现金持有量$=300\,000\div77\,459.67=3.87$（次），选项A当选。

7.7 〔斯尔解析〕 **B** 本题考查目标现金余额确定的存货模型。
最佳现金持有量$=\sqrt{2\times100\times720\,000\,000\div10\%}=1\,200\,000$（元）$=120$（万元）。交易成本$=$（$72\,000\div120$）×（$100\div10\,000$）$=6$（万元），机会成本$=$（$120\div2$）$\times10\%=6$（万元），则现金持有总成本$=6+6=12$（万元），选项B当选。

提示：现金持有总成本也可以使用公式来计算，即持有总成本$=\sqrt{2\times100\times720\,000\,000\times10\%}=120\,000$（元）$=12$（万元）。

7.8 〔斯尔解析〕 **D** 本题考查目标现金余额确定的随机模型。最高控制线$H=3R-2L=3\times15\,500-2\times10\,000=26\,500$（元），选项D当选。

7.9 〔斯尔解析〕 **C** 本题考查目标现金余额确定的随机模型。根据$H=3R-2L$可得，回归线$R=$（$H+2L$）$\div3=$（$120+2\times30$）$\div3=60$（万元）。**当现金余额达到或突破控制区域的上下限，应通过有价证券交易使现金余额返回至现金回归线R**，当现金余额为120万元时，应该买入有价证券60万元，选项A不当选。当现金余额为30万元时，应该卖出有价证券30万元，选项B不当选。当现金余额为10万元时，需卖出有价证券50万元，选项D不当选。当现金余额在上下限区域之间时，不必进行任何操作，选项C当选。

7.10 〔斯尔解析〕 **D** 本题考查现金周转期。根据公式，现金周转期=存货周转期+应收账款周转期−应付账款周转期$=45+60-40=65$（天），选项D当选。

7.11 〔斯尔解析〕 **A** 本题考查信用标准。在该评价系统中，"能力"指顾客的偿债能力。企业应着重了解顾客流动资产的数量、质量以及流动比率的高低，必要时还可实地考察顾客的日常运营状况，选项A当选。

提示：此处的偿债能力主要指短期偿债能力，具体短期偿债能力指标会在第十章介绍。

7.12 〔斯尔解析〕 **B** 本题考查应收账款的成本。应收账款会占用企业一定量的资金，而企业若不把这部分资金投放于应收账款，便可以用于其他投资并可能获得收益，例如，投资债券获得利息收入。**这种因投放于应收账款而放弃其他投资所带来的收益，即为应收账款的机会成本**，选项B当选。应收账款的管理成本主要是指进行应收账款管理所增加的费用，选项A不当选。应收账款的坏账成本是指债务人由于种种原因无力偿还债务，债权人可能因此无法收回应收账款而发生的损失，选项C不当选。应收账款不存在短缺成本，选项D不当选。

7.13 〔斯尔解析〕　C　本题考查应收账款的机会成本。应收账款的机会成本=年销售额÷360×平均收现期×变动成本率×资本成本率=1 200÷360×30×60%×10%=6（万元），选项C当选。

7.14 〔斯尔解析〕　A　本题考查应收账款的监控。根据公式，应收账款周转天数=285 000÷3 000=95（天），平均逾期天数=应收账款周转天数−平均信用期天数=95−75=20（天），选项A当选。

7.15 〔斯尔解析〕　A　本题考查信用政策决策。平均收现期是各种收现期的加权平均数。20%客户在15天内付款，40%的客户在30天内付款，剩余40%的客户在35天之内付款，则平均收现期=20%×15+40%×30+40%×35=29（天），选项A当选。

7.16 〔斯尔解析〕　C　本题考查存货的成本。根据经济订货基本模型，影响经济订货批量的成本包括变动订货成本和变动储存成本。采购员的差旅费属于变动订货成本，会影响经济订货批量，选项A不当选。存货的保险费以及存货的破损和变质损失属于变动储存成本，会影响经济订货批量，选项BD不当选。采购部的基本开支属于固定订货成本，不影响经济订货批量，选项C当选。

7.17 〔斯尔解析〕　D　本题考查存货管理。一年的最佳订货次数=36 000÷600=60（次），最佳订货周期=360÷最佳订货次数=360÷60=6（天），选项D当选。

7.18 〔斯尔解析〕　B　本题考查存货管理。经济订货批量=$\sqrt{2\times400\times2\ 400\div12}$=400（吨），最佳订货次数=年需求总量÷经济订货批量=2 400÷400=6（次），选项B当选。

7.19 〔斯尔解析〕　C　本题考查存货管理。每日耗用量=全年需要量÷360=3 600÷360=10（件），送货期内平均库存量=（450−450÷30×10）÷2=150（件），选项C当选。

7.20 〔斯尔解析〕　C　本题考查存货管理。保险储备的多少取决于存货中断的概率和存货中断的损失，而不取决于经济订货量的大小，选项B不当选。较高的保险储备可降低缺货损失，增加储存成本，选项D不当选。较低的保险储备可增加缺货损失，降低储存成本，选项A不当选。最佳的保险储备应该是使缺货损失和保险储备的储存成本之和达到最低，选项C当选。

7.21 〔斯尔解析〕　C　本题考查存货管理。再订货点=平均交货时间×每日平均需要量=6×50=300（千克），选项C当选。

7.22 〔斯尔解析〕　D　本题考查存货管理。日耗用量=7 200÷360=20（吨），保险储备量=20×2=40（吨），再订货点=20×3+40=100（吨），选项D当选。

7.23 〔斯尔解析〕　A　本题考查保险储备。当保险储备为200千克时，缺货损失=每年订货次数×缺货数量×缺货概率×单位缺货损失=（36 000÷3 600）×100×20%×50+（36 000÷3 600）×200×5%×50=15 000（元）。保险储备的储存成本=200×20=4 000（元），总成本=15 000+4 000=19 000（元），选项A当选。

提示：预计交货期内的总需求量是100千克，加上保险储备200千克，所以甲公司的实际再订货点为300千克（100+200），当生产需要量为400千克时，会发生缺货且缺货数量为100千克（400−300），所对应的概率是20%；当生产需要量为500千克时，也会发生缺货且缺货数量为200千克（500−300），所对应的概率是5%。

7.24 🔍斯尔解析　　D　本题考查存货的控制系统。ABC控制系统就是把企业种类繁多的存货，依据其重要程度、价值大小或者资金占用等标准分为三大类：A类高价值存货，品种数量约占整个存货的10%至15%，价值约占全部存货的50%至70%，单位价值较高，选项D当选。

7.25 🔍斯尔解析　　A　本题考查短期借款。涉及补偿性余额的短期借款实际利率=利息÷〔名义本金×（1−补偿比例）〕=（500×5.4%）÷〔500×（1−10%）〕=6%，选项A当选。

7.26 🔍斯尔解析　　C　本题考查短期借款。**对于贷款限额中已使用部分，企业需要支付利息；对于贷款限额中未使用部分，企业需要支付承诺费**。因此，该笔业务的实际借款成本由两部分组成，即支付的利息与承诺费，其中利息部分=60×10%=6（万元），承诺费部分=40×0.5%=0.2（万元），因此实际发生的借款成本=6+0.2=6.2（万元），选项C当选。

7.27 🔍斯尔解析　　A　本题考查短期借款。**短期借款按照加息法付息时，借款的实际年利率=2×名义利率**=2×10%=20%，选项A当选。

7.28 🔍斯尔解析　　C　本题考查短期融资券。短期融资券的发行对象是银行间债券市场的机构投资者，不向社会公众发行，选项A不当选。发行短期融资券的企业需经过具备债券评级能力的评级机构的信用评级，选项B不当选。相对于发行企业债券而言，发行短期融资券的筹资成本较低，选项C当选。相对于银行借款筹资而言，短期融资券的一次性筹资数额较大，选项D不当选。

7.29 🔍斯尔解析　　D　本题考查商业信用筹资。根据公式，放弃现金折扣的信用成本=〔2%÷（1−2%）〕×〔360÷（40−10）〕=24.49%，选项D当选。

二、多项选择题

7.30 🔍斯尔解析　　ABCD　本题考查流动资产的投资策略。**在紧缩的流动资产投资策略下，企业维持低水平的流动资产与销售收入比率**。采用紧缩的流动资产投资策略可以节约流动资产的持有成本，降低企业的资金成本，提高企业的收益水平。采用紧缩的流动资产投资策略对企业的管理水平有较高的要求，因为一旦失控，由于流动资产的短缺，会对企业的经营活动产生重大影响。综上，选项ABCD当选。

7.31 🔍斯尔解析　　ABCD　本题考查流动资产的投资策略。**宽松的流动资产投资策略，企业通常会维持高水平的流动资产与销售收入比率**，此时企业的财务与经营风险较小、流动性较强。但是，维持高水平的流动资产除了降低短缺成本外，还会承担较大的流动资产持有成本，提高企业的资金成本，降低企业的收益水平。综上，选项ABCD当选。

7.32 🔍斯尔解析　　ACD　本题考查流动资产的融资策略。**在流动资产的融资策略中，融资的长期来源包括自发性流动负债、长期负债以及股东权益资本；短期来源主要是指临时性流动负债，例如短期银行借款**。故选项ACD当选。

7.33 🔍斯尔解析　　AC　本题考查持有现金的动机。企业的交易性需求是指企业为了维持日常周转及正常商业活动所需持有的现金额。企业为满足季节性库存的需求而持有现金，属于典型的交易性需求，企业需要持有现金购买存货，以等待销售旺季的到来，选项A当选。为避免因客户违约导致的资金链意外断裂而持有现金，属于预防性需求，选项B不当选。企业提供更长的商业信用期意味着企业将较晚收到客户支付的款项，属于为满足日常周转需要而持有现金，也属于交易性需求，选项C当选。为在证券价格下跌时买入证券而持有现金，属于投机性需求，选项D不当选。

7.34 🔍斯尔解析 　**BC**　本题考查最佳现金持有量的确定。**成本模型考虑的成本包括机会成本、管理成本和短缺成本**，没有考虑交易成本，选项A不当选。**存货模型考虑的成本包括机会成本和交易成本**，选项B当选。**随机模型考虑的成本包括机会成本和转换成本（即交易成本）**，选项C当选。所有模型均考虑了机会成本，选项D不当选。

7.35 🔍斯尔解析 　**ACD**　本题考查减少现金周转期的途径。**现金周转期=存货周转期+应收账款周转期-应付账款周转期**，加快制造和销售产品可以加快存货周转，减少存货周转期，从而缩短现金周转期，选项A当选。滞后偿还短期融资券不属于经营活动（即不影响"应付账款周转期"），不影响现金周转期，选项B不当选。加大应收账款催收力度可以减少应收账款周转期，从而缩短现金周转期，选项C当选。减缓支付应付账款会增加应付账款周转期，从而缩短现金周转期，选项D当选。

7.36 🔍斯尔解析 　**ABD**　本题考查应收账款的保理。应收账款保理是一项综合性的金融服务方式，不影响企业的股权结构（选项C不当选）。应收账款保理的财务管理作用主要体现在：（1）融资功能；（2）减轻企业应收账款的管理负担（选项D当选）；（3）减少坏账损失、降低经营风险（选项B当选）；（4）改善企业的财务结构，通过出售应收账款，将流动性稍弱的应收账款置换为具有高度流动性的货币资金（选项A当选）。对于保理商，其业务是为客户提供包括贸易融资、销售账户管理、应收账款的催收、信用风险控制与坏账担保服务在内的至少两项服务，性质属于综合性的金融服务。

7.37 🔍斯尔解析 　**AD**　本题考查经济订货批量基本模型。经济订货批量模型的假设包括：（1）存货总需求量是已知常数；（2）不存在订货提前期，即可以随时补充存货；（3）货物是一次性入库（不存在陆续供应的情况）；（4）单位货物成本为常数，无批量折扣；（5）库存储存成本与库存水平呈线性关系；（6）货物是一种独立需求的物品，不受其他货物影响；（7）不允许缺货，即无缺货成本。综上，选项AD当选、选项BC不当选。

7.38 🔍斯尔解析 　**AB**　本题考查存货的各类成本。变动储存成本与存货的数量有关，如存货资金的应计利息、存货的破损和变质损失、存货的保险费用等，选项AB当选。仓库职工基本工资属于固定储存成本，选项C不当选。订货发生的差旅费属于变动订货成本，而非变动储存成本，选项D不当选。

提示：关于存货管理相关成本总结如下。

成本类型	典型举例	是否影响经济订货批量
固定订货成本	采购部基本开支	否
变动订货成本	差旅费、邮资	是
固定储存成本	仓库折旧费、仓库职工基本工资	否
变动储存成本	存货占用资金的应计利息、存货的破损和变质损失、保险费用等	是

7.39 〔斯尔解析〕　**BD**　本题考查存货管理。

存货经济订货批量=$\sqrt{2\times每次订货的变动成本\times存货年需求量\div单位变动储存成本}$，单位储存成本增加，会使存货经济订货批量降低，选项A不当选。存货年需求量和单位订货变动成本增加，会使存货经济订货批量增加，选项BD当选。订货固定成本的变动，不会影响存货经济订货批量，选项C不当选。

7.40 〔斯尔解析〕　**AB**　本题考查存货管理。

扩展的存货经济订货批量=$\sqrt{\dfrac{2\times每次订货的变动成本\times存货年需求量}{单位变动储存成本\times\left(1-\dfrac{每日需求量}{每日送货量}\right)}}$，降低单位储存成本，会使存货经济订货批量增加，选项A当选。存货年需求量上涨，会使存货经济订货批量增加，选项B当选。增加每日送货量，会使存货经济订货批量降低，选项C不当选。延长订货提前期是指下订单的时间提前，与经济订货批量无关，选项D不当选。

7.41 〔斯尔解析〕　**ACD**　本题考查保险储备。保险储备的再订货点=预计交货期内的需求+保险储备。保险储备增加，再订货点增加，选项C当选。企业持有多少保险储备取决于存货中断的概率以及存货中断的损失。较高的保险储备可以降低存货中断概率，降低缺货损失，但是也增加了存货的储存成本，选项AD当选、选项B不当选。

7.42 〔斯尔解析〕　**AD**　本题考查短期融资券。只有具备一定的信用等级的实力强的企业，才能发行短期融资券筹资，银行借款没有这样的规定，选项A当选。相对于发行企业债券筹资而言，短期融资券的期限较短，筹资成本较低，选项B不当选。采用商业信用筹资，如果在期限内不能付款或交货时，一般还可以通过与客户的协商，请求延长时限，偿还方式更为灵活，选项C不当选。**相对于银行借款筹资而言，短期融资券的筹资对象更广，一次性筹资数额比较大**，选项D当选。

7.43 〔斯尔解析〕　**BD**　本题考查商业信用筹资。商业信用筹资属于企业之间的直接信用行为，**其筹资方式包括应付账款、应付票据、预收货款和应计未付款**，选项AC不当选。短期借款是指企业向银行或其他金融机构借入的期限在1年以内的各种借款，不属于商业信用筹资，选项B当选。**租赁属于长期债务筹资方式，不属于商业信用筹资**，选项D当选。

7.44 〔斯尔解析〕　**BCD**　本题考查商业信用筹资。放弃现金折扣的信用成本率=〔现金折扣百分比÷（1-现金折扣百分比）〕×〔360÷（信用期-折扣期）〕，由公式可知，选项BCD当选。

三、判断题

7.45 〔斯尔解析〕　**×**　本题考查流动资产的投资策略。**紧缩型流动资产投资策略下，企业通常会维持较低水平的流动资产与销售收入比率**，可以节约流动资产的持有成本，但与此同时可能伴随着更高风险。宽松型流动资产投资策略下，企业通常会维持较高水平的流动资产与销售收入比率，由于有较高的流动性，企业的财务风险与经营风险较小。本题所述错误。

7.46 〔斯尔解析〕　**×**　本题考查流动资产的投资策略。适时制库存控制系统的目标是实现零库存，因此在这种情况下，公司配置的流动资产通常会比较少，采用的是紧缩的流动资产投资策略。本题所述错误。

7.47 斯尔解析 × 本题考查流动资产的融资策略。短期负债的期限短，到期还本的压力大，财务风险大。一般而言，企业通过短期负债来满足本企业所需资金的融资手段是较为激进的。本题所述错误。

7.48 斯尔解析 √ 本题考查持有现金的动机。企业的交易性需求是指企业为了维持日常周转及正常商业活动所需持有的现金额。"双十一"大促销，此为企业的正常经营活动，为此增持的现金，属于企业持有现金的交易性需求。本题所述正确。

7.49 斯尔解析 √ 本题考查持有现金的动机。预防性需求是指企业需要持有一定量的现金，以应付突发事件。企业临时融资的能力较强，当发生突发事件时，可以进行临时筹资，所以预防性需求的现金持有量一般较低。本题所述正确。

7.50 斯尔解析 × 本题考查现金的机会成本。持有现金的机会成本是指企业因持有一定现金余额而丧失的再投资收益。本题所述错误。

7.51 斯尔解析 √ 本题考查目标现金余额确定的存货模型。本题所述正确。

7.52 斯尔解析 × 本题考查信用决策。增加的现金折扣成本=新的销售水平×享受现金折扣的顾客比例×新的现金折扣率−旧的销售水平×享受现金折扣的顾客比例×旧的现金折扣率=10×20%×5%−0=0.1（万元）。本题所述错误。

7.53 斯尔解析 × 本题考查应收账款的保理。相对于无追索权的保理而言，有追索权的保理对保理商有利，如果购货商拒绝付款或无力付款，保理商有权向供应商要求偿还预付的货币资金。本题所述错误。

7.54 斯尔解析 × 本题考查应收账款的保理。应收账款保理是企业将赊销形成的未到期应收账款（而不是逾期未能收回的应收账款），在满足一定条件的情况下转让给保理商，以获得流动资金，加快资金的周转。本题所述错误。

7.55 斯尔解析 √ 本题考查保险储备。保险储备的储存成本=存货保险储备×单位储存成本=200×2=400（元）。本题所述正确。

7.56 斯尔解析 × 本题考查短期借款筹资。周转信贷协定的有效期通常超过1年，但银行有义务承诺提供不超过某一最高限额的贷款。本题所述错误。

7.57 斯尔解析 × 本题考查商业信用筹资。商业信用是指企业之间在商品或劳务交易中，由于延期付款或延期交货所形成的借贷信用关系，简言之，即利用"应付账款"筹资，属于债务筹资。本题所述错误。

7.58 斯尔解析 × 本题考查商业信用筹资。应付账款是供应商给企业提供的一种商业信用。由于购买者往往在到货一段时间后才付款，商业信用就成为企业短期资金来源。商业信用条件通常包括两种：第一，有信用期，但无现金折扣；第二，有信用期和现金折扣。第一种情况下使用商业信用融资没有成本，第二种情况下则会存在放弃现金折扣的信用成本。本题所述错误。

7.59 斯尔解析 × 本题考查商业信用筹资。放弃现金折扣的信用成本率=［（折扣百分比）÷（1−折扣百分比）］×［360÷（信用期−折扣期）］。放弃现金折扣的信用成本与折扣百分比大小、折扣期长短正相关，与付款期长短负相关。本题所述错误。

提示：*放弃现金折扣的信用成本与货款额和折扣额无关。*

7.60 斯尔解析 × 本题考查商业信用筹资。商业信用的期限短，还款压力大，对企业现金流量管理的要求很高。如果长期和经常性地拖欠账款，会造成企业的信誉恶化。本题所述错误。

四、计算分析题

7.61 斯尔解析

（1）最佳现金持有量=$\sqrt{2\times 8\,100\times 0.2\div 10\%}$=180（万元）。

（2）最佳现金持有量下的现金转换次数=8 100÷180=45（次）。

（3）最佳现金持有量下的现金交易成本=45×0.2=9（万元）。

（4）最佳现金持有量下持有现金的机会成本=180÷2×10%=9（万元）。

（5）最佳现金持有量下的相关总成本=9+9=18（万元）。

或：最佳现金持有量下的相关总成本=$\sqrt{2\times 8\,100\times 0.2\times 10\%}$=18（万元）。

7.62 斯尔解析

（1）2021年营运资金数额=961−575=386（万元）。

（2）应收账款周转期=600÷（3 600÷360）=60（天）。

存货周转期=150÷（1 800÷360）=30（天）

应付账款周转期=120÷5=24（天）

现金周转期=30+60−24=66（天）

（3）利用供应商提供的现金折扣，会缩短应付账款周转期，进而延长现金周转期。

（4）增加存货，会延长存货周转期，进而延长现金周转期。

提示：由于现金周转期=存货周转期+应收账款周转期−应付账款周转期，所以存货周转期延长，进而会导致现金周转期的延长。

7.63 斯尔解析

（1）2018年应收账款平均余额=4 500÷360×60=750（万元）。

（2）2018年变动成本率=250÷500×100%=50%。

（3）2018年应收账款机会成本=应收账款平均余额×变动成本率×机会成本率=750×50%×10%=37.5（万元）。

（4）2019年预计的应收账款周转率=4 500×（1+40%）÷840=7.5（次）。

2019年应收账款周转天数=360÷7.5=48（天）

提示：应收账款周转率=营业收入÷应收账款平均余额，该指标会在第十章学习。

7.64 斯尔解析

（1）增加的边际贡献=增加的销售量×单位边际贡献=50 000×20%×（100−60）=400 000（元）。

（2）增加的现金折扣成本=销售收入×现金折扣率×享受现金折扣的顾客比例−0=50 000×（1+20%）×100×2%×50%+50 000×（1+20%）×100×1%×30%−0=78 000（元）。

（3）改变信用政策后平均收现期=50%×10+30%×20+（1−50%−30%）×30=17（天）。

增加的应收账款机会成本=50 000×（1+20%）×100÷360×17×（60÷100）×10%−0=17 000（元）

增加的坏账成本=50 000×（1+20%）×100×2%−50 000×100×2%=20 000（元）

（4）增加的税前损益=400 000−78 000−17 000−10 000−20 000=275 000（元）。

因为增加的税前损益大于0，所以改变信用政策可行。

精准答疑

问题： 当信用条件为"2/10，1/20，N/30"时，如何进行信用政策决策？

解答： 决策重点为是否享受折扣。若享受折扣，需要考虑是10天内付款还是20天内付款。

因此，需区分两种情形讨论：

情形一：享受折扣（10天内付款）vs不享受折扣。

即计算信用条件为"2/10，N/30"时的放弃现金折扣机会成本率。

放弃现金折扣的机会成本率=[2%÷（1−2%）]×[360÷（30−10）]=36.73%

情形二：享受折扣（20天内付款）vs不享受折扣。

即计算信用条件为"1/20，N/30"时的放弃现金折扣机会成本率。

放弃现金折扣的机会成本率=[1%÷（1−1%）]×[360÷（30−20）]=36.36%

假定上述两种情形放弃折扣的机会成本率均高于借款利息率，即应享受现金折扣。再根据上述计算结果可知，10天内放弃现金折扣的机会成本率更高，故应选择在10天内付款。

7.65 斯尔解析

（1）A材料的经济订货批量=$\sqrt{2 \times 250\,000 \times 500 \div 10}$=5 000（件）。

全年订货次数=250 000÷5 000=50（次）

（2）采购A材料的年存货相关总成本=$\sqrt{2 \times 250\,000 \times 500 \times 10}$=50 000（元）。

（3）A材料每日平均需用量=250 000÷250=1 000（件）。

再订货点=1 000×4=4 000（件）

7.66 斯尔解析

（1）从S企业购买材料：

经济订货批量=$\sqrt{2 \times 5\,000 \times 108\,000 \div 30}$=6 000（千克）

相关存货总成本=$\sqrt{2 \times 5\,000 \times 108\,000 \times 30}$=180 000（元）

（2）从T企业购买材料：

$$经济订货批量=\sqrt{\frac{2\times6\,050\times108\,000}{30\times（1-300\div400）}}=13\,200（千克）$$

相关存货总成本$=\sqrt{2\times6\,050\times108\,000\times30\times（1-300\div400）}=99\,000（元）$

（3）从T企业购买材料的相关存货总成本小于从S企业购买材料的相关存货总成本，所以应选择T企业作为供应商。

7.67 ⑨斯尔解析

（1）A=12.93；B=17.07；C=25；D=15.38%。

（2）应当选择在第10天付款。

理由：在第10天付款，享受折扣净收益为17.07万元；在第30天付款，享受折扣净收益为15.25万元；在第90天付款，享受折扣净收益为0万元。应当选择享受折扣净收益最大的，所以应在第10天付款。

提示：

①在第10天付款时，可以享受3%的现金折扣，支付的价款=1 000×（1-3%）=970（万元）。如果该企业在第10天付款，只需从银行借入970万元，借款期限=90-10=80（天），需要支付的银行借款利息=970×6%÷360×80=12.93（万元）。享受折扣的净收益=30-12.93=17.07（万元）。

②如果在第30天付款，放弃现金折扣的信用成本率=［2.5%÷（1-2.5%）］×［360÷（90-30）］=15.38%。

五、综合题

7.68 ⑨斯尔解析

（1）①边际贡献总额=27×（100-60）=1 080（万元）。

②应收账款的平均收现期=30×90%+（30+20）×10%=32（天）。

应收账款平均余额=销售量×单价÷360×应收账款平均收现期=27×100÷360×32=240（万元）

③应收账款的机会成本=应收账款平均余额×变动成本率×资本成本=240×（60÷100）×15%=21.6（万元）。

（2）新信用政策下的应收账款平均收现期=10×70%+30×20%+（30+20）×10%=18（天）。

（3）新信用政策下的应收账款机会成本=27×（1+20%）×100÷360×18×60%×15%=14.58（万元）。

①增加的应收账款机会成本=14.58-21.6=-7.02（万元）。

②增加的存货占用资金应计利息=（8-6）×60×15%=18（万元）。

③增加的现金折扣成本=27×（1+20%）×100×70%×1%-0=22.68（万元）。

④增加的边际贡献=27×20%×（100-60）=216（万元）。

增加的收账费用=−15（万元）

增加的税前利润=216−（−7.02）−18−22.68−（−15）=197.34（万元）

增加的税前利润大于0，改变信用政策有利。

（4）信贷承诺费=（500−320）×0.3%=0.54（万元）。

7.69 🔵斯尔解析

（1）①因销售增加而增加的资产额=40 000×30%×45%=5 400（万元）。

②因销售增加而增加的负债额=40 000×30%×25%=3 000（万元）。

③因销售增加而需要增加的资金量=5 400−3 000=2 400（万元）。

④预计留存收益的增加额=40 000×（1+30%）×10%×40%=2 080（万元）。

⑤外部融资需要量=2 400−2 080=320（万元）。

（2）①计算租金时使用的折现率=8%+2%=10%。

②该设备的年租金=［1 000−100×（P/A，10%，5）］÷（P/F，10%，5）=247.42（万元）。

（3）①新设备投产后每年增加的营业现金净流量=132.5+180=312.5（万元）。

②静态回收期=1 000÷312.5=3.2（年）。

（4）①放弃现金折扣的信用成本率=［1%÷（1−1%）］×［360÷（30−10）］=18.18%。

②戊公司不应该放弃现金折扣。因为放弃现金折扣的信用成本率18.18%＞银行借款利息率8%。

③银行借款的资本成本率=8%×（1−25%）=6%。

第八章 成本管理
答案与解析

一、单项选择题

8.1 ▸ A	8.2 ▸ D	8.3 ▸ C	8.4 ▸ C	8.5 ▸ C
8.6 ▸ D	8.7 ▸ D	8.8 ▸ D	8.9 ▸ B	8.10 ▸ C
8.11 ▸ D	8.12 ▸ B	8.13 ▸ B	8.14 ▸ C	8.15 ▸ B
8.16 ▸ B	8.17 ▸ A	8.18 ▸ B	8.19 ▸ B	8.20 ▸ C
8.21 ▸ D	8.22 ▸ A	8.23 ▸ D	8.24 ▸ A	8.25 ▸ B
8.26 ▸ B	8.27 ▸ A	8.28 ▸ A		

二、多项选择题

8.29 ▸ ACD	8.30 ▸ BD	8.31 ▸ CD	8.32 ▸ ABCD	8.33 ▸ ABCD
8.34 ▸ ABCD	8.35 ▸ AB	8.36 ▸ ABC	8.37 ▸ CD	8.38 ▸ BD
8.39 ▸ BD	8.40 ▸ ABCD			

三、判断题

8.41 ▸ ×	8.42 ▸ ×	8.43 ▸ ×	8.44 ▸ ×	8.45 ▸ ×
8.46 ▸ ×	8.47 ▸ ×	8.48 ▸ ×	8.49 ▸ ×	8.50 ▸ √
8.51 ▸ √	8.52 ▸ ×			

一、单项选择题

8.1 〔斯尔解析〕 **A** 本题考查成本管理的内容。成本预测是进行成本管理的第一步，即**成本管理工作的起点是成本预测**，选项A当选。

8.2 〔斯尔解析〕 **D** 本题考查本量利分析。本量利分析主要假设条件包括：（1）总成本由固定成本和变动成本两部分组成（选项D当选）；（2）销售收入与业务量呈完全线性关系（选项C不当选）；（3）产销平衡（选项A不当选）；（4）产品产销结构稳定（选项B不当选）。

8.3 〔斯尔解析〕 **C** 本题考查本量利分析。根据边际贡献方程式，利润=边际贡献-固定成本=销售收入×边际贡献率-盈亏平衡销售额×边际贡献率=（销售收入-盈亏平衡销售额）×边际贡献率，选项C当选。利润=边际贡献-固定成本=销售收入×边际贡献率-固定成本=销售收入×（1-变动成本率）-固定成本，选项BD不当选。根据安全边际方程式，利润=安全边际额×边际贡献率，选项A不当选。

8.4 〔斯尔解析〕 **C** 本题考查本量利分析。根据公式"盈亏平衡作业率+安全边际率=1"可得，安全边际率=1-70%=30%，实际销售量=安全边际量÷安全边际率=2 400÷30%=8 000（辆），实际销售额=8 000×200=1 600 000（万元）=160（亿元），选项C当选。

8.5 〔斯尔解析〕 **C** 本题考查安全边际分析。盈亏平衡点销售量=固定成本÷单位边际贡献=6 000÷（30-18）=500（万件），安全边际量=800-500=300（万件），安全边际率=300÷800×100%=37.5%，选项C当选。

8.6 〔斯尔解析〕 **D** 本题考查本量利分析。销售利润率=边际贡献率×安全边际率=（1-变动成本率）×（1-盈亏平衡点作业率）=（1-20%）×（1-40%）=48%，选项D当选。

8.7 〔斯尔解析〕 **D** 本题考查多品种盈亏平衡分析。联合单位法是指在事先确定各种产品间产销实物量比例的基础上，将各种产品产销实物量的最小比例作为一个联合单位，确定每一联合单位的单价、单位变动成本，进行本量利分析的一种分析方法，选项A不当选。主要产品法是指在企业产品品种较多的情况下，如果存在一种产品是主要产品，它提供的边际贡献占企业边际贡献总额的比重较大，代表了企业产品的主导方向，则可以按该主要品种的有关资料进行本量利分析，视同于单一品种，选项B不当选。加权平均法是指在掌握每种单一品的边际贡献率的基础上，按各种产品销售额的比重进行加权平均，据以计算综合边际贡献率，从而确定多产品组合的盈亏平衡点，选项C不当选。分算法是在一定条件下，将全部固定成本按一定标准在各种产品之间进行合理分配，确定每种产品应补偿的固定成本数额，然后再对每一种产品按单一品种条件下的情况分别进行本量利分析的方法，选项D当选。

8.8 〔斯尔解析〕 **D** 本题考查目标利润分析。实现目标利润的销售量=（固定成本+目标利润）÷（单价-单位变动成本）=（50 000+10 000）÷（60-20）=1 500（件），选项D当选。

提示：本题也可以使用列方程求解。

假设销售量为Q，则有：（60-20）×Q-50 000=10 000，解得，Q=1 500（件）。

8.9 〔斯尔解析〕 **B** 本题考查目标利润分析。实现目标利润的单价=（固定成本+目标利润）÷销售量+单位变动成本=（30+70）÷4+20=45（元），选项B当选。

提示：本题也可以使用列方程求解。

假设单价为P，则有：（P-20）×4-30=70，解得，P=45（元）。

8.10 🔍斯尔解析 C 本题考查利润敏感分析。预计下年的息税前利润=30×（100-40）-600=1 200（万元）。假设价格增长10%，即单价=100×（1+10%）=110（元），预计息税前利润=30×（110-40）-600=1 500（万元），息税前利润变动率=（1 500-1 200）÷1 200×100%=25%，利润对单价的敏感系数=25%÷10%=2.5，选项C当选。

提示：题目未提供价格变动率，可自行假设，通常假设变动率为10%，计算简单。

8.11 🔍斯尔解析 D 本题考查利润敏感分析。根据本量利分析基本模型，假设该公司的固定成本为F，则：$40×2-F=50$，可得，$F=30$（万元）。假设销售量增长10%，则预计利润=40×（1+10%）×2-30=58（万元），利润变动率=（58-50）÷50×100%=16%，利润对销售量的敏感系数=16%÷10%=1.6，选项D当选。

提示：题目未提供销售量变动率，可自行假设，通常假设变动率为10%，计算简单。

精准答疑

问题： 在本量利分析中，利润对销售量的敏感系数与经营杠杆系数有什么关系呢？

解答： 经营杠杆，是指由于固定性经营成本的存在，而使得企业的资产收益（息税前利润）变动率大于业务量变动率的现象。

经营杠杆系数 = 息税前利润变动率 ÷ 销售量变动率

利润敏感性分析，就是研究本量利分析中各个因素发生微小变化时，对利润的影响方向和程度。

利润对销售量的敏感系数 = 利润的变动百分比 ÷ 销售量变动百分比

在本量利分析中，利润就是指息税前利润。

所以，从公式看，经营杠杆系数 = 利润对销售量的敏感系数。

8.12 🔍斯尔解析 B 本题考查标准成本的制定。直接人工标准成本=单位产品的标准用量（工时）×小时标准工资率，其中标准工时需要考虑正常的工作间隙，并适当考虑生产条件的变化，生产工序、操作技术的改善，以及相关工作人员主观能动性的充分发挥等因素的合理性，因此，单位产品的标准工时=1.5+0.1=1.6（小时），小时标准工资率=6 600÷（22×8）=37.5（元），单位产品直接人工标准成本=37.5×1.6=60（元），选项B当选。

8.13 🔍斯尔解析 B 本题考查直接材料成本差异分析。直接材料的实际用量偏离标准用量时，会形成直接材料的耗用量差异，产品废品率的高低、产品设计结构的变化以及工人的技术熟练程度，均会影响直接材料的实际用量，选项ACD不当选。直接材料运输方式的不同，不会影响生产中的耗用量，但会影响材料的成本，属于直接材料价格差异形成的原因，选项B当选。

8.14 🔍斯尔解析 C 本题考查直接材料数量差异。直接材料数量差异=（实际用量-实际产量下标准用量）×标准价格=（4 500-1 100×5）×2=-2 000（元），选项C当选。

8.15 🔍斯尔解析 B 本题考查直接人工成本差异分析。实际工资率偏离标准工资率，会形成直接人工工资率差异，其中工资制度的变动、工资级别的升降、加班或临时工的增减均会影响实际工资率，选项ACD不当选。工人技术状况、工作环境的好坏，会影响实际工时，所以会影响直接人工效率差异，选项B当选。

8.16　【斯尔解析】　B　本题考查变动制造费用差异分析。变动制造费用效率差异=（实际工时−实际产量下标准工时）×变动制造费用标准分配率=（1 296−600×2）×24=2 304（元），选项B当选。

8.17　【斯尔解析】　A　本题考查固定制造费用成本差异分析。固定制造费用成本差异=实际成本−标准成本=180 000−9 000×8×1.5=72 000（元）（超支），选项A当选。

8.18　【斯尔解析】　B　本题考查作业成本法的含义。作业成本法基于资源耗用的因果关系进行成本分配：根据作业活动耗用资源的情况，将资源耗费分配给作业；再依照成本对象消耗作业的情况，把作业成本分配给成本对象，选项B当选。

8.19　【斯尔解析】　B　本题考查作业动因类型。强度动因是不易按照频率、次数或执行时间进行分配而需要直接衡量每次执行所需资源的成本动因，包括特别复杂产品的安装、质量检验等，选项B当选。

8.20　【斯尔解析】　C　本题考查作业中心设计。产量级作业是为个别产品（或服务）实施的作业，如产品加工，选项A不当选。品种级作业是为生产和销售某种产品（或服务）实施的作业，如新产品设计、工艺流程改进、生产流程监控，选项C当选，选项B不当选。设施级作业是为提供生产产品（或服务）的基本能力而实施的作业，如管理作业。批别级作业是为一批产品（或服务）实施的作业，如设备调试、成品抽检，选项D不当选。

精准答疑

问题：各个作业类型应该如何进行区分呢？

解答：下面为大家总结各个作业类型的数量关系以及典型举例。

作业类型	数量关系	典型举例
产量级作业	与单个产品（或服务）成正比例	产品加工、检验等
批别级作业	与产品（或服务）的批量数成正比例	设备调试、生产准备等
品种级作业	与品种数成正比例变动	新产品设计、现有产品质量与功能改进、生产流程监控、工艺变换需要的流程设计、产品广告等
顾客级作业	与服务特定客户相关，但是作业本身与产品（或服务）数量独立	向个别客户提供的技术支持活动、咨询活动、独特包装等
设施级作业	使所有产品都受益，与产量或销量无关	管理作业、针对企业整体的广告活动

8.21 斯尔解析　D　本题考查增值作业的判定条件。增值作业必须同时满足三个条件：（1）该作业导致了状态的改变；（2）该状态的变化不能由其他作业来完成；（3）该作业使其他作业得以进行。产品运输、检验以及废品清理作业都不会引起产品状态改变，次品返工作业对其他作业的进行没有影响。只有产品加工作业同时满足上述条件，选项D当选。

8.22 斯尔解析　A　本题考查成本中心。成本中心只对可控成本负责，不对不可控成本负责，选项A当选。一般情况下，成本中心不能形成真正意义上的收入，故只需衡量投入，而不衡量产出，选项BD不当选。利润中心与成本中心相比，其权利和责任都相对较大，它更强调相对成本的降低，选项C不当选。

8.23 斯尔解析　D　本题考查成本中心。可控成本是指成本中心可以控制的各种耗费，它应具备三个条件：（1）该成本的发生是成本中心可以预见的；（2）该成本是成本中心可以计量的；（3）该成本是成本中心可以调节和控制的，综上，选项D当选。

8.24 斯尔解析　A　本题考查利润中心。该中心的可控边际贡献＝销售收入－变动成本－该中心负责人可控的固定成本＝7 000－3 800－1 300＝1 900（万元），选项A当选。

提示：只有计算部门边际贡献时，才需要扣减不可控但由该中心负担的固定成本。

8.25 斯尔解析　B　本题考查利润中心。可控边际贡献反映了部门经理在其权限和控制范围内有效使用资源的能力，所以可控边际贡献是最适合评价利润中心部门经理的业绩评价指标，选项A不当选。部门边际贡献反映了部门为企业利润和弥补与生产能力有关的成本所作的贡献，所以部门边际贡献用于评价部门业绩，选项B当选。投资收益率和剩余收益均为评价投资中心业绩的指标，选项CD不当选。

8.26 斯尔解析　B　本题考查投资中心。采用投资收益率为评价指标，可能会使部门经理追求局部利益最大化而损害整体利益最大化目标，选项D不当选。而采用剩余收益作为评价指标，弥补了投资收益率指标会使局部利益与整体利益相冲突这一不足之处，选项A不当选。剩余收益是一个绝对指标，故而难以在不同规模的投资中心之间进行业绩比较，选项C不当选。计算剩余收益指标所使用的最低投资收益率，根据资本成本来确定，一般等于或大于资本成本，通常可以采用企业整体的最低期望投资收益率，也可以是企业为该投资中心单独规定的最低投资收益率，选项B当选。

8.27 斯尔解析　A　本题考查内部转移价格。以协商价格作为内部转移价格时，协商价格的上限是市场价格，下限则是单位变动成本，选项A当选。

8.28 斯尔解析　A　本题考查内部转移价格。价格型内部转移定价是指以市场价格为基础制定的、由成本和毛利构成内部转移价格的方法，一般适用于内部利润中心，选项A当选。

二、多项选择题

8.29 斯尔解析　ACD　本题考查本量利分析。盈亏平衡点作业率＋安全边际率＝1，选项A当选。安全边际率×边际贡献率＝销售利润率，选项C当选。变动成本率＋边际贡献率＝1，选项D当选。

提示：选项B在教材中并未涉及，做题时可以直接推导，推导过程如下。

$$\frac{变动成本}{营业收入} \times \frac{营业毛利}{营业收入} = \frac{变动成本 \times 营业毛利}{营业收入^2} \neq \frac{边际贡献}{营业收入}$$

8.30 斯尔解析 **BD** 本题考查盈亏平衡分析。单位边际贡献=单价−单位变动成本，单价和单位变动成本同时减少，单位边际贡献不变，选项B当选。盈亏平衡点销售量=固定成本÷单位边际贡献，单价和单位变动成本同时减少，固定成本不变，单位边际贡献不变，盈亏平衡点销售量不变，选项D当选。边际贡献率=单位边际贡献÷单价，单价和单位变动成本同时减少，单位边际贡献不变，单价减少，边际贡献率变大，选项A不当选。盈亏平衡点销售额=固定成本÷边际贡献率，单价和单位变动成本同时减少，固定成本不变，边际贡献率变大，盈亏平衡点销售额变小，选项C不当选。

8.31 斯尔解析 **CD** 本题考查盈亏平衡分析。盈亏平衡点销售量=固定成本÷（单价−单位变动成本），可见，固定成本总额和单位变动成本与盈亏平衡点呈同向变化关系，选项CD当选。单价与盈亏平衡点呈反向变化关系，预计销量与盈亏平衡点无关，选项AB不当选。

8.32 斯尔解析 **ABCD** 本题考查安全边际分析。安全边际率=1−盈亏平衡作业率，选项A当选。安全边际额是正常销售额超过盈亏平衡点销售额的差额，选项B当选。安全边际或安全边际率的数值越大，企业发生亏损的可能性越小，抵御营运风险的能力越强，盈利能力越大，选项C当选。安全边际销售额减去其自身变动成本后成为企业利润，即安全边际中的边际贡献等于企业利润，因此在其他因素不变时，安全边际额越大，利润就越大，选项D当选。

8.33 斯尔解析 **ABCD** 本题考查盈亏平衡分析。Σ各产品的边际贡献=（20−12）×30 000+（30−24）×20 000+（40−28）×10 000=480 000（元），Σ各产品的销售收入=20×30 000+30×20 000+40×10 000=1 600 000（元），综合边际贡献率=Σ各产品的边际贡献÷Σ各产品的销售收入×100%=480 000÷1 600 000×100%=30%，综合盈亏平衡销售额=180 000÷30%=600 000（元）。

A产品盈亏平衡销售额=600 000×（20×30 000÷1 600 000）=225 000（元）

B产品盈亏平衡销售额=600 000×（30×20 000÷1 600 000）=225 000（元）

C产品盈亏平衡销售额=600 000×（40×10 000÷1 600 000）=150 000（元）

C产品盈亏平衡销售量=150 000÷40=3 750（件），综上，选项ABCD当选。

8.34 斯尔解析 **ABCD** 本题考查盈亏平衡分析。综合盈亏平衡点销售额=固定成本总额÷综合边际贡献率，综合边际贡献率等于各种产品边际贡献率的加权平均，边际贡献率=（单价−单位变动成本）÷单价。故固定成本总额、单价、单位变动成本都会影响综合盈亏平衡点大小，选项ACD当选。综合边际贡献率计算中要用的权数受到销售结构的影响，选项B当选。

8.35 斯尔解析 **AB** 本题考查标准成本差异分析。价格差异包括直接材料价格差异、直接人工工资率差异、变动制造费用耗费差异，选项AB当选。固定制造费用成本差异不区分为用量差异或者价格差异，选项C不当选。用量差异包括直接材料数量差异、直接人工效率差异、变动制造费用效率差异，选项D不当选。

8.36 斯尔解析 **ABC** 本题考查作业成本。作业成本法一般适用于具有以下特征的企业：（1）作业类型较多且作业链较长（选项A当选）；（2）同一生产线生产多种产品（选项D不当选）；（3）企业规模较大且管理层对产品成本准确性要求较高（选项B当选）；

（4）产品、客户和生产过程多样化程度较高；（5）间接或辅助资源费用所占比重较大（选项C当选）。

8.37 Ⓢ斯尔解析 CD 本题考查作业分析。一项作业必须同时满足三个条件才可被断定为增值作业：（1）该作业导致了状态的改变；（2）该状态的变化不能由其他作业来完成；（3）该作业使其他作业得以进行。否则即为非增值作业。零部件加工作业和零部件组装作业，同时满足上述三个条件，为增值作业，选项AB不当选。产成品质量检验作业和材料运输作业不能改变产品的形态，属于非增值作业，选项CD当选。

8.38 Ⓢ斯尔解析 BD 本题考查利润中心。利润中心的评价指标包括边际贡献、可控边际贡献和部门边际贡献，选项BD当选。投资收益率和剩余收益，属于投资中心的评价指标，选项AC不当选。

提示：边际贡献反映利润中心的盈利能力；可控边际贡献评价利润中心管理者业绩；部门边际贡献评价部门业绩。

8.39 Ⓢ斯尔解析 BD 本题考查内部转移价格。在其他条件不变的情况下，M利润中心向N利润中心提供劳务的内部转移价格降低，M利润中心内部利润降低，N利润中心内部利润增加。两者一增一减，企业利润总额不变。选项BD当选。

8.40 Ⓢ斯尔解析 ABCD 本题考查投资中心。A中心投资收益率=息税前利润÷平均经营资产×100%=67 500÷500 000×100%=13.5%，选项C当选。A中心剩余收益=息税前利润−（平均经营资产×最低投资收益率）=67 500−（500 000×10%）=17 500（元），选项A当选。B中心投资收益率=息税前利润÷平均经营资产×100%=78 000÷600 000×100%=13%，选项D当选。B中心剩余收益=息税前利润−（平均经营资产×最低投资收益率）=78 000−（600 000×10%）=18 000（元），选项B当选。

三、判断题

8.41 Ⓢ斯尔解析 × 本题考查本量利分析。边际贡献总额=销售收入−变动成本总额，所以固定成本不影响边际贡献。本题所述错误。

8.42 Ⓢ斯尔解析 × 本题考查本量利分析。采用安全边际率来评价企业经营是否安全，安全边际率越高（即盈亏平衡点越低），企业盈利越多，企业经营越安全；盈亏平衡点越高，企业盈利越少，企业经营越不安全。本题所述错误。

8.43 Ⓢ斯尔解析 × 本题考查利润敏感分析。在企业盈利状态下进行利润敏感分析，销售量的敏感系数一定大于0，即销售量与利润同向变动；而固定成本的敏感系数一定小于0，即固定成本与利润反向变动。因此，固定成本的敏感系数小于销售量的敏感系数。本题所述错误。

8.44 Ⓢ斯尔解析 × 本题考查标准成本的概念。理想标准成本是指在生产过程无浪费、机器无故障、人员无闲置、产品无废品的假设条件下制定的成本标准。正常标准成本是指在正常情况下，企业经过努力可以达到的成本标准。考虑了生产过程中不可避免的损失、故障、偏差等。本题所述错误。

8.45 Ⓢ斯尔解析 × 本题考查变动制造费用成本差异分析。变动制造费用成本差异指的是实际变动制造费用与实际产量下的标准变动制造费用之间的差额。本题所述错误。

8.46 ⑤斯尔解析 × 本题考查成本差异分析。**直接人工工资率差异，一般由人事部门负责；直接材料价格差异，一般由采购部门负责**。本题所述错误。

8.47 ⑤斯尔解析 × 本题考查固定制造费用成本差异分析。固定制造费用的耗费差异是指固定制造费用实际金额与固定制造费用预算金额（按照预算产量计算）之间的差异，而固定制造费用（总）成本差异是指固定制造费用项目实际成本与其标准成本之间的差额。本题所述错误。

8.48 ⑤斯尔解析 × 本题考查作业中心的含义。作业中心可以是某一项具体的作业，也可以是由若干个相互联系的能够实现某种特定功能的作业的集合。例如，产品加工、检验等作业需对每个产品都执行，这类作业之间的联系是"产量"，可归为同一个作业中心（产量级作业）；而生产前的机器调试、成批采购等作业仅取决于批次，而非每个批次中单位产品的数量，这类作业之间的联系是"批次"，可归为另一个作业中心（批别级作业）。本题所述错误。

8.49 ⑤斯尔解析 × 本题考查作业成本。按消耗对象不同，作业可分为主要作业和次要作业。从作业对企业价值创造的作用看，作业可分为增值作业和非增值作业，后者因与价值增值无关而应被企业避免或消除。所以次要作业和非增值作业是从不同角度划分的，次要作业和非增值作业没有必然联系。本题所述错误。

8.50 ⑤斯尔解析 √ 本题考查作业成本。本题所述正确。

8.51 ⑤斯尔解析 √ 本题考查作业业绩考核。若要评价作业和流程的执行情况，必须建立业绩指标，可以是财务指标，也可以是非财务指标，非财务指标主要体现在效率、质量和时间三个方面，如投入产出比、次品率、生产周期等。本题所述正确。

8.52 ⑤斯尔解析 × 本题考查投资中心。**在计算投资中心的剩余收益时，通常采用企业整体的最低期望投资收益率，也可以是企业为该投资中心单独规定的最低投资收益率**，但不能是该投资中心自行规定的最低投资收益率。本题所述错误。

四、计算分析题

8.53 ⑤斯尔解析

（1）当前A产品：

单位边际贡献=60-24=36（元）

边际贡献率=36÷60×100%=60%

盈亏平衡点销售量=72 000÷（60-24）=2 000（件）

安全边际率=（10 000-2 000）÷10 000×100%=80%

（2）计划期A产品：

单价=60×（1-10%）=54（元）

单位边际贡献=54-24=30（元）

销售量=10 000×（1+20%）=12 000（件）

盈亏平衡点销售量=72 000÷30=2 400（件）

盈亏平衡作业率=2 400÷12 000×100%=20%

8.54 斯尔解析

（1）联合单价=60×2+90×1+75×2=360（元）。

（2）联合单位变动成本=40×2+60×1+50×2=240（元）。

（3）联合盈亏平衡点销售量=72 000÷（360-240）=600（联合单位）。

（4）A产品盈亏平衡点销售量=600×2=1 200（件）。

提示：一个联合单位中有两件A产品。

（5）三种产品的综合边际贡献率=［2 000×（60-40）+1 000×（90-60）+2 000×（75-50）］÷（2 000×60+1 000×90+2 000×75）×100%=33.33%。

8.55 斯尔解析

（1）直接材料的数量差异=（280 000-5 000×50）×15=450 000（元）。

直接材料的价格差异=280 000×（20-15）=1 400 000（元）

（2）直接人工的效率差异=（180 000-5 000×25）×30=1 650 000（元）。

直接人工的工资率差异=180 000×（28-30）=-360 000（元）

（3）变动制造费用的成本差异=15×250 000-10×40×5 000=1 750 000（元）。

8.56 斯尔解析

（1）单位产品直接材料标准成本=单位产品标准用量×材料标准单价=6×1.5=9（元/件）。

（2）直接材料成本差异=5 000-500×6×1.5=500（元）。

直接材料数量差异=2 500×1.5-500×6×1.5=-750（元）

直接材料价格差异=5 000-2 500×1.5=1 250（元）

（3）直接人工成本总差异=500+（-1 500）=-1 000（元）。

直接人工标准成本=直接人工实际成本-直接人工成本总差异=9 000-（-1 000）=10 000（元）

产品的直接人工单位标准成本=直接人工标准成本÷实际产量=10 000÷500=20（元/件）

8.57 斯尔解析

（1）M产品的变动制造费用实际分配率=57 000÷15 000=3.8（元/小时）。

（2）M产品的变动制造费用成本差异=57 000-7 500×2.2×3.6=-2 400（元）。

（3）M产品的变动制造费用效率差异=（15 000-7 500×2.2）×3.6=-5 400（元）。

（4）M产品的变动制造费用耗费差异=15 000×（3.8-3.6）=3 000（元）。

8.58 斯尔解析

（1）标准分配率=固定制造费用标准总成本（预算总成本）÷标准总工时（预算工时）=36 000÷（10 000×1.2）=3（元/小时）。

固定制造费用耗费差异=固定制造费用实际成本-预算产量下标准工时×标准分配率=38 000-10 000×1.2×3=2 000（元）

（2）固定制造费用产量差异=（预算产量下标准工时-实际产量下实际工时）×标准分配率=（10 000×1.2-15 000）×3=-9 000（元）。

（3）固定制造费用效率差异=（实际产量下实际工时-实际产量下标准工时）×标准分配率=（15 000-9 500×1.2）×3=10 800（元）。

（4）固定制造费用成本差异=2 000-9 000+10 800=3 800（元）。

因为固定制造费用成本差异大于0，所以该差异属于不利差异。

提示：若本题使用两差异分析法，即能量差异=预算成本-标准成本=36 000-9 500×1.2×3=1 800（元）。

8.59 斯尔解析

（1）A投资中心目前的投资收益率=目前的息税前利润÷目前的投资额×100%=17%。

A投资中心目前的剩余收益=目前的息税前利润-目前的投资额×11%=300（万元）

解得，目前的息税前利润=850（万元），目前的投资额=5 000（万元）。

实施该投资后A投资中心的投资收益率=（850+225）÷（5 000+1 500）×100%=16.54%

以投资收益率作为考核指标，A投资中心不应当实施该投资，因为实施该投资后的投资收益率（16.54%）小于目前的投资收益率（17%）。

（2）实施该投资后A投资中心的剩余收益=（850+225）-（5 000+1 500）×11%=360（万元）。

以剩余收益作为考核指标，实施该投资后剩余收益增加了60万元（360-300），则A投资中心应该实施该投资。

（3）从公司整体利益角度出发，甲公司应使用剩余收益指标对A投资中心的业绩进行评价。

五、综合题

8.60 斯尔解析

（1）①初始（2024年末）现金净流量=丧失的旧设备变现价值+丧失的旧设备变现损失抵税+垫支营运资金=-[2 300+（7 000-680×6-2 300）×25%+300]=-2 755（万元）。

②第2年的营业现金净流量=税后营业利润+非付现成本=160+680=840（万元）。

③第4年的现金净流量=年营业现金净流量+收回垫支的营运资金+设备残值变现收入=840+300+200=1 340（万元）。

④净现值=840×（P/A，12%，3）+1 340×（P/F，12%，4）-2 755=114.08（万元）。

（2）①初始现金净流量=-（8 000+600）=-8 600（万元）。

②第1~7年每年的营业现金净流量=税后营业利润+非付现成本=1 300+950=2 250（万元）。

③第8年的现金净流量=2 250+600+400=3 250（万元）。

④净现值=2 250×（P/A，12%，7）+3 250×（P/F，12%，8）-8 600=2 981.23（万元）。

⑤年金净流量=2 981.23÷（P/A，12%，8）=2 981.23÷4.9676=600.13（万元）。

（3）①边际贡献=4 400−1 320=3 080（万元）。

②可控边际贡献=3 080−380=2 700（万元）。

③部门边际贡献=2 700−950=1 750（万元）。

8.61 ⑤斯尔解析

（1）边际贡献总额=3 000−1 350=1 650（万元）。

边际贡献率=1 650÷3 000×100%=55%

（2）旧生产线年折旧额=5 000÷10=500（万元）。

年营运成本=1 350+650−500=1 500（万元）

年营业现金净流量=3 000×（1−25%）−1 500×（1−25%）+500×25%=1 250（万元）

（3）①投资时点（第0年）的现金流量=−（2 400+600）=−3 000（万元）。

②年折旧额=2 400÷8=300（万元）。

第1~7年每年的营业现金净流量=1 800×（1−25%）−500×（1−25%）+300×25%=1 050（万元）

③第8年的现金净流量=1 050+600=1 650（万元）。

（4）新生产线的净现值=1 050×（P/A，15%，7）+1 650×（P/F，15%，8）−3 000=
1 907.81（万元）。

年金净流量=1 907.81÷（P/A，15%，8）=425.16（万元）

（5）不应该用新生产线替换旧生产线。

理由：新生产线和旧生产线的寿命不同，所以应当采用年金净流量法进行决策。新生产线的年
金净流量小于旧生产线的年金净流量，所以不应该用新生产线替换旧生产线。

8.62 ⑤斯尔解析

（1）8月份A产品的预计生产量=2 000+2 500×12%−180=2 120（件）。

（2）A产品的单位直接材料标准成本=10×3+15×2+20×2=100（元/件）。

（3）8月份的直接人工预算金额=2 120×3×20=127 200（元）。

（4）①直接人工成本差异=146 300−2 200×3×20=14 300（元）。

②直接人工效率差异=（7 700−2 200×3）×20=22 000（元）。

③直接人工工资率差异=（146 300÷7 700−20）×7 700=−7 700（元）。

（5）8月份制造费用预算总额=31 800+18×2 120=69 960（元）。

（6）A产品的单位标准成本=100+3×20+69 960÷2 120=193（元/件）。

（7）9月份的预计现金收入=2 500×200×40%+2 000×200×60%=440 000（元）。

（8）9月份的预计现金余缺=60 500+440 000−487 500=13 000（元）。

预计现金余缺为13 000元，小于理想的月末现金余额60 000元，所以需要向银行借款。

即13 000+借款≥60 000，借款≥47 000（元），借入和归还金额均要求为10 000元的整数倍，
所以应该借款50 000元。

精准答疑 🎯

问题： 单位标准成本和制造费用标准成本应该如何计算？

解答： 单位标准成本＝直接材料标准成本＋直接人工标准成本＋制造费用标准成本。其中，制造费用标准成本是本题计算的难点。原则上，制造费用标准成本＝工时用量标准 × 标准制造费用分配率，但本题没有给出相关数据，因此需要根据第（5）问的制造费用总额除以预算产量，从而得到每件产品的制造费用。需要注意的是，分母为"预算产量"，即第（1）问的计算结果，而非"实际产量"。

第九章　收入与分配管理
答案与解析

一、单项选择题

9.1 ► A	9.2 ► D	9.3 ► B	9.4 ► A	9.5 ► C
9.6 ► A	9.7 ► C	9.8 ► C	9.9 ► B	9.10 ► B
9.11 ► B	9.12 ► C	9.13 ► A	9.14 ► A	9.15 ► A
9.16 ► A	9.17 ► C	9.18 ► D	9.19 ► D	9.20 ► D
9.21 ► D	9.22 ► D	9.23 ► A	9.24 ► C	9.25 ► A
9.26 ► D	9.27 ► D	9.28 ► A		

二、多项选择题

9.29 ► ABCD	9.30 ► ABCD	9.31 ► ABC	9.32 ► ABC	9.33 ► ABD
9.34 ► ABD	9.35 ► ACD	9.36 ► ACD	9.37 ► ABD	9.38 ► AB
9.39 ► AB	9.40 ► ABC	9.41 ► ABD	9.42 ► CD	9.43 ► BD
9.44 ► ABD				

三、判断题

9.45 ▶ ×	9.46 ▶ ×	9.47 ▶ √	9.48 ▶ √	9.49 ▶ √

9.50 ▶ √	9.51 ▶ √	9.52 ▶ ×	9.53 ▶ √

一、单项选择题

9.1 🔵斯尔解析 A 本题考查利润分配的顺序。净利润的分配顺序为弥补以前年度亏损、提取法定公积金、提取任意公积金、向股东分配股利，选项A当选。

9.2 🔵斯尔解析 D 本题考查销售预测分析的方法。定性分析法包括营销员判断法、专家判断法、产品寿命周期分析法，选项ABC不当选。定量分析方法包括趋势预测分析法和因果预测分析法，选项D当选。

9.3 🔵斯尔解析 B 本题考查指数平滑法。第四季度的预测销售量=a×第三季度实际销售量+（1−a）×第三季度预测销售量=0.6×130+（1−0.6）×100=118（万根），选项B当选。

9.4 🔵斯尔解析 A 本题考查企业的定价目标。该电商平台薄利多销，价格低于同类产品，符合保持或提高市场占有率的定价目标，选项A当选。稳定市场价格的定价目标适用于产品标准化的行业，选项B不当选。应对和避免竞争的定价目标，适用于中小型企业，参照对手随时调整，选项C不当选。树立企业形象及产品品牌的定价目标，适用于优质高价形象或平价定位，吸引大量的普通消费者，选项D不当选。

9.5 🔵斯尔解析 C 本题考查产品定价方法。以市场需求为基础的定价方法主要有需求价格弹性系数定价法和边际分析定价法，选项C当选。保本点定价法、目标利润定价法和全部成本费用加成定价法均属于以成本为基础的定价方法，选项ABD不当选。

9.6 🔵斯尔解析 A 本题考查以成本为基础的定价方法。假设单价为P，根据公式"收入×（1−税率）=成本+利润"，令利润=0，则有：$P×10\,000×（1−5\%）=70×10\,000+250\,000+0$，可得$P=100$（元），选项A当选。

9.7 🔵斯尔解析 C 本题考查以成本为基础的定价方法。假设单价为P，根据公式"收入×（1−税率）=成本+利润"，令利润=400\,000（元），则有：$P×20\,000=600\,000+400\,000$，可得$P=50$（元），选项C当选。

提示：本题并未给出消费税税率，故无须考虑消费税。假设消费税税率为5%，可列式：$P×（1−5\%）×20\,000=600\,000+400\,000$，可得$P=52.63$（元）。

9.8 🔵斯尔解析 C 本题考查股利无关论。股利无关论是建立在完全资本市场理论之上的，假定条件包括：第一，市场具有强式效率，没有交易成本，没有任何一个股东的实力足以影响股票价格；第二，对公司或个人不存在任何所得税；第三，不存在任何筹资费用；第四，公司的投资决策与股利决策彼此独立，即投资决策不受股利分配的影响；第五，股东对股利收入和资本增值之间并无偏好，说明是存在资本增值的（选项C当选）。

9.9　**斯尔解析**　B　本题考查股利理论。信号传递理论认为，在信息不对称的情况下，公司可以通过股利政策向市场传递有关公司未来获利能力的信息，从而会影响公司的股价。此题所述观点认为公司通过股利政策向投资者传递了"公司有充足的财务实力和良好的发展前景"的信息，从而影响公司股价，属于信号传递理论的观点，选项B当选。

9.10　**斯尔解析**　B　本题考查股利理论。信号传递理论认为，高现金股利传出公司的获利能力较强的信号，因此支持高现金股利政策，选项A不当选。所得税差异理论认为，由于普遍存在的税率以及纳税时间的差异，资本利得收益比股利收益更有助于实现股东利益最大化目标，公司应当支持低股利政策，选项B当选。"手中鸟"理论认为，厌恶风险的投资者会偏好确定的股利收益，因此支持高现金股利政策，选项C不当选。代理理论要求股利水平应当使得代理成本与外部融资成本之和最小，无法直接判定支持高现金股利政策还是低现金股利政策，选项D不当选。

9.11　**斯尔解析**　B　本题考查股利理论。代理理论认为，股利政策有助于缓解管理者与股东之间的代理冲突。题干表述符合代理理论的观点，关键词为"管理者"，即出现了代理关系中的一方。该理论认为股利的支付减少了管理者对自由现金流量的支配权，这在一定程度上可以抑制公司管理者的过度投资或在职消费行为，从而保护外部投资者的利益，选项B当选。

9.12　**斯尔解析**　C　本题考查股利理论。"手中鸟"理论认为，用留存收益再投资给投资者带来的收入具有较大的不确定性，并且投资的风险随着时间的推移会进一步加大。因此，厌恶风险的投资者会偏好确定的股利收入，而不愿将收入留存在公司内部，去承担未来的投资风险，选项C当选。

9.13　**斯尔解析**　A　本题考查股利政策。按照目标资本结构的要求，公司投资方案所需的权益资本额=3 000×55%=1 650（万元），2020年可发放的现金股利=2 500-1 650=850（万元），选项A当选。

9.14　**斯尔解析**　A　本题考查股利政策。固定股利支付率政策容易使公司面临较大的财务压力，因为公司实现的盈利多（账面利润），并不代表公司有足够的现金流用来支付较多的股利额，所以该政策一般适用于处于稳定发展阶段且财务状况也较稳健的公司，选项A当选。固定或稳定增长的股利政策通常适用于经营比较稳定或正处于成长期的企业，选项B不当选。剩余股利政策适用于处于初创阶段的企业，选项C不当选。低正常股利加额外股利政策，适用于盈利随着经济周期而波动较大，或者盈利与现金流量很不稳定的公司，选项D不当选。

9.15　**斯尔解析**　A　本题考查股利政策。固定或稳定增长股利政策和低正常股利加额外股利政策都可以使股东至少每年得到部分相对稳定的股利收入，选项BD不当选。剩余股利政策下每年股利的发放额，会受到公司盈利水平和投资机会的共同影响，而在固定股利支付率政策下，每年的股利发放额只会受到盈利水平的影响，因此相对来说，剩余股利政策最不符合那些依靠股利度日或对股利有较高依赖性股东的利益，选项A当选、选项C不当选。

9.16　**斯尔解析**　A　本题考查股利政策。固定股利支付率的优点之一是股利与公司盈余紧密地配合，体现了"多盈多分、少盈少分、无盈不分"的股利分配原则，选项A当选。在收益不稳定的情况下，波动的股利容易给投资者带来经营状况不稳定、投资风险较大的不良印象，不利于股价的稳定，选项BD不当选。从企业支付能力的角度看，虽然这是一种稳定的股利政策，但并不具有灵活性，因为容易使公司面临较大的财务压力，即使公司实现的盈利多（账面利润），也不代表公司有足够的现金流用来支付较多的股利额，选项C不当选。

9.17 斯尔解析 C 本题考查股利政策。剩余股利政策是指公司在有良好的投资机会时，根据目标资本结构，测算出投资所需的权益资本额，先从盈余中留用，然后将剩余的盈余作为股利来分配，因此可以保持企业最优资本结构，选项C当选。

9.18 斯尔解析 D 本题考查股利政策。采用低正常股利加额外股利政策，使得一些依靠股利度日的股东每年至少可以得到虽然较低但比较稳定的股利收入，从而吸引住这部分股东，选项D当选。

9.19 斯尔解析 D 本题考查股利支付的程序。公司按照公布的分红方案向股权登记日在册的股东实际支付股利的日期为股利发放日，在该日期或期间，股东可以通过证券交易所按交易方式领取股息，选项D当选。

9.20 斯尔解析 D 本题考查股利支付的程序。股权登记日，即有权领取本期股利的股东资格登记截止日期，在这一天之后取得股票的股东则无权领取本次分派的股利，选项D当选。
提示：除息日是股权登记日的下一个交易日。

9.21 斯尔解析 D 本题考查股利支付形式。**财产股利是以现金以外的其他资产支付的股利**，主要是以公司所拥有的其他公司的有价证券，如债券、股票等，作为股利支付给股东，选项D当选。

9.22 斯尔解析 D 本题考查股票股利。发放股票股利使得未分配利润减少，股本（或股本和资本公积）增加，股东权益总额不变，但会改变股东权益结构，选项D当选、选项B不当选。发放股票股利，不会导致现金流出企业，也不会影响公司资产总额，选项AC不当选。

9.23 斯尔解析 A 本题考查股票分割。股票分割，又称拆股，即将一股股票拆分成多股股票的行为。股票分割一般只会增加发行在外的股票总数（选项B不当选），不会对公司的资本结构产生任何影响。股票分割之后，股东权益总额及其内部结构都不会发生任何变化（选项CD不当选），变化的只是股票面值（选项A当选）。

9.24 斯尔解析 C 本题考查股票反分割。股票反分割是将数股面额较低的股票合并为一股面额较高的股票，会导致股数下降、每股面值上升，每股收益上升，每股净资产上升，每股市价上升，选项C当选。

9.25 斯尔解析 A 本题考查股票回购。股票回购会使资产减少，股东权益减少，但负债不变，所以会改变公司的资本结构，选项A当选。股票股利、股票分割和股票合并，均不会改变股东权益总额、负债总额和资产总额，所以不会改变公司的资本结构，选项BCD不当选。

9.26 斯尔解析 D 本题考查股票股利和股票分割。发放股票股利和股票分割，都会导致股数增加、每股收益和每股市价下降，但是资产、负债、股东权益总额、股东持股比例均保持不变，选项ABC不当选。发放股票股利导致未分配利润减少，股本（或股本和资本公积）增加，所以股东权益的内部结构会发生变化。股票分割一般只会增加发行在外的股票总数，但不会对公司的资本结构产生任何影响，也不会引起股东权益的内部结构的改变，因此选项D当选。

9.27　Ⓢ斯尔解析　**D**　本题考查股权激励。限制性股票指公司为了实现某一特定目标，先将一定数量的股票赠与或以较低价格售予激励对象，只有当实现预定目标后，激励对象才可将限制性股票抛售并从中获利；若预定目标没有实现，公司有权将免费赠与的限制性股票收回或者将售出的股票以激励对象购买时的价格回购，选项D当选。

9.28　Ⓢ斯尔解析　**A**　本题考查股权激励。股票期权模式是指上市公司授予激励对象在未来一定期限内以预先确定的条件购买本公司一定数量股份的权利，选项A当选。

二、多项选择题

9.29　Ⓢ斯尔解析　**ABCD**　本题考查产品定价的目标。企业的定价目标主要有：实现利润最大化、保持或提高市场占有率、稳定市场价格、应对和避免竞争、树立企业形象及产品品牌，选项ABCD当选。

9.30　Ⓢ斯尔解析　**ABCD**　本题考查价格运用策略。价格运用策略主要包括折让定价策略、心理定价策略、组合定价策略和寿命周期定价策略，选项ABCD当选。

提示：折让定价策略主要表现是价格折扣；心理定价策略主要是针对购买者心理特点来定价；组合定价策略主要针对相关产品组合来定价；寿命周期定价策略主要是针对产品在市场中的推广期、成长期、成熟期和衰退期，分阶段确定不同的定价。

9.31　Ⓢ斯尔解析　**ABC**　本题考查筹资纳税管理。负债筹资的利息可以在计算应纳税所得额时进行扣除，降低了企业的纳税负担，减少了企业经营活动现金流出量，增加了企业价值，选项AB当选。负债产生利息属于固定性融资成本，可带来财务杠杆效应，选项C当选。企业通过负债筹资并不会涉及固定性经营成本，不会带来经营杠杆效应，选项D不当选。

9.32　Ⓢ斯尔解析　**ABC**　本题考查股利理论。股利分配理论按是否会影响公司价值或者股票的价格分为股利无关理论和股利相关理论，其中股利相关理论包括"手中鸟"理论、信号传递理论、所得税差异理论和代理理论，选项ABC当选。

9.33　Ⓢ斯尔解析　**ABD**　本题考查股利理论。所得税差异理论认为，一般来说，对资本利得征收的税率小于对股利收益征收的税率，故企业会选择采用低股利政策，即使两者没有税率上的差异，由于投资者对资本利得收益的纳税时间选择更有弹性（资本利得仅在出售时纳税，纳税时间晚且较为灵活），投资者可以享受延迟纳税带来的收益差异，因此，选项B当选、选项C不当选。公司通过股利政策可以向市场传递有关公司未来获利能力的信息，从而影响股价是信号传递理论的观点，选项A当选。厌恶风险的投资者会偏好确定的股利收益是"手中鸟"理论的观点，选项D当选。

9.34　Ⓢ斯尔解析　**ABD**　本题考查股利政策。剩余股利政策首先就是要根据目标资本结构来测算所需的权益资本额，因此可以保持目标资本结构，选项A当选。在此结构下，公司的加权平均资本成本将达到最低水平，可以降低再投资的资本成本，实现企业价值的长期最大化，选项BD当选。剩余股利政策下，股利发放额会每年随着投资机会和盈利水平的波动而波动，而非与企业盈余紧密结合（这是固定股利支付率政策的特点），选项C不当选。

9.35　**斯尔解析**　　ACD　　本题考查股利政策。固定或稳定增长的股利政策通常适用于经营比较稳定或正处于成长期的企业，且很难被长期采用，选项AD当选。剩余股利政策一般适用于公司初创阶段，选项B不当选。固定股利支付率政策比较适用于那些处于稳定发展阶段且财务状况也较稳健的公司，选项C当选。

9.36　**斯尔解析**　　ACD　　本题考查股利政策。剩余股利政策是指公司在有良好的投资机会时，根据目标资本结构，测算出投资所需的权益资本额，先从盈余中留用，然后将剩余的盈余作为股利来分配，所以需要考虑的因素包括投资机会、目标资本结构和净利润，选项ACD当选。分配股利的现金问题，是营运资金管理问题，如果现金存量不足，可以通过短期借款解决，与股利政策无直接关系，选项B不当选。

9.37　**斯尔解析**　　ABD　　本题考查股利政策。采用固定股利支付率政策，股利与公司盈余紧密配合，体现了"多盈多分、少盈少分、无盈不分"的股利分配原则。从企业的支付能力的角度看，它是一种稳定的股利政策，选项AB当选。固定股利支付率政策适合处于稳定发展阶段且财务状况也较稳健的公司，选项C不当选。公司实现的盈利多，并不能代表公司有足够的现金流用来支付较多的股利额，因此该政策会使公司面临较大的财务压力，选项D当选。

9.38　**斯尔解析**　　AB　　本题考查股利政策。固定或稳定增长股利政策将每年派发的股利额固定在某一特定水平，或是在此基础上维持某一固定比率逐年稳定增长，与当期盈利水平无直接关联，选项AB当选。固定股利支付率政策下，股利与公司盈余紧密地配合，体现了"多盈多分、少盈少分、无盈不分"，说明其股利发放金额与当期盈利水平直接关联，选项C不当选。低正常股利加额外股利政策是指公司事先设定一个较低的正常股利额，每年除了按正常股利额向股东发放股利外，还在公司盈余较多、资金较为充裕的年份向股东发放额外股利，说明其股利发放金额与当期盈利水平直接关联，选项D不当选。

9.39　**斯尔解析**　　AB　　本题考查利润分配制约因素。法律因素包括：资本保全约束、资本积累约束、超额累积利润约束、偿债能力约束，选项AB当选。资产的流动性属于公司因素，选项C不当选。避税属于股东因素，选项D不当选。

9.40　**斯尔解析**　　ABC　　本题考查股票股利。发放股票股利增加的股数=3 000×1/10=300（万股），发放后的股本=3 000+300×3 000/3 000=3 300（万元），选项A当选。发放后的未分配利润=5 000−300×10=2 000（万元），选项B当选。发放股票股利，不改变所有者权益总额，因此发放股票股利后的所有者权益总额=发放股票股利前的所有者权益总额=3 000+5 000+2 000+2 000=12 000（万元），选项C当选。发放股票股利，不会改变盈余公积，仍为2 000万元，选项D不当选。

精准答疑

问题1： 如何理解发放股票股利虽不会引起股东权益总额的改变，但股东权益的内部结构会发生变化？

解答1： 同学可以通过下方图示，进一步理解。

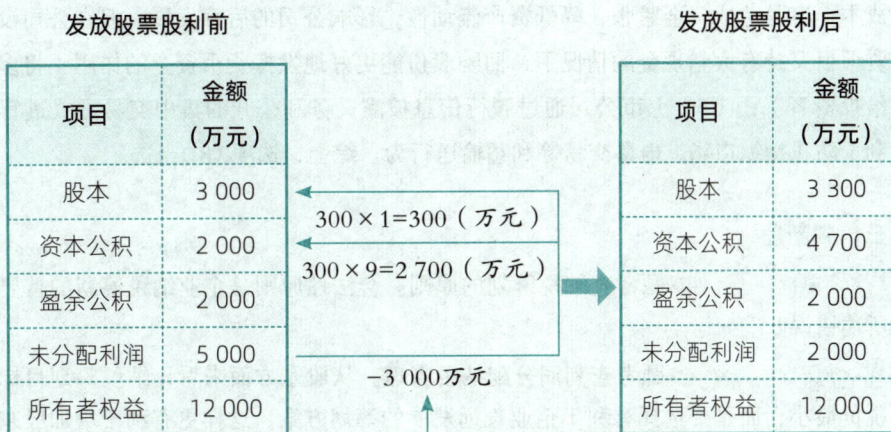

发放股票股利前

项目	金额（万元）
股本	3 000
资本公积	2 000
盈余公积	2 000
未分配利润	5 000
所有者权益	12 000

300×1=300（万元）
300×9=2 700（万元）

−3 000万元

发放股票股利后

项目	金额（万元）
股本	3 300
资本公积	4 700
盈余公积	2 000
未分配利润	2 000
所有者权益	12 000

每10股发放股票股利1股，公司现有3 000万股股票，需要发放300万股。按照市价计算，未分配利润会减少3 000万元（300×10）。

问题2： 如果本题改为按照股票面值发放股票股利，又应该如何计算呢？

解答2： 如果改为按照股票的面值计算，未分配利润会减少300万元（300×1），全部计入股本中，股本=3 000+300=3 300（万元），其他项目金额保持不变。

9.41 斯尔解析　**ABD**　本题考查股票股利。发放股票股利不需要向股东支付现金，可以减轻公司现金支付压力，选项A当选。发放股票股利可以增加流通在外的股数，进而降低每股市价，有利于促进股票的交易和流通，进而使股权更为分散，选项B当选、选项C不当选。发放股票股利可以传递公司未来发展前景良好的信息，选项D当选。

9.42 斯尔解析　**CD**　本题考查股票分割。按照1∶2的比例进行股票分割，即将1股面额较大的股票拆分为2股面额较小的股票，会导致股数变为原来的2倍，股票面值变为原来的1/2，但是股本总额依然保持不变，选项A不当选。股票分割不会改变股东权益总额和股东权益内部结构，选项CD当选。股数增加，会引起每股净资产下降，选项B不当选。

9.43 斯尔解析　**BD**　本题考查股票分割。股票分割和股票股利都会导致股票数量增加，选项A不当选。股票分割和股票股利都不改变资本结构和股东权益总额，选项BD当选。股票分割不改变股东权益结构，而股票股利会改变股东权益结构，选项C不当选。

9.44 Ⓢ斯尔解析　**ABD**　本题考查股票回购。股票回购的影响包括：（1）提升公司调整股权结构和管理风险的能力，提高公司整体质量和投资价值；（2）因实施持股计划和股权激励的股票回购，形成资本所有者和劳动者的利益共同体，有助于提高投资者回报能力，用于可转债转换所需，可改善公司资本结构；（3）公司股价严重低于股份内在价值时，适时进行股份回购，减少股份供应量，有助于稳定股价，增强投资者信心；（4）用大量资金支付回购成本，容易造成资金紧张，降低资产流动性，影响公司的后续发展，但在公司没有合适的投资项目又持有大量现金的情况下，回购股份能更好地发挥货币资金的作用（将多余资金返还给投资者）；（5）上市公司通过履行信息披露义务和公开的集中交易方式进行股份回购有利于防止操纵市场、内幕交易等利益输送行为。综上，选项ABD当选。

三、判断题

9.45 Ⓢ斯尔解析　**×**　本题考查纳税筹划的原则。合法性原则是企业纳税筹划的首要原则。本题所述错误。

9.46 Ⓢ斯尔解析　**×**　本题考查利润分配纳税管理。从股东方面来看，纳税筹划目标不仅是股东税负最小，而是要选择有利于企业长远发展的筹划方案，这样更有利于增加股东财富。本题所述错误。

9.47 Ⓢ斯尔解析　**√**　本题考查股利政策。2021年投资需求中的权益资金数额=1 000×60%=600（万元），2020年可发放的现金股利=2 000−600=1 400（万元）。本题所述正确。

9.48 Ⓢ斯尔解析　**√**　本题考查股利政策。本题所述正确。

9.49 Ⓢ斯尔解析　**√**　本题考查股利政策。本题所述正确。

9.50 Ⓢ斯尔解析　**√**　本题考查利润分配制约因素。本题所述正确。

9.51 Ⓢ斯尔解析　**√**　本题考查股票分割。股票分割会使流通在外的股数增加，每股市价下降，买卖该股票所需资金量减少，从而可以促进股票的流通和交易。本题所述正确。

9.52 Ⓢ斯尔解析　**×**　本题考查股票回购。由于信息不对称和预期差异，证券市场上的公司股票价格可能被低估，而过低的股价将会对公司产生负面影响。一般情况下，投资者会认为股票回购意味着公司认为其股票价值被低估而采取的应对措施。本题所述错误。

9.53 Ⓢ斯尔解析　**√**　本题考查股权激励。业绩股票激励模式指公司在年初确定一个合理的年度业绩目标，如果激励对象在年末实现了公司预定的年度业绩目标，则公司给予激励对象一定数量的股票，或奖励其一定数量的奖金来购买本公司的股票。由于只对公司的业绩目标进行考核，不要求股价的上涨，因此比较适合业绩稳定型的上市公司及其集团公司、子公司。本题所述正确。

四、计算分析题

9.54 Ⓢ斯尔解析

（1）甲公司计划内A产品单位价格=单位成本×（1+成本利润率）÷（1−消费税税率）=（200+3 000÷120）×（1+30%）÷（1−5%）=307.89（元/件）。

（2）甲公司计划外A产品单位价格=单位变动成本×（1+成本利润率）÷（1-消费税税率）=200×（1+30%）÷（1-5%）=273.68（元/件）。

（3）因为额外订单单价为300元/件，高于其按变动成本加成定价法计算的价格273.68元/件，故应接受这一计划外订单。

9.55 ⑤斯尔解析

（1）发放股票股利后的股东权益账户情况如下：

单位：万元

项目	金额
股本	220
资本公积	780
盈余公积	400
未分配利润	1 600
股东权益合计	3 000

（2）假设一位股东派发股票股利之前持有公司的普通股10万股，那么，他所拥有的股权比例=10÷200×100%=5%。

派发股利之后，他所拥有的股票数量=10×（1+10%）=11（万股），他所拥有的股权比例=11÷220×100%=5%。因此，该股东的股权比例在发放股票股利后不会发生变化。

提示：发放股票股利后相关数据的计算过程如下所示。

股本=200+200×10%×1=220（万元）

资本公积=400+200×10%×（20-1）=780（万元）

未分配利润=2 000-200×10%×20=1 600（万元）

9.56 ⑤斯尔解析

（1）2022年度的股利支付率=发放的股利额÷净利润×100%=3 000÷12 000×100%=25%。

提示：固定股利政策下，每年发放的股利额是固定的3 000万元。

（2）2022年度的股利支付率=2021年度的股利支付率=发放的股利额÷净利润×100%=3 000÷10 000×100%=30%。

提示：固定股利支付率政策下，每年的股利支付率是固定的，所以2022年度的股利支付率=2021年的股利支付率。

（3）投资所需要的权益资本额=8 000×60%=4 800（万元）。

2022年度的股利支付率=发放的股利额÷净利润×100%=（12 000-4 800）÷12 000×100%=60%

（4）2022年度支付的股利=2 000+（12 000-2 000）×25%=4 500（万元）。

2022年度的股利支付率=发放的股利额÷净利润×100%=4 500÷12 000×100%=37.5%

五、综合题

9.57 ⑤斯尔解析

（1）A方案的静态回收期=5 000÷2 800=1.79（年）。

A方案的动态回收期=2+［5 000−2 800×（P/A，15%，2）］÷［2 800×（P/F，15%，3）］=2.24（年）

A方案净现值=2 800×（P/A，15%，3）−5 000=1 392.96（万元）

A方案现值指数=2 800×（P/A，15%，3）÷5 000=1.28

（2）B方案的年折旧额=4 200÷6=700（万元）。

B方案净现值=−5 000+［2 700×（1−25%）−700×（1−25%）+700×25%］×（P/A，15%，6）+800×（P/F，15%，6）=1 684.88（万元）

B方案年金净流量=1 684.88÷（P/A，15%，6）=445.21（万元）

（3）净现值法不能直接用于对寿命期不同的互斥投资方案进行决策，故应选择年金净流量法。

（4）A方案的年金净流量610.09万元大于B方案的年金净流量445.21万元，故应选择A方案。

（5）继续执行固定股利支付率政策，该公司的收益留存额=4 500−4 500×20%=3 600（万元）。

（6）改用剩余股利政策，公司的收益留存额=5 000×70%=3 500（万元），可发放股利额=4 500−3 500=1 000（万元）。

精准答疑

问题1： 为什么使用"2+［5 000−2 800×（P/A，15%，2）］÷［2 800×（P/F，15%，3）］"来计算动态回收期？

解答1： 我们可以用表格法来详细梳理一下。

年份	现金净流量（万元）	现值（万元）	累计现值（万元）
0	−5 000	−5 000	−5 000
1	2 800	2 434.78	−2 565.22
2	2 800	2 117.2	−448.02
3	2 800	1 841.05	1 393.03

通过上表可以看出，累计现值在第三年由负转正，所以动态回收期一定大于两年，第三年的现值是1 841.05万元，需要在第三年的现值中收回448.02万元，故第三年所占用的动态回收期=448.02÷1 841.05=0.24（年），即动态回收期=2+0.24=2.24（年）。

问题2： 计算动态回收期还有别的方法吗？

解答2： 有。由于A方案每年现金净流量相等，因此列式：2 800×（P/A，15%，n）=5 000。

求得：（P/A，15%，n）=1.7857，再利用内插法，可求得n=2.24（年）。

9.58　斯尔解析

（1）债务资本成本率=8%×（1−25%）=6%。

权益资本成本率=6%+2×（10%−6%）=14%

平均资本成本率=6%×600÷（600+2 400）+14%×2 400÷（600+2 400）=12.4%

（2）边际贡献总额=12 000×（1−60%）=4 800（万元）。

息税前利润=4 800−800=4 000（万元）

（3）方案1：

权益市场价值=（EBIT−I）×（1−T）÷K_s=（4 000−2 000×8%）×（1−25%）÷10%=28 800（万元）

公司市场价值=28 800+2 000=30 800（万元）

方案2：

权益市场价值=（EBIT−I）×（1−T）÷K_s=（4 000−3 000×8.4%）×（1−25%）÷12%=23 425（万元）

公司市场价值=23 425+3 000=26 425（万元）

方案1的公司市场价值30 800万元高于方案2的公司市场价值26 425万元，故公司应当选择方案1。

（4）投资计划所需要的权益资本数额=2 500×60%=1 500（万元）。

预计可发放的现金股利=2 800−1 500=1 300（万元）

每股股利=1 300÷2 000=0.65（元/股）

（5）信号传递理论认为，在信息不对称的情况下，公司可以通过股利政策向市场传递有关公司未来获利能力的信息，从而会影响公司的股价。公司的股利支付水平在过去一个较长的时期内相对稳定，而现在却从0.9元/股下降到0.65元/股，投资者将会把这种现象看作公司管理当局将改变公司未来收益率的信号，会感受到这是企业经理人员对未来发展前景作出无法避免衰退预期的结果，股票市价将会对股利的变动作出反应（可能随之下降）。

9.59　斯尔解析

（1）①边际贡献总额=600×（30−16）=8 400（万元）。

②保本点销售量=2 800÷（30−16）=200（万件）。

③安全边际额=（600−200）×30=12 000（万元）。

④安全边际率=（600−200）÷600×100%=66.67%。

（2）①2017年度X产品的预计销售量=0.7×600+（1−0.7）×640=612（万件）。

②以2016年为基期计算的经营杠杆系数=8 400÷（8 400−2 800）=1.5。

③预计2017年销售量增长率=（612−600）÷600×100%=2%。

预测2017年息税前利润增长率=1.5×2%=3%

（3）增加的相关收益=120×（30−16）=1 680（万元）。

增加的相关成本=350+1 700×6%=452（万元）

增加的相关利润=1 680−452=1 228（万元）

改变信用条件后公司利润增加，所以改变信用条件对公司有利。

（4）增加的息税前利润=300×（36−20）−600−200×（30−16）=1 400（万元）。

投资新产品Y后公司的息税前利润会增加，所以应投产新产品Y。

9.60 $\mathbb{S}$斯尔解析

（1）①盈亏平衡点销售量=销量×盈亏临界点作业率=980×40%=392（件）。

②固定成本总额=盈亏平衡点销售量×单位边际贡献=392×（1 000−600）=156 800（元）。

③安全边际率=1−40%=60%，根据企业经营安全程度评价标准，该企业的经营安全程度为"很安全"（大于40%）。

（2）预测销售量=（810+1 060+980）÷3=950（件）。

修正后预测销售量=950+（950−900）=1 000（件）

（3）根据要求（2）的结果和资料三，甲公司2021年第一季度至第四季度的销量分别为150件[（1 000−300−400）÷2]、300件、150件、400件，因此第三季度预计生产量=预计销售量+预计期末产成品存货量−预计期初产成品存货量=150+400×10%−150×10%=175（件）。

（4）第一季度预计现金收入=150×1 000×80%+80 000=200 000（元）。

（5）①现金余缺=62 000+200 000−220 000=42 000（元）。

②设取得短期借款金额为W元，则：42 000+W−W×8%÷4≥60 000，可得W≥18 367.35（元），因为借款数额须为1 000元的整数倍，所以取得借款金额为19 000（元）。

③短期借款利息金额=19 000×8%÷4=380（元）。

④期末现金余额=42 000+19 000−380=60 620（元）。

9.61 $\mathbb{S}$斯尔解析

（1）①单位标准成本=35×2+15×2+10×2=120（元）。

②直接人工成本差异=7 000×16−3 680×2×15=1 600（元）。

③直接人工效率差异=（7 000−3 680×2）×15=−5 400（元）。

④直接人工工资率差异=（16−15）×7 000=7 000（元）。

（2）单位产品价格=单位成本×（1+成本利润率）÷（1−适用消费税税率）=（200+720 000÷12 000）×（1+20%）÷（1−5%）=328.42（元）。

（3）单位产品价格=单位成本×（1+成本利润率）÷（1−适用消费税税率）=200×（1+20%）÷（1−5%）=252.63（元）。

（4）由于额外订单价格290元高于按变动成本费用加成定价法确定的F产品的单价252.63元，故应接受这一额外订单。

（5）保本销售量=720 000÷（350−200）=4 800（件）。

实现目标利润的销售量=（150 000+720 000）÷（350−200）=5 800（件）

9.62　斯尔解析

（1）①零部件的经济订货量= $\sqrt{\dfrac{2 \times 2\,000 \times 54\,000}{6}}$ =6 000（个）。

②全年最佳订货次数=54 000÷6 000=9（次）。

③最佳订货周期=360÷9=40（天）。

④经济订货量下的变动储存成本总额=6 000÷2×6=18 000（元）。

（2）2018年度的应付账款周转期=450 000÷（54 000×100÷360）=30（天）。

（3）在第10天付款的净收益=54 000×100×2%−54 000×100×（1−2%）×4.8%÷360×（30−10）=93 888（元）。

在第30天付款的净收益=0

在第10天付款的净收益大，所以甲公司应选择在第10天付款。

（4）A分厂投入运营后预计年产品成本总额=54 000×（30+20）+1 900 000=4 600 000（元）。

（5）①边际贡献=54 000×（100−30−20）=2 700 000（元）。

②可控边际贡献=2 700 000−700 000=2 000 000（元）。

③部门边际贡献=2 000 000−（1 900 000−700 000）=800 000（元）。

9.63　斯尔解析

（1）①2018年A产品的预计销售量=0.6×45+（1−0.6）×50=47（万吨）。

②2018年A产品的预计销售额=47×3 300=155 100（万元）。

（2）①单位变动资金=（55 000−47 500）÷（150 000−100 000）=0.15（元）。

②不变资金总额=55 000−0.15×150 000=32 500（万元）。

或者，不变资金总额=47 500−0.15×100 000=32 500（万元）。

③2018年度预计资金需求量=32 500+0.15×180 000=59 500（万元）。

（3）①2018年资金总需求中的权益资本数额=59 500×60%=35 700（万元）。

②2018年需要的新增筹资数额=59 500−54 000=5 500（万元）。

2018年需要增加的权益资本数额=5 500×60%=3 300（万元）

发放股利现金股利总额=50 000−3 300=46 700（万元）

每股股利=46 700÷2 000=23.35（元）

（4）①债券的资本成本率=900×9%×（1−25%）÷［1 000×（1−2%）］=6.2%。

②银行借款的资本成本率=6%×（1−25%）=4.5%。

精准答疑

问题： 为什么题目9.13和本题关于剩余股利政策的计算不一样？

解答： 题目9.13已经明确告知预计2021年投资所需资金为3 000万元，是一个增量。但是本题采用的高低点法属于资金习性预测法，计算出的是2018年度的资金总需求，是一个总量，所以需要多一步计算出2018年新增筹资数额。

2018 年预计资金需求量为 59 500 万元，2017 年资金占用为 54 000 万元，所以 2018 年只须新增筹资 5 500 万元即可。

此处可以链接第五章第一节关于资金需要量的预测有三种方法：因素分析法（用于预测总需求量）、销售百分比法（用于预测新增需求量）、资金习性预测法（用于预测总需求量）。

第十章　财务分析与评价
答案与解析

一、单项选择题

10.1 ▶ D	10.2 ▶ A	10.3 ▶ D	10.4 ▶ D	10.5 ▶ D
10.6 ▶ B	10.7 ▶ D	10.8 ▶ D	10.9 ▶ A	10.10 ▶ D
10.11 ▶ A	10.12 ▶ D	10.13 ▶ A	10.14 ▶ A	10.15 ▶ B
10.16 ▶ A	10.17 ▶ B	10.18 ▶ B	10.19 ▶ D	10.20 ▶ D

二、多项选择题

10.21 ▶ ABC	10.22 ▶ BCD	10.23 ▶ AB	10.24 ▶ ABCD	10.25 ▶ AC
10.26 ▶ BC	10.27 ▶ AC	10.28 ▶ ABCD	10.29 ▶ ABC	10.30 ▶ ABC
10.31 ▶ ABD	10.32 ▶ AD			

三、判断题

10.33 ▶ ×	10.34 ▶ ×	10.35 ▶ ×	10.36 ▶ ×	10.37 ▶ ×
10.38 ▶ ×	10.39 ▶ √	10.40 ▶ ×	10.41 ▶ ×	10.42 ▶ ×
10.43 ▶ √	10.44 ▶ ×			

一、单项选择题

10.1 斯尔解析　D　本题考查比率分析法。**效率比率是某项财务活动中所费与所得的比率**，如成本利润率、营业利润率、资本金利润率，反映投入与产出的关系，用于进行得失比较，考查经营成果，评价经济效益，选项D当选。

10.2 斯尔解析　A　本题考查因素分析法。构成指标的因素必须客观上存在因果关系，说明了因素分解的关联性，选项A当选。因素替代的顺序不可随意颠倒，否则就会得出不同的计算结果，选项B不当选。差额分析法是连环替代法的一种简化形式，选项C不当选。因素分析法具有计算结果的假定性，不可能使每个因素的计算结果都达到绝对准确，选项D不当选。

10.3 斯尔解析　D　本题考查速动比率。速动比率=速动资产/流动负债=（18+18.8）/23=1.6，选项D当选。

10.4 斯尔解析　D　本题考查流动比率。流动比率=流动资产÷流动负债，当流动比率大于1时，流动资产大于流动负债。赊购一批原材料会使流动资产和流动负债等额增长，则流动负债的增长幅度大于流动资产的增长幅度，流动比率变小，选项D当选。

提示：大于1的分数，分子和分母同时增加相同的数值，则分数变小；小于1的分数，分子和分母同时增加相同的数值，则分数变大。

10.5 斯尔解析　D　本题考查速动比率。企业目前的速动比率大于1，根据公式，速动比率=速动资产÷流动负债，以银行存款偿还长期借款，速动资产与长期负债同时减少，流动负债不变，速动比率降低，选项A不当选。以银行存款购买原材料，速动资产减少，非速动资产增加，流动负债不变，速动比率降低，选项B不当选。收回应收账款，银行存款增加，应收账款减少，速动比率不变，选项C不当选。以银行存款偿还短期借款，速动资产减少，流动负债减少，因目前的速动比率大于1，可得出速动比率提高，选项D当选。

精准答疑

问题： 以银行存款偿还短期借款，速动资产减少，流动负债减少，为什么速动比率提高？

解答： 可以采用赋值法来验证。假设速动比率为1.5（题目要求速动比率大于1），速动资产为3万元，流动负债为2万元，以银行存款偿还短期借款1万元，此时速动资产为2万元，流动负债为1万元，速动比率=2÷1=2，所以当速动比率大于1时，以银行存款偿还短期借款，会使得速动比率升高。

10.6 斯尔解析　B　本题考查速动比率。**速动资产包括货币资金、交易性金融资产、衍生金融资产和各种应收款项**，不包括存货、合同资产、预付款项、一年内到期的非流动资产和其他流动资产等。产成品属于存货，因此不属于速动资产，选项B当选。

10.7 斯尔解析　D　本题考查偿债能力分析。资产负债率和权益乘数反映企业长期偿债能力，选项AC不当选。流动比率虽反映企业短期偿债能力，但相较于流动比率，现金比率还剔除了存货和应收账款等因素对偿债能力的影响，最能反映企业直接偿付流动负债的能力，选项D当选、选项B不当选。

10.8 〔斯尔解析〕　D　本题考查偿债能力分析。现金比率=（货币资金+交易性金融资产）÷流动负债，速动比率=速动资产÷流动负债，存货既不属于速动资产，也不属于现金资产，因此既不影响现金比率又不影响速动比率，选项D当选。

10.9 〔斯尔解析〕　A　本题考查偿债能力分析。利息保障倍数=息税前利润÷应付利息=（净利润+所得税+利润表中的利息费用）÷应付利息=（1 000+100）÷（100+50）=7.33，选项A当选。

10.10 〔斯尔解析〕　D　本题考查营运能力分析。存货周转次数=营业成本÷年平均存货=7 000÷〔（2 000+1 500）÷2〕=4（次），选项D当选。

10.11 〔斯尔解析〕　A　本题考查发展能力分析。本期应收账款周转率=本期营业收入÷〔（期初应收账款+期末应收账款）÷2〕，即：8=本期营业收入÷〔（120+180）÷2〕，本期营业收入=1 200（万元），本期的营业收入增长率=（1 200-1 000）÷1 000×100%=20%，选项A当选。

10.12 〔斯尔解析〕　D　本题考查发展能力分析。资本保值增值率=扣除客观增减因素后所有者权益的期末总额÷所有者权益的期初总额×100%=3÷2×100%=150%，选项D当选。

10.13 〔斯尔解析〕　A　本题考查现金流量分析。平均负债总额为6 000万元，平均产权比率=平均负债总额÷平均所有者权益=3，所以平均所有者权益为2 000万元，平均资产总额=6 000+2 000=8 000（万元）。根据公式，全部资产现金回收率=经营活动现金流量净额÷平均资产总额×100%=500÷8 000×100%=6.25%，选项A当选。

10.14 〔斯尔解析〕　A　本题考查现金流量分析。反映企业收益质量的财务指标包括净收益营运指数和现金营运指数，选项A当选。净资产收益率反映企业盈利能力，选项B不当选。营业现金比率反映企业获取现金的能力，选项C不当选。资本保值增值率反映企业发展能力，选项D不当选。

10.15 〔斯尔解析〕　B　本题考查每股收益。送红股不影响所有者权益总额，因此新增的5 000万股不需要按照实际增加的月份加权计算。基本每股收益=15 000÷（5 000+5 000）=1.5（元/股），选项B当选。

10.16 〔斯尔解析〕　A　本题考查每股收益。发行新股和回购股票均会影响所有者权益总额，因此需要考虑时间权重。发行在外的普通股加权平均数=5 000+6 000×8/12-2 000×3/12=8 500（万股），因此基本每股收益=25 500÷8 500=3（元/股），选项A当选。

10.17 〔斯尔解析〕　B　本题考查每股收益。稀释性潜在普通股指假设当期转换为普通股会减少每股收益的潜在普通股。潜在普通股主要包括：可转换公司债券、认股权证和股份期权等，选项ACD不当选。不可转换优先股不能转换为普通股，不具有稀释性，选项B当选。

10.18 〔斯尔解析〕　B　本题考查市净率。市净率=每股市价÷每股净资产，每股净资产=期末普通股净资产÷期末发行在外的普通股股数=600÷120=5（元/股），因此，2021年末的市净率=30÷5=6（倍），选项B当选。

提示：计算每股净资产的分子、分母均为时点数，不需要加权平均。

10.19 S斯尔解析　　D　本题考查杜邦分析体系。**杜邦分析体系的起点是净资产收益率**而非总资产收益率，选项D当选。

10.20 S斯尔解析　　D　本题考查经济增加值。经济增加值=税后净营业利润-平均资本占用×加权平均资本成本=2 000-（4 000+6 000）×8%=1 200（万元），选项D当选。

二、多项选择题

10.21 S斯尔解析　　ABC　本题考查流动比率。一般情况下，营业周期、存货和应收账款的周转速度是影响流动比率的主要因素，营业周期短、应收账款和存货周转速度快的企业，其流动比率低一些是可以接受的，选项ABC当选。流动比率=流动资产÷流动负债，长期股权投资属于非流动资产，对流动比率不产生影响，选项D不当选。

10.22 S斯尔解析　　BCD　本题考查偿债能力分析。反映长期偿债能力的指标主要有四项：资产负债率、产权比率、权益乘数和利息保障倍数。总资产周转率是反映营运能力的指标，因此选项BCD当选、选项A不当选。

10.23 S斯尔解析　　AB　本题考查偿债能力分析。资本结构是企业债务与股东权益的构成比例，根据公式"资产=负债+所有者权益"，反映企业资产、负债和所有者权益之间比例关系的指标，均反映公司的资本结构，比如资产负债率、产权比率和权益乘数，选项AB当选。营业净利率反映盈利能力，总资产周转率反映营运能力，选项CD不当选。

10.24 S斯尔解析　　ABCD　本题考查偿债能力分析。影响偿债能力的其他因素包括：（1）可动用的银行贷款指标或授信额度；（2）资产质量；（3）或有事项（如债务担保或未决诉讼）和承诺事项。综上，选项ABCD当选。

10.25 S斯尔解析　　AC　本题考查偿债能力分析。权益乘数=资产总额÷权益总额，权益乘数与资产负债率、产权比率同向变动，所以资产负债率和产权比率也会升高，选项A当选。权益乘数越高，表明负债占总资产的比重增加，财务杠杆提高，财务风险提高，长期偿债能力降低，选项C当选、选项B不当选。总杠杆=经营杠杆×财务杠杆，不考虑其他因素的情况下，财务杠杆提高，总杠杆提高，选项D不当选。

10.26 S斯尔解析　　BC　本题考查营运能力分析。**用于企业营运能力分析的财务指标包括应收账款周转率、存货周转率、流动资产周转率、固定资产周转率、总资产周转率等**，选项BC当选。速动比率和流动比率，属于短期偿债能力分析的财务指标，选项AD不当选。

10.27 S斯尔解析　　AC　本题考查应收账款周转率。应收账款周转率受"营业收入"和"应收账款"影响。应收账款包括会计报表中"应收账款"和"应收票据"等全部赊销账款，因为应收票据是销售形成的应收款项的另一种形式，选项AC当选。应付账款与应收账款周转率的计算无关，选项D不当选。**预付账款不影响应收账款周转率的计算**，选项B不当选。

10.28 S斯尔解析　　ABCD　本题考查应收账款周转率。应收账款周转次数越多，周转期越少，表明：（1）企业收账迅速、信用销售管理严格（选项A当选）；（2）应收账款流动性强，增强企业短期偿债能力（选项BD当选）；（3）减少收账费用、坏账损失，相对增加企业流动资产的投资收益（选项C当选）。

10.29 ⑤斯尔解析　　ABC　本题考查总资产净利率。根据公式"总资产净利率=净利润÷平均总资产"，收回应收账款以及用银行存款购入生产设备属于资产内部一增一减，不影响总资产净利率，选项AC当选。用资本公积转增资本属于所有者权益内部一增一减，不影响总资产净利率，选项B当选。用银行存款偿还短期借款会使资产、负债同时减少，在净利润不变的情况下，分母变小，总资产净利率上升，选项D不当选。

10.30 ⑤斯尔解析　　ABC　本题考查经济增加值。经济增加值=税后净营业利润－平均资本占用×加权平均资本成本。经济增加值克服了传统绩效评价指标的缺陷，能够真实地反映公司的经营业绩，但是由于计算时基于财务指标，无法对企业进行综合评价，选项A当选。经济增加值是一个绝对数，不同企业的经济增加值可比性较弱，选项B当选。经济增加值仅能衡量企业当期或预判未来1～3年的价值创造情况，无法衡量企业长远发展战略的价值创造，选项C当选。经济增加值为正，表明经营者在为企业创造价值；经济增加值为负，表明经营者在损毁企业价值，选项D不当选。

10.31 ⑤斯尔解析　　ABD　本题考查沃尔评分法。现代社会与沃尔的时代相比，已有很大变化。一般认为企业财务评价的内容首先是盈利能力，其次是偿债能力，最后是成长能力，选项ABD当选、选项C不当选。

10.32 ⑤斯尔解析　　AD　本题考查综合绩效评价。综合绩效评价指标中，评价企业资产质量状况的指标包括总资产周转率、应收账款周转率、不良资产比率、流动资产周转率和资产现金回收率，选项AD当选。总资产增值率是评价经营增长状况的指标，选项B不当选。总资产收益率是评价盈利能力状况的指标，选项C不当选。

三、判断题

10.33 ⑤斯尔解析　　×　本题考查比较分析法。环比动态比率，是以每一分析期的数据与上期数据相比较计算出来的动态比率。第三年的环比动态比率=第三年销售收入÷第二期销售收入×100%=110÷120×100%=91.67%。本题所述错误。

提示：第三定基动态比率=第三年销售收入÷第一年销售收入×100%=110÷100×100%=110%。

10.34 ⑤斯尔解析　　×　本题考查财务分析的内容。企业债权人关心其投资的安全性，因此会进行偿债能力分析，同时也关注盈利能力。本题所述错误。

10.35 ⑤斯尔解析　　×　本题考查利息保障倍数。利息保障倍数=息税前利润÷应付利息，公式中的分子息税前利润是指利润表中扣除利息费用和所得税前的利润；公式中的分母应付利息是指本期发生的全部应付利息，不仅包括财务费用中的利息费用，还应包括资本化利息。本题所述错误。

10.36 ⑤斯尔解析　　×　本题考查应收账款周转率。计算应收账款周转率时，应收账款应为未扣除坏账准备的金额。本题所述错误。

10.37 ⑤斯尔解析　　×　本题考查总资产周转率。总资产周转率可用于衡量企业全部资产赚取收入的能力，同时也经常与企业盈利能力的指标结合在一起，以全面评价企业的盈利能力。本题所述错误。

10.38 斯尔解析 × 　本题考查净资产收益率。如果不改善资产盈利能力，单纯通过加大举债力度提高权益乘数进而提高净资产收益率，改善财务状况的做法十分危险。因为，企业负债经营的前提是有足够的盈利能力保障偿还债务本息，单纯增加负债对净资产收益率的改善只具有短期效应，最终将因盈利能力无法涵盖增加的财务风险而使企业面临财务困境。本题所述错误。

10.39 斯尔解析 √ 　本题考查发展能力分析。本题所述正确。

10.40 斯尔解析 × 　本题考查现金流量分析。净收益营运指数是指经营净收益与净利润之比，揭示经营净收益与净利润之间的关系。现金营运指数更多地反映了收益与现金流量之间的关系。本题所述错误。

提示：净收益营运指数越大，收益质量越好。

10.41 斯尔解析 × 　本题考查每股收益。理论上，每股收益反映了投资者可望获得的最高股利收益，因而是衡量股票投资价值的重要指标。每股收益越高，表明投资价值越大；否则反之。但是每股收益多并不意味着每股股利多，股利的多少还会受到股利政策（即股利支付率）的影响。本题所述错误。

10.42 斯尔解析 × 　本题考查管理层讨论与分析。我国上市公司"管理层讨论与分析"信息披露遵循的是强制与自愿相结合原则。本题所述错误。

10.43 斯尔解析 √ 　本题考查经济增加值。经济增加值是指税后净营业利润扣除全部投入资本成本后的剩余收益。由于传统绩效评价方法大多只是从反映某方面的会计指标来度量公司绩效，无法体现股东资本的机会成本及股东财富的变化。而经济增加值是从股东角度去评价企业经营者有效使用资本和为企业创造价值的业绩评价指标。因此，它克服了传统绩效评价指标的缺陷，能够真实地反映公司的经营业绩，是体现企业最终经营目标的绩效评价办法。本题所述正确。

10.44 斯尔解析 × 　本题考查综合绩效评价。综合绩效评价是综合分析的一种，一般是站在企业所有者（投资人）的角度进行的。本题所述错误。

四、计算分析题

10.45 斯尔解析

（1）基期人工成本＝200×20×25＝100 000（元）。

报告期人工成本＝220×18×30＝118 800（元）

报告期与基期人工成本的差额＝118 800−100 000＝18 800（元）

（2）基期人工成本＝200×20×25＝100 000（元）。

替代产品产量：220×20×25＝110 000（元）。

替代单位产品消耗人工工时：220×18×25＝99 000（元）。

替代小时工资率：220×18×30＝118 800（元）。

①产品产量增加对人工成本差额的影响＝110 000−100 000＝10 000（元）。

②单位产品消耗人工工时减少对人工成本差额的影响＝99 000−110 000＝−11 000（元）。

③小时工资率提高对人工成本差额的影响＝118 800−99 000＝19 800（元）。

提示：本题也可以使用差额分析法，差额分析法计算过程如下。

a.产品产量增加对人工成本差额的影响=（220−200）×20×25=10 000（元）。

b.单位产品消耗人工工时减少对人工成本差额的影响=220×（18−20）×25=−11 000（元）。

c.小时工资率提高对人工成本差额的影响=220×18×（30−25）=19 800（元）。

如果题目没有要求的话，使用连环替代法和差额分析法都可以，但是一定要注意替换顺序。

10.46 斯尔解析

（1）A=220；B=1 200。

提示：

根据"流动资产÷流动负债=流动比率"，可列式：（450+250+400）÷（280+A）=2.2。解得，A=220（万元）。

B=2 400−220−280−700=1 200（万元）

（2）应收账款周转次数=1 650÷［（150+250）÷2］=8.25（次）。

存货周转次数=990÷［（400+260）÷2］=3（次）

存货周转天数=360÷3=120（天）

营业毛利率=（1 650−990）÷1 650×100%=40%

10.47 斯尔解析

（1）2018年末的资产负债率=3 780÷6 980×100%=54.15%。

由于目标是2018年末将资产负债率控制在55%以内，所以公司实现了降杠杆目标。

（2）2017年净资产收益率=1 170÷［（2 400+2 800）÷2］×100%=45%。

2018年净资产收益率=1 458÷［（2 800+3 200）÷2］×100%=48.6%

（3）2017年的权益乘数=［（6 480+6 520）÷2］÷［（2 400+2 800）÷2］=2.5。

2018年的权益乘数=［（6 520+6 980）÷2］÷［（2 800+3 200）÷2］=2.25

（4）2017年营业净利率=1 170÷9 750×100%=12%。

2017年总资产周转率=9 750÷［（6 480+6 520）÷2］=1.5

2017年权益乘数=2.5

2017年净资产收益率=12%×1.5×2.5=45%

2018年营业净利率=1 458÷16 200×100%=9%

2018年总资产周转率=16 200÷［（6 980+6 520）÷2］=2.4

2018年权益乘数=2.25

2018年净资产收益率=9%×2.4×2.25=48.6%

2018年与2017年净资产收益率的差额=48.6%−45%=3.6%

①替代营业净利率：净资产收益率=9%×1.5×2.5=33.75%。

②替代总资产周转率：净资产收益率=9%×2.4×2.5=54%。

③替代权益乘数：净资产收益率=9%×2.4×2.25=48.6%。

因此，权益乘数变化对净资产收益率变化的影响=48.6%−54%=−5.4%。

提示：当连续出现两年数据时，应当用下一年（2018年）的数据替代上一年（2017年）的数据。

10.48 ⑤斯尔解析

（1）营业毛利=营业收入-营业成本=8 000-6 400=1 600（万元）。

营业毛利率=营业毛利÷营业收入×100%=1 600÷8 000×100%=20%

应收账款周转率=营业收入÷应收账款平均余额=8 000÷〔（600+1 400）÷2〕=8（次）

存货周转率=营业成本/存货平均余额=6 400÷〔（800+2 400）÷2〕=4（次）

存货周转天数=360÷4=90（天）

（2）营运资金增加额=流动资产增加额-流动负债增加额=（4 000-1 600）-（1 600-1 000）=1 800（万元）。

（3）年末现金比率=（货币资金+交易性金融资产）÷流动负债=（150+50）÷1 600=0.125。

10.49 ⑤斯尔解析

（1）营业净利率=净利润÷营业收入×100%=1 500÷20 000×100%=7.5%。

（2）利息保障倍数=息税前利润÷应付利息=（2 000+600）÷（600+400）=2.6。

（3）净收益营运指数=经营净收益÷净利润=（1 500-300）÷1 500=0.8。

（4）存货周转率=营业成本÷存货平均余额=15 000÷〔（1 000+2 000）÷2〕=10（次）。

（5）市盈率=每股市价÷每股收益=4.5÷（1 500÷10 000）=30（倍）。

精程答疑 ⊙

问题： 关于息税前利润的计算公式，为什么第八章和第十章不一样？

解答： 第八章的公式是站在管理会计的视角，主要分析与经营活动相关的收入与成本，从而得出经营活动相关的利润。其中成本部分会按照成本性态划分为固定成本和变动成本。

息税前利润 =（单价 - 单位变动成本）× 销量 - 固定成本总额

= 营业收入 - 变动成本总额 - 固定成本总额

而第十章的公式是站在财务会计的视角，基于传统利润表的格式，以净利润为起点，反推出息税前利润。具体而言，由于报表中的净利润已经考虑了（即减去）所得税、财务费用等非经营损益所带来的影响，所以在计算息税前利润时需要剔除这些因素的影响（即加回）。

息税前利润 = 净利润 + 所得税 + 财务费用

实际上，企业基于净利润去计算息税前利润时，需要调整的项目可以更多，但从应试角度来说，考生只需要按照教材上的公式掌握即可。具体做题时，按照题目所给条件灵活应用即可。

10.50 斯尔解析

（1）2023年的存货平均余额=500 000÷8=62 500（元）。

（2）2023年末的流动负债=450 000÷2.5=180 000（元）。

（3）2023年净利润=400 000×20%=80 000（元）。

（4）2023年经营净收益=80 000−（−20 000）=100 000（元）。

（5）2023年的净收益营运指数=100 000÷80 000=1.25。

五、综合题

10.51 斯尔解析

（1）①营运资金=40 000−30 000=10 000（万元）。

②产权比率=（30 000+30 000）÷40 000=1.5。

③边际贡献率=（80 000−30 000）÷80 000×100%=62.5%。

④保本销售额=25 000÷62.5%=40 000（万元）。

（2）经营杠杆系数=（80 000−30 000）÷（80 000−30 000−25 000）=2。

（3）①原始投资额=50 000+5 500=55 500（万元）。

每年折旧额=（50 000−2 000）÷8=6 000（万元）

②$NCF_{1\sim7}$=22 000×（1−25%）−10 000×（1−25%）+6 000×25%=10 500（万元）。

③NCF_8=10 500+5 500+2 000=18 000（万元）。

④NPV=−55 500+10 500×（P/A，10%，7）+18 000×（P/F，10%，8）=4 015.2（万元）。

（4）已公司应该购置该生产线，因为该项目的净现值大于零，方案可行。

（5）设每股收益无差别点的息税前利润为EBIT，则：

（EBIT−2 000−50 000×8%）×（1−25%）÷30 000=（EBIT−2 000）×（1−25%）÷（30 000+10 000）

解得：EBIT=18 000（万元）。

（6）息税前利润=80 000−30 000−25 000+22 000−10 000−6 000=31 000（万元）。

财务杠杆系数=31 000÷（31 000−2 000−50 000×8%）=1.24

10.52 斯尔解析

（1）①因销售增加而增加的资产额=10 000×20%×50%=1 000（万元）。

②因销售增加而增加的负债额=10 000×20%×15%=300（万元）。

③因销售增加而需要增加的资金量=1 000−300=700（万元）。

④预计利润的留存额=10 000×（1+20%）×10%×40%=480（万元）。

⑤外部融资需要量=700−480=220（万元）。

（2）如果丙公司2020年需要额外增加固定资产投资100万元，则外部融资需要量=220+100=320（万元）。

（3）每股收益=净利润÷普通股股数=10 000×10%÷2 000=0.5（元/股）。

当前的市盈率=每股股价÷每股收益=10÷0.5=20（倍）

（4）优先股的资本成本率=（100×9%）÷［120×（1-3%）］=7.73%。

（5）预计借款成本是支付的利息和承诺费之和，由于丙公司有40万元的额度没有使用，所以借款成本=利息费用+承诺费=60×10%+40×0.5%=6.2（万元）。

（6）①计算高速增长期股利的现值：

第1年股利现值=0.6×（1+15%）×（P/F，12%，1）=0.6162（元）

第2年股利现值=0.6×（1+15%）^{2}×（P/F，12%，2）=0.6324（元）

第3年股利现值=0.6×（1+15%）^{3}×（P/F，12%，3）=0.6497（元）

高速增长期股利现值之和=0.6162+0.6324+0.6497=1.90（元）

②正常增长期股利在第3年年末的现值：

$$V_3=\frac{D_4}{R_s-g}=\frac{D_3\times（1+9\%）}{12\%-9\%}=\frac{0.6\times（1+15\%）^3\times（1+9\%）}{12\%-9\%}=33.16（元）$$

③股票的内在价值V_0=33.16×（P/F，12%，3）+1.90=25.51（元）。

（7）由于股票的内在价值25.51元大于股票的市价18元，因此丙公司应当购买A公司股票。

10.53 斯尔解析

（1）①W产品第一季度的现金收入=80 000+100×1 000×60%=140 000（元）。

②预计资产负债表中应收账款的年末数=400×1 000×40%=160 000（元）。

（2）①第一季度预计材料期末存货量=200×10×10%=200（千克）。

②第二季度预计材料采购量=200×10+300×10×10%-200=2 100（千克）。

③第三季度预计材料采购金额=（300×10+400×10×10%-300×10×10%）×5=15 500（元）。

（3）①设取得短期借款金额为X元，则：

26 700+X-X×10%/12×3≥50 000

解得：X≥23 897.44（元），因为借款和还款数额须为1 000元的整数倍，所以，取得短期借款金额=24 000（元）。

②短期借款利息金额=24 000×10%÷12×3=600（元）。

③期末现金余额=26 700+24 000-600=50 100（元）。

（4）第四季度材料费用总额实际数=3 600×6=21 600（元）。

第四季度材料费用总额预算数=400×10×5=20 000（元）

第四季度材料费用总额实际数与预算数之间的差额=21 600-20 000=1 600（元）。

（5）第四季度材料费用总额预算数=400×10×5=20 000（元）。

实际单位产品材料用量=3 600÷450=8（千克/件）

第四季度材料费用总额实际数=450×8×6=21 600（元）

替换产品产量：450×10×5=22 500（元）。

替换单位产品材料消耗量：450×8×5=18 000（元）。

替换单位材料价格：450×8×6=21 600（元）。

①产品产量差异对材料费用总额实际数与预算数之间差额的影响=22 500-20 000=2 500（元）。

②单位产品材料消耗量差异对材料费用总额实际数与预算数之间差额的影响=18 000-22 500=-4 500（元）。

③单位材料价格差异对材料费用总额实际数与预算数之间差额的影响=21 600-18 000=3 600（元）。

10.54 ⑤斯尔解析

（1）①总资产净利率=2 250÷60 000×100%=3.75%。

②权益乘数=60 000÷25 000=2.4。

③营业净利率=2 250÷18 000×100%=12.5%。

④总资产周转率=18 000÷60 000=0.3（次）。

（2）①丁公司的权益乘数大于行业平均水平，说明丁公司运用负债较多，偿债风险大，偿债能力相对较弱。

丁公司的总资产周转率小于行业平均水平，说明丁公司与行业平均水平相比，营运能力较差。

②总资产净利率=营业净利率×所在行业平均的总资产周转率=8%×0.5=4%。

丁公司的总资产净利率=12.5%×0.3=3.75%

丁公司总资产净利率低于行业平均水平，该差异形成的主要原因是总资产周转率较低，低于行业平均水平。

（3）①单位变动成本=（7 000+1 000）÷20 000=0.4（万元/件）。

②保本点销售量=（4 000+2 000）÷（0.9-0.4）=12 000（件）。

③实现目标净利润的销售量=［2 640÷（1-25%）+1 200+4 000+2 000］÷（0.9-0.4）=21 440（件）。

④实现目标净利润时的安全边际量=21 440-12 000=9 440（件）。

提示：息税前利润是指扣除所得税费用和利息费用之前的"利润"，净利润是利润总额扣除所得税之后的金额，资料五提及的目标利润为净利润，所以在计算实现目标利润销售量时需要考虑所得税和利息费用的影响。

10.55 ⑤斯尔解析

（1）①甲公司2020年的营业净利率=净利润÷营业收入×100%=5 400 000÷（90 000×200）×100%=30%。

②甲公司2020年的权益乘数=总资产÷股东权益=1÷（1-资产负债率）=1÷（1-60%）=2.5。

③根据"净资产收益率=营业净利率×总资产周转率×权益乘数"，可得：

甲公司2020年的总资产周转率=净资产收益率÷（营业净利率×权益乘数）=15%÷（30%×2.5）=0.2（次）

（2）行业平均水平的权益乘数=净资产收益率÷（营业净利率×总资产周转率）=25%÷（25%×0.5）=2。

行业平均水平的资产负债率=1-1÷权益乘数=1-1÷2=50%

（3）甲公司净资产收益率=营业净利率×总资产周转率×权益乘数=30%×0.2×2.5=15%。

行业平均水平的净资产收益率=营业净利率×总资产周转率×权益乘数=25%×0.5×2=25%

①营业净利率对净资产收益率差异的影响为：（30%−25%）×0.5×2=5%。

②总资产周转率对净资产收益率差异的影响为：30%×（0.2−0.5）×2=−18%。

③权益乘数对净资产收益率差异的影响为：30%×0.2×（2.5−2）=3%。

造成该差异的最主要影响因素是总资产周转率。

（4）①需求价格弹性系数=销售量变动率÷价格变动率，因此：

销售量变动率=需求价格弹性系数×价格变动率=−3×（−10%）=30%

2021年销售额=200×（1−10%）×90 000×（1+30%）=21 060 000（元）

2021年的销售额增长百分比=［21 060 000−200×90 000］÷（200×90 000）×100%=17%

②2020年的总资产周转率=营业收入÷平均资产总额=200×90 000÷平均资产总额=0.2（次）。

2020年的平均资产总额=200×90 000÷0.2=90 000 000（元）

因为2021年资产增加额为当年销售额的18%，所以：

2021年的资产总额=90 000 000+21 060 000×18%=93 790 800（元）

2021年的总资产周转率=21 060 000÷93 790 800=0.22（次）

相比2020年的总资产周转率有所提高，因此甲公司资产运营效率得到改善。

（5）2021年的外部融资需求额=经营资产增加−经营负债增加−增加的留存收益=21 060 000×（18%−8%）−21 060 000×22%×30%=716 040（元）。

提示：本题题干中，明确规定了资产增加额和负债增加额的计算方法。此时需要按照题目要求计算，而非以教材中呈现的通用公式计算。

10.56 Ⓢ斯尔解析

（1）①营业净利率=1 200÷10 000×100%=12%。

②总资产周转率=10 000÷8 000=1.25（次）。

③权益乘数=8 000÷4 000=2。

④应收账款周转率=10 000÷1 750=5.71（次）。

⑤存货周转率=6 500÷1 200=5.42（次）。

（2）①营业净利率评价企业的盈利能力，总资产周转率评价企业的营运能力，权益乘数评价企业的偿债能力（长期偿债能力）。

②乙公司的营业净利率为12%，丙公司的营业净利率为18%，说明丙公司的盈利能力更强；乙公司的总资产周转率为1.25次，丙公司的总资产周转率为0.6次，说明乙公司的营运能力更强；乙公司的权益乘数为2，丙公司的权益乘数为1，说明丙公司的偿债能力更强。

（3）①变动成本总额=3 000+1 000=4 000（万元）。

单位变动成本=4 000÷1 000=4（万元）

②单位边际贡献=10−4=6（万元）。

③息税前利润=6×1 000−（3 500+600）=1 900（万元）。

④盈亏平衡点年销售量=（3 500+600）÷（10−4）=683.33（件）。

由于实际生产和销售数量必须是整数，所以企业至少需要生产和销售684件P产品才能达到盈亏平衡。

（4）①单价增长10%：

单价=10×（1+10%）=11（万元）

息税前利润=（11-4）×1 000-（3 500+600）=2 900（万元）

利润变动百分比=（2 900-1 900）÷1 900×100%=52.63%

单价的敏感系数=52.63%÷10%=5.26>1，为敏感因素。

②单位变动成本增长10%：

单位变动成本=4×（1+10%）=4.4（万元）

息税前利润=（10-4.4）×1 000-（3 500+600）=1 500（万元）

利润变动百分比=（1 500-1 900）÷1 900×100%=-21.05%

单位变动成本的敏感系数=-21.05%÷10%=-2.11，其绝对值大于1，为敏感因素。

（5）令定价为X，则（X-4）×1 000-（3 500+600）=2 900，求得X=11（万元）。

11-10=1（万元/件），所以P产品的定价需要提高1万元。

10.57 斯尔解析

（1）①2021年净资产收益率=12 000÷（80 000-20 000）×100%=20%。

②2021年支付的现金股利=12 000×50%=6 000（万元）。

（2）①2021年基本每股收益=12 000÷（6 000+6 000×2÷10+300×3÷12）=1.65（元/股）。

②2021年每股股利=6 000÷（6 000+6 000÷10×2+300）=0.8（元/股）。

（3）①市场组合的风险收益率=12%-4%=8%。

②甲公司股票的资本成本率=4%+1.5×8%=16%。

③甲公司股票的每股价值=1×（P/A，16%，2）+〔1×（1+6%）〕÷（16%-6%）×（P/F，16%，2）=9.48（元/股）。

甲公司股票的每股价值9.48元低于每股价格10元，不应购买。

10.58 斯尔解析

（1）X利润中心的边际贡献=600-400=200（万元）。

X利润中心的可控边际贡献=200-50=150（万元）

X利润中心的部门边际贡献=150-30=120（万元）

X利润中心的可控边际贡献可以更好地评价X利润中心负责人的管理业绩。

（2）①接受投资机会前Y投资中心的剩余收益=300-2 000×10%=100（万元）。

②接受投资机会后Y投资中心的剩余收益=（300+90）-（2 000+1 000）×10%=90（万元）。

③Y投资中心不应该接受该投资机会，原因是Y投资中心接受投资机会会导致剩余收益下降。

（3）每股收益=500÷1 000=0.5（元/股），市盈率=10÷0.5=20（倍）；每股净资产=4 000÷1 000=4（元/股），市净率=10÷4=2.5（倍）。

（4）①所需权益资本数额=1 000×（4 000÷10 000）=400（万元）。

②应发放的现金股利总额=500-400=100（万元）。

每股现金股利=100÷1 000=0.1（元/股）

（5）①未分配利润减少数=1 000÷10×1+1 000÷10×1=200（万元）。

发放股利后的未分配利润=1 500-200=1 300（万元）

②股本增加额=1 000÷10×1=100（万元）。

发放股利后的股本=1 000+100=1 100（万元）

③股票股利价格按面值计算，不影响资产负债表"资本公积"项目，所以发放股票股利后资产负债表"资本公积"项目仍为500万元。

10.59 斯尔解析

（1）2016年边际贡献总额=2 000×（50-30）=40 000（万元）。

2016年息税前利润=40 000-20 000=20 000（万元）

（2）经营杠杆系数=40 000÷20 000=2。

财务杠杆系数=20 000÷（20 000-200 000×5%）=2

总杠杆系数=2×2=4

（3）①2017年息税前利润预计增长率=2×20%=40%。

②2017年每股收益预计增长率=4×20%=80%。

（4）2017年的基本每股收益=8 400÷（3 000+2 000×3÷12）=2.4（元/股）。

（5）2018年的基本每股收益=10 600÷（3 000+2 000）=2.12（元/股）。

2018年的稀释每股收益=（10 600+200）÷（3 000+2 000+8 000÷10×6÷12）=2（元/股）

（6）2018年末市盈率=31.8÷2.12=15（倍）。

该公司的市盈率15倍低于同行业类似可比公司的市盈率25倍，市场对于该公司股票的收益预期不看好。

精准答疑

问题： 第（5）问在计算稀释每股收益时，200万元为什么不考虑所得税以及时间权重？

解答： 资料五指出，可转换债券当年发生的利息全部计入当期损益，其对于公司当年净利润的影响数为200万元。影响分子的200万元已经考虑了所得税以及时间权重，所以不必重复考虑（其实，此处是命题老师与各位同学玩的文字游戏，读懂了"影响数"三个字，你就能做对题目）。

如果题目指明，债券利息200万元，全部计入当期损益。则对利润的影响数为200×6÷12×（1-25%）=75（万元），即需要同时考虑所得税和时间权重。

此时，2018年的稀释每股收益=（10 600+75）÷（3 000+2 000+8 000÷10×6÷12）=1.98（元/股）。

10.60 斯尔解析

（1）①总资产周转率=营业收入÷平均总资产×100%=20 000÷［（14 000+16 000）÷2］×100%=1.33（次）。

②净资产收益率=净利润÷平均股东权益×100%=2 500÷［（14 000−5 000+8 000+2 000）÷2］×100%=26.32%。

③营业净利率=净利润÷营业收入×100%=2 500÷20 000×100%=12.5%。

④年末权益乘数=资产÷股东权益=16 000÷10 000=1.6。

（2）①应收账款周转次数=营业收入÷应收账款平均余额=20 000÷［（1 800+2 200）÷2］=10（次）。

应收账款周转期=360÷应收账款周转次数=360÷10=36（天）

②经营周期=存货周转期+应收账款周转期=60+36=96（天）。

③现金周转期=经营周期−应付账款周转期=96−45=51（天）。

（3）①股利支付率=1 500÷2 500×100%=60%。

利润留存率=1−股利支付率=1−60%=40%

利润留存额=净利润×利润留存率=3 600×40%=1 440（万元）。

②融资总需求=增加的营业收入额×（经营资产占销售百分比−经营负债占销售百分比）+增加的非敏感性资产=（30 000−20 000）×（19%+15%−5%）+3 000=5 900（万元）。

外部融资额=融资总需求−增加的利润留存额=5 900−1 440=4 460（万元）

（4）①发行债券资本成本=6%×（1−25%）÷（1−2%）=4.59%。

②发行普通股的资本成本=3%+1.2×（8%−3%）=9%。

③加权平均资本成本=40%×4.59%+60%×9%=7.24%。

做**新变** (new)

new

一、多项选择题

| 10.61 ▶ BC | 10.62 ▶ ABCD |

二、判断题

| 10.63 ▶ × |

一、多项选择题

10.61 (S)斯尔解析 **BC** 本题考查偿债能力分析。现金比率=（货币资金+交易性金融资产）÷流动负债，速动比率=速动资产÷流动负债。预付账款、合同资产既不属于速动资产，也不属于现金资产，因此既不影响现金比率又不影响速动比率，选项BC当选。

10.62 (S)斯尔解析 **ABCD** 本题考查资本保值增值率。关于资本保值增值率的计算公式中，客观因素对所有者权益的影响包括但不限于：（1）本期投资者追加投资，使企业的实收资本增加，以及因资本溢价、资本折算差额引起的资本公积变动（选项AB当选）；（2）本期接受外来捐赠、资产评估增值导致资本公积增加（选项CD当选）。

二、判断题

10.63 (S)斯尔解析 **×** 本题考查偿债能力分析。应收账款属于速动资产，合同资产属于非速动资产。本题所述错误。